GÖPPINGER ARBEITEN ZUR GERMANISTIK

herausgegeben von

Ulrich Müller, Franz Hundsnurscher und Cornelius Sommer

KU-491-978

Nr. 172

Mâze und ihre Wortfamilie

in der deutschen Literatur bis um 1220

von

Helmut Rücker

VERLAG ALFRED KÜMMERLE

Göppingen 1975

In der Reihe "GÖPPINGER ARBEITEN ZUR GERMANISTIK"
erscheinen ab Bd. 160 ausschließlich Bände zur Älteren
Literaturwissenschaft und zur Sprachwissenschaft.
Veröffentlichungen zur Neueren Literaturwissenschaft erscheinen unter dem Titel
"STUTTGARTER ARBEITEN ZUR GERMANISTIK"
im Verlag H.D. Heinz, Stuttgart

D 6

(Disseration Münster)

Alle Rechte vorbehalten, auch die des Nachdrucks von Auszügen
der fotomechanischen Wiedergabe und der Übersetzung

Verlag Alfred Kümmerle, Göppingen 1975
Druck Polyfoto - Dr. Vogt KG, Stuttgart
ISBN 3-87452-303-9
Printed in Germany

Meinem Vater

Dem Andenken meiner Mutter

VORWORT

Die vorliegende Arbeit entstand im wesentlichen in den
Jahren 1969 bis 1972. Sie lag der Philosophischen Fakultät der Westfälischen Wilhelms-Universität Münster
im Wintersemester 1973/74 als Dissertation vor.
Das Thema dieser Untersuchung wurde von Frau Professor
Dr. Marie-Luise Dittrich angeregt. Ihr gilt mein besonderer Dank für umsichtige und geduldige Begleitung des
Fortgangs der Arbeit, für wichtige Anregungen und för-
dernde Kritik.
Zu danken habe ich ferner Herrn Dr. Bachofer vom Germanischen Seminar der Universität Hamburg für die Überlas-
sung des in der Arbeitsstelle des Frühmittelhochdeutschen Wörterbuchs verzettelten Materials zu den Wortansätzen der 'mâze'-Wortfamilie und der Universitätsbibliothek Heidelberg für die Genehmigung zum Abdruck
des Blattes Fol.154[a] des Cod.Pal.Germ.389 (vgl. Anhang,
Abb. 3 und 4). Herr Dr. Armin Rathe, Merfeld, besorgte
freundlicherweise die Übertragung der Zusammenfassung
ins Englische. Meiner Frau danke ich für kritisches
Interesse und für geduldige Mithilfe beim Lesen der
Korrektur.

Münster, im Juli 1975   Helmut Rücker

INHALTSVERZEICHNIS

SIGLENVERZEICHNIS

I. Denkmäler der althochdeutschen Zeit[1]

APs.	Altalemannische Psalmenfragmente
B.	Interlinearversion der Benediktinerregel
FP.	Freisinger Paternoster
GA.	St. Galler (Schul-) Arbeit
H.	Hildebrandslied
I.	Isidor
MB.	Mainzer Beichte
MF.	Monseer Fragmente
MH.	Murbacher Hymnen
N.	Notker Labeo von St. Gallen (P. = Ausgabe von Piper, S.-St. = Ausgabe von Sehrt-Starck)
Nb.	Boethius, De consolatione Philosophiae
Nc.	Marcianus Capella, De nuptiis Philologiae et Mercurii
Ni.	Des Boethius Bearbeitung von des Aristoteles Schrift De Interpretatione
Nk.	Des Boethius Kommentar zu den Kategorien des Aristoteles
Nl.	De partibus logicae
Nm.	De musica
Np.	Psalmen und katechetische Denkmäler nach der St. Galler Handschriftengruppe
Npgl.	Glossator der Psalmenübersetzung Notkers
Npw.	Psalmen und katechetische Denkmäler nach der Wiener Hs. (Wessobrunner Psalmen, "Wiener Notker")
Nr.	De arte rhetorica
Ns.	De syllogismis
O.	Otfrid von Weißenburg
PfB.	Pfälzer Beichte
T.	Tatian
WB.	Würzburger Beichte
WK.	Weißenburger Katechismus

II. Denkmäler der frühmittelhochdeutschen Zeit

Adelbr.Joh.	Adelbrehts Johannes Baptista
Alb.Tnugd.	Albers Tnugdalus
Alex.V	Vorauer Alexander
Alex.S	Straßburger Alexander
Ält.Phys.	Der Ältere Physiologus

---

[1] Die Siglen der ahd. Denkmäler nach Schützeichel, Ahd.Wb.; die Notker-Siglen nach dem Ahd.Wb. von Elisabeth Karg-Gasterstädt (s. Literaturverzeichnis). Die Siglen der frühmhd. Denkmäler stimmen, von geringfügigen Abweichungen abgesehen, mit denen der Arbeitsstelle für das frühmhd. Wörterbuch in Hamburg überein.

Aneg.	Anegenge
Anno	Annolied
Antichr.	Linzer Antichrist
Arn.Jul.	Priester Arnolds Juliane
Arn.Siebz.	Priester Arnolds Gedicht von der Siebenzahl (Loblied auf den Heiligen Geist)
Ava,Ger.	Frau Ava, Das Jüngste Gericht
Ava,Jes.	Frau Ava, Das Leben Jesu
Ava,Joh.	Frau Ava, Johannes
Bamb.Arzb.	Bamberger Arzeneibuch
Bamb.B.	Bamberger Beichte
Bamb.Gl.	Bamberger Glauben
Brieg.Ps.	Brieger Psalmenfragmente
Eilh.	Eilhart von Oberg, Tristrant-Fragmente
Er.	Heinrich von Melk, Erinnerung an den Tod
Friedb.Chr.	Friedberger Christ und Antichrist
Geb.Anw.	Züricher Gebetsanweisung
Geb.Muri	Gebete und Benediktionen von Muri
Hartm.Gl.	Des armen Hartman Rede vom Glauben
Herg.Sperv.	Herger/Spervogel
H.u.H.	Himmel und Hölle
Himmelr.	Vom Himmelreich
Hochz.	Die Hochzeit
Idst.Spr.	Idsteiner Sprüche der Väter
Jerus.	Vom himmlischen Jerusalem
Jüng.Jud.	Die Jüngere Judith
Jüng.Phys.	Der Jüngere Physiologus
Kchr.	Kaiserchronik
Lampr.Tob.	Pfaffe Lamprecht, Tobias
Lil.Heilsg.	Lilienfelder Heilsgeschichte
Lit.G	Die Litanei (G)
Lit.S	Die Litanei (S)
Lucid.	Lucidarius
Lucid.Brst.	Die ältesten Lucidariusbruchstücke
Maria	Priester Wernhers Maria
Mem.mori	Memento mori
MF	Des Minnesangs Frühling
Mfr.Reimbib.	Mittelfränkische Reimbibel
Milst.Cant.	Milstätter Cantica
Milst.Ex.	Milstätter Exodus
Milst.Gen.	Milstätter Genesis
Milst.Hym.	Milstätter Hymnen
Milst.Per.	Milstätter Perikopen
Milst.Phys.	Milstätter Physiologus
Milst.Ps.	Milstätter Psalmen
Milst.Skl.	Milstätter Sündenklage
Pil.	Pilatus
Prl.	Heinrich von Melk, Priesterleben
Recht	Vom Rechte

Rhein.Paul.	Rheinauer Paulus
RL.	Das Rolandslied des Pfaffen Konrad
Roth.	Rother
Spec.eccl.	Speculum ecclesiae
T.Hl.	Das St. Trudperter Hohelied
Tund.	Tundalus
Ups.Skl.	Upsalaer Sündenklage
Vat.Geb.	Vatikanische Gebete
Vor.Bal.	Vorauer Balaam
Vor.Gen.	Vorauer Genesis
Vor.Jos.	Geschichte Josephs in Ägypten nach der Vorauer Hs. ("Vorauer Joseph")
Vor.Mos.	Vorauer Moses
Vor.Skl.	Vorauer Sündenklage
Wernh.v.E.	Wernher von Elmendorf
Wernh.v.Nrh.	Wernher vom Niederrhein, Di vier Schiven
Wessobr.B.I	Erste Wessobrunner Beichte
Wessobr.Gl.I	Erster Wessobrunner Glauben
Wessobr.Pr.	Wessobrunner Predigten (Bruchstücke von drei deutschen Predigtsammlungen)
Wien.Ex.	Wiener Exodus (Altdeutsche Exodus)
Wien.Gen.	Wiener Genesis (Altdeutsche Genesis)
Wien.Jos.	Geschichte Josephs in Ägypten nach der Wiener Hs. ("Wiener Joseph")
Wien-Münch.Ev.	Wien-Münchener Evangelienfragmente
Wild.M.,Cirh.	Der Wilde Mann, Van der girheit
Wild.M.,Ver.	Der Wilde Mann, Veronica
Willir.	Willirams von Ebersberg Paraphrase des Hohenliedes
Windb.Cant.	Windberger Cantica
Windb.Ps.	Windberger Psalmen
Zukunft	Von der Zukunft nach dem Tode ('Visio Sancti Pauli')
Zür.Arzb.	Züricher Arzeneibuch

Die Wessobrunner Psalmen ("Wiener Notker") s. unter Notker
von St. Gallen.

III. Denkmäler der mittelhochdeutschen Zeit

A.Heinr.	Hartmann von Aue, Der arme Heinrich
Albr.	Albrecht von Halberstadt, Bruchstücke einer Übersetzung von Ovids Metamorphosen
Albert.	Albertus, St. Ulrichs Leben
Ath.	Athis und Prophilias
Ben.Reg.Zwief.	Mittelhochdeutsche Benediktinerregel aus Zwiefalten
Büchl.	Hartmann von Aue, Die Klage ("Büchlein")

Craûn	Moriz von Craûn
Ernst B	Herzog Ernst (B)
En.	Heinrich von Veldeke, Eneide
Eracl.	Otte, Eraclius
Erec	Hartmann von Aue, Erec
Greg.	Hartmann von Aue, Gregorius
Herb.	Herbort von Fritzlar, Trojaroman
Iw.	Hartmann von Aue, Iwein
Kindh.	Konrad von Fußesbrunnen, Die Kindheit Jesu
Klg.	Diu Klage
Lanz.	Ulrich von Zatzikhoven, Lanzelet
Marg.	Margaretalegende
Marienl.	Rheinisches Marienlob
Mor.	Morant und Galie
NL.	Nibelungenlied
Obdt.Serv.	Oberdeutscher Servatius
Or.	Orendel
Osw.M	Münchener Oswald
Osw.W	Wiener Oswald
Parz.	Wolfram von Eschenbach, Parzival
Reinh.F.	Heinrich der Glîchezaere, Reinhart Fuchs
Rud.	Graf Rudolf
Salm.	Salman und Morolf
Serv.	Heinrich von Veldeke, St. Servatius
Tit.	Wolfram von Eschenbach, Titurel
Trist.	Gottfried von Straßburg, Tristan und Isolde
Wald.Bruchst.	"Waldecker Bruchstück" einer unbekannten Alexanderdichtung
WG.	Thomasin von Circlaria, Der Wälsche Gast
Wig.	Wirnt von Grafenberg, Wigalois
Willeh.	Wolfram von Eschenbach, Willehalm
Winsb.	Winsbeckische Gedichte (Winsbecke)

Minnesang und sonstige Lied- und Spruchdichtung:

MF	Des Minnesangs Frühling
Albr.v.J.	Albrecht von Johansdorf
Berng.v.H.	Bernger von Horheim
Bligg.v.St.	Bligger von Steinach
Dietm.v.E.	Dietmar von Eist
Friedr.v.H.	Friedrich von Hausen
Hartm.	Hartmann von Aue
Heinr.v.Mor.	Heinrich von Morungen
Heinr.v.R.	Heinrich von Rugge
Heinr.v.V.	Heinrich von Veldeke
Kais.Heinr.	Kaiser Heinrich
Meinl.v.S.	Meinloh von Sevelingen
Neidh.	Neidhart von Reuental
Reinm.v.H.	Reinmar von Hagenau
Rud.v.F.	Rudolf von Fenis
Wolfr.Ld.	Wolfram von Eschenbach, Lieder
WvV.	Walther von der Vogelweide

IV. Siglen für häufiger zitierte Quellen, für Zeit-
    schriften, Reihen und Hilfsmittel

AfdA   Anzeiger für deutsches Altertum und
                deutsche Literatur. 1876ff. Hsg. von
                Kurt Ruh.

Ahd. Lesebuch   Althochdeutsches Lesebuch. Zusammenge-
                stellt und mit Wörterbuch versehen von
                Wilhelm Braune. Fortgeführt von Karl
                Helm. 14.Auflage bearbeitet von Ernst
                A. Ebbinghaus. Tübingen 1962.

ATB   Altdeutsche Textbibliothek. Begründet
                von Hermann Paul. Fortgeführt von Georg
                Baesecke. Hsg. von Hugo Kuhn.

BMZ   Mittelhochdeutsches Wörterbuch, mit Be-
                nutzung des Nachlasses von Georg Fried-
                rich Benecke, ausgearbeitet von Wilhelm
                Müller und Friedrich Zarncke. 3 Bde.,
                Leipzig 1854-1866. Reprografischer Nach-
                druck Hildesheim 1963.

CChr   Corpus Christianorum. Series Latina.
                Turnholti 1954ff.

CSEL   Corpus Scriptorum Ecclesiasticorum
                Latinorum. Editum consilio et impensis
                Academiae Scientiarum Austriacae.
                Wien 1866ff.

de Boor   Geschichte der deutschen Literatur von
                den Anfängen bis zur Gegenwart von Hel-
                mut de Boor und Richard Newald (= Hand-
                bücher für das germanistische Studium).
                I: Die deutsche Literatur von Karl dem
                Großen bis zum Beginn der höfischen
                Dichtung. 770-1170. Von Helmut de Boor.
                Vierte, verbesserte Auflage. München
                1960.
                II: Die höfische Literatur. Vorbereitung,
                Blüte, Ausklang. 1170-1250. Von Helmut
                de Boor. Vierte, verbesserte Auflage.
                München 1960.
                III/1: Die deutsche Literatur im späten
                Mittelalter. Zerfall und Neubeginn. Von
                Helmut de Boor. Erster Teil. 1250-1350.
                München 1962.

DLE	Deutsche Literatur. Sammlung literarischer Kunst- und Kulturdenkmäler in Entwicklungsreihen. Hsg. von Heinz Kindermann.
DVjs	Deutsche Vierteljahrsschrift für Literaturwissenschaft und Geistesgeschichte. Begründet von Paul Kluckhohn und Erich Rothacker. Hsg. von Richard Brinkmann und Hugo Kuhn. Halle 1923ff., jetzt Stuttgart.
DWB	Deutsches Wörterbuch von Jacob und Wilhelm Grimm. 16 Bände. Leipzig 1854ff.
EG	Études Germaniques. Revue trimestrielle de la Société des Études Germaniques. Paris 1946ff.
Ehrismann	Geschichte der deutschen Literatur bis zum Ausgang des Mittelalters von Gustav Ehrismann (= Handbuch des deutschen Unterrichts an Höheren Schulen, Bd.6). I: Erster Teil. Die althochdeutsche Literatur. Unveränderter Nachdruck der 1932 erschienenen 2., durchgearbeiteten Auflage. München 1966; II,1: Zweiter Teil. Die mittelhochdeutsche Literatur. I. Frühmittelhochdeutsche Zeit. Unveränderter Nachdruck der 1922 erschienenen 1. Auflage. München 1966; II,2,1: Zweiter Teil. Die mittelhochdeutsche Literatur. II. Blütezeit. Erste Hälfte. Unveränderter Nachdruck der 1927 erschienenen 1. Auflage. München 1965; II,2,2: Zweiter Teil. Die mittelhochdeutsche Literatur. Schlußband. Unveränderter Nachdruck der 1935 erschienenen 1. Auflage. München 1966.
Eichler	Eichler, Sigurd: Studien über die Mâze. Ein Beitrag zur Begriffs- und Geistesgeschichte der höfischen Kultur. Würzburg 1942 (= Bonner Beiträge zur Deutschen Philologie, hsg. von Hans Naumann, Heinrich Hempel, Günther Weydt, Heft 13).
Germania	Hsg. von F.Pfeiffer. 1856-1892.
Graff	Althochdeutscher Sprachschatz, oder Wörterbuch der althochdeutschen Sprache, ...

etymologisch und grammatisch bearbeitet
von Eberhard Gottlieb Graff. Erster bis
sechster Teil. Darmstadt 1963. Nachdruck
der Ausgabe Berlin 1834-1842. - Voll-
ständiger alphabetischer Index zu dem althochdeutschen Sprachschatze von E.G.Graff.
Ausgearbeitet von H.F. Massmann. Darmstadt
1963. Nachdruck der Ausgabe Berlin 1846.

GRM   Germanisch-Romanische Monatsschrift. Begründet von Heinrich Schröder. Fortgeführt von
Franz Rolf Schröder. In Verbindung mit Walter Haug, Erich Köhler, Franz K.Stanzel
hsg. von Heinz Otto Burger. Heidelberg 19o9ff.

Lexer, Mhd.Wb.   Mittelhochdeutsches Handwörterbuch von
Matthias Lexer. Zugleich als Supplement und
alphabetischer Index zum Mittelhochdeutschen
Wörterbuche von Benecke-Müller-Zarncke.
Erster Band: A-M. Leipzig 1872. Zweiter Band:
N-U. Leipzig 1876. Dritter Band: VF-Z.
Nachträge. Leipzig 1878. Nachdruck Stuttgart
1965.

LThK   Lexikon für Theologie und Kirche. Begründet
von Michael Buchberger. Zweite, völlig
neu bearbeitete Auflage. Hsg. von Josef Höfer und Karl Rahner. 1o Bde., 1 Registerband, 3 Ergänzungsbände. Freiburg i.B.
1957-1968.

LV   Bibliothek des Litterarischen Vereins in
Stuttgart.

Maurer   Die religiösen Dichtungen des 11. und 12.
Jahrhunderts. Nach ihren Formen besprochen
und hsg. von Friedrich Maurer. Bd.I-III.
Tübingen 1964-197o.

MF   Des Minnesangs Frühling. Nach Karl Lachmann,
Moriz Haupt und Friedrich Vogt neu bearbeitet
von Carl von Kraus. 33.Auflage. Unveränderter Nachdruck Stuttgart 1962.

MGH   Monumenta Germaniae historica. Inde ab anno
Christi quingentesimo usque ad annum
millesimum et quingentesimum edidit Societas
Aperiendis Fontibus rerum germanicarum medii
aevi. Script.

MLN   Modern Language Notes. Baltimore 1886ff.

MSD   Denkmäler deutscher Poesie und Prosa aus
dem VIII-XII Jahrhundert. Hsg. von Karl

Müllenhoff und Wilhelm Scherer. Vierte Ausgabe von Elias Steinmeyer. 2 Bde. Berlin, Zürich 1964. Unveränderter Nachdruck der 3. Auflage Berlin 1892 (= Deutsche Neudrucke. Reihe Texte des Mittelalters).

Palaestra   Palaestra. Untersuchungen und Texte aus der deutschen und englischen Philologie, hsg. von Alois Brandl, Gustav Roethe und Erich Schmidt.

PBB   Beiträge zur Geschichte der deutschen Sprache und Literatur, begründet von Hermann Paul, Wilhelm Braune und Eduard Sievers. Halle 1874ff., seit 1933 hsg. von Theodor Frings, ab 1955 in Tübingen hsg. von Helmut de Boor und Ingeborg Schröbler, in Halle hsg. von Theodor Frings und Elisabeth Karg-Gasterstädt.

PL   Patrologiae Cursus Completus, Series Latina. Ed. Jacques-Paul Migne. 217 Bde. und 4 Registerbände. Paris 1844ff.

QuF   Quellen und Forschungen zur Sprach- und Culturgeschichte der germanischen Völker. Begründet von Bernhard Ten Brink und Wilhelm Scherer.

RGG   Die Religion in Geschichte und Gegenwart. Handwörterbuch für Theologie und Religionswissenschaft. Dritte, völlig neu bearbeitete Auflage hsg. von Kurt Galling. 6 Bände und 1 Registerband. Tübingen 1957-1965.

RhVB.   Rheinische Vierteljahrsblätter. Mitteilungen des Instituts für geschichtliche Landeskunde der Rheinlande an der Universität Bonn. Bonn 1931ff. Hsg. von W. Besch, E.Ennen, U. Lewald, M.Zender.

Schützeichel, Ahd.Wb.   Rudolf Schützeichel, Althochdeutsches Wörterbuch. Tübingen 1969.

Schwietering   Julius Schwietering, Die deutsche Dichtung des Mittelalters. 2. unveränderte Auflage. Darmstadt 1957. Unveränderter fotomechanischer Nachdruck der 1. Auflage (= Handbuch der Literaturwissenschaft. Hsg. von Oskar Walzel).

Steinmeyer, Sprachdenkm.   Die kleineren althochdeutschen Sprachdenkmäler. Hsg. von Elias von Steinmeyer. Zweite Auflage. Unveränderter Nachdruck der 1. Auflage von 1916. Berlin, Zürich 1963 (= Deutsche Neudrucke. Reihe Texte des Mittelalters.

Trivium	Trivium. Schweizerische Vierteljahres-schrift für Literaturwissenschaft und Stilkritik. Hsg. von Th. Spoerri und E. Staiger. 1942ff.
Verf.-Lex.	Die deutsche Literatur des Mittelalters. Verfasserlexikon. 5 Bände. Hsg. von Wolfgang Stammler und Karl Langosch. Berlin, Leipzig 1933-1955.
Wilhelm, Denkm.	Denkmäler deutscher Prosa des 11. und 12. Jahrhunderts (A: Text, B: Kommentar).Hsg. von Friedrich Wilhelm. München 1914. Fotomechanischer Nachdruck München 1960 (= Germanistische Bücherei Bd.3).
ZfdA	Zeitschrift für deutsches Altertum und deutsche Literatur. Begründet von Moriz Haupt. Berlin 1841ff. Ab Bd.82 hsg. von Julius Schwietering nebst Anzeiger für deutsches Altertum und deutsche Literatur, ab Bd.92 hsg. von Friedrich Ohly, Wiesbaden.
ZfdPh	Zeitschrift für deutsche Philologie. Begründet von Julius Zacher. Halle 1869ff. Hsg. von Hugo Moser und Benno von Wiese, Berlin.

V. Allgemein gebräuchliche Abkürzungen

Abschn.	Abschnitt
adj.	Adjektiv
adv.	Adverb
ahd.	althochdeutsch
Anm.	Anmerkung
AT	Altes Testament
Aufl.	Auflage
Ausg.	Ausgabe
Bd.	Band
Diss.	Dissertation
ed.	edidit
f.	Femininum
frühmhd.	frühmittelhochdeutsch
frz.	französisch
germ.	germanisch
got.	gotisch
gr.	griechisch
H.	Heft
Hs.	Handschrift
hsg.	herausgegeben
idg.	indogermanisch
Jh.	Jahrhundert
Kap.	Kapitel
Kl.	Klasse
lat.	lateinisch
m.	Maskulinum

ma.	mittelalterlich
mhd.	mittelhochdeutsch
n.	Neutrum
N.F.	Neue Folge
nhd.	neuhochdeutsch
NT	Neues Testament
o.J.	ohne Jahresangabe
Or.	Oratio
part.adj.	Partizipialadjektiv
Rez.	Rezension
s.	siehe
S.	Seite
Sp.	Spalte
st.	stark
Str.	Strophe
subst.	Substantiv
sw.	schwach
v.	Verbum
vgl.	vergleiche
Wb.	Wörterbuch

Abkürzungen biblischer Bücher: nach der Vulgata-Edition
(s. Literaturverzeichnis).

EINLEITUNG

Hegels aphoristisch anmutender Satz "Die Bestimmung des Maßes ist die Unmäßigkeit"[1] bereitet dem heutigen Leser ebensowenig nennenswerte Verständnisschwierigkeiten wie andere neuzeitliche Aussagen zum ethischen, ästhetischen oder gar technischen Begriff des Maßes, sofern es gelingt, aus der Rückkoppelung an den soziokulturellen Kontext des Begriffs eine präzise semantische Vorstellung von seinem Inhalt zu gewinnen. Auch der gemeinsprachliche Begriff "Maß" erscheint heute von seiner Bedeutung her als verhältnismäßig problemlos. Seine semantischen Segmente weisen nicht nur in unterschiedliche Sachbezirke, in denen er zur exakt definierbaren Anwendung kommt, sondern auch in besondere Sprachschichten, Fach- und Sondersprachen, die ihn als engbegrenzten terminus technicus aufweisen.

Dem neuhochdeutschen Begriff "Maß" wird zudem heute niemand mehr, abgesehen vom Sonderfall fachsprachlichen Gebrauchs in Wissenschaft, Technik und anderen Bereichen, eine hervorgehobene Signifikanz für modernes Bewußtsein und seine kulturellen und zivilisatorischen Konkretionen zugestehen wollen, die über das ohnehin Bekannte der Strukturen einer technisierten, und das bedeutet: mathematisierten, Umwelt hinausginge. Indes läßt die G e s c h i c h t e dieses Begriffs erkennen, daß er in einer bestimmten vergangenen Epoche in hervorragender Weise mit deren Selbstverständnis verknüpft war, soweit es sich literarisch niederschlug. Und noch mehr: daß die Untersuchung seiner Herausbildung und Differenzierung gleichzeitig zu Aussagen über jene Epoche gelangen kann.

Die vorliegende Studie geht der Herausbildung und literarischen Ausprägung des Begriffs mhd. 'mâze' und seiner

---

[1] G.W.F. Hegel, Phänomenologie des Geistes. Nach dem Texte der Originalausgabe hsg. von J. Hoffmeister. Hamburg 6. Aufl. 1952, S. 399.

Wortfamilie[2] im deutschsprachigen Raum von den Anfängen
schriftlicher Überlieferung bis in die Zeit um das Jahr
1220 nach und bezieht ihre grundsätzliche Legitimation aus
der Notwendigkeit historischer Wortforschung überhaupt.[3]
Der Wahl des Themas liegt insofern eine gewisse Dringlich-
keit zugrunde, als eine diachronische Untersuchung der
'mâze'-Wortfamilie auf der Grundlage des gesamten Belegmaterials aus der althochdeutschen, frühmittelhochdeutschen
und mittelhochdeutschen Literatur bislang fehlt. Dennoch
sind viele Autoren geneigt, der 'mâze' (neben anderen
mittelhochdeutschen "Kernwörtern") eine Art ideologischer
Schlüsselstellung in der mittelhochdeutschen Literatur ein-
zuräumen - ein Blick in Literaturgeschichten des Mittelalters kann dies bestätigen.[4]

---

[2] Neben dem Begriff "Wortfamilie" kommt als Synonym auch die
ältere Bezeichnung "Wortsippe" zur Anwendung. Beide meinen
eine Gruppe von Wörtern, die durch die gleiche Stammwurzel
zumindest etymologisch und lautlich, oft aber auch durch
die weitere bedeutungsmäßige Entwicklung, untereinander
verwandt sind. Zum Begriff "Wortfamilie" vgl. Duden.
Grammatik der deutschen Gegenwartssprache. Hsg. von der
Dudenredaktion unter Leitung von P. Grebe. 3., neu bearbeitete und erweiterte Auflage. Mannheim/Wien/Zürich 1973,
S. 441f.

[3] Vgl. besonders O. Reichmann, Deutsche Wortforschung. Stuttgart 1969, S. 48ff.

[4] Vgl. Ehrismann II,2,1, S. 19, 3o, 1o5, 168f. u.a.; de Boor
II, S. 25, 47, 73, 98 u.a.; zurückhaltender Schwietering
S. 16o, 254; P. Wapnewski, Deutsche Literatur des Mittel-
alters. Ein Abriß. Göttingen 1966, S. 48, 52, 59, 8o; keine
Stellungnahme zum Problem bei K. Bertau, Deutsche Literatur
im europäischen Mittelalter. Bd. I: 8oo-1197. München 1972.

I. Zur Forschungslage

Wer sich über den mittelalterlichen "Kernbegriff" 'mâze'
genauer informieren will, wird eine nicht eben günstige
Forschungslage antreffen.[5] Es erschien bisher nur eine einzige Spezialstudie zu diesem Thema, eine Untersuchung von
S. E i c h l e r [6] aus dem Jahre 1942. In dieser (heute nur
noch schwer zugänglichen) Arbeit ist Ideologisches in un-
glücklicher Weise mit wissenschaftlich Brauchbarem verknüpft,
so daß der Leser Mühe hat, die Spreu vom Weizen zu trennen.

Eichler sieht die historischen Voraussetzungen der 'mâze'
nur widerwillig in der antiken Philosophie, vornehmlich aber
in der altgermanischen Kultur gegeben und erörtert in chronologischer Folge die Funktion der 'mâze' in der mittelhochdeutschen Literatur, wobei den einzelnen Denkmälern nur ein
sehr enger Raum bemessen wird (z.B. werden so wichtige
Texte wie Heinrichs von Melk "Priesterleben" und "Erinnerung
an den Tod" in 21 und das Rolandslied in 33 Zeilen abgehan-
delt). Da Eichler sehr stark den durch ideologische Zeit-
strömungen belasteten Forschungen H. Naumanns verpflichtet

---

[5]Auch die größeren althochdeutschen und mittelhochdeutschen
Wörterbücher vermitteln leider nur ein unvollständiges
Bild, weil sie die Belege nur lückenhaft verzeichnen und
zudem von der Anlage ihrer Wortartikel her den begriffsge-
schichtlichen Aspekt vernachlässigen (vgl. Graff II, Sp.
891ff.; Lexer, Mhd. Wb.I, Sp.2064ff.; BMZ II,1, S. 199ff.).
Das im Entstehen begriffene Althochdeutsche Wörterbuch des
Akademie-Verlages Berlin ist bisher über Band I und zwei
Lieferungen zu Bd.II und III nicht hinausgekommen (Althoch-
deutsches Wörterbuch. Auf Grund der von E. von Steinmeyer
hinterlassenen Sammlungen im Auftrag der Sächsischen Akademie
der Wissenschaften zu Leipzig bearbeitet und hsg. von
Elisabeth Karg-Gasterstädt und Th. Frings. Bd.I: A und B.
Berlin 1968; Bd. II: C und D, hsg. von R. Grosse, Berlin
1970, 1. Lieferung; Bd. III: E und F, hsg. von R. Grosse,
Berlin 1971, 1. Lieferung. In diesem Wörterbuch sind zur
'mâze'-Wortfamilie bisher folgende Wortansätze erschienen:
Bd.I keine; Bd.II, 1. Lieferung, keine; Bd.III, 1. Lieferung: 'ebanmâza' stf., 'ebanmâzi' adj., 'ebanmâzîg' adj.,
'ebanmâzôn' swv., 'gi-ebanmâzôn' swv., 'ebanmezzôn' swv.,
'gi-ebanmezzôn' swv.).

[6]S. Eichler, Studien über die Mâze. Ein Beitrag zur Begriffs-
und Geistesgeschichte der höfischen Kultur. Würzburg 1942.

ist, übernimmt er auch deren Schwächen. Aus ideologischer
Motivation heraus ist er krampfhaft darum bemüht, die geistlich-
christliche Tradition völlig auszuklammern und die Bedeutung
der antiken Ethik für die Herausbildung der 'mâze' stark
herunterzuspielen, um ihren Ursprung um so besser im "germanischen Lebensgefühl" (S. 1) suchen zu können. Die Prä-
missen der Arbeit, ein "ununterbrochener organischer Kultur-
zusammenhang vom Germanentum bis zur höfischen Kultur" (S.91),
sowie die postulierte Notwendigkeit, "in einer Zeit der
Selbstbesinnung auf eigene völkische Kräfte" (S.1) einen so
zentralen Begriff wie den der 'mâze' nicht mehr ausschließlich aus der Antike, sondern in deduktivem Vorgehen hauptsächlich aus germanischer Tradition ableiten zu wollen, gehören in ihrer Rigorosität in den weiteren Umkreis natio-
nalsozialistischer Kulturideologie. Eichler untermauert
seine Ausgangsthese, die Selbstbeherrschung gehöre als
fester Bestandteil zur germanischen Sittlichkeit, durch
eine Kompilation von Beispielen für Maß, Mäßigung und
Selbstbeherrschung aus der altnordischen Literatur. Dieser
Ansatz ist heute auch insofern überholt, als die nordisti-
sche Forschung christliche und antike Einflüsse auf Gehalt
und Ethik altnordischer Denkmäler durchaus anerkennt.
Wenn Eichler die höfische Kultur insgesamt auch als "eine
Art germanischer Renaissance" (S. 1) auffaßt, so sind manche
Einzelergebnisse im interpretatorischen Teil seiner Studien
doch nicht voreilig zu verwerfen, und es wird im Verlauf
dieser Arbeit von Fall zu Fall auf einiges einzugehen sein.

Bei Eichler vermißt man ferner eine Dokumentation des Belegmaterials. Der Leser seiner Studien erfährt nicht genau,
ob es noch weitere Belege gibt, die der Verfasser bewußt
ausklammert oder gar nicht kennt. Den hohen Anspruch, die
Begriffsgeschichte der 'mâze' u n d ihre weitverzweigte
kulturgeschichtliche Tradition in einer nicht eben umfangreichen Studie einzufangen, vermochte der Verfasser nicht
überzeugend einzulösen, von den selbstgewählten (oder auf-
gezwungenen) ideologischen Barrieren einmal abgesehen. Die

Folgen des Mißverhältnisses zwischen hohem Anspruch und in-
adäquaten Methoden und materialmäßigen Voraussetzungen zeigen sich häufig in allzu allgemeinen, durch philologische
Sorgfalt nicht immer abgedeckten Ergebnissen und in speku-
lativen geistesgeschichtlichen Konstrukten. So besteht auch
nach Eichlers Arbeit das Desiderat einer streng material-
und textorientierten Analyse der 'mâze' und ihrer Wortfamilie in diachronischer Sicht.

Wichtige geistesgeschichtliche V o r a u s s e t z u n g e n
der 'mâze' sind in einer Dissertation von W. H e r m a n n s [7]
untersucht worden. Allerdings beschränkt sich der Verfasser
in einem Kapitel über den "Einfluß auf die mittelhochdeutsche
Dichtung" (S. 56ff.) auf einen höchst unvollständigen Überblick über einige mittelhochdeutsche Denkmäler vornehmlich
didaktischer Art. Wird man diesen Teil der Untersuchung als
unzulänglich bezeichnen müssen, so bietet der zentrale Teil
der Dissertation eine brauchbare Überschau über die Mäßi-
gungslehren der patristisch-scholastischen Ethik und eine
überzeugende Herausarbeitung der zwei traditionellen Haupt-
linien in der Geschichte der mittelalterlichen Ethik, der
monastischen und der laikalen Tradition, die für die Profilierung der höfischen 'mâze', so nimmt der Verfasser an,
ihre je eigene Bedeutung gehabt haben. Hermanns gelangt zu
dem Ergebnis: "Es gibt... in der ritterlichen Lehre über
die Tugend der Mâze keine Vorschrift, die nicht in der Lehre
der hier besprochenen Autoren Vorbild oder Parallele fände",
muß aber einräumen, daß "mit dieser Feststellung nur die
Möglichkeit, nicht die Sicherheit gegeben (ist), daß die
patristisch-scholastischen Autoren auch von den Dichtern

---

[7] W. Hermanns, über den Begriff der Mäßigung in der patristisch-scholastischen Ethik von Clemens v. Alexandrien bis
Albertus Magnus (Mit Berücksichtigung seines Einflusses
auf die lateinische und mittelhochdeutsche Poesie.) Bonner
Diss., Aachen 1913.

der ritterlichen Ethik benutzt wurden" (S. 57). So bleibt
die Frage nach der Vermittlung traditioneller Strömungen
(antike Tugendlehren, Bibelethik, monastische Ethik des
Mittelalters, Laienethik u.a.) mit der Geschichte der Herausbildung der mittelhochdeutschen 'mâze' weiterhin offen.
Weitere sprach- und geistesgeschichtliche Voraussetzungen
der 'mâze' sind im Rahmen größerer Zusammenhänge schon in
der älteren Forschung untersucht worden, aus der hier die
Arbeiten von W. van Ackeren[8], E. Wechssler[9], P. Schulze[10]
und G. Traub[11] genannt werden sollen, weil sie Forschungs-
ansätze repräsentieren, die heute immer noch nicht einer
befriedigenden Lösung zugeführt werden konnten. Van
A c k e r e n untersucht die sieben Hauptsünden und ihre
Filiationen und betrachtet ihre sprachliche Wiedergabe im
Althochdeutschen, wobei er sich allerdings auf die ahd.
Glossen (Steinmeyer) beschränkt. W e c h s s l e r geht
näher auf das Abhängigkeitsverhältnis 'mezura' - 'mâze'
und auf die literarische Überlieferung der Maß- und Mäßigungsvorstellungen von der antiken Ethik zum Mittelalter
ein (vgl. besonders S. 44-5o). S c h u l z e untersucht
den Einfluß mittelalterlicher Tugend- und Lasterlehren auf
die "frühdeutsche" Literatur (worunter er Denkmäler wie den
Weißenburger Katechismus, die Benediktinerregel, die
Beichtenliteratur, Notker u.a. versteht). T r a u b verfolgt die Entwicklung und Umgestaltung der Ethik Ciceros

---

[8] W. van Ackeren, Die althochdeutschen Bezeichnungen der
septem peccata criminalia und ihrer filiae. Greifswalder Diss., Dortmund 19o4.

[9] E. Wechssler, Das Kulturproblem des Minnesangs. Halle a.
S. 19o9.

[10] P. Schulze, Die Entwicklung der Hauptlaster- und Haupt-
tugendlehre von Gregor dem Großen bis Petrus Lombardus
und ihr Einfluß auf die frühdeutsche Literatur. Greifswald 1914.

[11] G. Traub, Studien zum Einfluß Ciceros auf die höfische
Moral. Greifswald 1933.

in der frühchristlichen Zeit, bei Ambrosius, Augustinus,
im frühen Mittelalter, bei Wilhelm von Conches, Hildebert
von Le Mans, Wernher von Elmendorf, Thomasin von Circlaria
und schließlich bei Hartmann von Aue, Wolfram von Eschenbach, Gottfried von Straßburg und Walther von der Vogelweide.

Aus der neueren Forschung ist auf eine Arbeit aufmerksam
zu machen, die die vielfältigen Aussagen der Karolingerzeit zum Quaternar der Kardinaltugenden zum Thema hat und
für die Herausbildung der 'temperantia' in der Zeit zwischen
75o und 9oo wesentliches beiträgt.[12] Die Autorin S. M ä h l
sieht ihre Aufgabe aber nicht darin, von ihren Ergebnissen
her "Verbindungslinien zu späteren Jahrhunderten zu ziehen"
(S.4). Mit dieser quellenkritischen und überlieferungsge-
schichtlich orientierten Untersuchung wird dennoch eine
empfindliche Lücke in der Ethikforschung des Mittelalters
geschlossen.

Aus dem benachbarten r o m a n i s c h e n Kulturkreis,
dem die deutsche Literatur des Mittelalters entscheidende
Impulse verdankt[13], liegt eine Arbeit zum provenzalischen
Troubadour-Ideal der 'mezura' vor[14]. Ihr Verfasser J.
W e t t s t e i n stellt zunächst die Grundlagen der hö-
fischen Poesie dar, vor allem das Verhältnis zwischen
religiösem und höfischem Ideal. Er analysiert die Idee des
Maßes (frz. 'mesure') in der christlichen Tradition, bei
Moralisten und Philosophen (besonders Augustinus und Thomas).

---

[12] Sibylle Mähl, Quadriga virtutum. Die Kardinaltugenden in
der Geistesgeschichte der Karolingerzeit. Köln, Wien 1969.

[13] J. Bumke, Die romanisch-deutschen Literaturbeziehungen
im Mittelalter. Ein Überblick. Heidelberg 1967.

[14] J. Wettstein, "Mezura". L'Idéal des Troubadours. Son
essence et ses aspects. Thèse présentée à la Faculté des
Lettres de l'Université de Berne. Zurich 1945.

Dann zeigt er, welche Modifikationen jene Idee bei der Um-
wandlung in eine ritterliche Tugend erfuhr und wie sich aus
der christlichen 'sagesse' die höfische Liebe ('l'amour
courteois') entwickelte. In der Schlußzusammenfassung versucht er, die Rolle der Troubadours innerhalb der geistigen
Entwicklung vom Mittelalter zur Renaissance aufzuzeigen.
Einige Ergebnisse dieser Untersuchung seien hier umrissen
(vgl. S. 1ooff.):

Die Idee des Maßes ist im Mittelalter sehr lebendig. Durch
Generationen hindurch gepflegt, wird sie zum bestimmenden
Prinzip des moralischen und sozialen Lebens. Die höfische
Poesie entwickelt diese Idee in dreifacher Hinsicht: (1.)
Maß des christlichen Weisen ('sage'), (2.) Maß des Ritters
('chevalier'), und (3.) Maß des Liebenden ('amant'). Sie gibt
der Idee des Maßes verschiedene Ausprägungen: eine univer-
selle, eine gesellschaftliche und eine personale. Das ritterlich-höfische Lebensideal ist christlichen Ursprungs, verändert sich aber durch den Kompromiß mit der weltlichen
Lebensweise. Es behält zwar seinen universellen Anspruch,
charakterisiert aber eine bestimmte soziale Schicht und bekommt personale Ausprägungen. Die höfische Liebe wird aus
zwei Elementen gebildet: einem generalisierenden der 'mesure'
und einem individualisierenden der 'joie'. Aus dem ursprünglich rein moralischen Begriff des Maßes entwickelt sich ein
ästhetischer Begriff, der zu seiner Verwirklichung eines personalen Zentrums bedarf. Die 'Dame' erscheint dabei als Symbol aller Qualitäten, als ästhetische Verkörperung des
Maßes. Das Genie der Troubadours verwandelt die moralischen
Werte in ästhetische, und damit auch das moralische Ideal
des Maßes in das ästhetische der Freude ('joie'); es bewegt
sich so vom Mittelalter weg in Richtung auf die Renaissance.
Denn die Troubadours suchen das Absolute dort, wo die christlichen Weisen ('sages') es vergeblich suchten, in der weltlichen Lebensgestaltung. Die Person wird zum Zentrum der Maßvorstellung, ohne daß die christlich-moralischen Grundbe-

stimmungen aufgegeben werden: "L'idéal de la mesure fleurit
simultanément sous la forme morale et sous la forme
esthétique; il est chevaleresque et courtois" (S. 113). -
Stofflich-thematisch bewegt sich der Autor nur im mittellateinischen und romanischen Schrifttum, und Bezüge zur 'mâze'
der deutschen Dichtung werden nicht hergestellt.

Weder die Begriffsgeschichte der 'mâze'-Sippe noch das Wortfeld "Maß, Mäßigung, Selbstbeherrschung, Unmaß u.a." in der
mittelalterlichen deutschen Literatur noch die ihnen kor-
respondierenden sachgeschichtlichen Aspekte sind bisher systematisch aufgearbeitet worden. Was sich aus diesen Deside-
raten an Fragestellungen für die zukünftige Mittelalter-
forschung ergibt, liegt auf der Hand.

II. Fragestellung, Abgrenzung des Themas und Textgrundlage

Wenn im folgenden der Versuch unternommen wird, die begriffsgeschichtliche Herausbildung der 'mâze' dem Verstehen literarischer Denkmäler des Mittelalters dienlich zu machen, so
ist zunächst zu begründen, weshalb neben der Betrachtung des
"Kernwortes" 'mâze' auch eine Untersuchung seiner Wortfamilie
in die Fragestellung einbezogen wurde.

Eine isolierende Darstellung der Geschichte des Einzelwortes
'mâze' hätte dessen Bedeutungsgehalt nicht hinlänglich erfassen können; ihr wären die differenzierten Beeinflussungs-
prozesse und Abhängigkeiten entgangen, die zwischen den sich
hier verzweigenden, dort sich wieder verengenden Teilberei-
chen einer einem lebendigen sprachlichen Entwicklungsprozeß
unterworfenen Wortfamilie vermutet werden können. Die semantischen Bezüge, die oftmals zwischen den Einzelwörtern
einer Wortfamilie anzunehmen sind (wiewohl dies nicht grundsätzlich so sein muß), sind zu wichtig für das Verständnis
des im Mittelpunkt stehenden Begriffs, als daß in der Analyse auf sie verzichtet werden könnte. Wo aus Gründen der
Zeit und der stofflichen Bewältigung des Themas schon weitgehend von einer Bearbeitung des Wort f e l d e s der 'mâze',
das heißt auf eine genaue Untersuchung sinngleicher und
sinnverwandter mittelhochdeutscher "Kernwörter" in ihrem Bezug zur 'mâze', Abstand genommen werden mußte, soll das Verhältnis des Einzelwortes 'mâze' zu seiner Wort f a m i l i e ,
soweit es seine Bedeutungssegmente wesentlich beeinflußt hat
und umgekehrt, gebührend zur Sprache kommen.

Unter mittelhochdeutschen (und in der Folge auch lateinischen)
"Kernwörtern" verstehe ich Begriffe wie beispielsweise mhd.
'mâze', 'êre', 'staete', 'triuwe', 'muot', 'sin', 'herze',
'saelde' usf. oder lat. 'mensura', 'modus', 'temperantia',
'discretio', 'modestia', 'continentia', 'fortitudo', 'prudentia', 'iustitia' usf., also zentrale, für die umfassende Entwicklung einer Kulturgruppe literarisch wichtig gewordene,

soziokulturelle Indikatoren, die eine programmatische, oftmals ideologisch befrachtete Ausstrahlung im Umkreis bestimmter Literaturen und von ihnen repräsentierter kultureller Bereiche (Kirche, Mönchtum, Rittertum, Bildungswesen u.a.) besaßen. Von der genauen Kenntnis der Semantik
dieser Begriffe sind unter Umständen Rückschlüsse auf ihren
soziokulturellen Kontext, also auf die von ihnen repräsen-
tierte Kulturtradition, möglich. Dabei verkenne ich nicht
die Schwierigkeiten, die dieser zirkelartigen Fragestellung
immanent sind: die Semantik der 'mâze' soll über ihren literarischen Kontext hinaus auch aus dem Einbezug des ge-
schichtlich-kulturellen Hintergrundes gewonnen werden; gleichzeitig sollen die erzielten semantischen Ergebnisse zu Aussagen über jenen Hintergrund beigezogen werden. Hier wird
nur eine vorsichtig vorgehende Verfahrensweise, die sich
streng an die Texte hält und das semantisch-soziokulturelle
Beziehungsgeflecht immer wieder auf seine gegenseitigen Beeinflussungen hin bedenkt, weiterführen können.

Von der thematischen Absicht her ist auch eine Beschränkung
auf d e u t s c hsprachige Denkmäler nicht zu rechtferti-
gen, unterstellt sie doch das Vorhandensein einer von
griechischer, lateinischer, romanischer, ja: gesamteuropä-
ischer Kulturtradition unabhängig und somit unbeeinflußt verlaufenen Geschichte der deutschen Sprache und Literatur.
Auch hier führten lediglich zwingende äußere Gründe zu einer
Beschränkung auf den deutschsprachigen Bereich, und so wichtigen Fragen wie denen nach den verschiedenen Traditionssträngen der mittelalterlichen Maß-, Mäßigungs- und Mäßigkeitsvor-
stellungen, etwa in den Bereichen der antiken und biblischen
Tradition, in der Patristik, in der mittellateinischen Literatur, in der mittelalterlichen Naturwissenschaft oder in
der romanischen Hofkultur des frühen Mittelalters, konnte
nicht systematisch, sondern nur von Fall zu Fall nachgegangen werden. Die vorliegende Arbeit soll daher lediglich als
Mosaiksteinchen zu einem von der Forschung erst weitgehend

noch zu ergänzenden Gesamtbild europäischer Sprach- und
Literaturgeschichte aufgefaßt werden, das vom Gegenstand
her in mediävistischen Perspektiven und von den Methoden her
mit komparatistischen Verfahrensweisen zu erstellen wäre.

Monographisch angelegte Untersuchungen wie die vorliegende
Studie sind daher stets nur Vorarbeiten und verlangen als
Korrektiv zu der ihnen eigenen Betrachtung isolierter Aspekte einerseits die Synthese einer die Einzelergebnisse zu-
sammentragenden und gegeneinander abwägenden Gesamtschau,
andererseits erfordern sie als Monographien aus dem sprach-
historisch-literarhistorischen Bereich notwendigerweise die
Konfrontation mit den Ergebnissen der Geschichtsforschung.
Im vorliegenden Falle müßten die aus den schriftlichen Zeugnissen der literarischen Überlieferung (um deren Kontinuität
es durch die gewaltigen Lücken in der Tradierung historischer
Zeugnisse nicht zum besten bestellt ist) im abstrahierenden
und verallgemeinernden Verfahren gewonnenen Vorstellungen
über Maß, Mäßigung, Selbstbeherrschung, Vermessenheit, Unmaß
usf. als zunächst nur l i t e r a r i s c h e Derivate zur
weiteren Überprüfung den historischen Disziplinen der Mittel-
alterforschung überantwortet werden.

Von den bisher genannten Vorbehalten abgesehen, dürften Monographien zu bestimmten Begriffen der mittelalterlichen Literatur dort eine wissenschaftlich begründbare Berechtigung beanspruchen, wo Wörter von offenbar großer kulturhistorischer
Relevanz untersucht werden. Hierzu gehören sicherlich die oben
erwähnten mittelhochdeutschen Kernwörter. Aber auch hier darf
die monographische Darstellung keinen höheren Rang als den
einer Vorarbeit anstreben, die der notwendigen Korrektive durch
andere Disziplinen der historischen Forschung oder durch Arbeiten mit synthetischen Zielsetzungen harrt.

Die vorliegende Untersuchung von mhd. 'mâze' und ihrer Wortfamilie versteht sich als Beitrag zur Erhellung mittelalterlicher Bewußtseinsdimensionen, soweit sie sich in der tra-

dierten L i t e r a t u r niederschlugen und hier wieder in
zentralen Begriffen eine besondere Bedeutung erlangten. Die
Bedeutungsgeschichte der 'mâze' und ihrer Sippe soll für die
Problemgeschichte des Mittelalters, insofern sie in die alt-,
frühmittel- und mittelhochdeutsche Literatur einfloß,
fruchtbar gemacht werden und ihr hier und da neue Akzentu-
ierungen verleihen. Das entbindet den Verfasser nicht von der
Verpflichtung zur möglichst genauen sprachlichen Analyse (wiewohl besonders bei semantischen Untersuchungen subjektive Mo-
mente niemals ganz auszuschließen sind). Die Zielsetzungen
dieser Arbeit entspringen aber nicht einem primär sprachgeschichtlichen, sondern einem literaturgeschichtlichen Interesse; dieses weiß sich wiederum an einen Literaturbegriff gebunden, für den es keine grundsätzlichen Trennungslinien
zwischen der Geschichte des Menschen und der Geschichte der
ästhetischen Bedürfnisse des Menschen gibt. Der dieser Arbeit
zugrundeliegende Literaturbegriff kennt daher keine strikte
Trennung in ästhetische und nichtästhetische Denkmäler, sondern
umfaßt alle Arten des uns überkommenen Schrifttums (zu zwei
Ausnahmen s.u.).

Der Studie liegen alle edierten Denkmäler der deutschen Literatur bis um 1220 zugrunde, die dem Bereich des althochdeutschen, frühmittelhochdeutschen und mittelhochdeutschen
Schrifttums zuzurechnen sind. Nicht berücksichtigt werden
konnten (1.) die Glossenliteratur, weil hierfür eine spezielle Einarbeitung erforderlich gewesen wäre[15], und (2.) das in
den lateinischen Texten des Mittelalters verstreut überlie-
ferte alt-, frühmittel- und mittelhochdeutsche Wortgut. Der
genaue Umfang der ausgewerteten Texte ist aus dem im Anhang
ausgebreiteten Wortmaterial ersichtlich, und zwar aus den

---

[15]Ich verweise auf das in Lieferungen erscheinende Althochdeutsche Glossenwörterbuch (mit Stellennachweis zu sämt-
lichen gedruckten althochdeutschen und verwandten Glossen).
Zusammengetragen, bearbeitet und hsg. von Taylor Starck und
J.C. Wells, Heidelberg 1972ff., bisher 2 Lieferungen (A-
fiscâri). Es enthält zur 'mâze'-Sippe folgende Wortansätze:
'drîmaezec' adj., 'ebenmâze' stf., 'gi-ebanmâzôn' swv.,
'elinamez' stn., 'vermezzen' part. adj. - Vgl. auch das
Wörterverzeichnis bei Otto Gröger, Die althochdeutsche und
altsächsische Kompositionsfuge mit Verzeichnis der althoch-

Kapiteln A-C, in denen alle beigezogenen Denkmäler, auch diejenigen mit negativem Befund zur 'mâze'-Wortfamilie, aufgeführt werden, so daß das Ausmaß der Textgrundlage für jedermann einsichtig wird. Innerhalb dieser Textgrundlage wurde die
Vollständigkeit des erfaßten Belegmaterials angestrebt. In
einzelnen Fällen wird der Leser hinsichtlich der Denkmäler,
die der Textgrundlage noch oder nicht mehr zuzurechnen sind,
zu anderen Auffassungen als die hier vertretenen gelangen können, so zum Beispiel bei der Begrenzung "bis um das Jahr 1220".
Die Sachlage der ungesicherten Chronologie weiter Bereiche der
mittelalterlichen Literatur gebot es, auch problematisch erscheinende Zuordnungen von Denkmälern vorzunehmen, um das Ziel
der Vollständigkeit des Belegmaterials nicht zu gefährden.

Im Bereich der althochdeutschen Literatur deckt sich die
Textgrundlage genau mit derjenigen des Althochdeutschen Wörterbuchs von R. Schützeichel[16]. Bei der Erfassung der frühmittelhochdeutschen Belege konnte auf das in der Arbeitsstelle
des Frühmittelhochdeutschen Wörterbuchs am Germanischen Seminar der Universität Hamburg verzettelte Material zurückgegriffen werden. - **Der Verfasser hat a l l e Denkmäler des
oben skizzierten Textkanons auf Belege hin durchgesehen**[17],
**auch diejenigen, deren Editionen mit Glossaren ausgestat-
tet sind. Die Arbeit dokumentiert damit, abgesehen von
den oben erwähnten zwei Ausnahmen, das vollständige Belegmaterial zur Wortfamilie 'mâze' bis um 1220. Diese Jah-
reszahl steht für das Ende der sogenannten höfischen**

---

deutschen und altsächsischen Composita. Zürich 1911, und zwar
die Wortansätze 'eban-', 'fuodar-', 'elin-', 'fuoz-', 'gawi-',
'lant-', 'mâz-', 'metam-', 'mez-', 'firmezzan-', 'mezzant-',
'mezzîg-', 'metod-', 'mord-', 'nâtar-', 'reht-', 'scara-',
'scrîb-', 'scriti-', 'winkil-' und 'giwis(s)-', die allesamt
Verbindungen mit 'mâz-'/'mez-' eingingen.

[16]Vgl. die Liste der ausgewerteten Denkmäler S. VII-XV.

[17]Das gilt auch für die im Frühmittelhochdeutschen Wörterbuch des Germanischen Seminars der Universität Hamburg erfaßten Denkmäler; hier erwiesen sich an einigen wenigen
Stellen Ergänzungen des Belegmaterials als erforderlich.

Blütezeit der deutschen Literatur und markiert den Zeitraum, in dem die 'mâze' in ihrer Bedeutung als mittelalterliches Kernwort ihre Originalität verlor; mit jenem Zeitraum bot sich dem Bearbeiter eine sinnvolle Begrenzung seiner Untersuchung an.

III. Methodischer Ansatz

Eine Übersicht über das vollständige[18] Belegmaterial zur
'mâze'-Wortfamilie als der Voraussetzung ihrer begriffsge-
schichtlichen Untersuchung und der Bestimmung ihrer literarischen Relevanz konnte nur dadurch gewonnen werden, daß die
zunächst nur verzettelten Belege möglichst überschaubar und
differenziert geordnet wurden. So besteht das erste methodische
Erfordernis dieser Arbeit darin, eine dem sprachgeschichtlichen
Verlauf, der semantischen Entwicklung und der kulturgeschicht-
lichen Bedeutsamkeit der Wortfamilie möglichst entsprechende
Darbietungsform zu finden, die eine Überschau über die rund
1600 Belege erlaubt.

Ausgangspunkt der Analysen und Interpretationen sind stets
das Belegmaterial und sein engerer und weiterer Kontext. "Kontext" meint zunächst die unmittelbare sprachliche Nachbarschaft, dann aber auch den gesamten handlungsmäßigen und
ideellen Horizont des Textes, dem der Beleg entstammt. Der
hier zugrundegelegte Kontextbegriff wird um so weiter ausge-
legt, als sich das ästhetisch-ethische Gefüge der untersuchten
Texte und Dichtungen im Verlauf der Jahrhunderte zusehends
differenziert. Bei Notker von St. Gallen wird oft noch eine
Untersuchung der Einzelwortsemantik oder der unmittelbaren
sprachlichen Umgebung genügen; in der frühmittelhochdeutschen
geistlichen Dichtung ist der geistig-sittliche Hintergrund
der Denkmäler in verstärktem Maße hinzuzuziehen; in der frühhöfischen Dichtung schließlich gerät auch der ästhetische
Kontext (Aufbau, Komposition, Gestaltentypik, Handlungsstruk-
tur u.a.) zunehmend in Betracht. Je polysemantischer, diffe-
renzierter und abstrakter das zu untersuchende Belegmaterial
wird, um so stärker ist es von seinem Kontext semantisch abhängig und daher von ihm her zu analysieren, um so weiter ist

---

[18]"Vollständig" im Sinne der oben abgesteckten Textgrundlage.

demzufolge der Kontextbegriff aufzufassen. Ist beispielsweise
das ahd. 'mez' in bestimmten Belegen in der konkreten Bedeutung "Ausmaß, Umfang, Größe" ohne weiteres noch vom "Mikro-
kontext" seiner unmittelbaren sprachlichen Umgebung her zu-
reichend zu erfassen, so bedarf es bei dem höfischen Tugendbegriff mhd. 'mâze' schon des "Makrokontextes" größerer Dichtungs-
teile oder der Dichtungsstruktur oder gar des ganzen Denkmals
mitsamt seinem Hintergrund, um den Bedeutungsraum jenes Wortes
zu erkennen. Daher wird sich das methodische Vorgehen im Verlauf der Untersuchung analog zur Differenzierung und historisch
sich wandelnden Gebundenheit der literarischen Denkmäler ebenfalls zu differenzieren haben; strenge Textinterpretation bleibt
jedoch stets das angestrebte Ziel.

Je nach der Gewichtigkeit der Belege werden den einzelnen Texten unterschiedlich umfangreiche Analysen gewidmet. Das zwei-
schrittige methodische Grundmuster dieser Arbeit, die Interpretation der Belegstellen unter kontextuellen Gesichtspunkten
und, daran anschließend, die Erörterung von Funktion und Stellung der 'mâze' und ihrer Sippe im Gesamttext, kommt dabei zu
unterschiedlich intensiver Anwendung. Im Bereich der althochdeutschen Literatur verdienen vor allem die Benediktinerregel
und Notker von St. Gallen Aufmerksamkeit. In der Literatur
des mittleren und späteren 12. Jahrhunderts gebührt Heinrich
von Melk, dem armen Hartman, dem Rolandslied, dem Straßburger
Alexander, Wernher von Elmendorf und Heinrich von Veldeke
besonderes Interesse, und in der "Blütezeit" stehen neben
den drei großen Epikern Hartmann von Aue, Wolfram von Eschenbach und Gottfried von Straßburg vor allem Walther von der Vogelweide und Thomasin von Circlaria im Mittelpunkt. Aus dieser von der Sache her notwendigen Gewichtsverteilung erklärt
sich auch der ungleiche Umfang der verschiedenen Unterkapitel.

Maßgeblicher Gesichtspunkt für die Einteilung der Belege in
gewichtige und weniger bedeutsame und somit für die unterschiedliche Einläßlichkeit der interpretatorischen Exkurse ist
die Relevanz des Materials für die Herausbildung der 'mâze'

als eines offenbar grundlegenden kulturhistorischen Begriffs
des Mittelalters, der für die Dichtung jener Zeit hohe Werte
ethischer, ästhetischer, geistlicher, ritterlicher und höfischer Art verkörperte. Dieser Gesichtspunkt ermöglicht Schwerpunktbildungen im methodischen Vorgehen und geraffte Behandlung weniger ergiebigen Materials.

Über weite Strecken mag die Arbeit als positivistischer 'rap-
port de faits', als kommentierte Materialsammlung erscheinen.
Ohne diese geordnete und gegliederte Beleggrundlage wäre jedoch eine begriffsgeschichtliche Rekonstruktion der wichtigsten Entwicklungsetappen von 'mâze' und vor allem: ihr Einbezug in die Interpretation mittelalterlicher Dichtung, kaum
möglich gewesen.

Das Aufbauschema wird grundsätzlich von chronologischen Gesichtspunkten bestimmt (und gerät damit des öfteren auch in
die Schwierigkeiten der weitgehend ungesicherten Datierung
der mittelalterlichen deutschen Dichtung). Zur Gliederung des
umfangreichen Materials und der interpretatorischen Passagen
war ein Unterteilungsschema unerläßlich. Gemäß den in den
deutschen Literaturgeschichten des Mittelalters üblichen Einteilungen in althochdeutsche, frühmittelhochdeutsche und
mittelhochdeutsche Literatur gliederte ich den Stoff und die
Analysen des Materials in entsprechende Hauptkapitel, ergänzte sie aber, wo die Sachlage es nahelegte, durch systematische Untergliederungen, durch thematische Raffungen und
durch Exkurse zu wichtigen semantischen Segmenten oder motiv-
ähnlichen Komplexen. Innerhalb der chronologischen Großgliederung (Kapitel A, B, C) bot sich vom Material her eine Unterteilung in Gattungen und Textgruppen in Verbindung mit systematischen Gesichtspunkten an. Die Untersuchung des Belegmaterials der althochdeutschen Zeit (Kap. A) ließ sich ohne
weiteres noch nach relevanten Einzeltexten und Textgruppen
gliedern, doch schon die Belege der frühmittelhochdeutschen
Literatur erforderten darüber hinaus genauere thematische
Differenzierungen (Kap. B). Diese Tendenz verstärkte sich in

den Untersuchungen zur 'mâze' und ihrer Sippe in der mittelhochdeutschen Literatur (Kap. C), obwohl sich hier schließlich mehrere größere semantische Dimensionen klar abzeichne-
ten, die zum Teil auch mit bestimmten Textgruppen überein-
stimmten (besonders geistliche Dichtung, didaktische Dichtung, Minnedichtung). Hier weist die Begriffsgeschichte der
'mâze' in einigen Punkten ähnliche Entwicklungsrichtungen
auf wie die sich mehr und mehr in Gattungen bzw. Textgruppen
verästelnde mittelhochdeutsche Literatur als Ganzes.

Die grundsätzliche Problematik von chronologie- und gattungs-
gebundenen Untergliederungsschemata ist mir bewußt; die hier
gewählte Großgliederung des Materials analog zu den gebräuchlichen Einteilungsmustern der Literaturgeschichte soll daher
lediglich als arbeitsökonomischer Behelf angesehen werden.
Im Belegteil des Anhangs habe ich mich bewußt noch enger an
die in den Literaturgeschichten üblichen epochalen und
gattungsmäßigen Gliederungen angelehnt, um das Material nach
denjenigen Ordnungsmustern darzubieten, die gegenwärtig wohl
am meisten verbreitet sind. Der interpretatorisch-analytische
Teil der Untersuchung mußte an einigen Stellen anders gegliedert werden, weil hier Sachzwänge des Belegmaterials
und seiner semantischen Differenziertheit andere Schwer-
punktsetzungen erforderlich machten. Der angestrebte orga-
nische Aufbau der Arbeit als eines wissenschaftlichen Textes
sollte indes dem Leser keinesfalls die Vorstellung von einer
in analoger Weise organisch verlaufenen Begriffsgeschichte
der 'mâze' und ihrer Wortfamilie aufdrängen.

K a p i t e l A:

DIE WORTFAMILIE 'mâza' IN DER ALTHOCHDEUTSCHEN LITERATUR

Am Anfang dieser Untersuchung steht eine Analyse des Vorkommens und der Bedeutungsbreite der Wortfamilie 'mâza' in
der althochdeutschen Literatur. Eine Durchsicht der althochdeutschen prosaischen und poetischen Denkmäler[1] bis einschließlich Notker von St. Gallen ergab, daß die Wortfamilie
in den folgenden 15 Texten vertreten ist: Hildebrandslied, althochdeutscher Isidor, Monseer Fragmente, Benediktinerregel,
Weißenburger Katechismus, Freisinger Paternoster, Würzburger
Beichte, Mainzer Beichte, Pfälzer Beichte, altalemannische
Psalmenfragmente, Murbacher Hymnen, Tatian, Otfrid von Weißenburg, St. Galler (Schul-) Arbeit und Notker von St. Gallen.
Wo bei der Besprechung dieser Denkmäler vom grundsätzlich chronologischen Vorgehen abgewichen wird, geschieht es ausschließlich, um bestimmte, inhaltlich und gattungsmäßig verwandte
Textgruppen (z.B. die "wissenschaftlich-theologische Übersetzungsliteratur" oder die Beichten) nicht auseinanderreißen
zu müssen. Innerhalb dieser Gruppen gelten dann wieder chro-
nologische Gesichtspunkte. In den Einzeldarstellungen wird
neben der Art der Verwendung von 'mâza' und ihrer Sippe und
der immanenten Bedeutungsspanne der verschiedenen Ableitungen
von Fall zu Fall auch der Traditionszusammenhang zu benennen
sein, in dem besonders wichtige Wörter der Sippe jeweils stehen. Der für die althochdeutsche Literatur kennzeichnenden
Tatsache, daß sie zum großen Teil Übersetzungsliteratur ist,
versuche ich dadurch Rechnung zu tragen, daß ich, soweit möglich, die lateinischen Vorlagen und Entsprechungen der Wortfamilie mitberücksichtige. Der Einbezug der gesamten Wortfamilie in die Untersuchung der 'mâze' ist deswegen unentbehrlich, weil mit der Möglichkeit zu rechnen ist, daß sich

---

[1]Zur Abgrenzung der Textgrundlage dieser Untersuchung s. die
Einleitung. Vgl. auch jeweils das Verzeichnis des Beleg-
materials und die Aufführung der Denkmäler mit negativem
Befund im Anhang.

schon in der Entfaltung der Wortfamilie Ansätze für die
Herausbildung der verschiedenen Bedeutungsbereiche des recht
spät belegten stf. 'mâza' finden lassen[2]. Aber auch schon
die Zugehörigkeit mancher, dem stf. 'mâza' vorausgehender
Wörter der Sippe zu bestimmten geistesgeschichtlichen,
gattungsgeschichtlichen und sprachsoziologischen Traditionssträngen konnte für die spätere 'mâza'/'mâze' eine gewisse
Vorentscheidung bedeuten.

Andererseits gewinnen diejenigen Belege an Gewicht, die
nicht auf lateinischen Vorlagen beruhen, sondern als originäres geistiges Eigentum ihrer Autoren das Bewußtsein der Zeit
spiegeln oder auch nur den engeren kulturellen und soziologischen Bereich beleuchten, denen sie entstammen (Sprachbe-
zirke der Kirche, des Mönchtums, der Wissenschaft usf.), und
natürlich auch die zahlreichen Belege, für die sich zwar
lateinische Vorlagen finden lassen, die sich aber inhaltlich
so weit von ihnen entfernt haben, daß begriffsgeschichtliche
Umschlagstellen entstanden sind und neue semantische Inhalte
die alten Bedeutungsbereiche bedrängen[3].
Hinsichtlich seiner W o r t b i l d u n g ist das ahd. stf.
'mâza' eine Sekundärbildung zur dehnstufigen Pluralform des
Präteritums von ahd. stv. (Kl.V) 'mezzan'. Die abgelautete

---

[2] Zum methodischen Grundkonzept der Arbeit s. die Einleitung.

[3] "Rezeption ist stets ein komplexer Vorgang, in dem sowohl
eine Veränderung des Übernommenen durch auswählende und
deutende Aneignung als auch eine Veränderung des eigenen
Selbstverständnisses durch Erweiterung der Kenntnisse und
Erfahrungen geschieht" (Althochdeutsche Literatur. Mit
Proben aus dem Altniederdeutschen. Ausgewählte Texte mit
Übertragungen und Anmerkungen. Herausgegeben, übersetzt
und mit Anmerkungen versehen von H.D. Schlosser, Frankfurt
a.M. 1970, S. 368).

und gedehnte Form 'mâzum' steht in der idg. ê-Dehnstufe, die
im Althochdeutschen als â erscheint (Typus 'ezzen': 'âz',
'vregen':'vrâge', 'vrezzen': 'vrâz', 'geben':'gâbe', 'ligen':
'lâge', 'sitzen':'sâze' usf.[4]). Das ahd. stf. 'mâza' geht
etymologisch über ahd. 'mezzan' auf die idg. Wurzel *med-
"messen, ermessen" zurück.[5] Die weite Verbreitung, die diese
idg. Grundwurzel der 'mâze'-Wortfamilie im indoeuropäischen
Sprachraum gefunden hat, ging mit einer wortgeschichtlichen
und semantischen Differenzierung der von ihr abgeleiteten
Belege in den einzelnen Sprachen einher.[6] Neben der idg.
Wurzel *med- liegt eine zweite Wurzel mit der Grundbedeutung

---

[4]Vgl. W. Henzen, Deutsche Wortbildung, 3.Aufl. Tübingen
1965, S. 129; Belege auch bei H. Paul, Mittelhochdeutsche
Grammatik. 20. Auflage von H. Moser und Ingeborg Schröbler.
Tübingen 1969, S. 37f.

[5]J. Pokorny, Indogermanisches etymologisches Wörterbuch.
I. Bd. Bern und München 1959, S. 703ff.

[6]Das in den einschlägigen Handbüchern ausgebreitete Belegmaterial zu den idg. Wurzeln kann aufgrund seiner meist
systematisch-unhistorischen Anordnung die ihm immanenten
sprachgeschichtlichen Prozesse des Hineinwachsens in verschiedene Bedeutungsbereiche nur schwach veranschaulichen.
Es zeigt aber, wie groß bedeutungsmäßige Übereinstimmungen
innerhalb einer idg. Wortsippe bei weiter geographischer
und geschichtlicher Trennung sein können. S. besonders:
A. Torp, Wortschatz der germanischen Spracheinheit.
Göttingen 1909, S. 304f.; A. Walde, Vergleichendes Wörterbuch der indogermanischen Sprachen. Hsg. und bearbeitet von
J. Pokorny. II. Bd. Berlin und Leipzig 1927, S. 259f.;
Mathilde von Kienle, Der Schicksalsbegriff im Altdeutschen.
In: Wörter und Sachen XV (1933) 81-111; S. Feist, Verglei-
chendes Wörterbuch der gotischen Sprache. 3. Aufl. Leiden
1939, S. 363f.; A. Walde, Lateinisches etymologisches
Wörterbuch. 3., neubearb. Aufl. von J.B. Hofmann. 2. Bd.
Heidelberg 1954, S. 55ff.; J. Pokorny, Indogermanisches
etymologisches Wörterbuch. I. Bd., a.a.O. S. 705f.; u.a.

"messen, abmessen" vor: idg. *mē-, m-e-t-.[7] In diese Wortgruppe gehören beispielsweise gr. μέτρον "Maß", lat. 'metiri'
"messen" und 'mensura' "Maß". Der idg. Wurzel *medhi-,
medhi̯o- "mittlerer" sind Begriffe wie gr. μεσότης "Mitte",
lat. 'medius' "mittlerer", got. 'midjis' "mittlerer" und ahd.
'mitti' "mittlerer" zuzuordnen.[8]

---

[7]Vgl. Torp, Wortschatz der germ. Spracheinheit, S. 301;
Walde, Vgl. Wb. der idg. Sprachen, II. Bd., S. 237f.;
Walde, Lat. etymol. Wb., Bd. 2, S. 81f.; Pokorny, I.Bd.,
S. 703f. u.a. Dort auch zahlreiche Belege.

[8]Vgl. Walde, Vgl. Wb. der idg. Sprachen, II. Bd. S. 261;
Walde, Lat. etymol. Wb., Bd. 2, S. 57f.; Pokorny, I.Bd.,
S. 706f. u.a.

I. Das Hildebrandslied

Das Hildebrandslied[9] enthält zwei Belege zur 'mâza'-Sippe:
das adv. 'ummet' ('unmez'; das unverschobene t ist nieder-
deutsches Element) in 25 und 39.

adv. 'ummet' 25

Hadubrand äußert sich in tiefer Bewunderung über seinen
Vater Hildebrand und charakterisiert dessen Verhältnis zu
seinem Todfeind Odoaker unter anderem mit den Worten:

25 her was Otachre   ummet irri.[10]

adv. 'ummet' 39

Hadubrand hält im sich steigernden Kampfgespräch seinem
vermeintlichen Gegner vor:

39 du bist dir alter Hun,   ummet spaher,
   spenis mih mit dinem wortun,   wili mih dinu speru
                                                  werpan.

Um das Kennzeichnende dieser beiden Belege herauszuarbeiten,
soll versucht werden, neben der kontextuellen, handlungsbe-
zogenen Interpretation auch von Merkmalen der helden-

---

[9]Die kleineren althochdeutschen Sprachdenkmäler. Hsg. von
Elias von Steinmeyer. Zweite Auflage. Unveränderter Nachdruck der 1. Auflage von 1916. Berlin, Zürich 1963, Nr. I,
S. 1-15. - Belege zur 'mâze'-Wortfamilie in Zitaten werden grundsätzlich durch Unterstreichungen hervorgehoben.

[10]Die im folgenden angestellten Überlegungen gehen von der
Lesart 'ummet irri' aus, die aber keineswegs als gesichert gelten darf. Eine textkritische Diskussion der an-
stelle von 'ummet irri' "maßlos zornig (irre)" von der Forschung angebotenen Lesarten ('tirri' "zornig"; 'tiuri'
"lieb, teuer"; 'ummez zirri' "maßlos feindlich" (zornig) -
zz statt tt; u.a.) kann hier nicht geleistet werden. Vgl.
dazu die Übersicht in der 13. Auflage des Althochdeutschen
Lesebuchs von W. Braune, bearbeitet von K. Helm, Tübingen
1958, S. 159; ferner H. van der Kolk, Das Hildebrandslied.
Eine forschungsgeschichtliche Darstellung. Amsterdam 1967,
S. 128.

dichterischen Kampfsituation her[11] den Verwendungszusammen-
hang der Belege zu bestimmen.

Die Situation, mit der der erste Beleg verknüpft ist, könnte
eine heldenliedhafte Grundkonstellation darstellen. Hildebrand war, so berichtet Hadubrand nach dem Zeugnis seiner
Gewährsleute, mit Dietrich vor Odoaker nach Osten geflohen.
Aus der Sicht Hadubrands bestimmt maßloser Zorn das Verhältnis seines Vaters Hildebrand zu Odoaker. Es treibt ihn
immer wieder in den Kampf, und bei jedem Zusammenprall tut
er sich durch große Kampfeslust hervor ('imo was eo fehta
ti leop' 27).

Im zweiten Beleg (39) wird ein Übermaß an List und Gerissen-
heit im Bereich kämpferischer Erfahrung und kriegerischer
Fähigkeit angesprochen (ahd. 'spâhi' "klug, weise; schlau").
Hadubrand setzt diese Eigenschaften bei seinem vermeintlichen
Gegner in selbstsicherer Gewißheit voraus; des Gegners
Schlauheit gehört offenbar in seinen Erwartungshorizont als
kampfbereiter Held. Möglicherweise erwartet er solche Fähigkeiten in besonderem Maße von einem 'alten Hun'. Innerhalb
des Kampfgesprächs deutet seine "Erkenntnisverweigerung" eine

---

[11]Damit soll R. Schützeichels Kritik an einer voreiligen
oder zur Gewohnheit gewordenen Konstruktion einer Gattung
"Heldendichtung" im Umkreis altgermanisch-heidnischer
Literatur als Ergebnis der Zusammenfassung von Hildebrands-
lied und nordischen Heldenliedern zu einer Gruppe keines-
wegs widersprochen werden. Hier geht es nicht um die
Gattungszugehörigkeit, sondern um Strukturmomente einer
K a m p f situation. (R. Schützeichel, Zum Hildebrandslied. In:
Typologia litterarum. Festschr. für M. Wehrli, hsg. von
S. Sonderegger, A.M. Haas und H. Burger. Zürich/Freiburg i.Br.
1969, S. 83-94).

entscheidende Wende an: die von Hildebrand angebotene, fried-
liche ("epische") Lösung der Konfliktsituation wird von Hadubrand ausgeschlagen, indem er Hildebrands Identifikation als
heimtückischen, listigen Betrug ('inwit' 41) auffaßt und damit den Weg betritt, der erbarmungslos in die Katastrophe
führt. Gegenseitige Hervorhebungen außerordentlicher Eigenschaften ('ummet spaher') gehören wohl zu den Kennzeichen
einer kampfeinleitenden Reizrede. Indem der Sprechende den
Gegner aufwertet, steigert er indirekt seinen eigenen Anspruch auf heldisches Ansehen.
Erst im Vollzug des Kampfes[12] löst sich die Grundspannung
und entläßt die Protagonisten in einen Untergang, der im
überlieferten Text zwar nicht mehr benannt, aber nur als
Unheil vorstellbar ist.[13] Die Gegner geraten in eine schick-
salhafte Situation. Hadubrands Einstellung zu seinem vermeintlichen Gegner entspringt einem tragischen Bewußtsein,[14]
sie führt ausweglos in den Tod. Vielleicht waren schon
Odoakers 'nid' (18) und Hildebrands maßlos ingrimmiger Haß
(25) Anzeichen eines solchen Bewußtseins - wenn Hadubrands
Sichtweise, aus der ja die vorgängigen Ereignisse berichtet
werden, als verläßliches Zeugnis gelten kann.
Im Ausdruck übertreibende Hervorhebungen bestimmter Eigenschaften von Heldengestalten sind somit nicht nur als stili-
stischer Schmuck des Heldenliedes anzusehen, sondern stehen
in funktionalem Zusammenhang mit dessen

---

[12]Zur Auffassung der Grundsituation im Zweikampf als 'iudicium
dei' s. W. Harms, Der Kampf mit dem Freund oder Verwandten
in der deutschen Literatur bis um 1300. München 1963, S. 20f.;
Schützeichel S. 89, 91f.

[13]Vgl. Schützeichel S. 89.

[14]"Die Tragik liegt in der Identität von Recht und Schuld
bei einer Handlung, vor der es kein Ausweichen gab",
Schützeichel S. 91.

Gehalt[15]. Das Maß als das "Normale" stellte für bestimmte
Bereiche der Heldendichtung offenbar einen unangemessenen
Richtwert dar. Erst das Maßlose gelangte aufgrund seiner ihm
innewohnenden Größe in heldische Stoffe und bereicherte das
archaisch-tragische Grundmuster dieser Dichtungsart um ein
wesentliches Element. Aus diesen inneren Gründen liegt es
nahe, 'ummet' in den obigen zwei Belegen mit "maßlos, über
die Maßen" wiederzugeben.

---

[15]Im fragmentarischen Jüngeren Hildebrandslied (MSD II,
S. 26-30) und auch in der vollständigen Fassung (Deutsche
Gedichte des Mittelalters, hsg. von F.H. von der Hagen und
J.G. Büsching, Bd. II: Der Helden Buch in der Ursprache,
hsg. von F.H. von der Hagen und A. Primisser, 2. Teil,
Berlin 1825, im Heldenbuch des Kasper von der Roen, S.
219-21) finden sich keine Belege zur 'mâze'-Sippe. In
diesen aus einer späteren Zeit stammenden Liedern hat das
heroische Lebensgefühl einer höfischen Überformung
weichen müssen, die sich am krassesten im versöhnlichen
Ausgang des Zweikampfes zeigt. "In der Verwerfung komment-
widriger Schläge (das gibt es in germ. Zeit nicht) und
in der Mäßigung des Siegers zeigt sich der ritterliche
Ehrencodex des Hochmittelalters", so H. Rosenfeld in:
Verf.-Lex. V, Sp. 414.

II. Wissenschaftlich-theologische Übersetzungsliteratur

Der althochdeutsche Isidor bildet zusammen mit den Monseer
Fragmenten die erste Stufe wissenschaftlich-theologischer
Übersetzungsliteratur in althochdeutscher Zeit. Der althoch-
deutsche Isidor[16] enthält folgende Belege:

stn. 'mez'

secundum carnem	607	: after fleisches mezsse	608
secundum carnem	702	: after fleisches mezsse	703
non (ad) mensuram	670	: ni ... zi mezsse	671
de populari ordine	683	: fona smalero manno mezsse	683

stv. 'mezzan'

mensa est	320	: uuas mezssendi	321
mensus est	339	: uuas mezssendi	339

Die ersten beiden Belege ('after fleisches mezsse' 608; 703)
beziehen sich auf die Abstammung Jesu aus dem Geschlecht
Davids und betonen die Menschwerdung des Gottessohnes. Der
Übersetzer gab die lateinische Präposition 'secundum' mit
der präpositionalen Verbindung 'after...mezsse' wieder und
verlieh der Übersetzung durch den Gebrauch des stn. 'mez'
modalen Charakter ("nach Art und Weise wie, gemäß"). Unter
den gleichen leiblich-fleischlichen Bedingungen, unter denen
ein Mensch geboren wird, soll die 'radix Iesse' (Is 11,10)
ihr messianisches Werk beginnen.

'mez' 671 ('ni ... zi mezsse' "nicht in beschränktem Maße")
ist den Quantitätsbezeichnungen zuzurechnen und gibt lat.

---

[16]Der althochdeutsche Isidor. Nach der Pariser Handschrift
und den Monseer Fragmenten neu hsg. von H. Eggers. Tübingen
1964. Vgl. dazu die Rez. von J. Rathofer, RhVB. 31 (1966/67)
461-67. Außerdem wurden benutzt: Der althochdeutsche
Isidor. Facsimile-Ausgabe des Pariser Codex nebst cri-
tischem Texte der Pariser und Monseer Bruchstücke. Mit
Einleitung, grammatischer Darstellung und einem ausführlichen Glossar hsg. von G.A. Hench, Straßburg 1893;
H. Eggers, Vollständiges lateinisch-althochdeutsches
Wörterbuch zur althochdeutschen Isidor-Übersetzung.
Berlin 1960.

'mensura' wieder.[17] Es bezieht sich aber nicht auf konkret
Meßbares, sondern auf das Höchste überhaupt, das christlichem Denken zugänglich ist, auf den Geist Gottes. Dieser
ist zwar auch im Menschen beschränkt vorhanden, aber seine
ganze unbegrenzte Fülle ('plenitudo': 'folnissa') kommt nur
den göttlichen Personen zu. Messianische Erwartungen des
Buches Isaias (Kap. 11) werden von Isidor damit direkt auf
Christus bezogen.
Der Textabschnitt, dem der letzte Beleg entstammt ('fona ... mezsse' 683), basiert ebenfalls auf Vorstellungen
des 11. Kapitels des Buches Isaias. Bei der Beschreibung des
messianischen Friedensreiches, die sich paradiesischer, die
wiederhergestellte Harmonie zwischen Gott und Natur symboli-
sierender Bilder bedient (Is 11,6-8), gibt der Isidor-Über-
setzer im Anschluß an Isidors Traktat im Unterschied zur
Bibelstelle zu jeder Tierallegorie Hinweise zu deren Deutung:
so bezieht er das Kalb auf die 'iudaeischa euua' und den
Löwen auf 'uueraltchiuualdida'; weiter spricht er von Scha-
fen als 'fona smalero manno mezsse' und meint damit die ge-
wöhnlichen, unbedeutenden Volksschichten. 'mez' wird hier
als ordo-Begriff gebraucht und bezeichnet innerhalb der
Kirche Christi die soziologische Gruppe des niederen, unge-
bildeten, den Messias besonders sehnlich erwartenden Volkes.[18]
Die zwei Belege zu stv. 'mezzan' beziehen sich ebenfalls auf
das Buch Isaias und geben lat. 'metiri' wieder. Von Gottes
Größe, die alle räumlichen Dimensionen des Universums durch-

---

[17] Die übrigen lateinischen Kernwörter ('continentia', 'discretio', 'moderatio', 'modestia', 'modus', 'temperantia'
usf.) kommen in der Vorlage des althochdeutschen Isidor
nicht vor.

[18] Wir werden später sehen, daß auch 'mâze', allerdings ver-
innerlichter, die Bedeutung "Stand, Gruppe, Zugehörigkeit
aufgrund bestimmter Werte" haben kann, z.B. Walther von
der Vogelweide 67,1. - Zu obiger Stelle vgl. auch Eggers,
Wb. zur ahd. Isidor-Übersetzung, S. 74 ('morari').

mißt, kündet Is 40,12: 'Quis mensus est pugillo aquas, Et
caelos palmo ponderavit? Quis appendit tribus digitis molem
terrae, Et libravit in pondere montes, Et colles in statera?'
Und in Is 48,13 sagt Jahwe: 'Manus quoque mea fundavit terram,
Et dextera mea mensa est caelos'. Die ordo-Begriffe "Maß" und
"Gewicht" (Maß setzen - Wägen - Erhalten) stehen hier in
enger Zuordnung zueinander und erinnern an die Trias Maß-
Zahl-Gewicht in Sap 11,21.[19] 'mezzan' als göttliches Durchdringen und Umfassen des Weltalls, als Herrschaftsausübung
dessen, der in der christlichen Kosmologie den höchsten Maßstab, das absolute Maß verkörpert und alles geometrisch je
Meßbare in sein "unermeßliches" Maß aufgenommen hat: diese
Vorstellung wird in frühmittelhochdeutscher Zeit noch öfter
begegnen. Hier ist sie sprachlich nur mit dem Verbum 'mezzan'
verbunden; später, in höherer Abstraktionsstufe, wird 'mâze'
als neue Qualitätsbezeichnung für jene göttliche Herrschaft
über alle Dimensionen und astronomischen Maße hinzukommen.

Der einzige Beleg zur 'mâze'-Wortfamilie, den die <u>Monseer
Fragmente</u>[20] aufweisen, ist das swv. 'mezsamôn' "mäßigen",
lat. 'temperare', aus Augustinus, Sermo LXXVI. In XL, 21ff.
heißt es im lateinischen Text: 'Quid praeceditis qui quod
dicturus sum nostis? <u>temperetur</u> uelocitas, ut sequatur tardi-
tas'; 'Huuaz · furi rinnit · ir · daz ih · quedan · scal · uuiz ut.,
<u>Mez samoe</u> · sih · snel heit · daz fol gee · spatin.' (XL, 20-22).

---

[19]Vgl. Exkurs II in Kap. C.

[20]The Monsee Fragments. Newly collated text with introduction, notes, grammatical treatise and exhaustive
glossary and a photo-lithographic fac-simile, edited by
G.A. Hench. Straßburg 1890; vgl. auch E. Sievers, Neue
althochdeutsche Sagverstexte. PBB 52 (1928) 174-77,
v.115.

Die Gläubigen werden aufgefordert, nicht am Prediger vorbei-
zulaufen, sondern ihre Eile zu mäßigen, um das Gotteswort
aufnehmen zu können. Da die Belegstelle von einem Psalmwort
(Ps 67,10) eingerahmt wird (XL, 19-21, 26, 31), das der Prediger auslegt, übernimmt er die Sprechrolle des 'psalmista'
(XL, 19), und sein Aufruf an die Zuhörer erhält dadurch besonderes Gewicht. Gottes Gnaden können nur in Ruhe und Bereitschaft aufgenommen werden; eiliges Vorübergehen versinnbildlicht einen Verzicht auf Gottes Geschenke und Gaben an
den Menschen. 'mezsamôn' bedeutet hier also "mäßigen, ver-
langsamen" im konkreten und im übertragenen Sinne.

Entsprechend dem auf Rezeption und Kompilation des von der
Tradition Überlieferten basierenden Wissenschaftsverständnis
der karlischen Epoche fußen die zitierten Belege auf traditionellen christlichen Vorstellungen und besitzen daher nur
einen begrenzten Aussagewert für das Selbstverständnis der
aufblühenden Theologie im zuendegehenden 8. Jahrhundert.
Diese Theologie war durch ihre Gebundenheit an das Latein die
Wissenschaft einer Eliteschicht und blieb auch in ihrer Ausstrahlungskraft auf Laienkreise naturgemäß begrenzt, wenn-
gleich der althochdeutsche Isidor in der karolingischen Zeit
eine ausgesprochen apologetische Aktualität besessen haben
dürfte, da er vermutlich im Zusammenhang mit der Zurückweisung
des Adoptianismus[21] stand und demzufolge größere Verbreitung
gefunden haben könnte.

---

[21]Vgl. A. Grillmeier, Adoptianismus. In: LThK 1, Sp. 153-55.

III. Die ahd. Interlinearversion der Benediktinerregel

Die Reformbemühungen Karls des Großen wären ohne die Leistungen
der benediktinischen Klosterkultur vermutlich gescheitert. Kulturpolitische Vorstellungen Karls begegneten sich mit missio-
narisch-religiösen Interessen der Kirche und konkretisierten
sich zu einem Bildungsprogramm, das die Grundlagen der mittelalterlichen Kultur des Abendlandes nachhaltig beeinflußte. Vor
dem Hintergrund dieser Erneuerungsbestrebungen ist Karls Klosterpolitik zu sehen, mit der er zwei unabdingbare Voraussetzungen für das Gelingen seiner Reformarbeit schaffen wollte: die
Stabilisierung des ethisch-religiösen Fundaments der Klöster
und die Erweiterung ihrer kommunikativen Möglichkeiten, vor allem
die Verbesserung ihrer Schriftfähigkeit und die Intensivierung
ihrer missionarischen, pädagogischen und publizistischen Arbeit.
Beide Faktoren setzte Karl geschickt als willkommene Hilfen für
seine Eroberungs- und Bekehrungspolitik ein.
So verwundert es nicht, daß Karl persönlich im Jahre 787 eine
Abschrift der Regel des hl. Benedikt von Nursia im Mutterkloster
der Benediktiner, Monte Cassino, anfertigen ließ und ihre ab-
schriftliche Verbreitung und strikte Befolgung durch besondere
Vorschriften förderte. Auch die Entstehung der ahd. Interlinear-
version der Regula Benedicti im Kloster Reichenau hängt mit Karls
Klosterpolitik zusammen. Als Entstehungszeit der uns erhaltenen
Hs. kommen die ersten beiden Jahrzehnte des 9. Jahrhunderts in
Frage.[22]

---

[22] Wichtig für die Ausbreitung des Benediktinertums auf reichsfrän-
kischem Gebiet, gleichzeitig auch für die asketische Ausrichtung
des Ordens in der Folgezeit, wurde das Wirken Benedikts von Aniane (+ 821), der von Ludwig dem Frommen den Auftrag bekam, in
den Klöstern des Reiches die Benediktinerregel als das Fundament
des monastischen Lebens zu festigen. - Zur Geschichte des Benediktinerordens in der karolingischen Zeit seien hier nur genannt:
A. Hauck, Kirchengeschichte Deutschlands, II. Teil, Leipzig 1912;
Ph. Schmitz OSB, Geschichte des Benediktinerordens. 1. Bd.: Ausbreitung und Verfassungsgeschichte des Ordens von seiner Gründung
bis zum 12. Jh. Einsiedeln, Zürich 1947, bes. S. 85ff.; K. Stosiek, Das Verhältnis Karls des Großen zur Klosterordnung mit besonderer Rücksicht auf die regula Benedicti. Diss. Greifswald
1909 (hier auch Hinweise auf die zahlreichen Kapitularien Karls
zum Mönchstum); H.v.Schubert, Geschichte der christlichen Kirche
im Frühmittelalter. Ein Handbuch. Tübingen 1921, bes. S. 61ff.,
600ff.; s. ferner die Übersicht in LThK 2, Sp. 152f., und RGG 1,
Sp. 1033ff.

Die Benediktinerregel war nach der Bibel die verbreitetste
und in ihrer Wirkung bedeutendste Schrift des christlichen
Mittelalters.[23] Sie war gleichzeitig verbindliche Grundlage
des abendländischen Mönchtums vom 8. bis zum 12. Jahrhundert.
Ihre Wirkungsgeschichte ist unübersehbar[24]; ihr ethisches
Programm hat tiefe Spuren auf allen kulturellen und zivilisatorischen Gebieten des mittelalterlichen Europa hinterlassen[25]
und durch vielfältige direkte und indirekte Beeinflussungen
auch die Klerikalen- und Laienethik dieses Kulturraumes mit-
geprägt.
Mag auch die größere Ausstrahlungskraft von der Praxis des
alltäglichen Befolgens der Regel im monastischen Leben und
deren Reflexen auf klerikale und laikale Kreise ausgegangen
sein, so wird man dennoch die Wirkungsgeschichte der volkssprachigen Interlinearübersetzung nicht unterbewerten dürfen.[26] Sie war ja in der Absicht angefertigt worden, auch den
weniger gebildeten Mönchen ein Befolgen der Regel zu ermöglichen, denn nicht bei jedem Mönch konnte man Lateinkennt-
nisse voraussetzen. Zwei Abschriften sind uns bekannt; sie
bekunden nur spärlich ihre tatsächliche Wirkung.

---

[23]Ehrismann I, S. 267.

[24]Zum Anteil des Benediktinertums an der deutschen Dichtung
in frühmhd. und mhd. Zeit neuerdings: G. Meissburger,
Grundlagen zum Verständnis der deutschen Mönchsdichtung im
11. und im 12. Jahrhundert. München 1970.

[25]LThK 2, Sp. 146.

[26]"Daß ... der Benediktinerorden eine maßgebliche Rolle
spielte und daß nicht zuletzt deutsche Predigt und deutsches Gebet seinen Erfolg bestimmten, ist keine Neuigkeit.
Wir verstehen das Bemühen der Mönche, die deutsche Sprache
dem neuen Geist, der eben in einer neuen Religion und einer
neuen sittlichen Wertordnung bestand, zu fügen. Die Übersetzung der Benediktinerregel ist ein Zeugnis dieser Bemühungen. Angesichts der großen Verbreitung dieser Regel
dürfen wir auch von ihrer Übersetzung eine gewisse Wirkung
in die Breite erwarten" (H. Ibach, Zu Wortschatz und Begriffswelt der althochdeutschen Benediktinerregel, PBB (Halle)
78 (1956) 5).

Doch hat der Anteil der Wirkung der volkssprachigen Versionen auf dem Reichsgebiet Karls und seiner Nachfolger die außerordentliche Wirkung der lateinischen Regelfassung sicherlich nur ergänzen können. Die lateinische Regula hatte schon vor dem 8. Jahrhundert auf deutschem Stammesgebiet hier und da Fuß fassen können. In der ersten Hälfte des 8. Jahrhunderts fand sie durch die angelsächsische Mission weitere Verbreitung. Auf den beiden Aachener Synoden von 816 und 817 wurde sie schließlich für die Klöster des gesamten Reichsgebiets verbindlich gemacht.

Aufgrund dieses Sachverhalts erscheint es notwendig, bei der Untersuchung der Maßvorstellungen in der Benediktinerregel sowohl die lateinischen als auch die althochdeutschen Kernwörter zu berücksichtigen.[27] Derartige "Kernwörter" erwiesen sich innerhalb der abendländischen Ethik immer schon in besonderer Weise als sprachliche Träger sittlich und religiös bestimmter Maßvorstellungen. Die wichtigsten, auf Maßvorstellungen bezogenen Kernwörter der spätlateinischen Über-

---

[27]Folgende Ausgaben wurden benutzt: Benedicti Regula. Recensuit Rudolphus Hanslik. Vindobonae 1960; Die Benediktusregel. Lateinisch-deutsch. Hsg. von B. Steidle OSB. Beuron 1963; Steinmeyer, Sprachdenkm., Nr. XXXVI, S. 190-289; Die Althochdeutsche Benediktinerregel des Cod.Sang 916. Hsg. von Ursula Daab. Tübingen 1959. - Der ahd. Text wird nach der Ausgabe von Steinmeyer zitiert. Bei der Interpretation der lat. Maßbegriffe benutze ich die kritische Ausgabe von Hanslik. Quellen-, Handschriften- und Abhängigkeitsfragen, die den lat. Regulatext betreffen, klammere ich aus und verweise auf die übersichtliche Darstellung bei Steidle, a.a.O. S. 7-54. Grundlegend: L. Traube, Textgeschichte der Regula S. Benedicti. 2. Auflage hsg. von H. Plenkers. München 1910; neuerdings: H. Neuhold, Die althochdeutsche Interlinearversion der Benediktinerregel und ihre lateinischen Vorlagen. Diss. Wien 1956.

lieferung waren 'discretio', 'mensura', 'moderatio', 'modestia',
'modus', 'sobrietas' und 'temperantia'.[28] Ihre althochdeutschen Entsprechungen in der Interlinearversion sind bereits eingehend von H. Ibach[29] untersucht worden. In der
Absicht, seine Arbeit zu ergänzen, beschränke ich mich daher
im wesentlichen darauf, das lateinische Wortmaterial zum
Ausgangspunkt zu nehmen und von ihm aus den Anteil der Maßvorstellungen im weitesten Sinne an der Ethik der Regel zu
umreißen.[30]
Wenn der Bedeutungskomplex "Maß" in der Benediktinerregel
untersucht und seine Funktion und Wertigkeit festgestellt
werden soll, dürfen andere, primär ethische Bedeutungsbereiche nicht außer acht gelassen werden. Daher seien so
wichtige Begriffe wie 'humilitas'[31], 'oboedientia'[32], 'con-

---

[28]Hermanns, a.a.O. S. 14. Die 'continentia', die hier noch
zu nennen wäre, kommt in der Regula nicht vor.

[29]H. Ibach, Zu Wortschatz und Begriffswelt der althochdeutschen Benediktinerregel. PBB (Halle) 78 (1956) 1-110,
79 (1957) 106-85, 80 (1958) 190-271, 81 (1959) 123-73 und
82 (1960/61) 371-437. Das für uns wichtige 9. Kapitel
("Das rechte Maß") befindet sich in 81 (1959) 158-73. S.
auch die grundlegende Arbeit von W. Betz, Deutsch und Lateinisch. Die Lehnbildungen der althochdeutschen Benediktinerregel. Bonn 1949. Als weniger ergiebig für unser
Thema erwies sich die Arbeit von Marie Roth, Über den
Wortschatz der Benediktinerregel. Diss. Heidelberg 1921.

[30]Vgl. die tabellarische Übersicht über das Belegmaterial
am Schluß dieses Kapitels.

[31]z.B. Regula Kap. 7.

[32]z.B. Regula Kap. 5; 71. S. auch H. Grünewald, Die pädagogischen Grundsätze der Benediktinerregel. Diss.
München 1939, S. 65ff.

versio morum'[33], 'stabilitas'[34], 'taciturnitas'[35],
'iustitia'[36] usf., die einer eigenen Untersuchung wert wären
und für deren Heraus- oder Weiterbildung die Benediktinerregel ebenfalls zu einem hervorragenden Textzeugnis wurde,
zumindest an dieser Stelle erwähnt.[37] Ihr Anteil an der
religiösen und ethischen Substanz der Regel ist nicht hin-
wegzudenken, und nur in Relation zu ihnen sind die hier er-
arbeiteten Maßvorstellungen zu sehen.
Dem ist hier eine weitere methodisch wichtige Überlegung an-
zufügen. Der Römer Benedikt verfaßte seine Regula in einem
Latein, das sich langsam aus der antiken Vorstellungswelt
löste und christliche Gehalte aufnahm - dieser sich über
eine weite Zeitspanne hinziehende Wandel war im 6. Jahrhundert
noch nicht abgeschlossen.[38] Das Latein jener Zeit stand bereits in einer sich breit entwickelnden christlichen Tradition, und Benedikt knüpfte an sie an. Das sprachliche In-
strumentarium, das Benedikt zur Verfügung stand, war also
in sich diffus. Es basierte keineswegs mehr auf einem einheitlichen Weltbild.
Dieses Latein hatten die Mönche des frühen 9. Jahrhunderts
nun in ihre ebensowenig einheitliche Volkssprache zu übertragen. War es aber noch das Latein Benedikts? Hatte sich
nicht inzwischen der Verstehenshorizont der Mönche des 9.

---

[33] z.B. Regula Kap. 58; Grünewald, S. 6ff.

[34] z.B. Regula Kap. 4 und öfters; Grünewald, S. 113ff.

[35] z.B. Regula Kap. 6; 42.

[36] z.B. Regula Kap. 2; 73.

[37] Es ist eins der Verdienste Ibachs, die beginnende Differenzierung der sprachlichen Begriffe und ihrer entsprechenden religiösen, sittlichen, sozialen und praktischen
Hintergründe in der Benediktinerregel aufgezeigt zu haben;
vgl. seine bereits zitierte Arbeit.

[38] Ibach, PBB (Halle) 78 (1956) 39ff.

Jahrhunderts gegenüber dem von antikem Einfluß nicht freien
Latein Benedikts so weit geändert, daß man aufgrund des
sprachlichen Wandels (Konsolidierung einer lateinischen Kirchensprache) und der fortschreitenden Christianisierung annehmen darf, daß jenen Mönchen des frühen 9. Jahrhunderts
ein Latein zur Verfügung stand, das sich noch stärker von
antik-heidnischen Bezügen gelöst und in seiner Semantik
dem Christentum weiter angenähert hatte, als das Latein
Benedikts es je hätte tun können, abgesehen davon, daß sich
natürlich auch das Benediktinertum des 9. Jahrhunderts und
damit auch seine interne monastische Terminologie gegenüber
Benedikts Zeit weiterentwickelt hatte? Man darf also davon
ausgehen, daß der antike (was hier besonders wichtig ist:
der antik-ethische) Anteil an der Semantik des lateinischen
Regulatextes im 9. Jahrhundert nicht mehr adäquat wahrgenommen wurde. Pointiert formuliert: er unterlag einer 'inter-
pretatio christiana'.
Das ist der eine nicht geringe Unsicherheitsfaktor, der die
direkte Kommensurabilität des lateinischen und althochdeutschen Wortlauts der Regeltexte stört; der zweite liegt -
ich deutete es schon an - in der den Mönchen zur Verfügung
stehenden Volkssprache begründet. Diese enthielt, besonders
in ihren ethischen Wortfeldern, noch zahlreiche, von ger-
manischem Geist bestimmte Elemente;[39] zudem nahm sie sich
gegenüber dem Latein als der Sprache der Theologie und der
Wissenschaften geradezu rustikal und unbeholfen aus. Den
Übersetzern der Benediktinerregel fehlte also das geeignete
sprachliche Werkzeug: ein christlicher Wortschatz der Volkssprache war so gut wie noch nicht ausgebildet.[40] - Beide
genannten Faktoren müssen bedacht werden, wenn im folgenden
die Maßvorstellungen der Regula und der Interlinearversion

---

[39]Vgl. Ibach, PBB (Halle) 78 (1956)6f.

[40]S. dazu Neuhold S. 23ff.

deutlich werden sollen.

discretio[41]

Von den drei lat. Belegen (64,18; 64,19; 7o,6) sind in der
ahd. Version nur zwei übersetzt (276, 2o; 276,25), beide
mit stf. 'urteilida'[42]. Im ersten Beleg ('cogitans discretionem sancti Iacob' 64,18) erweisen sich 'discretio':
'urteilida' aufgrund des Sachverhalts aus Gen 33,13 ('Si
greges meos plus in ambulando fecero laborare, morientur
cuncti una die') als "besonnenes, weises Urteils- und Ent-
scheidungsvermögen" (Steidle: "weise Mäßigung"). Im zweiten Beleg (64,19) wird 'discretio' in bündiger Formulierung
als 'mater uirtutum' bezeichnet - Benedikt bekennt sich
damit zur 'discretio' als seinem ethischen Grundprinzip.[43]

---

[41]Vgl. auch H. Walter, Die benediktinische Discretio. In:
Benedictus. Der Vater des Abendlandes. 547-1947. Weihegabe der Erzabtei St. Ottilien zum vierzehnhundertsten
Todesjahr. Dargebracht und hsg. von H.S. Brechter. München
1947, S. 195-212.

[42]Es entsprechen sich 64,18:276,2o; 64,19:276,25; 7o,6: -.

[43]Nach Hanslik, Benedicti Regula S. 151, geht diese Konzeption
auf Cassian zurück: Collationes II, cap. IV 'Omnium namque
virtutum generatrix, custos moderatrixque discretio est'
(PL 49, 528C). Vgl. auch St. Trudperter Hoheslied 71,5f.:
'diu underscidunge ist mûter allir tugende'. - Neben der
'discretio' wurden im Mittelalter auch einige andere Begriffe mit der Apposition "Mutter aller Tugenden" versehen, etwa die Kardinaltugenden. Auch auf Maria bezog man
sie gelegentlich, z.B. in der Hymne 'In purificatione
sanctae Mariae' des Notker Balbulus (Notker der Dichter
und seine geistige Welt. Editionsband. Hsg. von W. von den
Steinen. Bern 1948, S. 24, Str. 7). Boethius bezeichnet in
'De consolatione Philosophiae' II, Kap. 21, die allego-
rische Philosophia als 'nutrix omnium uirtutum', was Notker von St. Gallen mit 'méistra állero túgede' wiedergab
(S.-St.I, 88,4f.), ebenso 'magistra omnium uirtutum'
(S.-St.I, 19,24f.) mit 'állero túgedo méistra' (S.-St.I,
19,27). (Notkers des Deutschen Werke. Nach den Handschriften neu hsg. von E.H. Sehrt und Taylor Starck. Bd.I,
Halle 1966; zu den Editionen, Siglen und der Zitierweise
s. unten die zu Anfang von Kap. A VIII gegebenen Hinweise.)

War im ersten Beleg die Bedeutung "Mäßigung" nur peripher
vorhanden und bezog sie sich dort auf das rationale Vermögen des Menschen, auf den Einsatz seiner Vernunftkräfte
im Sinne von "Umsicht, Besonnenheit, weiser Voraussicht",
so tritt nun die Nuance "maßvolles Verhalten" in den Mittelpunkt. Gemeint ist ein Verhalten, das in allem Tun und
Lassen, in allen Bezügen zur Umwelt und zum eigenen Selbst
das richtige Maß findet. Beide 'discretio'-Belege stehen
in einem Kontext, der zahlreiche Maßbegriffe aufweist (die
wichtigsten werden durch Unterstreichung hervorgehoben):

64,16 Non sit turbulentus et anxius, non sit nimius et
     obstinatus, non sit zelotipus et nimis suspiciosus,
     quia numquam requiescit;

  17 in ipsis imperiis suis prouidus et consideratus, et
     sibe (sic) secundum deum sibe secundum saeculum sit
     opera, quam iniungit, discernat et temperet

  18 cogitans discretionem sancti Iacob dicentis: 'Si
     greges meos plus in ambulando fecero laborare,
     morientur cuncti una die'.

  19 Haec ergo aliaque testimonia discretionis, matris
     uirtutum, sumens sic omnia temperet, ut sit, et
     fortes quod cupiant et infirmi non refugiant.

Mäßigung wird hier nicht verinnerlicht, sondern verbindet
sich mit rationalem Vermögen[44] zum Regulativ monastischer
Verhaltensweisen. Der neugewählte Abt (um diesen handelt es
sich im Kap. 64) soll nicht bloß das Vermögen des 'discernere', des Unterscheidens und Abgrenzens von Gut und
Böse, Richtig und Falsch usf.[45] besitzen, sondern das Ver-

---

[44]Daß sich Mäßigung und rationale Kräfte nicht ausschließen,
sondern in einem Teil des Vokabulars aus dem Umkreis des
Intellekts sogar verbunden haben, zeigt Ibach in PBB
(Halle) 8o (1958) 214f. Für die Gegenbegriffe gilt Entsprechendes.

[45]Für die übrigen 'discernere'-Belege der lat. Regula (2,16;
2,21; 63,1; 63,5) läßt sich durch die Methode der Kontext-
bestimmung keine direkte Nähe zu Maßvorstellungen nachweisen. Sie tragen die Bedeutungen "unterscheiden, bestimmen,
entscheiden" und sind sämtlich mit ahd. 'ke-, kiskeidan'
wiedergegeben (199,24; 2oo,6; 272,28; 273,12). Vgl. auch
Betz, S. 117.

mögen des 'temperare' soll seine Entscheidungen und deren
Konsequenzen begleiten. Doch damit nicht genug: der Abt
soll sich um 'testimonia discretionis' bemühen und sein
Streben und Tun nach dem Grundsatz des 'omnia temperare'
ausrichten. Damit stellt Benedikt die monastische Praxis
unter das Gebot der 'discretio', für deren Wortinhalt die
'temperantia' entscheidende Bedeutung gewinnt.[46]
Auch der dritte 'discretio'-Beleg (7o,6) enthält einen Maßbegriff in seinem Kontext ('cum omni mensura et ratione'
7o,5): hier wird zum beherrschten, maßvollen Verhalten gegenüber den im Kloster aufwachsenden Knaben aufgerufen.
'Mensura', 'ratio' und 'discretio' müssen als verwandte Begriffe angesehen werden. Sie sind mehr als nur ethische Grundsätze einer Ordensgemeinschaft; sie erweisen sich als dy-
namische, in der alltäglichen Schul- und Unterweisungspraxis
zur Bewährung stehende Leitbegriffe benediktinischer Pädagogik[47] einerseits und monastischen sozialen Verhaltens

---

[46]Daß Benedikt tatsächlich weitgehend praxisabhängige Bereiche des alltäglichen klösterlichen Gemeinschaftslebens
der 'discretio' unterstellte, bestätigt Hermanns, der
eigens auf ihren Einfluß in den Kapiteln über die Gottes-
diensteinteilung, die Mahlzeiten, die körperliche Arbeit
und die Poenitential- und Kleiderordnung hinweist (S. 25).

[47]Wenn an dieser Stelle und im folgenden von benediktinischer
Pädagogik gesprochen wird, so meine ich damit die praktische
Seelsorge-, Schul- und Bildungsarbeit der Benediktiner innerhalb und außerhalb des Klosters. Zur Zeit Benedikts waren die Mönche fast ausschließlich Laien. In der Folgezeit verschob sich das Verhältnis zwischen Laienmönchen
und Priestermönchen erheblich zugunsten der letzteren, was
eine Zunahme der seelsorglichen und pädagogischen Tätigkeit der Benediktiner implizierte (vgl. Meissburger, S.
265f.; Stosiek, S. 28ff.). Hinter dieser Arbeit steht natürlich als theologische Begründung die umfassendere Vorstellung vom Kloster als der 'dominici scola seruitii'
(Prolog 45), als einer Schule für den Dienst des Herrn.
Vgl. zu dieser Konzeption Benediktusregel, hsg. von B.
Steidle, a.a.O., S. 16ff., ders., Dominica schola servitii.
Zum Verständnis des Prologes der Regel St. Benedikts. In:
Benediktinische Monatschrift zur Pflege religiösen und
geistigen Lebens 28 (1952) 397-4o6. Zur benediktinischen
Pädagogik s. auch die bereits zitierte Arbeit von Grüne-
wald.

andererseits.[48]

mensura

Lediglich sieben der in der Regula vorkommenden zwölf
Belege zu 'mensura' (11,2; 24,1; 25,5; 30,1; 39 Überschr.;
40 Überschr.; 40,2; 40,8; 49,6; 55,8; 68,2; 70,5) haben
in der lückenhaften althochdeutschen Interlinearversion eine
Entsprechung; allesamt sind die übersetzten Belege mit ahd.
'mez' wiedergegeben.[49]
Neben den reinen Quantitätsbezeichnungen 25,5; 39 Überschr.;
40,2 und 40,8 ("Maß an Speise oder Nahrung") und 40 Überschr. ("Maß des Getränkes") und den auf Abstrakta angewen-
deten Quantitätsbezeichnungen 24,1 ("Umfang, Ausmaß der Aus-
schließung und der Strafe") und 68,2 ("Maß der äußeren und
inneren Kräfte") kann 'mensura' Synonym für 'ordo' sein und
den in der zeitlichen Abfolge genau geregelten Terminplan
der Gebete, Vigilien und liturgischen Handlungen der Mönche
bezeichnen (11,2).
Erst mit den weiteren Belegen wird Ethisches semantisch
präsent. In 49,6 werden die über das Normalmaß hinausge-
henden, besonderen Fastenopfer vorbildlich lebender Mönche
mit einer positiven Übermaß-Bezeichnung hervorgehoben, und

---

[48]Daß die von Benedikt mit derart neuen ethischen Impulsen
versehene 'discretio' auf die nachfolgenden Jahrhunderte
ihre Wirkung ausübte, bestätigt Hermanns: "Diese Ausbildung des Begriffs der Discretio, der ursprünglich nur
ein Unterscheidungsvermögen von Gut und Böse bedeutet,
nach der Seite der rechten Maßhaltens hin ist für die
Folgezeit von größter Bedeutung geworden. G r e g o r
der Große, I s i d o r und die Späteren sind in diesem
Punkte die Schüler des Patriarchen von Monte Cassino"
(S. 25). Anders Renate Jenčič, Die lexikologische Bedeutung
der Regula Benedicti. Diss. Wien 1965, die den Anteil von
Maßvorstellungen am 'discretio'-Begriff der Benediktinerregel nicht sieht (S.101).

[49]Es entsprechen sich: 11,2:221,15; 24,1:232,9; 25,5:-;
3o,1:235,33; 39 Überschr.: -; 4o Überschr.: -; 4o,2:
246,1; 4o,8:246,24; 49,6:257,1o; 55,8:26o,19; 68,2: -;
7o,5: -.

- 42 -

in 55,8 geht es um richtig zubemessene Kleidung der Brüder. Die Kleider sollen 'mensurata' sein, nicht zu kurz
und der geographischen Lage des Klosters, der Jahreszeit
und anderen äußeren Umständen angepaßt. Möglicherweise sind
auch "Wohlanständigkeit" und "Würde" ('gravitas') der Mönche
Kriterien für das Zumessen der Kleidung.[50]

Explizit ethisches Verhalten auf pädagogischem Gebiet do-
kumentieren die zwei verbleibenden Belege 3o,1 und 7o,5.
Letzterer, in Nachbarschaft zu 'discretio' stehend, überantwortet die Regelung der Disziplin und Zucht unter den jugendlichen Klosterschülern maßvollem und vernünftigem erziehe-
rischem Verhalten, und ersterer empfiehlt mit selbstsicherer
Bestimmtheit, bei jeder Alters- und Bewußtseinsstufe der
Zöglinge jeweils angemessene und spezifische erzieherische
Grundsätze in Anwendung zu bringen.[51] Benediktinische Pädagogik
erweist sich damit einmal mehr als eine Pädagogik des bedingten Maßes, der klugen Ausgewogenheit und der praktischen Flexibilität.

Dieses Interpretationsergebnis wird durch einen raschen
Blick auf die Wortbedeutung des dreimal in der Regula vorkommenden part.adj. 'mensuratus' (31,12; 48,9; 55,8) eher
bestätigt als korrigiert. Den Beleg 55,8, der sich auf die
richtig zugemessene Kleidung der Brüder bezieht, erwähnte

---

[50] I. Herwegen, Sinn und Geist der Benediktinerregel.
Einsiedeln, Köln 1944, S. 317.

[51] Dem entspricht das für das Gemeinschaftsleben der Benediktiner wichtig gewordene Prinzip der 'aequitas', des Aus-
gleichs und des Ermessens, nach dem man individuelle Gesichtspunkte berücksichtigen und damit eine "Ausgewogenheit ('aequitas') zwischen Gesetz und Leben" herstellen
soll (Herwegen, S.42f.), vgl. Prolog 46-5o; Kap. 2,24f.;
2,32. Ähnlich auch Grünewald, S.8off.

ich schon. Kap. 31 regelt die Amtsführung des für das materielle Wohl der Klostergemeinschaft verantwortlichen
Cellerars: 'Neque auaritiae studeat neque prodigus sit et
stirpator substantiae monasterii, sed omnia mensurate faciat et secundum iussionem abbatis' (31,12). Ihm, der
stets ein Beispiel an Nüchternheit und Mäßigung, auch gegenüber Speise und Trank, sein soll, wird empfohlen, zwischen Geiz und Verschwendung ein Mittelmaß zu finden -
ein Beleg für das Fortwirken aristotelischer Ethik in frühchristlicher Zeit. Auch das tägliche Arbeitspensum der
Mönche, die aufgrund besonderer Ortsverhältnisse durch
Acker- und Gartenbau selbst für ihre materielle Existenz
zu sorgen haben, soll maßvoll sein ('Omnia ... mensurate
fiant' 48,9), nicht zuletzt mit Rücksicht auf die 'pusillani-
mes' in den eigenen Reihen.[52]
Alle drei Belege finden sich in demjenigen Abschnitt der
Regula, der die äußere Lebensführung der Mönche regelt, und
die in ihnen enthaltenen Maßvorstellungen sind entsprechend
auf konkrete Sachverhalte des cönobitischen Gemeinschaftslebens bezogen.

moderatio, modestia
Nach der gemeinsamen abendlichen Komplet beginnt für die
Klostergemeinschaft das Silentium, eine strenge Schweige-
pflicht. Wer diese Regel verletze, solle schwerer Strafe
zugeführt werden. In Ausnahmefällen (später Besuch, unauf-
schiebbare Aufträge des Abtes usf.) könne das Schweigegebot aufgehoben werden. Aber auch dann solle man 'cum summa
grauitate et moderatione honestissima' (42,11; vgl. 'mit
dera furistun fruatii... mezhaftii erhaftost' 249,7f.)
vorgehen. Superlativ und Chiasmus indizieren schon rein
äußerlich, daß in dieser Formulierung Wichtiges ausgedrückt

---

[52] Vgl. H. Dedler, Vom Sinn der Arbeit nach der Regel des
heiligen Benedikt. In: Benedictus. Der Vater des Abendlandes, a.a.O. S. 1o3-18.

werden soll. 'moderatio' meint hier eine von Selbstbeherrschung und bescheidener Zurückhaltung bestimmte innere
Haltung, die ihr auf das Äußere bezogenes Pendant in der
'gravitas' hat, dem ernsthaften, würdigen Auftreten. I.
Herwegen sieht in 'gravitas' und 'moderatio' "Grundhaltungen
des gebildeten Römers, die Benedikt in seinen Mönchen finden will". 'moderatio' meine "innere Bescheidenheit", "Ge-
messenheit, Selbstbeherrschung, die Ruhe der inneren Frei-
heit".[53] Antikes Erbe wird hier neu aktualisiert. Die
Korrespondenz zwischen äußerem würdigem Auftreten und innerem
Adel, die mit den in einem Atemzuge genannten Begriffen
'gravitas' und 'moderatio' hergestellt wird, erschöpfte sich
im Bewußtsein des Menschen der Antike in einem immanenten
anthropologischen Ideal; bei Benedikt bleibt sie zwar ge-
wahrt, wird aber in einen metaphysischen Sinnbezug gestellt:
der Mönch, der 'gravitas' und 'moderatio' vorbildlich verkörpert, ehrt damit Gott. Durch das Hinzukommen dieser Dimension des Metaphysischen, die in den ersten christlichen
Jahrhunderten zahlreiche Kernbegriffe nichtchristlicher antiker Ethik in völlig neuartige Zusammenhänge brachte, ver-
schoben sich natürlich im Laufe der Zeit auch die Inhalte
jener Wörter. Dieser Prozeß ist zur Zeit der Abfassung der
Regula durch Benedikt (etwa um 53o) noch nicht abgeschlossen.
Herwegen ist zuzustimmen, wenn er die antike Provenienz der
'moderatio' in Geltung bringt, aber gleichzeitig den neuen,
spezifisch christlichen Bezugsrahmen betont: das "pneumatische

---

[53]Herwegen, S. 267. Vgl. auch Ibach, PBB (Halle) 78 (1956)
6: Ibach sieht in Benedikt einen "Anwalt echter altrö-
mischer Tugenden"; die Benediktinerregel enthalte "geballt
und gedrungen, dazu knapp und lehrhaft ausformuliert,
christliche Haltung, römische Strenge und griechische
Ethik." Allerdings finden wir bei Ibach keinen Hinweis auf
Aristoteles.

Wesen des Mönchtums"[54], das sich im Schweigegebot als einer
Ermöglichung der "Einkehr in sich selbst und mit sich in
Gott"[55] erneut beweise und unumgängliches Nichteinhalten
dieses Gebots der 'summa grauitas' und 'moderatio honestissima' überantworte, die neue Werte des Menschen vor Gott verkörpern.[56]
Auch die Verwendung des Wortes 'modestia' zielt in diese
Richtung. In 22,6 heißt es, die Mönche sollen versuchen,
beim Aufbruch zum Gottesdienst einander zuvorzukommen, aber
mit der geziemenden äußeren und inneren Haltung: 'cum omni
tamen grauitate et modestia'. In der althochdeutschen Interlinearversion ist 'moderatio' mit dem stf. 'mezhaftii'
(249,8) und 'cum modestia' mit 'mezhaftiu' (231,2o) übersetzt.[57] Die Zwillingsformel 22,6 besitzt eine ähnliche

---

[54]Herwegen, S. 12ff. und öfters.

[55]ebenda S. 265.

[56]Die Wiedergabe von lat. 'grauitate' in der Bedeutung "ernst-
haftes, würdiges Auftreten" durch ahd. 'fruatii' in der
Interlinearübersetzung (249,8; auch 231,19, s. unten) vermag
den Abstand sichtbar zu machen, der zwischen jener altrö-
mischen Patrizierhaltung und diesem, der christlichen
'prudentia' nahestehenden, dem rationalen Vermögen des Menschen Ausdruck gebenden, monastischen Bildungs- und Er-
fahrungswert herrscht. 'fruoti, fruatî, fruatii' als stf.
ist im Althochdeutschen (außer den Glossen) sonst nur noch
bei Notker von St. Gallen belegt, das adj. 'fruot, frôt,
fruat' im Hildebrandslied, bei Otfrid von Weißenburg und
bei Notker (Schützeichel, Ahd. Wb. S. 6o). Dieser gibt lat.
'prudentia' im allgemeinen mit 'fruoti' und 'fruotheit'
wieder (Vernunft des Menschen, aber auch vernünftige Voraussicht Gottes - 'providentia'). Dazu Näheres bei J.
Trier, Der deutsche Wortschatz im Sinnbezirk des Verstandes. Die Geschichte eines sprachlichen Feldes. Bd. I: Von
den Anfängen bis zum Beginn des 13. Jahrhunderts. Heidelberg 1931, S. 53, 68f., 74.

[57]Zu 'cum modestia': 'mezhaftiu' s. Daab, S. 184 und 281;
Schützeichel, Ahd. Wb. S. 127; ferner unten in diesem
Kapitel.

Struktur wie die oben zitierte 'cum summa grauitate et moderatione honestissima'. Äußeres würdiges Betragen ('gravitas') und innere bescheidene, maßvolle Haltung ('modestia')
bilden eine Einheit und verkörpern vorbildhaftes sittliches
Verhalten - dieses wiederum ist der Reflex eines religiös
motivierten, sittlichen Bewußtseins.[58]

modus

Im Gebrauch von lat. 'modus'[59] lassen sich in der Regula
drei Bedeutungsschwerpunkte feststellen. Der weitaus größte
Teil der Belege ist mit "Art und Weise" wiederzugeben (2,21;
18,23; 22,2; 24 Überschr.; 24,1; 26,1; 27,2; 28,6; 39,11;
59,3; 69,3; 71,6), diejenigen Belege mitgerechnet, in denen
'modus' mehr oder weniger enge Verbindungen mit anderen Wörtern eingegangen ist ('quolibet modo', 'omnimodo' usf.). Nur
zwei Belege weisen reine Quantitätsbedeutung auf (24,2; 35,4)
und vertreten nhd. "Maß, Grad, Bemessung, Größe". Den dritten Bedeutungsschwerpunkt findet man im Beleg 14,2, wo 'modus' den geordneten Ablauf der liturgischen Handlungen meint,
ähnlich wie 'mensura' in 11,2. Die ahd. Entsprechung für
'modus' ist 'mez'. Allen 'modus'-Belegen der Regula ist

---

[58] Die Verankerung der 'modestia' im sittlichen Gefüge des
Christentums ist biblische Tradition: 'modestia' gehört
zu den "zwölf Früchten des Heiligen Geistes" (Gal 5,22).

[59] Von den 15 lateinischen Belegen (Wortverbindungen wie
'solummodo', 'pro modo' usf. mitgezählt) sind 9 in der
althochdeutschen Version wiedergegeben, und zwar alle mit
'mez' oder entsprechenden sprachlichen Wendungen. In
39,11 wurde 'omnino' mit ahd. 'allēm' übersetzt; das am
Rand von dritter Hand eingetragene 'omni modo' (Steinmeyer, Sprachdenkm. 245, 24f. und Anm.) fand keine ahd.
Glossierung. Im einzelnen entsprechen sich: 2,21:2oo,5;
14,2:224,3o; 18,23:229,2; 22,2:231,1; 24 Überschr.: -;
24,1: -; 24,2: -; 26,1:233,15; 27,2:233,3o; 28,6:235,9;
35,4:24o,14; 39,11: - (s.o.); 59,3:267,18; 69,3: -; 71,6:
-. Zu 'omnimodo' vgl. Betz, S. 157.

gemeinsam, daß sie keinen spezifisch ethischen Gehalt aufweisen und somit für den thematischen Umkreis dieser Untersuchung nur von peripherer Bedeutung sind.[60]

sobrietas

Zu den Mäßigkeitsgeboten der Benediktinerregel gehört auch
Mäßigkeit im Trinken. Benedikt gebraucht zwar nicht das lat.
Substantiv 'sobrietas', wohl aber zweimal das adj. 'sobrius'
(31,1; 64,9), in der althochdeutschen Fassung wiedergegeben
mit 'chûski' (236,12; 275,23).[61] Das Nüchternheitsgebot gilt
in seiner konkreten Bedeutung in besonderem Maße für den
Cellerar des Klosters, dem die Verwaltung des materiellen Besitzes und die Wirtschaftsführung obliegen, aber ebenso,
und nun auch in seiner geistigen Bedeutung, für den Abt
selbst, der 'castus, sobrius, misericors' sein soll (64,9)
- dies sind Tugendforderungen, die schon der hl. Paulus an
Bischöfe und Presbyter stellt (1 Tim 3,2-3; Tit 1,7-8).[62]

temperantia

Auch die 'temperantia' kommt in der Regula Benedicti in
substantivischer Form nicht vor; dafür enthält sie aber
sechs Belege zu lat. 'temperare' (8,4; 41,5; 41,9; 49,4;
64,17; 64,19).[63] Die ersten drei benennen konkrete Zeit-

---

[60]Die adv. 'modice' "ein wenig, etwas" (8,2; 13,2; 55,14)
und 'modo' "jetzt, nun" (Prolog 44) können aus dem genannten Grunde ebenfalls ausgeklammert werden.

[61]Dazu vgl. Betz, S. 8of.; Keusch. Von Th. Frings und
Gertraud Müller. In: Erbe der Vergangenheit. Germanistische
Beiträge für K. Helm. Tübingen 1951, S. 1o9-35.
- Lat. 'sobrius', adv. 'sobrie', wird in der Folgezeit auch
mit Worten der 'mâze'-Sippe wiedergegeben: adj. 'mezîg'
Nb.P.I, 122,19 (S.-St.I, 133,14); adv. 'mâzlîche' Milst.
Hym. 16,2.

[62]Benediktusregel, hsg. von B. Steidle, a.a.O. S. 19of.;
Herwegen, S. 38o.

[63]Lat. 'temperies' (55,1; "Klima") und 'temperius' (11,1;
48,6; "zeitiger, früher") können unberücksichtigt bleiben.

einteilungen ("einteilen, regeln, festsetzen") und lassen
nur indirekt ethische Vorstellungen erkennen, insofern sich
Benedikt auch bei so praxisbezogenen Vorschriften wie der
Regelung des zeitlichen Ablaufs des klösterlichen Gemeinschaftslebens, der Gottesdienstordnung usf. natürlich von
einer geistigen Konzeption leiten läßt, die extreme Askese
vermeidet und in ihren Anforderungen an den einzelnen maßvoll bleibt. Auf die wichtigen Belege 64,17 und 64,19 wurde
bei der Erörterung der 'discretio' bereits verwiesen.[64]
Umsicht, Besonnenheit und Ausgewogenheit bei allem geistlichen und weltlichen Tun sprechen aus jenen Vorschriften des
64. Kapitels. Strenge bis zur Härte und Askese dominieren
lediglich in der Fastenzeit, in der in besonderer Weise das
Gebot gilt: 'ab omnibus uitiis temperare' (49,4). Nicht sie
sind es, die den Geist der Regula entscheidend bestimmen,
sondern brüderliche Liebe,[65] Weisheit, Barmherzigkeit und
Vernunft. Radikale asketische Forderungen, Diesseitsver-
neinung und Entselbstung bekamen erst in späteren Phasen der
Geschichte des Benediktinertums entscheidende Bedeutung (z.
B. im Reformprogramm Benedikts von Aniane im 9. Jahrhundert
oder in den Cluniazensischen Reformen im 1o./11. Jahrhundert).
In der Frühzeit des Ordens spricht ein maßvoll ausgewogenes
Verhältnis zwischen unumgänglich Weltlichem und unveräußerlich

---

[64]Vgl. oben zu 'discretio'.

[65]Dieser Geist der Milde, Liebe usf. hat seine eigene
geistesgeschichtliche Tradition. Auch in der Nonnen-
regel des Caesarius von Arles (+ 542) ist er spürbar,
vgl. von Schubert, S. 61. Zur Grundtugend der Liebe in
der Regula s. Benediktusregel, hsg. von B. Steidle,
a.a.O. S. 26f.

Göttlichem aus der geistigen Disposition der Regula[66];
antike Diesseitsbejahung und frühchristliche Tradition
sind in gleicher Weise in ihr spürbar. Ausgewogenheit,
Vermeiden von Extremen, Mittelmaß: dies ist aristotelisches
Erbe, das die Maß- und Mäßigungsvorstellungen der Regula
nachhaltig beeinflußte.

Die 'mez'-Wortfamilie in der althochdeutschen Interlinearversion

Das stf. 'mâza' kommt in der Interlinearversion nicht vor.
Stn. 'mez', mit 21 Belegen recht gut repräsentiert, differenziert sich semantisch in folgende Gruppen:[67]

a) Maß an Speise oder Trank (246,1; 246,4; 246,24)
b) Art und Weise (2oo,5; 229,2; 231,1; 233,15; 233,3o;
   235,9; 243,9; 258,31; 259,7; 267,18; 269,4)
c) Ordnung, Reihenfolge (221,15; 224,3o)
d) Größe, Umfang, Bemessung, Ausmaß (232,9; 24o,14)
e) Maßstab, gerechtes Maß (235,33)
f) rechtes, geziemendes Maß (257,1o; 26o,19)

Abgesehen von den drei Belegen der beiden letzten Gruppen,
in denen 'mez', obwohl selbst nicht ethisch beladen, immerhin in einen ethischen Kontext gerückt ist, ist 'mez' im
wesentlichen Quantitäts- oder Modalbezeichnung.
Die wichtigen Belege swv. 'kemezlîhhên' ("das rechte Maß
geben, abwägen, Maß halten" 276,19; 277,1), adj. 'mezhaft'
("richtig zubemessen, angemessen" 26o,21), stn. 'mezhafti'

---

[66]Dies bestätigt auch Herwegen, wenn er feststellt: "Bei
aller Festigkeit und Größe, die der 'institutio' Benedikts
eigen ist, trägt sie doch den Charakter der Milde und des
Maßvollen" (S. 43). Vgl. auch Hermanns: "Maßhaltung und
Milde ist das Grundprinzip Benedikts" (S. 25). Gregor der
Große und noch im 12. Jahrhundert Heloise, die Geliebte
Abaelards, rühmen Benedikts Geist der Mäßigung (ebenda
S. 25, Anm. 4, 6).

[67]Vgl. Ibach, PBB (Halle) 81 (1959) 159ff.; Betz. S. 146,
154, 2o1, 215. S. auch die lat. Entsprechungen in der
Übersicht am Schluß dieses Kapitels.

("mit Maß, mit maßvollem Anstand, bescheiden, maßvoll"
231,2o; 231,24; 237,9; 254,28)[68] und stf. 'mezhaftii'
("Maß, Mäßigung, Zurückhaltung" 249,8) bewegen sich im Umkreis ethischer Maßvorstellungen und besitzen für diese
Untersuchung besondere Gewichtigkeit.[69] Ibach ordnet sie
mit Recht der Bedeutungsrichtung "Gerechtigkeit, Mäßigung,
Bescheidenheit" zu.[7o]
Die Verben 'luzzil mezzan' (2o1,27)[71] und 'widarmezzan'
(2o6,18) beziehen sich auf Abstrakta (Heil, Lohn Gottes).
Das stf. 'mezlĭhchii' (26o,2) bedeutet "Temperatur, Klima", und stf. 'unmezzĭgii (des sumeres)' (247,8) ist ebenfalls im meteorologischen Sinne zu verstehen ("Übermaß des
Sommers, Sommerhitze").[72] Das adv. 'unmez' (275,29; 276,13)
dient als Bezeichnung für das "Zuviel".[73]
Dieser skizzenhafte Überblick über die Semantik der Wortfamilie 'mez' in der Interlinearversion zeigt zweierlei:
nur teilweise, und dann oft auch nur infolge des Kontext-
bezuges, partizipiert die Wortfamilie 'mez' an ethischen
Inhalten. Nirgendwo konnte sie ähnlich profilierte "Kern-

---

[68]'kemezlĭhhĕn' und das stn. 'mezhafti' sind innerhalb der
von mir durchgesehenen ahd. Texte nur für die Benediktinerregel nachzuweisen (vgl. auch Schützeichel, Ahd. Wb. S.
127). Das stn. 'mezhafti' ist nur als 'mezhaftiu' belegt.
Ibach kennt es nicht; er ordnet 231,24; 237,9 und 254,28
dem adj. 'mezhaft' und 231,2o dem stf. 'mezhaftii' zu,
vgl. PBB (Halle) 81 (1959) 158. Ich schließe mich Schützeichel an, der stattdessen jenes stn. 'mezhafti' annimmt
(Ahd. Wb. S. 127).

[69]Vgl. den Abschnitt "Mäßigung" bei Betz, S. 131. Ich
stimme Ibach, PBB (Halle) 82 (196o) 384, zu, wenn er
'kemezlĭhhĕn' dem "monastischen Wortschatz" von B. zu-
rechnet.

[7o]PBB (Halle) 81 (1959) 16o.

[71]Vgl. Betz, S. 122.

[72]Zu 'unmezzĭgii' s. Betz, S. 154.

[73]Ibach, PBB (Halle) 81 (1959) 16o.

wörter" als Träger sittlicher Maßvorstellungen hervor-
bringen, wie sie die lateinische Regula aufweist. Ebensowenig läßt sich die Wortfamilie dem spezifisch christlichen
Wortschatz des Althochdeutschen zuordnen, für dessen Herausbildung die Interlinearversion bekanntlich Entscheidendes
leistete. Die Wortfamilie ist in dieser Frühform bereits
sehr stark in sich differenziert. Die Grundbedeutung "messen"
hat sich mehrfach abgewandelt, verengt und erweitert. Die
einzelnen Wörter partizipieren an unterschiedlichen Ab-
straktions- und Konkretionsstufen und sind heterogenen Bedeutungsbereichen zugeordnet.

Das Maß als rechte Mitte

Denken, Empfinden und Handeln des Menschen sollen, wie Ibach
in seiner Arbeit über "Wortschatz und Begriffswelt der althochdeutschen Benediktinerregel" betont,[74] auf Ausgleich
und "rechtes Maß" zwischen zuviel und zuwenig bedacht sein.
Die Orientierung eines Teils der Maßvorstellungen der Regel
an diesem Prinzip ist natürlich nicht auf die Wortfamilie
'mez' beschränkt, obwohl es auch hier nachzuweisen ist
(z.B. 2o1,27; 247,8; 275,29 und 276,13).[75] Vielmehr durch-
dringt es in unterschiedlicher Intensität den gesamten
sprachlichen Bestand[76], sowohl konkrete als auch abstrakte

---

[74]"'cuat tuan' steht zwischen 'ubartuan', 'missituan' einerseits und 'lazzan', 'caugron' andererseits ...; der 'eban
muat' 'Gleichmut' steht zwischen 'ubarmuati' 'übermütig'
und 'luzzilmuati' 'kleinmütig'. Strenge soll mit Milde,
Ernst mit Liebe gepaart sein: 'miscens temporibus tempora,
terroribus blandimenta; dirum magistri, pium patris osten-
dat affectum' 'er soll nach Zeiten und Umständen Strenge
und Milde mischen, bald den Ernst eines Meisters, bald die
Liebe eines Vaters zeigen'", PBB (Halle) 81 (1959) 158.
Zum letzteren vgl. auch PBB (Halle) 78 (1956) 33f.

[75]Ibach, PBB (Halle) 81 (1959) 16o.

[76]Daher verfuhr Ibach methodisch richtig, indem er den
sprachlichen Nachweis dieser Vorstellung auf die gesamte
Breite des Wortschatzes der Regel ausdehnte. Ich erspare
mir eine Wiedergabe des von Ibach zusammengetragenen Materials und verweise ausdrücklich auf seine Untersuchung.

Sachverhalte, Tugenden[77] und Untugenden.[78] Die immanente
Struktur dieser Maßvorstellungen läßt sich mit dem Begriff
der rechten Mitte kennzeichnen. Diese Konzeption, bei der
jeweils zwischen zwei korrelativen Extremen ein praktikables
Mittelmaß angestrebt wird, geht, wie schon erwähnt, auf
Aristoteles zurück. Benedikts Regula begibt sich nicht der
geistesgeschichtlichen Tradition. Zwar sind Altes und Neues
Testament ihre Hauptquellen, doch finden sich in ihr auch
zahlreiche Belege für die Rezeption spätantiken und frühchristlichen Schrifttums (Pachomius, Basilius, Hieronymus,
Augustinus, Cassian u.a.)[79], und es ist durchaus denkbar,
daß auf diesem Wege auch aristotelische Tugendvorstellungen
überliefert wurden.[80] Diese ethische Konzeption ist an keine
explizite Begrifflichkeit gebunden und erschöpft sich daher
auch nicht in den oben untersuchten Kernwörtern. Sie prägt
vielmehr den Geist der Regel. Wenn Benedikt beispielsweise
zwischen Völlerei und Askese,[81] zwischen Geiz und Verschwendung,[82] zwischen Strenge und Nachgiebigkeit[83] oder

---

[77]Ibach, PBB (Halle) 81 (1959) 161ff.

[78]Ibach, ebenda S. 164ff. "Das Laster der Maßlosigkeit wird
begriffen als Verneinung oder Übersteigerung des rechten
Maßes. Das Präfix 'un-' drückt die Verneinung aus, die
Präfixe 'ubar-', 'filu-' und das Suffix '-al' die Übersteigerung" (S. 164). Zahlreiche Belege hierzu S. 164-66
und zu den Maßlosigkeits-Untugenden 'ubarmuatî', 'frafalî',
'ubarazzalî' und 'filusprahhî' und Verwandten S. 166-68.
Ein eigenes Kapitel widmet Ibach der "Nachlässigkeit", dem
"'Zuwenig' an Tugend" (S. 169), S. 168-17o.

[79]Ibach, PBB (Halle) 78 (1956) 5; Benediktusregel, hsg. von
B. Steidle, a.a.O. S. 13f.; Grünewald, öfters; S. Brechter,
St. Benedikt und die Antike. In: Benedictus. Der Vater des
Abendlandes, a.a.O. S. 139-94, bes. 147, 159 und 165.

[80]Eine direkte Rezeption aristotelischer Schriften durch
Benedikt kann ausgeschlossen werden, vgl. Benediktusregel,
hsg. von B. Steidle, a.a.O. S. 1o; Brechter, S. 156ff.

[81]S. Regula Kap. 39.

[82]S. Regula Kap. 31.

[83]S. Regula Kap. 22; vgl. auch E.M. Heufelder, Strenge und
Milde. Die Strafkapitel in der Benediktinerregel. In:
Benediktinische Monatschrift zur Pflege religiösen und
geistigen Lebens 28 (1952) 6-18.

sogar zwischen Göttlichem und Weltlichem[84] die rechte Mitte
sucht, so müssen sich derartige Polarisierungen nicht unbe-
dingt dadurch niederschlagen, daß beide Extrembegriffe auch
genannt werden. Häufig wird nur ein Korrelatsbegriff sprachlich ausgeführt; oft aber auch sind beide nur aus dem Sach-
zusammenhang erschließbar.

Die ethische Konzeption "Maß als rechte Mitte zwischen zwei
Extremen" sucht in ihrer christianisierten Spielart bei
Benedikt zwar im diesseitigen Leben ihre Relevanz und Bewährung, bleibt aber von der Sinngebung her auf das Leben
nach dem Tode hingeordnet, auf ein Leben, das von der 'pax'
(Prolog 17) gekennzeichnet ist und in dem sich alle Gegen-
sätze und ethischen Spannungen auflösen werden.[85] Die direkte Anwendung jener Konzeption auf Weltliches weiß sich im
Selbstverständnis Benedikts aufgefangen von einer Kontingenz,
die das Weltliche immer schon transzendiert.

Ich fasse zusammen.

(1) Die außerordentliche Verbreitung der Benediktinerregel
im frühmittelalterlichen Europa und ihre vielfältigen Einwirkungen auf die christliche Laienethik, bedingt durch die
Tätigkeit des Benediktinerordens in Verkündigung, Predigt,
karitativer Arbeit und seelsorglicher Pädagogik, aber auch
in Wissenschaft, Kunst und Handwerk, sorgten für eine starke
Rezeption der in ihr enthaltenen Maßvorstellungen in den vom
Benediktinertum beeinflußten Ländern.

(2) Die Maßvorstellungen der Benediktinerregel erschöpfen
sich nicht in der 'mez'-Wortfamilie, obwohl diese partiell

---

[84] Das Abwägen ('temperare': 'kemezlîhhên') zwischen Göttlichem
('deus') und Weltlichem ('saeculum') wird in Kap. 64,17
dem Abt zur Pflicht gemacht. Dieser Beleg fällt aber insofern aus der Art der genannten Beispiele heraus, als seine
"Extreme" weder negativ noch spezifisch ethisch sind.

[85] Die 'pax' ist nach Herwegen "das letzte Ziel monastischen
Lebens überhaupt" (S. 3o).

ethische Bezüge erkennen läßt. Das stf. 'mâza' kommt in
der ahd. Interlinearversion nicht vor. Die 'mez'-Wortfa-
milie ist nicht dem spezifisch religiösen Wortschatz zuzurechnen, gehört aber in den weiteren Einflußbereich des
christlich und lateinisch bestimmten Kulturwortschatzes.
(3) Als für die sittlichen Maßvorstellungen der Regel
typisch erwiesen sich vor allem drei Bereiche:
- die Verbindung von 'discretio' mit 'temperare' stellt
  die geistesgeschichtlich bisher immer nur als "Fähigkeit des Unterscheidens von Gut und Böse, Richtig und
  Falsch" bekannte 'discretio' nun auch in einen speziellen ethischen Bezug, indem sich ihr sittliche Maß-
  und Mäßigungsvorstellungen assoziieren. 'temperantia'
  rückt damit in die Semantik der 'discretio' ein;
- die benediktinische Pädagogik erweist sich als besonderes Gebiet, auf dem sittliche Maßvorstellungen zum
  Tragen kommen;
- die Konzeption des Maßes als rechter Mitte zwischen
  zwei Extremen, die aristotelische Tradition weiter-
  führt, strukturiert einen Teil der ethischen Postulate
  der Regel.
(4) Generell besitzen die sittlichen Maßvorstellungen der
Benediktinerregel keine Eigenwertigkeit, sondern bewegen
sich innerhalb des durch Bibel und christliche Tradition
vorgegebenen Rahmens. So sind den 'instrumenta artis spiritalis' (Kap. 4,75), den "Werkzeugen der geistlichen
Kunst", natürlich auch Selbstbeherrschung, Mäßigung der
Ansprüche der eigenen Sinne und maßvolle Zucht bei allem
Denken und Tun (vgl. besonders Kap. 4), ausdrücklich auch
bei leiblichen Genüssen wie z.B. Essen und Trinken, zuzurechnen. Diese Tugenden gehörten schon immer zur christlichen Sittlichkeit, wurden aber erst in ihrer radikali-
sierten Form als Askese, Abtötung, absolute Enthaltsamkeit usf. (vgl. z.B. die strenge Regel von Basilius
dem Großen) zu spezifisch monastischen ethischen Grund-

sätzen. In der Benediktinerregel dominieren die gemäßigten
Ausprägungen dieser Tugendforderungen über ihre Extremi-
sierungen.

(5) Charakteristisch für den Geist der Regel Benedikts
sind Ausgleich, Milde und weise Maßhaltung. Diese Grundeinstellung beeinflußte nachhaltig die einzelnen Vorschriften für das monastische Gemeinschaftsleben und erlaubte
eine Anpassung der Regel an wechselnde Zeiten und Ortsverhältnisse.

Somit gründen die Maßvorstellungen der Regel nicht auf
einem theoretischen Prinzip, sondern erwuchsen aus praktischer Erfahrung und christlich-monastischer, aber auch
antiker Tradition.

Übersicht über die Wortfamilie 'mez' und ihre lateinischen
Entsprechungen in der Benediktinerregel (mit einer Konkordanz
der benutzten Ausgaben)

(Die Orthographie der alphabetisch geordneten Wortfamilie
richtet sich nach dem Ahd.Wb. von R. Schützeichel; die in
Klammern stehenden Belege sind der Ausgabe von E. von Steinmeyer entnommen. Für die lat. Entsprechungen wurde die Ausgabe von R. Hanslik benutzt. Zitierweise: Steinmeyer - Seite/
Zeile; Hanslik, Steidle - Kapitel/Absatz; Daab - Seite.)

Wortfamilie 'mez'	Lat. Entsprechungen	Stein- meyer	Hanslik Steidle	Daab
kemezlihhên swv.	temperare	276,19	64,17	9o
	temperare	277,1	64,19	9o
mez. stn. ('einu mezzv')	solummodo	2oo,5	2,21	17
	mensura	221,15	11,2	38
	modus	224,3o	14,2	41
('eocouuelichu mezzu')	omnimodis	229,2	18,23	46
	pro modo	231,1	22,2	48
	mensura	232,9	24,1	49
('so uuelichu mezu')	quolibet modo	233,15	26,1	51
('eocouuelichu mezzu')	omni modo	233,3o	27,2	51
('desv mezzv')	isto modo	235,9	28,6	53
	mensura	235,33	3o,1	54
	modus	24o,14	35,4	58
('nohheinu mezzu')	(n)ullatenus	243,9	37,2	6o
	mensura	246,1	4o,2	63
	(h)emina	246,4	4o,3	63
	mensura	246,24	4o,8	63
	mensura	257,1o	49,6	73
('nohheinv mezzu')	(n)ullatenus	258,31	53,23	75
('nohheinv mezzv')	nullatenus	259,7	54,1	75
	mensura	26o,19	55,8	76
('so uuelichv mezv')	quolibet modo	267,18	59,3	82
('nohheinv mezzv')	(n)ullatenus	269,4	6o,5	83
mezhaft adj.	mensuratus	26o,21	55,8	76
mezhafti stn. ('mezhaftii', Hs. 'mezhaftiu')	cum modestia	231,2o	22,6	49
('mezhaftiu')	moderate	231,24	22,8	49
('mezhaftiv')	mensurate	237,9	31,12	55
('mezhaftiv')	mensurate	254,28	48,9	71
mezhaftii stf.	moderatio	249,8	42,11	65
mezlihchii stf.	temperies	26o,2	55,1	76
mezzan stv. ('luzzil·m.')	paruipendere	2o1,27	2,33	18
unmez adv.	nimis	275,29	64,12	89
	nimis	276,13	64,16	9o
unmezzîgii stf.	nimietas	247,8	41,2	64
widarmezzan stv.	reconpensare	2o6,18	4,76	23

IV. Glaubensbekenntnisse, Gebete und Beichten

Den im folgenden behandelten Texten ist gemeinsam, daß sie
mehr oder weniger stark vom Inhalt ihrer lateinischen Vorlagen abhängen.

Im Athanasianischen Symbolum des Weißenburger Katechismus[86]

wird fünfmal das part.adj. 'ungimezzan' verwendet:

Ungimezzan fater, ungimezzan sun, ungimezzan / ther
heilogo geist; Euuig fater, euuig sun, euuig heilogo
geist: Endi / thoh nalles thri euuige, uzzar einer ist
euuiger, So nalles thri un/giscaffene noh thri ungimez-
zene, uzzar einer ist ungiscaffaner endi / einer ungi-
mezzener.   (65-69)

Der lateinische Text wurde hier wörtlich ins Althochdeutsche übertragen.[87] Die gleiche Stelle findet sich auch bei

Notker von St. Gallen, der folgendermaßen übersetzt und

kommentiert ('Fides Sancti Athanasii episcopi'[88]):

Inmensus pater . inmensus filius . inmensus et spiritus
sanctus. Vnmâzig ist der fater . unmâzig der sún . unmâzig der heiligo Géist. Irmézen unde begrîfen nemág ín
ne-hein sín . uuanda er presens unde totus ist in állen
stéten.
                (P.II.64o,28-32; S.-St.III,111o,3-7)

Sicut non tres increati nec tres inmensi . sed unus
increatus . et unus inmensus. Also ouh nesint trî un-
gescáffene . noh trí unmâzige . nube éiner ungescáf-
fener . unde éiner unmâziger.
                (P.II.641,5-9; S.-St.III,111o,12-16)

---

[86]Steinmeyer, Sprachdenkm., Nr. VI, S. 29-38.

[87]Ehrismann I, S. 3o8. Die lateinische Vorlage lautet: 'immensus pater, immensus filius,/ immensus spiritus sanctus;
aeternus pater, aeternus filius, aeternus / spiritus
sanctus: et tamen non tres aeterni, sed unus aeternus,
sicut / non tres increati nec tres immensi, sed unus increatus et unus immensus' (Steinmeyer, Sprachdenkm., S.
31, 18-21).

[88]Zitiert nach der Notker-Ausgabe von Sehrt-Starck. Zu Editionen, Zitierweise und Siglen s. unten die zu Anfang von
Kap. A VIII gegebenen Hinweise.

Die dogmatische Aussage von der Unermeßlichkeit der tri-
nitarischen Personen, die sich dem geistigen Erfassen
durch den menschlichen Verstand entzieht, gehörte von Anfang an zur christlichen Tradition und fand als Inkommen-
surabilitätstopos auch in zahlreiche literarische Texte,
besonders des frühen Mittelalters, Eingang.

Die genitivische adverbiale Wendung 'des mezzes' "so, ebenso, in dem Maße, in der Art und Weise wie" ist der einzige
Beleg im <u>Freisinger Paternoster</u>[89] (33), und zwar in beiden
überlieferten Handschriften A und B. Der Beleg findet sich
in der dritten Bitte. Eine unmittelbare lateinische Vorlage
ist nicht überliefert, doch strukturiert die Gliederung der
lat. Bitte 'Fiat uoluntas tua <u>sicut</u> in celo <u>et</u> in terra'
auch die Gedankenfigur der ahd. Auslegung ('so ... soso ...
des mezzes').[90]

Von den überlieferten ahd. Beichtformularen enthalten die
Würzburger, die Mainzer und die Pfälzer Beichte Belege zur
'mâza'-Wortfamilie. Zum Sündenregister der <u>Würzburger Beich-</u>
<u>te</u>[91] gehört 'huor ubar mez' (16), die Sünde der 'fornicatio'.
F. Hautkappe[92] hat das lateinische Vorbild für die Würzburger Beichte, die Beichtanweisung des 'Othmarus ad dis-
<u>cipulos</u>'[93], die mehrfach überliefert ist[94], mit dem alt-

[89]Altbayrisches (Freisinger) Paternoster. In: Steinmeyer,
Sprachdenkm., Nr. VIII, S. 43-48.

[90]Vgl. die ähnlichen Komparationsformeln an entsprechender
Stelle des 'Pater noster' aus dem Weißenburger Katechis-
mus: 'ci thiu thaz ... sama so' (Steinmeyer, Sprachdenkm.,
S. 29,15f.).

[91]Steinmeyer, Sprachdenkm., Nr. XLIV, S. 316-18.

[92]F. Hautkappe, Über die altdeutschen Beichten und ihre Beziehungen zu Cäsarius von Arles. Münster 1917, S. 7-23.

[93]Abgedruckt in MSD II, S. 393f.; s. auch Ehrismann I,
S. 32of.

[94]Cod.Sangall. 916; Cod.Pal.lat. 485; Cod.Tepl.Ψ VI 32;
libellus poenitentialis Egberti Eboracensis Archiepi-
scopi (nach Hautkappe, S. 7).

hochdeutschen Text verglichen. An entsprechender Stelle
hat der Cod.Tepl. die Substantivform 'in fornicatione';
der Cod.Pal.lat.485 weist eine finite Verbform auf ('quod
fornicaui'), und Egberts Bußbuch verzeichnet die Form
'Fornicasti'.[95] Die zu den 'capitalia peccata' zu rechnende
'fornicatio'[96] hat im 'huor' der Würzburger Beichte ihre
althochdeutsche Entsprechung. Dem Zusatz 'ubar mez' könnte
die lateinische Formel 'supra mensuram' zugrundegelegen haben; möglicherweise ist er auch nur eine intensivierende
Formulierung des althochdeutschen Übersetzers.
Neben der Versündigung wider das sechste Gebot ist Unmäßigkeit im Essen und Trinken eine der in alt- und mittelhochdeutschen Quellen am häufigsten beklagten menschlichen
Verfehlungen. In der Mainzer[97] und der Pfälzer Beichte[98]
wird diese Sünde mit Hilfe des adv. 'unmezzon' "maßlos"
wiedergegeben:

Mainzer Beichte 8: maz[99] unmezzon uehonti
Pfälzer Beichte 7: maz /un/mezon fehonti
("das Essen maßlos verzehrend, zu sich nehmend")

---

[95] Hautkappe, S. 14f.

[96] Nach Hautkappe, S. 17, in Anlehnung an den 'Sermo
Bonifatii', PL 89, 855.

[97] Steinmeyer, Sprachdenkm., Nr. XLIX, S. 329-31.

[98] Ebenda Nr. L, S. 331f.

[99] Die verschiedenen Herausgeber dieser zwei Denkmäler sind
sich nicht darüber einig, ob hier 'maz' oder 'thaz' anzusetzen ist (MSD I, S.242f. 'thaz'; Steinmeyer, Sprachdenkm.
S. 33of. 'maz'; Ahd. Lesebuch S.59 'thaz'; Althochdeutsches
Elementarbuch. Grammatik und Texte. Hsg. von H. Naumann
und W. Betz, 4. Aufl. 1967, S. 1o9 'thaz'). Mit Schützeichel, Ahd. Wb. S.124, entscheide ich mich für stn. 'maz'
"Speise, Essen", weil der unmittelbar vorausgehende Text
dieses Thema anschlägt.Zudem verlangt das swv. 'fehôn'
"verzehren, zu sich nehmen" (Schützeichel, Ahd.Wb. S. 49)
ein entsprechend konkretisiertes Akkusativobjekt.

Eine direkte lateinische Vorlage für diese zwei Belege ließ
sich nicht finden. Hautkappe spricht von Interpolationen,
die von "ungeschickter Hand" in die genitivischen Reihungen
der Dekalog- und Wurzelsünden der Fuldaer, Mainzer und
Pfälzer Beichte nachträglich eingefügt worden seien; dazu
rechnet er 'in uncîdin sclâphun, uncîdin uuachun, in uncîdigimo mazze, uncîdigimo dranche; thaz unmezzon vehônti'
aus der Mainzer Beichte und 'unzin ih gangenti, unzin ih
rîtanti, unzin ih slâfenti, unzin uuachenti, unzin ezanti,
unzin drinkanti; thaz unmezon fehônti' aus der Pfälzer
Beichte.[100] Der Sachverhalt selbst, die Sünde der Völlerei,
wird in einem späteren Kapitel noch zu besprechen sein.

---

[100]Hautkappe, S. 55f.; Hautkappe zitiert nach MSD I, Nr.
LXXIV a und LXXIV b, S. 242f.

V. Psalmen und Hymnen

Die altalemannischen Psalmenfragmente[101] verzeichnen in
Psalm 1o7,8 einen Beleg zum stv. 'mezzan'. In der bruch-
stückhaften Überlieferung wird das lat. 'et convallem tabernaculorum dimetiar' mit '... selidono mizzu' (293,5) wiedergegeben. Auch auf diese Stelle komme ich im Zusammenhang
mit späteren Psalmenübersetzungen zurück.[102] Dreimal ist
das stn. 'mez' in den Murbacher Hymnen[103] belegt: einmal
gibt es als instr. sgl. 'thiu mezu' (XXVI,15,2) das lat.
'quemadmodum' wieder, und zweimal tritt es als Kompositum
stn. 'gewimez' ('kawimiz') "Land, Gau, Bezirk" auf (XIX,6,
3; XIX,8,2); als solches meint es das Land Galiläa. Die lateinische Vorlage für den Beleg XIX,6,3 'in galilea in
kauimizze' bezieht sich auf Mt 28,7 ('... et ecce praece-
dit vos in Galilaeam: ibi eum videbitis').[104] Wie das
Athanasianische Credo des Weißenburger Katechismus und
Notkers von St. Gallen Schriften enthalten auch die Murbacher Hymnen Bezeichnungen für die Inkommensurabilität
Gottes bzw. seiner Eigenschaften. Gott als 'rector inmense
lucis' (vgl. Gen 1,3-5; 2 Cor 4,6), als 'rihto unmezziges
leohtes' (VI,3,4), der das unermeßliche Licht seiner Gnaden-
und Heilsmittel lenkend aus sich entläßt, wird ebenso gepriesen wie Gott als 'pater inmense magestatis', als 'fater
ungimezenera meginchrefti' (XXVI,5,3).
Auch die althochdeutschen Psalmen und Hymnen sind, wie schon
die meisten bereits behandelten Texte, als interlineare
Übersetzungen an ihre lateinischen Vorlagen gebunden.

[101]Steinmeyer, Sprachdenkm., Nr. XXXVIII, S. 293-3oo.

[102]Vgl. unten Kap. B I,1.

[103]Die Murbacher Hymnen. Nach der Handschrift hsg. von E.
Sievers. Halle 1874.

[104]Althochdeutsche Literatur. Hsg. von H.D. Schlosser, a.a.O.
S.233.

VI. Tatian

Alle elf Belege zur 'mâza'-Sippe in der althochdeutschen
Übersetzung der Evangelienharmonie des Syrers Tatian[105]
(um 83o) basieren auf biblischen Vorlagen. Im einzelnen entsprechen sich:

stn. mez	- lat. quemadmodum 142,1
	- lat. cadus, chorus 1o8,3 (2 Belege)
	- lat. metreta 45,4
	- lat. mensura 21,7; 39,3; 39,4; 141,27
stv. mezzan	- lat. metiri 39,4 (2 Belege)
swv. widarmezzôn	- lat. comparare 73,1

Insgesamt zeichnen sich fünf Bedeutungskreise ab, an denen
die Wortsippe Anteil hat.

Zunächst begegnet das zur modalen adverbialen Wendung erstarrte 'zi themo mezze' (142,1) "auf welche Art; wie; so,
wie", das das lat. Adverb 'quemadmodum' (Mt 23,37) vertritt.
Zur Bezeichnung des Vergleichens dient das swv. 'widar-
mezzôn' (73,1), lat. 'comparare', in Anlehnung an 'aut cui
parabolae comparavimus illud?' (Mc 4,3o).

Auf verschiedenen biblischen Hohlmaßbezeichnungen für
Flüssigkeiten und Getreide fußt 'mez' 45,4 ('metreta' Io
2,6) und 1o8,3 ('cadus' Lc 16,6; 'chorus' Lc 16,7). Quantitätsbezeichnung, nun allerdings auf Abstrakta bezogen,
ist 'mez' in den Belegen 21,7; 39,3 und 141,27. In 141,27
('Inti ir gifullet mez íuuuero fatero' - 'Et vos implete
mensuram patrum vestrorum' Mt 23,32) meint 'mez' das Maß an
Sünden, das die Väter noch nicht erreicht hatten, das aber
nun die Schriftgelehrten und Pharisäer erfüllen werden.
Ohne menschliches Maß ('ni ... zi mezze' 21,7) ist der

---

[105]Tatian. Lateinisch und altdeutsch mit ausführlichem
Glossar hsg. von E. Sievers. Zweite neubearbeitete
Ausgabe (1892). Unveränderter Nachdruck Darmstadt 1961.

Geist Gottes, den er Christus verlieh ('Non enim ad mensuram dat deus spiritum' Io 3,34; 'then got santa, ther
sprihhit gotes uúort, ni gibit imo zi mezze got geist' 21,7).
Lc 6,38 ('Date, et dabitur vobis: mensuram bonam, confertam
et coagitatam et superfluentem dabunt in sinum vestrum') war
Vorlage für die althochdeutsche Formulierung 'guot méz gi-
fultaz inti giuuegan inti ubarfliozentaz' (39,3). Das 'guot
méz' bezieht sich auf Gottes Gnadengaben für den Menschen.
Und schließlich spricht Jesus in Mt 7,2 ('Et in qua mensura
mensi fueritis, metietur vobis' - 'In themo mezze thie îr
mezzet, ist íu gimezzan' 39,4)[106] in der Bildlichkeit des
konkreten Messens ein Verbot des leichtfertigen Richtens
durch die Menschen aus. Menschliches und göttliches Maß werden gegenübergestellt; das menschliche Maß wird angesichts
der Überlegenheit der absoluten göttlichen Gerichtsbarkeit
in seine Schranken verwiesen.

Obwohl alle fünf Bedeutungsbereiche der Sippe und die ihnen
zugeordneten Belege auf Bibelstellen des Neuen Testaments
verweisen, gehören sie nicht zum theologischen Wortschatz
des Tatian im engeren Sinne. Denn sie bezeichnen nicht Erscheinungen aus dem Umkreis christlicher Religiosität,[107]
sondern sie sind mehr oder weniger profiliert an der Kennzeichnung von Beziehungsverhältnissen zwischen christlichen
Grundphänomenen beteiligt, oder sie gehören zum weiteren
Umkreis christlich bestimmten Kulturwortgutes, das sich ja
in den volkssprachigen Übersetzungen der biblischen Bücher
in reichhaltigem Maße angelagert hat.

---

[106] Vgl. Mc 4,24 'In qua mensura mensi fueritis, remetietur
vobis, et adjicietur vobis' und Lc 6,38 'Eadem quippe
mensura, qua mensi fueritis, remetietur vobis'. Zur Deutung dieser Stelle s. auch Theologisches Wörterbuch zum
Neuen Testament. In Verbindung mit zahlreichen Fachgenossen hsg. von G. Kittel, 4.Bd., Stuttgart 1942, S.636f.

[107] Auch E. Feist, Der religiöse Wortschatz der althoch-
deutschen Tatian-Übersetzung in seiner Abhängigkeit vom
Latein der Vorlage. Studien zur Lehngutforschung. Diss.
Freiburg i.Br. 1953, hat die elf Belege nicht in seine
Untersuchung aufgenommen.

VII. Otfrid von Weißenburg

Auch in Otfrids von Weißenburg Evangelienharmonie[108] ist
ahd. 'mâza' noch nicht nachweisbar; es begegnen, wie in
allen bisher besprochenen Texten, ausschließlich Belege mit
der Wurzelvariante 'mez-'.
Innerhalb des Bedeutungskomplexes 'mez' "Maß" liegen folgende Belege vor: Maßbegriffe für Flüssigkeiten (II,8,31; II,
9,95) und für geographisch Abgegrenztes ('gewimez' "Gau" I,
2o,8), erstarrte adverbiale Redensarten ('theheino mezzo'
"auf irgendeine Art, irgendwie" IV,12,46; 'io themo mezze'
"auf diese Art und Weise" V,18,7) und schließlich das Kompositum 'mezwort' "geziemendes, wohlbedachtes Wort" (IV,19,15).

Nur der letztgenannte Beleg weist einen semantischen Inhalt auf, der ethische Maßvorstellungen berührt. Jesus, vom
Hohenpriester über seine Lehren und Anhänger ausgeforscht,
hatte die Frage an den Hohenpriester zurückgegeben und ihn
auf die Auskünfte seiner Zuhörer über Art und Inhalt seiner
Verkündigung verwiesen. Das veranlaßte einen der Diener des
Hohenpriesters, Jesus zu schlagen und ihn folgendermaßen
zurechtzuweisen:

> "Sprih", quad, "mézworte   zi thesemo éwarte;
> er ist hiar hérosto,   ni ántwurti so frávilo!"
>   (IV,19,15f.)

'mezworte sprehhan' - dies meint im konkreten Bezug der
auf Io 18,19-23 fußenden Szene: Jesus solle sich in seiner
Rede mäßigen, respektvoll und unterwürfig in geziemender
Weise Rede und Antwort stehen. Der Gegenbegriff lautet
'fravilo' und 'ubilo sprehhan' (IV,19,19).
Neben dem geziemenden Sprechen findet sich bei Otfrid auch
der Sachverhalt geziemenden Handelns durch Wörter aus der
'mâze'-Sippe sprachlich realisiert: dem 'mezworte sprehhan'
korrespondiert als idiomatische Wendung 'mezhafto duan',

---

[108] Otfrids Evangelienbuch. Hsg. von O.Erdmann. Vierte
Auflage von L.Wolff. Tübingen 1962.

wobei es von untergeordneter Bedeutung ist, daß sich 'duan'
wiederum auf eine Sprechsituation bezieht:

> Tho gab er imo ántwurti   thoh wírdig er es ni wúrti,
> joh dét er thaz hiar ófto   filu mézhafto
> (II,4,91f).

Jesus gab dem Satan Antwort, obwohl dieser einer solchen in
keiner Weise würdig war. Wie auch schon bei früheren Ver-
suchungen, wies Jesus nun auch diese mit angemessener, maßvoller Bestimmtheit[109] und unter Verweis auf die Gebote der
hl. Schrift zurück.[110] In verschiedenen Konkretionen wird
das stv. 'mezan' bzw. 'gimezan' von Otfrid verwendet:

- 'kouf mezan' II,11,14 "einen Handel abschließen,
  verkaufen" (vgl. Io 2,15); dahinter steht wohl die
  Vorstellung, daß beim Verkaufen das Messen bzw.
  Abwiegen der Ware eine entscheidende Rolle spielt;
- 'mezan' II,13,31 "zumessen, gewähren" (vgl. 'non ad
  mensuram dare' Io 3,34);
- 'gimezan' IV,29,29 "abmessen, anmessen, anpassen"
  (von Kleidungsstücken), auf Jesu Gewand bezogen
  (vgl. Io 19,24), hier allerdings im Kontext spiri-
  tueller Ausdeutung stehend: die 'karitas' (IV,29,23.
  51) selbst ist es, die das Gewand für Jesus gewirkt
  und zugeschnitten hat;

---

[109]Mt 4,1o enthält keine entsprechende Kommentierung.

[110]Glossar der Sprache Otfrids. Bearbeitet von J. Kelle.
Neudruck der Ausgabe 1881. Aalen 1963, S. 394, wies
auf einen ähnlichen Beleg in der Benediktinerregel hin:
'alliv mezhaftiv tue' (237,9), 'omnia mensurate faciat'
(31,12); vgl. oben Kap. III.

- 'mezan' I,1,21. 26. 41 als verstechnische Bezeichnungen: "messen, zählen (der Versfüße), bestimmen".[111]

Und schließlich sind es Unmaß- und Übermaßbezeichnungen, die die letzte Bedeutungsgruppe der Belege bilden:

- 'ungimezên' V,1o,24 "überaus, über die Maßen, äußerst";
- 'ungimezzon thrato' IV,31,31: der reuige Schächer am Kreuz bekennt Jesus seine unermeßlich vielen Sünden (vgl. Lc 23,41);
- 'ummezlih' IV,5,12: die unermeßliche Last (der Sünden), die vor Christi Kreuzestod auf den Menschen lag;
- 'ummezîg' V,23,93: auf Erden herrscht 'ummezigaz ser, thaz ni ubarwinten wir mer', ein maßloses, unüberwindbares Leid (Unglück);
- 'zi ummezze' V,23,1o9: maßloser Haß (Feindschaft) umgibt auf Erden die Menschen.

Die Belege aus der Wortfamilie 'mâza' bezeichnen in Otfrids Evangelienharmonie konkrete und abstrakte Maßvorstellungen. Bei einigen Belegen überlagern die Sinnstrukturen des Kontextes den Litteralsinn mit spirituellen Bezügen, berühren durch diese Überschichtungen aber nicht die genannten semantischen Grundbedeutungen. Eine Tendenz zur Bezeichnung bestimmter Tugendvorstellunge, Charaktereigenschaften oder innerer Qualitäten des Menschen ist aus

---

[111] Eingehend untersucht bei W. Engel, Die dichtungstheoretischen Bezeichnungen im "Liber evangeliorum" Otfrids von Weißenburg. Diss. Frankfurt a.M. 1969, bes. S. 51, 53, 157 (Zusammenhang 'mezan' - 'modus' - 'musica' - 'mensura' - 'metron'), 164. 'mezan' I,1,21 bestimmt Engel als "die Quantität feststellen" (S.53, 82), 'mezan' I, 1,41 als "strukturieren, bestimmen" (S.156). Auch das etymologisch mit der Sippe 'mâza' verwandte 'metar' (I,1,2o. 43) gehört in diese Gruppe (S.6off., 187f.). Zur Spiritualisierung der poetologischen und verstechnischen Begriffe, die sich teilweise auch auf 'mezan' erstreckt, s.S. 154ff. - Vgl. auch F. Ohly, Vom geistigen Sinn des Wortes im Mittelalter. ZfdA 89 (1958/59) 1-23, bes. S. 2o; W. Haubrichs, Ordo als Form. Strukturstudien zur Zahlenkomposition bei Otfrid von Weißenburg und in karolingischer Literatur. Tübingen 1969, S.334ff.

der Verwendung dieser Wortfamilie bei Otfrid direkt nicht
erkennbar; die Grenze des biblisch Vorgegebenen und Tradier-
ten wird nirgendwo überschritten.[112]

---

[112] Ganz anders verhält es sich mit Vorkommen und Funktion
von Zahlen- und Maßverhältnissen in Otfrids Evangelienharmonie, deren Tektonik und theologischen Sinn
Haubrichs untersuchte (s.o. Anm. 111).

VIII. Notker von St. Gallen

Mit einer Untersuchung der 'mâza'-Wortfamilie im umfangreichen Werk des Benediktinermönchs Notker III. von St.
Gallen (+ 1o22) wird der auf die althochdeutschen Denkmäler
beschränkte erste Teil der chronologisch orientierten Dar-
bietung und Erörterung des Belegmaterials abgeschlossen. Die
sog. St. Galler (Schul-) Arbeit wird zu Notker gestellt, da
sie aus seiner geistigen und lokalen Umgebung zu stammen
scheint.

In Notkers Schriften erfährt die 'mâza'-Wortfamilie gegenüber den bisher behandelten Texten eine explosionsartige
Zunahme.[113] Um dies zu veranschaulichen, wird zunächst die
Fülle des Materials, nach bestimmten Gesichtspunkten geordnet, vorgeführt, sodann in semantischer Hinsicht untersucht.[114] Auf das Vorkommen des stf. 'mâza' wird besonders

---

[113] Ähnliches läßt sich auch vom Gesamtwortbestand Notkers
sagen, den E.H. Sehrt auf ca 78oo Wörter schätzt; der
ahd. Isidor, Tatian und Otfrid haben dagegen zusammen
etwa 62oo Wörter (Notker-Wortschatz. Das gesamte Material
zusammengetragen von E.H. Sehrt und T. Starck. Bearbeitet und hsg. von E.H. Sehrt und W.K. Legner. Halle (Saale)
1955, Einleitung S. IX).

[114] Bei der Zusammenstellung des Materials benutzte ich zusätzlich folgende Wörterverzeichnisse: Notker-Wortschatz,
hsg. von Sehrt-Starck, a.a.O; Notker-Glossar. Ein Alt-
hochdeutsch-Lateinisch-Neuhochdeutsches Wörterbuch zu
Notkers des Deutschen Schriften von E.H. Sehrt. Tübingen
1962. - Zitiert wird nach der kritischen Ausgabe: Notkers
des Deutschen Werke. Nach den Handschriften neu hsg.
von E.H. Sehrt und Taylor Starck. Bd. I-III. Halle (Saale)
1933-55. Bd.I-II: Unveränderter Nachdruck der 1. Auflage,
Halle (Saale) 1966. Diese Ausgabe ist nicht vollständig;
sie enthält in Bd.I des Boethius 'De Consolatione Philosophiae I-V' (ATB 32-34), in Bd.II des Marcianus Capella
'De nuptiis Philologiae et Mercurii' (ATB 37) und in Bd.
III den Psalter nebst Cantica und Katechetischen Stücken
(ATB 4o, 42, 43). Für die bei Sehrt-Starck nicht enthaltenen Denkmäler zog ich die ältere Ausgabe: Die Schriften Notkers und seiner Schule. Hsg. von Paul Piper. Bd.
I-II. Freiburg i.B. und Tübingen 1882-83, heran. (Der
außerdem erschienene Bd. III dieser Ausgabe, Freiburg i.
B. und Tübingen 1883, enthält: Wessobrunner Psalmen, Pre-
digten und Katechetische Denkmäler, die aus späterer
Zeit stammen.)

zu achten sein, ehe abschließend versucht werden soll, die
Wortfamilie in ihrem Verhältnis zum Gesamtwerk Notkers zu
betrachten.

1. Belegmaterial[115]

Belege mit der Wurzelvariante 'mez-'

dríoelnemez stn.
- Nk.I,412,15 "Länge, Maß von drei Ellen", lat. tricubitum

ebenmezôn swv.
- Nb.I,35,23 (S.-St. I,4o,4) "sich jem. gleichstellen",
ohne lat. Entsprechung, vgl. aber Kontext 'ut consimilem deo faceres' Nb.I,35,17 (S.-St.I,39,23)

ermezen stv.
- Np.II,64o,31 (S.-St.III,111o,6) "begreifen, erfassen",
ohne lat. Entsprechung

fermezen stv.
- Nb.I,248,13 (S.-St.I,267,13) "sich vermessen", ohne
lat. Entsprechung
- Npgl.II,385,6 (S.-St.III,663,1) "vertrauen auf", lat.
praesumere de

gemezen stv.
- Np.II,227,29 (S.-St.III,39o,3) "abmessen", lat. dimetiri

---

[115] Grundsätzlich werden zu allen Belegen (1.) die Siglen der
einzelnen Denkmäler (s.Siglenverzeichnis), (2.) die Belegstellen der Ausgabe von Piper (Band, Seite, Zeile) und
(3.), falls möglich, in Klammern die Belegstellen nach der
Ausgabe von Sehrt-Starck (Band, Seite, Zeile) angegeben.
Die Belegstellen aus der Piper-Ausgabe werden ohne Editionssigle angeführt; nur in einigen Fällen erwies sich der
Zusatz der Sigle 'P.' (Piper) als zweckmäßig. Die Stellen
aus der Ausgabe von Sehrt-Starck werden generell mit der
Editionssigle (S.-St.) gekennzeichnet. Die Schreibweise der
lexikographisch vom Kontext isoliert aufgeführten althochdeutschen Belege richtet sich nach den Wortansätzen bei
Sehrt-Legner, Notker-Wortschatz (Ausnahmen: uu wird als w
geschrieben, die Trennungsstriche zur Kennzeichnung der
Wortkomposition werden weggelassen). Die Notkersche Wort-
akzentuierung wurde ebenfalls weggelassen; dafür setzte ich
Längenzeichen entsprechend den Wortansätzen bei Schützeichel,
Ahd.Wb. - Wird ein Beleg mit seinem Kontext zitiert, so
gelten Schreibweise und Akzentuierung der benutzten Edition, also vorrangig Sehrt-Starck, und, wo diese Ausgabe
unvollständig ist, Piper. - Die Schreibweise der lat. Entsprechungen wurde normalisiert, soweit es sich um Einzel-
wörter handelt. Bei Zitaten richtet sie sich ebenfalls nach
den benutzten Editionen: was in der Ausgabe von Sehrt-Starck
enthalten ist, wird nach dieser zitiert, alles andere nach
Piper (e-Caudata wurde generell in ae aufgelöst). - Die Angabe der nhd. Bedeutungen bzw. Übersetzungen im Notker-
Glossar von Sehrt und bei Schützeichel, Ahd.Wb., verglich
ich mit meiner eigenen Übersetzung; weichen die von mir
vorgeschlagenen Übersetzungen von jenen beiden Wörterbüchern
ab, so vermerke ich dies. Beim Aufsuchen der lat. Entsprechungen benutzte ich zusätzlich das Notker-Glossar von Sehrt.

gnôtmez stn.

- I,CL,28 ('De definitione') "Begriffsbestimmung", lat.
  definitio

gnôtmezôn swv.

- I,CL,21 ('De definitione') "definieren, genau bestimmen",
  vgl. lat. 'diffinire est rebvs certos fines et terminos
  dare' I,CL,2o
- Nb.I,67,19 (S.-St.I,76,13) "definieren, genau bestimmen",
  ohne lat. Entsprechung
- Nb.I,115,18 (S.-St.I,126,4) "definieren, genau bestimmen"
  lat. definire
- Nk.I,411,5 "definieren, genau bestimmen", lat. definire
- Nk.I,439,31 "definieren, genau bestimmen", lat. definire

gnôtmezunga stf.

- Nb.I,67,16f. (S.-St.I,76,1o) "Definition, Begriffsbestimmung", lat. definitio
-Nr.I,666,21 "Definition, Begriffsbestimmung", lat. definitio

guismezôn swv.

- Nb.I,115,17f. (S.-St.I,126,3f.) "bestimmen, begrenzen",
  lat. definire

lantmezseil stn.

- Np.II,41,27 (S.-St.III,66,3f.) "Meßschnur, Schnur zum
  Ausmessen des Landes", lat. funis

mez stn.

- Nb.I,9,2o, (S.-St.I,9,24) "mit menschlichem Maß", lat.
  ad communem mensuram hominum
- Nb.I,11o,2o (S.-St.I,121,9) "Maß, Größe", lat. ratio
- Nb.I,138,9 (S.-St.I,149,12) "so, sodann", ohne lat. Ent-
  sprechung
- Nb.I,176,14 (S.-St.I,188,23) "gleichzeitig, alsbald",
  lat. simul
- Nb.I,272,2o (S.-St.I,294,1o) "Maß, Einhalt, Einschrän-
  kung", lat. modus
- Nb.I,283,14 (S.-St.I,3o6,1o) "Art, Art und Weise", lat.
  modus
- Nb.I,346,23 (S.-St.I,379,19) "Grenze, Einschränkung",
  lat. terminus
- Nk.I,417,23 "Maß", ohne lat. Entsprechung
- Nk.I,449,23 "einigermaßen", lat. mediocriter
- Nk.I,451,26 "völlig, ganz und gar", lat. omnino
- Nc.I,8o9,14 (S.-St.II,171,13) "dann, alsdann", lat. tunc
- Nc.I,825,27 (S.-St.II,192,9) "dann, alsdann", lat. tunc
- Nc.I,831,22 (S.-St.II,2oo,3) "bald, bald darauf", lat. mox
- Nm.I,855,3 "mäßig, maßvoll", ohne lat. Entsprechung

- Np.II,32,27 (S.-St.III,52,3) "ihres Bechers Anteil",
  bildlich für lat. calix (vgl. 'pars calicis eorum' Psalm
  11,6)
- Np.II,33,2 (S.-St.III,52,7) "nach diesem Maß, Maßstab",
  ohne direkte lat. Entsprechung, bezieht sich aber auf
  'pars calicis eorum', vgl. Beleg Np.II,32,27 (S.-St.III,
  52,3)
- Np.II,91,1o (S.-St.III,148,9) "ein jeder nach seinem Vermögen", ohne lat. Entsprechung
- Np.II,329,18 (S.-St.III,565,18) "mit Maß, mäßig", lat.
  in mensura
- Npgl.II,33o,4 (S.-St.III,566,12) "mit Maß, mäßig",
  lat. in mensura

mezchuoli stf.

- Nc.I,833,28 (S.-St.II,2o3,6) "mäßige Kühle, mäßige
  Temperatur", lat. temperies

mezen stv.

- Nb.I,115,25 (S.-St.I,126,11) "vergleichen", lat.
  quaedam ... collatio
- Nb.I,115,3o (S.-St.I,126,16) "vergleichen mit", lat.
  cogitare cum
- Nb.I,154,22 (S.-St.I,165,24) "vergleichen mit", lat.
  simulare
- Nb.I,2o7,25 (S.-St.I,224,3) "bestimmen", ohne lat.
  Entsprechung
- Nb.I,288,2 (S.-St.I,311,13) "vergleichen", lat. com-
  parare
- Nk.I,413,6 "vergleichen, in Beziehung setzen zu", lat.
  relatio ad aliud est
- Nc.I,714,5 (S.-St.II,38,21) "gemessenen Schrittes", lat.
  ratis incessibus
- Nm.I,857,2 "messen, abmessen", ohne lat. Entsprechung
- Nm.I,857,22 "nach etwas messen", ohne lat. Entsprechung
- Nm.I,858,2o "nach etwas messen", ohne lat. Entsprechung
- Nm.I,858,25 "nach etwas messen", ohne lat. Entsprechung
- Nm.I,859,17 "nach etwas messen", ohne lat. Entsprechung
- Nm.I,859,18 "nach etwas messen", ohne lat. Entsprechung
- Np.II,33,1 (S.-St.III,52,7) "zuteilen, zumessen", ohne
  lat. Entsprechung
- Np.II,467,5 (S.-St.III,8o7,4) "abmessen", lat. metiri

mezhafti stf.

- Nc.I,8o1,27 (S.-St.II,162,3) "Maß, Mäßigung, Mäßigkeit",
  lat. temperantia

mezhaftig adj.

- Nc.I,788,23 (S.-St.II,143,22) "angemessen, entsprechend",
  lat. modificatus (anders Sehrt, Notker-Glossar: "gemäßigt")

mezhaftigi stf.[116]

- Nr.I,683,7 "Anpassung, Beherrschung", lat. moderatio

mezîg adj.

- Nb.I,49,23 (S.-St.I,56,7) "maßvoll, mäßig stark", lat. mediocris
- Nb.I,8o,32 (S.-St.I,9o,27) "mäßig, schwach", ohne lat. Entsprechung
- Nb.I,122,19 (S.-St.I,133,14) "nüchtern", lat. sobrius
- Np.II,437,7 (S.-St.III,755,2) "mäßig, mäßig viel", ohne lat. Entsprechung

mezmuote adj.

- Npgl.II,94,12 (S.-St.III,153,13) "demütig", lat. humilis

mezmuoti stf.

- Npgl.II,236,2o (S.-St.III,4o6,7) "Demut", lat. humilitas

mezôn swv.

- Nb.I,256,5 (S.-St.I,276,15) "einer Sache ein Ziel setzen, beenden", lat. modum statuere
- Np.II,368,14 (S.-St.III,634,14) "mäßigen, beenden", ohne lat. Entsprechung
- Np.II,582,8 (S.-St.III,1o14,5) "mäßigen, beenden", ohne lat. Entsprechung

mezpoto swm.

- Npgl.II,28o,16 (S.-St.III,485,1o) "Engel", lat. angelus

mezunga stf.

- Nr.I,682,16f. "Maßhalten (bei der Rede)", lat. moderatio

nôtmez stn.

- Nb.I,2o6,16 (S.-St.I,223,4) "Begriffsbestimmung, Definition", ohne lat. Entsprechung (vgl. 'describere' I,2o6,14; S.-St.I,223,2)
- Nb.I,2o7,24 (S.-St.I,224,2) "Begriffsbestimmung, Definition", lat. definitio
- Nk.I,464,11 "Begriffsbestimmung, Definition", lat. definitio
- Nk.I,464,13 "Begriffsbestimmung, Definition", lat. definitio
- Nk.I,464,24 "Begriffsbestimmung, Definition", lat. ratio

---

[116]Vgl. die Lesart 'mezlustigi' stf. in der Hs. G, **Piper I**, CLXXV, 29f.

nôtmezôn swv.

- Nk.I,439,31 "definieren, genau bestimmen", ohne lat. Entsprechung
- Ns.I,62o,1o "definieren, genau bestimmen", lat. suscipere definitionem

unmez stn.

- Nb.I,93,28 (S.-St.I,1o4,4) "Unmaß, Maßlosigkeit der Gierde", lat. superfluitate ambitus
- Nb.I,96,26 (S.-St.I,1o7,2) "Leben in Luxus und Überfluß", lat. luxus, auch superfluitas
- Ni.I,553,1o "unbegrenzt, unendlich", lat. in infinitum
- Nm.I,855,5 "Übermaß" (Spannung der Saiten der Leier), ohne lat. Entsprechung
- Npgl.II,277,14 (S.-St.III,48o,12) "Unmaß gegenüber irdischen Gütern", lat. in luxuria
- Np.II,553,1 (S.-St.III,961,11) "im Übermaß, über die Maßen", lat. in plurimum
- Np.II,593,4 (S.-St.III,1o32,4) "ohne Begrenzung, Grenze", ohne lat. Entsprechung, vgl. aber 'et magnitudinis eius non est finis' II,592,14f. (S.-St.III,1o31,8f.)

unmez adv.

- Nb.I,197,4 (S.-St.I,213,16) "außerordentlich hoch", lat. infinito
- Nc.I,697,7f. (S.-St.II,14,5) "außerordentlich", lat. quam maxime
- Np.II,6o3,4 (S.-St.III,1o48,13) "außerordentlich tief, über die Maßen tief", lat. omnes abyssi
- Np.II,626,1o (S.-St.III,1o9o,11) "außerordentlich weit", lat. (in) vastae solitudinis

unmezîg adj.

- Nb.I,13,29/14,1 (S.-St.I,15,8f.) "unermeßlich", lat. in inmensum
- Nb.I,165,1of. (S.-St.I,177,2of.) "unermeßlich", ohne lat. Entsprechung
- Nb.I,251,16 (S.-St.I,271,6) "maßlos im Zorn", lat. irae intemperans
- Nc.I,73o,1 (S.-St.II,6o,14) "maßlos", lat. inauditus
- Nc.I,838,1f. (S.-St.II,2o8,22f.) "unermeßlich, maßlos", lat. intolerandus

widermeza stf.

- Npgl.II,311,2o (S.-St.III,538,4) "Gleichnis", lat. parabola
- Npgl.II,312,6 (S.-St.III,538,14) "Gleichnis", lat. parabola

widermezôn swv.

- Nc.I,777,1 (S.-St.II,127,19) "vergleichen mit", ohne lat.
  Entsprechung
- Np.II,311,21 (S.-St.III,538,5) "vergleichen mit", ohne
  lat. Entsprechung

widermezunga stf.[117]

- Nb.I,115,22 (S.-St.I,126,8) "Vergleich", vgl. lat. 'ne
  comparari quidem potest' Nb.I,115,19f. (S.-St.I,126,5f.)
- Nb.I,348,2o (S.-St.I,381,24) "Vergleich", lat. collatio
- Nb.I,354,4f. (S.-St.I,387,17f.) "Vergleich", lat. collatio
- Np.II,266,19 (S.-St.III,461,11) "Vergleich, Gleichnis",
  lat. parabola, comparatio
- Np.II,311,17 (S.-St.III,538,1) "Gleichnis", lat. parabola

zuei(o)elnemez stn.

- Nk.I,412,15 "Länge, Maß von zwei Ellen", lat. bicubitum
- Nk.I,417,18f. "Länge, Maß von zwei Ellen", lat. bicubitum

Belege mit der Wurzelvariante 'mâz-'

ebenmâze adj.

- Np.642,17 (S.-St.III,1113,1) "gleich, gleichartig", lat.
  coaequalis

ebenmâzôn swv.

- Np.II,367,9 (S.-St.III,632,1o) "gleichstellen", lat.
  aequare

fuodermâze adj.

- Nr.I,674,14 "groß wie ein Fuder, fudermäßig", ohne lat.
  Entsprechung

gemâze adj.

- I, CL,32 ('De definitione') "gleich, entsprechend", ohne
  lat. Entsprechung
- Nb.I,35,22 (S.-St.I,4o,3) "gleich", lat. aequalis
- Nk.I,418,16 "gleich", lat. aequalis
- Nk.I,419,8f. "gleich", lat. aequalis

mâza stf.

- Nb.I,115,26 (S.-St.I,126,12) "Maßverhältnis", ohne lat.
  Entsprechung

---

[117]Vgl. auch 'teuuidermezunga' ('widermezunga' stf.), P.I,
  862,21f. "Vergleich", lat. comparatio, aus dem sog. Brief
  Ruodperts (=St. Galler (Schul-) Arbeit, auch in: Steinmeyer, Sprachdenkm., Nr.XXVI, S.121,22f.).

- Nb.I.28o,5 (S.-St.I,3o2,17) "Maß, Dimension, Ausdehnung",
  ohne lat. Entsprechung
- Nb.I,28o,6 (S.-St.I,3o2,19) "Maß, Dimension, Ausdehnung",
  ohne lat. Entsprechung
- Nk.I,4oo,5 "Größe, Quantität", ohne lat. Entsprechung,
  doch vgl. 'mensuratur' Nk.I,4oo,4
- Nc.I,714,6 (S.-St.II,38,22) "Maß", ohne lat. Entsprechung
- Nc.I,776,12 (S.-St.II,126,2o) "Dimension", ohne lat.
  Entsprechung
- Nc.I,776,14 (S.-St.II,126,22) "Dimension", ohne lat.
  Entsprechung
- Nm.I,852,29 "Maß, Größe", ohne lat. Entsprechung
- Nm.I,857,19 "Maß, Größe", ohne lat. Entsprechung
- Nm.I,858,24 "Maß, Größe", ohne lat. Entsprechung
- Nm.I,858,31 "Maß, Größe", ohne lat. Entsprechung

mâzîg adj.

- Npgl.II,33o,24 (S.-St.III,568,2) "mäßig, mittelmäßig",
  lat. mediocris

mâzigo adv.

- Np.II,288,8 (S.-St.III,499,5) "mäßig, auf mäßige Weise",
  ohne lat. Entsprechung

mâzseil stn.

- Np.II,32o,21 (S.-St.III,551,11) "Meßschnur", lat. funiculus
- Np.II,445,4 (S.-St.III,771,2f.) "Meßschnur", lat. funiculus

unebenmâze adj.

- Nc.I,792,18 (S.-St.II,149,1o) "ungleichmäßig", lat. dispar

ungemâze adj.

- Nk.I,418,16 "ungleich", lat. inaequalis
- Nk.I,419,9 "ungleich", lat. inaequalis
- Nk.I,426,24 "ungleich", lat. inaequalis
- Nk.I,426,28 "ungleich", lat. inaequalis
- Nk.I,427,1 "ungleich", lat. inaequalis

unmâzîg adj.

- Np.II,64o,29f. (S.-St.III,111o,4f.) "unermeßlich", lat.
  inmensus
- Np.II,64o,3o (S.-St.III,111o,5) "unermeßlich", lat. inmensus
- Np.II,64o,3o (S.-St.III,111o,5) "unermeßlich", lat. inmensus
- Np.II,641,8 (S.-St.III,111o,15) "unermeßlich", lat. inmensus
- Np.II,641,8f. (S.-St.III,111o,15f.) "unermeßlich", lat.
  inmensus

unmâzo adv.
- Np.II,316,1o (S.-St.III,544,16) "über die Maßen, allzu",
  lat. nimis

widermâza stf.
- Nc.I,778,16 (S.-St.II,129,25) "Beziehung", lat. collatio
- Nc.I,781,8 (S.-St.II,133,16) "Verbindung", lat. iunctio
- Npgl.II,323,14 (S.-St.III,556,6) "Gleichnis", lat. para-
  bola
- Npgl.II,339,21 (S.-St.III,584,1) "Gleichnis", lat. para-
  bola

Ergänzung: Belege mit der Wurzelvariante 'met-'; Wortfamilie 'temperôn'

gemetemên swv.
- Nb.I,28o,24 (S.-St.I,3o3,11) "ordnen", lat. temperare
- Nc.I,7o4,26 (S.-St.II,25,8) "einer Sache das rechte Maß
  geben, mäßigen", ohne lat. Entsprechung
- Nc.I,833,25 (S.-St.II,2o3,3) "einer Sache das rechte Maß
  geben", lat. moderare

metem adj.
- Nc.I,818,27 (S.-St.II,183,7) "der mittelste", lat. medi-
  oximus
- Np.II,4,23 (S.-St.III,3,9) "der mittlere", ohne lat.
  Entsprechung

metemên swv.
- Nb.I,269,2o (S.-St.I,29o,17) "lenken", lat. temperare
- Nc.I,726,22 (S.-St.II,55,2o) "einer Sache das rechte
  Maß geben", ohne lat. Entsprechung
- Nc.I,831,29 (S.-St.II,2oo,1o) "einer Sache das rechte
  Maß geben", lat. moderari, modum imponere
- Np.II,211,5 (S.-St.III,358,5) "zur Hälfte bringen",
  lat. dimidiare
- Np.II,211,6 (S.-St.III,358,6) "festsetzen", ohne lat.
  Entsprechung

metemscaft stf.
- Nr.I,682,17 "Maßhalten (bei der Rede)", lat. moderatio
- Nc.I,7o7,2o (S.-St.II,29,9) "Maß, Ausgewogenheit", lat.
  moderatio
- Nc.I,725,15 (S.-St.II,54,2) "Ausgewogenheit", lat.
  temperatio
- Nm.I,855,6 "Ausgewogenheit", ohne lat. Entsprechung

metemunga stf.
- Nb.I,283,15 (S.-St.I,3o6,1o) "Ordnung, Verhältnis",
  lat. temperamentum

- Nb.I,285,13f. (S.-St.I,3o8,14f.) "Bestimmung, Ordnung",
  lat. dispensatio
- Nb.I,292,4 (S.-St.I,316,15) "Ordnung, richtiges Verhältnis", lat. temperies
- Nc.I,78o,8 (S.-St.II,132,7) "Ordnung, Mischung, Verhältnis", lat. temperamentum
- Nc.I,78o,11 (S.-St.II,132,1o) "Ordnung, Mischung, Bestimmung", lat. temperamentum

unmetemi stf.

- Nc.I,823,25 (S.-St.II,189,19) "Ungestüm, Ungezügeltheit",
  lat. intemperia

mettôd stm.

- Nc.I,8o3,28 (S.-St.II,164,11) "(pantomimische) Bewegung",
  lat. gesticulatio

getemperôn swv.

- Nb.I,39,1f. (S.-St.I,44,5) "einteilen", lat. temperare

temparâta swf.

- Nc.I,713,6 (S.-St.II,37,18) "Mischung", lat. temperamentum

temperôn swv.

- Nc.I,712,24 (S.-St.II,37,6) "mischen", lat. temperare
- Nc.I,782,21 (S.-St.II,135,17) "mischen", ohne lat.
  Entsprechung, vgl. aber 'preparauit quoddam alimma' Nc.
  I,782,18 (S.-St.II,135,14).

2. Interpretation

Zur Semantik der Wortfamilie 'mâza' bei Notker

Der Sichtbarmachung der eindrucksvollen Differenziertheit der Wortfamilie 'mâza' in Notkers des Deutschen Werken dürfte es nicht abträglich sein, wenn zunächst der
Teil des Belegmaterials, der sich im Sinne der Ziele dieser
Untersuchung als weniger wichtig erwiesen hat, nach Bedeutungsbereichen zusammengestellt und im Überblick dargeboten wird. Da diese Belege wegen ihrer geringen Ergiebig-
keit für unsere Fragestellung keiner weiteren Untersuchung
unterzogen werden, seien sie hier, nach Schwerpunkten ihrer
semantischen Verwendung geordnet, im einzelnen aufgeführt.
In ihrer Gesamtheit vermitteln auch sie ein Bild von der
gewaltigen Verästelung der 'mâza'-Wortfamilie bei Notker,
zumal in den Bereichen wissenschaftlicher Begrifflichkeit.
Folgende Bedeutungskomplexe sind gemeint:

1. Komparation (Gleichnis, Verbindung, Beziehung, Vergleich
   durch Zusammenstellen, Gleichstellen, Gleichheit)[118]
        ebenmâze Np.II,642,17 (S.-St.III,1113,1)
        ebenmâzôn Np.II,367,9 (S.-St.III,632,1o)
        ebenmezôn Nb.I,35,23 (S.-St.I,4o,4)
        fuodermâze Nr. I,674,14
        gemâze I, CL,32 ('De definitione'); Nb.I,35,22 (S.-
        St.I,4o,3); Nk.I,418,16; Nk.I,419,8f.[119]
        mezen Nb.I,115,25 (S.-St.I,126,11); Nb.I,115,3o
        (S.-St.I,126,16); Nb.I,154,22 (S.-St.I,165,24);
        Nb.I,288,2 (S.-St.I,311,13); Nk.I,413,6

---

[118]Zum Bedeutungsbereich "Komparation" verweise ich auf
die umfassende Untersuchung von H.-O. Schwarz, Die Lehnbildungen der Psalmenübersetzung Notkers von St. Gallen.
Diss. Bonn 1957, S. 197-2oo.

[119]Zu 'gemâze' und 'ungemâze' s. J. Jaehrling, Die philosophische Terminologie Notkers des Deutschen in seiner
Übersetzung der Aristotelischen "Kategorien". Berlin
1969, S.63f.,97,144.

unebenmâze Nc.I,792,18 (S.-St.II,149,1o)
ungemâze Nk.I,418,16; Nk.I,419,9; Nk.I,426,24;
    Nk.I, 426,28; Nk.I,427,1
widermâza Nc.I,778,16 (S.-St.II,129,25); Nc.I,
    781,8 (S.-St.II,133,16); Npgl.II,323,14 (S.-
    St.III,556,6); Npgl.II,339,21 (S.-St.III,584,1)
widermeza Npgl.II,311,2o (S.-St.III,538,4); Npgl.
    II, 312,6 (S.-St.III,538,14)
widermezôn Nc.I,777,1 (S.-St.II,127,19); Np.II,
    311,21 (S.-St.III,538,5)
widermezunga Nb.I,115,22 (S.-St.I,126,8); Nb.I,
    348,2o (S.-St.I,381,24); Nb.I,354,4f. (S.-St.I,
    387,17f.); Np.II,266,19 (S.-St.III,461,11); Np.
    II,311,17 (S.-St.III,538,1); dazu auch GA. P.I,
    862,21f.

2. Definition, Bestimmung[12o]

gnôtmez I,CL,28 ('De definitione')
gnôtmezôn I,CL,21 ('De definitione'); Nb.I,67,19
    (S.-St.I,76,13); Nb.I,115,18 (S.-St.I,126,4);
    Nk.I,411,5; Nk.I,439,31
gnôtmezunga Nb.I,67,16f. (S.-St.I,76,1o); Nr.I,666,
    21
guismezôn Nb.I,115,17f. (S.-St.I,126,3f.)
(knôto) mezen Nb.I,2o7,25 (S.-St.I,224,3)
nôtmez Nb.I,2o6,16 (S.-St.I,223,4); Nb.I,2o7,24
    (S.-St.I,224,2); Nk.I,464,11; Nk.I,464,13; Nk.I,
    464,24
nôtmezôn Nk.I,439,31; Ns.I,62o,1o

3. Konkret Meßbares, geometrische Dimension, Quantität

drîoelnemez Nk.I,412,15
gemezen Np.II,227,29 (S.-St.III,39o,3)
lantmezseil Np.II,41,27 (S.-St.III,66,3f.)
mâzseil Np.II,32o,21 (S.-St.III,551,11); Np.II,
    445,4 (S.-St.III,771,2f.)
mez Nb.I,9,2o (S.-St.I,9,24); Nb.I,11o,2o (S.-
    St.I,121,9); Nk.I,417,23
mezen Nm.I,857,2; Nm.I,857,22; Nm.I,858,2o; Nm.I,
    858,25; Nm.I,859,17; Nm.I,859,18; Np.II,467,5
    (S.-St.III,8o7,4)

[12o] Vgl. dazu Jaehrling S. 74, 76f.; J. Kelle, Die philosophischen Kunstausdrücke in Notkers Werken. Abhandlungen der königlich bayerischen Akademie der Wissenschaften. Classe I, Bd.XVIII, Abt.I, München 1886,
S.25, 28.

mezîg Nb.I,49,23 (S.-St.I,56,7)
zuei(o)elnemez Nk.I,412,15; Nk.I,417,18f.

4. Behälter für Flüssigkeiten
   mez Np.II,32,27 (S.-St.III,52,3)

5. Grenzsetzendes Maß, Einschränkung, Einhalt
   mez Nb.I,272,2o (S.-St.I,294,1o); Nb.I,346,23
   (S.-St.I,379,19)
   mezôn Nb.I,256,5 (S.-St.I,276,15); Np.II,368,14
   (S.-St.III,634,14); Np.II,582,8 (S.-St.III,1o14,5)

6. Art und Weise
   mez Nb.I,283,14 (S.-St.I,3o6,1o)

7. Meteorologie
   mezchuoli Nc.I,833,28 (S.-St.II,2o3,6)[121]
   mezîg Nb.I,8o,32 (S.-St.I,9o,27)

8. Astronomie
   unmezîg Nb.I,165,1of. (S.-St.I,177,2of.); Nc.I,
   838,1f. (S.-St.II,2o8,22f.)

9. Musik mez Nm.I,855,3
   mezhaftîg Nc.I,788,23 (S.-St.II,143,22)
   unmez stn. Nm.I,855,5

1o. Dämonologie
   mezpoto Npgl.II,28o,16 (S.-St.III,485,1o)

11. Allgemeine hyperbolische Übermaß- und Unmaßbezeichnungen
   unmez stn. Ni.I,553,1o; Np.II,553,1 (S.-St.III,
   961,11)
   unmez adv. Nb.I,197,4 (S.-St.I,213,16); Nc.I,
   697,7f. (S.-St.II,14,5); Np.II,6o3,4 (S.-St.
   III, 1o48,13); Np.II,626,1o (S.-St.III, 1o9o,
   11)
   unmezîg Nb.I,13,29/14,1 (S.-St.I,15,8f.); Nc.I,
   73o,1 (S.-St.II,6o,14)

---

[121]Vgl. E. Luginbühl, Studien zu Notkers Übersetzungskunst.
Mit einem Anhang: Die Altdeutsche Kirchensprache.
Einleitung von St. Sonderegger. Berlin 197o. Photome-
chanischer Nachdruck der Ausgabe "Studien zu Notkers
Übersetzungskunst", Abh. zur Erlangung der Doktorwürde
der philosophischen Fakultät I der Universität Zürich,
Weida i.Thür. 1933, sowie "Die Altdeutsche Kirchensprache",
Wiss. Beilage zum 8o. Programm der St. Gallischen Kantons-
schule und der Sekundarlehramtsschule des Kantons St.
Gallen für das Schuljahr 1936/37. St. Gallen 1936. S.99.

12. Wendungen konjunktionaler und adverbialer Art
     mez Nb.I,138,9 (S.-St.I,149,12); Nb.I,176,14 (S.-
     St.I,188,23); Nk.I,449,23; Nk.I,451,26; Nc.I,
     8o9,14 (S.-St.II,171,13); Nc.I,825,27 (S.-St.II,
     192,9); Nc.I,831,22 (S.-St.II,2oo,3); Np.II,329,
     18 (S.-St.III,565,18); Npgl.II,33o,4 (S.-St.III,
     566,12)

Die verbleibenden Belege lassen sich leicht zu einigen nach
dem jeweiligen Sinnzusammenhang des Kontextes ausgerichteten Schwerpunkten zusammenfassen.

(1) Gott

Alle Aussagen über Gott, an denen Begriffe aus der 'mâza'-
Wortfamilie beteiligt sind, stammen aus den Psalmen und den
katechetischen Denkmälern. Vor allem ist es Gottes Uner-
meßlichkeit, die mit Hilfe des Vokabulars der 'mâza'-Sippe
angesprochen wird: so beispielsweise im Athanasianischen
Symbolum ('unmâzîg' Np.II,64o,29f., S.-St.III,111o,4f.;
Np.II, 64o,3o, S.-St.III,111o,5, 2 Belege; Np.II,641,8,
S.-St.III,111o,15; Np.II,641,8f., S.-St.III,111o,15f.) oder
in Psalm CXLIV,6, der die Grenzenlosigkeit der 'magnitudo'
Gottes (S.-St.III,1o32,3) preist ('unmez' stn. Np.II,593,4,
S.-St.III,1o32,4). Niemand kann dieses göttliche Maß ko-
gnitiv erfassen ('ermezen' Np.II,64o,31, S.-St.III,111o,6),
und niemand kann sich Gott gleichstellen ('ebenmâzôn' Np.
II,367,9, S.-St.III,632,1o); absolute Inkommensurabilität
eignet nach christlicher Vorstellung demjenigen, den sich
der Christ als Herrn allen Maßes denkt, auch dessen, was
dem Menschen zugeteilt ("bemessen") wird. Ob Gott dem un-
einsichtigen Sünder ein hartes Geschick auferlegt ('mezen'
Np.II,33,1, S.-St.III,52,7), den Einsichtigen vor dem 'niet'
(S.-St.III,1o14,3f.) des Teufels bewahrt ('mezôn' Np.II,
582,8, S.-St.III,1o14,5, in bildhafter Ausdrucksweise) oder
die Guten über das Maß hinaus belohnt ('unmâzo' Np.II,316,
1o, S.-St.III,544,16), immer bedeutet sein Maß-gebendes

Walten, sei es als Schöpfer, Richter, Herr über menschliches Geschick oder in anderen alttestamentlichen Denk-
bildern, für den Menschen eine Aktualisierung des obersten
heilsgeschichtlichen Prinzips. Weil aber die Grundbedeutung der Wortsippe, nämlich "messen, zuteilen", nahezu
für jede semantische Spezifikation und zahlreiche Abstra-
hierungsprozesse offen war, brauchte sich die Wortsippe
nicht zur spezifisch theologischen Terminologie zu verengen;
sie konnte aber zur Benennung der göttlichen Unvergleichlichkeit und zur bildhaften Umschreibung göttlicher Allmacht
dienen.

(2) <u>Der Mensch im Bezug zu Gott</u>

In einigen Fällen dient das 'mâza'-Vokabular zur Kennzeichnung des Verhältnisses des Menschen zu Gott und der
Bewährung des Christen als eines Gottesgeschöpfes im Weltleben. Obwohl der Mensch nach christlichem Verständnis
durch die Schöpfung seinem Schöpfer 'gemâze' (Nb.I,35,22,
S.-St.I,4o,3), d.h. "gleich", ist (vgl. die Lehre von der
'imago et similitudo dei' Nb.I,35,2of., S.-St.I,4o,1f.),
steht er nach dem Sündenfall in der ständigen Gefahr des
Sich-Verfehlens und des Sich-Verlierens an die "sichtbaren
Dinge"; in der kommentierenden Auslegung des Psalms LXX,
7 zählt Notker in Anlehnung an Augustinus einen ganzen Katalog dieser Laster auf ('esca', 'potus', 'luxuria', 'scor-
tationes', 'avaritia', 'divitiae', 'saeculares dignitates'
und 'dealbatio lutei parietis').[122] Die Hauptsünde der
'luxuria' ist mit 'guôtis únméz' (Npgl.II,277,14, S.-St.III,

---

[122] Augustinus, Enarrationes in psalmos, PL 36,881. S.
auch S.-St.III,48o,11ff. Die Sünde der 'esca' fehlt
bei Augustinus.

48o,12) glossiert worden.[123]

Des Christen Leben steht in der Spannung zwischen 'humilitas' und 'superbia'. Erstere, mit dem stf. 'mezmuoti' (Npgl.
II, 236,2o, S.-St.III,4o6,7) und dem adj. 'mezmuote' (Npgl.
II,94,12, S.-St.III,153,13) glossiert[124], benennt das Ziel
des christlichen Erdenwandels, das allerdings ständig von
menschlicher Vermessenheit vielfältiger Art gefährdet erscheint. 'sich fermezen' - das ist die Ursünde des Christen,
als Typus vorgebildet im Sündenfall des Engels, der sich in
frevlerischer Auflehnung Gott 'ebenmezôn' wollte (Nb.I,35,
23, S.-St.I,4o,4), besonders häufig variiert in den Büchern
des Alten Testaments und in vielfacher Motivik wieder aufgenommen in der althochdeutschen und frühmittelhochdeutschen
Literatur[125], so auch bei Notker bzw. seinem Glossator

---

[123] Vgl. dagegen das inkriminierte 'unmez' Nb.I,96,26, S.-
St.I,1o7,2 ('luxus', 'superfluitas'), das zwar auch eine
üppige, ausschweifende, verschwenderische Lebensführung
meint, diese aber nicht mit alttestamentarisch-christ-
lichen Maßstäben mißt, sondern eine 'laudatio temporis
acti' aus der Sicht des spätrömischen Aristokraten
Boethius darstellt; ähnlich Nb.I,93,28, S.-St.I,1o4,4
('únméz dero gíredo'), hier allerdings in Abwägung mit
den sittlichen Werten, die Gott an den Menschen als ein
'animal merito rationis diuinum' (Nb.I, 94,7, S.-St.I,
1o4,11), d.h. an ein aufgrund seiner Vernunft göttliches
Geschöpf, vermitteln kann.

[124] Notker bevorzugt bei der Wiedergabe von 'humilitas' und
'humilis' eindeutig die gebräuchlichen Wendungen 'deu-
(die-)-muotî' stf. und 'deu-(die-)muote' adj. In seltene-
ren Fällen kommen neben den oben erwähnten Glossierungen
'mezmuoti' stf. und 'mezmuote' adj. noch 'niderî' stf.,
'nider' adj., 'smâhî' stf., 'smâhe' adj. u.a. vor.

[125] Vgl. W. Hempel, Übermuot diu alte ... Der Superbia-Gedanke und seine Rolle in der deutschen Literatur des
Mittelalters. Bonn 197o.

(Npgl.II,385,6, S.-St.III,663,1).[126] Die Totalität der
Versündigung, die 'superbia' stets bedeutet, scheint gra-
duelle Abstufungen, wie sie beispielsweise Notkers Deutung
des Psalms LXXIX,11 kennt - hier gibt es die Kategorie der
'mediocriter fideles' (Glosse 'mâzziche gelóubige' Npgl.II,
33o,24, S.-St.III,568,2) -, zumindest an folgender Stelle
auszuschließen: 'Síe neuuolton mâzigo úbel sîn. sie sóufton
sih mit állo in daz únreht' (Np.II,288,8f., S.-St.III,499,
4-7). Gemeint sind die 'peccatores', denen der Untergang
gewiß ist (vgl. Psalm LXXII,19). Wie die 'filii dei' (Np.
II,89,1of., S.-St.III,144,14) je nach persönlicher Bereitschaft ('îogelih gágen sînemo meze' Np.II,91,9f., S.-St.III,
148,8f.) Gott loben, so werden die 'superbi' in ähnlich
proportionalem Verfahren 'pe démo méze'(Np.II,33,2, S.-St.
III,52,7), das heißt gemäß dem Grad ihrer Verfehlungen, ihr

---

[126] In Notkers Hauptquelle, den 'Enarrationes in psalmos'
des Augustinus, wird an entsprechender Stelle des Psalms
9o,7 (PL 37,1156-58) genauer unterschieden zwischen der
sündhaften Haltung der 'praesumptio de se', bei der der
Mensch, ähnlich wie bei der 'superbia', sich selbst zum
eigentlichen Bezugspunkt seines Tuns und Strebens wählt,
und einer positiv verstandenen 'praesumptio in Christo',
bei der man sich dem allmächtigen Gott in demütiger Hoffnung unterwirft und seine Hilfe vertrauensvoll erwartet
('Quis non timebit? Qui non in se, sed in Christo prae-
sumit', a.a.O. Sp. 1158). Ähnlich geartet ist die Auffassung positiver christlicher Vermessenheit im Rolandslied im Gegensatz zu der der Heiden (s.u. Kap.B III,3).
- Daneben gibt es, ebenfalls schon bei Notker, die nicht-
spirituelle, positive, weil nicht metaphysische Auflehnung, sondern Kühnheit und edles Streben in bezug auf
konkrete, irdische Zielsetzungen bezeichnende Bedeutung
des 'sich fermezen', so bei der Schilderung des
olympischen Wettkampfes (Nb.I,248,13, S.-St.I,267,13).

Strafmaß bekommen.[127]

(3) Der Mensch

Die Beherrschung der Affekte gehört von Anfang an zu den
Vorstellungen, für die das Mittelalter besonders differenzierte sprachliche Ausdrucksformen entwickelt hat. Hier
liegt einer der häufigsten Anwendungsbereiche der 'mâze'-
Sippe. Bei Notker allerdings treten Belege dieser Art stark
zurück. Lediglich in seiner Bearbeitung der 'Consolatio philosophiae' des Boethius wurde im 22. Kapitel des IV. Buches
das 'irae intemperans' der lateinischen Vorlage durch 'ún-
mézigêr sînes zórnes' (Nb.I,251,16, S.-St.I,271,6) übersetzt. Die Eigenschaft des 'mezîg'-Seins im Sinne von lat.
'sobrius' "nüchtern" wird im selben Text nicht, wie zu erwarten wäre, auf menschliches Verhalten, sondern auf die
'aduersa fortuna' (Nb.I,121,3o, S.-St.I,132,25),das widrige
Geschick, bezogen (Nb.I,122,19, S.-St.I,133,14), das die
personifizierte 'Philosophia' mit der trügerischen 'prospera fortuna' vergleicht.
Aus des Marcianus Capella Schrift 'De nuptiis Philologiae
et Mercurii' stammt die Wendung 'ratis incessibus', 'ge-
mézenên stépfen' (Nc.I,714,5, S.-St.II,38,21), die das maßvolle Schreiten als Ausdruck vollendeter körperlicher Be-

---

[127] In Notkers Übersetzung und Auslegung des Psalmverses X,
7b (Np.II,32,19ff., S.-St.III,52,1ff.) bedeutet 'mez' auf
theologischer Ebene das Maß der Strafe (vgl. 'in qua mensura mensi fueritis, remetietur vobis' Mt 7,2), das in
der ekstatischen Sprache des Psalms durch 'calix' versinnbildlicht wird. Notker sichert diese Zweischichtigkeit
der semantischen Verwendung von 'calix'-'mez' eigens ab,
indem er die Bedeutung von 'calix' erklärt: '... unde
stât hier pro mensura' Np.II,33,3f. (S.-St.III,52,8f.).-
Zum Gebrauch von 'calix' bei Notker vgl. Pauline Kleiber,
Studien zum Wortschatz im Psalter Notkers III., Diss.
Freiburg i.B. 1959, T.1, S.45ff.

herrschung und ästhetischer Harmonie der Bewegung bezeichnet; dieser Beleg könnte auch aus der mittelhochdeutschen "Blütezeit" stammen.[128]
Beherrschung von Körper und Stimme und Ausgewogenheit zwischen beiden werden besonders in der Rhetorik wichtig. So finden sich in Kap. 58 von Notkers 'De arte rhetorica', 'De pronuntiatione', zahlreiche Hinweise auf maßvolle Gestik, Stimmführung und auf eine harmonische Relation zwischen Inhalt und Ausdruck. 'Pronuntiatio' wird definiert als 'ex rerum et verborum dignitate vocis et corporis moderatio' (Nr.I,682,6f.).[129] Notker zählt für die weitgefaßte Bedeutung von 'pronuntiatio' eine ganze Kette von Substantiven auf: 'kerértida . kebárda . kehába . keuúrftígí . kezámi . sintsámi . zúhtígi' (Nr.I,682,11-13). 'moderatio' sucht er ähnlich vermittels gehäuften Varianten zu fassen: 'scáfunga . mézunga . métenscáft' (Nr.I,682,16f.), wobei unter 'mezunga' der maßvolle Gebrauch rhetorischer Ausdrucksmittel (Gestik, Gesichtsausdruck, Aussprache) zu verstehen ist. Zur Qualität der Rede kann Mäßigkeit in Speise, Trank und im Geschlechtsverkehr entscheidend bei-

---

[128]Vgl. beispielsweise aus Gottfrieds von Straßburg "Tristan" den Einzug der beiden Isolden in den Festsaal auf dem Hoftag zu Weisefort: 'ir trite die waren unde ir swanc / gemezzen weder kurz noch lanc / und iedoch beider maze' 1o989-91 (Gottfried von Straßburg, Tristan und Isold. Hsg. von F. Ranke. Text. 7. Auflage. (Nachwort von E. Studer.) Berlin 1963). Die Wendung "gemessenen Schrittes" ist noch im Nhd. gebräuchlich, s. DWB 9,1754ff.

[129]P.Th. Hoffmann (Der mittelalterliche Mensch. Gesehen aus Welt und Umwelt Notkers des Deutschen. 2. Aufl. Leipzig 1937, S.287, Anm. 36) hat darauf hingewiesen, daß sich diese Definition an die römische Schrift 'Rhetorica ad Herennium' III, S.99, 1o-1o8, anlehnt (Cornifici rhetoricorum ad C. Herennium libri IIII. Recensuit et interpretatus est C.L. Kayser. Lipsiae 1854).

tragen ('cibi . potus . coitus temperantia' Nr.I,682,23f.).[130]
'moderatio' kann in spezieller Anwendung auch das harmonische Verhältnis zwischen Augenbewegungen und Gebärden
ausdrücken, so in Nr.I,683,7, übersetzt mit 'mezhaftigi',
"Anpassung, Beherrschung".[131]

(4) Die vier Kardinaltugenden

Unter den allegorischen Gestalten in 'De nuptiis Philologiae et Mercurii' des Marcianus Capella treten auch die
vier Kardinaltugenden auf. Nachdem die geschmückte Braut
von den neun Musen gepriesen wurde, kommen vier Frauengestalten in ihr Gemach und begrüßen die Philologia, und
zwar in der Reihenfolge 'prudentia', 'iustitia','temperantia' und 'fortitudo'.[132] 'Tiu dritta', so übersetzt

---

[130] Notker schreibt in der Übersetzung von 'De nuptiis Philologiae et Mercurii': 'Uuánda álso sélbêr martianus in
sînero rhetorica chît . facundia nemág sîn mít libidine .
únde mít intemperantia coitus' (Nc.I,7oo,19-22, S.-St.
II,19,9-12). Vgl. Marcianus Capella: 'bonitas uocis
constat claritate firmitate suauitate. quae omnia nutriun-
tur cibi potus coitus obseruantia praecipueque, ut corpus
deambulando moueatur intra breue spatium reditu maturato'
(Martianus Capella. Franciscus Eyssenhardt recensuit.
Accedunt scholia in Caesaris germanici aratea. Lipsiae
1866, Lib.V, §541, S.182).

[131] Vgl. Marcianus Capella: 'sed oculorum in hac parte mag-
na moderatio est, qui tum hilaritate, tum intentione,
tum minaci mouentur aspectu' (ebenda Lib.V, §543, S.
183). Auf die Abhängigkeit des Kapitels 'De pronuntiatione' aus Notkers 'De arte rhetorica' von Marcianus
Capella Lib.V, §54off., wies J. Kelle hin (Die rhetorischen Kunstausdrücke in Notkers Werken. Abh. der k.
bayer. Akademie der Wiss., Cl.I, Bd.XXI, Abt.III, München
1899, S.8).- Zu den Abstraktbildungen 'mezhaftigi' und
'mezhafti' bei Notker s. Luginbühl S.94, Anm.1.

[132] Vgl. die griechischen Termini der Überschrift: 'FRONESIS .
DIKIA . SOFROSINI . ANDREIA . UEL YSKIS ' Nc.I,8o1,2f.,
S.-St.II,161,2f. Der Kommentar des Remigius von Auxerre,
den Sehrt-Starck ihrer Notker-Ausgabe beifügen (S.-St.II,
S.161f.), gibt keine aufschlußreichen Hinweise zur in-
haltlichen Bestimmung der vier Kardinaltugenden.

Notker, 'hábeta námen fóne déro mézháfti íro síto. Ûn-
míetegérníu . únde fermîdennes mâríu' (Nc.I,8o1,26-28,
S.-St.II,162.2-4). Damit gibt er ohne Zusatz die Beschreibung der 'temperantia' durch Marcianus Capella wieder:
'uerum tertia contemptis muneribus atque abstinentia prae-
dicanda ex morum temperantia nomen acceperat'.[133] Auffällig
ist die Nähe zur 'abstinentia', in die die 'temperantia'
durch die christliche Tradition schon früh gerückt wurde.
'mézháfti (dero) síto', "Mäßigung der Sitten", ist einer
der wichtigsten Belege für eine ethische Konzeption des
Maßes, die, aus antiker und frühchristlicher Tradition
stammend, in Notkers Gelehrtenprosa einen späten Reflex
fand. Es wird zu fragen sein, ob spätere Epochen in die
von Notker gewiesene Richtung eintraten.
Die 'temperantia' kommt noch zweimal in Notkers Übersetzung
des Marcianus Capella vor. Sie ist Kennzeichen der 'anima'
('Sô gezímet animae . dáz si intima sî sapientiae . únde mít
caritate sî gegúrtet . mít temperantia beduúngen' Nc.I,
698,2-4, S.-St.II,15,8-1o)[134], und sie wird für gute rhe-
torische Leistungen vorausgesetzt (Nc.I,7oo,19-22,S.-St.
II,19,9-12).

---

[133]Martianus Capella, ed. A. Dick, a.a.O. S. 57,5f. -
Im Kommentar des Remigius von Auxerre heißt es an entsprechender Stelle: 'VERUM TERTIA subaudis soror, PRAE-
DICANDA id est laudanda et efferenda, CONTEMPTIS MUNERI-
BUS et ABSTINENTIA ACCEPERAT NOMEN EX TEMPERANTIA MORUM
id est Temperantia vocabatur. Est autem temperantia, quae
Graece sophrosini dicitur, virtus qua moderate et tem-
perate etiam licitis rebus utimur' (Remigii Autissiodorensis commentum in Martianum Capellam. (Bd.1:) libri
I-II. Edited with an introduction by C.E. Lutz. Leiden
1962. S. 17o,25-3o).

[134]Vgl. den Kommentar des Remigius von Auxerre in der
Notker-Ausgabe S.-St.II, S. 15.

Zum Abschluß sei eine weitere Stelle zitiert, in der
Notker die vier Kardinaltugenden anführt. Es handelt sich
um das einleitende, ganz in lateinischer Sprache abgefaßte
Lehrer-Schüler-Gespräch über Wesen und Einteilung der
Philosophie in der Schrift 'De arte rhetorica'. Die Philosophie wird nach platonischer Tradition[135] in 'phisica',
'ethica' und 'logica' (Nr.I,621,13f.) unterteilt, und über
die 'ethica' heißt es:

D. Quid est ethica? M. Moralis scientia. D. Quomodo
moralis? (sic) Quia de moribus hominum constat. D. In
quot species diuiditur? M. In prudentiam . iusticiam .
fortitudinem . temperantiam. D. Quid est prudentia?
M. agnitio ueritatis. D. Quid est iusticia? M. Di-
lectio dei et proximi. D. Quid est fortitudo? M.
Diaboli mortisque contemptus. D. Quid est temperantia?
M. Honestas uel moderatio uitae. D. Et quis finis earum?
M. Mores ornant . merita cumulant . diabolum uincunt .
caelum aperiunt . prima intellegit . secunda diligit .
tercia uictoriam dat . quarta modum inponit.
(Nr.I,624,13-24)

Die Reihenfolge der einzelnen Tugenden ('temperantia'
steht nun an letzter Stelle)[136] und natürlich auch ihre
inhaltlichen Bestimmungen zeigen deutlich, daß Notker hier
eine andere Quelle benutzte als Marcianus Capella. Daß der
Hauptinhalt der 'temperantia' die 'honestas' sein soll,
läßt auf spätrömische Tradition schließen. In den

---

[135]S. dazu Mähl, S.53ff. - Das "platonische" Einteilungs-
schema wurde kritisch-historisch untersucht von L.Baur,
in: Dominicus Gundissalinus, De divisione philosophiae.
Hsg. und philosophiegeschichtlich untersucht von L.B.
Münster 19o3, bes. S.194ff. Die Entwicklungslinie führt
über die Stoa, die Epikureer, Cicero, die Kirchenväter
der ersten Jahrhunderte, Augustinus, Cassiodor, Isidor,
Alkuin, Hrabanus Maurus usw. bis zu Albertus Magnus, um
die wichtigsten Stationen zu nennen. Parallel dazu gibt
es die Tradition des "aristotelischen" Einteilungs-
schemas der Philosophie (s. Baur S.196ff.).

[136]Die gleiche Reihenfolge ('prudentia', 'iustitia', 'fortitudo', 'temperantia') weisen die 'Etymologiae' (PL
82, 141) und die 'Differentiae' (PL 83,94) Isidors von
Sevilla auf. Ebenso Alkuin, 'De virtutibus et vitiis',
PL 1o1,637; 'Dialogus de rhetorica et virtutibus', PL
1o1,944. Vgl. auch Abb. 1 am Schluß der Untersuchung.

'Differentiae' Isidors von Sevilla heißt es am Schluß
von II,39 über die 'principales virtutes':

> Sed ex his prudentia agnitione veri delectatur,
> justitia dilectionem Dei et proximi servat, for-
> titudo vim virtutis habet metumque mortis contemnit,
> temperantia affectiones carnis moderatur, et
> restinguit appetitum. Prima credit et intelligit,
> secunda diligit, tertia appetitum cohibet, quarta
> modum imponit. [137]

Dieses Zitat weist mehrere, zum Teil wörtliche Übereinstimmungen zu Notkers oben zitierter Definition der
'ethica' auf (sie sind durch Unterstreichungen hervorgehoben). Allerdings weicht die inhaltliche Bestimmung von
'fortitudo' und 'temperantia' von derjenigen Notkers ab;
hier muß also noch eine andere Beeinflussung vorliegen.
'honestas' und 'moderatio' als Inhalte der 'temperantia'
sind schon in 'De officiis ministrorum' des Ambrosius belegt,[138] und die 'honestas' läßt sich leicht auf Cicero
zurückführen.[139] Cicero hat auch lehrsatzartig die innere
Verbindung von 'honestas' und den Kardinaltugenden formuliert: '(honestas) habet igitur partes quattuor: pruden-

---

[137] PL 83,95; s. Mähl S. 62. Ähnlich Alkuin: 'Prudentia in
agnitionem veritatis inducit hominem. Iustitia dilectionem Dei et (amorem) proximi servat. Fortitudo vincit
adversa, mortemque contemnit. Temperantia vitiosas
voluptates reprimit, et omnia moderatur. Hae sunt
quatuor virtutes principales, quae mores ornant, merita
praebent, diabolum vincunt, coelum aperiunt. Prima intelligit; secunda diligit; tertia victoriam dat; quarta
modum imponit' (Dialogus de rhetorica et virtutibus.
PL 1o1, 949f.).

[138] PL 16, 92ff.; s. Mähl S. 62; zur 'moderatio' als Bestandteil der 'temperantia' bei Alkuin: Mähl S. 95.

[139] Belege bei H. Merguet, Handlexikon zu Cicero. Leipzig
19o5, S. 298; ders., Lexikon zu den philosophischen
Schriften Cicero's. Mit Angabe sämtlicher Stellen.
Bd. 2. Jena 1892, S. 176-78.

tiam, iustitiam, fortitudinem, temperantiam' (De inventione II,159.)[140] Die vier Kardinaltugenden werden damit
zum integralen Bestandteil der römischen 'honestas'. Notker
hat wohl nicht unmittelbar auf Cicero zurückgegriffen,
sondern die ciceronischen Begriffe und Definitionen in
vermittelter und christianisierter Form aufgenommen.[141]

Zur Semantik der Belege mit der Wurzelvariante 'met-' und der Wortfamilie 'tempern'

Die Grundbedeutung der Wortfamilie 'metem-'[142] hat sich
am reinsten im Adjektiv erhalten: so stehen in den bei
Notker überlieferten Belegen die Engel als "mittlere"
Wesen zwischen Gott und den Menschen (Nc.I,818,27, S.-
St.II,183,7), und zwischen den heilsgeschichtlich eindeutig bestimmbaren Gruppen der 'iusti' und der 'peccatores' gibt es für Notker noch die 'metemen' (Np.II,4,23,
S.-St.III,3,9), eine nicht näher definierte Spezies
"mittlerer Sünder".

---

[140] M. Tullii Ciceronis opera rhetorica. Recognovit
Guilelmus Friedrich. Vol. I. Lipsiae 189o ('De inventione
rhetorica' S. 117-236).

[141] So spricht z.B. Alkuin der 'temperantia' die Kraft zu,
'omnis honor vitae ... inter homines' zu erhalten
('De virtutibus et vitiis', PL 1o1, 673). Zur Rück-
führung der im 35. Kap. ('De virtutibus quatuor') dieser
Schrift enthaltenen Bestimmungen der vier Kardinal-
tugenden auf Cicero und Augustinus s. Mähl, S. 1o9ff. -
Vgl. auch die Bestimmung der 'temperantia' in Alkuins
'Dialogus de rhetorica et virtutibus', PL 1o1, 945.

[142] S. dazu Luginbühl S.97-99; Ingeborg Schröbler, Notker
III von St. Gallen als Übersetzer und Kommentator von
Boethius' De Consolatione Philosophiae. Tübingen 1953,
S.86f.; Marga Mehring, Die Lehnprägungen in Notkers
Übersetzung der "Nuptiae Philologiae et Mercurii" des
Martianus Capella. Diss. Bonn 1958, S. 99-1o1. Dort
S. 99-1o5 auch Weiteres zu den Lehnprägungen der
'mâza'-Sippe in Notkers Boethius-Übertragung.

Den Verben 'metemên' und 'gemetemên' ist gemeinsam, daß
sie sich von der Vorstellung des konkret Mittleren entfernt haben und in das Segment "rechte Ordnung, rechtes Maß"
tendieren, ohne daß explizit ethisches Verhalten angesprochen würde (so 'metemên' Nb.I,269,2o, S.-St.I,29o,
17; Nc.I,726,22, S.-St.II,55,2o; Nc.I,831,29, S.-St.II,
2oo,1o; 'gemetemên' Nb.I,28o,24, S.-St.I,3o3,11; Nc.I,
7o4,26, S.-St.II,25,8; Nc.I,833,25, S.-St.II,2o3,3). Auch
die Belege Np.II,211,5 und 6 (S.-St.III,358,5 und 6) gehören zu diesem Bedeutungsbereich, sind aber sehr stark
im Sinne der Grundbedeutung konkretisiert. Gott setzt die
Lebensdauer des Menschen fest, gibt ihr ein Maß, doch die
Sünder werden ihr Leben nicht bis zur Hälfte bringen (vgl.
Psalm LIV,24).
Die Beachtung des gehörigen Maßes bei der Rede ist ein
rhetorischer Lehrsatz, in dem das Substantiv 'metemscaft'
(Nr.I,682,17) für 'moderatio' verwendet wird (vgl. auch
'vocis et corporis moderatio' Nr.I,682,7). Den Zustand der
Ausgewogenheit und Ausgeglichenheit (Mitte) zwischen zwei
extremen Zuständen im physikalischen bzw. astronomischen
Sinne bezeichnet 'metemscaft' in Nc.I,7o7,2o, S.-St.II,
29,9; Nc.I,725,15, S.-St.II,54,2, und Nm.I,855,6, wobei
implizite Vorstellungen über Harmonie und Schönheit die
Wortbedeutung über das rein Physikalische hinausführen.[143]

---

[143] "Mitte" im lebenszeitlichen und astronomischen Sinne
(Mitte des Menschenalters, Mitte des Himmels) bedeutet auch stf. 'metilscaft' Wessobr.Pr.17o, Nr. 2,
47, und 49 (Steinmeyer, Sprachdenkm., Nr.XXX, S.156-
63, Nr. XXXII, S. 168-72; Nr. XXXIII, S. 173-8o).

Auch das zweite, zur Sippe 'metem-' gehörige Substantiv
setzt eine ordnende Kraft voraus. 'metemunga' kann lat.
'temperamentum' bzw. 'temperies' wiedergeben und bezeichnet
einmal ein Mischungsverhältnis im weiteren Sinne (Nb.I,
283,15, S.-St.I,3o6,1o; Nb.I,292,4, S.-St.I,316,15; Nc.I,
78o,8, S.-St.II,132,7; Nc.I,78o,11, S.-St.II,132,1o), dem
eine bestimmte Konstellation von Kräften zugrundeliegt;
hierzu wäre 'unmetemi' (Nc.I,823,25, S.-St.II,189,19),
lat. 'intemperia', der Gegenbegriff. Zum andern kann der
ordo-Begriff 'metemunga' in spezieller Anwendung auf Gottes
'sapiens dispensatio' (Nb.I,285,11, S.-St.I,3o8,12) die
oberste Vorsehung und weise Lenkung allen Geschehens und
Geschickes verkörpern (so Nb.I,285,13f., S.-St.I,3o8,14f.).

Mit ahd. 'mettôd' (Nc.I,8o3,28, S.-St.II,164,11) übersetzt
Notker lat. 'gesticulatio'; gemeint sind die tanzartigen
Bewegungen der drei Grazien vor der als Braut geschmückten
Philologia aus Marcianus Capella, De nuptiis Philologiae
et Mercurii.
Im semantischen Bereich der Lehnwortfamilie 'temperôn'[144]
dominiert bei Notker, anders als beispielsweise in der Be-
nediktinerregel, die Grundbedeutung "mischen" (Nc.I,712,24,
S.-St.II,37,6; Nc.I,782,21, S.-St.II,135,17; 'temparâta'
Nc.I,713,6, S.-St.II,37,18). Auch 'getemperôn' (Nb.I,39,1f.,
S.-St.I,44,5) bildet hier keine Ausnahme, denn man muß
bei der Bedeutung "einteilen", bezogen auf das Aufgliedern
des Jahres in seine verschiedenen Jahreszeiten und die
entsprechenden Phasen des Werdens und Vergehens in der
Natur, die antikische Vorstellung des ordnenden Mischens

---

[144]Über diese Lehnwortfamilie handelt ausführlicher Luginbühl S.96-99.

aller Kräfte des Weltalls und der Erde zu einem sinnvollen
Ganzen durch die göttliche Schöpfungstat mitsehen.

3. Der Gebrauch von stf. 'mâza'

Drei der elf Belege zu stf. 'mâza' stammen aus Notkers
Boethius-Übersetzung. Im 46. Kapitel des II. Buches von
'De consolatione Philosophiae' erörtert die Philosophia
den Begriff der 'fama', des Rufes, der mit Berühmtheit
verknüpft ist, und sie deckt schonungslos die Nichtigkeit
irdischen Ruhmes angesichts der unbegrenzten Dauer der
Ewigkeit auf. Mit dieser kann die 'fama' nicht einmal verglichen werden, denn als kom-mensurabel, einem gemeinsamen
Maß unterwerfbar, erweisen sich, wie die Logik lehrt,
einzig vergleichbare Größen:

> Poterit etenim esse finitis quaedam ad se inuicem
> collatio . infiniti uero atque finiti . nulla umquam.
> Tíu ételîh énde hábent . tíu mûgen éteuuîo gemézen
> uuérden ze éin-ánderên . síu nehábent áber nehéina
> mâza ze dîen . díu âne énde sínt (Nb.I,115,23-27, S.-
> St.I,126,9-13).

Mit 'mezen' bezeichnet Notker in diesem Text das Maßverhältnis, das allem Finiten eignet und es erst kommensu-
rabel macht. Das Infinite hat keine 'mâza', es entzieht
sich allen Vergleichen mit begrenzten Phänomenen. 'mâza'
dient hier als wissenschaftlicher terminus technicus zur
Bezeichnung der finiten Quantität.
Eine ähnlich geartete Quantität ist es auch, die 'mâza'
in den Belegen Nb.I,28o,5 und 6 (S.-St.I,3o2,17 und 19)
bedeutet. Beleuchtete der erste Beleg das Verhältnis von
'fama' und 'aeternitas', so geht es der Philosophia nun
um die Abgrenzung zwischen 'fatum' und 'providentia'.[145]
In Notkers Kommentar heißt es:

---

[145]Zu diesen Begriffen s. W. Sanders, Glück. Zur Herkunft
und Bedeutungsentwicklung eines mittelalterlichen
Schicksalsbegriffs. Köln, Graz 1965; ferner F. Klingner
in seiner Einführung zu Boethius, Trost der Philosophie.
Deutsch von K. Büchner. Leipzig o.J., S.XXXVIIIff.

Áber gót tér-dir íst . tér íst únzegánglîh . únde ún-
uuîhselíg. Íst óuh fatum gágen prouidentia . álso
zîte gágen êuuighéite. Zîte lóufent per tria tempora .
presens . preteritum . et futurum . êuuighéit stât ío
ze stéte in presenti. Únde álso der ríng gágen démo
stúpfe . dér in míttemen stât. Ter ríng hábet sînen
gáng úmbe . únde sîna *mâza* . únde sîna uuîti . der
stúpf nehábet mícheli nehéina . pedíu íst er âne *mâza* .
únde âne partes. Indiuidua res íst er.
(Nb.I,279,31-28o,7, S.-St.I,3o2,11-19)

Die Symbolik des geometrischen Verhältnisses von Kreis und
Punkt realisiert sich auf metaphysischer Ebene in der Zeit-
gebundenheit und Begrenztheit des 'fatum' gegenüber der
nichtlimitierten und nichtlimitierbaren göttlichen 'providentia'. 'mâza' meint im Litteralsinn konkrete geometrische Dimensionen bzw. Ausdehnungen, wird aber auf der
bildhaften Ebene zum sprachlichen Träger symbolischer Aussagen. Wie das 'fatum' in der temporalen Dimension an die
Ekstasen von Vergangenheit, Gegenwart und Zukunft gebunden
ist, so schmieden es auf modaler Ebene bestimmte grenzen-
setzende, irdische Konstanten in einen fixierten, meßbaren
Verlauf mit ebenso fixierten Faktoren und realitätsbezogenen
Umständen ein. Diese temporalen Ekstasen und modalen
Fixierungen des wandelbaren 'fatum' im Gegensatz zur Unver-
änderlichkeit der göttlichen Vorsehung werden im Kreis-
Punkt-Vergleich durch 'mâza' und ihr Gegenbild 'âne mâza'
versinnbildlicht.
Reine Quantitätsbezeichnung ist 'mâza' (Nk.I,4oo,5) in
Notkers Übersetzung des Boethiusschen Kommentars zu den Ka-
tegorien des Aristoteles:

Quia et quantitas est oratio . manifestum est. Mensuratur syllaba breuis et longa. Táz oratio quantitas íst . dáz skînet án déro *mâzo* dero syllabarum .
día man lánge héizet únde chúrze . s. uuánda láng
únde chúrz quantitates sint . táz fóne díen bestât .
táz íst óuh quantitas.   (Nk.I,4oo,3-8)

Die Kategorie der Quantität, am Beispiel der Rede erläutert, zeigt sich an der meßbaren Länge und Kürze der

Silben.[146] 'mâza' rückt ganz in die Nähe von lat. 'mensura', denn Notker hat die Verbalform 'mensuratur syllaba'
mit 'mâza dero syllabarum' wiedergegeben.

Im Beleg Nc.I,714,6, S.-St.II,38,22 (aus Notkers Übersetzung von 'De nuptiis Philologiae et Mercurii' des
Marcianus Capella) gewinnt 'mâza' eine bisher nicht ge-
kannte semantische Dimension hinzu: den Bereich des Ästhetischen. Merkur wird im Hause des Apollo von den Musen be-
grüßt. Diese Begrüßung erfährt folgende Kommentierung:

> Quae licet in maiugenae officium properare uiderentur
> ratis tamen incessibus mouebantur. Únde dôh tîe mer-
> curio ze dîeneste gágene íltín . dôh lîefen sie sámo-
> so gemézenên stépfen . álso óuh an íro níumôn guíssíu
> mâza íst.   (Nc.I,714,2-6, S.-St.II,38,18-22)

Sowohl die Bewegung der Musen, ihr "gemessenes" Schreiten,
als auch ihr Lobgesang werden, wenn auch mit gewisser Ver-
zögerung in einem Nachsatz, an einem ästhetischen Ideal des
Maßes gemessen. Das angefügte 'álso óuh an íro níumôn
guíssíu mâza íst' hat keine direkte Entsprechung im lateinischen Text[147], obwohl es sich atmosphärisch gut in den
Kontext einfügt, und gewinnt damit für die Begriffsgeschichte der 'mâze' besondere Bedeutung, denn erstmalig bezeugt Notker, daß 'mâza' mehr beinhalten kann als nur die
Wiedergabe bestimmter Maße und Quantitätsverhältnisse. Die
maßvoll gebändigte Bewegung der Musen bildet das pantomimische Äquivalent (vgl. die Kopula 'álso óuh') zu ihrer

---

[146]Vgl. die detaillierte Erklärung des Boethius zur Quantität der Silben in 'In categorias Aristotelis libri
quatuor', PL 64, 2o3.

[147]Auch der Kommentar des Remigius von Auxerre bietet
nichts Entsprechendes: 'MUSAS IUSSIT OCCURRERE MUSAS
pedissequas et alumnas suas. QUAE LICET VIDERENTUR
PROPERARE IN OFFICIUM MAIUGENAE id est Mercurii, Maia
geniti, MOVEBANTUR subaudis Mercurius et Virtus, SATIS
id est quantum sat erat' (Remigii Autissiodorensis
commentum in Martianum Capellam libri I-II, edited
with an introduction by C.E.Lutz, a.a.O. S.95, 2o-24).

jubelnden musikalischen Begrüßung des Merkur, und beide
Vorgänge, wiewohl in ihrem rationalen Kern auf konkreten
mathematischen bzw. physikalischen Gesetzen beruhend, sind
eindeutig einer ästhetisierenden Sicht unterworfen.[148]
Erstmalig in deutscher Sprache zeigt sich im Gebrauch von
'mâza' ein Bewußtsein von Wohlklang, Harmonie und Schönheit.
Sachgeschichtlich ist es antikes Schönheitsempfinden, was
Notker hier rezipierte;[149] sprachgeschichtlich leistete
er aber, was entscheidend ist, den Transformationsprozeß
dieses Schönheitsideals in eine deutschsprachige Begrifflichkeit. Neben der Quantität wird nunmehr bei Notker die
Dimension des Ästhetischen zum zweiten wichtigen Segment
für 'mâza'.[150]

---

[148]Eichler hat die Wichtigkeit dieses Belegs nicht gesehen; er spricht ihm lediglich "rein quantitative
Bedeutung" zu (a.a.O. S.36). - Daß hier ein ästhetischer
Maßbegriff antiker Provenienz angenommen werden kann,
bezeugt eine andere Stelle über die Musen aus Notkers
Übersetzung der "Hochzeit der Philologie mit Merkur":
' íh méino musas . tîe iouis únde iunonis tôhterûn ge-
héizen sínt . uuánda uox îo uuírdet fóne aethere únde
aere. Tîe lêret apollo . uuánda ér gât míttêr dero
planetarum . únde métemêt íro musicam' (Nc.I,726,18-22,
S.-St.II,55,16-2o). Über Apollo heißt es im Kommentar
des Remigius (S.-St.II,S.55): 'Apollo erudisse dicitur
novem musas, quia est princeps et maximus musicae caelestis et cum locum obtinet in planetis, quam mese in
cordis'. Von Apollo, dem Urheber der Sphärenmusik, leiten sich auch die musikalischen Fähigkeiten der Musen
ab. Somit kann man die 'mâza' in Notkers Bemerkung
'álso óuh an íro níumôn guíssíu mâza íst' auf ästhetische Vorstellungen aus der griechischen Mythologie
zurückführen.

[149]Zur Bedeutung der Musen für die antiken ästhetischen
Anschauungen von Künsten und Wissenschaften s. J.N.
Forkel, Allgemeine Geschichte der Musik. Bd. 1, Leipzig
1788. Photomechanischer Nachdruck, hsg. und mit Re-
gistern versehen von O. Wessely. Graz 1967, S.22o-27.

[150]In abgeschwächter Form zeigt sich die Betonung ästhetischer Gesichtspunkte mit Hilfe eines Wortes aus der
'mâza'-Wortfamilie auch im Beleg 'mezhaftîg' Nc.I,788,
23, S.-St.II,143,22, der sich auf das maßvolle, der
Situation Rechnung tragende Beenden einer Gesangsdar-
bietung bezieht.

Jedoch hat der eben besprochene Beleg im Werk Notkers
singulären Charakter; die weitere Verwendung von 'mâza'
beschränkt sich auf quantitative Aussagen. In Nc.I, 776,12
und 14 (S.-St.II,126,2o und 22) ist 'mâza' Sammelbezeichnung
für die geometrischen Dimensionen 'longitudo', 'latitudo'
und 'profunditas' (Nc.I, 776,11, S.-St.II,126,19), ahd.
'lêngi', 'brêiti' und 'hôhi' (Nc.I,776,13, S.-St.II,126,
21). Im selben Text benutzt Notker als Sammelbezeichnung
für 'longitudo', 'latitudo' und 'altitudo' auch das lat.
'spatium' (Nc.I,776,23, S.-St.II,127,9), das als lat. Lemma
für 'mâza' denkbar ist. Schon im klassischen Latein waren
'mensura' und 'dimensio' als Sammelbegriffe für die me-
trischen Ausdehnungen Länge, Breite und Höhe (Tiefe) in
Gebrauch.[151] 'mensura' betont im Gegensatz zur umfassen-
deren Bezeichnung 'dimensio' stärker die einzelnen Maße
als numerische Größen. Die Belege Nc.I,776,12 und 14 (S.-
St.II,126,2o und 22) bewegen sich also im semantischen
Umkreis von "Abmessung, Dimension, Ausdehnung", und man
kann ihnen hypothetisch die lateinischen Begriffe 'mensura',
'dimensio' und 'spatium' zuordnen.[152]
Schließlich bewegen sich auch die vier 'mâza'-Belege aus
Notkers fragmentarischer Schrift 'De musica', die nach
Ehrismann in des Boethius Musiklehrbuch 'De institutione

---

[151]Vgl. Ausführliches lateinisch-deutsches Handwörterbuch.
Ausgearbeitet von K.E.Georges. 2 Bde. Hannover 1962, Art.
'dimensio' und 'mensura'. Auch Alkuin verwendet 'mensura'
zur Bezeichnung der drei Dimensionen: 'C. Quomodo quantitas aestimari solet? - A. In mensura longitudinis, lati-
tudinis et altitudinis' ('De dialectica', PL 1o1,957).

[152]So übersetzt Notker an anderer Stelle lat. 'mensura'
mit 'uuîti' (Nc.I,765,11, S.-St.II,111,11). - Der Remi-
giuskommentar gibt für die zwei 'mâza'-Belege keine
Anhaltspunkte über mögliche lat. Lemmata (ed. Lutz,
a.a.O. S.148, 14-25).

musica libri V' ihre Hauptquelle hat,[153] in dem oben abgesteckten Rahmen.

Für Notkers resümierende Feststellung 'Suslicha mazza
habet daz regulare monochordum in diatonico genere'
(Nm.I, 852,29f.), die die detaillierten Erörterungen des
ersten Abschnitts ('De monochordo') abschließt, konnte
in der genannten Schrift des Boethius keine direkte Vorlage gefunden werden, obwohl jener Abschnitt auf Buch IV
(vgl. besonders den Abschnitt 5 'Monochordi regularis
partitio in genere diatonico') der Boethiusschen Musikschrift basiert.[154] Ein Blick in zeitgenössische lateinische
Traktate über das Monochord[155] zeigt, daß lat. 'dimensio',
'mensura' und 'spatium' als mögliche Lemmata für 'mâza' in
der Bedeutung des Belegs Nm.I,852,29 in Frage kommen können.
Diese Begriffe hat Boethius in seiner Musikschrift ebenfalls verwendet.

Der fünfte Abschnitt aus 'De musica', betitelt mit 'De
mensura fistularum organicarum',[156] in dem die anderen drei
Belege zu 'mâza' vorkommen (Nm.I,857,19; Nm.I,858,24;

---

[153]Ehrismann I, S.451.

[154]Ancii Manlii Torquati Severini Boetii, De institutione
arithmetica libri duo, De institutione musica libri
quinque. Accedit geometria quae fertur Boetii. E libris
manu scriptis edidit Godofredus Friedlein. Lipsiae 1867,
S.3ooff.; ebenso PL 63, 1253ff.

[155]Scriptores ecclesiastici de musica sacra potissimum.
Ex variis Italiae, Galliae et Germaniae codicibus ma-
nuscriptis collecti et nunc primum publica luce dona-
ti a Martino Gerberto. Tomus I-III. Reprografischer
Nachdruck der Ausgabe St. Blasien 1784, Hildesheim 1963.
Es wurden eingesehen: Hucbald,a.a.O. Bd.I,122-125;
Bernelinus, a.a.O. Bd.I,312-314, 329f.; Wilhelm von
Hirsau, a.a.O. Bd.II, 179-181.

[156]Dazu s. J.Schmidt-Görg, Ein althochdeutscher Traktat
über die Mensur der Orgelpfeifen. Kirchenmusikalisches
Jahrbuch 27 (1932) 58-64.

Nm.I,858,31), scheint dagegen nicht in der genannten
Schrift des Boethius seine Vorlage gehabt zu haben; jedenfalls finden sich in diesem für die Musikanschauung des
Mittelalters sehr bedeutsam gewordenen Werk keine Ausführungen über Orgelpfeifenmensuren. Immerhin erscheint es
als denkbar, daß Notker bestimmte musiktheoretische Erkenntnisse allgemeiner Art dem Werk des Boethius entnommen
und in seinem Abschnitt über die Orgelpfeifen verwendet hat.[157]
Daß jener fünfte Abschnitt über die Orgelpfeifenmensur the-
matisch in eine breite Tradition lateinisch abgefaßter,
mittelalterlicher Traktate über die Orgelpfeifen eingereiht
werden kann, hat Ch. Mahrenholz überzeugend dargetan.[158]
Das ahd. 'mâza' in Notkers Traktat entspricht dem lat.
'mensura' beispielsweise in folgenden mittelalterlichen
Abhandlungen zur Orgelpfeifenbemessung:
- 'De mensuris organicarum fistularum', überliefert
  in der Musikschrift Hucbalds (+ 93o oder 932),
  Gerbert I, 147f.[159]

---

[157] Die Quellen zu Notkers Traktat 'De musica' sind bis
heute nicht grundlegend untersucht worden (vgl. Die
Musik in Geschichte und Gegenwart. Allgemeine Enzyklopä-
die der Musik. Unter Mitarbeit zahlreicher Musikforscher
des In- und Auslandes hsg. von Friedrich Blume. 14 Bde.
Kassel, Basel, London, Paris, New York 1949-1968. Hier
Bd. 9, Sp. 1699), und auch Notkers Autorschaft konnte
noch nicht hinreichend erhärtet werden; eine musikge-
schichtliche Spezialuntersuchung zu dieser ältesten bekannten Musikschrift in deutscher Sprache ist ein For-
schungsdesiderat.

[158] Ch. Mahrenholz, Die Berechnung der Orgelpfeifenmensu-
ren vom Mittelalter bis zur Mitte des 19. Jahrhunderts.
Kassel 1938, bes. S. 8-1o, 26, 28. Mahrenholz spricht
Notker hinsichtlich der Längenmaßberechnung der Orgel-
pfeifen eine gewisse Originalität zu (S.28). Vgl. auch
Schmidt-Görg S.58-64; G. Frotscher, Geschichte des Or-
gelspiels und der Orgelkomposition, Bd. 1, Berlin 1935,
S. 19f., 29ff.

[159] Vgl. Schmidt-Görg S. 64.

- 'Mensura fistularum et monochordi' des Bernelinus
  (1o. Jh.), Gerbert I, 314-33o;
- 'De musica' des Gerlandus (1o. Jh.), Gerbert II, 277f.;
- 'Tractatus de mensura fistularum' des Eberhard von
  Freising (11. Jh.), Gerbert II, 279-82;
- 'Aribunculina fistularum mensura ... ' des Aribo
  Scholasticus (11. Jh.), Gerbert II, 224; ferner
  dessen Traktat 'Nova fistularum mensura quae re-
  mittitur', das sich an Wilhelm von Hirsau (+ 1o91)
  anlehnt, Gerbert II, 223;
- 'De mensura fistularum in organis' eines Anonymus,
  Gerbert II, 283-86;
- 'Cognita omni consonantia fistularum ...' eines
  Anonymus, Gerbert II, 286.[160]

Zweifellos ist das lat. 'mensura' in den genannten
Quellen das Analogon zu dem in Notkers Traktat verwendeten Wort 'mâza'. 'mensura'/mâza' bezeichnen im
Kontext der Orgelpfeifenrezepte die konkreten Abmes-
sungen (bei Notker: 'uuîti', 'léngi' usf.) bzw. metri-
schen Verhältnisse der Orgelpfeifen.[161]
Schon die ältesten Kirchenväter brachten verschiedene
Musikinstrumente in Anlehnung an deren Verwendung in den
biblischen Schriften in einen allegorischen Zusammenhang.
Aber auch manche biblisch nicht bezeugten Instrumente
wurden von den mittelalterlichen Musiktheoretikern in
geistliche Bezüge gestellt. So bildete sich in konti-
nuierlicher Weiterentwicklung eine Art Instrumenten-
allegorie heraus, die auch die Orgel mit einbezog (z.B.
Arnobius, Gregor d. Gr., Honorius Augustodunensis, Richard
von St. Victor).[162] In Notkers Orgelpfeifentraktat wird

[160] Weitere Quellen bei Mahrenholz, S. 8-1o.

[161] Das Fremdwort "Mensur" wird, in der aufgezeigten mittelalterlichen Tradition stehend, noch heute in der Musik-
wissenschaft als terminus technicus für die Längen- und
Breitenverhältnisse bei Orgelpfeifen und Blasinstru-
menten, aber auch bei Glocken und anderen Instrumenten,
verwendet ("Pfeifenmensur", "Glockenmensur" u.a.).

[162] Zu Ursprüngen und Inhalten der geistlichen Ausdeutung
von Musikinstrumenten im christlichen Mittelalter s.
H. Abert, Die Musikanschauung des Mittelalters und ihre
Grundlagen. Leipzig 1o5. Unveränderter Nachdruck
Tutzing 1964, bes. S. 21o-33.

man derlei geistliche Ausdeutungen der Orgel vergebens
suchen: dieser Text gleicht eher einer Rezeptur oder
einer detaillierten technischen Gebrauchsanweisung zur
Konstruktion einer Pfeifenreihe.

Ein abschließender Überblick über die Bedeutungsdif-
ferenzierung und die in Erwägung gezogenen möglichen
lateinischen Entsprechungen zeigt, daß 'mâza' mit Ausnahme des Belegs Nc.I,714,6 (S.-St.II,38,22) im Althochdeutschen reine Quantitätsbezeichnung ist:

- Nb.I,115,26 (S.-St.I,126,12) "Maßverhältnis", finite
  Quantität
- Nb.I,28o,5 (S.-St.I,3o2,17) "Maß, Dimension, Aus-
  dehnung"
- Nb.I,28o,6 (S.-St.I,3o2,19) "Maß, Dimension, Aus-
  dehnung"
- Nk.I,4oo,5 "Größe, Quantität" (mensura)
- Nc.I,714,6 (S.-St.II,38,22) "Maß", quantitativ und
  ästhetisch
- Nc.I,776,12 (S.-St.II,126,2o) "Dimension" (mensura,
  dimensio, spatium)
- Nc.I,776,14 (S.-St.II,126,22) "Dimension" (mensura,
  dimensio, spatium)
- Nm.I,852,29 "Maß, Größe" (mensura, dimensio, spatium)
- Nm.I,857,19 "Maß, Größe" (mensura)
- Nm.I,858,24 "Maß, Größe" (mensura)
- Nm.I,858,31 "Maß, Größe" (mensura)

Die 'temperantia' ist, wie die meisten anderen lateinischen Kernwörter der Wortfamilie, in den semantischen Bereichen von ahd. 'mâza' noch nicht zu finden, und es fehlen ebenfalls noch die ethischen und kosmologischen Be-
deutungsaspekte, die sich erst in der frühmittelhochdeutschen Literaturepoche herausgebildet haben.[163] Als hypothe-
tische lateinische Entsprechung dominiert 'mensura'.

---

[163]Eichlers Ergebnis kann damit im wesentlichen bestätigt
werden, ebenfalls seine Feststellung, daß das Althochdeutsche den Bedeutungsbereich lat. 'temperantia' in
die Komposita der Wortfamilie 'mâza' verlagert hat
(S.35f.).

4. Die Stellung der Wortfamilie in Notkers Werk

Notkers Übersetzungen und philosophisch-wissenschaftliche
Schriften stellen einen ersten Höhepunkt in der Rezeption
antiken, spätrömischen und frühchristlichen Geistesgutes
für das deutschsprachige Mittelalter dar. Die Außergewöhnlichkeit der persönlichen Leistung Notkers steht aber im
umgekehrten Verhältnis zu ihrer Wirkungsgeschichte: eine
breitere Resonanz auf Notkers Werk konnte aus verschiedenen
Gründen kultursoziologischer Art, hauptsächlich aber wegen
der Dominanz des Lateins in den kulturell führenden
Schichten, kaum entstehen. So blieb die kulturpolitische
wie die sprachliche Leistung Notkers weitgehend im Verbor-
genen und strahlte allenfalls in die mönchische Umgebung
des St. Galler Klosters aus.
Art und Inhalt der von Notker rezipierten Werke und
seine eigenen didaktischen Zielsetzungen brachten es mit
sich, daß er einen nach Wortbildung und Wortinhalt unge-
mein differenzierten volkssprachigen Wortschatz entwickelte, der einzigartig in seiner Zeit dasteht.[164]
Schwerpunkte dieser von ihm geprägten Begrifflichkeit waren
die Wissenschaftsgebiete seiner Zeit.
Daraus ergibt sich auch der besondere Charakter der von
Notker gebrauchten 'mâza'-Wortfamilie, deren semantischer
Schwerpunkt eindeutig philosophisch-wissenschaftlicher Art
ist. Als quantitativ herausragende inhaltliche Brennpunkte

---

[164] Wie variantenreich Notkers Übersetzungsstil ist, sei
an einem kleinen Beispiel veranschaulicht. In 'De consolatione philosophiae' V, Kap.33f., taucht kurz hinter-
einander viermal die Formulierung 'interminabilis vitae'
auf. Notker gelingt es, zum Teil durch einfache stilistische Mittel, in der Übersetzung vier Varianten zu
prägen: 'des únéntlichen lîbes' Nb.I,348,18 (S.-St.I,
381,22); 'sînes lîbes únéntliches' Nb.I,349,3of. (S.-
St.I,383,5f.); 'âne énde lîb' Nb.I,35o,18 (S.-St.I,383,
25) und 'dés îo uuérenten lîbes' Nb.I,35o,21f. (S.-St.
I,383,28f.).

der Wissenschaftsprosa haben sich Wörter mit den Segmenten
"Komparation" und "Definition" erwiesen. Der Anteil
ethischer Bedeutungsbereiche an der Wortfamilie ist im
Verhältnis zu ihrem Gesamtumfang äußerst gering und beschränkt sich auf den Psalter und auf die Rezeption der
Lehre von den vier Kardinaltugenden; er bewegt sich damit
im traditionellen Rahmen.
Bei Notker findet man die frühesten Belege zur Wurzelvariante 'mâz-' und zu stf. 'mâza' innerhalb der gewählten
Textgrundlage. Von den elf 'mâza'-Belegen konnten zehn als
Quantitätsbezeichnungen verschiedener Art bestimmt werden;
bei den Belegen Nb.I,28o,5 und 6 (S.-St.I,3o2,17 und 19)
trat zur quantitativen Grundbedeutung eine bildhafte Sinn-
ebene hinzu. Der elfte Beleg (Nc.I,714,6, S.-St.II,38,22)
zeichnet sich durch eine für die Begriffsgeschichte von
'mâze' besonders wichtige semantische Färbung aus: er berührt den Bereich des Ästhetischen, der damit von Anfang
an als zum semantischen Fächer von 'mâza'/'mâze' zugehörig
erwiesen werden konnte. Durch den Nachvollzug ästhetischer
Vorstellungen antikischer Herkunft wird Notkers Werk zur
Vermittlungsstelle für diese Einflüsse auf die deutsche
Sprache. Aus der Häufigkeit des Vorkommens von 'mâza' bei
Notker, zumal in Schriften verschiedener Thematik, ferner
aus dem Vorhandensein von Komposita wie 'widermâza', 'mâzseil' und mehreren Adjektiven, Verben und Adverbien mit
der Wurzelvariante 'mâz-' schon bei Notker, kann man
schließen, daß jenes Wort, allerdings mit einem uns nicht
exakt bekannten Bedeutungsradius, Notker schon zur Verfügung
stand.[165] Die inhaltliche Füllung mit den zwei wichtigen
Segmenten "Quantität" und "ästhetisches Maß" findet man

---

[165]Das in dieser Untersuchung ausgeklammerte Glossen-
material könnte hier zur genaueren Klärung beitragen.

jedenfalls zum erstenmal bei ihm belegt.

Es muß aber hinzugefügt werden, daß das stf. 'mâza', verglichen mit dem sonstigen bei Notker bezeugten Wortgut,
innerhalb seiner Vorstellungswelt, soweit sie dem Interpreten aus seinen Werken erschließbar ist, keine in irgendeiner Weise herausragende oder gar eine Tradition begrün-
dende Rolle gespielt hat. Im Vorgriff auf die weitere
Untersuchung sei jetzt schon festgestellt, daß sich eine
derartige Breite und Differenziertheit der Wortfamilie,
wie sie Notkers Schriften aufweisen, nicht wiederholt hat.
Zahlreiche, bei Notker erstmalig verwendete Komposita
sind wieder untergegangen, ganz abgesehen von jenen Wörtern der Sippe, die ausschließlich bei Notker vorkommen.
Die sprachliche Entwicklung eliminierte einen großen Teil
dieser Wortfamilie, und diesem Wandel fielen in erster
Linie die seltener verwendeten wissenschaftsterminolo-
gischen Begriffe zum Opfer.

K a p i t e l   B:

DIE WORTFAMILIE 'mâze' IN DER FRÜHMITTELHOCHDEUTSCHEN
LITERATUR

Gegenstand der Untersuchung in Kapitel B ist die deutsche
Literatur von ca 1o6o bis 116o. In einzelnen, chronologisch gänzlich unsicheren Fällen verbot sich das Markieren
einer präzisen Zeitgrenze. Hier führten andere Überlegungen
zur Entscheidung über den Einbezug bestimmter Texte in
dieses Kapitel. So konnten etwa Textgruppen, die eine mehr
oder weniger einheitliche Gattung darstellen, durch chronologisch unsichere, aber zur gleichen Textsorte zu rechnende Denkmäler ergänzt werden (z.B. die Psalmenbearbeitungen). Denkmäler mit übereinstimmender oder verwandter
Thematik oder Motivik boten sich ebenfalls zum Vergleich
an.
Aus der Fülle der Denkmäler wurden einige ausgewählt, die
eine besonders eingehende Untersuchung der in ihnen enthaltenen Belege ratsam erscheinen ließen. Es sind dies:
Heinrichs von Melk "Priesterleben" und "Erinnerung an den
Tod", die "Rede vom Glauben" des armen Hartman, das Rolandslied des Pfaffen Konrad und der Straßburger Alexander.
Jede dieser Dichtungen repräsentiert auf ihre Weise wichtige Themen- und Problemkreise der frühmittelhochdeutschen
Literatur und ermöglicht die Auswertung des Belegmaterials
aus jeweils verschiedenem Blickwinkel. Insgesamt wird zu
bestimmen sein, in welcher Bedeutungsbreite und mit welchen Problemhintergründen die 'mâze' an der Schwelle zur
höfischen Dichtung literarisch in Erscheinung tritt.

I. Die Wortfamilie 'mâze' als Ergebnis von Übersetzungen
aus lateinischen biblischen, theologischen und naturwissenschaftlichen Schriften

1. Biblische und theologische Texte

Nur selten bietet das unterschiedliche Belegmaterial die
Möglichkeit, aus verschiedenen Zeiten stammende althochdeutsche und mittelhochdeutsche Übersetzungen, Interlinearversionen und dergleichen, die sich auf dieselben lateinischen Vorlagen stützen, auf Auffächerungen in der semantischen Verwendung und sprachlichen Wiedergabe hin zu
untersuchen. Die überlieferten Psalmenbearbeitungen (Np.,
Npw., Windb.Ps., Milst.Ps., Trierer Ps.) und die spärlichen
Evangelienfragmente stellen eine solche günstige Gelegen-
heit dar und sollen daher als erste in der angedeuteten
Weise im Hinblick auf die Entwicklung der 'mâze'-Wortfa-
milie befragt werden.

In der Bearbeitung von Notkers Psalmen aus dem bayrischen
Kloster Wessobrunn (Wessobrunner Psalmen[1], auch "Wiener
Notker"), die wohl dem späteren 11. Jahrhundert zuzurechnen ist (vgl. Ehrismann I, S. 438f.), erscheint die
'mâze'-Sippe allerdings in kaum gewandelter Form, was
eine Konkordanz der Belege deutlich zeigt:

Npw.	Np.
ebenmâzîg adj. 384,22	- ebenmâze adj. II,642,17 (S.-St.III,1113,1)
ermezen stv. 383,1	- ermezen stv.II,64o,31 (S.-St.III,111o,6)
gemezsamên swv. 246,31	- lat. temperantes II,497,14 (S.-St.III,859,5)

---

[1]Die Schriften Notkers und seiner Schule. Hsg. von P.
Piper. Bd.III. Freiburg i.B. und Tübingen 1883
(enthält: Wessobrunner Psalmen, Predigten und katechetische Denkmäler). Wie schon bei Np., so werden auch
bei Npw. die Belege der katechetischen Denkmäler mit
denen der Psalmen zusammen aufgeführt.

lantmezseil stn. 36,23   - lantmezseil stn. II,41,27
                                    (S.-St.III,66,3f.)
mâze stf. 289,22   - lat. modus II,545,13
                                    (S.-St.III,949,12)
mâzseil stn. 197,24   - mâzseil stn. II,445,4
                                    (S.-St.III,771,2f.)
mez stn. 8o,13   - mez stn. II,91,1o
                                    (S.-St.III,148,9)
mezen stv. 216,24   - mezen stv. II,467,5
                                    (S.-St.III,8o7,4)
mezhaftigôn swv. 325,8f. - mezôn swv. II,582,8
                                    (S.-St.III,1o14,5)
mezîg adj. 191,6   - mezîg adj. II, 437,7
                                    (S.-St.III,755,2)
unermezzenlîh adj.29,26 - ubersprâhhe adj. II,33,27
                                    (S.-St.III,53,16),
                                    lat. magniloquus "prahlend"
unmâzîg adj. 382,32   - unmâzîg adj. II,64o,29f.
                                    (S.-St.III,111o,4f)
     "   "   -   "   II, 64o,3o
                                    (S.-St.III,111o,5)
     "   "   -   "   II, 64o,3o
                                    (S.-St.III,111o,5)
     "   383,1o   -   "   II,641,8
                                    (S.-St.III,111o,15)
     "   383,11   -   "   II,641,8f.
                                    (S.-St.III,111o,15f.)
unmez stn. 297,1   - unmez stn. II,553,1
                                    (S.-St.III,961,11)
     "   335,29   -   "   II,593,4
                                    (S.-St.III,1o32,4)
unmez adv. 345,26   - unmez adv. II, 6o3,4
                                    (S.-St.III,1o48,13)
     "   369,27   -   "   II,626,1o
                                    (S.-St.III,1o9o,11)

Nur in wenigen Fällen weicht der Bearbeiter von seiner
Vorlage ab ('ebenmâzîg' statt 'ebenmâze', 'mezhaftigôn'
statt 'mezôn', 'unermezzenlîh' statt 'ubersprâhhe'). In
zwei Fällen verdeutscht er Begriffe, die bei Notker noch
lateinisch erschienen ('gemezsamên' nach lat. 'temperan-
tes', 'mâze' als Übersetzung von lat. 'modus').

Ein Vergleich der althochdeutschen und frühmittelhochdeutschen Bibelübersetzungen zeigt, wie stf. 'mâze' im
11. Jahrhundert bestimmte semantische Bereiche von stn.
'mez' zu erobern beginnt und dessen Gebrauch zurückdrängt.

Wenn der Tatian-Übersetzer das Jesuswort 'Et vos implete
mensuram patrum vestrorum' (Mt 23,32) noch mit 'Inti ir
gifullet mez íuuuero fatero' (141,27) wiedergeben kann,[2]
so überliefern die wohl noch aus dem 12. Jahrhundert
stammenden Wien-Münchener Evangelienfragmente[3] bereits die
Formulierung 'Vnt ir eruullet die maze iwerre vater' (312f.).
Oder: wenn Notker von St. Gallen die 'lacrimae in mensura'
des Ps. 79,6 noch mit 'trânen be méze' (Np.II,329,18, S.-
St.III,565,18) übersetzte, so weisen die Milstätter Psalmen[4]
(Ende des 12. Jh.) schon die Wendung 'zaeher mit maze' und
die Windberger Psalmen[5] (Ende des 12. Jh.) ähnlich 'zaeheren
in dere mazze' auf.[6] Konkretes beinhaltende Belege wie 'mez'
als Getreidemaß ('Cehinzic mez weizin' Wien-Münch.Ev.995;
'Centum coros tritici' Lc 16,7) konnten sich dagegen halten.
Abstrakte Komposita mit '-mez', wie etwa der in das Gebiet
der Musik gehörende, ästhetische Begriff 'wisemez', lat.
'modulatio' (Windb.Ps.64, Or.), weisen Dubletten auf
('mâzunge' Windb.Ps.2o., Or.; 95, Or.) und bezeugen damit
den schwankend gewordenen Gebrauch der Wurzelvarianten 'mez-'

---

[2] S. o. Kap. A VI. Vgl. auch Monseer Fragmente 18,13 'Enti
ir fullet iuuuarero fatero uuisun'.

[3] Deutsche Bibelfragmente in Prosa des XII. Jahrhunderts.
Hsg. von H. Kriedte. Halle a.S. 193o, S. 64-123.

[4] Cod.pal.Vind. 2682, I. Eine frühmittelhochdeutsche Interlinearversion der Psalmen aus dem ehemaligen Benediktiner-
stifte Millstatt in Kärnten, zum ersten Male hsg. von N.
Törnqvist. Lund, Kopenhagen 1934, S. 1-237; Cantica S.
238-6o. II. Hymnen und Perikopen. Hsg. von N.T. Lund, Kopenhagen 1937. III. Glossar. Mit einem Register der wichtigsten lateinisch-mittelhochdeutschen Übersetzungen. Ausgearbeitet von N.T. Lund 1953.

[5] Deutsche Interlinearversionen der Psalmen. Aus einer
windberger Handschrift zu München (XII. Jahrhundert) und
einer Handschrift zu Trier (XIII. Jahrhundert) zum ersten
Male hsg. von E.G. Graff. Quedlinburg und Leipzig 1839.

[6] Die Version der wahrscheinlich aus dem 13. Jahrhundert
stammenden Trierer Psalmen ('in der mazen'), ebenda, deutet die weitere sprachliche Entwicklung von 'mâze' an:
ihre Angleichung an die schwach flektierten Substantive.

/'mâz-'.

Anders die konkreten Komposita: hier überwiegen Bildungen
mit 'mez-'. So wird beispielsweise das lat. 'funis' bzw.
'funiculus' "Meßseil, Meßschnur"[7] in fast allen vergleichbaren Psalmenübersetzungen unter Verwendung der Wurzelvariante 'mez' wiedergegeben (von verkürzten Übersetzungen
mit 'seil' einmal abgesehen), wie eine Übersicht deutlich
macht:

	Ps 15,6 (Pl. funes)	Ps 77,54 (funiculus)
Np.	lantmezseil (II,41,27, S.-St.III,66,3f.)	mâzseil (II,32o,21, S.-St.III,551,11)
Milst.Ps.	saeil	seil (77,55)
Windb.Ps.	seil (15,9)	seil (77,6o)
Trierer Ps.	(Lücke)	seil (77,6o)
	Ps 1o4,11 (funiculus)	Ps 138,2 (funiculus)
Np.	mâzseil (II,445,4, S.-St.III,771,2f.)	limes:ende
Milst.Ps.	saeil	seil (138,3)
Windb.Ps.	mezseil	**seillin-erbe-mez**
Trierer Ps.	mez	seil

Auch Windb.Cant.131,5[8] übersetzen 'funiculus' mit 'mezseil'.
Ohne Vergleichsmöglichkeit mit weiteren deutschen Übersetzungen bleibt der Beleg 'des glŏben maze' Milst.Hym.94,7
(wohl noch 12. Jh.), lat. 'fidei tenor', dessen Bedeutung
nicht eindeutig bestimmbar ist: gemeint sein können einmal
die Substanz, die Kraft, der rechte Inhalt des Glaubens, andererseits aber auch, im temporalen Sinne, seine allzeit-

---

[7]Diese Grundbedeutung verschiebt sich bei einigen Belegen
so, daß unter 'mezseil' bzw. 'seil' nun das Objekt des
Messens mit der Schnur, nämlich das vermessene Land, verstanden worden ist, wie N. Morciniec gezeigt hat (Die nominalen Wortzusammensetzungen in den Schriften Notkers des
Deutschen. PBB (Halle) 81 (1959) 263-94, hier 29off.).

[8]Die Windberger Cantica, aus dem 12. Jh. stammend, wurden
hsg. von J.A. Schmeller, Deutsches des X-XII Jahrhunderts.
ZfdA 8 (1851) 12o-45.

liche, ununterbrochene Geltung.[9]
Aus diesen Beobachtungen lassen sich - wenn auch wegen der
schmalen Beleggrundlage mit aller gebotenen Vorsicht -
folgende Tendenzen ablesen: (1) Das Aufkommen von 'mâze'
verdrängt das vorher uneingeschränkt herrschende 'mez' vor
allem aus seinen abstrakten semantischen Bereichen. (2) Bei
den Komposita findet diese beginnende Differenzierung ihre
Fortsetzung: Komposita mit konkretem semantischem Inhalt bewahren das 'mez'-Element oder bevorzugen es gegenüber älteren Zusammensetzungen mit 'mâz-'; abstrakte Komposita gehen
gern Bildungen mit 'mâz-' ein. (3) Der umfangreiche Bedeutungsbereich von 'mez' beginnt sich damit zu verkleinern und
tritt zum Teil in Opposition zu 'mâze', die sich nun nicht
mehr auf Quantitatives beschränkt, sondern vornehmlich die
ehemals 'mez' zugehörigen, abstrakten Segmente aufzusaugen beginnt. - Allgemeine, direkt oder indirekt auf lat. 'super mensuram' beruhende Übermaßbezeichnungen wie 'uber mez' und
'uber mâze', das seit dem 11. Jahrhundert immer deutlicher
hervortritt, enthalten sehr häufig neben der quantitativen
Grundbedeutung und sie überlagernd einen ethischen Beiklang
und **err**ichten für das Substantiv oder Verb, dem sie beige-
ordnet sind, eine verbindliche sittliche Norm, die oft noch
durch den Kontext gestützt und abgesichert wird. Eine solche
eindeutig ethische Wertung liegt beispielsweise in den drei
Belegen zu 'uber mâze' aus den Milstätter Psalmen vor, wie
zusätzlich der Kontext eindeutig dartut (Ps.24,4; 3o,7; 34,7),
denn jedesmal geht es um ausgesprochen sündhaftes Ver-

---

[9]'Temporum pacem, fidei tenorem,/ Languidis curam veniamque
lapsis, / Omnibus praesta pariter beatae / Munera vitae'
(Analecta hymnica medii aevi. Hsg. von G.M. Dreves und
Cl. Blume. Bd. 5o, Leipzig 19o7, Nr. 123, S. 172.
Unveränderter Nachdruck Frankfurt a.M. 1961).

halten.[10] Statt 'uber mâze' kann auch 'unmâze' ein Verschulden im Sinne christlicher Ethik ausdrücken: 'unmâze'/
'multitudo' in bezug auf die 'divitiae' (Milst.Ps.51,9).[11]
Im Sinne einer geistlichen 'sobrietas' und damit gleichfalls
in ethisch-theologischem Bezugsrahmen ist schließlich die
Übersetzung adv. 'mâzlîche' für lat. 'sobrie' (Milst.Hym.16,2)
aufzufassen.[12] Daneben kann adj. 'mâzlich' für lat. 'parcus'

---

[10]Allen drei Belegen liegt lat. 'supervacue' zugrunde. Törnqvist hat recht, wenn er in der Übersetzung 'uber mâze'
Ps. 24,4 eine Bedeutungsvermischung zwischen "unnütz, unnötig, überflüssig" und "übermäßig, maßlos, das rechte Maß
verlassend" sehen will (Textausgabe S.36). Man kann diese
zwei Bedeutungsrichtungen auch auf die beiden anderen Belege ausdehnen, wo sie zweifellos auch vorhanden sind. Beide
Aspekte schließen einander nicht aus, sondern treffen sich
darin, daß sündhaftes Tun als maßloses Tun sub specie
aeternitatis um so vergeblicher ist (wenn dieser Komparativ
hier ausnahmsweise erlaubt ist), je mehr es gesteigert wird
und totaler Sinnlosigkeit anheimfällt. - Notker übersetzte
'supervacue' Ps.3o,7 mit 'in geméitun' "umsonst, vergeblich"
(Np.II,97,9; S.-St.III,158,9) und entschied sich damit für
die erste Bedeutung. Bezüglich Ps. 24,4 (Notkers lat. Vorlage ähnlich: 'uana') und 34,7 ist ein Vergleich der verschiedenen Übersetzungsvarianten mit Notker nicht möglich,
da 'supervacue' in Notkers lat. Vorlage nicht enthalten ist.-
Windb.Ps. geben 'supervacue' Ps. 24,4 mit 'uberitelliche'
(dort 24,5) und Ps.3o,7 mit 'uberitelliche' und 'undurften'
(dort 3o,8) wieder; Ps.34,7 enthält keine entsprechende
Apposition. In den verschiedenen Übersetzungen dominiert
also der Aspekt "unnütz, vergeblich".

[11]Notker gibt 'multitudo' viel zurückhaltender mit dem adj.
'michel' wieder (Np.II,2o1,2, S.-St.III,339,11), ähnlich
Windb.Ps. adj. 'menic' (hier 51,8) ; Trierer Ps.51,8 subst.
'manicvelticheit'.

[12]Zur geistlich verstandenen 'sobrietas' s.u. Kap. C, Exkurs
V. Nüchternheit und Wachsamkeit als biblische Forderungen
sind häufig belegt (1 Thess 5,6; 2 Tim 4,5; 1 Petr 5,8 u.a.).

"sparsam, zurückhaltend" gebraucht werden (Milst.Hym.53,3).[13]
Lat. 'temperare' "mäßigen" ist in Milst.Hym.3o,6 mit swv.
'mâzen' wiedergegeben: der Glaube soll die Reinen erfrischen
und die Hitze des Schlafes mäßigen bzw. lindern.[14]
Der Beleg 'maezlich' (Milst.Ps.38,6; = Windb.Ps.38,7), der
lat. 'mensurabilis' vertritt, ist ohne ethischen Beiklang zu
verstehen, spricht dafür aber ein Lob göttlicher 'sapientia'
aus, die vorsorglich die beschränkte Dauer des Menschenlebens
festlegt und von Gottes Ewigkeit abhebt. Es liegt in der Natur der hier besprochenen Denkmäler, daß sich eine ganze Reihe der Belege inhaltlich auf Gott, sein Wesen und seine Fähigkeiten, bezieht. Gottes 'dulcedo' ist ebenso wenig meßbar
('unmâzen': 'inmensus' Windb.Ps.3o, Or.) wie seine 'misericordia' ('unmâze': 'inmensus' Windb.Ps.18, Or.). Er selbst
fügt sich keinem menschlichem Maß, wie es das Athanasianische
Glaubensbekenntnis ausdrückt: er ist in seiner Trinität wesensmäßig 'inmensus', 'unmaeze' (Milst.Cant.11,9, drei Belege),
'ungemezzen' (Milst.Cant.11,11, zwei Belege), 'unmâze' (Windb.
Cant.142,15, zwei Belege; 142,15/17; 142,23; 142,25), 'unmâzic'
(Windb.Ps.76, Or.).[15]
Gott ist es auch, der - nach Iob 38,4f. - das Maß der Erde
festsetzte und die Meßschnur über sie ausspannte. Die ihm

---

[13]Die dritte Strophe der für die Fastenzeit vorgesehenen Hymne
lautet: 'Utamur ergo parcius / Verbis, cibis et potibus, /
Somno, iocis et artius / Perstemus in custodia' (Analecta
hymnica medii aevi, Bd. 51, Nr. 55, S.55). Man ersieht daraus den breiten Anwendungsbereich von 'parcus'/'mâzlich'.

[14]ebenda Bd. 5o, Nr.7, S.13.

[15]S. die vergleichbaren Belege aus dem Weißenburger Katechismus und Notkers katechetischen Stücken, oben Kap.A, IV
und VIII. Schon Notkers Übersetzung läßt gegenüber WK. die
Bevorzugung der gedehnten Wurzelvariante 'mâz' vor 'mez'
erkennen.

zugeschriebene Tätigkeit des Messens[16] ('mezzen') hat zwei
Komponenten, wie die lateinischen Entsprechungen zeigen:
die mehr geometrisch-kosmologische des 'metiri' bei der
Schöpfung (vgl. Milst.Per. 4,12, nach Is 4o,12) und die mehr
ordnend-lenkende des 'moderare' im heilsgeschichtlichen Prozeß (vgl. Milst.Hym.84,4). Spezielle Anwendungen göttlichen
"Messens" nennen Ps 59,8 "Et convallem tabernaculorum metibor':
'ermezzen' (Milst.Ps.59,8) und 'mezzen' (Windb.Ps.59,7), Ps
1o7,8 'Et convallem ... dimetiar': 'gemezzen' (Milst. Ps.
1o7,8) und 'mezzen' (Windb.Ps.1o7,8)[17], schließlich Hab 3,6
'Stetit, et mensus est terram; aspexit, et dissolvit gentes':
'mezzen' (Milst.Cant. 5,6 und Windb.Cant. 127,29).[18]

2. Naturwissenschaftliche Texte

Eine semantische Abgrenzung von 'mez' zu 'mâze' ist auch im
naturwissenschaftlichen, oder genauer: im physikalisch-phar-
mazeutischen Anwendungsbereich dieser beiden Wörter möglich;
allerdings handelt es sich dabei lediglich um Akzentverlagerungen innerhalb des Segments "quantitatives Maß".
In der Rezeptur 'Ad pectoris dolorem' aus dem 'Züricher
Arzeneibuch'[19] (ca Ende 12. Jh.) heißt es: 'Nim die rvtun.
marvbivm. stabewrz. mit gelichir / maze' (118f.);[20] 'gelich'
bezieht sich auf eine im vorausgehenden Text benannte Flüssig-

---

[16]S.o. Kap. A II.

[17]Vgl. APs.293,5, oben, Kap. A V; ferner Np.II,227,29,
S.-St.III,39o,3; Np.II,467,5, S.-St.III,8o7,4, oben,
Kap.A VIII.

[18]Notker übersetzte: '...unde irchôs uniuersitatem terrae'
(Np.II,621,6f., S.-St.III,1o78,12-1o79,1).

[19]In: Wilhelm, Denkm., Nr.XXV, S.53-64.

[20]Parallelbeleg im Bamberger Arzeneibuch 84 (ebenda,
Abt.B, Nachtrag zu Nr. XXV, S.244-49).

keitsmenge. Das lateinische Vorbild für die Formel 'mit gelichir maze' ist ohne Zweifel 'equali mensura'.[21] 'mâze'/
'mensura' (bzw. 'pondus') als physikalische Begriffe meinen
in diesem Kontext allgemein typisierend Gewichts- oder
Flüssigkeitsmengen ohne numerische Fixierung.
Dagegen ist 'mez' in den auf lateinischen naturwissenschaftlichen Schriften beruhenden Arzneibüchern überwiegend ein
spezifizierendes physikalisches Flüssigkeits- bzw. Hohlmaß mit
numerischer Begrenzung, wie die beigefügten Zahlwörter zeigen.
Für die Belege 'ein _mez_ geizener milche' (Bamb.Arzb.36),
'drî _mez_ des wines' (Bamb.Arzb. 128), 'mit fier _mezzen_ wazzeres'
(Zür.Arzb.189), 'nivn _mez_ des ... wines', 'des honeges ein
mez', 'des lvbestechinsõs[22] ein _mez_' (Zür.Arzb.2o1f.) und
'ein lvzil _mez_' (Zür.Arzb.21o) gibt Wilhelm zwar keine lateinischen Entsprechungen an, doch darf man in Analogie zu
den Belegen 'XXX _mez_ wines' (Zür.Arzb.24o; 'triginta peccarios
uini fortissimi' B, S.15o) und 'ein _mez_ oles' (Zür. Arzb. 315;
'emina olei' B, S.151) und schließlich nach den lateinischen
Entsprechungen zu Bamb.Arzb.88 und 92[23] auch für sie eine Be-

---

[21] ebenda, Abt.B, S.146f., zu 118-121. Die Wendung 'equis
ponderibus', ebenda, meint den gleichen Sachverhalt.

[22] Mhd. 'lubestuckel', nhd. "Liebstöckel", ist schon bei
Isidorus Hispalensis erwähnt; s. H. Schelenz, Geschichte
der Pharmazie. Hildesheim 1962, S.324.

[23] Der Beleg 'zwei _mez_ des honeges' (Bamb.Arzb.88, Zür.Arzb.
123) hat eine lateinische Entsprechung in 'mellis ff II'
der 'Collectio Salernitana' 4,231 (Wilhelm, Denkm. B, S.253),
desgleichen 'zue _mez_' (Bamb.Arzb.92, Zür.Arzb.125) in 'ubi
ad ff II veniat' (Wilhelm, Denkm. B, S. 254). 'ff' ist nach
Du Cange, Glossarium mediae et infimae latinitatis, II.Bd.,
Graz 1954, S.481 (Unveränderter Nachdruck der Ausgabe von
1883-1887), eine Abkürzung für ein Maß an Speise, Trank und
dergleichen. W. Schneider (Lexikon alchemistisch-pharmazeutischer Symbole. Weinheim/Bergstr.1962, S.52) gibt das
Zeichen ff = 1 Sextarius an.

deutung im Umkreis von 'peccarius', '(h)emina' u.a. annehmen.[24]

Es bleibt noch die lateinische Entsprechung für adj. 'mezlich'
(Bamb.Arzb.91) nachzutragen. Die 'Collectio Salernitana'[25]
gibt 'lentus' an; das Gebräu, von dem in der betreffenden Rezeptur die Rede ist, soll 'lento igne', also "bei kleiner
Flamme", gekocht werden.

---

[24] Ähnlich T.45,4; 1o8,3; O.II;8,31; II,9,95; B.246,4 und
mehr.

[25] Wilhelm, Denkm. B, S.254.

II. Die Herausbildung eines geistlich bestimmten 'mâze'-
Begriffs in der frühmittelhochdeutschen Literatur

1. Menschheitsgeschichte als Heilsgeschichte: die biblischen
Bücher des AT und ihre frühmittelhochdeutschen Bearbeitungen

Die geistliche Epik des 11./12. Jahrhunderts ist in ihrem
religiösen Bewußtsein stark den heilsgeschichtlich orientierten fünf Büchern Mosis (besonders 'Genesis' und 'Exodus')
aus dem AT verpflichtet. Die Geschicke des auserwählten Volkes Gottes und seiner herausragenden Gestalten (Noah, Abra-
ham, Isaak, Jakob, Joseph, Moses u.a.) und das Ringen zwischen
Sünde und Bewährung konstituieren in dieser Epik einen Ablauf
bibelhistorischen Geschehens, der den Dichtern des Frühmittelalters vielfältige Aktualisierungsmöglichkeiten an die Hand
gab. Folgende Denkmäler sind gemeint:
- Wiener Genesis (zw. 1o6o und 1o8o)[26]
- Wiener Exodus (um 1125)[27]
- Milstätter Genesis (etwa 112o-113o)[28]
- Milstätter Exodus (etwa 112o-113o)[29]
- Vorauer Genesis (etwa 113o-114o)[30]
- Vorauer Moses (etwa 113o-114o)[31]
- Vorauer Balaam (etwa 113o-114o)[32]

---

[26]Die altdeutsche Genesis. Nach der Wiener Handschrift.
Hsg. von V. Dollmayr. Halle (Saale) 1932.

[27]Die altdeutsche Exodus. Untersuchungen und kritischer
Text. Hsg. von E.Papp, München 1968; Die altdeutsche
Exodus. Hsg. von E. Papp. München 1969.

[28]Genesis und Exodus nach der Milstäter Handschrift. Hsg.
von J. Diemer. I.Band: Einleitung und Text. Wien 1862,
S. 1-116.

[29]ebenda, S.117-164 ('Das zweite Buch Moses').

[30]Deutsche Gedichte des elften und zwölften Jahrhunderts.
Hsg. von J. Diemer. Wien 1849. Unveränderter reprografischer
Nachdruck Darmstadt 1968, S.3-31.

[31]ebenda, S.32-69,6.

[32]ebenda, S.72,8-85,3.

Separate Ausgaben erfuhren außerdem:
- Geschichte Josephs in Ägypten nach der Wiener Hs.
  ("Wiener Joseph")[33]
- Geschichte Josephs in Ägypten nach der Vorauer Hs.
  ("Vorauer Joseph")[34]

Auf Abhängigkeitsverhältnisse innerhalb dieser Denkmäler
soll hier nicht eingegangen werden. Die innere Thematik
der genannten Texte legt es nahe, auch das 'Anegenge'[35]
(etwa 116o-117o) zu dieser Gruppe zu stellen, obwohl diese
einzigartige Dichtung eine breitere stoffliche Basis, die
sich auch auf das NT erstreckt, aufweist und gehaltlich
neuartige Aspekte hinzukommen.

<u>Überblick über das Belegmaterial</u>:

```
burcmaeze adj. Vor.Bal.77,15
ebenmâzen swv. Wien,Gen.1886; Milst.Gen.41,7;
              Vor.Jos.12o7
geebenmâzen swv. Wien.Gen.5827; Wien.Jos.239o
mâze stf. Wien.Gen.42oo; Wien.Ex.2451; Wien.Jos.
          757; Vor.Jos.38o; Milst.Gen.6,11;
          87,16; 96,18; Vor.Mos.57,17f.; 57,19;
          57,2o; Vor.Bal.79,3; Aneg.831; 1818
maeze stf. Milst. Ex.152,16
mezzen stv. Milst.Gen.16,25; 49,23; Aneg.28oo
umbemezzen stv. Wien.Ex.251o; Milst.Ex.153,8
```

---

[33]Das Gedicht von Joseph nach der Wiener und der Vorauer
Handschrift nebst einigen Angaben über die Überlieferung
der übrigen alttestamentlichen deutschen Texte des elften
Jahrhunderts. Hsg. von P.Piper. ZfdPh 2o (1888) 257-89.
43o-74.

[34]Geschichte Joseph's in Aegypten nach der Vorauer Handschrift. Hsg. von J.Diemer. In: Sitzungsberichte der
kaiserlichen Akademie der Wissenschaften. Philosophisch-
historische Classe. Wien, Jg.47 (1864) 636-87; Anmerkungen Jg.48 (1865) 339-423.

[35]Das Anegenge. Textkritische Studien. Diplomatischer Ab-
druck. Kritische Ausgabe. Anmerkungen zum Text. Von D.
Neuschäfer. München 1966; Das Anegenge. Hsg. von D.
Neuschäfer. München 1969.

unmâz adj. Wien.Ex.2o45; 2211; 27oo; Milst.Ex.146,35
unmâzen adv. Vor.Gen.26,21
unmâzlich adj. Wien.Ex. 555
unmaeze adj. Milst.Ex.149,7; 155,29
unmaezlich adj. Milst.Ex. 126,29
unmaezlîchen adv. Aneg. 1667
unmezze stf. (?) Wien.Ex.1557; Milst.Ex.14o,13
vermezzen stv. Wien.Gen.11o5; 4o35; Wien.Ex.3o75;
        Wien.Jos.592; Milst.Gen.84,13; Milst.
        Ex.16o,32; Vor.Jos.297; Vor.Mos.37,29f.
vermezzen part.adj. Milst.Gen.5o,4
widermezzen stv. Wien.Ex.57o; Milst.Ex.126,36

Ähnlich wie bei Notker von St. Gallen dominiert in dieser
Textgruppe der quantitative Bedeutungsbereich von 'mâze' im
Sinne einer reinen Mengenbezeichnung. 'mâze' hat in diesen
Belegen keine qualitative Eigenbedeutung; als Apposition sagt
sie etwas über ihr vorgeordnete Substantive aus. Diese stehen
im Mittelpunkt, nicht die 'mâze': so etwa in der Wiener
Genesis bei der Schilderung der übergroßen Fülle von Getreide,
Früchten, Vieh und Öl, die Joseph im Dienste des Pharao in
den sieben fruchtbaren Jahren ansammeln läßt:[36]

    42oo Chorn wart uber maze,
        same wart obeze,
        fihis niwesse niemen zale,
        oles unte wines heten si wale.

Ähnlich gebraucht werden das adv. 'unmâzen' in Vor.Gen. 26,
21: 'sines uihes was unmazen', und das adj. 'unmâzlich', Wien.
Ex. 555, auf die Größe der 'hêrscefte' des Pharao bezogen
(Vgl. Parallelstelle 'unmaezlich' Milst. Ex.126,29); ferner
kann 'mâze' eine bestimmte Menge von Menschen (lat. 'numerus')

---

[36] Nach Gen 41,46-49, bes. 49: 'Tantaque fuit abundantia
tritici, ut arenae maris coaequaretur, et copia mensuram
excederet.' Vgl. die Parallelstellen: Milst.Gen.87,16 –
hier wird statt 'uber maze' das verstärkte 'uz der mazze'
gebraucht; 'Wiener Joseph' 757 und 'Vorauer Joseph' 38o.

bezeichnen (Wien.Ex.2451; Parallelbeleg 'maeze' Milst.Ex.
152,16).[37] An Notker erinnert auch die zur Benennung geo-
metrischer Maße dienende Verwendung der 'mâze' im Vorauer
Moses:

   57,16 Nu scule wir sagen schone. di
        lenge unde di hohe. drizec ma-
        ze was ez hoh. da dize allez umbe-
        zoh. uirzec maze in lenge. ez ne was
   57,2o niht enge. zveinzec maze hine
        fûre.

'hohe', 'wite' und 'lenge' der Stiftshütte des Moses erfahren eine geistliche Ausdeutung (Höhe - die Trinität,
Breite und Länge - die ewige 'minne', 61,23ff.). Diese drei
konkreten Dimensionen gibt auch der Anegenge-Dichter mit
'mâze' wieder: Gott weist Noah an, nach seiner 'mâze' die
Arche zu bauen (1818ff.; vgl. Gen 6,15).

Als frühes sprachliches Sediment hat sich der adverbiale
Dativ 'ze mâzen' zur erstarrten Bedeutung "ziemlich, sehr"
ausgesondert; so im Schöpfungsbericht der Milstätter Genesis:

   Daz herze hat umbeuangen   leber und lungelen:
   bi den zwein leit   ein milze ze mazzen breit.
                             (6,1of.)

Bei den Unmaßbezeichnungen im eigentlichen Sinne ergeben
sich zwei inhaltlich unterschiedliche Gruppen. In der
ersten ist die Unmaßvorstellung auf eine menschliche Ver-
haltensäußerung bezogen.

Zu ihr gehören folgende Belege:

Wien.Ex. 2o45 der dîne unmâzzen zorn
            der hât uns daz lant uerlorn
            (bezogen auf den Pharao, dessen 'ira' Kennzei-
            chen des Typus des 'tyrannus' ist; vgl. Paral-
            lelstelle adj. 'unmâz' Milst.Ex.146,35);

---

[37] Nach Ex 12,3f.: 'Decima die mensis huius tollat unusquisque agnum per familias et domos suas. Sin autem mi-
nor est numerus ut sufficere possit ad vescendum agnum,
assumet vicinum suum qui iunctus est domui suae, iuxta
numerum animarum quae sufficere possunt ad esum agni'.

Milst.Gen.96,18 Idoch weinten si <u>ane mazze</u>   unde baten in
                                    die rede lazzen
            (Josephs Brüder vor Joseph; als Ausdruck der
            Reue ist "maßloses" Weinen erlaubt und positiv
            zu beurteilen);

Aneg.1667 sô <u>unmaezlíchen</u> leit
            was im der Abêles tôt
            (Adam wird nach der Erschlagung Abels durch Kain
            so sehr von Leid und Schmerz bedrückt, daß er mit
            seinem Weibe enthaltsam lebt).

Maßloser Zorn, maßloses Weinen, unermeßliches Leid - Wendungen
dieser und ähnlicher Art waren den Dichtern der genannten
Werke aus dem ersten Viertel des 12. Jahrhunderts nicht mehr
fremd. Derartige sprachliche Ausdrücke gehörten in der mittelhochdeutschen Dichtung bald zu den immer wiederkehrenden
Formeln.[38] Äußerungen maßlosen menschlichen Verhaltens wie
die angeführten sind aber nicht als purer Ausdruck individueller Gefühle aufzufassen, sondern unterstehen als Exempla
aus Bibeldichtungen jeweiligen theologisch-ethischen Sinngebungen, so daß psychisches Verhalten ganz in exegetischen
Bezügen übergeordneter Art aufgehoben ist.

Die zweite Gruppe der Unmaßbelege hat es mit der alttestamentarischen Vorstellung des furchtbar strafenden Gottes zu tun.
Was er als adäquates Strafmaß für menschliche Verfehlungen
festsetzt, benennen die frühmittelalterlichen Dichter mit
'unmâze', ohne es in seiner Härte grundsätzlich in Frage
stellen zu wollen, denn die Anerkenntnis von Gottes Richter-
und Strafamt und seiner erhabenen Unvergleichlichkeit gehört
zu den 'ordo'-erhaltenden Konstituenten des Weltbildes der
frühmittelhochdeutschen geistlichen Literatur. Von der Vorstellung eines unendlich gnädigen, gütigen Gottes oder gar
eines nach ritterlicher 'mâze' handelnden, "höfischen"
Gottes ist diese Literatur noch weit entfernt. So kann in der
antithetischen Bestimmung der Menschheit in Auserwählte und

---

[38]S. u. Kap. C IV, Exkurs VI.

Verworfene Jahwes maßloses Töten der Feinde des Gottesvolkes
wie eine Heldentat berichtet werden: 'in gescach unmâzzez mort'
(Wien. Ex. 27oo; Parallelstelle adj. 'unmaeze' Milst.Ex.155,
29; vgl. Ex 12,3o). Daß der Pharao Jahwes Strafen, die zehn
ägyptischen Plagen, als mörderische Vergeltung erfährt und
entsprechend kennzeichnet, ist aus dieser Sichtweise verständlich: Fliegenplage 'ze micheler unmezze' (Wien.Ex. 1557;
Parallelbeleg Milst.Ex.14o,13); Heuschreckenplage, 'dise uil
unmâzze nôt' (Wien.Ex.2211; Milst.Ex. adj. 'unmaeze' 149,7);
Ex 1o,17 spricht von 'mors ista'.[39]
Ein Herauswachsen der 'mâze' aus rein quantitativ bestimmten
Bedeutungsbezügen läßt der Vorauer Balaam (etwa 113o-114o)
erkennen. Bei der Beschreibung des Manna, das Gott den Juden
vom Himmel herabschickte, vermerkt der Dichter:

> 79,2 Svannez iuden âzen. daz taten
>   si mit maze. iegelicher zeines
>   tages frist. namen ein gomor soz
> 79,5 gescriben ist. so hiz der selbe mezze.
>   der da zu was gesezzet...

Schon in den Formulierungen von Ex 16, auf dem das mittelhochdeutsche Zitat beruht, ist de facto eine ethische Forderung angelegt, die mit Beherrschung des Nahrungstriebes,
genügsam-maßvoller Speiseaufnahme und letztlich mit Selbstbeherrschung und Zügelung des eigenen Verlangens umschrieben
werden kann.[40] Aber erst der frühmittelalterliche Dichter

---

[39] Näheres zu den ägyptischen Plagen und ihrer spirituellen
Ausdeutung in der exegetischen Tradition neuerdings bei
D.A. Wells, The Vorau 'Moses' and 'Balaam'. A Study of their
Relationship to Exegetical Tradition. Cambridge 197o,
S.17-3o.

[40] Als Belege seien folgende Wendungen zitiert: 'egrediatur
populus, et colligat quae sufficiunt per singulos dies'
(16,4); 'Colligat unusquisque ex eo quantum sufficit ad
vescendum' (16,16); 'sed singuli iuxta id quod edere pot-
erant, congregaverunt' (16,18); 'Colligebant autem mane
singuli, quantum sufficere poterat ad vescendum' (16,21).

bündelt die Beschreibung des maßvollen Verhaltens der
Israeliten in einen sittlichen Begriff: 'Svannez iuden
âzen. daz taten si mit <u>maze</u>'. Wann immer die Juden das
'himel brot' (78,22) zu sich nahmen, stets hielten sie sich,
von einigen Ausnahmen abgesehen, an Jahwes Gebot, täglich
nur so viel von der göttlichen Speise zu sammeln, wie es
ihrem natürlichen Hungerbedürfnis entsprach. 'mâze' setzt
zwar eine meßbare Quantität voraus - die Juden maßen ja auch
die täglich eingesammelte Menge ('Et mensi sunt ad mensuram
gomor' Ex 16,18; entsprechend: 'gomor' - 'mezze' Vor.Bal.
79,4f.) - und verleugnet damit nicht ihren ursprünglich rein
quantitativen Wortinhalt. Sie erweitert und überhöht diesen
aber nun dadurch, daß sie die spezifisch ethische Wertung
des Quantitativen (hier: der jeweils ausreichenden Menge an
Manna) in ihren semantischen Radius aufnimmt. Ausdruck der
Quantität zuzüglich ethischer Wertung eben dieser Quantität
- dies ist die neuartige semantische Erweiterung des 'mâze'-
Begriffs im Vorauer Balaam 79,3. 'mâze' wird damit in den
Rang einer didaktischen Zielvorstellung erhoben und gelangt
in das Vorfeld eines ethischen Postulats. Der Parameter für die
in 'mâze' angelegte sittliche Forderung nach Maßhalten und
Selbstbeherrschung ist das Gebot Jahwes, denn dieser wollte
ja die Israeliten auf die Probe stellen (vgl. Ex 16,4; Deut
8,2f.). Soweit 'mâze' also in dem geschilderten Vorgang des
Vorauer Balaam als Forderung anerkannt und als sittliches
Verhalten praktiziert wird, steht sie in ursächlichem Zusammenhang mit dem vertrauensvollen Gehorsam der Juden ihrem
Gott gegenüber.[41]

---

[41]Die spirituelle Auslegung des Himmelsbrotes im Vorauer
  Balaam 79,12ff. tangiert den oben beschriebenen Bedeutungsbereich von 'mâze' 79,3 nicht. Zur Tradition der geistlichen Deutung des Manna s. Wells S. 55-63.

Starke Tendenzen zur Verritterlichung religiöser Stoffe und
zur "Verweltlichung" des Stils glaubt W. Stammler in der
geistlichen Epik des 11./12. Jahrhunderts zu sehen.[42] Bezüglich der 'mâze' stellt er folgende These auf:

> Auch die 'Wiener Genesis', deren Entstehung um 1o75
> fällt, geht gleichen Weg: die Patriarchen sind 'hele-
> de' und 'riter', sie sind Großbauern wie die Ritter
> ihrer Zeit; Josef ist das Muster eines Edelmanns:
> Schönheit zeichnet ihn aus, ihn beseelt ehrenhafte Ge-
> sinnung, er benimmt sich mit feinem Anstand, vor allem
> besitzt er bereits die Krone aller ritterlichen
> Tugenden und die Grundlage der höfischen Kultur über-
> haupt: die 'mâze'. Brautwerbung und Verlobung, Empfang
> und Abschied, Gelage und Totenklage, alles geht in den
> ritterlich-gesellschaftlichen Formen vor sich, wie im
> 'Rudlieb'.[43]

Schon S. Beyschlag hatte 1942 eine genaue Untersuchung der
Wiener Genesis vorgelegt und eindeutige Ansätze einer
Darstellung höfischen Lebens und ritterlich-höfischer Ethik
erkannt.[44] Er ging aber in seinen Formulierungen nicht so
weit wie Stammler, der die Josephs-Gestalt zur Trägerfigur
höfischer 'mâze' machen will. In der Tat lassen sich bei
dem Joseph der Wiener Genesis bestimmte inhaltliche Elemente nachweisen, die auch der höfischen 'mâze' eignen.[45]

---

[42] W. Stammler, Die Anfänge weltlicher Dichtung in deutscher
Sprache. In: W.St., Kleine Schriften zur Literaturgeschichte des Mittelalters. Berlin, Bielefeld, München
1953, S. 3-25. Zuerst in ZfdPh 7o (1948/49) 1o-32.

[43] ebenda, S. 18.

[44] S. Beyschlag, Die Wiener Genesis. Idee, Stoff und Form.
Wien. S.-Ber., Phil.-hist.Kl., 22o.Bd., 3. Abh. Wien und
Leipzig 1942.

[45] Das Belegmaterial sorgfältig zusammengestellt bei Beyschlag, bes. S.2o, 23, 29-31, 35f., 39-44 und 76. Zur
Geschichte und Theologie der biblischen Josephserzählung s. L. Ruppert, Die Josephserzählung der Genesis.
Ein Beitrag zur Theologie der Pentateuchquellen. Diss.
München 1965 (mit bibliographischen Angaben zur theologischen Literatur über die Josephsgestalt).

Es bleibt aber festzuhalten: der Begriff der 'mâze' ist im
Umkreis der Josephs-Gestalt in dem von Stammler gemeinten
Sinne nicht greifbar, und es muß aufgrund des nichtvorhan-
denen Belegmaterials als problematisch bezeichnet werden, im
Zusammenhang mit einer Dichtung aus der zweiten Hälfte des
11. Jahrhunderts von höfischer 'mâze' zu sprechen, von
einem Ideal also, dessen Genese sich gerade erst abzeichnete
und dessen sprachlicher Ausdruck sich zu jener Zeit noch
längst nicht gefestigt hatte. Zudem verbanden sich, wie noch
gezeigt wird, mit der späteren höfischen 'mâze' andere Bezugspunkte und Motivationen, als sie mit den in der frühmittelhochdeutschen geistlichen Bibelepik auftretenden Maß- und
Mäßigungsvorstellungen vereinbar sind. Daß eine inhaltliche
Verbindung zwischen diesen und der höfischen 'mâze' besteht,
wird nicht bestritten. Das schließt aber nicht die Berechtigung ein, den späteren Begriff "höfische 'mâze'" unhistorisch
auf einen literaturgeschichtlich vorgängigen Sachverhalt anzuwenden.

2. Das Maß in der menschlichen Bewährung: Beichten und
Sündenklagen (Wessobrunner Glauben und Beichte I, Bam-
berger Glauben und Beichte, Milstätter Sündenklage,
Vorauer Sündenklage, Upsalaer Sündenklage)

Objektivierte sich der Maßgedanke in einigen wenigen Teilen
der dichterischen Gestaltung geistlicher Bibelrezeption zu
typologischer Vorbildhaftigkeit, so verdichtet er sich demgegenüber in den frühmittelhochdeutschen Beichten und Sündenklagen zum Ausdruck des Bemühens des Christenmenschen, sich
vor den Anforderungen kirchlicher Normen zu bewähren. In den
umfangreichen Beichtspiegeln jener Zeit wird ihm die breite
Skala der Verfehlensmöglichkeiten deutlich, und in den Sündenklagen sind Beispiele radikaler Selbstentblößung und extremer Verdemütigung bis zum Tiefpunkt kreatürlicher Er-

bärmlichkeit gestaltet, womit nicht zuletzt die erlösende
Gnade des höchsten Richters herausgefordert oder gar er-
zwungen werden soll.

Überblick über das Belegmaterial:

    mâze stf. Milst.Skl.514; Vor.Skl.492; 531; Ups.Skl. 51
    mez stn. Bamb.Gl.u.B.148,4
    mezhafte stf. Bamb.Gl.u.B.147,5; 147,23
    mezvuore stf. Bamb.Gl.u.B.147,25
    unmez stn. Wessobr.Gl.u.B.I 144,26f.; Bamb.Gl.u.B. 144,29
    unmezmichel adj. Bamb.Gl.u.B. 136,12f.
    unmezzecheit stf. Wessobr.Gl.u.B.I 143,2f.
    unmezzic adj. Wessobr.Gl.u.B.I 146,6
    unmezzigheit stf. Bamb.Gl.u.B. 143,1f.; 146,31
    vermezzen stv. Milst.Skl. 835
    vermezzenheit stf. Wessobr.Gl.u.B.I 142,29; Bamb.Gl.u.B.
                                          142,29

Am Ende des Bamberger Beichtformulars,[46] dessen umfangreicher
Sündenkatalog selbst schon das dem heutigen Betrachter vor-
stellbare Maß an Verfehlungsmöglichkeiten zu sprengen droht[47],

---

[46]Bamberger Glauben und Beichte. In: Steinmeyer, Sprachdenkm.,
Nr.XXVIII, S. 135-52.

[47]Ähnlich schon W. Scherer, Geschichte der deutschen Dichtung
im 11. und 12. Jahrhundert. Berlin 1883, S.127; jüngst
H.Pörnbacher, Bamberger Glaube und Beichte und die kirch-
liche Bußlehre im 11. Jahrhundert. In: Festschrift f. Max
Spindler zum 75. Geburtstag. Hsg. von D. Albrecht, A.Kraus,
K.Reindel. München 1969, S.99-114. Pörnbacher erklärt den
umfangreichen Sündenkatalog mit der im 11. Jh. aufkommenden
Bußpraxis. Allein schon das Bekennen der Sünden wurde als
wichtiger Ausdruck der Reue aufgefaßt und bewirkte die
Tilgung der Sündenschuld, rief aber auch die zur Gewährung
der Verzeihung unerläßliche 'erubescentia', die Beschämung
des Sünders, hervor. Jeder, der ein derartig umfangreiches
Sündenbekenntnis in beichtender und betender Absicht nach-
sprach, konnte sich die ihm zukommenden Sünden auswählen.
Auch eine Verwendung umfangreicher Beichtformeln in der
sog. Offenen Schuld (s. Pörnbacher S.113f.) bahnte sich im
11. Jahrhundert an, und die Bamberger Beichte ist in dieser
religiösen Übung wahrscheinlich verwendet worden, was den
Gebrauch als "Reuegebet eines einzelnen oder einer Gemein-
de vor Gott um der Beschämung willen" (S.114) nicht aus-
schließt.

gesteht der Sünder wortreich ein, daß seine Untaten jegliches von Menschen und Engeln erdenkliche Maß überschritten
haben:

> 148,3-5 ...wande mîner súndôn, unde mîner meinda/tône
> der ist disiu wérlt uól, die sint leidir úber
> méz, uber alla dúsent / zala úber ménniscen
> gidánc, uber engiliscan sín.[48]

Etwa ein halbes Jahrhundert später formuliert der Verfasser
der Upsalaer Sündenklage[49] die Verletzung des von den
Priestern den Christenmenschen gesetzten Maßes und gibt damit zu erkennen, wie sehr sich das Denken in Maß-Kategorien
inzwischen durchgesetzt und zu einer ausgeprägten Begrifflichkeit gefestigt hat:

> 51 Der maze rehte
> die mir mine ewarten daten
> di nebehilt ich mit gehorsame nie:
> des bekennen ich mich gode hie.

Anders, als Maurers mißverständlicher Text es vermuten lassen
kann, ist 'der maze rehte' v.51 mit A. Waag[50] nicht als
"rechte 'mâze'", sondern als "die Ratschläge, Verpflichtungen,
Gebote zur 'mâze'" (im Sinne von 'consilia moderationis',
'c. temperantiae') aufzufassen. Die Priester empfehlen den
Sündern, 'mâze' zu üben, um das Nichteinhalten der 'mâze'
bzw. der priesterlichen Ratschläge wird vom fiktiven Sprecher
der Sündenklage offensichtlich als Sünde aufgefaßt, denn er
fügte es in die Aufzählung seiner Verfehlungen ein.
Mit dem Gehorsamsanspruch der geistlichen Obrigkeit, die
'mâze' von den Gläubigen verlangt, ist das sich in den Ge-

---

[48] Man beachte die an Sap 11,21 gemahnende Formel von Maß
und Zahl; s.u. Kap. C, Exkurs II.

[49] Maurer III, Nr.49, S.86-93.

[50] Upsalaer Sündenklage. In: Kleinere Deutsche Gedichte des
XI. und XII. Jahrhunderts. Hsg. von A. Waag. 2., umgearbeitete Aufl. Halle a.S. 1916, Nr.XIII, S.167-69.

boten und Forderungen christlicher Ethik niederschlagende
Maß, das Gott den Menschen setzte, nur indirekt verbunden.
Zwischen Gott und dem sündigen Laien steht eine selbstbewußter werdende Geistlichkeit und prägt zusehends die
ethischen Impulse, die von ihr ausgehen, in ihrem Sinne und
nach dem geistlichen Bewußtsein der Zeit. Immerhin lassen
die wenigen greifbaren Belege erkennen, daß auch die 'mâze'
zu den geistlich beeinflußten ethischen Forderungen des
mittleren 12. Jahrhunderts gehörte.

Daß es nicht unberechtigt ist, von einer "geistlich bestimmten 'mâze'" in der frühmittelhochdeutschen Literatur
zu sprechen - um damit eine begriffliche, sachlich begründbare Abgrenzung zur "höfisch bestimmten 'mâze'" der vorwiegend ritterlich geprägten Literatur gegen Ende des 12.
Jahrhunderts zu gewinnen -, bestätigt auch ein Beleg aus
der Vorauer Sündenklage[51] (etwa 1150), in dem die geistlich bestimmte 'mâze' zu einer spezifisch christlichen Anwendung
kommt:

```
526  necheineme ewarten
     chom ich niht ze bihte
     nie so lutterlichen,
     so ich von rehte solde.
530  swenne ich aver denne wolde
     die maze iemer iht begán,
     wande min gnist dar ane scolde stan,
     des ich denne da gehiez,
     des negeleiste ich nieht.
```

Der Priester bestimmt die 'mâze', hier: das Strafmaß, die
auferlegte Buße. Er mahnt die Bußpflicht des Sünders ein,
indem er ihn zu den Sakramenten ruft und ihm mit ihrer Hilfe
die Rettung des Seelenheils ('gnist') ermöglicht.

Schon früh, nicht erst in der höfischen Zeit, bewährten
sich 'mâze' und einige ihrer etymologischen Verwandten als

---

[51]Maurer III, Nr.50, S.95-123.

spezielle Tugenden. Drei Anwendungsbereiche sind zu nennen.

(1) Maßlosigkeit in Leid und Angst. Der Sünder der Bamberger Beichte bekennt sich schuldig

144,22-29 in sunthafter / únfroude, in sérmuotigi, an
uir/triuwida, in sárphsitigi, in ún/statigi,
in weihmuotigi, in in/blándini, in wêscreie,
in wúoftin,/ in únrehter angiste, in trúrig-
heite,/ in chlagasêre, und in álles leides /
<u>unmezze</u> unde míssetrôste.[52]

Hinter dieser Aufreihung von sündhaftem Verhalten verbirgt
sich die Vorstellung, daß ein kleingläubiges Verzweifeln an
Gottes Güte und Gnade, ein tiefes Mißtrauen gegenüber den in
seiner Lehre angelegten Rettungsmöglichkeiten und eine fast
als existenz- und lebensbedrohend empfundene Angst (vgl. auch
'(Ih pin sculdic...) in <u>unmezzigero</u> forhtun' Wessobr.Gl.u.B.
146,6)[53] zutiefst eine Mißachtung des durch das Kreuzesopfer
Christi in Aussicht gestellten Heils und damit eine als sündhaft empfundene Infragestellung des göttlichen "Maßes" bedeuten. Daher gehörten 'tristitia'/'desperatio' zu den schwer-
wiegendsten Verfehlungen des frühmittelalterlichen Christen.

(2) Unmäßigkeit in Essen und Trinken ('gula', 'crapula',
'ebrietas'). Diese Sünde gehört mit zu den am häufigsten genannten 'unmâze'-Handlungen in der frühmittelhochdeutschen
Literatur. So wird in der Milstätter Sündenklage[54] (möglicherweise um 112o, also vielleicht schon vor dem Vorauer Balaam)
gegen die menschliche Zunge[55] der Vorwurf erhoben, 'si

---

[52] Gegenüber diesem Beleg aus der Bamberger Beichte fällt die
Parallelstelle in der Wessobrunner Beichte 144,22-27 etwas
kürzer aus (Wessobrunner Glauben und Beichte I. In: Steinmeyer, Sprachdenkm., Nr. XXVIII, S. 135-52).

[53] Dieser Beleg hat ausnahmsweise keine Entsprechung in der
Bamberger Beichte.

[54] Maurer II, Nr.24, S.57-1o1.

[55] Nicht gegen die Seele, wie Eichler S.44 übersetzte.

enchunde dehein __mazze'__ bei der Aufnahme von Speise und
Trank (514). Die Verantwortlichkeit des Sünders für sein un-
gebührliches Tun richtet sich damit in der dichterischen Gestaltung auf mehrere Verantwortungsträger (Zunge, Mund, Herz,
Gliedmaßen und Sinnesorgane - wohl nach dem Bild von "Haupt
und Gliedern" im 'corpus mysticum').

(3) Maßlosigkeit auf sexuellem Gebiet (hier: 'fornicatio').
Für das Moralempfinden der frühmittelalterlichen Zeit waren
alle Verfehlungen auf geschlechtlichem Gebiet besonders schwer-
wiegend. Es ist bezeichnend, daß man als Gegenkraft gegen die
vielfältigen 'werltwûnnen' (Bamb.B.146,35) ein Ideal des
Maßhaltens, das in den Möglichkeiten seiner inhaltlichen Auslegung bis zu asketischer Enthaltsamkeit ('abstinentia') reichen konnte, aufbaute: 'neheine __maze__ ich newolde / mit huore
began:/ dem manne ich sine konen nam' (Vor.Skl. 492-94).[56]
In erschöpfender Katalogisierung zählen die Sündenklagen und
noch mehr die Beichten die verschiedenen sexuellen Laster und
Spielarten ausschweifender Lebensführung mit ihren erstaun-
lich zahlreichen Filiationen auf (z.B. Bamb.B.147,7-18).

Nicht in allen Fällen lassen sich direkte Zuordnungen der
Belege zu speziellen Anwendungsbereichen erkennen. So wird
man die Forderung nach 'kiuscer __mêzhafti__' (Bamb.B.147,5)
aufgrund des Kontextes wohl eher dem Komplex "Mäßigung gegenüber Speise und Trank" zuordnen dürfen als dem Gebiet ge-
schlechtlicher Verfehlungen. Beide haben schließlich die Freude am Sinnengenuß gemeinsam, so daß hinter der speziellen
Forderung stets ein allgemeiner ethischer Anspruch sichtbar
wird. Das mhd. adj. 'kiusch' besitzt bekanntlich einen

---

[56]Eichler bezieht 'mâze' hier nicht auf 'huor', sondern
faßt sie als "allgemeine" Aussage auf (S.44).

breiteren Bedeutungsbereich als nhd. "keusch".[57] Ebenso ist
die 'superbia'-Filiation 'unmezzigheit' (Bamb.B. 143,1f., entsprechend Wessobr.B.143,2f.) sowohl in besonderer Anwendung
als auch in allgemeiner Bedeutung interpretierbar.

In einem allgemeineren Sinne (Versündigung durch Sinnen-
freude, sinnliches Begehren, Lust am Materiellen) sind die
Belege 'unmezzigheit' (Bamb.B.146,31) sowie in entgegengesetzter Richtung die Tugend der 'mézhafti' (stf.'mezhafte',
Bamb.B.147,23) zu verstehen. 'unmezzigheit' steht zwar im
Abschnitt über die Hauptsünde der Völlerei, hat aber in der
nachfolgenden Sündenliste, die nicht immer nur Filiationen
enthält, das allgemeinere Laster 'úberwônide áller wûnnelûste'
(146,31f.) zum Nachbarn und kann wohl ebenfalls in breiterer
Bedeutung verstanden werden. 'mezhafte' steht im Katalog der
unterlassenen Tugenden zwischen 'uéstmuoti' und 'triwa'. Auch
hier ist es keineswegs zwingend, diese Tugend in einem speziellen Sinne verstehen zu müssen.

Sündenklagen und Beichten stammen, wie die literaturge-
schichtliche Forschung gezeigt hat, aus einer gemeinsamen
Beichtformulartradition.[58] Diese wurde durch Karls des Großen
Admonitio generalis (789) entscheidend angeregt; in ihr
wiederholt Karl das für die Beichtformulare später wichtig
gewordene, auf dem Brief des Paulus an die Galater (5,19ff.)

---

[57]Vgl. die Untersuchung von Th.Frings und Gertraud Müller,
Keusch, a.a.O., bes. S.127f. Aufschlußreich und noch nicht
gänzlich veraltet ist auch die Arbeit von F. Warfelmann,
Die althochdeutschen Bezeichnungen für die Gefühle der Lust
und der Unlust. Diss. Greifswald 19o6. Der Vf. untersucht
Denkmäler und Glossen der ahd. Zeit und erschließt zahl-
reiche lat. und ahd. Wortfelder des Gefühlslebens. Zu obigem
Thema s. besonders S.6off.

[58]de Boor I, S.28, 197; K.-J.Barbian, Die altdeutschen Symbola.
Beiträge zur Quellenfrage. Steyl 1964, zugleich Diss.
Münster 1963, S.229ff.

beruhende Sündenverzeichnis.[59]

Gegenüber der planen, asyndetisch-additiven Reihung der
Sünden mit zahlreichen Filiationen und Synonymen in der
Bamberger und ersten Wessobrunner Beichte sind die Maß- und
Unmaßvorstellungen der Sündenklagen in erlebnishaft gestaltete, persönliche Bekenntnisse mit differenzierten psycholo-
gischen und moralischen Erörterungen eingearbeitet worden.
In beiden Textgruppen findet man eine 'mâze'-Konzeption, die
nach Dimensionen und theologischem Bezugspunkt einen entscheidend geistlichen Einfluß verrät und die deshalb in diesem
Abschnitt terminologisch entsprechend als "geistlich bestimmte 'mâze'" eingeführt wurde. Sie ist ethisch ausgerichtet
und gleicht wegen ihrer allgemeinen Geltung eher einer Grundtugend christlicher Moral als einer inhaltlich präzise fest-
gelegten Spezialtugend. Mehrere Belege führten die "geistlich
bestimmte 'mâze'" in konkreten Bewährungssituationen vor und
weisen sie damit als praxisnahe und in ihrem Funktionszu-
sammenhang didaktisch verwendbar aus. Dennoch bleibt 'mâze'
Grundtugend, denn die speziellen Gebiete, in denen sie sich
zu bewähren hat, erscheinen stets in geistiger (und oft auch
grammatischer) Apposition neben dem 'mâze'-Begriff. Sie gehen
nicht ersatzlos in seine Semantik ein, sondern müssen durch
den Kontext ausgewiesen und benannt werden. Eine gewisse Of-
fenheit für inhaltliche Füllungen ist der "geistlich bestimmten 'mâze'" damit häufig zu eigen. Das mag auch der Grund
dafür sein, daß man sie bei der Lektüre der Texte faktisch
sehr viel häufiger wahrzunehmen glaubt, als sie verbaliter
belegt werden kann.

---

[59] MGH, Capitularia regum Francorum. Hsg. von A. Boretius.
Bd.I, S.61 (Admonitio generalis, Kap.82).

3. 'mâze' als geistlich-sittliches Regulativ menschlichen
Verhaltens

a) Der Mensch in der Gefahr des 'sich verwerken' (Lamprechts Tobias, Speculum ecclesiae, Idsteiner Sprüche
der Väter, Wilder Mann)

Das Belegmaterial:

 ebenmâze stf. Spec.eccl. 52,28
 ebenmâzen swv. Spec. eccl.28,11; 92,19; 93,12; 1oo,19;
    118,16; 118,22; 118,31; 119,6f.; 119,26f.; 119,33;
    128,4; 133,12; 135,1o
 mâze stf. Idst.Spr.22; 44; 6o (2 Belege); 71; Lampr.Tob.
    113; Spec.eccl.1o4,7; 122,14; 135,26; 135,27;
    136,1; 136,2; 152,7; Wild.M., Ver.59; 61; Wild.M.,
    Girh.378
  mâzelîche adv. Spec.eccl.45,23
  mezzen stv. Spec.eccl.91,2 (2 Belege); Wild.M.,Girh.71
  übermâze stf. Spec.eccl.4o,15
  unmâzlich adj. Spec.eccl.135,4
  vermezzen stv. Spec.eccl.111,31; Wild.M., Ver.415
  vermezzen part.adj. Lampr.Tob.52 (Konjektur)

Die Vermittlung geistlich bestimmter Ethik an das Laienpublikum leisteten die geistlichen Dichter der frühmittelalterlichen Epoche unter anderem durch Rezeption und Anverwandlung theologisch-moralischen Lehrguts in spezifisch didaktischen Dichtungsformen und durch Exemplifizierung vorbildhafter biblischer Gestalten im Medium legendenhafter,
oft predigtverwandter literarischer Einkleidung. Christliche
Moral floß aber auch in unvermittelter Form, oft in künstlich
aufgesetzter Didaxe, in jene Dichtungen ein.

Der Anteil geistlich fundamentierter 'mâze' am didaktischen
Gehalt der frühmittelhochdeutschen Literatur ist zwar im
Verhältnis zu anderen christlichen Grundforderungen eher
gering, kann deswegen aber nicht als belanglos von der Hand
gewiesen werden. Ihre Bedeutungsbreite und ihre Fähigkeit,
heterogene geistesgeschichtliche Traditionsstränge in sich
zu integrieren und weiterzuführen, mögen dazu geführt haben,
daß die 'mâze' in die Vorstellungs- und Begriffswelt der

geistlichen Dichter Eingang fand.

So verwundert es nicht, wenn beispielsweise der Pfaffe
Lamprecht in seiner Tobias-Dichtung[60] (wohl noch vor 1150)
die 'mâze' in solche Bezüge stellt, die es wiederum recht-
fertigen, von einer "geistlich bestimmten 'mâze'" zu sprechen:

111 so dunt sie alle sunden, die sich wole vore hude
                                                     kunnen
  unde nehaven sich des neheine <u>maze</u>. die rehte hi-
                                                     melstraze
115 die lazen si in bevellen unde nemen den stich zu
                                                     der hellen.

In einer sich auch an das christliche Laienpublikum ('Alle...
der heiliger **cri**stenheite kint' 97f.) wendenden, grundsätzlichen Erörterung der Situation des Gläubigen in der ständigen
Gefahr des Sich-Versündigens kommt 'mâze' einem Grundideal
sittlich-vorbildhafter Lebensführung gleich, wobei Sittlichkeit hier noch stets als geistlich ausgewiesen und von einer
metaphysischen Instanz gefordert verstanden wird. In dieser
grundsätzlichen Bedeutung erkennt Lamprecht der 'mâze' offensichtlich die Kraft zu, den Christenmenschen vor sündhaftem
Tun zu schützen. Wer 'mâze' übt, wandelt auf der 'rehten hi-
melstraze' und fügt sich mit allen Konsequenzen in die von
der Religion geforderte sittlich-moralische Ordnung ein.

Werden es später bei Hartmann von Aue die spezifisch "ritterlichen" Verfehlungen des 'sich verligen' (Erec) und des
'sich verfaren' (Iwein) sein, die der Dichter seinem Publikum warnend vor Augen hält, und ist der König Alexander in
der Straßburger Fassung des Alexanderliedes am meisten der
Gefahr des 'sich (ze hô) verheben' (z.B. 6178,7161) in einer
sündhaften 'superbia'-Haltung ausgesetzt,[61] so bietet die

---

[60]Pfaffe Lamprecht, Tobias. In: Maurer II, Nr.44, S.515-35.

[61]Th. Scharmann, Studien über die Saelde in der ritterlichen
Dichtung des 12. und 13. Jahrhunderts. Würzburg 1935, S.18.
Ähnlich Sanders, Glück, a.a.O. S.79.

frühmittelhochdeutsche Dichtung zu diesen vergleichsweise
speziellen Verfehlensmöglichkeiten eine interessante, durch
gleiche Wortstruktur auch sprachlich ausgewiesene Analogie-
formel: ihr eigentlicher "Held", der christliche, sündhafte
Mensch, steht grundsätzlich in der Gefahr des 'sich verwerken'
(Lampr.Tob.1o4), des Gefährdetseins durch sündhafte Handlungen und unsittliches Betragen,[62] und es ist bezeichnend,
daß die Dichter gegen alle vier genannten Arten des Fehlverhaltens die 'mâze' in je eigener Bedeutung als Gegenkraft
eingeführt haben.[63]

Für den Prediger des Speculum ecclesiae[64] sind die 'heili-
gen lerare' Vorbilder christlichen Lebenswandels (ähnlich
Vor.Skl.531, Ups.Skl.51, s. den vorausgehenden Abschnitt).
Sie sollen unter anderem darauf achten,

...daz si under den lûten chunnen behalten den rehten
ernest / alles rehtes, daz si die rehte chunnen gewîsen,
die in zer sele be/uolhen sint, daz si an ir erneste
mâzze chunnen gehaben, daz si / weder ze scerfe noch
ze senfte sîn den undertanen, daz si sich chun/nen behalten an allen gôten dingen. (122,12-16)

---

[62] Die 'werke', das Tun und Lassen des Christen als eines der
entscheidenden Bewertungskriterien, gehen auf die 'opera'
bzw. 'bona opera' der biblischen Tradition zurück; vgl.
etwa Rom 2,6ff.; 2 Cor 5,1o; Tit 3,8; 1 Io 3,18; Iac 2,14-
26 und zahlreiche andere Stellen.

[63] Aus jüngerer Zeit sei hier eine Parallele angefügt, die
sich auf den Bereich des dichterischen Schaffens bezieht.
In WG. 123o5 weist Thomasin von Circlaria auf die Gefahr
des 'sich verdenken' hin. Gemeint ist das zeitweilige her-
metische Sich-Abschließen des Dichters in seine innere
Gedankenwelt, das der künstlerischen Produktivität zwar
förderlich und daher notwendig ist, aber zu einer Vernachlässigung der Pflichten gegenüber der Außenwelt führt.

[64] Speculum ecclesiae. Eine frühmittelhochdeutsche Predigtsammlung (Cgm.39). Mit sprachlicher Einleitung neu hsg.
von G. Mellbourn. Lund, Kopenhagen 1944.

'rehter ernest' als Qualifikation für geistliche Führung
und seelsorgliche Unterweisung ist eine von Verantwortungs-
bewußtsein, Wissen um die Bedeutung der Sache, Würde und
angemessener Festigkeit bestimmte Grundhaltung der Geistlichkeit gegenüber den ihr anvertrauten Laien. Sie soll von
'mâze' getragen sein, das heißt eine ausgewogene Mittelpo-
sition zwischen allzu großer Strenge und falsch angewandter
Nachsicht einnehmen. Eine solche 'mâze'-Auffassung entstammt
unmittelbar benediktinischer Tradition: dort wie hier zeichnet sie sich durch Praxisnähe aus, indem fern aller asketischen
Rigorosität und schwächlichen Willfährigkeit und Nachgiebigkeit ein 'under den lûten' praktikabler Mittelweg angestrebt
wird.[65]

An benediktinische Mäßigung erinnert auch ein Beleg aus dem
St. Trudperter Hohenlied: '... der den gaist hât der sterche,
der wirt / erchennet bî sîner _temperunge_ unde bî sîner /
mâze. baidiu an sînir gedult unde an sîner feste / dar ane hât er
rehte _mâze_' (146,22-25).[66] Innerhalb der Erläuterung der
sieben Gaben des Heiligen Geistes (vgl. Is 11,2f.) wird 'mâze'
im Zusammenhang mit der Stärke ('fortitudo') genannt. Wer den
Geist der 'sterche' besitzt, kann an seiner 'temperunge'
("Mäßigung") und 'mâze' erkannt werden: diese Tugenden sind
nach Auffassung des Dichters untereinander verwandt. Geistlich
ausgerichtete 'mâze' ist nicht nur ethische Forderung an ein
Laienpublikum, sondern auch sittliches Ideal der Menschen im
geistlichen Stand (Zielgruppe des St. Trudperter Hohenliedes
sind im Kloster lebende, geistliche Jungfrauen).

---

[65]Vgl. das zur Benediktinerregel oben in Kap. A III Ausgeführte.

[66]Das St. Trudperter Hohe Lied. Kritische Ausgabe. Text,
Wörterverzeichnis und Anmerkungen von H. Menhardt. Halle
(Saale) 1934.

Zwei Möglichkeiten des 'sich verwerken', gegen die eine
"geistlich bestimmte 'mâze'" Abhilfe bewirken kann, sind
hier zu nennen.

(1) Zu den in dieser Untersuchung schon mehrfach besprochenen
Verfehlungen durch übermäßiges Essen und Trinken gesellen
sich weitere Belege. Die Motivation von Speisegeboten mit
dem Gebot des Fastens, wie sie beispielsweise die Idsteiner
Sprüche der Väter[67] erkennen lassen, schöpft aus biblischer
und patristischer Tradition; etwa:

> 71 Adam fastende in deme paradyse was,
>   man dreip in druz, do er gaz.
>   du inhabis <u>maza</u> an der spisen,
>   du firlusis daz paradyse.

In dieser (in paränetischer Absicht erfolgten) popularthe-
ologischen, sachlich nicht ganz korrekten Ausdeutung der
Adamsgeschichte (vgl. Gen 1,29; 2,16. 17; 3,2. 3) soll dem
Laien des 12. Jahrhunderts ein negatives 'bîspel' dafür
vorgeführt werden, wie man durch Vergötzung des 'buch'[68] (vgl.
die Sprüche 47, 49 und 52) sein Seelenheil verwirken kann.
Auch fehlen nicht Hinweise auf die richtig bemessene Menge
der Speisen und Warnungen vor übertriebenem Fasten:

> 6o Iz ist bezzir zwirnit gezzig <u>zu mazen</u>
>   danne ze fastene <u>ubir mazen</u>.

Eine vermutlich an praktischen Erfahrungen gewonnene Rela-
tivierung der Rigorosität des Fastengebots deutet auf den

---

[67]Maurer I, Nr.2, S.76-93.

[68]Der Bauch als neuer Gott der Sünder schon Rom 16,18 und
Phil 3,19. - Vgl. mit dem zitierten Lehr- und Warnsatz die
übrigen Sprüche zum Fastengebot (6o-66, 7o, 72-74). Zu den
Quellen dieser Sprüche s. Maurer I, S.77f. Maurer nimmt
keinen direkten Rückgriff auf Schriften der Kirchenväter
an, sondern vermutet Parallelität zu lateinischen Spruch-
sammlungen, z.B. dem 'Defensor' (Defensoris Locogiacensis
Monachi Liber Scintillarum quem recensuit H.M. Rochais
O.S.B., Turnholti 1957, CChr, Ser.Lat. CXII,1).

Erwartungshorizont eines Laienpublikums hin und hat ihre
formale Korrespondenz im für das theologisch ungeschulte
Gedächtnis von Laien knapp und bündig gehaltenen Präzept-
charakter der Idsteiner Bruchstücke (vgl. auch Spruch 44:
'... iz zu rehtir mazzin,/ nit zu bose noch zu gut noch
zu wenich noch zu gnuc', ferner 45-59).
Der Prediger des Speculum ecclesiae gibt den Laien ähnliche Ratschläge für die Fastenzeit:

> 45,22f. Wir wellin iv sâgin, wie ir den lîp diwingen
> sult./ Ir sult mazelicher ezzin unde trinchen
> den ze anderin zîten.[69]

An anderer Stelle warnt er vor der 'ubirmâzzi maneger
ezzen' ('saturitas ciborum' 4o,14f.), die sich verhäng-
nisvoll für das Seelenheil auswirkt.[70]
(2) Die Vergötzung irdischer Güter, theologisch benannt mit
den Hauptsünden der 'avaritia' und 'gula' (Oberbegriff:
'luxuria'), unterliegt ebenfalls einem strengen Verdikt
durch die Geistlichkeit: 'Von der unmazlîchen girde des
grozzen richtômes / uellet der mennessce' (Spec.eccl.
135,4f.). Begierde nach unmäßigem Reichtum und Erwerb des
Seelenheils stehen in Widerspruch, wie es der biblische Vergleich von Kamel und Nadelöhr (Spec.eccl. 135,1-4, nach Mt
19,24) drastisch beleuchtet. Gegen die Versuchung, der
'gierscheit' anheimzufallen, erteilt der Prediger des Speculum ecclesiae, ausgehend von der sechsten Vaterunser-

---

[69]Vgl. die Begründung 46,6-9: 'Ir sult / ôch wizzin, daz
uberâzze unde trunchenheit des mannis lîp beswa/rint
unde ime rehte gedanke benemint unde daz der lêidige
uiant sâ/ deste mern gewalt hât uber die, da er ditze
wâize'.

[70]Spec.eccl.4o,15 ist der erste Beleg zu stf. 'übermâze'
in deutscher Literatur (ferner Ben.Reg.Zwief.31,29; 42,17).
- Das Zitat 'Saturitas ciborum perdidit Ierusalem' (4o,14f.)
ist nach Mellbourn, Anm.S.4o, unbiblisch.

Bitte und sich auf die geistlich verstandene, schwache
menschliche 'natura' berufend, folgenden Rat: 'Der be-
chorunge / werden wir denne uberich, obe wir die mazze
behalten an der not/durft, der unser nature gert' (152,
6-8).[71]

Etwa um die gleiche Zeit (um 117o) mahnt der 'Wilde Mann'
in seiner literarischen Predigt 'Van der girheit':[72]

```
375  herane gedenke, man undi wib,
     dit ist ein unstaede lib.
     di girheit sul wir lazen
     unde dragin uns mit mazen
     undi minnen barmherzicheit,
380  di alli bosheit dir nider sleit,
     undi gidult unde othmut,
     di machit unse sinne gut.
```

Wenn auch die adverbiale Bestimmung 'mit mâzen' "in maßvollem Verhalten" nicht gleichgewichtig mit dem Nomen 'mâze' ist, so wird doch der Christenmensch eindringlich dazu
ermahnt, neben der Beachtung der spezifisch christlichen
Tugenden der 'barmherzicheit', 'gidult' und 'othmut' sein
Verhalten ("Betragen") maßvoll auszurichten. Dieser Anstoß
zur Beachtung der Mäßigung im menschlichen Verhalten ist in
eine Schar von geistlichen Tugenden eingereiht und scheint
damit selber in geistlicher Funktion wirksam werden zu sollen.

Sowohl als allgemeine sittliche Grundforderung als auch als
Gegenkraft gegen spezielle Laster erlangt 'mâze' eine nicht
unerhebliche Bedeutung. Immer geht es in den vorgeführten

---

[71] 'Sexta petitio est contra gulam, qua dicitur: "Ne nos
inducas in tentationem"... In quam profecto tentationem
nequaquam inducimur, si sic studemus secundum mensuram
necessitatis naturae subsidium impendere' - Werner, De-
florationes, De septem petitionibus, PL 157, 1o7o (nach
A.E. Schönbach, Studien zur Geschichte der altdeutschen
Predigt. I: Über Kelle's 'Speculum ecclesiae'. Wien. S.-
Ber., Phil.-hist. Kl., Bd. CXXXV. Wien 1896. Reprographischer
Nachdruck Hildesheim 1968).

[72] Maurer III, Nr. 59, S.551-77.

Belegen um das Verhalten des Menschen im Spannungsfeld zwischen den ethischen Forderungen der Religion und den verlokkenden Gefährdungen durch innerweltliche Faktoren ('sich verwerfen'). In der ständigen Bewährungssituation des vor jene fundamental verschiedenartigen Lebensmöglichkeiten gestellten und zur Entscheidung aufgerufenen Laien bietet die Literatur ihm in helfender Absicht bestimmte Werte an, deren Erlangung identisch sein kann mit der höchsten Wertvorstellung, die die frühmittelhochdeutsche Literatur aufzuweisen hat, dem Gewinn des Seelenheils.
Aber nicht nur das Verhalten der Laien soll unter das Gebot "geistlich bestimmter 'mâze'" gestellt werden. Auch für die Geistlichkeit wird 'mâze' als Element einer vorbildhaften inneren Einstellung gefordert, woran benediktinische Tradition einen nicht unerheblichen Anteil zu haben scheint. Die 'mâze' gehört damit zum Grundbestand der Sittlichkeitsvorstellungen geistlicher Literatur. Allenthalben bewährt sie sich in der "Theorie" als idealer, an Komplexität gewinnender Wertbegriff und in der "Praxis" als eine Art Regulativ für die den Spannungen ihrer Zeit ausgesetzten Christen.

b) Heinrich von Melk

Eine radikalere Auffassung dessen, was der Pfaffe Lamprecht mit 'sich verwerfen' zum Ausdruck bringen will, vertritt Heinrich von Melk, dessen Dichtungen "Erinnerung an den Tod" und "Priesterleben"[73] von der Forschung gemeinhin auf die Jahre 1150-1160 datiert werden und die damit an der Schwelle einer neuen, vom Rittertum geprägten Epoche stehen.

---

[73]Maurer III, Nr.52 und 53, S.253-359. Die Ausgaben von R. Heinzel (Heinrich von Melk, Berlin 1867) und R.Kienast (Der sogenannte Heinrich von Melk. Nach R. Heinzels Ausgabe von 1867 neu hsg. von R.K. Heidelberg 1946) sind wegen ihrer Anmerkungen weiterhin unentbehrlich. - Ob Heinrich tatsächlich dem Kloster Melk zuzuordnen ist, wie es der überwiegende Teil der Forschung vermutet, bleibt hypothetisch.

Mit Heinrich von Melk erfährt die cluniazensisch-hirschau-
ische Reformbewegung, soweit sie sich in deutscher Literatur
niederschlägt, zugleich ihren Höhepunkt und lautstarken Abschluß, und es scheint, daß das Verlassen gemäßigter
ethischer Vorstellungen zugunsten einer leidenschaftlichen Ver-
fechtung extremer Askese und Weltflucht nicht ohne Einfluß
auf die geistlich bestimmte 'mâze' bleiben konnte. Es ist
daher zu fragen, welche Entfaltungsmöglichkeiten einem sittlichen Ideal wie der 'mâze', das von seinem Kern her zum Ausgleich neigt und jeglicher Radikalität abhold ist, bei einem
Dichter verbleiben, der Sittlichkeit als höchsten Anspruch
an den Menschen aus der Sichtweise eines Denkens sub specie
aeternitatis begreift.

Die Wortfamilie 'mâze' ist in Heinrichs von Melk Dichtungen
nicht eben reichhaltig vertreten.[74] Sie enthält je einmal
das stf. 'mâze', das adv. 'unmâzen', das adj. 'unmaezlich'
und je zweimal das swv. 'ebenmâzen' (davon Prl.283 im Part.
praet.pass.) und das stf. 'ebenmâze' (Gleichnis, Ebenbild,
Vergleich, Gleichmaß). Im präpositionalen Ausdruck 'ze ummazzen' (Prl.83) hat stf. 'unmâze' seine substantivische
Qualität eingebüßt und adverbialen Charakter angenommen. Als
erstes fällt auf, daß stf. 'mâze' trotz der gewichtigen
ethischen Probleme in Heinrichs Dichtungen nur ein einziges
Mal vorkommt. Auffällig ist zweitens, daß stf. 'ebenmâze'
und swv. 'ebenmâzen' über die Hälfte der Belegstellen einnehmen. Letzteres erklärt sich aus der starken Neigung des
Dichters zum 'bîspel' und zum bildhaften Vergleich, deren An-
kündigungen er mit Hilfe dieser Wörter vollziehen kann, und
Klarheit über die erstgenannte Beobachtung kann nur eine
Textanalyse bringen, die nun folgen soll. Sie wird in zwei
Schritten durchgeführt: α) Interpretation der Belegstellen
unter kontextuellen Gesichtspunkten und β) Erörterung der

---

[74]S. das Belegmaterial im Anhang.

Funktion der 'mâze'-Wortfamilie innerhalb der Dichtungen
Heinrichs.

α) Interpretation der Belege

In den beiden überlieferten Werken Heinrichs ist von der
Würde des Menschen als der Krone der Schöpfung wenig die
Rede. Vielmehr werden seine größten Schwächen einer teils
satirischen, oft ins Groteske sich steigernden, teils eifernd-
fanatischen Kritik unterzogen. Der am meisten kritisierte
Stand ist der der 'phaffen', der Weltgeistlichkeit, doch
bleiben andere Stände (z.B. die Ritter mit ihren Damen, die
Richter, die Klostergeistlichen und der hohe Klerus sowie
der Laienstand im weitesten Sinne) keineswegs von den bei-
ßenden, entlarvenden Angriffen des Laienbruders Heinrich ver-
schont. Didaktischer Tradition entsprechend und sie oft im
Übermaß anwendend, greift der Dichter zu zahlreichen Vergleichen, Beispielen, Gleichnissen und biblischen Vorbildern
aus der geistlichen Tradition, um seine Kritik zu veranschaulichen, aber auch, um sie mit Hilfe namhafter Kronzeugen
aus Bibel und Überlieferung wirkungsvoller zu gestalten und
theologisch abzusichern.
Die Priester sollen nach Heinrichs Vorstellung verantwort-
liche Führer, Lehrer und Hüter der Christenheit sein. Gemäß
dem Wächtergleichnis aus Ez 33,2-9 ist der Priester ein
'wartman' (Prl.19), der auf einer hohen "Warte" die 'huote'
(Prl.21; vgl. das säkularisierte Verständnis dieses Begriffs
im Minnesang!) vor den anrückenden Feinden, den Teufels-
scharen, wahrnimmt und bei Gefahr in sein 'herhorn' bläst.[75]
Die Priesterwächter sind verantwortlich für jede 'sele' des

---

[75]Vgl. Spec.eccl. 139,7ff.

ihnen von Gott anvertrauten Christenvolkes (Prl.36f.), für
die sie einst 'gelten', das heißt Rechenschaft ablegen
(ursprünglich: den schuldigen Zins zahlen) müssen. Die Wirklichkeit sieht indes anders aus. Die Lehrer der Christen
sind 'blint' (Prl.12),[76] stumm (Prl.14) und feige (Prl.4o;
57). Sie versäumen den Wachdienst (Prl.38f.), und ihre
'rehten horn' (Prl.47; vgl. auch 25;1o8) schweigen meistens.
Diese massive Kritik am Stand der Pfaffen steigert Heinrich
noch durch einen wenig schmeichelhaften Tiervergleich: sie
seien Hunde, die nicht bellen können (Prl.16), und damit ihre
natürliche, schöpfungsgemäße Bestimmung nicht erfüllen. In
diesem Vergleich ist der Vorwurf der 'perversio' angelegt.
Denn die Pfaffen entziehen sich ihrer Wächterfunktion und
flüchten in Hur- und Trinkhäuser, sie wenden sich irdischer
Wollust zu:

> Er.146 ja solden si sich von ir undertanen,
>   als ich ein ebenmazze wil fur zihen,
>   als der vihirt ⟨von⟩ den vihen
>   unt der meister von den jungern,
> 15o sus solten si sich sundern.
>   unt wellent lihticheit phlegen!

Das Versagen der Pfaffen wird durch einen Vergleich ('ebenmazze')
erläutert: Wie sich ein Hirt von seiner Herde (vgl. die Anklänge an das Gleichnis vom guten Hirten) oder ein Lehrer von
seinen Schülern (bzw. direkt auf Jesus bezogen: der Meister
von seinen Jüngern) positiv abheben soll und damit zur Vorbildlichkeit verpflichtet ist, so sollten sich auch die Pfaffen
vor ihren 'undertanen' besonders hervortun. Anders als die
angeführten typushaften Gestalten ('vihirt', 'meister') verkehren aber die Pfaffen in der Praxis das Maß im Sinne der
heilsgeschichtlich aufgefaßten Ordnung, indem sie sich der
'lihticheit' hingeben.

---

[76]Damit sind sie auch blind für das in Gottes Schöpfung angelegte "Maß", für die ihnen zugewiesenen heilsgeschichtlichen Aufgaben. Diese Blindheit im geistlichen Sinne ist
biblisch mehrfach belegt (Ps 113 B,5; Ps 134,16; Is 56,1o;
Mt 6,22f. u.a.). Heinrich nimmt das Motiv der Blindheit
wiederholt auf (z.B. Prl.131f.; Er.246-63).

Einen anderen Stein des Anstoßes bilden für Heinrich die
Pfaffendirnen. Ihre größte Sünde besteht darin, daß sie die
Pfaffen vom rechten Wege abbringen (Prl.653), sie entwürdigen
und der Ausübung ihrer pastoral-seelsorglichen Pflichten entziehen. Keine 1o ooo Pfund, verteilt an die Armen, können
diese Versäumnisse wieder aufwiegen (Prl.656ff.). Die Pfaffendirne kann für die versäumten seelsorglichen Pflichten des
von ihr verleiteten Pfaffen keinen Ersatz schaffen; Gottes
Zorn wird sie daher treffen (Prl.661). Die Pfaffendirnen sind
'irriu wip' (Prl.65o), Teufelsbräute (Prl.667f.), Teufels-
dirnen (Prl.699); ihr verdorbener Lebenswandel ist ein 'verlor' (Prl.716). Man sollte sie der Schande preisgeben (Prl.
737). Sie bleiben nur so lange bei ihren Liebhabern, wie sie
Geschenke bekommen (Prl.671ff.; 71of.; 735f.). Um sich ihre
Gunst zu erhalten, benötigen die Pfaffen fortwährend neue Geschenke, neues Geld, das sie sich durch erneutes sündhaftes
Tun erwerben. In kausaler Verkettung gebiert eine Sünde die
andere: aus der Wollust entstehen Geldgier, Betrug, Simonie
und Empfänglichkeit für Bestechungsgelder. Der Pfaffe strebt
somit nach 'guotes giwin' (Prl.674), er macht Schulden und
erläßt seinen Pfarrkindern die Sünden (u.a. Mord, Blutschande,
Beischlaf) gegen Bezahlung (Prl.685-92). Außerdem scheut der
Pfaffe sich nicht, von den 'opherphenningen' und dem
'armselgiraet' (Prl.712f.) den üppigen Putz der Pfaffendirne
zu finanzieren. Heinrich versteht nicht, was den Pfaffen an
ihnen gefällt (Prl.746):

      Prl.741 wir sulen siu billichen ebenmazzen.
              si sint als ein durcheler sac,
              (vil wol ich siu also heizzen mac)
              da man oben in sciubet,
          745 unt niden uz stiubet.

In diesem drastischen, satirischen Vergleich werden Gier,
Verschwendungssucht, Unbeständigkeit, Verderbnis und Un-
reinheit der Pfaffendirnen wirkungsvoll veranschaulicht.
Entsprechend dem Übermaß ihrer Sünden gibt es für die Pfaffen

und ihre Dirnen keine Rettung ('rat' Prl.73o) mehr, sie
werden der ewigen Verdammnis anheimfallen (Prl.725ff.).

Die Vergänglichkeit des Menschenlebens ist eines der zentralen Motive Heinrichs von Melk und der Grundgedanke seiner
"Erinnerung an den Tod". Die Hinfälligkeit alles irdischen
Tuns wird im folgenden Beleg durch eine Kontamination
mehrerer Bibelstellen aus dem Buch des 'herren Jobes' (Er.
456) erhärtet:

> Er.466 min leben ist sam ein wint, (Iob 7,7)
>   sam ein wazzer, daz da hin strichet. (6,15; 11,16;
>   14,11f.)
>
>   ich bin dem ascen gelichet, (3o,19)
>   min ebenmazze ich misce
> 47o ze dem ascen unt ze dem valwisce.

Die entsprechende Stelle im Buch Hiob lautet (3o,19):
'Comparatus sum luto, Et assimilatus sum favillae et ci-
neri'. Nach Luthers Text: "Man hat mich in den Kot getre-
ten und gleich geachtet dem Staub und der Asche".[77]
Heinrichs Übertragung hat in der Forschung Bedenken hervor-
gerufen.[78] Ich verstehe die Verse sinngemäß folgendermaßen:

---

[77]Die Bibel oder die ganze Heilige Schrift des Alten u. Neuen
Testaments nach der deutschen Übersetzung D. Martin Luthers.
Neu durchgesehen nach dem vom Deutschen Evangelischen Kir-
chenausschuß genehmigten Text. Taschen-Ausgabe. Stuttgart 193o

[78]Heinzel vermutet: "Das erste aschen ist demnach (nach Iob
3o,19 - d.Vf.) vielleicht für horwe verlesen" (Ausg. S.122).
Für 'misce ze' bringt Heinzel zwei weitere Belege. - E.
Henschel will ebenfalls eine Textänderung vornehmen: "'min
ebenmâzze ich mische' ist ein höchst sonderbarer Ausdruck, an
den Anklingendes sich schwerlich beibringen läßt. Leichter
wäre schon ein 'mizze' für 'mische'. Dazu kommt aber noch,
daß ' a s c h e n ' gut auf ' v a l w i s c h e ' hat reimen
können. Dann wäre 469 nur ein Ersatz des Bearbeiters für
das hier zu erwartende 'ich genôze mich', der ihm half, den
vokalisch unreinen Reim zu verdrängen. In Anbetracht der
Aufzählung 'lutum', 'favilla', 'cinis' hatte Heinzel statt
des ersten 'aschen' an ein 'horwe' gedacht. Ich schlage
'(t)a(i)sche(n)' vor und lese:
> ich bin dem taische gelîchet,
> ich genôze mich zu dem aschen
> und zu dem valwische."
(Zu Heinrich von Melk. Jb.d. Kirchlichen Hochschule Berlin
(=Theologia viatorum) 4 (1952) 267-73, hier: S.272).-H.
de Boor beließ 'ebenmâzze' und übersetzte es mit "Vergleichung"
(Mittelalter. Texte und Zeugnisse. Hsg. von H.de Boor. 2
Teilbände. München 1965. 1. Teilbd., S.524, Anm. zu 15).

Ich gleiche der Asche. In derartiger Ebenbildlichkeit (d.h.
als Asche) kann ich mich zu Staub und Asche dazumischen
(wörtlich: mische ich mein Ebenbild zu Asche und Flugasche).
'ze dem ascen unt ze dem valwische' wird man sicher als
Hendiadyoin auffassen dürfen.

'ebenmâze(n)', angewandt auf irdische Dinge, ist in Heinrichs von Melk Texten mehr als bloßer Ausdruck der Gleichheit
zweier Faktoren. Mit Hilfe dieses Begriffs wird die im Ausgangspunkt des Vergleichs angelegte Maßvorstellung auf ein
anderes Objekt (Wesen oder Ding) übertragen, was den Ver-
weisungscharakter von 'ebenmâze(n)' begründet. Der Verweis
bleibt allerdings nicht immer bei diesseitigen Dingen: er
richtet sich indirekt, getragen durch den Kontext, bei Heinrich von Melk fast immer auf das Jenseits. Denn die Gleichheit
als Gleichheit i r d i s c h e r Dinge ist stets sub specie
aeternitatis, vor dem Hintergrund der einzig dauerhaften
Ewigkeit Gottes, gesehen. So wird man in allen drei bisher
interpretierten Vergleichen (Er.147; Prl.741; Er.469) dem
sündigen, vergänglichen wie dem vorbildlich lebenden Menschen
gerade auf Grund seiner Kommensurabilität die Eigenschaft des
im theologischen Sinne Unzureichenden und Erlösungsbedürftigen
zusprechen müssen.

Erst der unkommensurable Bereich des Göttlichen und des
ewigen Lebens ist für Heinrich das einzig Erstrebenswerte.
Die himmlischen Freuden sind nicht hinreichend zu beschreiben (Er.989ff.; 998f.; 1o21ff.), und auch das Wunder beim
Meßopfer entzieht sich dem vergleichenden Zugriff des phan-
tasiebegabten Didaktikers Heinrich:

    Prl.279 da muozzen sich die himel uf tuon,
            elliu englische herscaft
            ist da gegenwurtic unt diensthaft.
            man biget niht solhes uf der erde,
            daz dar zuo iemmer geebenmazet werde.

Angesichts der Wandlung, in der das Kreuzesopfer Christi
vom Priester nachvollzogen wird, versagt sich der

Dichter in demütig-frommer Zurückhaltung einen Vergleich.[79]

In einer satirischen, von derber Realistik erfüllten Dialog-
szene schildert Heinrich in grotesker Zuspitzung den sündhaften Lebenswandel der Pfaffen: während diese prassend,
schwelgend und sich erotischen Genüssen hingebend in ihrem
'innern chemerline' (Prl.62), in den 'tieffen luppellen'
(Prl.53) und 'mouchelzellen' (Prl.54) verbleiben, klopft ein
'wegemuoder gast' (Prl.89) bei ihnen an und bittet um Hilfe.
Doch die Pfaffen lassen sich von ihrem Gesinde bei dem
Hilfesuchenden unter den verschiedensten Ausflüchten verleugnen und verweigern die Werke der Barmherzigkeit.[80]
Auch hier sind zwei schwere Sünden ursächlich verkettet:
ihre Hurerei hält die Pfaffen von der Ausübung der Gebote
der Nächstenliebe ab.

Mit folgenden vorgetäuschten Argumenten lassen sich die
Pfaffen vor Hilfebegehrenden verleugnen: Abwesenheit (Prl.
72), Krankheit (Prl.73), Ruhebedürftigkeit und übermächtiger
Schlaf ('ja chlaffet er ze ummazzen./ min herre hat an der
ader lazen / unt wil nu sin gemach haben' Prl.83-85). Trotz
einer gewissen versöhnenden Komik, die in diesen Belegen
zweifellos deutlich wird, und trotz des sprachgeschichtlich
im Verblassen begriffenen, beinahe schon ausschließlich formalen Charakters der adverbialen Bestimmung der Art und
Weise 'ze ummazzen' werden hier die sündige, maßlose Lebensweise der Pfaffen und ihre krasse Vernachlässigung der
Amtspflichten scharf glossiert und damit einer vernichtenden
Kritik unterzogen.

---

[79] Die Anwesenheit der himmlischen Heerscharen beim Meßopfer
ist außerdem bezeugt in Er.161-67.

[80] Gerade die Barmherzigen sind es, die Gott 'vz der mazze
wol' gefallen (Lilienfelder Heilsgeschichte 182, hsg. von
H. Menhardt. ZfdA 78 (1941) 167-84). 'Beati misericordes',
sagt Jesus in der Bergpredigt (Mt 5,7).

Auch die 'fornicarii', die 'boesen huoraere' (Prl. 5o6f.),
bleiben nicht ungeschoren. Der bibelkundige Heinrich weiß,
daß beispielsweise der alttestamentarische König Salomo, in
christlich beeinflußter Literatur gemeinhin als Musterbild
weisen, tugendhaften Herrschertums herausgestellt, sehr
stark den Verlockungen sinnlicher Begierden ausgesetzt war.
Salomo erlebte selbst die stärksten sinnlichen Genüsse und
ist daher zu der Warnung berechtigt, 'daz win unt wip machent
unwisen man, / der got lihte wirt abtrunne' (Prl.139f.).[81]
Trotz des besten 'rates' (Prl.143), trotz ausreichender Einsicht und Weisheit (Prl.145) neigte Salomo sein Haupt vor
dem Teufel:

> Prl.148 nach grozzer unfuore
>   unt nach ummaezlichem huore,
>   15o   daz vil ungeloubich waere
>   unt gar unsagbaere,
>   wan daz wirz an der scrift vinden,
>   wie möht er so erblinden,
>   daz er anbette diu abgot?

Heinrich verzichtet darauf, die ganze Salomo-Episode ausführlich zu berichten. Er zieht daraus die Lehre in Form
einer sittlichen Verurteilung der maßlosen Hurerei ('fornicatio') Salomos und einer impliziten Warnung vor Nachahmung,
denn alle 'wisheit' (Prl.156) und 'degenheit' (Prl.157) habe
ihm, zum Gespött des Teufels, nichts genützt, er sei doch
unterlegen. Heinrich schließt das Salomo-'bispel' mit einer
Wehklage.

---

[81] Kienast (Ausg. S.61) zeigte, daß nicht Salomo der Autor
dieses Bibelzitates (Eccli 19,2) sei, sondern Jesus Sirach.
Im Mittelalter habe Salomo jedoch als Verfasser des Buches
Ecclesiasticus gegolten, und Heinrich folge dieser Ansicht.
Weitere Hinweise zur Salomo-Stelle, besonders auch zur
Interpretation der 'abgot', in Kienasts Ausgabe S.61f.

In der fiktiven Antwort des toten Vaters an seinen Sohn, der
ihn am Grabe aufsucht, findet sich auch eine Klage über sein
maßloses Essen und Trinken ('gula', 'ebrietas'):

> Er.715 Aller mazze het ich vergezzen
>   mit trinchen unt mit ezzen.
>   nu wirde ich betwungen
>   mit durst unt mit hunger.

Zur Abschreckung des Laienpublikums von übermäßigen irdischen
Genüssen führt Heinrich die entsprechenden drastischen Höllenstrafen an: maßloses Essen und Trinken bedingen ewigen Hunger
und Durst in der Hölle. Dem Unmaß im Genuß irdischer Speisen
entspricht nun das Unmaß des Durstes und Hungers, das der
Reiche in der Hölle erleiden muß. In gleicher Weise werden
auch andere Sünden jeweils durch ihre Entsprechungen aus dem
Bereich der Höllenstrafen abgebüßt (z.B. der Brand der sinnlichen Leidenschaft durch die Flammen der Hölle).

β) Zur Funktion der 'mâze' in Heinrichs Dichtungen

Heinrichs von Melk Reimpredigt "Erinnerung an den Tod" enthält lediglich drei Belege zur Wortfamilie 'mâze', das
"Priesterleben" vier. Davon besitzen das Verbum 'ebenmâzen'
und das Substantiv 'ebenmâze' kaum ethische Relevanz im Sinne
einer Tugendkennzeichnung. Für die drei restlichen Belege
(Prl.83; 149; Er.715) ist die Privation der 'mâze' kennzeichnend. Die 'mâze' hat keine verbale Präsenz bei Heinrich
von Melk, und es wird zu untersuchen sein, ob sie faktisch
ebenfalls fehlt. Dagegen ist ihre Negation als 'mâze'-loses
Verhalten sprachlich gestaltet, jedoch gemessen an dem gewaltigen Katalog maßlosen menschlichen Verhaltens, den Heinrich vor uns ausbreitet, in äußerst bescheidenem Umfang (drei
Belege in rund 179o Versen).

Zur Privation der 'mâze' ist eine Einschränkung zu machen;
sie ist nicht durchgängig. Der Reiche, der in der fiktiven
Rückschau auf sein sündhaftes, weltzugewandtes Leben sagen
mußte: 'Aller mazze het ich vergezzen / mit trinchen unt mit

ezzen' (Er.715f.), hat zumindest in seinem Bewußtsein ein
Verständnis dessen, was 'mâze' ist. Auf dem partikulären
Gebiet des Maßhaltens in Essen und Trinken zeigt 'mâze' sich
als normgebender Wert. Sie gewinnt zumindest indirekt an
ethischer Bedeutung durch das Beklagen ihrer Privation. Damit ist sie aber bei Heinrich von Melk noch keineswegs zu
einem diesseitsbestimmten ethischen Leitbegriff geworden.
Denn das Fehlen der 'mâze' beim Essen und Trinken ist ja nur
deswegen erwähnens- und beklagenswert, weil es auch in diesem
Fall Ausdruck des Abrückens von Gott ist. An anderer Stelle
spricht Heinrich davon, daß manche Pfaffen ihren 'bouch' zum
neuen Herrn erkoren haben (Prl.6o). Heinrich geht es nicht
um maßvolles Essen und Trinken an sich, als Selbstwert,
sondern vielmehr darum, in Anbetracht der Existenz des wahren
und ewigen Gottes eine Vergötzung irdischer Genüsse und
Güter zu vermeiden. Nur in dieser theologischen Sicht ist
'mâze' bei ihm zu verstehen.

Damit stellt sich die Frage, warum 'mâze' als positive
Größe bei Heinrich von Melk bis auf die oben genannte Ausnahme begrifflich nicht vorkommt. Mehrere Gründe sind denkbar. Erstens befaßt sich Heinrich gemäß der Absicht seiner
Werke vornehmlich mit der Kritik sittlicher Mißstände, negativen menschlichen Verhaltens. Somit hat er schon im Ansatz
auf differenzierte positive Gegenbilder als abstrakter Werte,
etwa in der Art eines Tugendspiegels als Gegensatz zu seinen
Lasterkatalogen, verzichtet. Gravierender ist eine zweite
Überlegung, die von Heinrichs weltanschaulichem, um nicht zu
sagen: ideologischem, Ansatz ausgeht. Heinrich ist ein
temperamentvoller Eiferer und Bußprediger Clunyscher Provenienz. Wenn irgendwo der Begriff von der "contemptus-mundi-
Literatur" angebracht ist, dann bei ihm. Alle Diesseitigkeit
ist für ihn im Grunde 'broeder leim' (Er.483). Der Tod, der

'jungiste tac' eines jeden Menschen, ist Mittel-, nicht aber
Endpunkt des Lebens, denn er wird in den Lebensablauf als
stets zu berücksichtigende, stets sich in Erinnerung bringende
Tatsache aufgenommen. Der Mensch lebt im "Angesicht" des Todes, was ja bei den zahlreichen mittelalterlichen Todesdar-
stellungen in Allegorie, Brauchtum, bildender Kunst, kirchlicher Verkündigung, Literatur und dergleichen im konkreten
Wortsinn der Fall war.[82] Jegliches irdische Leben trägt bereits bei seiner Entstehung den Keim des Todes und der Zer-
setzung in sich. So ist Heinrich auch nicht daran interessiert,
abgestufte ethische Werte aufzustellen (wie es beispielsweise in der Scholastik geschah), denn alle Diesseitigkeit
verdammte er ja rigoros.[83] Diese Rigorosität macht auch eine
'mâze' im Sinne geordneten sittlichen Verhaltens in den verschiedenen, mehr oder weniger weltverbundenen Daseinsbereichen
gegenstandslos. Das Leben ist für Heinrich ausschließlich
ein durch Askese, Buße, Kasteiung und Abtötung gekennzeichne-
tes, qualvolles Durchgangsstadium zur Ewigkeit. Diese bildet
den Fluchtpunkt seines Interesses. Ein Ringen um Ausgleich
zwischen den Ansprüchen des Jenseits und Diesseits, wie es
später zum großen Thema der höfischen Literatur werden sollte, gibt es für Heinrich nicht, denn er kämpft einseitig gegen
die Anbeter der Welt.

---

[82] Darüber handelt sehr aufschlußreich A.Freybe, Das Memento
mori in deutscher Sitte, bildlicher Darstellung und Volksglauben, deutscher Sprache, Dichtung und Seelsorge. Gotha
19o9.

[83] Daß dennoch, gewissermaßen gegen die Absicht des Dichters,
ein hohes Maß an Diesseitsorientiertheit in seine Werke ein-
ging, ist bekannt und bedarf hier keiner Untersuchung:
etwa die sich ankündigenden Ansprüche des Rittertums, das
nicht mehr allseits anerkannte geistig-kulturelle Führungs-
monopol der Geistlichkeit, ein trotz aller Ablehnung nicht
eliminierbares Genußmoment bei der Schilderung weltzuge-
wandter Lebensformen und mehr.

Aus gradualistischer Sicht kann man Heinrich von Melk, wie
überhaupt aller radikalen Weltabsage im Namen Christi, den
Vorwurf machen, daß eine rigorose Verdammung, zumindest aber
die Pejoration aller irdischen Dinge, Gottes Schöpfung in
eine fragwürdige Situation bringt. In dieser Beziehung sind
Heinrichs Dichtungen Ausdruck einer Theologie, die extremen
Spannungen ausgesetzt war und mühsam um ihr Selbstverständnis
rang. Von einem 'mâze'-durchwalteten, schönen und harmonischen Weltganzen ist in weiten Partien von Heinrichs Dichtungen nicht viel zu verspüren; seine Bußideologie verbietet
ihm ein Verweilen bei der Anschauung der von Gott wohlge-
ordneten Schöpfung schon im Ansatz. Dennoch läßt sich in
seinen Werken ein ausgeprägtes 'gradus'-Wortfeld nachweisen.
Der vermeintliche Widerspruch erklärt sich damit, daß Heinrich die unteren, weltverbundenen Schichten der 'gradus'-
Ordnung zugunsten der oberen, geistlich bestimmten unterbe-
wertet.

Wenden wir uns nun der Frage zu, wo sich 'mâze'-losigkeit
in Heinrichs Dichtungen zeigt, ohne daß die Begriffe der
'mâze'-Wortfamilie verwendet werden.[84] Zunächst sind die
Vorwürfe zu erörtern, die der Dichter gegen die Pfaffen er-
hebt. Er kritisiert vor allem drei schwere Verfehlungen:
  (a) Allgemein die Verletzung der Amtspflichten; Ungehorsam;
  (b) die Hingabe an weltliche Genüsse ('luxuria' im weite-
      sten Sinne), speziell 'huor', 'gula' 'ebrietas';
  (c) Simonie, 'girisceit'.

---

[84]Diese Frage, obwohl im strengen Sinne über den methodischen
Ansatz der Untersuchung hinausgehend, soll dennoch paradig-
matisch an einige wichtige Texte der frühmittelhochdeutschen
Literatur gerichtet werden, um zu zeigen, wie verschieden
jeweils das Verhältnis zwischen begriffsgeschichtlicher und
sachgeschichtlicher Relevanz der 'mâze' sein kann; vgl.
Einleitung.

(a) Die Pfaffen vernachlässigen in grober Weise ihre ihnen
von Gott gestellten Aufgaben als Wächter und Lehrer der
Christenheit (s.o.) und als Mittler und Gewährsmänner zwischen Gott und dem Christenvolk und enthalten dadurch diesem
Gottes Gnaden- und Heilsmittel vor (vgl. Er.35ff.; 51). Sie
brechen durch sündhaftes Leben ihr 'reht', d.h. den ihnen
von Gott verliehenen 'gradus' im Priester-, Hirten- und
Lehramt (Prl.437ff.). Die schlechten Priester sind 'truge-
naere', weil Gott ihnen die Schlüssel zum Himmelreich verlieh, sie aber diese veruntreuten und niemanden in den
Himmel hineinlassen (Prl.587ff.). Außer der Mißachtung ihrer
seelsorglichen Pflichten verweigern sie die Werke der Barmherzigkeit und Nächstenliebe gegenüber Armen und Notleiden-
den (Prl.9o-94). Der Pfaffen 'unreht' und 'bosheit' sollten
sich die Laien als abschreckendes Beispiel vor Augen halten
(Prl.613ff.). Es ist fraglich, ob die Pfaffen 'die waren
minne' (Er.2o3), also die echte Gottesliebe, überhaupt besitzen. Die 'armiu phaffheite' macht sich damit des Ungehorsams gegenüber der Heiligen Schrift schuldig (Er.42ff.; 53).

(b) Die Pfaffen setzen an die Stelle Gottes die weltlichen
Genüsse. In einem sündhaften Leben voller 'uppicheit' (Prl.
617) kann schnell der 'bouch' zu ihrem neuen 'trehtin' (Prl.
6o) werden. Sie leben in Saus und Braus und lieben üppige
Mahlzeiten und Trinkgelage (Er.22o; Prl.61; 96-99; 232). Sie
haben sich 'ze dirre werlt ... gezogen' (Er.191) und kosten
deren Genüsse im Übermaß aus. 'unzuht' und 'unchiusce' verdrängen 'heilicheit' und 'reinecheit' (Er.153f.). Ihr Trachten
ist auf sexuelle Genüsse gerichtet, und sie huldigen der
Hurerei (Prl.64-68; 74-76; 1o2-1o7; 227f.; 254; 262; 5o6f.;
522; 533ff.; 666; Er.159 u.a.). Eindringlich ruft Heinrich
die Pfaffen zur Keuschheit auf (Prl.54off.; 562; 57o). Sie
sollen 'des vleisces gierde' (Prl.244) abtöten (Er.195f.),
wollen sie nicht der Hölle anheimfallen (Prl. 725ff.). Wer

huren will, solle nicht Priester werden (Prl.522ff.; 554ff.).
Die Forderung der Priesterehe gelte zu Unrecht, denn der hl.
Paulus habe mit seinem Spruch 'bezzer si gehien danne brinnen'
(Prl.175, 'Melius est enim nubere, quam uri' 1 Cor 7,9) nur
den Laien die Ehe erlaubt (Prl.173f.; 188-95). Für die Pfaffen
aber gelte: 'von diu suln die phaffen weder gehien noch
brinnen' (Prl.218), denn Hurerei sei Priestern nicht ge-
stattet (Prl.2o9; 212; Er.142-6o). Ausführlich kritisiert
Heinrich die Pfaffen, die in ihrer Sündenbefleckung die Messe
zelebrieren (Er.156ff.; Prl.258ff.; 666f.). Diese loben sogar die 'chiusc' und predigen 'reinicheit', handeln aber
selber dieser Forderung zuwider und machen damit die Laien
irre (Prl.563ff.). Alle 'gemeitheit' und 'höfsceit' (Prl.
537f.) nutze dem Pfaffen nichts, er solle vielmehr ein vorbildliches, reines Leben führen und sich der Bedürftigen annehmen (Prl.54o-47), denn nur die Keuschen, die drei Gruppen
der 'castitas', werden beim jüngsten Gericht nicht verurteilt werden (Prl.488f.).[85]

(c) Die Simonie der Pfaffen geißelt Heinrich von Melk an
zahlreichen Stellen seiner Dichtungen. Bischöfen und Kir-
chenfürsten wirft er vor, Pfarreien, Propsteien, Abteien,
Weihen, Zehnte und Pfründen zu verkaufen (Er.6o-7o), und der
niedere Klerus muß sich sagen lassen, für Absolution, Be-
gräbnis, Taufe, Meßfeier und ähnliche seelsorgliche und sa-
kramentale Handlungen ebenfalls Geld zu verlangen (Er.71-81).
Eine weitere Kritik an der Simonie findet sich in Er.99-
126; 14o; Prl. 355-66 und 6o2f. Die Hauptursache der Simonie
ist die Gier (Er.131 'ger'; 217 'boese gewinnunge'; Prl.36o
'miete'; 471 'girisceit'). Typologische Urbilder des simo-

---

[85]Eine mittelhochdeutsche Beschreibung dieser drei Gruppen
(Eheleute, jungfräulich Lebende, Verwitwete) bietet Spec.
eccl. 98,1ff.

nistischen Priesters sind Bileam im AT[86] (Prl.469ff.) und
Judas im NT (Prl.364). Der Bannstrahl Gottes wird die si-
monistischen Priester treffen (Prl.364ff.; Er.46;134ff.).

Neben diesen drei am breitesten ausgeführten Vorwürfen er-
hebt Heinrich noch weitere gegen die Pfaffen: Ungerechtig-
keit (Prl.591ff.), 'haz', 'nit', 'missehellunge' und 'strit'
untereinander (Er.199f.), Streben nach Ämtern und Macht
(Er.2o6), Stolz (Er.215), Veräußerlichung, Prunksucht (Er.222f.)
und kriegerische Ambitionen, besonders im hohen Klerus (Er.
4o9-17).

Den L a i e n hält Heinrich von Melk ebenfalls einen ausführlichen Lasterkatalog vor, der im großen und ganzen die
gleichen Vorwürfe umfaßt wie die gegen die Pfaffen. Die
Ritter und ihre Damen leben in 'ubermuot' und 'hohvart' (Er.
295; 3o3-13; 343; 348, 42o; 6o8). 'Hohvart' ist ein Laster
des Teufels und die größte Sünde wider Gottes 'hulde' (Er.
299-3o2).[87] Ihr verwandt sind Prahlerei und Ruhmsucht
('iactantia', Er.343ff.). Besonders die Ritter sind diesen
Lastern verfallen, gegen die man ankämpfen muß, weil sie dem
Menschen die 'geistlich zuht' rauben; die Laster sind der
'sele miselsuht' (Er.314-16). Neben der 'hohvart' ist es die
'girisceit' der Laien, besonders der Ritter, die Heinrich beklagt (Er.823ff.; 841ff.). Sein Zorn wird ferner hervorge-
rufen von Unzucht und Hurerei der Ritter (Er.354ff.) sowie
von ihrer Mordlust (Er.362-72); ferner von Putzsucht und
Hoffart bei Bäuerinnen und Damen (Er.293ff.; 327ff.; 6o8), von
Treulosigkeit und Unkeuschheit der Frauen (Er.426; 865f.),
von der Unzuverlässigkeit der Kaufleute (Er.425), der Miß-

---

[86] So Th. Baunack, Neue Beiträge zur Erklärung des Priester-
lebens. ZfdA 57 (192o) 53f., 65.

[87] Zur 'superbia' bei Heinrich von Melk s. Hempel S. 134-37.

gunst der Bauern (Er.424) usf. In einer schonungslosen Zeit-
klage schildert Heinrich Weltlust, Verworfenheit und Verderbnis der Menschen, ihre Hingabe an irdische Güter und
ihre Versäumnisse gegenüber dem Heil der Seele und ihrem
göttlichen Herrn ('von dem gemeinem lebene', besonders Er.
384-434). Er steigert sie zu einem eindringlichen 'memento
mori', das den größten Teil der "Erinnerung" ausmacht (455
bis Schluß). Besonders eindrucksvoll gestaltet er (1) das
'bíspel' des Königssohnes (Er.511ff.), (2) die brüsk rea-
listische Szene, in der die Dame an der Bahre ihres toten
Mannes steht (Er.597ff.), (3) das fiktive Gespräch zwischen
dem reichen Jüngling und seinem verstorbenen, im Höllenfeuer leidenden Vater (Er.663ff.) und (4) die aufrüttelnde
Rede Christi an seine Geschöpfe (Er.889ff.). Die leidenschaft-
liche Schlußapotheose schildert die unbeschreiblichen Freuden
des 'ewigen paradise', die keine Zeitbegrenzung kennen ('ane
zil' Er.997) und in der ewigen Anschauung von Gottes Angesicht ohne jegliches menschliche Maß sind.

Die nach dem Gestaltungsprinzip der Steigerung verlaufende
Anordnung dieser vier Szenen, aber auch der Gesamtaufbau von
"Erinnerung" und "Priesterleben" sowie zahlreiche Einzelzüge
der Werke,[88] sind Hinweise darauf, daß Heinrich bestimmte
gestalterisch-kompositorische Absichten und einen von Maßvorstellungen getragenen Formwillen gehabt haben muß. An
Zweifeln an den gestalterischen Fähigkeiten Heinrichs fehlt
es in der Forschung allerdings ebensowenig wie an Versuchen,

---

[88]Etwa die Korrespondenz des 1ooo. Verses der "Erinnerung"
mit seiner inhaltlichen Aussage, nämlich den 1ooo Jahren,
die nach Gottes Zeitbegriff wie ein Tag sein können
(vgl. 2 Petr 3,8).

ihn als bewußt komponierenden Dichter auszuweisen.[89]

"Erinnerung" und "Priesterleben" veranschaulichen, in welch
grundsätzlichem Sinne sündhaftes Weltleben das in Gottes
Heilsplan angelegte Maß verletzen kann. Fast alle von
Heinrich angeprangerten Laster der menschlichen Stände
lassen Maßlosigkeit im ethischen Sinne erkennen. Es wurde
auch deutlich, daß es immer wieder dieselben Hauptsünden
sind, die die frühmittelalterliche geistliche Literatur be-
schäftigen: vornehmlich 'superbia', 'luxuria', 'avaritia',
'gula' und 'ebrietas'. Dem maßlos verdorbenen und hin-

---

[89]So Heinzel S.6ff., Baunack S.9of. und andere. Der an mo-
derner Ästhetik geschulte Leser fühlt sich allzu leicht
versucht, im Nebeneinander von planvoll-ästhetischem Aufbau (der nicht immer ganz deutlich ist) und Maßlosigkeit
des Inhalts mancher Textpassagen (vgl. die einseitige Bezeichnung "Invektivenliteratur") einen Gegensatz zu sehen
oder sich gar von der ästhetisch gelungenen Gestaltung des
Bösen mit diesem versöhnen zu lassen. Diesem Problem, das
sich in mittelalterlicher Literatur nicht nur bei Heinrich
von Melk stellt und das auch die Frage nach dem Wesen der
mittelalterlichen Satire berührt, wäre ein besonderes Kapitel zu widmen, das den Rahmen der vorliegenden Untersuchung sprengen dürfte. Nur so viel sei thesenartig gesagt: Heinrich scheint von der gängigen mittelalterlichen
Kunstauffassung, nach der eine Dichtung als solche den
'ordo' göttlicher Schöpfung oder Teile daraus symbolisiert,
nicht abzuweichen. Er fühlt sich in einer gottgewollten
Lebensordnung heimisch und denkt entsprechend in 'ordo'-
Begriffen, die sich in seinen Dichtungen häufig nachweisen
lassen ('orden', 'ordenunge', 'site', 'reht', 'e' usf.).
Der Teufel als der Verführer der Menschen steht nicht
gleichrangig (dualistisch) Gott gegenüber, sondern nimmt
im 'ordo' der Schöpfung seinen ihm von Gott zugewiesenen
Platz ein. Seine bösen Werke bedeuten keineswegs grundsätzliche Infragestellungen göttlicher Herrschaft, sondern sind
von dieser bereits vorausgewußt und als Faktor in das heilsgeschichtliche Geschehen eingeplant. Daher können breite
Darstellungen dieser bösen Werke des Teufels und ihrer
Nachahmungen durch die Menschen in einem Gottes wohlge-
ordnete Schöpfung spiegelnden Dichtwerk auch prinzipiell
deren Gelungenheit nicht in Abrede stellen. Zu dieser Frage
vgl. G. Müller, Gradualismus. Eine Vorstudie zur altdeutschen Literaturgeschichte. DVjs 2 (1924) 681-72o.

fälligen irdischen Leben, das der Dichter mit schmerzvoller
Gebärde beklagt,[90] steht, in beiden Dichtungen unterschiedlich
breit ausgeführt, das Leben in Gottes Herrlichkeit gegenüber,
maßlos in seiner Freude und Dauer.

Weil es dem Dichter von vornherein weltanschaulich unmöglich
ist, sich im Diesseits für eine Lebensdauer bewußt einzu-
richten und in ihm, maßvoll abstufend, gewisse zu bejahende
Werte zu sehen, begibt er sich der Möglichkeit einer begrifflichen Ausformung der 'mâze' im sittlichen Bereich: im Verhältnis des Individuums zu sich selbst, zu seinen Sinnen,
seinen Mitmenschen, seiner Umwelt und schließlich auch zu Gott.
Denn Heinrich mißt alle irdischen Werte am unvergleichlichen
Maßstab seiner religiösen Jenseitsvorstellungen, und es verwundert nicht, daß Irdisches diesen gegenüber in Nichtigkeit
sich auflösen muß.[91] Analog zur 'mâze' ist die irdische
'staete' (Er.473f.) ebensowenig möglich. Die irdische 'êre'
ist eine 'arme ere' (Er.525) und nicht zu vergleichen mit der
'himeliscen ere' (Er.9o7), und auch mit der 'triuwe' ist es
sehr schlecht bestellt (Er.528ff.). 'saelde an urdruzze' (Er.

---

[90]Vgl. das in mittelalterlicher Literatur häufig wiederkehren-
de Motiv von der Erde als dem Tal der Tränen, 'vallis lacry-
marum' (Ps 83,7), 'dal zaharo' (O.V,23,1o1), 'wuofftal' (Er.
983) und mehr. Alle Christen sollen ihr Leben 'bisiuften
unt bitrehenen' (Prl.1o). Vgl. auch die zahlreichen 'owe'-
und 'we'-Rufe (Prl.9; 38; 162; Er.2o; 35; 82; 5o5; 581; 588;
636; 82o; 878; 935; 1oo4).

[91]"...die Erinnerung richtet sich an die ganze Welt wie an
jeden Einzelnen und gibt ein Bild des irdischen Treibens
jedes Standes, jedes Alters, gemessen nach dem Masse des
katholischen Ideals" (Heinzel, Einleitung S.16); "Der
Dichter setzt das ideale gottgefällige Leben voraus und
stellt ihm die Wirklichkeit gegenüber" (Ehrismann II,1,
S.191, Anm.1); Heinrich von Melk stelle, anders als z.B.
Heinrich der Glîchezaere in seinem Roman von Reinhart Fuchs,
die "Brüchigkeit" irdischer Werte "aus der Perspektive
eines inkommensurablen Jenseits heraus" dar (de Boor II,
S.4oo).

994) gibt es erst im Jenseits; daher soll sich der Mensch
schon auf Erden um 'minne' 'zuo dem obristen riche' (Er.
980f.) bemühen.

Konsequentes eschatologisches Denken verliert Naheliegendes
allzu leicht aus dem Auge. Heinrich verzichtet darauf, angesichts der letzten Dinge didaktische Vorstellungen für die
Bewältigung des 'gemeinen leben' zu entwickeln, die die (wenigstens zeitweise) an Irdisches gebundene 'natura' des Menschen berücksichtigen. Vor der Gewichtigkeit eines eschato-
logischen Ansatzes muß 'mâze' sich verflüchtigen und der
'geistlich zuht' (Er.315) Raum geben, deren Hauptmerkmale
Askese, Abtötung des Fleisches ('mortificatio carnis') und
Jenseitsbestimmtheit die 'spiritualis disciplina'[92] zum religiösen Leitbild des Menschen und Reue und Buße zu seiner entscheidenden Äußerungsform machen. Ursprünglich ein monastisch-
asketisches Ideal, wird 'geistlich zuht' bei Heinrich von
Melk nun auch vom Laien gefordert. Sie mahnt ihm die Preis-
gabe seiner Diesseitsverbundenheit ab, die die geistlich bestimmte 'mâze' in anderen frühmittelalterlichen Dichtungen
ihm nicht grundsätzlich streitig machte. Geistlich beeinflußte 'mâze' unterscheidet sich von 'geistlicher zuht' nicht
nur graduell, indem diese als Extremform jener verstanden
werden kann, sondern auch prinzipiell, nämlich darin, daß
die Geistlichkeit, die von den Laien die Ausübung der 'mâze'
verlangt, auf deren gradus-bedingte Weltverbundenheit Rücksicht nimmt. Die Forderung 'geistlicher zuht', an die Laien
herangetragen, versucht, Laienfrömmigkeit monastischer Lebenshaltung anzupassen.

Nun ist aber die Radikalität in Heinrichs Beschreibung der
maßlos sündhaften Welt und maßlos guten Ewigkeit teilweise
der spezifisch dichterischen Form seiner Werke zuzuschreiben,
zu deren stilistischen Mitteln Verzerrungen und grelle Farben gehören. Ihre didaktisch-psychologischen Absichten gehen

---

[92]Hempel S.135.

dahin, beim Leser (vgl. Er.453) 'terror', 'timor' und Buß-
bereitschaft zu wecken, ihn aufzurütteln und mit krassen Beispielen vor einer Verweltlichung des bisher stark von geistlichen Kräften beherrschten Lebens zu warnen. Für alles irdische Maß, allen Ausgleich fand Heinrich von Melk angesichts
der beiden maß-losen Realitäten Himmel und Hölle kein Verständnis.

4. Die Verwendung der 'mâze' als christlicher 'ordo'-
Begriff, exemplarisch dargestellt an der "Rede vom Glauben"
des armen Hartman und der "Veronica" des Wilden Mannes

Neben der sittlichen Erziehung ist es der Bereich der göttlichen Schöpfungsordnung, in dem die frühmittelhochdeutsche
'mâze' eine charakteristische Ausprägung erhielt. Das Spezifische dieser 'mâze'-Auffassung läßt sich besonders deutlich
an der "Rede vom Glauben" des armen Hartman (um 115o) aufzeigen, die, ergänzt durch einige Belegstellen anderer Denkmäler (bes. Jerus.; Wild.M.,Ver.; Lit.; Maria; Himmelr.) im
Mittelpunkt der folgenden Analyse stehen soll.

a) Die "Rede vom Glauben" des armen Hartman
Der Begriff 'mâze' und seine Sippe kommen in der "Rede vom
Glauben" des armen Hartman, einem Text von rund 34oo Versen, nur zehnmal vor:[93] stf. 'mâze' dreimal, stf. 'unmâze'
zweimal (in präpositionalen Wendungen mit adverbialem Charakter), die Verben 'mezzen', 'übermezzen', 'sich vermezzen',
'widermezzen' je einmal und adj. 'ebenmâze' ebenfalls einmal.

---

[93]S. die Belegaufstellung im Anhang. Zitiert wird nach der
Ausgabe von Maurer, II, Nr. 46, S.567-628. Zu Rate gezogen
wurde auch: Des armen Hartmann Rede vom Glouven. Eine
deutsche Reimpredigt des 12. Jahrhunderts. Untersucht und
hsg. von F. von der Leyen. Breslau 1897.

Die "Rede vom Glauben" beruht auf dem lateinischen Text der
Konstantinopolitanischen Rezension des Nicänischen Credos
vom Jahre 381.[94] In drei unterschiedlich großen Hauptab-
schnitten[95] werden die Glaubenssätze lateinisch zitiert,
paraphrasiert, durch 'exempla' und 'bilede' verdeutlicht und
mit allgemeinen didaktisch-religiösen Erörterungen und Er-
mahnungen so weitgehend ergänzt und aufgefüllt, daß die
bloße Symbolum-Paraphrase gesprengt wird und ein umfassendes
religiös - exegetisches Traktat mit klarer didaktischer Zielsetzung entsteht. Der arme Hartman verspricht sich eine Ver-
tiefung des Glaubens bei seinem Publikum nur durch eine
Aktualisierung der Glaubensinhalte, durch praktische, konkrete, auf ein Laienpublikum zugeschnittene, lebensnahe Anweisungen zum christlichen Handeln.[96]

α) Interpretation der Belege

Die "Ausmaße" Gottes

Gott Vater in seiner Unendlichkeit und Unbegrenzbarkeit
entzieht sich dem Zugriff menschlichen Denkens: er ist

---

[94]K. Reissenberger, Über Hartmanns Rede vom Glauben. Ein
Beitrag zur deutschen Literaturgeschichte. Diss. (Leipzig), Hermannstadt 1871, S.4.

[95]Gliederung nach Maurer: Prolog 1-6o, I.Gott Vater 61-178,
II. Jesus Christus 179-164o, III.Der Heilige Geist 1641-
363o (mit einer Lücke von rund 4oo Versen), Schlußar-
tikel 3631-37o8, Epilog 37o9-38oo.

[96]Eine eingehende Analyse der "Rede vom Glauben" hat H.
Rupp vorgelegt; seine Interpretation ist dabei nicht un-
widersprochen geblieben: H.Rupp, Deutsche religiöse Dichtungen des 11. und 12. Jahrhunderts. Untersuchungen und
Interpretationen. Freiburg i.Br. 1958, S.139-23o. Rez.
von W. Schröder, AfdA 71 (1958/59) 6-13; L. Wolff, GRM 4o
(1959) 433-37; weitere Literatur bei Maurer II, S. 572.

'spiritus incircumscriptus' (85f.)[97], uneingeschränkt, un-
beschreibbar, unsichtbar ('ungesihtlich' 87) und undurch-
schaubar für den Menschen. Er ist 'ineffabilis' (89), das
heißt: nicht auszudrücken durch Worte, nicht aufzählbar, in
menschlicher Sprache nicht artikulierbar. Dennoch muß der
Didaktiker seinem auf seelsorgliche Unterweisung angewiesenen
Publikum diesen 'vater alemehtic' nahebringen. Er kann es
zumeist nur, wie Rupp feststellt (S.142), mit negativen Begriffen analog zur Theologie (Praefixe lat. 'in-', mhd. 'un-').
Als Unbegreiflicher erscheint Gott den Menschen, die ihn
nicht fassen können, als 'vil wunderlich' (92; 'multum mirabilis' 9o) und sogar als 'vil vorhtich' (132).In dogmatisch-
theologischer Tradition stehend, versucht der arme Hartman
aber dennoch, positive Epitheta zur Beschreibung Gottes zu
finden, denn als Didaktiker ist er auf konkrete Sprache angewiesen ('alemehtic' 69, 'gewaldic unde creftic' 7o, 'michil
unde groz' 1o5). Gott sprengt jedes Zeitmaß, er hat weder
einen Anfang, denn er ist 'von ime selbin wesinde' (94), noch
hat er jemals ein Ende (1o7).

Erwiesen sich alle Zeitmaße für Gott als unzureichend, so tun
das gleiche auch alle räumlichen Maße: Gott habe 'neheine
termenunge weder obene joch undene' (111f.). Er kennt keine
Begrenzung. Weder ist er ein konkretes materielles Wesen mit
den Dimensionen Länge, Breite und Höhe ('noch nehein umbevanc
weder curz noch lanc' 1o9f.), noch ist seine Allpräsenz irgendwie begrenzt. Alle kosmologischen Dimensionen des Welt-

---

[97]Nach A. Grünewald, Die lateinischen Einschiebsel in den
deutschen Gedichten von der Mitte des 11. bis gegen Ende
des 12. Jahrhunderts. Diss. Göttingen 19o8, S.24, ist die
Quelle für diesen Ausdruck unbekannt. Die Begriffe 'ineffabilis' und 'multum mirabilis' stammen aus der Hymnenlite-
ratur.

bildes ('himel', 'helle', 'mere', 'sunne', 'maenin') sind ihm
offen, denn er ist überall 'ingegenwortich' (131). Die ganze
seiende Welt hat Gott 'ubirmezzen mit siner gewalt besezzen, /
alliz umbevangin mit sines selbis handin, / in sich be-
slozzen' (119-23). In vergleichbarer Weise wird in Jerus.
11ff. von dem gesprochen, 'der die himele habet besezzen,
die erde umbemezzen, / die regenes trophen gezelet ... ' usf.[98]
Der Bezug zu Sap 11,21 ist nicht zu verkennen: Maß und Zahl
als Ordnungsbegriffe Gottes treten deutlich in Erscheinung.
Auch der Priester Wernher spielt auf jene Bibelstelle an, wenn
er von Jesus berichtet, daß er 'himel vn̄ erde vil gar /
gemachet hat mit sinem list / vn̄ allez daz darinne ist,/
bede groz vn̄ chlaine: / daz hat er altersaine / allez uber
sezzen,/ gezêlt vn̄ gemezzen' (Maria 4882-88, Bearbeitung A
aus dem 13. Jh.; vgl. ferner Kindheit Jesu 1oo7-9).[99]

Gottes Allpräsenz (er ist 'iegewa beide verre unde na' 125f.)
erstreckt sich auf alle raumzeitlichen Dimensionen der
Schöpfung, ja, sie geht darüber hinaus ('hoer dan der himel,
tiefer dan di helle' 113f.; vgl. Iob 11,8; Ps 139,7ff.).

---

[98] Maurer II, Nr. 28, S.14o-52. - Daß auch Gottes Gegenspie-
ler, der Teufel, die Erde 'ubermezzen' hat, belegt der
Priester Arnold in seiner Juliana-Legende (Text in: K.-E.
Geith, Priester Arnolds Legende von der heiligen Juliana.
Untersuchungen zur lateinischen Juliana-Legende und zum
Text des deutschen Gedichtes. Diss. Freiburg i.Br. 1965).
361-63 heißt es vom Teufel: 'Ich slafe noch izze,/ die
erde ich ubermizze / peidiu naht unde tag'. Diese Verse
sind nach Geith "eigene Zutat des Dichters". (a.a.O. S.189).
Ein Bezug auf Iob 1,7 und 2,2 ('Circuivi terram, et per-
ambulavi eam'), auch auf 1 Petr 5,8, liegt nahe.

[99] Priester Wernher, Maria. Bruchstücke und Umarbeitungen.
Hsg. von C.Wesle. 2. Aufl. besorgt durch H. Fromm. Tübingen
1969; Die Kindheit Jesu von Konrad von Fussesbrunnen. Hsg.
von K. Kochendörffer. Straßburg 1881.

Daher soll auch kein menschliches Denken (139) versuchen,
diesen unfaßbaren Gott in seinen Dimensionen zu deuten und
seine Gottheit zu 'getrahten' (146), das heißt: zu bedenken,
zu erwägen, auszusinnen, denn 'sin hohe unde sin grunt   die
nist niemanne chunt,/ sunder ime selbeme' (147-49).[100]

Diesem ewigen, grenzenlosen, allgegenwärtigen Gott eignen
weitere Attribute, die menschliches Maßvermögen übersteigen:
seine Allmacht und Gewalt (69; 96; 98; 3643), seine unbegrenzte, wesensmäßige 'gute' (mit dem Bedeutungsfächer
"Gutheit, Gütigkeit, Gnädigkeit"[101]; 8o; 82; 97; 817; 1917;
3799); ferner seine 'irbarmicheit' (616; 1613) gegenüber
reuigen Sündern und seine 'gedult' (99f.), sein 'othmut'
(84), aber auch sein Zorn über die 'unrehten' (483f.). Und
um dieses Gottesbild abzurunden, sei noch auf weitere wesentliche Züge hingewiesen: Gott besitzt 'liste' und 'wizze'
(95; 1o4; 625; 639), was heilsgeschichtlich im Sinne einer
die Geschöpfe im Kampf gegen den Bösen unterstützenden, göttlichen 'sapientia' zu verstehen ist. Diese Eigenschaft tritt
noch wesentlich verstärkt hervor bei der Beschreibung des
Gottessohnes, der ja geradezu als Gestaltwerdung der 'sapientia'

---

[100]Rupp erkannte in der stufenweisen Beschreibung des 'pater omnipotens' einen "sehr bewußt gestalteten Gedanken-
gang", denn "in fünf Zehner-Gruppen wird Gottes Wesen
ganz objektiv, dogmatisch dargestellt (75-124)", S.143.
Die fünfte dieser Gruppen, z.T. auch schon die vierte,
geht näher auf Maßvorstellungen ein.

[101]Gottes Gnadenfülle, deren Gewährung zeitlich nicht vor-
hersehbar ist, übersteigt menschliche Maß- und Zahlbe-
griffe, wie es Anna in Priester Wernhers Maria ausdrückt:
'got schiubet ûf lange / sîne gnâde, swenner wil,/ unt
gît ir ze mâle vil / daz si niemen (mac) ergrunden /
noch furbaz gechunden,/ gezellen noch gemezzen:/ wer
scholte im des vergezzen?' (1158-64; Parallelbeleg D
1114-2o).

aufgefaßt wird. Und schließlich ist es die Liebe Gottes
zu seinen Geschöpfen, die kennzeichnend für Hartmans Gottes-
begriff ist und die Vorstellung eines strafenden, zornigen,
in seiner Gerechtigkeit furchtbaren Gottes bei weitem übersteigt (z.B. 164; 919; 12o3).

Christus als Ordner der Welt: die 'sapientia Dei'

Der Kosmos erscheint in der "Rede vom Glauben" als ein von
Christus im Auftrage des Vaters geordneter. Christus als die
'sapiencia patris' (276) hat 'allir dinge gelich / besceiden
unde geordenot' (28of.), so daß ein wohlgeordnetes Weltganzes
entstand, in dem jedes Ding seinen ihm von Gott zugewiesenen
Platz hat und nur an diesem Ort seinen Sinn erfüllt. Das
'besceiden', 'ordenen' und 'sunderen' (331) der göttlichen
Weisheit schuf einen christlichen 'ordo', in dem jedes Ding
eingewiesen und in seinem Verhältnis zum 'scepfere' (1768)
bestimmt wurde:

Daz hat er alliz gewegen unde sine maze ime gegeben, [1o2]
allen sinen umbevanc beide curz unde lanc,
sine termenunge beide obene unde undene (291-96).

Im Gegensatz zum Schöpfergott, der ohne zeitliches und
räumliches Maß in Allmacht und Allgegenwart schon immer
'wesinde' (94) ist, wurde die Materie geschaffen und damit
in ein Zeitmaß hineingestellt; sie erhielt zeitliche und
räumliche Koordinaten zu ihrer 'termenunge' ("Grenze, Begrenzung"). Alle Dinge wurden von der göttlichen 'sapientia'
'gewegen' und bekamen von ihr ihre 'maze'. [1o3] In diesen

[1o2] Kontaminiert man die Verse Hartm.Gl.28o und 292: (er hat)
'allir dinge gelich' 'sine maze ... gegeben', so entsteht fast die gleiche Formulierung wie Kchr.9237: 'er
hât aller dingelîchem mâze gegeben'. Wendungen dieser
Art schienen in frühmhd. Zeit idiomatischen Charakter zu
haben. Wiederum steht hinter Kchr. 9237f. die Vorstellung
des Ordnens nach Maß, Zahl und Gewicht (Sap 11,21).

[1o3] Selbst die Zahl der Gläubigen und Auserwählten steht von
Anfang an fest, Christi 'wisheit si alle zelt' (2oo8).

Formulierungen ist erneut Sap 11,21 ('Sed omnia in mensura,
et numero, et pondere disposuisti') aktualisiert. Hartm.Gl.
292 ist einer der wichtigsten Belege für 'mâze' als 'ordo'-
Begriff in der frühmittelhochdeutschen Literatur.[104] 'mâze'
steht im ausschließlichen Bezug zur 'vis divina' (315);
Christus gab 'allen dingen sine craft' (314). Das heißt: er
ließ durch den Schöpfungsakt alle geschaffenen Dinge an der
göttlichen Macht teilhaben.

Christus hat seine 'wisheit' den Menschen 'ze liebe' (919)
vermittelt:

daz tet er uns ze liebe: er hiez uns scriben brieve
von siner goteheit, di lerent uns di wisheit
alle di maze, waz wir sulen tun unde laze(n),
di wile wir an dirre werlde hie sulen wesen, da mite wir
                                 zo der sele megen genesen. (919-26)

Die heiligen Schriften und Evangelien sind damit als Richtschnur und Maßstab für das menschliche Handeln verbindlich
gemacht. Das irdische Leben soll von diesen Vorbildern der
göttlichen Weisheit, des 'verbum Dei' (vgl. 448), erfüllt
sein, 'da mite wir zo der sele megen genesen' (926). Die
weltbezogene, menschliche 'sapientia' lehnte Hartman ab, wie
noch zu zeigen ist.

----

[104] Dieser Beleg wurde auch von Eichler entsprechend gewertet: "Zum ersten Mal deutet sich hier die kosmologische
Bedeutung der mâze an, wie sie später in der höfischen
und nachhöfischen Dichtung wieder begegnet". Doch will
Eichler für die "Anwendung der mâze auf die Harmonie des
Weltalls" weder den Einfluß des Christentums noch den der
platonischen Philosophie "allein verantwortlich" machen,
"denn auch die germanische Vorstellungswelt zeigte bereits
den Gedanken eines ausgemessenen, geordneten Kosmos" (S.43).
Dies mag sein, doch ist im zitierten Beleg der ausgemessene
Kosmos eindeutig als Schöpfung der 'sapientia Dei' bezeichnet: Christus hat 'gewegen' und hat den Dingen 'maze'
'gegeben'. Die Formulierung "kosmologische Bedeutung der
mâze" spart den religiösen Bezug aus und trifft daher
diesen 'mâze'-Aspekt nur unzureichend.

Gott Vater und Gott Sohn sind 'ebenmâze'

Das 'consubstantialem patri' des Nicänischen Symbolums um-
schreibt Hartman mit folgenden Versen:

So ist er dem vater al gelich eben geweldich unde eben rich,
eben geweldich unde eben here, weder minner noch mere,
weder e noch sider, weder hoher noch nider.
er ist ime ebenmaze in gotlicher saze. (2o5-12)[105]

Christus ist seinem göttlichen Vater gleich an Machtfülle
und Größe.[106] Die Identität von Gott Sohn und Gott Vater in
der Trinität betont der arme Hartman durch den wiederholten
Gebrauch von 'eben', wobei er den Mangel an angemessenen Begriffen zur Erfassung des Trinitätsgeheimnisses durch das
Stilmittel der Wiederholung auszugleichen versucht. Das
Adjektiv 'ebenmaze' bildet dabei eine Klimax nach dreimali-
gem 'eben'. Christus ist dem Vater 'ebenmaze', das heißt
gleichrangig, gleichgestellt, aber auch ebenbildlich 'in
gotlicher saze' (Sitz, Wohnsitz, Lage, Art und Weise, Verhältnis, Maß).[107] In einem breit angelegten Vergleich (213-
72) führt der Dichter das Verhältnis zwischen Gott Vater und
Gott Sohn und ihre Wesensgleichheit näher aus.

---

[105]Die Begriffe 'eben hêre' und 'eben sazze' als Bezeichnungen für ein Gleichheitsverhältnis kennt z.B. auch Wien.
Gen. 5943; 5945.

[106]Gott Vaters unbegrenzter Machtfülle entspricht die seines
Sohnes: 'frî ist er uon sunden,/ sin gewalt so groz zallen
stunden / daz in nîemen mak gemezzen: / des schulen wir
niht vergezzen' (Maria D 4178-81).

[107]Stf. 'sâze' ist von stv. 'sezzen' in analoger Bildungs-
weise abgeleitet wie 'mâze' von 'mezzen'.

Die Vermessenheit der Weltweisen (sapientia hominum)

Wie der arme Hartman die Antithetik als Stilmittel liebt,
so hat er auch der 'sapientia Dei' die 'sapientia hominum'
gegenübergestellt und ihre Begrenztheit angesichts der unendlichen göttlichen Weisheit aufgezeigt. Die 'wisen' bemühten
sich darum, die Dinge der Welt zu erfassen und ihr Wesen her-
auszufinden. Es entstanden die Disziplinen der Philosophie,
Astronomie, Mathematik und weiter 'siben gute liste' (411),
die 'septem artes liberales'. In dieser wissenschaftlich-
rationalen Betätigung, die auf diesseitige Zwecke gerichtet
war, versuchten die 'wisen', auch die Erde und den Himmels-
raum auszumessen (392ff.). Weil ihr Tun aber um 'werltlich
ere' (42o) willen geschah und letztlich einer vergänglichen
'sapientia' huldigte ('wande daz is di wisheit di da sciere
zegeit' 427f.), mußte dieser messende Zugriff zu den
weltlichen Gegenständen der Wissenschaft in Vermessenheit um-
schlagen, weil er den religiösen, vom Schöpfer den Menschen
verbindlich gegebenen Maßstab vergaß und die Abhängigkeit
aller 'gescepfnisse' von ihrem 'scepfere' unberücksichtigt
ließ:

Di wisen begunden sich ouch vermezzen, si chunden wol
                                              mezzen
in luzzelir wile   di manic tusint mile
von der erden zo dem himele   da inzwiscen di gebilede.
                    (391-96)

In diesem Beleg spiegelt sich der Zusammenhang des Abstraktums "Vermessenheit" mit dem konkreten Wortsinn des rechten
"Messens",[108] die Entstehung ethischer Untugend aus gottver-
gessenem Tun. Das 'sich vermezzen' der Weltweisen steht im

---

[108]Zur Vermessenheit s.u. Kap.B, Abschnitt III.

Kontrast zum allgewaltigen Gott, der 'alliz ubirmezzen'
(119) hat.[109] Wollen die Menschen es ihm gleichtun, so
machen sie sich der Vermessenheit ('superbia') schuldig.[110]
Die vergänglichen menschlichen 'liste' (411), überhaupt alle
menschliche 'wisheit' (365; 427; 1177) und 'sinne' (357), sind
im Grunde vermessen gegenüber den göttlichen 'listen' (431)
und der ewigen 'wisheit' des Herrn (433), die den Menschen
'zo der ewigen wunnen' (439) führt. Die Vermessenheit der
menschlichen Weisheit, vordergründig zu verstehen als Un-
fähigkeit des Menschen, den Kosmos (im weitesten Sinne) auszumessen, weil er dazu das adäquate "Maß" nicht hat, zeigt
sich in ihrer tiefen religiösen Bedeutung als Bevorzugung
weltlicher Ziele vor dem Bemühen um das Seelenheil in der
ewigen Anschauung Gottes,[111] das heißt als Verkehrung des von
Gott heilsgeschichtlich gesetzten Maßes in Unmaß.

---

[109]Nur Gott ist es erlaubt, die natürliche Ordnung zu durch-
brechen: so bewirkte er beispielsweise die unbefleckte
Empfängnis Mariens. Er mußte zu diesem Zweck 'di naturam
wandelen' (734).

[110]Die negative Einschätzung der weltlichen Weisheit geht auf
folgende Bibelstellen zurück: 1 Cor 3,19; Rom 8,6; Gal 4,1o;
Col 2,8 (von der Leyen, Textausgabe, a.a.O. S.1o6). Rupert
von Deutz kommentiert: 'saeculi hujus sapientia sic eumdem
ordinem pervertit, ut dictum est, et destruit, ut inflatum
sensum hominis faciat immemorem Dei, corpus autem in magno
habeat' (PL 167, 16o6; von der Leyen, S. 1o7). Dagegen
bezeuge sich im Alexanderlied (Ausbildung Alexanders) eine
große Ehrfurcht vor weltlicher Weisheit (von der Leyen,
S. 1o7).

[111]Diese ewige Anschauung, die 'ewige wunne' (439) des Menschen im Paradies ohne Zeitmaß, wird in der Rede vom Glauben nicht mit Begriffen aus der Sippe 'mâze' umschrieben,
wohl aber auf andere Weise häufig betont (z.B. 178; 439;
91o; 1619; 1621-24; 3o94; 3696-37o1). Gott war 'ie' (77)
Herr der Welten, die Schöpfung wird 'imer' bestehen bleiben (459), aber auch die Höllenqualen der Sünder sind
'imer ane ende' (16o5).

Die 'unmâze' des Teufels

Der Teufel als der Verletzer des Maßes ('ordo') der göttlichen Schöpfung[112] macht sich nach den Vorstellungen des
armen Hartman nach seinem Fall als Gegenspieler Gottes im
Kampf um die Menschenseele, aber auch als störender Faktor,
als Quelle ständiger Disharmonie und Verwirrung und als Un-
ruhestifter innerhalb der Schöpfungswelt bemerkbar. Diese
'unmâze' des Teufels, obwohl begrifflich in der Rede vom
Glauben nicht vorhanden, läßt sich mehrfach nachweisen.

Der Teufel lärmt gegen Gottes Ordnung und Gott selbst ('breh-
ten' 653), aber so sehr er auch dieses Lärmen und Schreien
steigert ('ubirbraht' 67o), die 'goteliche craft', die sich
im Kreuzesopfer Christi dem Teufel zum Kampf stellte, hat
ihn besiegt (668ff.). Die 'goteliche craft', insbesondere
seine 'irbarmicheit' (616), besiegte die große 'archeit'
(615) des Teufels. Der Teufel wird als von Natur aus böse,
schlecht und übelwollend gekennzeichnet ('ubil' 11; 5oo; 52o;
3794; 'bose' 53o; 6o4; 672; 'bosheit' 539), zeigt sich gemäß
christlicher Tradition als 'trache' (519), 'getwas' (53o),
'Leviathan' (6o3; 644), 'slange' (627), 'walvisc' (645) und
'lewe wilde' (938). Da dem Satan alle 'gute' zuwider ist
(54o), versucht er ständig, mit 'boser gewalt' (672, vgl.
damit die gute 'gewalt' Gottes, z.B. 513) die Menschen zu
verführen, besonders mit 'lugene unde valsc' (538). Damit
hatte er schon Adam verleiten können (833ff.), und er stellt
auch jetzt den Menschen ständig nach (937-5o), lügt und
macht sie damit an Gott irre (1296), um sie desto leichter
zu Fall bringen zu können ('senken' 1o97; vgl. dazu
1137 'der zwivel uns aber senket' - die Menschen geraten in
Zweifel, und in dieser 'turbatio' kann Satan sie leicht

---

[112] Luzifer hatte das göttliche Gebot übertreten und wurde
aus dem Paradies verstoßen (523ff.), vgl. Apoc 12,9.

verführen). Lüge und Trug widersprechen der göttlichen
'warheit', die von Hartman häufig hervorgehoben wird. Gerade weil alle Dinge des Kosmos göttliche 'maze' und 'craft'
erhalten haben, erscheint das satanische Tun als anmaßend,
in dem es das Maß aller Dinge von sich aus bestimmen will und
es damit in ein Unmaß verkehrt. Die Umkehrung der Wahrheit in
'bosheit' und 'lugene' ist Zeichen des satanischen Willens
zur 'perversio' der göttlichen Weltordnung.

Die Maßlosigkeit menschlichen Tuns

In des armen Hartman Rede vom Glauben wird maßloses
menschliches Tun in zweifacher Hinsicht vorgeführt: bezüglich
der menschlichen Sinne und bezüglich des Verhältnisses zum
Mitmenschen. Beidemal übersieht der Mensch dabei, daß Gott
ihm 'sin gebot', 'sine e' (464ff.) gegeben hat, die er nicht
'ubir ge(n)' darf (466).

(1) Hartman warnt den Christen vor unmäßiger Wollust:

wande des fleiscis wollust   daz ist der sele verlust,
    swer si ubit zo ummaze   unde si durch gote nit newil
                      laze(n).   (2493-96)[113]

In vorbildlicher Weise haben Jungfrauen und Jünglinge ihre
Sinne beherrscht ('ir lib si dwungen' 2992), indem sie mit

---

[113]Auf einen logischen Widerspruch innerhalb dieses Zitats
  hat Eichler aufmerksam gemacht: aus der Aufforderung, daß
  man sich der Wollust nicht unmäßig hingeben soll, resul-
  tiere, daß maßvoll begrenzte Begierden zulässig seien. Das
  werde aber in 2496 wieder eindeutig verneint: hier werde
  "die Unterdrückung allen Begehrens als höherer Wert hingestellt" (S.42). Es ist zu bezweifeln, daß dem Dichter
  dies als Widerspruch bewußt war. Dem armen Hartman er-
  mangelte es sicherlich an großer Gelehrsamkeit und syste-
  matisch-logischer Schulung, wie sie modernen Ansprüchen
  gerecht wird. Er hatte ohne Zweifel eine eindeutige Verurteilung sinnlicher Genüsse zum Ziel, aber nicht, wie
  G. Müller gezeigt hat, aus "absoluter", sondern aus "re-
  lativer" Verachtung der Weltfreude (Gradualismus, S.
  7ooff.; Rupp, S. 2oof.).

Gebet, Wachen und Entbehrungen 'widerstunden der unreinen
sunden,/ den fleisclichen lusten under irn brusten' (2995-
98). Der ewige Streit zwischen Fleisch und Geist ('michil
strit' 3oo1; 'urluge in alle zit' 3oo2) wurde von ihnen mit
einem Sieg über das 'fleisc' (2999) beendet,[114] wie man ja
mit Hilfe des Geistes der Wollust Widerstand leisten soll
(3oo3ff.), um die Seele nicht an die Hölle zu verlieren. Man
soll es nicht so weit kommen lassen, daß man vor Gott bekennen muß:

> ... ich ouch nit nevermeit
> di unreinen fure   mit ubirhure,
> mit huregluste   in miner bruste. (1782-86)

Abgesehen davon, daß die Präfixe 'un-' und 'ubir-' in 'unreine' und 'ubirhure' als solche schon ein Verlassen des von
Gott gesetzten Maßes ausdrücken, ist eine maßlose Hingabe
an die Freuden der Welt sündhaft, weil sie mit dem Verlust
der Seele erkauft wird (vgl. auch 2475-88). Wollust und
Hurerei führen vom Ziel des menschlichen Lebens, der Erlangung des Seelenheils, ab.

(2) Dasselbe tun auch übermäßiges Essen und Trinken, weil
sie ausschließlich den Sinnen dienen. Der Sünder bekennt:

> Ich sunte zummaze   mit ubiraze,
> mit ubirtranke,   bose sint mine gedanke. (1787-9o)

Ein Leben in Hülle und Fülle mit reichhaltig gedecktem Tisch
läßt den Menschen schnell seine Seele vergessen (2455-74),
weil seine Gedanken eitel und der Welt verhaftet sind (2468).
Um dieses zu vermeiden, erleidet der Einsiedler freiwillig
Hunger, Durst und die Widerwärtigkeiten eines Lebens in Armut. Er ernährt sich lediglich von 'wazzer' und 'crut'
(3143) im Gegensatz zu den 'semelen', zu 'fleisc', 'visc',
'mete', 'win', 'moraz' und 'lutertranc' des Prassers (2457ff.).

---

[114]Vgl. 1 Petr 2,11; Gal 5,17 u.a.

Des Christen wahre 'libnare' (933) sind Christi 'fleisc
unde blut' (931); Christus hat das Altarssakrament eingesetzt, indem er Brot und Wein in sein Fleisch und Blut verwandelte (981-1o22). Gott selbst heiligte vom Himmel her
diese wahre Speise des Christen (959ff.), und die Menschen
sind angehalten, das Trinken und Essen des verwandelten Bro-
tes und Weines zu Christi Gedächtnis fortwährend zu wiederholen (1o43-52). Wer derart lebt, hat Aussicht, nach einem
Gott wohlgefälligen Leben dereinst im 'himeliscen Jherusalem'
(3093) von Christus selbst als dem göttlichen Truchseß
(3079) mit dem 'allirbezisten lit' (Obstwein; 31o3) und mit
Manna[115] bewirtet zu werden: nämlich mit dem ewigen Leben,
das Begriffe wie Hunger und Durst nicht kennt (3o97). Aber
schon im irdischen Leben soll sich der Mensch vor egoistischer
'ubiraze' und 'ubirtranke' hüten; er soll sich vielmehr gemäß
den Lehren der Bergpredigt bemühen, daß er 'di hungerigen ...
aezet' und 'di durstigen ... trenket' (169of.), was der
reiche Prasser im Lazarus-Gleichnis beispielsweise nicht getan hat (27o9f.).

In gleicher Weise sind Diebstahl, Lüge, Betrug, Raub, Brandschatzung, Mord, Meineid, Bedrängung von Witwen, Waisen und
Armen, Verhöhnung des geistlichen Standes und Ausplünderung
der Gotteshäuser Ausdruck der 'unmâze' in der Lebensführung

---

[115] Dieses 'manna absconditum' (896) 'ubirtriffit alle suze'
(899). 'Ubir-' drückt hier kein negatives Unmaß aus, sondern, weil es im religiösen Bezug steht, ein Höchstmaß
an Verheißung für den Menschen. Die 'suze' bewirkt Freude (9o8), Gesundheit (9o8) und endlose Wonne (9o9f.).Im
Gegensatz von 'suze' und 'sur' und ihrem geistlichen Be-
deutungshintergrund spiegelt sich die Antithetik zwischen
Himmel und Hölle, Gott und Teufel, ewiger Freude und
ewiger Qual (z.B. 3o8; 492; 812f.; 2131; 2142; 2492). Zur
Verwendung des Adjektivs "süß" im spirituellen Sinne s.
F. Ohly, Geistige Süße bei Otfried, in: Typologia
litterarum. Festschr. für M. Wehrli, hsg. von S. Sonderegger, A.M. Haas und H. Burger. Zürich, Freiburg i.Br.
1969, S. 95-124.

(vgl. den Lasterkatalog 1775-1808). Der Mensch soll für die
'michil ere' (2490), für ein Leben in irdischen Genüssen und
für weltliche Güter nicht seine Seele verkaufen, denn damit
hätte er das rechte Maß verloren: die Seele ist mehr wert als
tausend Jahre auf dieser Erde in machtvoller Position (2497-
2510).

Der 'ubirmut' des Menschen ('superbia')

In frühmittelalterlicher Dichtung tritt die Hauptsünde der
'superbia' häufig dergestalt in Erscheinung, daß das rechte
Verhältnis des Menschen zu dem ihm von Gott zugeordneten
Platz in der Schöpfungsordnung in irgendeiner Form gestört
wird. Der sündhafte Mensch kann nicht nur seinen 'gradus'
bewußt aufkündigen, er kann schon dadurch, daß er innerhalb
des geistlichen 'ordo' der Kirche bestimmte ethische Gesetze
übertritt, den christlichen 'ordo' bewußt oder unbewußt miß-
achten. Es entsteht eine 'superbia'-Haltung, und sie kann,
insbesondere in speziellen ethischen Anwendungsbereichen, mit
einer geistlich verstandenen 'unmâze' identisch werden.[116]

Diese 'unmâze' in bezug auf den 'ordo' wird vom armen Hartman als eines der Grundübel des Menschen angesehen. Es sind
besonders 'grozer werltlicher rum' und 'micheler richtum'
(2393f., auch 2543),[117] die zum 'ubirmute' führen, ja, sogar
zur Auflehnung gegen Gott, indem sich das Herz 'wider gote
irhebit' (2398). Der Mensch tut dann 'neheine gute' mehr,
denn 'ubirmut' und 'gute' schließen sich aus (2399f.; 2544ff.;

---

[116]Diese umfassende geistliche Bedeutung von 'ubirmut' ist
in dem einseitig auf Temperamentsqualitäten eingeengten
nhd. Begriff "Übermut" nicht mehr wahrnehmbar.

[117]Dies sind Güter und Unwerte, denen auch die Sünderheiligen
Theophilus und Petrus Thelonarius erlagen (1929f.; 2023f.).
Afra konnte sich der Verführung durch diese Güter er-
wehren (2247ff.).

2695f.), und verdrängt Gott aus seinem Bewußtsein mit der
Folge, daß er seine Seele verliert (24o2; 2464).

Der 'ubirmut' erscheint dem armen Hartman als so mächtig,
daß er ihn personifiziert:

                              ... ubirmut owe,
    wi tiefe du si alle vellest, zo den du dich gesellest.
    din lon daz ist bose, du nemaht si niht irlose(n).
    mit den du wirdist funden in ir jungisten stunden,
    dem tuvele du si alle gates, neheiner gnaden du in ge-
                          states. (2556-64)

Im Unterschied zu Gottes Lohn gibt der 'ubirmut' einen
'bosen' Lohn. Er ist der Gehilfe des Teufels, indem er die
Menschen der Hölle zuführt. So ist die Ursünde Luzifers auf
den 'ubirmut' zurückzuführen (vgl. 2565-68).[118]
Seitdem ist er den Menschen 'freislich' (2569): er bringt
ihnen das Verderben der Hölle und wiegelt sie gegen Gott
auf (ausgedrückt durch das swv. 'unreinen' 2572). Der 'ubirmut' ist so stark, daß Gott selbst gegen ihn eingreifen muß,
aber er besiegt ihn:

    Got eine der ist gut,   er verdruckit allen homut.
    al ubirmut er nideret, al unreht er wideret. (2551-54)

---

[118] Rupp wies darauf hin, daß Adams Sündenfall beim armen
Hartman bezeichnenderweise "eine Folge des Ungehorsams
und nicht der 'superbia'" sei (S.197). Jedenfalls miß-
achtete Adam das zwischen Gott und dem Menschen gesetzte
Maß. Adam hätte Gott vertrauen und gehorchen sollen (823);
durch seine Sünde wurde die Menschheit 'erbelos' (622).
Erst Christus, der neue Adam und Antitypus, erlöste die
Menschheit von diesem Fluch (768f.). - In der Mittel-
fränkischen Reimbibel hingegen (Maurer I, Nr. 3, S.95-
168) wird Adams Sündenfall ursächlich auf seine 'superbia'
zurückgeführt: 'her wolde sich gode gemazen: thure then
overmot wart her verstozen' (C 45f.). Adam wollte das Gefüge der Schöpfung dadurch stören, daß er einen höheren
'gradus' erstrebte (C 44); zur Strafe wurde er erniedrigt
und aus dem Paradies verstoßen. Nicht einmal den Aposteln
(im folgenden Beleg: dem hl. Paulus) kann sich der einfache Christ 'gemâzen' (Lit.S 600; ähnlich Lit.G 539;
Maurer III, Nr. 51, S. 124-251).

Gott wehrt den anmaßenden Anspruch des 'ubirmut' erfolgreich ab.[119]

Das 'arbeit'-'lôn'-Verhältnis

Im Bezug des Menschen zu Gott, der durch die häufige Erwähnung der 'minne' des Menschen zu Christus, seinem 'lieben herren' (191), einen verinnerlichten Grundton erhält, gebraucht der arme Hartman auffallend viele Begriffe aus der Rechtssprache,[120] speziell aus dem Lehnswesen. Wie der Dienst-

---

[119]In dem 'bispelle' vom Reichen und vom armen Lazarus (2683ff.) ist der 'ubirmut' ebenfalls die Ursache der Unbarmherzigkeit des reichen Mannes (2695).Infolge des 'ubirmutes' verliert er Gottesfurcht und Nächstenliebe als Barmherzigkeit gegenüber den Armen, nach Auffassung des armen Hartman zwei wesentliche Bedingungen für die Gewinnung des Seelenheils, die immer wieder zusammen genannt werden (1609f.; 1681f.; 2697f.; 2771f.; 3725f.). Rupp weist auf das Lazarusgleichnis bei Hrabanus Maurus, Hom. in Evang.77 (PL 11o, 284ff.) hin, das natürlich, ebenso wie der Beleg in der Rede vom Glauben, auf das NT zurückgeht (S.173).

[120]Auffällig ist zunächst die häufige Verwendung von adj. und subst. 'reht' (z.B. 2o3; 266; 497; 611; 642; 697; 757; 822; 1o32; 1o58; 1212; 1213; 1216; 1237; 1248; 126o; 1315; 1493; 1533; 1548; 16o7; 1716; 1811; 1816; 1875; 1958; 2o69; 2146; 2361; 2372; 2618; 2622; 2637; 2643; 265o; 2654; 2671; 2961; 2968; 3639; 3749), wobei 'reht' einen breiten Bedeutungsfächer besitzt: 1. heilsgeschichtlich gut und notwendig, 2. heilsgeschichtlich richtig und wahr, 3. rechtmäßig im Sinne des christlichen 'ordo', d.h. gerecht, 4. allgemein: gutzuheißen, recht. Im Gegensatz dazu sind die 'unrehten' stets die Ungläubigen und die Sünder (z.B. 483; 1435). Das 'reht', die Glaubenswahrheiten, sind der Rechtshintergrund des göttlichen 'riche' (13oo; 1617; 1623; 1883; 2348; 3646).Nicht nur auf das Verhältnis Gott - Mensch, sondern auch auf die göttliche Trinität werden irdische Rechtsbegriffe projiziert: Christus ist 'gettelinc' und 'genoz' des Vaters (2oo-2o4). Außerdem ist Christus Himmelskaiser (3065; 3767) am 'uberisten hove' (3062), umgeben von der himmlischen 'herscaf' (3679). Christus erfüllt für seine 'husgenozen' (3059) und 'heiligen gesedelen' (145o) sogar das Amt eines 'truhtsaeze' (3o79) und 'wirt' (3119). Er kämpft mit seiner 'gotis scare' (3o3o; 3o37) als 'venere' (3o36) in einem großen 'volcwige' (3o31) gegen den Teufel; er ist der 'fridescilt' vor den 'vienden' (3128) und wird den Kampf gewinnen (3o51). Die Belege zur Rechtsterminologie ließen sich noch vermehren.

mann bzw. Ministeriale seinem Dienstherrn zu verschiedenen
Dienstleistungen verpflichtet war, so hatte er auch Anspruch
auf 'lôn', Schutz und Hilfe. Der Lohngedanke ist zwar in vielfältiger Weise schon im NT nachweisbar (Gleichnis vom Wein-
berg, von den Talenten u.a.), doch hat die religiöse Dichtung
begrifflich und strukturell in starkem Maße auf das Lehnswesen
zurückgegriffen, ähnlich wie der Minnesang dieses soziologische
Grundmuster für sich fruchtbar machte.[121]

Der arme Hartman spricht es deutlich aus:

> daz lon wirt dir bereite   nach diner arbeite,
> iz si ubil oder gut,   als der mensce hie getut.
>
> (2529-32)

Der Mensch wird nach dem Maß seiner Anstrengungen und Kämpfe
gegen die Sünde und für ein Leben im christlichen Glauben im
Himmel entlohnt werden. In 3681-88 findet sich der gleiche
Gedanke in ähnlicher Formulierung.[122] Man soll seinen Schatz
nicht in der Welt, sondern bei Gott sammeln.[123] Denn Gott ver-
waltet ihn verläßlich und gut (2573ff.):

---

[121] Eine weitere Parallele zum Minnesang besteht darin, daß
die Augen in der Beziehung zwischen Gott und Mensch eine
wichtige Rolle spielen, ähnlich wie sie im Minnesang die
Liebe zum Herzen weiterleiten (vgl. 57; 135; 1146; 1438;
1571f.; 1764; 2137ff.; 2386; 3753). Auf die unterschiedliche Funktion der Augen in den angeführten Belegen kann
hier nicht eingegangen werden.

[122] Vgl. ferner: 'arbeit' 3069; 3177; 'lon' 3183. - Vgl. Maria
A 4370-73: 'got maz im / Herodes / mit dem mutte / der
vnsaelden also vil / daz er mohte dehain spil / beschowen
ovf der erde' - hier mißt Gott eine bestimmte Strafe zu.

[123] Nach Mt 6,20 (Rupp S.173).

er ist gnaedic unde gut,   swer durh in iwit tut
niwit er des vergizzet,   vil garwe erz widermizzet
alliz in sinen scoz,   iz si luzzil oder groz (2581-86).

Gott vergißt keine 'arbeit' des Menschen, und sei sie noch
so gering. 'widermezzen' heißt messend vergleichen, gleich
messend zurückgeben, vergelten.[124] Gott vergilt und lohnt
nach dem Maß der Anstrengung, der 'arbeit'. Nach dem gleichen
Maß verzeiht er dem reuigen Sünder:

got der wil lazen   der sunde di maze
einem iwelen menscen   al nach sinen gensten,
als er ze gote minne hat   unde sin gloube zo zime stat
unde ime sine sunde ruwen   unde er gote wil getruwen.
(2189-96)[125]

An folgenden weiteren Stellen taucht der Lohngedanke in Verbindung mit dem Verdienst des Christen auf Erden auf:
1208; 1557ff.; 1617; 1912; 1948; 2360; 2901; 2945; 3007;
3157; 3183; 3210.

β) Zur Funktion der 'mâze' in der "Rede vom Glauben"

Der arme Hartman will mit seinem Traktat dem unterweisungs-
bedürftigen Christen zeigen, wie er 'an der sele genesen'
(1; 926; 1908; 2108) kann, um das ewige Leben zu gewinnen
(2; 54; 1744). Dieser praktischen Zielsetzung entspricht der
Verfasser mit konkreten Ratschlägen. Das Credo als Rahmen
benutzend, auf das Meßopfer erläuternd eingehend, in dem ja
das Credo gesungen wird, und die Glaubensaussagen über den
Heiligen Geist zu fünf "Räten" belehrenden, aber auf die Alltagspraxis abgestimmten Inhalts ausweitend, schafft er ein
religiös-ethisches Bezugssystem, das in seinen Grundzügen
zu skizzieren ist, um die Funktion einer Maßvorstellung im

---

[124] Ebenso Wien.Ex.570; Milst.Ex.126,36 (vgl. Ex 3,11f.).

[125] Nach Rupp (S.168) geht der Gehalt dieser Stelle auf
Lc 7,47 zurück.

weitesten Sinne in ihm zu erkennen.

Das Gott-Vater-Bild liefert den Grund der ganzen Schöpfungs-
wirklichkeit. Christus als der Mittelpunkt des heilsgeschichtlichen Prozesses rettet durch sein Kreuzesopfer den
erlösungsbedürftigen Menschen vor dem Teufel, unterstützt
von der 'list' (43; 1664) des 'allir meistere bezist', nämlich des Heiligen Geistes, der die verläßlichste und beste
Kraftquelle im konkreten Bemühen des Christen um das Heil
darstellt. So wird der Heilige Geist hier nicht in seiner pneu-
matischen Funktion gesehen, sondern er tritt als praktischer
Ratgeber des Menschen hervor. Seine fünf Räte werden jedesmal
von der Formel 'Diz ist des heiligen geistis rat: swer so
den mit ime hat' eingeleitet (1679f.; 1717f.; 1751f.; 2369f.;
2883f.; dann auch 2923f.; 2987f.; 3129f.; 3167f. und 3193f.).
Die Schlußformel nach jedem Rat lautet:

> diz meisteret alliz allir meist der vil heilige geist.
> der ist zerist unde ze lezist   allir meistere bezist.
> der meisteret alle di dinc   di da gut unde reht sint.

So in 1711-16; 1745-5o; 2349f. (verkürzt); 2873-78 (mit
Zusatz); dann auch 1919-24; 21o9f.; 2233f.; 2917-22 und
2983f.

Der 1. Rat (1679-1716) empfiehlt die Werke der praktischen
Nächstenliebe und Barmherzigkeit, wie sie größtenteils die
Bergpredigt lehrte (Gottesfurcht, gute Werke, Almosen, Ver-
meidung des Neides, Speisung der Hungrigen, Tränkung der
Durstigen, Kleidung der Dürftigen, Bewirtung der Armen, Pflege
der Kranken, Tröstung der Gefangenen usf.).

Der 2. Rat (1717-5o) legt dem Menschen nahe, in christlicher
Geduld und Güte seine Feinde zu lieben, Verzeihung zu üben
und für sie zu beten, Böses nicht mit Bösem zu vergelten, um
das ewige Leben nicht zu verlieren.

Im 3. Rat (1751-2368) fordert der arme Hartman zur Bereuung
der Sünden und zur Buße auf. Er führt dabei das fiktive Bekenntnis eines reuigen Sünders in Einzelheiten vor, der Gott
um Frist für die Buße bittet. Danach folgen die Viten von
sechs Sünderheiligen: der gute Schächer am Kreuz (1837-1924),
Theophilus (1925-2ooo), Petrus Thelonarius (2oo1-2112), Maria
Magdalena (2113-2236), Afra (2237-2262) und Maria Egiptiaca
(2263-2352). Diese Einlagen sind 'bilede', Beispiele für die

Wirkung von Gottes Gnade bei einem reuigen Sünder; sie geben
'urkunde' (2257), daß ein Sünder bei rechtzeitiger Reue und [126]
Buße von Gottes Barmherzigkeit nicht im Stich gelassen wird.

Im 4. Rat (2369-2882) wird vor der Hingabe an die Welt, an
Ruhm, Besitz und irdische Güter gewarnt. Zur Veranschaulichung
wird wieder ein fiktives Ich-Bekenntnis eines in Gottferne
lebenden, alle irdischen Genüsse durchkostenden, aber schließlich einsichtigen Menschen vorgeführt; ferner wird das 'bispel'
vom armen Lazarus erzählt.

Der 5. Rat (2883-3223, wo er abbricht) mahnt, aus der Einsicht in das sündhafte Leben und die Nichtigkeit der Weltdinge
die notwendigen Konsequenzen zu ziehen. Er führt in ge-
staffelter Form Beispiele tugendhaften, Gott wohlgefälligen
Lebens auf (Bischöfe, Äbte, Mönche, Priester, Jungfrauen,
Jünglinge, Einsiedler und Laien).

Rupps ins einzelne gehende Analyse der Tugendvorstellungen
und ethischen Begriffe in der Rede vom Glauben[127] macht deutlich, daß alle Tugendbegriffe in einem religiösen Bezug stehen.
So kommen beispielsweise die meisten der genannten Tugenden
nicht dem Menschen, sondern dessen Tugendvorbild Christus zu.

---

[126] Zu den sechs Sünderheiligen vgl. E. Dorn, Der sündige
Heilige in der Legende des Mittelalters. München 1967.
Die Sünde des Schächers am Kreuz wird von Hartman nur
vage umschrieben: 'missetete' (1899). Die Räuberei, die
Sünde des Dismas, wird nicht erwähnt. Der Teufelsbündler
Theophilus verkaufte um weltlichen Ruhmes und Besitzes
willen dem Teufel seine Seele (vgl. Faustsage) und wider-
sagte Gott. Petrus der Zöllner strebte ebenfalls maßlos
nach den Weltgütern ('wuocher' 2o22, 'ruom' 2o23, 'richtuom'
2o24). Nach seiner Bekehrung verkaufte er sich selbst für
3o Silberlinge und habe so zur "typologischen Überwindung
der Figur des Judas" (Dorn S.14o) beigetragen. Maria
Magdalena war 'von sibin tuvelen' besessen (2117), sie war
'ein vil sundic wib' (212o), 'unreine' (2168), ihre Sünde
besteht in Wollust und Unzucht. Das 'uppich wib' (2239)
Afra sündigte durch Hurerei und Wollust. Maria Egiptiaca
war ebenfalls eine Hure (228o). Gemeinsam ist allen
ihren Sünden die Verkehrung des 'ordo': anstatt Gott zu
dienen, verloren sie sich in der Hingabe an die Dinge
dieser Welt. Doch wurden die Sünder schließlich mit Gottes
Gnadenhilfe zu Heiligen.

[127] S. 194-2o9.

C h r i s t u s besitzt 'mildichheite' (787), 'staete'
(12o1), 'gute site' (1945; 2357), 'gedolt' (13o7; 3771; auch
666; 1848), 'otmute' (1944; 2356); im Kampf gegen Satan ist
er hervorragend mit 'listen' (221; 431; 625; 639; 2o54) und
'wizzen' (235) ausgestattet, wie er überhaupt, im Gegensatz
zum lügenhaften und betrügenden Teufel, die 'warheide' selber
ist (788; 972; 1157; 1514). Blut und Wasser, die aus der Seite
des Gekreuzigten fließen, wuschen 'der werilde laster' (1o4o)
ab. Im Reichtum an Tugenden übertrifft Christus alle, er ist
'herre allir tuginde' (1566; 3o66; 3768). An zahlreichen Stellen wird seine 'gotis ere' hervorgehoben.[128] Auch für den
Heiligen Geist und Gott Vater lassen sich zahlreiche Tugenden
nachweisen. G o t t V a t e r ist 'getruwe' (258o), er
besitzt 'othmut' (84), 'wizze' (95), 'gedult' (99f.), 'list'
(1o4) und 'irbarmicheit' (616; 1613). Und auch dem H e i -
l i g e n G e i s t , dem Meister der 'liste', werden Tugenden zugesprochen. Er ist der große Tugendlehrer des Menschen:
nicht nur zu 'othmute' (1674) und 'staetem' Bemühen um alle
guten Dinge rät er, sondern auch zu den zahlreichen praktischen
christlichen Tugenden, wie sie in den fünf Räten aufgeführt
werden. Der C h r i s t soll sich mit Hilfe der Tugenden um
ein rechtes Verhältnis zu Gott bemühen: durch Gehorsam (6;
894; 3777), 'getruwes' (1666; 2196; 2229; 3723) und 'staetes'
Verhalten (3795) und natürlich durch festen Glauben, ver-
trauende Hoffnung und die 'gotes minne' (vgl. dazu Rupps Analyse). Als nur weltliche werden die Tugenden negativ gesehen
(wie z.B. die 'werltliche ere'), weil sie von Gott weg oder
sogar direkt zur 'superbia' führen. Rupps Grundthese lautet,
daß in der Rede vom Glauben k e i n "kategorischer contemptus
mundi" vollzogen werde, sondern daß es darin anstatt um Verneinung der Welt vielmehr um die rechte Stellung zu ihr
gehe (S.199). In diesem Ringen um die "richtige Ordnung der

---

[128]Vgl. Rupps Untersuchung des 'ere'-Begriffs S. 197f.

Welt und im Leben des einzelnen Menschen" (S.2o1), "um das
richtige Verhältnis von Gott und Mensch, um die rechte
Ordnung der Werte und des menschlichen Lebens" (S.2o2) kommt
der 'mâze' eine nicht unwichtige Aufgabe zu.

Aus den Einzelinterpretationen der 'mâze'-Belege wurde deutlich, daß alle wichtigen Faktoren des Hartmanschen Weltbildes, also Gott, die göttliche 'sapientia', die Schöpfung,
der in der Gefahr der Vermessenheit stehende Mensch, der
vermessene Teufel und das in diesem Spannungsfeld stehende
menschliche Tun, von Maßvorstellungen durchdrungen sind. (Doch
sind sie nicht immer, wie betont wurde, in den Begriffen der
'mâze'-Sippe artikuliert). Der wohl gewichtigste Beleg weist
'mâze' als der Schöpfung inhärentes Strukturgesetz göttlicher
Herkunft aus (religiös-kosmologische 'mâze'). Sechs der zehn
Belege der 'mâze'-Wortfamilie in der Rede vom Glauben beziehen sich auf Gott (119; 211; 292) und sein Verhältnis zum
Menschen (923; 219o; 2584), drei auf menschliches Tun im
sündhaften, negativen Sinne (391; 1787; 2495) und einer auf
menschliche Tätigkeit ohne ethische Bedeutung (392), aber in
verdächtiger Weltzugewandtheit. Schon daraus ist die Durch-
drungenheit der Wortfamilie mit religiös-christlichem Gehalt
ersichtlich. Im weltimmanenten, menschlichen Bereich hat sich
'mâze' nicht zu einem ethischen Regulativ herausgebildet;
lediglich ihr Oppositum als Vermessenheit und 'unmâze' lebt
im Bewußtsein der Menschen, und zwar als theologischer Ausdruck der Gottferne, nicht als eigenständiger ethischer Wert.
Die 'mâze' vermochte sich als binnenmenschlicher Wert nicht
zu verselbständigen, weil ja Gott den Mittelpunkt des Menschenlebens bildet und somit jede ethische Grundbeschaffenheit
bestimmt. Der Mensch soll sein Leben asketisch auf Gott hin
ausrichten und es, ähnlich wie bei Heinrich von Melk, 'mit
geistlichen zohten' (1192) zu vervollkommnen trachten. Dem
armen Hartman geht es darum, nur Gott zu gefallen, Gott vor

allen übrigen Dingen zu lieben. In diesem 'ordo caritatis'
hat die Weltliebe lediglich als abzulehnende Gegenposition
ihren Platz. Die Spannung zwischen diesen zwei Polen ist aber
noch nicht so stark, daß ein ausgleichendes Prinzip sich begrifflich ausprägen müßte. Als jedoch ein halbes Jahrhundert
später Hartmann von Aue, Wolfram von Eschenbach und Walther
von der Vogelweide darum rangen, Gott u n d der Welt zu
gefallen, bekam die 'mâze' eine ganz neue ethische Bedeutung.
Beim armen Hartman spiegelt sie stets nur den theologischen
Bezug zum christlichen 'ordo'. Die enge Verwandtschaft der
menschlichen Vermessenheit mit der Ursünde 'superbia' ist in
der Rede vom Glauben ebenfalls offenkundig.

Das stf. 'mâze' hat in den drei Belegstellen unterschiedliche
Aussagequalität; auf die Bedeutung von 292 wurde bereits hingewiesen. Der Beleg 'di maze' (219o) ist nicht überzubewerten,
da er adverbialen Charakter hat ("in der Art, daß; in dem
Maße, wie"). Faßt man im dritten Beleg (923) 'alle di maze'
als zweites Akkusativobjekt auf, wie Rupp (S.2oo) es in Anlehnung an von der Leyens Ausgabe tat (durch ein entscheidendes
Komma hinter 'wisheit', das Maurer in seiner Ausgabe nicht
setzt, abgetrennt!), so bekommt 'maze' ein wesentlich stär-
keres Gewicht: "... das Nach-der-'maze'-Leben des Menschen
ist festgelegt in Gottes Worten", dann folgt das Zitat 922-26.
Demnach wäre die dem Menschen von Gott in der Heiligen Schrift
vermittelte 'maze', mit der sie als Apposition innerlich verbunden wäre, ein wichtiges, normgebendes ethisches Prinzip,
denn sie bestimmte ja, was der Mensch als Geschöpf Gottes tun
und lassen soll. Es liegt aber auch im Bereich des Möglichen,
'maze' lediglich als Synonym bzw. Stützwort für das Akkusativobjekt 'wisheit' aufzufassen, das heißt als formalen Begriff,
der bestimmte inhaltliche Bedeutungen, wie hier zum Beispiel
'wisheit', vertreten kann.

Ich neige dazu, nach Maurers Text zu lesen und 'alle di maze'
nicht als Objekt, sondern, ähnlich wie 'di maze' (219o), als
modale adverbiale Wendung aufzufassen (etwa "dermaßen, in dem
ganzen Maße, wie; in dem Umfang, wie; dergestalt, daß"), und
zwar aus zwei Erwägungen heraus. Einmal legt der parallele
temporale adverbiale Ausdruck 'di wile' (925) eine solche Auffassung nahe, und zum anderen ist zu bedenken, daß im ganzen
Abschnitt die 'wisheit' dominiert, die den Menschen zum Seelenheil führen soll. Durch ein zweites, nebengeordnetes Akkusativobjekt, das nicht im oben beschriebenen Sinne ein Stützwort
wäre, würde ihre Bedeutung eingeschränkt und durch einen Begriff ergänzt werden, den der Dichter seinem Publikum bisher
inhaltlich nicht erläutert hat. Sollte man das dem didaktischen
Geschick des Dichters zutrauen dürfen? Oder war 'maze' als
theologisch bestimmter Begriff einem Laienpublikum schon so
geläufig, daß er keiner Erläuterung bzw. Paraphrasierung bedurfte?

Implizit ist schließlich die Vorstellung der 'mâze' in der
Sündenangst in des armen Hartman Traktat enthalten. Rupp weist
darauf hin, daß Hartman um die Gefahr der 'desperatio' wisse,
daher sehr oft zum Vertrauen in Gottes Gnade aufrufe und vor
'zwivel' und 'desperatio', besonders in den 'exempla' der Sünderheiligen, warne.[129]

b) 'mâze' als heilsgeschichtlicher 'ordo'-Begriff (Wilder
Mann, Veronica)

Indem der arme Hartman zum Ausdruck bringt, daß Christus die
Schöpfung nach der 'maze' (292) ausrichtete, hebt er den kosmologischen, auf das Ordnungsgefüge des Weltganzen bezogenen
Aspekt der 'mâze' hervor. Er steht mit einem Gott zugeschrie-
benen 'mâze'-Begriff nicht allein in der frühmittelhochdeutschen Literatur.

---

[129]Rupp S.2o4f.

Eine gottbezogene 'mâze' kennt auch der Wilde Mann, ein
niederrheinischer Geistlicher, in seiner Dichtung "Veronica"[130]
(etwa 117o), aber nun nicht als ein das Schöpfungsganze durch-
wirkendes, von der göttlichen 'sapientia' geprägtes Maßprinzip
wie in Hartm.Gl.292, sondern als einen 'ordo'-Begriff in betont
heilsgeschichtlicher Sicht.

Nachdem der Wilde Mann Gottes Beistand für die Abfassung seiner
'rede' angerufen hat, fährt er, indirekt seine Zuhörer an-
sprechend, fort:

58 so weme do gnuoget di hat ginuoch,
   unde swer sich mit rehter maze treget,
6o dem inwirt niht widersaget.
   wan got alliz mit der maze vollebrahte
   dat uns di propheten voresahten.

Dem Wilden Mann geht es darum, mit seiner 'rede' wenigstens
einen Menschen Gott zuzuführen (56), und zwar mit Hilfe der
'buoch' (57), der christlichen Lehre, deren Vermittlung er sich
von Gott selbst wünscht (55). Als Verkünder des Christentums
tritt er mit bescheidenen Ansprüchen an seine Bekehrungsauf-
gabe heran, seiner eigenen Schwäche und Sündhaftigkeit einge-
denk (er selbst war schon einmal der 'idilkeide' verfallen,
54). Die gleiche Bescheidenheit erwartet er offensichtlich von
seinen auf Unterweisung angewiesenen Zuhörern, die, so läßt es
Vers 58 vermuten, auch dann einer für sie ausreichenden Hin-
führung zu den christlichen Lehrinhalten sicher sein können,
wenn sie diese mit Genügsamkeit und maßvoller Zurückhaltung
abwarten. Der Mensch, der sich von 'rehter maze' (was hier so-
viel wie "zuversichtliche, vertrauensvolle Bescheidung in
Gottes Ordnung" meint) leiten läßt, wird nicht enttäuscht werden. Das Vorbild für ein Betragen nach 'rehter maze' sieht der
Wilde Mann in Gott selber (vgl. die Konjunktion 'wan' in 61,
die die Aussage vom menschlichen und göttlichen Ausüben der
'mâze' in einen grammatischen und inhaltlichen Bezug bringt).

---

[130]Maurer III, Nr. 57, S.49o-531.

In der Verwirklichung der prophetischen Voraussagen, in dieser
umfassenden heilsgeschichtlichen Bedeutung also, ließ Gott
sich bei der Erfüllung des Erlösungsgeschehens (denn dies ist
mit den alttestamentlichen Prophezeiungen gemeint) bei allem
Tun (vgl. das Akkusativobjekt 'alliz' 61) von 'mâze' leiten.

Eine präzise Bestimmung der Bedeutung von 'mâze' in diesem
Beleg ist schwierig. Wollte man die Interpretationsrichtung
schlicht analogisch von der 'rehten maze' in V.59 bestimmen
lassen, so käme man zu der Bedeutung "Bescheidung, Sich-Fügen,
Geduld, Beharrungsvermögen" oder dergleichen. Mit Hilfe dieser
Tugenden verwirklichte Gott die prophetischen Voraussagen: er
wurde Mensch und fügte sich bis zur letzten Konsequenz, dem
Tod am Kreuze, dem Erlösungswerk, mit dem ihn sein Vater be-
auftragt hatte. Jesus wäre dann in der Ausübung der 'mâze' das
große Vorbild für menschliche 'mâze', wie ja der Mensch als
solcher ein Abbild Gottes ist ('imago-Dei'-Lehre) und die
christlichen Tugenden als Spiegelbilder der göttlichen verstanden werden.

'mâze' kann aber auch über jene spezielle Tugendbedeutung
hinaus als 'ordo-'Begriff im heilsgeschichtlichen Sinne aufgefaßt werden: als stringenter, von Gott weise geplanter Ablauf der Erlösungshandlung selber, als verläßliche Ordnungs-
konstante innerhalb der Heilsgeschichte, kurz, als 'ordo'-
Vorstellung der 'historia divina', im Unterschied zu den mehr
statischen, kosmologischen 'ordo'-Vorstellungen in des armen
Hartman Rede vom Glauben.

5. Das konkrete Maß im Umkreis kosmologischer und geometri-
   scher Vorstellungen

Die mittelalterliche Ansicht, daß alle Dinge der Welt durch
ein inhärentes Maß strukturiert sind,[131] dessen Sinnhaftigkeit
sie dem schöpferischen Willen der göttlichen 'sapientia' verdanken, bildet die theologische Grundlage für die Verwendung
einiger Wörter der 'mâze'-Sippe im Bereich kosmologischer Begrifflichkeit.

Wie Gott alle astronomischen Maße des Universums festlegte, so
ist er auch Herr über alles Maß auf Erden und alles Zeitmaß in
Vergangenheit und Zukunft: er, der

```
211    des afgrundis diefe hat gimezzen,
       unde des himilis hoe nit inhat virgezzen;
       di weiz ouch algireide
       des ertrichis breide,
215    unde weiz ouch wale
       allir dage zale.[132]
```

Der Mensch, dem Gott nach der Sintflut das richtunggebende
'implete terram'[133] als Weisung für eine neue Ordnung des Daseins mit auf den Weg gab, hat seitdem beständig versucht, dem
inhärenten Maß der Dinge auf die Spur zu kommen, und nicht
immer war es für die mittelalterliche Kirche unproblematisch,
den vielfältigen Bemühungen zuzuschauen, die auf Erkenntnis der
äußeren und inneren Gesetze des Makro- und Mikrokosmos gerichtet waren. Allzu schnell sah man im Versuch des Menschen, die

[131] Diese Vorstellung fußt sowohl auf christlicher als auch auf
antikischer Tradition. Neben Sap 11,21 (vgl. Hartm.Gl.291-
96) steht das antikische 'Est modus in rebus'. Beide Tradi-
tionsrichtungen vermischten sich schon in spätantiker Zeit,
wie ein Beleg aus Buch V, Kap. 47, von des Boethius 'De consolatione Philosophiae' zeigt. Hier konstituiert die 'scientia dei' jenes Maß, das allen Dingen eigen ist. Nach Notker
von St. Gallen: 'Ipsa constituit modum omnibus rebus. Kíbet
si uuîsûn állên dingen . náls siu íro' (Nb.I,362,2f., S.-St.
I,396,7f.). Sprachlich dominiert antikisches, ideell aber
christliches Erbe.

[132] Wernher vom Niederrhein, Di vier Schiven, Maurer III, Nr.
56, S.435-83. Vgl. auch 217-44.

[133] Gen 9,7.

"Maße" der Dinge zu ergründen, ein verhängnisvolles Nachvoll-
ziehen-Wollen göttlicher Herrschaft über alle Maße, An-maßung
im ursprünglichen Wortsinn (vgl. den Abschnitt über Hartm.Gl.),
und die frühmittelhochdeutsche geistliche Literatur ist voll
von Warnungen vor Akten der 'superbia', mit der man Wissensdrang
und Erkenntnisstreben häufig in Verbindung brachte.

Wertung und Rezeption antikischer Wissenschaft durch das frühe
Mittelalter sind entsprechend ambivalent. Selbst die geringe
Zahl der Belege zum Sachgebiet "Maß im kosmologischen Bezug"
spiegelt die Unsicherheit, mit der einige frühmittelalterliche
Dichter die astronomischen und geometrischen Erkenntnisse antikischer Autoren kommentierten. Seitdem Augustinus, selbst heidnischer Abkunft, mit der Zurückweisung der totalen Verurteilung
des Heidentums eine bedeutsame Entwicklung eingeleitet und den
Weg für eine vorsichtige Anerkennung des heidnischen Humanbe-
reichs,[134] die rückwirkend auch für die Antike geltend wurde,
geebnet hatte, konnte die mittelalterliche Wissenschaft in
gewissem Ausmaß auf antikische Traditionen zurückgreifen, ohne

---

[134]Vgl. M. Grabmann, Der Einfluß des heiligen Augustinus auf
die Verwertung und Bewertung der Antike im Mittelalter. In:
M.G., Mittelalterliches Geistesleben. Abh. zur Geschichte
der Scholastik und Mystik. Bd.II, München 1936, S. 1-24. -
Welche späten literarischen Folgen die von Augustinus ein-
geleitete Entwicklung für die mittelhochdeutsche Literatur
zeitigte, beschrieb H. Naumann, Der wilde und der edle
Heide. (Versuch über die höfische Toleranz.), in: Vom Werden
des deutschen Geistes. Festgabe G. Ehrismann. Hsg. von
P. Merker und W. Stammler. Berlin und Leipzig 1925,
S. 8o-1o1.

sich der Ketzerei schuldig zu machen.[135] Indes verhinderte
das Odium des Heidentums, besonders zu Zeiten gesteigerter
Kreuzzugsstimmung, eine voll gültige Anerkennung der griechischen
und römischen Wissenschaft. Man rezipierte sie ehedem nicht
als solche, sondern veränderte sie durch angestrengte, oft
subtile, oft brutal durchgeführte Anverwandlung ("Verchrist-
lichung"); man stellte sie unter eine neue, christlich bestimmte Gesamtwertung.
Vor dem Hintergrund der Rezeptionsgeschichte antikischer Wissenschaft sind auch die folgenden Belege zu sehen. In V. 357o
der Kaiserchronik[136] erfahren die Wissenschaftler des Altertums,
besonders diejenigen, die sich der 'astronomia' und 'geometria'
widmeten, zunächst uneingeschränktes Lob:

---

[135] Wie sehr die diskontinuierlich verlaufende Rezeption von
Wissenschaft und Bildung der Antike durch das christliche
Mittelalter entscheidende Veränderungen in Gesinnung und gesellschaftlich-kulturellen Auswirkungen herbeiführen half,
veranschaulichen allein schon die einzelnen Stufen der Ari-
stoteles-Rezeption des Mittelalters. Von der umfangreichen
Literatur hierzu seien nur genannt: M.Grabmann, Mittelalterliches Geistesleben, a.a.O. Bd. II (Aristoteles im Werturteil
des Mittelalters, S.63-1o2); Bd.III, München 1956 (dort
mehrere Studien); ders., Forschungen über die lateinischen
Aristotelesübersetzungen des XII. Jahrhunderts. Münster 1916;
F.Ueberweg, Grundriß der Geschichte der Philosophie. 2.Teil:
Die mittlere oder die patristische und scholastische Zeit.
1o., vollständig neu bearb. Auflage hsg. von M.Baumgartner.
Berlin 1915, bes. S. 459ff.; Ph. Böhner, E.Gilson, Christliche Philosophie von ihren Anfängen bis Nikolaus von Cues.
3., neubearb. Auflage. Paderborn 1954, S.413ff.; F.Van Steenberghen, Aristotle in the West. The Origin of Latin Aristo-
telianism. Translated by L. Johnston. Louvain 1955. - Über
die ikonographischen Einflüsse aristotelischer Philosophie
im Mittelalter unterrichtet W. Stammler, Aristoteles und die
Septem Artes Liberales im Mittelalter. In: Der Mensch und
die Künste. Festschr. für H.Lützeler zum 6o. Geburtstage.
Düsseldorf 1962, S.196-214 (dort S.196, Anm.1, weitere Literatur zu den 'septem artes liberales' im Mittelalter).

[136] Die Kaiserchronik eines Regensburger Geistlichen. Hsg. von
E.Schröder. Hannover 1892.

```
3628  die di himele hie vor mâzen,
      die wâren wîse philosophî:
  3o  ih enwaiz ob nû iemen lebendich sî,
      der von sînem sinne
      sô getânes iht vur bringe,
      sô si uns an habent prâht.
```

Besonders Pythagoras machte sich um kosmologische Erkenntnisse

verdient:

```
3567  philosophi gwisse vunden
      wîle unde stunde,
      duo der hêrre Pytagoras
  7o  in di hôhe der himele maz,
      daz wâren grôze sinne,
      sô menniske niht bezzers mahte vinden.
```

Er wird 'hêrre' genannt; 'grôze sinne' werden ihm bescheinigt.

Derartige bewundernde Anerkennung fehlt verständlicherweise

in der Erwähnung des Pythagoras in Priester Arnolds geist-

lich orientiertem Gedicht von der Siebenzahl,[137] in dem nur

die astronomische Leistung des griechischen Weisen gewürdigt

wird, dem es gelang, die Entfernung zwischen Erde-Mond und

Erde-Sonne zu berechnen:[138]

```
453  die maze vant Pitagoras,
     menigiu wunter dapi
     vile sagacis ingenii.
```

'mâze' bedeutet hier astronomische Entfernung, Abstand, astro-

nomisches Maß.

An anderer Stelle schreibt Priester Arnold:

```
4oo  Unsich nehaben die magi petrogen,
     der sunne loufet den pogen,
     diu maninne die senewen.
     daz mazent si an den himelen.
     der sunne gat die chrumbe,
4o5  diu maninne chumet umbe
```

---

[137]Maurer III, Nr. 48, S.53-85.

[138]Zu den Zahlenangaben in Arn.Siebz.444ff. vgl. Priester Arnolds Gedicht von der Siebenzahl. (Ausgabe. Schreibung. Reime.) Von Herman Polzer-van Kol. Bern 1913, S.22, Anm. zu 444ff.

in einleven tagen e,
e der terminus geste
ze dere selben jares vriste.
daz vunden si mit listen.

Die 'liste' der 'magi'[139] sind indes nur von begrenztem Wert,
hält man das dagegen, was der arme Hartman über die 'liste'
des Heiligen Geistes zu berichten hatte (s.o.). Der Dichter
der Kaiserchronik spricht es deutlich aus, daß die Ausmaße
der Welt für den Menschen nicht nachvollziehbar sind. Im
Streitgespräch mit Pêter erinnert der 'goukelaere' Sŷmon sein
Gegenüber daran:

2429   daz dû menniske pist
         unt dih der himele underwindist.
         ja nekanstu der erde niht gemezzen,
         der fiunf sinne bistu besezzen.

Der Mensch soll sich 'der himele underwinden', für sein der-
einstiges Seelenheil sorgen, aber nicht im wissenschaftlichen
Zugriff, sondern in jenseitsbestimmter Lebensführung. Die
Sterne sind von Natur aus schon 'unmazen ho an dem himele';[140]
wer sie messend erfassen will, fällt rasch der sündhaften Vermessenheit anheim (Hartm.Gl.391ff., s.o.).

_____

[139]Die 'mâgi' sind nach Stammler, Aristoteles und die Septem
    Artes Liberales im Mittelalter, a.a.O. S.199, die weltlichen
    Dichter. Das ist m.E. eine zu enge Auffassung von 'mâgi'.
    Es handelt sich vielmehr um "Magier, Gelehrte" (vgl. gr.
    'μάγος', lat. 'magus'), weise Männer, die sich mit der 'magia
    naturalis' befaßten. Schon Otfrid von Weißenburg (II,3,17 -
    die Weisen aus dem Morgenland) und Tatian (8,1; 8,4; 1o,1 -
    die Weisen aus dem Morgenland und die Weisen im Dienst des
    Herodes) belegen das Wort.

[140]Lucidarius aus der Berliner Handschrift hsg. von F.Heidlauf.
    Berlin 1915, V.22,18 (hier allerdings nicht spirituell ge-
    meint, sondern konkret auf den Planeten Mars bezogen);
    ebenfalls schon Lucidariusbruchstücke 439 (Zur ältesten
    Überlieferung des deutschen Lucidarius. Von Marlies Dittrich.
    ZfdA 77 (194o) 218-55). Zum Lucidarius vgl. ferner G.
    Glogner, Der mittelhochdeutsche Lucidarius eine mittel-
    alterliche Summa. Münster i.W. 1937, zur Planetenordnung
    S.43.

Innerhalb des Systems der 'siben liste' (Arn.Siebz.535), der
' s e p t e m   a r t e s   l i b e r a l e s '   'grammatica',
'dialectica', 'rhetorica', 'arithmetica', 'geometria', 'astronomia' und 'musica', befassen sich die Disziplinen des Quadriviums[141] mit konkretem Messen; ihre Grundlage, bei der sie
allerdings nicht stehenbleiben, ist die Zahl.
Über die **Betätigung** der 'arithmetica', 'geometria' und 'astronomia' berichtet der Priester Arnold (Siebz.):

> 565 der vunfte der chan zellen,
>   der sehste der chan <u>mezzen</u>
>   unte hat sich gevli<u>zz</u>en. [142]
>   der sibente mach rekirnen
>   daz er choset an den sternen
>   vil menigiu zeichen pi der naht.

Die 'siben guten liste' (Hartm.Gl.411) erfreuen sich im allgemeinen einer günstigen Wertung in der frühmittelhochdeutschen Literatur.[143] Der Priester Arnold leitet sie unmittelbar
vom Heiligen Geist ab (534f.; vgl. auch 548) - dies konnte
er natürlich nur deshalb, weil sie inzwischen weitgehend

---

[141] Auf die seit Cassiodor übliche Unterscheidung der sieben
freien Künste in 'artes' im eigentlichen Sinn (Trivium)
und 'disciplinae' (Quadrivium) soll hier nicht eingegangen
werden; vgl. Maria Bindschedler, Der Bildungsgedanke im
Mittelalter. DVjs 29 (1955) 2o-36, bes. S.22f. - Vgl. auch
die bildliche Darstellung der Geometrie in Abb. 2 am Schluß
dieser Untersuchung.

[142] 'rekirnen' bzw. 'erkirnen' heißt "ergründen, durch Forschen
wahrnehmen, durch Aufmerksamkeit erkennen" (Polzer-van Kol,
a.a.O. S.29, Anm.).

[143] Zur Rezeption der 'artes' im Mittelalter: Artes Liberales.
Von der antiken Bildung zur Wissenschaft des Mittelalters.
Hsg. von J. Koch. Leiden, Köln 1959, bemerkenswert vor
allem H.M.Klinkenberg, Der Verfall des Quadriviums im frühen Mittelalter, ebenda S.1-32. Die Ausführungen Klinken-
bergs und K.G. Fellerers (Die Musica in den Artes Liberales,
ebenda S.33-49) über die Entwertung und Aushöhlung der umfassenden antiken und frühmittelalterlichen 'musica'-Kon-
zeption zur bloßen Tonkunst bestätigt der Priester Arnold
(Siebz. 56off.) ebenso, wie seine Beschreibung der übrigen
'liste' die substanzverändernde Wirkung des jahrhunderte-
langen Anverwandlungsprozesses antiker Wissenschaft durch
das christliche Mittelalter erkennen läßt. Vgl. ferner E.R.
Curtius, Europäische Literatur und lateinisches Mittelalter.
6.Auflage. Bern und München 1967, Kap. 3, Literatur und
Bildungswesen, S.46-7o.

christianisiert worden waren. Der arme Hartman unterteilt
die Wissenschaft in gradualistischer Sicht in die 'guten
liste' (411), die vergänglichen, allerdings sub specie aeternitatis nutzlosen, aber immerhin nicht prinzipiell verdammten
sieben freien Künste einerseits, und die 'aller besten liste'
(431), die göttliche, für den Menschen das Heil verkörpernde
'sapientia' andererseits. Der junge Alexander wird in den
Disziplinen der 'septem artes' (allerdings mit gewissen, auf
seinen Status als Königssohn Rücksicht nehmenden Abweichungen
wie der Unterweisung in Waffengebrauch und Rechtslehre) ausgebildet und lernt 'allir dinge zale' (Alex.S 214). Im frühen
(vorthomistischen) 13. Jahrhundert nimmt die Wertschätzung
der sieben freien Künste weiter zu. Im "Wälschen Gast" Thomasins von Circlaria[144] werden sie als 'wünneclîche lêre' (89o4)
aufgefaßt und treten sogar als Tugendlehrer in Erscheinung
(8999ff.);[145] die messende Tätigkeit der Geometrie wird stark
ethisiert,[146] indem das Messen als das je eigene Erkennen
einer Grenze, hier unverkennbar im aristotelischen Sinne der
beiden Grenzen des Zuwenig und Zuviel, begriffen und damit als
maßvolles Tun im sittlichen Sinne verstanden wird:

> 9o13   der kan Gêometrie wol
>   der nimêre tuot danner sol
>   und der niht minner ze tuon muot
>   danne er von rehte tuot.

---

[144]Hsg. von H. Rückert, Berlin 1965. Photomechanischer Nachdruck der Ausgabe Quedlinburg und Leipzig 1852, V. 8899ff.;
zur Geometrie: 'Gêometrie lêrt mezzen wol' 8928.

[145]Der Preis irdischen Wissens erfährt allerdings in 8863-98
und in 8933-9o eine Einschränkung.

[146]Zur geistesgeschichtlichen Tradition dieser Geometrie-
Auffassung siehe H.M.Klinkenberg, Der Verfall des Quadriviums im frühen Mittelalter. In: Artes liberales,
hsg. von J. Koch, a.a.O. S.5ff., 28 u.a.

Ein derartiger Zusammenhang zwischen wissenschaftlichem
Messen und ethischem, maßbedenkendem Verhalten ist in der
frühmittelhochdeutschen Literatur nirgendwo formuliert; Anerkenntnis und Aufnahme überlieferten Wissens antikischer
Herkunft bedurften erst eines vielfältigen, komplizierten
Legitimationsausweises, in dem das Tradierte sich oftmals veränderte. Nicht mehr ausschließlich die Litteralbedeutung des
professionell-vordergründigen Messens findet Thomasin erwähnenswert, sondern die moralische Auslegung, die übertragene
Anwendung des Messen-Könnens auf Gebiete, auf denen es mit
ethischen Entscheidungen gleichbedeutend wird:[147]

> 9o43 ob der Gêometer heizen sol
>   der einn anger kan mezzen wol,
>   45 so ist der Gêometer baz
>   der wol kan erahten waz
>   er haben sul ze sînem leben:[148]
>   der kan behalten unde geben.

Mit der Anerkennung der sieben freien Künste wuchs der
mathematisch-konkreten Bedeutungskomponente von 'mâze' und
Verwandten eine gesteigerte Bedeutung zu; eine Rückbildung
dieses Segments im Verlauf des 12. Jahrhunderts,als die
Bedeutung von 'mâze' zusehends von geistlicher Ethik und

---

[147]Daß schon die Griechen die Zahl und die sich auf sie
gründenden Wissensdisziplinen nicht isoliert als numerische
Phänomene betrachteten, sondern sie grundlegend in metaphysischen und ethischen Zusammenhängen verankerten, ist
eine bekannte Tatsache. Ich verweise hier nur auf die bereits zitierte Aufsatzsammlung 'Artes liberales', hsg. von
J. Koch, a.a.O. S.2, und exemplarisch auf Platons Dialoge.

[148]Antikischer Einfluß macht sich auch hier geltend: 'Metiri
me geometres docet latifundia potius quam doceat quomodo
metiar quantum homini sit satis', Seneca, Ep. 88 (Rückert,
Textausgabe S.583). Der veränderte weltanschauliche Bezugsrahmen, in dem Thomasins Dichtung zu sehen ist, will natürlich berücksichtigt werden. Zum Verhältnis 'mâze' -
'guot' siehe den Exkurs IV in Kap. C.

später von ritterlich-höfischer Kultur beeinflußt wurde und
entsprechende Beleggruppen stark zunahmen, darf aus dem spärlichen Befund nicht abgeleitet werden. Im Gegenteil: für
'mâze' als das konkrete mathematisch-physikalisch-kosmolo-
gische Maß läßt sich am ehesten eine kontinuierliche begriffsgeschichtliche Linie aufzeigen.[149]

Das Messen mit seinen Nebenformen Wiegen, Zählen usf. als
eine der Grundbetätigungen des Quadriviums ist in mittelalter-
lich-christlicher Sicht nichts anderes als der Versuch eines
Nachvollzugs der in der 'natura' der Dinge und Lebewesen angelegten Maß-, Zahl- und Gewichtsdispositionen (Sap 11,21).
Diese Sichtweise gilt auch dann, wenn in den naturwissenschaftlichen Texten (etwa den Arzneibüchern) ein derartiger welt-
anschaulicher Bezugsrahmen naturgemäß kaum direkt angesprochen wird. In dieser umfassenden geistlichen Bindung ist
naturwissenschaftlicher Erkenntnisdrang stets den Gefährdungen durch die 'superbia' ausgesetzt.

Die mittelalterlichen Kulturleistungen, insbesondere die
des 12. und 13. Jahrhunderts, bezeugen nicht nur den Drang
zum Aufspüren des den Dingen inhärenten Maßes in analytischer
Naturwissenschaft; sie sind umgekehrt auch ein Beispiel dafür,
daß das einmal erkannte Maß, umgesetzt in ästhetische Kompo-
sitionen voller Proportion und Harmonie und ausgestattet mit
einem großen Spielraum subtiler Modifikationsmöglichkeiten,
die Grundlage für eine aufblühende sakrale Kunst werden sollte,
durch die und in der der Mensch Weisheit und Schönheit des von

---

[149]Ohne erkennbaren ethischen Bezugspunkt bleiben beispielsweise drei 'mâze'-Belege aus der um 1200 entstandenen
"Kindheit Jesu" Konrads von Fussesbrunnen. 'mâze' 2575,
2599 und 2601 bedeutet jeweils das konkrete, geometrische
Längenmaß, dessen naturgesetzliche Unveränderbarkeit allerdings nicht für den Jesusknaben gilt. Die Legende berichtet, daß Jesus die geometrische Länge ('mâze') eines
Holzbretts in wunderbarer Weise verändern konnte.

Gott in die Dinge gelegten Maßes feierte.[150]

6. 'mâze' im Vorfeld mystischer Ausdeutung

Einige Begriffe der 'mâze'-Sippe werden in der frühmittelhochdeutschen Literatur zur Darstellung mystisch überhöhter
Raumvorstellungen verwendet, ohne an mystischer Motivik
teilzuhaben oder in den mystischen Wortschatz im engeren
Sinne einzugehen.

a) Insbesondere ist es die geometrische Disposition bestimmter Gebäude, deren Ausmaße, zunächst nach dem Litteralsinn,
einer mathematischen Maßbestimmung unterliegen. Aus diesem
Umkreis sind zu nennen:

(1) die Arche Noah. Im 'Anegenge' gibt Gott selbst Noah konkrete geometrische Anweisungen zum Bau der Arche:[151]

> 1812 Diu wort sprach er Nôê zuo
>   unde hiez in duo
>   ()wurchen eine arche
>   ...
> 1818 er gap im die mâze,
>   daß er sie solde lazen
>   vunf hundert chlafter lanc.

---

[150] Vgl. L. Olschki, Der geometrische Geist in Literatur und
Kunst. DVjs 8(1930) 516-38; W.Ueberwasser, Nach rechtem
Masz. Aussagen über den Begriff des Maszes in der Kunst des
XIII.-XVI. Jahrhunderts. Jahrb. d. Preuszischen Kunstsamm-
lungen 56, Berlin 1935, 250-72; F.V.Arens, Das Werkmaß in
der Baukunst des Mittelalters. 8. bis 11. Jahrhundert. Bonner
Diss., Würzburg 1938; H. Roggenkamp, Maß und Zahl. In:
H.Beseler und H. Roggenkamp, Die Michaeliskirche in Hildes-
heim. Berlin 1954, S. 119-56.

[151] S. oben zu Vor.Mos. 57,17-20 Kap. B II, 1. Heinrich von Melk
sah in der Arche Noah ein Symbol für die heilige Gemeinschaft der Christen (Prl.494ff.).

(2) die Stiftshütte des Moses, beschrieben im 'Vorauer Moses' 55,19ff. Der Angabe konkreter numerischer Maße für Länge, Breite und Höhe des Gebäudes (57,16-21) folgt eine mystische Ausdeutung.[152]

(3) das himmlische Jerusalem, beschrieben in der gleichnamigen Dichtung:

> 429 Nu scule wir di burch mezzen, diu stat unbeslozzen,
> offen in alle zite di hohe joch di wite
> unte di lenge dabi ganz al geliht si.

Diese Stelle geht auf Apoc 21,15-17 zurück, V.43o auf Apoc 21,25. Der lateinische Bibeltext verwendet die Begriffe 'metiri' und 'mensura'.

Das Haus des Herrn ('templum Dei' 1 Cor 3,17) wird auch in der 57. Predigt des 'Speculum ecclesiae' beschrieben:

> ... Div wîte des / huses gestet in uire mazzen: an der breite, an der lenge, an der / hohe, an der tieffe. Daz wir die uier mazze begrîfen, des wnsscet / uns .s. Paulus: Huius rei gratia flecto genua mea ad deum patrem / domini nostri Iesu Christi, ex quo etc... (135,25-29)[153]

> ... Also bat .s. Paulus, der heilige bote, umbe uns, daz wir des / huses mazze uersten mugen, da got selbe inne rochet ze wonenne. / Nu, min uil lieben, nu wellen wir iv sagen uon den uier mazzen. (135,35-136,2)

Darauf folgt eine geistliche Ausdeutung von 'wîte', 'hôhe', 'breite' und 'lenge' des himmlischen Jerusalem (136,3-137,6).

Der Sammelbegriff 'mâze' liefert in diesen Belegen lediglich die geometrische Grundlage, die dann, im Fortgang der Texte, mit höheren Sinnschichten überlagert wird.

---

[152]Beleg bereits zitiert oben Kap. B II, 1. Über die numerischen Verhältnisse des Stiftshüttenbaus und ihre Ausdeutung handelt D.A.Wells, a.a.O. S.85-89. Der Verfasser konkretisiert 'mâze' als engl. 'cubit', das ist lat. 'cubitum' "Elle". Auch die Arche Noah wurde auf der Maßgrundlage der Elle gebaut, vgl. Wien.Gen.1376ff.

[153]Vgl. Eph 3,14-18.

b) Eine zweite, kleinere Beleggruppe berührt die räumlichen Vorstellungen und geometrischen Formen des Kreuzes.[154]
Die Belege sind im Litteralbereich angesiedelt und bleiben
bei den jeweils folgenden mystischen Ausdeutungen des
Kreuzes Christi und des Kreuzzeichens an der Peripherie.

Schon Otfrid von Weißenburg hatte eingangs des fünften
Buches seiner Evangelienharmonie einen volkssprachigen Beitrag zur 'theologia crucis' geleistet. Auch auf Notkers
von St. Gallen Auslegung des Psalms 1o3,3 ist hinzuweisen
(Np.II,433,23-434,9; S.-St.III,747,9-748,1o). In frühmittelhochdeutscher Zeit trug Wernhers vom Niederrhein
Gedicht 'Di vier Schiven' durch seine Vierzahlmystik zur
Deutung der vier Weltdimensionen 'dufe', 'lenge', 'brede'
und 'hoe' (19f.) und zur Kreuzesauslegung bei. Eine spirituelle Ausdeutung der 'vier ecke' des Kreuzes (Lucid.53,
21) findet sich auch im 'Lucidarius' 53,2off. Die Kreuzesstellung als eindringliche Gebetsgebärde ist in Roth.376
belegt. Alle genannten Texte kommen ohne die Begriffe der
'mâze'-Sippe aus. Lediglich die 42. Predigt des 'Speculum
ecclesiae' enthält einen Beleg ('Exaltationis crucis',
99,22ff.). In dieser 'bizeichenunge des heiligen crucis'
(Spec.eccl.99,26 u.a.) heißt es:

> ... Daz heilige crûce hat uier mazze. Ez ist breit, ez
> ist hoch, /ez ist lanc, ez ist tief... (1o4,7f.).

Die eigentliche 'bizeichenunge', die geistliche Ausdeutung,
erfolgt in 1o4,8ff.

---

[154] Zur Auslegung der Kreuzesbalken in Dichtung und Schrifttum, insbesondere in der lateinischen theologischen
Literatur des Mittelalters, siehe Altdeutsche Predigten.
Hsg. von A.E.Schönbach. 2.Bd. Unveränderter reprogr.
Nachdruck der Ausgabe Graz 1888. Darmstadt 1964, S.177ff.;
O.Zöckler, Das Kreuz Christi. Religionshistorische und
kirchlich-archäologische Untersuchungen. Zugleich ein
Beitrag zur Philosophie der Geschichte. Gütersloh 1875;
Haubrichs S.12, 311ff., 328ff., 353 u.a.

Als häufigste begriffliche Entsprechungen zu den 'uier mazzen' des Kreuzes in der lateinischen kirchlichen Literatur
begegnen 'quatuor dimensiones', 'quatuor cornua', 'mensurae
crucis' u.a. Wie schon bei den 'mâza'-Belegen im Werk Notkers von St. Gallen, so weist der sprachliche Befund auch
bei den frühmittelhochdeutschen 'mâze'-Belegen, sofern sie
dem Segment "konkretes, mathematisches Maß" zugeordnet werden können, in der Tendenz auf lateinische Entsprechungen
mit den begrifflichen Schwerpunkten bei 'dimensio' und vor
allem 'mensura'.

Die Dimensionen des Kreuzes Christi werden im Kreuzzeichen
sinnbildlich vergegenwärtigt. In den Gebeten und Benediktionen von Muri hat man das Kreuzzeichen folgendermaßen beschrieben:

> 12 So miz den ubir din herze in modum crucis . uñ
>   von deme brustleffile zŏ deme nabile . uñ miz denne von
>   eime rippe unz andaz andire . uñ sprich alsus .[155]

Das Verbum 'mezzen' begegnet auch in der Schilderung der
Bekreuzigung der rechten Hand, eines etwas ungewöhnlichen
Brauchs, den die Gebete und Benediktionen von Muri über-
liefern:[156]

> 28 So miz denne die rehtun hant. uon deme lengistin
>   uingire unz an daz resti. uñ miz denne uon deme du-
> 3o min. zŏ deme minnistin uingire. uñ gib denne diu liet
>   ufin den altir . uñ sprich alsus.

Nach den Handlungsanweisungen folgen jeweils entsprechende
Gebete.

In allen diesen Belegen werden die Wörter der 'mâze'-Sippe
nirgendwo zu eigentlich mystischen Begriffen. Der ihnen zu-

---

[155] Wilhelm, Denkm., Nr. XXIX, S.73-86; 159-73. Wilhelm merkt
an, daß der Gebrauch des Verbs 'mezzen' für die Beschreibung des Sich-Bekreuzigens sonst nicht belegt ist (S.162,
Anm. zu 12f.) -für die deutsche Literatur bis zur Blütezeit kann dies hier bestätigt werden.

[156] Wilhelm, Denkm., S.164, Anm. zu V.28.

grundeliegende geometrisch-mathematische Vorstellungsbereich
unterliegt zwar bestimmten Sinngebungen ('sensus'); diese
sind aber jeweils sukzessiv den gewissermaßen als propädeu-
tischen Vorstufen dienenden,konkreten architektonischen bzw.
geometrischen Modellen angefügt. Die formale Desintegration
von Bedeutendem und Bedeutetem ist Kennzeichen dieser frühen
mystischen Ansätze. Erst das reifere mystische Bewußtsein des
13. und 14. Jahrhunderts ließ beide Pole schließlich bis zur
Identität zusammenwachsen, so daß allein schon die variablen
Benennungen und künstlerischen Ausgestaltungen des "Bedeutenden" (etwa die geometrische Kreuzform im Grundriß der Dome)
den Bereich des "Bedeuteten" zu evozieren vermochte und er-
klärende Zusätze in literarischen Texten sich erübrigen konnten.

III. 'mâze' und 'vermezzenheit' im Spannungsfeld geist-
     licher und weltlicher Konflikte (mit besonderer Berück-
     sichtigung von Kaiserchronik, Rolandslied und Straß-
     burger Alexander)

1. 'sich vermezzen', 'vermezzen' (part.adj.), 'vermezzen-
liche(n)' und 'vermezzenheit'

Auch bei der Erschließung des semantischen Raumes von 'sich
vermezzen' und seinen Ableitungen kommt es, wie in der bisherigen Untersuchung von 'mâze', darauf an, die Einzelbelege
vor dem Gesamthorizont des jeweiligen Kontextes zu sehen.
Vor allem ist stets danach zu fragen, vor welcher maß-gebenden
Instanz Personen, Haltungen und Handlungen als 'vermezzen'
bezeichnet werden.

'sich vermezzen'

Bis auf zwei Belege bei Notker von St. Gallen kennen die
althochdeutschen Denkmäler dieses Verbum nicht. Schon in Notkers Sprachgebrauch bzw. in dem seines Glossators ist die un-
einheitliche Entwicklung des Verbums angelegt: auf der einen
Seite steht die Vermessenheit als religiöser Bezug zu einer
metaphysischen Instanz ('praesumere de Christo') in Beleg
Npgl.II,385,6; S.-St.III,663,1 (hier nichtreflexives Verb),
auf der anderen Seite zeigt sich weltimmanente Vermessenheit
als Kühnheit, Tapferkeit, Verwegenheit, Dreistigkeit usf.
(so Notker Nb.I,248,13; S.-St.I,267,13). Beide Grundarten der
Vermessenheit haben einen positiven und einen negativen Be-
wertungsspielraum, wie es die frühmittelhochdeutschen Belege
deutlich bekunden. Die Maßstäbe für die jeweils positive oder
negative Wertung der Belege sind, um es zu wiederholen, aus
dem Gesamttext zu gewinnen; der unmittelbare Kontext reicht
bei weitem nicht dazu aus. Unter diesem systematischen Gesichtspunkt ergeben sich vier Schwerpunktgruppen von Belegen,

die ich mit den Stichworten (1) religiös-positiv, (2) religiös-negativ, (3) immanent-positiv und (4) immanent-negativ
kennzeichnen will.[157] Zu diesen Gruppen treten bestimmte semantische Sonderbedeutungen hinzu.

(1) Eine aus christlicher Sicht anzuerkennende Form des
'sich vermezzen', wie sie beispielsweise in Jüng.Jud.[158] 524
vorliegt, steht in innerem Zusammenhang mit den Kreuzzugsbewegungen des 12. Jahrhunderts. Dem heidnischen Feldherrn
Holofernes wird von der Abwehrbereitschaft der Juden gegenüber
seinen Eroberungsabsichten berichtet: 'sî hêten dî strâze
besezzen / unde hêten sich des vermezzen, / dî wil sî habeten
daz leben / sîne lîzen in in ir lant nîmer chomen' (523-26;
vgl. Judith Kap.5).In dieser politisch-religiösen Grundkonstellation bedeutet ein 'sich vermezzen' der Juden nicht
nur den Willen zur Abwehr des militärischen Feindes, sondern
auch die an Märtyrertum gemahnende Bereitschaft, für ihre
Religion ihr Leben zu wagen.

---

[157] Damit soll versucht werden, Hempels allzu grober Einteilung in Belege mit "positivem Wortethos" und "negativem
Wortethos" (S.245) eine differenziertere Fragestellung ent-
gegenzusetzen. Die hier angegebenen vier Schwerpunktgruppen
sind als in methodischer Absicht verwendete Orientierungs-
hilfen zu sehen, die, da sie zunächst die sprachgeschichtliche Entwicklung unberücksichtigt lassen, als notwendige
Ergänzung einer Modifizierung durch historisch angelegte
Fragestellungen bedürfen. Grundsätzlich läßt sich Hempels
Untersuchung des 'superbia'-Wortschatzes jedoch von historisch orientierten Gesichtspunkten leiten und hebt sich
damit wohltuend von den unhistorisch-systematischen Wort-
artikeln der einschlägigen wissenschaftlichen Wörterbücher
ab, die die semantische Breite des Wortmaterials nur nach
inhaltlichen Merkmalen aufgliedern und durch das Außeracht-
lassen der diachronen Entwicklung und der sie bedingenden
Faktoren ein ungenaues Bild von den älteren Sprachstufen
des Deutschen vermitteln.

[158] Die jüngere Judith aus der Vorauer Handschrift. Kritisch
hsg. von Hiltgunt Monecke. Tübingen 1964.

Gottes 'sich vermezzen' in bestimmten Situationen, etwa
der Vorhersage seines Leidens, Sterbens und Auferstehens
(Wild.M.,Ver.415), bei der Ankündigung eines menschliches
Vorstellungsvermögen übersteigenden Wunders (Ava,Jes.[159]
1455) oder im grundsätzlichen Sinne als Ausdruck seiner
Machtausübung, seiner gesetzgeberischen und Recht schaffen-
den Ordnungstätigkeit (Recht[160] 347), findet für die mittelalterlichen Dichter seinen Maßstab in sich selber und entzieht
sich damit einer weiteren Wertung; der sprachliche Ausdruck
ist, als von Menschen und ihrem Bewußtsein geprägter Begriff,
nach christlichem Verständnis seinem Inhalt unangemessen,
weil es über Gott hinaus keinen Maßstab geben kann. Derartiges
'sich-vermezzen' wäre zu übersetzen mit "berechtigt sein zu
etwas, etwas verfügen", wobei der religiöse Hintergrund stets
mitzubedenken bleibt.

(2) Eine religiöse Vermessenheit im sündhaften Sinne sehen
die christlichen Dichter des Frühmittelalters vor allem bei
den Heiden und ihrem widergöttlichen Tun. Elemente aus den
historischen Kreuzzugsbewegungen werden in verschiedene biblische und literarische Stoffe verlagert und schlagen sich
hier begrifflich nieder. So können etwa Unternehmungen und
Maßnahmen der heidnischen Ägypter gegen das auserwählte Volk
Gottes und seinen Anführer Moses mit dem Begriff des 'sich
vermezzen' verbunden sein (Milst.Ex.16o,32 und Parallelbeleg

---

[159]Frau Ava, Das Leben Jesu. In: Maurer II, Nr. 41, S.398-
491. Erzähltechnische Gesichtspunkte, etwa der, daß in den
Belegen Jüng.Jud.524 und Ava,Jes.1455 der Begriff 'sich
vermezzen' auch eine Wertung aus der Perspektive der sprechenden Personen mitenthalten könnte, werden hier ausgeklammert, da sie die Semantik dieses Verbs nicht grundsätzlich beeinflussen. - Der Beleg Ava,Jes.1455 stimmt nach
Inhalt und Quelle mit Friedb.Chr.D^{a}5 ('Sich vermaz Jhesus')
überein (Friedberger Christ und Antichrist. In: Maurer II,
Nr.25, S.1o3-23); vgl. Mt 26,21; Mc 14,58; Io 2,19 und
Act 6,14.

[160]Maurer II, Nr.29, S.156-77.

Wien.Ex.3o75; Vor.Mos.37,29f.), eines Themas, das später im
Rolandslied wiederholt Verwendung finden wird.

Das lärmend-ungeordnete Ausreiten des ägyptischen Heeres
zur Verfolgung des Gottesvolkes in der Wiener und Milstätter
Exodus wird ähnlich beschrieben wie das Ausreiten der Jäger
des Heidenkönigs Ârôn zur Verfolgung des dem christlichen
Bereich um König Oswald zugehörigen, goldenen Hirsches in der
legendenhaften Erzähldichtung 'St. Oswald':

> Wien.Ex.3o75 Hei wie si sich uermâzzen,
> dô si ûf diu ros gesâzzen!
> uil michel was der ir gelf,
> dô si chômen an daz uelt.

> Osw.M.[161]2414 si hiezen herziehen snelliu marc,
> diu wâren kreftic unde starc,
> wie balde si darûf gesâzen!
> grôzer vröide si sich vermâzen.

Kühnheit und Verwegenheit sprechen die christlichen Dichter
den Heiden nicht ab, überlagern diese Bedeutungsschicht aber
in obigen Belegen mit der Aura sündhafter Vermessenheit.

Ähnlich wie Alexanders Vermessenheit, sich zum Zinsherrn
über die ganze Menschenwelt und schließlich auch über das
Paradies emporzuschwingen, an einer, theologisch gesprochen,
metaphysischen Grenze, der Paradiesmauer, ihr Ende findet,
muß sich auch des heidnischen Eroberers Holofernes Machtgier
an einer christlichen Instanz brechen. Jüng.Jud.681-84 anti-
zipiert des Holofernes Untergang als Strafe für seine heidnische Vermessenheit, die ihn dazu verführte, das auserwählte
Volk Gottes (und damit in der Sehweise der Dichtung gleichzeitig auch dessen Gott) anzugreifen. Holofernes steht vor der
Entscheidung zwischen Vermessenheit oder 'wârheit' (685), kann
seine heidnische Haltung aber nicht überwinden - insofern unterscheidet er sich grundsätzlich von Alexander, der schließlich
mit Gottes Gnadenhilfe den Weg der Demut und Bescheidung
einschlägt (wie es der Dichter anachronistisch sieht, denn
Alexander bleibt ja Heide).

---

[161]Der Münchener Oswald. Text und Abhandlung von G. Baesecke.
Breslau 19o7.

Vermessenheit als anmaßendes, widergöttliches Tun ist indes
nicht auf die Heiden beschränkt. Jeder Mensch steht in der
Gefahr, sich eine ihm nicht zustehende, höhere moralische
Position anzumaßen, von der aus er andere verurteilt. So
handelten die Juden, die eine Ehebrecherin steinigen wollten
(Io 8,2ff.), denen Jesus aber vorhielt: 'der ane sunde ware,
daz er niuwin verbare,/ er niwurfi an si einiu stein' (Rhein.
Paul.[162] 91-93). Die Juden besannen sich und ließen von ihrer
Anmaßung ab (Rhein.Paul.94-1oo).

Ebensowenig wie der alttestamentarische Joseph sich an-
heischig machen will, den Traum des Pharao zu deuten (Wien.
Gen.4o35; Parallelbelege Milst.Gen.84,13; Wien.Jos.592; Vor.
Jos.297), weil er sich von Gott nicht dazu aufgefordert sieht,
Heil oder Unheil zu verkünden,[163] maßt sich der neutestamen-
tarische Johannes der Täufer in Frau Avas Dichtung[164] an,
über die gleiche sündenvergebende Kraft der Taufe verfügen zu
wollen, wie sie der nach ihm kommende Jesus besitzen wird
(Ava,Joh.268). Die christliche Haltung der 'humilitas' wird
von Joseph und Johannes einer 'superbia'-verdächtigen Anmaßung vorgezogen.
In ausgesprochen religiösem Bezug steht auch ein Beleg aus
Frau Avas "Leben Jesu". Jesus sagt Petrus voraus, daß er ihn
verleugnen werde:[165]

> nu la din **vermezzen** dich sin,   drie stunte verlou-
> genest du min,

---

[162] Maurer II, Nr.23, S.47-56. Dem Beleg Rhein.Paul.95 entspricht Milst.Skl.835, allerdings eine Ergänzung nach
Karajan, die jedoch durch Rhein.Paul.95 gut abgesichert
wird.

[163] Gen 41,16: 'Respondit Ioseph: Absque me Deus respondebit
prospera Pharaoni'.

[164] Johannes. In: Maurer II, Nr.4o, S.383-97. Vgl. die biblische Grundlage für diesen Beleg in Mt 3,11ff.; Mc 1,7;
Lc 3,16 und Io 1,26.

[165] Vgl. Mt 26,34; Mc 14,3of.; Lc 22,34; Io 13,38.

e der han hinat crage,   daz sag ich dir ze ware.
(1357-6o)

Den warnenden Worten an Petrus vor einer vermessenen Überschätzung seiner Glaubensfestigkeit schickt Jesus einen Hinweis auf den eigentlichen Urheber dieser selbstgefälligen
Vermessenheit (vgl. die Formel 'praesumptio de se') voraus,
indem er auf 'Satanas' verweist (1354f.). Das reflexive Verb
liegt hier in substantivierter Form vor, einer einmaligen
Wortbildung unter den Belegen des untersuchten Zeitraumes.

In den weiteren Belegen rückt das 'sich vermezzen' in noch
stärkere Nähe zur 'superbia'. Schon der Dichter der altdeutschen Genesis (Wiener Hs.) spürte den inneren Zusammenhang zwischen diesem Hauptlaster und dem sündhaften 'sich
vermezzen' auf. Der 'ubermůt', dem er noch die Laster des
'hůr' ('fornicatio'), 'nit' ('invidia') und der 'gir' ('cupiditas', 'avaritia') beigesellt hat (Wien.Gen. 1o98f.),
führt den Menschen zur Haltung selbstgefälliger Überheblichkeit, in der er die Beichte als Heiligungsmittel ablehnt
und sich zudem noch seiner Untaten prahlerisch rühmt ('sus in
růme / fermezze wir uns danne gnůge' 11o4f.), einem Motiv,
das die frühmittelhochdeutschen Dichter nicht nur in den Miß-
ständen der eigenen Gegenwart real erfahren konnten, sondern
schon im Alten Testament vorgebildet fanden. Es wurde auch
schon erwähnt, daß der arme Hartman die in seiner Sicht anmaßenden Bemühungen der auf Welterkenntnis gerichteten Weisen
als Vermessenheit ansieht.[166] Ein 'sich vermezzen' als Ausdruck der 'superbia' spricht der Prediger des 'Speculum
ecclesiae' dem Teufel zu (111,31), der sich 'wider got erhǒb
unde sich ime gelichen wolde' (111,3o). Allein schon das
Sich-Annähern-Wollen an Gott ist, wie das St. Trudperter
Hohelied in 127,31 bekundet, Vermessenheit.

---

[166]Hartm.Gl.391.

Vor dem Hintergrund christlicher Religiosität beinhaltet
'sich vermezzen' das ungebührliche, ja sogar widergöttliche
Beanspruchen bestimmter Rechte und Zuständlichkeiten, die
der jeweiligen Dichtungsgestalt von Natur aus verwehrt sind.
Inhaltlich umfaßt es Einzelhandlungen unterschiedlicher
Sündhaftigkeit, aber auch grundsätzliche Aussagen zur 'superbia'. Stets findet ein anmaßender Eingriff in höhere Bereiche
statt, der den mittelhochdeutschen Dichtern als verwerflich
erscheint.

(3) Ein Typus von Vermessenheit, der sich auf weltliche Bereiche beschränkt, hier aber frei ist von negativen Bedeu-
tungsinhalten und sogar, wie es an der Kaiserchronik und am
Rolandslied gezeigt werden soll, bestimmte Werte wie persönlichen Mut, Tapferkeit, Kühnheit und Verantwortung zum Ausdruck bringen kann, ist seit Notker von St. Gallen[167] als
zweites wichtiges Segment an das Verb 'sich vermezzen' ge-
knüpft. Vor Kaiserchronik und Rolandslied sind die Belege für
diesen Typus recht spärlich; außer dem bereits genannten Notker ist nur noch Mem.mori 47 zu nennen. In der sechsten Strophe
dieser noch dem 11. Jahrhundert zugehörigen Dichtung[168] warnt
der Dichter seine Zuhörer davor, ihr irdisches Leben in seiner
Dauer und Bedeutsamkeit zu überschätzen. Sobald ein Mensch
gestorben ist, wird er schon vergessen: mit 'tes wil ih mih
vermezzen' bekräftigt der Dichter seine Warnung. 'sich vermezzen' bedeutet hier "vorhersagen, etw. kühn behaupten, für
etwas Behauptetes entschlossen einstehen".[169] Mut und Kühnheit

---

[167] S. oben Kap. A VIII.

[168] Maurer I, Nr.5, S.249-59.

[169] R.Schützeichels Übersetzung ("Das wage ich zu behaupten")
ist zuzustimmen (Das alemannische Memento mori. Das Gedicht und der geistig-historische Hintergrund. Tübingen
1962, S.129).

äußern sich hier nicht in ritterlichen, kriegerischen oder
anderen Unternehmungen, sondern im Wort, in der Verantwortung
und sittlich-religiösen, reifen Erfahrung des Dichters.[17o]
Obwohl die Grundsituation der Dichtung eine religiöse ist,
wird man die im zitierten Beleg festgehaltene Art der Vermessenheit nicht theologisch deuten dürfen.

Es sei hier noch ein Beleg angeführt, der in die gleiche
Richtung weist. In der (gemeinhin auf das letzte Jahrzehnt
des 12. Jahrhunderts datierten) Tnugdalus-Dichtung des Mön-
ches Alber[171] äußert die Seele, nachdem sie die Hölle gesehen
hat: 'nimmer ich ensolde / dirre nôt vergezzen./ des mac ich
mich wol vermezzen' (1228-3o). Auch hier liegt eine Behauptung
vor, ein Entschluß, ein Versprechen vor sich selbst; Tapferkeit und Kühnheit sind zunächst nur im verbalen Bereich angesiedelt, so daß das Verb 'sich (einer Sache) vermezzen' oft
den Charakter eines Schwurs annehmen kann, zumindest aber
einer eindeutigen Absichtskundgabe, einem Versprechen oder
einer Übereinkunft drastischen Ausdruck verleiht. Wenn von den
Soldaten des Königs Fôre aus 'Salman und Morolf'[172] gesagt
wird: 'des vermâzen sich al sîne man' (48,1), so geben sie
damit dem vorausgehenden, schwurähnlichen Entschluß Fôres,
die schöne Königin Salmê gewaltsam zu entführen (47,3-5),
ihre Zustimmung und versprechen ihre Hilfe bei diesem kriegerischen Unternehmen.

[17o] Zu diesem s. Marlies Dittrich, Der Dichter des 'Memento
mori'. ZfdA 72 (1935) 57-8o.

[171] Visio Tnugdali lateinisch und altdeutsch. Hsg. von
A. Wagner. Erlangen 1882.

[172] Salman und Morolf. Hsg. von F. Vogt, Halle 188o. - Allerdings ist es problematisch, diese Dichtung in das 12. Jahrhundert zu setzen. Für eine Spätdatierung des 'Salman und
Morolf', aber auch des 'Orendel' und des 'Münchener Oswald',
plädierte zuletzt H.-J.Böckenholt, Untersuchungen zum Bild
der Frau in den mittelhochdeutschen "Spielmannsdichtungen".
Ein Beitrag zur Bestimmung des literarhistorischen Standortes der Epen "König Rother", "Salman und Morolf", "St.
Oswald" und "Orendel". Diss. Münster 1971.

Die Hauptmasse der Belege[173] vertritt einen Typus des 'sich
vermezzen', bei dem Tapferkeit und Kühnheit bestimmter Taten im Vordergrund stehen. Handlungsmäßiger und verbaler Bereich sind aber nicht immer zu trennen: auch in Roth.[174] 3427
greifen sie ineinander, denn es geht in dem verbal geäußerten,
kühnen Entschluß Wolfrats von Tengelingen, sich an der gewaltsamen Entführung der Prinzessin zu beteiligen, zugleich
um die mutige Tat. Eindeutig als "mutig wagen, sich erkühnen"
kann der Beleg Wernh.v.Nrh.6oo aufgefaßt werden: die jungen
Adler wagen zum erstenmal zu fliegen.[175]

(4) Angesichts bestimmter weltlicher Normen, etwa der Tugenden und sittlichen Werte des aufkommenden Rittertums,
kann ein 'sich vermezzen' einen negativen Aussagewert erhalten. In zwei Belegen aus den Tristrant-Fragmenten Eil-
harts von Oberg[176] kommt das 'sich vermezzen' einer Verletzung
ritterlicher Normen gleich. In betrügerischer Absicht nennt
der ungetreue Truchseß in der Drachenepisode selbst die
ritterlichen Ideale, die er angeblich befolgt, in Wahrheit
aber durch sein Handeln ins pure Gegenteil verkehrt: das Auftreten eines Ritters darf nicht 'ungefüge' sein (Rd6); Wahrhaftigkeit und Ehrlichkeit müssen aus seinem Verhalten spre-

---

[173]S. die nachfolgenden Interpretationen zu Kaiserchronik,
Rolandslied und Alexanderlied.

[174]König Rother. Nach der Ausgabe von Th. Frings und J.
Kuhnt. Dritte Auflage. Besorgt von Ingeborg Köppe-Benath.
Halle (Saale) 1968.

[175]Die geistliche Ausdeutung des Vergleichs mit den Adlern
627ff. kann die angeführte Bedeutung von 'sich vermezzen'
nicht abändern.

[176]Eilhart von Oberg, Tristrant. Synoptischer Druck der
ergänzten Fragmente mit der gesamten Parallelüberlie-
ferung. Hsg. von H.Bußmann. Tübingen 1969.

chen ('waere' Rd11). Die besondere Perfidie im Vergehen des
Truchsessen besteht darin, daß er es scheinheilig ablehnt,
jene ritterlichen Werte überhaupt in Zweifel zu ziehen ('sich
vermezzen' 1734 und Rd8), im selben Augenblick aber den König
mit einer Lüge betrügt.[177] Auch das 'sich vermezzen' (3425
und M3^{r}22) des mit dem Teufel im Bunde stehenden Zwergs, der
sich erdreistet, die Königin und Tristan des Treuebruchs gegenüber dem König zu bezichtigen (Baumgartenszene), wird vom
Hofgesinde solange als Anmaßung empfunden, bis konkrete Beweise für die Anschuldigungen vorliegen. Auch hier ist es
anerkanntes Gebot höfischer Lebensform, der 'warheit' (M3^{r}34)
gemäß sich zu verhalten und alles 'liegen' (M3^{r}11) zu meiden.

(5) 'sich vermezzen' kann ferner die spezielle Bedeutung
"sich erheben gegen, einen Aufstand führen gegen" haben, wie
zwei frühe Belege aus dem Annolied[178] (295; 336) dartun;
diese Bedeutung ist auch vereinzelt in Texten des 12. Jahrhunderts anzutreffen (z.B. Alex.V 1414; S 1938).

(6) Schließlich belegen Alex.V 744 und S 998 ein 'sich vermezzen' in der Bedeutung von "schwören, bürgen, verbindlich
versprechen". Zu dieser Gruppe könnten natürlich auch die
unter (3) angeführten Belege Mem.mori 47, Salm.48,1 und Alb.
Tnugd.123o gestellt werden.

'vermezzen' (part.adj.)

Das part.adj. 'vermezzen' ist vor der Gruppe Kaiserchronik-
Rolandslied nur einmal belegt (1). In Kaiserchronik, Rolandslied und Alexanderlied verengt sich, wie unten gezeigt wird,

---

[177]Vgl. Gottfrieds von Straßburg 'Tristan' 957o-78: hier
ist es die Königin Isolde, die des Truchsessen ungebühr-
lichen Anspruch als 'sich vermezzen' brandmarkt.

[178]Maurer II, Nr.22, S.3-45.

die Bedeutung recht eindeutig auf "kühn, tapfer, mutig,
ritterlich angesehen" und erstarrt zum Epitheton ornans, das
die ursprünglich religiöse Dimensionierung (heidnische Vermessenheit, 'superbia'-Nähe) meistens nicht mehr erkennen
läßt. In dieser verengten Bedeutung begegnet 'vermezzen' häufig in den späteren Denkmälern der frühmittelhochdeutschen
Literatur (2).

(1) Die Milstätter Genesis schildert im Anschluß an Gen 27,1ff.,
wie sich Jakob in nicht ganz ehrlicher Weise den Segen seines
Vaters Isaak erlistet. In dieser Betrugsszene spricht der Sohn
zum Vater, als er ihm das gewünschte Wildgericht bringt:

> du solt wol uermezzen   mines geiaides ezzen,
> dar undir solt du mich wihen   dine saelde uerlihen.
>   (5o,4f.)

Die Aufforderung Jakobs an Isaak, 'wol uermezzen' das Mahl
zu sich zu nehmen, beinhaltet nur vordergründig, im personalen
Horizont des Vaters, eine Ermunterung zum kulinarischen Genuß. Vor dem theologischen Hintergrund der Jakobsgeschichte,
in auktorialer Perspektive also, bedeutet sie gleichzeitig
eine Ermunterung des Sohnes an den Vater, auf das Betrugsmanöver einzugehen und ihm die 'saelde' zu verleihen. Es ist
möglich, daß der Dichter mit dem Beiwort 'vermezzen', dessen
Ambivalenz er sich vielleicht bewußt war, das sittlich Zwei-
deutige der Situation kennzeichnen wollte, das erst nachträglich durch die heilsgeschichtliche Bedeutung von Jakobs
späteren Lebensjahren, wenn nicht eine indirekte Zurücknahme,
so doch eine Milderung erfuhr, denn letztlich war es ja das
geheime Wirken Gottes, das Jakob zu seiner List bewegte.
Diese Erwägungen können natürlich in einer Übersetzung nicht
alle berücksichtigt werden; eine Wiedergabe von 'vermezzen'
als "unverzagt, ohne Bedenken, unbekümmert" würde die ambivalente Situation zumindest andeuten können.

(2) Das zur Formel erstarrte 'vermezzen' war in späterer
Zeit besonders in der sog. Spielmannsdichtung gebräuchlich.
Es konnte auf heidnische Könige (Or.[179] 4o6; 2551; 2561),
auf Herren (Or.162), Heiden (Or.414; Osw.M 238) und sogar auf
einen Raben[180] (Osw.M 372) angewandt werden, wobei die aus
der Kreuzzugsliteratur bekannte, typisch heidnische, 'superbia'-nahe Vermessenheit nicht immer mehr zum Ausdruck kam.

Das Epitheton in der Bedeutung "mutig, kühn, tapfer" kennen
noch: Maria 1412 (D 136o, A 1228); Maria A 1755 (die aus dem
12. Jahrhundert stammende Fassung D hat statt 'vermezzen
degene' noch 'wolgetane degene' 1979); Tund.[181] 9o; Albers
Tnugdalus 1621.

'vermezzenlîche(n)'

Außer Kaiserchronik, Rolandslied und Straßburger Alexander
kennt nur die Rother-Dichtung das adv. 'vermezzenlîche(n)'.[182]
Dreimal ist es formelhaft mit der ritterlichen Kunst des
Reitens verbunden: 'si riten **vermezzenlîche**' Kchr.7734; 'si

---

[179]Orendel. Hsg. von H.Steinger. Halle 1935. A.E.Berger verzeichnet in seiner Orendel-Ausgabe, Bonn 1888, auf S.149
weitere (spätere) Belege zur formelhaften Anwendung des
part.adj. 'vermezzen'.

[180]In der frühmittelhochdeutschen Literatur ist die Anwendung des Epithetons 'vermezzen' auf ein Tier einmalig
(bei Eilh.72o2, wo von einem 'vermezzenen' Sperber die
Rede ist, handelt es sich um eine Konjektur). Nicht so
sehr Tapferkeit und Kühnheit werden dem Raben dadurch
zugesprochen, sondern eher Fähigkeit und Klugheit: der
Rabe kann in wunderbarer Weise sprechen und verfügt über
außergewöhnliche Eigenschaften, die nicht ohne Einwirkung
Gottes erklärbar sind.

[181]Tundalus. In: Deutsche Gedichte des zwölften Jahrhunderts.
Hsg. von C.Kraus. Halle 1894, Nr. XI, S.46-62, 217-46.

[182]Zu Kaiserchronik, Rolandslied und Alexanderlied s. die
folgenden Abschnitte.

larten ime ... vermezzenl\u00eechen r\u00eeten' Alex.S 195f.; 'Ey wie
uermezeliche her reit' Roth.4958. Ein weiterer Beleg, Alex.
S 4617, hebt Alexanders persönliche Kühnheit bei der Auseinandersetzung mit dem indischen König Porus hervor; hier ge-
sellt sich zur wertneutralen Grundbedeutung "mutig, kühn
(bis zur Verwegenheit)" ein 'superbia'-verdächtiger Beiklang,
denn Alexander steht kurz vor der Vollendung seiner Welteroberung und maßt sich an, grundsätzlich jeden Gegner besiegen
zu können. - Schließlich lassen auch die zwei Belege Roth.2o5
und 4o6 neben der formelhaften Hervorhebung ritterlicher Vortrefflichkeit und Tapferkeit eine Nebenbedeutung erkennen. In
beiden Belegen (4o6 als Retrospektive) deutet 'vermezzenl\u00eeche'
auf die ritterlichen Qualitäten, das aufwendige Gepränge und
die kostbare Ausstattung der Abgesandten König Rothers, was
für die beabsichtigte Brautwerbung Bedeutung hat und seine
wohlberechnete Wirkung am Hofe Constantins auch nicht verfehlt.
Überschichtungen der Grundbedeutung "tapfer, kühn, verwegen"
mit übergeordneten Sinnstrukturen sind beim adv. 'vermezzen-
l\u00eeche(n)' also nur teilweise festzustellen.

'vermezzenheit'

Das stf. 'vermezzenheit' ist in der frühmittelhochdeutschen
Literatur außer zwei Belegen aus dem Rolandslied (3996; 4o12)
nur aus Bamberger Glauben und Beichte (142,29) und Wessobrunner Glauben und Beichte I (Parallelstelle 142,29) bekannt.
Beide Beichten führen den Beleg im Sündenverzeichnis als
Filiation der 'superbia' und legen eine theologische Deutung
des Begriffes nahe; mit Tapferkeit und Kühnheit hat er wenig
zu tun. Er steht in Nachbarschaft mit 'uirsmahide' ("Verachtung, Geringschätzung") und 'unhuldie' ("Übelwollen, Feind-
seligkeit") und ist im Sinne von 'arrogantia' aufzufassen.
Daß er auch auf gewisse Übelstände eines militanten, rauh-

beinigen Rittertums hindeuten könnte, erscheint angesichts
der Tatsache, daß der Sündenkatalog der beiden Beichten verschiedentlich bestimmte ritterliche Untugenden brandmarkt,
nicht ganz ausgeschlossen.

2. Die Kaiserchronik

Die Kaiserchronik enthält das reichhaltigste Material zu stv.
'sich vermezzen' und seinen Ableitungen von allen vergleichbaren Denkmälern. Verbum, Partizipialadjektiv und Adverb sind
je 14mal belegt, das Substantiv fehlt.[183] Aufgrund dieses
sprachlichen Befundes kommt der Kaiserchronik neben Rolands-
und Alexanderlied eine entscheidende Bedeutung für die Entwicklung der 'vermezzen'-Wortgruppe zu.

'sich vermezzen'

Unabhängig von der Teilhabe der einzelnen Belege an religiös-
sittlichen Bezügen lassen sich vier ungleich große Bedeutungs-
gruppen für stv. 'sich vermezzen' aufzeigen:

- schwören, behaupten, zu tun versprechen, als feste Absicht
  erklären, den Entschluß fassen (zu), garantieren.
  Hierher gehört die Hauptmasse der Belege: 3814; 4378; 4911;
  4978; 8981; 1279o; 13978; 14o63; 14o99; 15113 und 16974;
- prahlen, sich rühmen: 4448;
- sich erheben gegen: 17216;
- sich berufen auf: 8961 (vgl. 'urchunden' 8978).

Auf die im vorausgehenden Abschnitt entwickelten Gesichtspunkte (1) religiös-positiv, (2) religiös-negativ, (3) immanent-positiv und (4) immanent-negativ bezogen, verteilen sich
die Belege wie folgt:

(1) Hinter den Belegen 8961 und 8981, die beide aus der Sil-
vesterlegende stammen und mit Silvesters aktivem Eintreten
für die rechte christliche Lehre in einer Disputation mit

---

[183]Eichler übergeht diesen nicht unwichtigen Befund an Belegen völlig, vgl. a.a.O. S.45f. - Das vollständige Belegmaterial im Anhang.

zwölf jüdischen Gelehrten verknüpft sind, steht eine an positive christliche Vermessenheit gemahnende Haltung. Zwar
handelt es sich bei beiden Belegen um die Sprechperspektive
von Silvesters Gegner, doch wird man eine Vermessenheit im
Dienste des Glaubens, die sich in der Bekennergesinnung Silvesters ausdrückt, als seine innere Haltung annehmen dürfen.

(2) Nicht alle hier zu nennenden Belege sind so deutlich mit
dem Grundlaster der 'superbia' verknüpft wie 14063: auf die
'hôhvart' (14060) der aufständischen Römer wird ausdrücklich
verwiesen. In 15113, 16974 und 17216 geht es jedesmal um
eine Auflehnung gegen den Kaiser, den Repräsentanten der
gottgewollten sozialen Ordnung und Beschützer der Kirche, und
so wird auch hier eine Vermessenheit, die an den Grundfesten
des christlichen 'ordo' rütteln will, zum Ausgangspunkt von
politisch-militärischer Auflehnung, die stets im Verdacht
steht, gleichzeitig auch religiöse Auflehnung zu sein. Derartige Vermessenheit bildet für viele Einzelszenen der Kaiserchronik geradezu das epische Strukturmuster.[184]

---

[184] "Es ist Kompositionsgesetz der Kaiserchronik, den heilsgeschichtlichen Kampf der guten und der bösen Mächte möglichst innerhalb jeder Kaisergeschichte zur Anschauung zu
bringen. Die gegeneinander wirkenden Kräfte sind als polar
aufeinander bezogen in jeder Kaisergeschichte enthalten.
Dem Tyrannen wird regelmäßig der sittlich überlegene Sagen-
held oder der christlich für das Gottesreich sterbende Heilige entgegengestellt. Der rex iustus hat die das Reich ge-
fährdenden Mächte der heidnischen Feinde, der irrlehrenden
Ketzer und der auf den Plan tretenden außerchristlichen
Religionen oder der politischen Empörer niederzuwerfen. Jede Kaisergeschichte für sich ist ein Ort des Entscheidungs-
kampfes zwischen Gott und Teufel, Herrschertum und Tyrannis,
reicherhaltenden und reichzerstörenden Kräften. Durch dieses
gleichbleibende Thema erhält jede Geschichte ihre innere
Achse, das die ganze Dichtung verbindende ideelle Rückgrat",
so E.F. Ohly, Sage und Legende in der Kaiserchronik. Untersuchungen über Quellen und Aufbau der Dichtung. Münster 1940,

(3) Im weltimmanenten Bedeutungsbereich regiert bei den
Belegen mit positivem Aussagewert die Bedeutung "schwören,
versprechen" (3814; 4378; 4911; 4978; 1279o; 13978; 14o99);
das heldische Element "Kühnheit, Verwegenheit" ist in unterschiedlicher Stärke in diesen Belegen mitenthalten.

(4) Nur ein Beleg (4448) drückt eine an weltlichen Gesichts-
punkten orientierte, negative Art der Vermessenheit aus. Die
Szene, aus der der Beleg stammt, eine Wette zweier Männer
(Conlatinus und Tarquinius) über die Vortrefflichkeit ihrer
Frauen, macht gleichzeitig den Maßstab deutlich, nach dem
Vermessenheit sich kundtut: Behauptung steht gegen Behauptung;
das prahlerische Sich-Rühmen des einen Partners fordert die
Gegenrede des anderen heraus. Den Streit entscheiden schließ-
lich die gesellschaftlich-kulturellen Normen, die das
Frauenideal der Zeit bestimmen ('zuht', 'tugende', 'site',
die Regeln der Bewirtung eines Gastes usf.).[185]

---

184 Fortsetzung:
   S.238 (Neudruck Darmstadt 1968). Jüngst hat K.-H.Göttert
   diesen Ansatz aufgegriffen und zum methodischen Ausgangspunkt einer Untersuchung über die strukturprägende Rolle von
   'untriuwe' und 'triuwe' in Heinrichs des Glîchezâre Reinhart Fuchs und Konrads von Würzburg Engelhard ausgearbeitet
   (Tugendbegriff und epische Struktur in höfischen Dichtungen.
   Heinrichs des Glîchezâre Reinhart Fuchs und Konrads von
   Würzburg Engelhard. Köln, Wien 1971). Am Beispiel der Adel-
   ger-Sage aus der Kaiserchronik skizziert Göttert einleitend
   das Verfahren, im Zusammenhang von Handlung und Personentypik die strukturbildende Kraft mittelalterlicher Wertbegriffe, hier: 'êre', 'reht' und 'triuwe', aufzuzeigen (S.16-
   19). Analoge Einzeluntersuchungen ließen sich natürlich auch
   zur 'vermezzen'-Wortgruppe durchführen.

[185]Vgl. Ohly, Sage und Legende in der Kaiserchronik, a.a.O.
   S. 95f.

Eine Tendenz zum formelhaften Gebrauch ('sich vil tiure vermezzen') weisen die Belege 3814, 4978, 14o99 und 16974 auf.

'vermezzen' (part.adj.)

Von 14 Belegen sind bereits neun in ihrem Gebrauch so sehr
erstarrt, daß man sie dem Formelschatz der vorhöfischen deutschen Dichtung zurechnen kann (249; 274; 4471; 4551; 4873;
6992; 7629; 7739; 13968). Dieser Erstarrungsprozeß geht in
der Kaiserchronik so weit, daß außer in 7739 und 13368 das
part.adj. sich stets mit dem Substantiv 'helt' verbunden hat.
Nimmt man noch hinzu, daß alle diese formelhaften Belege im
ersten Teil der Chronik zu finden sind, auffälligerweise in
dem, der die heidnischen römischen Kaiser behandelt, so sind
dies beides Indizien dafür, daß 'vermezzen' ursprünglich aus
der nichtchristlichen, nichtgeistlichen deutschen Dichtung
stammen kann. Als solche ist aus dem frühen Mittelalter nur
die Heldendichtung bekannt.[186] In diesen neun Belegen herrscht
ausschließlich die positive Bedeutung "tapfer, mutig, kühn,
verwegen"; Akzentverlagerungen zwischen "mutig" und "über-
trieben mutig, d.h. verwegen" sind nicht ausgeschlossen.

Diesen zahlreichen Belegen stehen nur zwei andere gegenüber,
bei denen eine Vermessenheit in bezug auf jenseitige Mächte
ausschlaggebend ist (15692; 16695). Gottes direktem Eingreifen
ist es zu verdanken (15686), daß die aufständischen Hunnen,
die in ihrem 'ubermuot' (1569o) den 'unsaeligen' (15691)
gleichgestellt werden, in ihrer Vermessenheit ('vermezzen'
15692) von den Christen besiegt werden konnten. Heidnische

---

[186] Dazu s. unten die Zusammenfassung dieses Kapitels.

Vermessenheit kommt besonders bei der Schilderung der Kreuz-
fahrt Gottfrieds von Bouillon in das Heilige Land (16618ff.)
zum Ausdruck ('haiden ... vermezzen' 16694f.) und steht ebenfalls im Kampf gegen Gott, der die Christen unterstützt
(16711).[187] 'vermezzen' bedeutet in diesen beiden Belegen nicht
"mutig, kühn" oder ähnliches, sondern "vermessen (gegen Gott),
aufrührerisch, unbotmäßig, anmaßend", wobei eine Anerkennung
heidnischer 'fortitudo', kämpferischer Fertigkeit und persönlicher Kühnheit, als Nebenbedeutung durchaus angenommen werden kann.

Auf der anderen Seite legt es der Kontext nahe, bei den Belegen 1o17, 14869 und 14973 eine positive, christliche Vermessenheit als Grundlage des 'vermezzen'-Seins anzunehmen,
obwohl alle drei Belege stark formelhaft gebraucht werden.
14869 und 14973 stehen in einem Textabschnitt (Karls des Großen Kampf gegen die heidnischen Sachsen), der von Kreuzzugs-
motivik nicht frei ist. Der 'vermezzene' Titus (1o17) aus der
Veronikalegende rechtfertigt sein Epitheton damit, daß er
Jesu Weissagung der Zerstörung Jerusalems (875ff.) verwirklicht.[188] Auch hier wird man 'vermezzen', wie oben die formelhaften Epitheta, mit "mutig, tapfer, kühn, verwegen" übersetzen können, hat dabei aber den Beiklang christlich-mili-
tanter Vermessenheit mitzubedenken.

---

[187] Daß Hempel, S.248, diesen Beleg als eindeutig positiv
auffaßt, erscheint mir problematisch.

[188] Vgl. Ohly, Sage und Legende in der Kaiserchronik,
a.a.O. S.61.

'vermezzenlîche(n)'

In acht von 14 Belegen wird 'vermezzenlîche(n)' formelhaft
im positiven Sinne als "mutig, tapfer, kühn, verwegen", ohne
den Beiklang religiöser Bezüge, verwendet (6756; 7o39; 7o65;
7444; 7734; 13o56; 13692; 15665). 'vermezzenlîchez' Handeln
gilt als allgemeines ritterliches Qualitätsmerkmal und hebt
die Tugenden des Kriegers hervor: es ist, wie schon das Partizipialadjektiv, stark an die Existenzform des 'helt' gebunden.
Die Tendenz zum formelhaften Gebrauch setzt sich damit auch
beim Adverb fort, und auch die restlichen Belege (52o2; 5333;
5343; 15718; 15953; 1714o) sind keinesfalls frei davon. Bei
ihnen ist aber bemerkenswert, daß, allerdings in unterschiedlicher Stufung, religiös-sittliche Werte den Bezugspunkt
'vermezzener' Handlungen bilden. So steht z.B. der
Einfall der Ungarn in Westeuropa unter dem negativen Vorzeichen 'superbia'-verdächtiger Vermessenheit (15718); Auflehnung gegen die Weltordnung, Zerstörung der christlichen
Reiche des Westens: dies sind Handlungsaspekte, die eine Übersetzung des adv. 'vermezzenlîche' mit "kühn, mutig, verwegen"
usf. verbieten. Die Begriffe und Wendungen "vermessen, aufrührerisch, anmaßend, in zerstörerischer Absicht" kämen der
destruktiven Tendenz, die den Ungarneinfall in der Schilderung
des Chronisten begleitet, näher. Auch die Ungarn sind 'un-
saelige' (15691).

Andererseits kennt die Kaiserchronik auch beim Adverb eine
zu bejahende, christliche Vermessenheit, den militanten Einsatz aller Kräfte im Dienste des Reiches Gottes: etwa das
Verhalten des christlichen Heeres bei der Schlacht auf dem
Lechfeld:
  1595o   Aines morgenes fruo -
          der biscof sanc ain misse duo -
          der chunich nam selbe sînen van,

die haiden rant er <u>vermezzenlîche</u> an;
got selbe was dâ mi͞t.

Der Chronist sieht in dieser Schlacht ein Kreuzzugsgeschehen:
König, Bischof und christliche Soldaten haben als stärksten
Heerführer Gott auf ihrer Seite und kämpfen, dies darf man
verallgemeinern, 'vermezzenlîche' gegen die Heiden, um die
'cristenhait' (15958) zu befreien. Auch bei dem Beleg 1714o
ist ein Beiklang christlicher Vermessenheit nicht auszuschließen.

Selbst dann, wenn die heidnischen römischen Kaiser gegen
fremdländische Heiden kämpfen, mischt sich in die Schilderung
des Chronisten eine Tendenz, innerhalb der Heidenschaft
Sympathie und Antipathie zu verteilen. Die römischen Kaiser
vertreten, obwohl sie Heiden sind, als Repräsentanten des
imperium Romanum Recht und Ordnung. Sie sind im heilsgeschichtlichen Prozeß verankert und stehen damit im Bewußtsein des
Chronisten höher als die barbarischen, wilden Heiden aus
Asien oder Afrika. Bei aller Tapferkeit und Verwegenheit, mit
der die Römer gegen jene Heiden zu Felde ziehen, ist in den
'vermezzenlîche(n)'-Belegen ein quasireligiöser,[189] positiver
Beiklang nicht auszuschließen: unter großem persönlichem Einsatz verteidigen sie das römische Reich, die damalige Verkörperung von Recht und Obrigkeit (52o2; 5333; auch 5343).
Immerhin bildete das römische Imperium nach mittelalterlichem
Geschichtsbewußtsein die Vorstufe des christlichen, abend-

---

[189]Schon Ohly machte auf die Kreuzzugselemente in der
Schilderung der Epoche Vespasians und auf ihre typolo-
gische Verknüpfung mit ähnlichen Ereignissen aus der
Kaiserchronik aufmerksam (Sage und Legende in der
Kaiserchronik, a.a.O. S. 1o6-8).

ländischen Reiches.[190]

Schließlich ist auf die formelhafte Verwendung der Verse
52o2, 7o65 und 13o56 ('daz wort er vermezzenlîche(n) sprach')
aufmerksam zu machen.[191]

'mâze' in der Kaiserchronik[192]

Als begrifflich ausgesprochene Tugend spielt die 'mâze' in
der Kaiserchronik noch keine hervorragende Rolle. So fehlt
sie bezeichnenderweise in den Katalogen der Herrschertugenden
(vgl. beispielsweise den umfangreichen Tugendspiegel Karls
15o72ff.), aber auch sonst vermißt man sie unter den wörtlich
aufgeführten ethischen oder ritterlichen Wertbegriffen.

Lediglich im Zusammenhang mit der Minne wird 'mâze' in
einigen Episoden der Chronik zum Äquivalent eines unwürdigen,
durch 'unmâze' gekennzeichneten Verhaltens.[193] Ihre Wichtigkeit als umfassender 'ordo'-Begriff (9237) wurde bereits erwähnt.[194]
Schließlich bleiben zwei Stellen zu nennen, auf Grund derer

---

[190] Ohly wies darauf hin, daß die Scheidung in positive und
negative heilsgeschichtliche Aspekte in der Kaiserchronik
keineswegs mit dem Gegensatzpaar "christlich"-"heidnisch"
identisch sei: "Christen und Heiden, Römer und Romfremde,
Kaiser und Herzöge, a l l e können in seinen (des Chronisten - d.Vf.) Augen die Idee des Reiches und gerechten
Herrschertums fördernd erhalten, a l l e können sie fre-
velnd verletzen". Nach augustinischer Tradition können
auch christliche Kaiser Tyrannen sein, ebenso wie auch die
Heiden ohne ihr Wissen am Gottesreich arbeiten können
(Sage und Legende in der Kaiserchronik, a.a.O. S.24o).Zur
Geschichtsauffassung der Kaiserchronik, die heidnisches
römisches Kaisertum und christliches Reich typologisch
aufeinander bezieht, s. S.1off., 43, 198, 24of. und öfters.

[191] Vgl. auch das formelhafte 'vil harte vermezzenlîche' Kchr.
13692; 1714o und RL 294.

[192] Vgl. Eichler S.45f.

[193] Siehe das Kapitel zu 'mâze' und 'minne', unten C IV.

[194] S. oben Kap. B II, 4.

ihr eine gewisse Bedeutung als erzieherischer Wert zugesprochen worden ist. In der Erziehungslehre des Kaisers
Faustinianus (1377ff.) heißt es vom heranwachsenden Prinzen,
den eine falsche Erziehung zum Feigling werden lassen kann:

```
1383  swenner kumet ze den wizzen,
      daz er daz erbe sol besizzen,
1385  so nekan er ze mâzen
      tuon noh verlâzen,
      so vertreit in sîn chintheit
      dike in grôz arbeit,
      unt kan die selbe niht getragen.
```

Die gleiche Formulierung bezeugt eine weitere Belegstelle aus
der Chronik:

```
16o92  iz waere ain michel arbait,
       der von kinthait
       nekunde ze mâzen
       tuon noch verlâzen.
```

Die präpositionale Wendung 'ze mâzen' heißt im allgemeinen
"ziemlich, sehr" und drückt nicht notwendig ein Sich-Verhalten
nach den Vorschriften der 'mâze' als einer ethisch ausgerichteten Tugend aus. Auch an eine als erzieherisches Ideal
einer "Kinderzuchtlehre" in den Vordergrund gerückte 'mâze'
bzw. an ihre Gefährdung durch die mit dem jugendlichen Alter
der 'infantia' wesensmäßig verbundene 'unmâze', wie sie etwa
beim jungen Riwalin aus Gottfrieds von Straßburg "Tristan und
Isold" vorauszusetzen wäre,[195] ist hier keineswegs zu denken.
In den vorliegenden Belegen ist die Wendung 'ze mâzen', verbunden mit der Negationspartikel, im ironischen Sinne in der
Bedeutung "kaum, gar nicht" aufzufassen:[196] wenn der junge

---

[195]Riwalins Verhängnis beginnt mit dem Angriff auf seinen
Lehnsherren Morgan, dessen Ursachen einen entscheidenden
Mangel an 'mâze' (obwohl nicht explizit genannt) erkennen
lassen (262-74). Der 'übermuot' gewinnt über Riwalin Herrschaft. Er entspringt aber nicht der 'archeit', angeborener
Bosheit und Verdorbenheit, sondern ist Äußerungsform seiner
'infantia', seines jugendlichen Alters und den mit ihm
gegebenen Untugenden.

[196]Eichlers Deutung, daß der Ritter in der Erziehung zur
'mâze' geführt werden solle (S.46), halte ich daher für
verfehlt.

Prinz erstmalig die Last der Verantwortung für sein Erbe
allein tragen soll, so weiß er, weil er falsch erzogen wurde,
überhaupt nicht, was er tun und lassen soll. In ähnlichem
Sinne, nur mit anderer Vorgeschichte, ist der zweite Beleg zu
verstehen.
Auch als Oppositionsbegriff zur 'vermezzen'-Sippe läßt sich
'mâze' in der Kaiserchronik noch nicht belegen.

3. Das Rolandslied des Pfaffen Konrad

Überblickt man das Belegmaterial zum Rolandslied,[197] so
fällt, ähnlich wie bei der Kaiserchronik, das starke Übergewicht der Wortsippe 'sich vermezzen' (also einschließlich
'vermezzenheit', 'vermezzen' part.adj., 'vermezzenlich' und
'vermezzenlîche') mit 31 Belegen und der ein Unmaß bezeich-
nenden 1o Belege ('âne mâze', 'ummâze', 'ummêzlich') gegenüber den nur zwei "positiven" Belegen zu 'mâze' und ihren Ableitungen ('sich mâzen', 'mâzlichen') auf. Hier ist zunächst
danach zu fragen, in welchem Verhältnis sich diese Belege
auf Christen und Heiden verteilen. Kennzeichnend ist ferner
die große Zahl der Adjektive (2o) und Adverbien (12). Es
wird zu untersuchen sein, in welchem Maße sich der in der
Kaiserchronik erstmals in breitem Umfang einsetzende Erstarrungsprozeß zu formelhaften und klischeeartigen Epitheta
fortsetzt.

Von den zum Bedeutungsfeld "Vermessenheit" gehörenden 31
Belegen entfallen sieben auf die Christen (davon drei als
Urteile aus der Perspektive der Heiden) und 21 auf

---

[197]Das Alexanderlied des Pfaffen Lamprecht. Das Rolandslied
des Pfaffen Konrad. Hsg. von F. Maurer. Unveränderter
reprografischer Nachdruck der Ausgabe Leipzig 194o.
Darmstadt 1964.

die Heiden. Im einzelnen ergibt sich folgendes Bild:[198]

	Christen	Heiden	auf beide bezogen	schwer einzu- ordnen
sich vermezzen	(3693)	4oo9; 4667 85o3		8826
vermezzenheit	3996	4o12		
vermezzen adj.	(642)	38o; 26o2 2624; 3745 4378; 4425 4491; 5237 7155; 7641 8326		
vermezzenlich adj.		4o93; 49oo		
vermezzenlîche adv.	4782 8298 (8368) 891o	294; 2596 358o; 55o7	4286 4634	

() = Aussage aus der Heidenperspektive

a) Interpretation der Belege

Heidnische und christliche Vermessenheit

Die Heiden, wie sie vom Dichter und aus der Perspektive der
sie beurteilenden Christen gesehen werden, fallen besonders
wegen ihres 'ubermûtes' (bzw. 'hôchvart') und ihrer Vermessenheit auf, was sich reichhaltig belegen läßt ('ubermût' 289;
3361; 3478; 351o; 4o16; 46o4; 4611; 4743; 'hôchvart' 288;
3392; 3468; 35o6; 4488; 47o4; 7363; 'hôchmût' 4886; 'gelph' =
"lärmendes, übermütiges Getöse" 5241; adj. 6536). 'ubermût'
und 'hôchvart' der Heiden beziehen sich nicht nur auf über-

---

[198]Eine analoge Aufschlüsselung nach christlichem und heidnischem Zuordnungsbereich ließ sich für die entsprechenden Belege der Kaiserchronik aus den auf S. 224, Anm.19o,
genannten Gründen nicht durchführen.

mütiges Verhalten in der Welt, sondern sind im christlichen
Sinne als sündhafte Verbundenheit mit Gottes Gegenspieler,
dem Satan, als absolute Gottvergessenheit zu verstehen. Nicht
umsonst weist Konrad immer wieder auf diese Abhängigkeit der
Heiden vom Teufel hin. Die Heiden werden als 'des tûvelis
kint' angesehen (6o), und das heidnische Heer ist 'des tiuveles geswarme' (338o). Bewußt begeben sich die heidnischen
Kämpfer 'in des tiuveles gewalt' (3515), sie sind 'des
tiuveles hîgen' (444o; 'hîge', 'hîwe' = "Gatte, Gattin",
übtr. "Genosse, Verbündeter"), denn der Teufel selbst hat
das Heidenheer aufgeboten (39o9f.; 5738f.), um alle Heiden,
und das heißt: ihre Seelen, für sich zu gewinnen (445of.;
4758-6o; 5974; 6368-71; 7o6off.; 8582): 'Dâ wûchs der helle
ir gewin' (4921). Als des Teufels Werkzeuge kämpfen die Heiden gegen die für das Gottesreich streitenden 'karlinge'.
Sie sind der Ursünde ihres Herrn, Luzifers 'superbia', verfallen (46o4ff.) und deswegen von Gott verflucht (vgl. 4255;
Streitgespräch zwischen Falsaron und Olivir). Sie leben in
Gottesferne ('tumbe' 285),[199] sind vom ewigen Heil ausge-

---

[199] Eine große Sünde der Heiden ist ihre 'ignorantia', die
Verschuldung durch Unwissenheit. Darauf machte zuletzt
E.Dorn aufmerksam. Der heidnische Sünder sei eingespannt
in die "heilsgeschichtliche Auseinandersetzung zwischen
der Macht des Bösen und den himmlischen Mächten, so daß
nicht so sehr die Überwindung der persönlichen Sünden-
s c h u l d die Aufgabe der Sünderheiligen ist, als vielmehr die Ausschaltung dieser Sünden m a c h t " (Dorn,
S. 125). Exponent dieser Sündenmacht ist der Teufel. Daher
ist der Teufel der eigentliche Gegner der Christen, und
die Heiden sind in ihrer Verworfenheit durch positive
ritterliche Attribute gemildert (z.B. durch ihre 'fortitudo'). Das zeigt sich darin, daß den Heiden beispielsweise

schlossen ('unsaelic' 29o) und als solche per naturam schon
'vertân' (3513), denn Gott gönnt ihnen nicht den Sieg (6714-
16).

In diesem heilsgeschichtlichen Bezug ist auch die Vermessenheit der Heiden zu verstehen. In schuldhafter 'ignorantia'
und Mißdeutung der dem Menschen in der Schöpfung gegebenen
Maßkonstellation (der Mensch als Geschöpf des einen, allmächtigen, ewigen Gottes) vermessen sich die Heiden, indem sie
sich dem Widersacher anheimstellen und Gottes Volk, die die
Christenheit vertretenden Karlinge, bekämpfen wollen. Solche
Vermessenheit im Sinne überschäumender Kampfgier und über-
kühner Tapferkeit ist nur vor dem Hintergrund jener reli-

---

199 Fortsetzung:
  Begriffe wie 'êre', 'ruom' oder 'triuwe' nicht fremd sind.
  Die heidnischen Heere sind hervorragend ausgerüstet und
  besitzen zahlreiche tapfere Helden, was auch die Christen
  öfters anerkennen. Stellenweise zeigen sie gutes höfisches
  Benehmen. - Die Diskussion um den Typus des 'edelen heiden'
  wurde besonders durch H. Naumanns bereits zitierten Aufsatz über den wilden und den edlen Heiden in Gang gebracht.
  Die Herleitung der 'tumpheit' aus der christlichen Sünde
  der 'ignorantia' machte schon G. Ehrismann durch den Auf-
  weis der patristischen Tradition wahrscheinlich, in der
  die 'ignorantia' in der Theologie des Mittelalters stand
  (Über Wolframs Ethik. ZfdA 49 (19o7) 4o5-65, hier 447f.).
  - Zur Deutung einiger 'tump'-Belege des Rolandsliedes als
  "vermessen" s. J.Trier, Der deutsche Wortschatz im Sinnbezirk des Verstandes, a.a.O. S.174f.

giösen Grundvermessenheit der Heiden erklärbar, z.B.: 'di
sich ê vermâzen, / dô si vor ir herren sâzen, / si wolten
stoeren sent Dionisien hûs, / diu vermezenhait chom ubel ûz'
(4oo9-12); oder von den 12ooo Helden und Hornbogenschützen
des Targis: 'di vermâzen sich starke, / si erledigeten im
sîne marche, / want Targis der marcgrâve was, / dô er ze Tor-
tolose saz' (4667-7o); der herausfordernden Vermessenheit
Paligans, die vor blasphemischen Äußerungen über Christus
nicht zurückschreckt, antwortet Kaiser Karl: 'Tu vermizest
dich ze vil' (85o3).

Die in religiöser Verblendung lebenden Heiden werfen in
paradoxer Umwertung der heilsgeschichtlich verstandenen
'mâze' ihrerseits den Christen 'hôchmût' und Vermessenheit
vor, so z.B. Targis, wenn er vor Marsilie über Roland berichtet: 'Ich gelege sînen hôchmût: / dô er vor deme kaisere
gestunt, / sîn swert er zuhte, / dînin chunclichen namen er
verdruchte / unt vermaz sich zeverre, / er wolte mere unt
erde / cinshapht bringen, / unter des kaiseres vanen dingen'
(3689-96). Und selbst der Franke Binabel, der die Partei des
Verräters Genelun vor dem Kaiser vertritt, muß sich von
Tirrich jene oben umschriebene Vermessenheit vorwerfen lassen:
'Binabel sich vermezen hât' (8826), denn Genelun hatte sich
ja, in typologischer Hinsicht den Verrat des Judas wieder-
holend, zu den Heiden geschlagen und 'mit lugen unt mit
mainaiden / di untriuwe ... begangen' (8836f.), daß er,
ähnlich der heidnischen heilsgeschichtlichen Vermessenheit,

nun gegen Gott handelte.[200] Jeder, der die Position des
'verrâtêre' Genelun vertrat (z.B. Binabel), partizipierte
an dessen Teufelshörigkeit (vgl. 'vâlantes man' 31o1) und
vermessener 'untrûwe' (2377), und deswegen konnte auch Binabel der Vermessenheit beschuldigt werden.

Die religiös gedeutete Vermessenheit der Heiden[201] als metaphysischer Hintergrund ihrer Tollkühnheit und kämpferischen
Tapferkeit läßt sich durch einen weiteren eindrucksvollen
Beleg nachweisen: nahezu alle im Rolandslied genannten Belege für das Partizipialadjektiv 'vermezzen' (mit den ortho-
graphischen Varianten 'virmezen', 'virmezzen', 'vermezen')

---

[200] Genelun wird von vornherein als 'verrâtêre' gekennzeichnet. Die innere Anlage des Rolandsliedes schließt es von
ihren Voraussetzungen her aus, daß Gestalten sich entwik-
keln oder schrittweise in einen tragischen Konflikt geraten. So ist auch Geneluns Vermessenheit nicht das Ergebnis schrittweisen Abfalls von Gott und gleichzeitiger
fortschreitender Verfallenheit an den Teufel; vielmehr
ist Genelun von Anfang an geradezu als eine Verkörperung
der religiös zu verstehenden 'untrûwe', präfiguriert im
Gottesverräter Judas, gestaltet, was sich häufig belegen
läßt. Am stärksten beeindruckt wohl der Vergleich Geneluns
mit einem von außen üppig schönen, grünen, aber von innen
morschen, von Würmern zerfressenen, hohlen Baum (196o-
74; auch 2854-58). Dieses Bild kennt das Mittelalter sonst
im Zusammenhang mit der Frau-Welt-Allegorie. - Rein
sprachlich kommt Geneluns Vermessenheit durch das häufige
Präfix 'un-' in den auf ihn und sein Tun bezogenen Wörtern
zum Ausdruck, z.B. 'unrede' (14o7); 'ungebaeren' (1429),
'unwirdecliche' (1441), 'ungetrûwe' (2415; 2453; 2514;
2535; 2581 usf.).

[201] Dazu G.Fliegner, Geistliches und weltliches Rittertum
im Rolandslied des Pfaffen Konrad. Breslau 1937, S.15:
"In s t e t e r Abweichung von seiner Vorlage" bezeich-
ne Konrad die Heiden und ihre Taten an folgenden Stellen
als vermessen (in den unterstrichenen Belegen sieht Fliegner eine bewußtere Wertung als in den anderen, mehr formelhaften): 294; 38o; 2596; 26o2; 2624; 358o; 3745; 4oo9;
4o12; 4o93; 4378; 4425; 4491; 4667; 49oo; 5237; 55o7;
7155; 7641; 8326; 85o3.

beziehen sich auf die Heiden:[202]

379ff.   'Dâ was gesezzen / ein kuninc vil virmezen,/
          geheizen Marsilie';
2602   'di wâren haiden vermezzen' (die 20000 Helden
          des Alrich von Iande);
2623ff. 'Der chunc Iaglirte / der fûrt vermezzen diete,/
          zwelf tûsent hornbogen';
3745   'dîne helde sint chûne unt vermezzen' (sagt der
          Heide Margariz von Sibiliae zu Marsilie);
4378   'Di wâren vermezen haiden' (der Heidenkönig Cur-
          sabile und seine 12000 Helden);
4424f.   'Si getâten blaich var / manigen vermezen man'
          (Turpin und seine Freunde brachten manchen ver-
          messenen Heiden zum Erblassen);
4489ff. Malprimis von Ampelgart führte 'aine egesliche
          scar,/ zwelf tûsent rîter wol gar,/ vermezen
          helede';
5237f.   'Haiden vermezen / îlten zû irn rossen';
7155   'Der chunc was vermezen unt biderbe' (der Heiden-
          könig Paligan von Persien);
7639ff. 'diu unter disem himele /chom ie zesamene, / also
          vermezen volc' (die Boten Paligans beschreiben vor
          Karl das heidnische Heer);
8325f.   'Dô gedâcht Malprimes / des vermezen urlobes,/
          des er zû dem vater nam,/ daz er den kaiser
          scolte erslân' (Paligans Sohn Malprimes bereut,
          daß er sich erbot, Karl zu erschlagen, vgl.
          8017ff.).

Selbstverständlich realisieren nicht alle diese Belege den
ihnen zukommenden Wortsinn gleich stark. Auch in der Per-
sonen- und Kampfesgestaltung des Rolandsliedes macht sich

---

[202] Die einzige Ausnahme: 'Die boten sâhen ze deme gesezze /
manigen helt virmezzen' (641f.) stört diese Eindeutigkeit
nicht, wenn man bedenkt, von wem dieses den christlichen
Helden zugesprochene Epitheton stammt. Es sind die heidnischen Boten, die Karls Heerlager besuchen und von den
Karlingen beeindruckt sind. In der Perspektive der Heiden
erscheinen die fränkischen Ritter als 'virmezzen'. Es
bleibt ferner zu berücksichtigen, daß das Adjektiv 'vermezzen' oft schon zur Formel verblaßt (siehe Kaiserchronik),
mit der schließlich jeder tapfere Streiter, unabhängig
davon, in wessen Diensten er kämpft, gekennzeichnet
werden kann.

eine gewisse Typik, eine Tendenz zu formel- und schließlich
klischeehaften Wendungen bemerkbar, von der die genannten
Belege keineswegs frei sind. Hier ist es schwierig und auch
wohl dem Verständnis mittelalterlicher Gestaltungstechnik
zuwiderlaufend, eindeutige Abgrenzungen festzulegen, denn
noch in der (für das Bewußtsein des 2o. Jahrhunderts) klischeehaften Verwendung (wie z.B. in 'haiden vermezen' oder
'vermezen helede') konnte für den mittelalterlichen Hörer der
ursprüngliche Wortsinn mitanwesend sein.

Mit gleicher Einschränkung sind die zwei Belege des Adjektivs 'vermezzenlich' und die zehn Belegstellen zum Adverb
'vermezzenlîche(n)' zu interpretieren. Das Adjektiv bezieht
sich dabei jedesmal nur auf Schwertschläge: einmal führt der
Heidenherzog Garpin gegen Roland 'ainen vermezenlichen slac'
(4o93), und das andere Mal muß der Karling Hatte vom heidnischen König Estorgant 'manigen vermezenlichen slac' (49oo)
hinnehmen. Die Kampfeswut der im Dienst des Teufels stehenden
Heiden ist natürlich Ausdruck ihrer metaphysischen Vermessenheit im heilsgeschichtlichen Sinn. Diese ist aber hier etwas
in den Hintergrund gedrängt zugunsten der weltlichen,
kämpferischen, konkret sich in gewaltigen Schwertstreichen
äußernden Tapferkeit und Verwegenheit der heidnischen Kämpfer
('fortitudo'), die auch vom Dichter als rühmenswert angesehen
wird (z.B. 'vil harte rîterlîche' 4898), solange er sie nur
nach ritterlich-kampftechnischen Gesichtspunkten mißt.

Das Adverb 'vermezenlîche', bezogen auf die Heiden, findet
sich an folgenden Stellen:

294f.   'Vil harte vermezenlîchen / fûren si ir strâze'
        (Beginn des heidnischen Feldzuges);
2596f. 'Dar kom vermezzinlîchin / Alrich von Pande'
        (innerhalb des heidnischen Heeresaufgebotes);
358o   'chomet virmezenlichen dar' (Aufforderung des
        Heidenkönigs Marsilie an Alterot und seine Leu-
        te, die Karlinge zu erschlagen);
55o6f. 'Wol du herzoge Abysse,/ du hâst iz vermezen-
        lichen erhaben!' (Zuruf der Heiden an ihren
        Herzog Abysse, der einen kühnen Schlag gegen
        den Erzbischof Turpin führte).

Auf den Kampf zwischen Heiden und Christen beziehen sich
die beiden folgenden Belege:

4286 'Der strît was vermezzenlîche erhaben' (über
den grimmig entbrannten Kampf zwischen Christen und Heiden);

4634 'Iz was vermezenlîche erhaben' (der Karling
Samson besiegt den Heiden Amarezur im Einzel-
kampf).

Dem stehen vier Belege gegenüber, in denen das Adverb
'vermezzenlîche'. auf Christen bezogen ist:

4782 'Er antwirt im vermezzenlîche' (Engelirs antwortet kühn dem Heiden Eschermunt, der ihn zum
Kampf herausfordert);

8298f. 'si chêrten vermezenlîche /ûf aine grimmige
diet' (Naimes und Ansgis mit ihren Soldaten
greifen einen Teil des heidnischen Heeres an);

8368 'si vechtent also vermezenlîche' (aus der
Heidenperspektive gesehen: ein Heide berichtet dem König Paligan über die Kampferfolge
der Christen);

8910 'vermezenlîche chômen si dar' (die beiden
Kontrahenten Binabel und Tirrich, die sich
im Zweikampf messen wollen, reiten heran).

Auf die Christen bezieht sich außerdem noch das Substantiv
'vermezzenheit' ('der cristen vermezenhait' 3996). Der zweite Beleg dieses Substantivs, der die Heiden charakterisiert,
wurde bereits genannt (s. oben).

Selbstverständlich ist auch in den auf Heiden und Christen
bezogenen Adjektiven, Substantiven und Adverbien der Wortsinn "Tapferkeit, Entschlossenheit, Kühnheit, Verwegenheit"
enthalten, ja, er dominiert sogar in manchen Fällen (besonders
in den auf die Christen bezogenen Adverbien, die ja unmittelbare Kampfsituationen und Einzelszenen kennzeichnen).
'vermezzen' nimmt im Verlauf des 12. Jahrhunderts, das zeigte
die bisherige Untersuchung, immer mehr den Wortsinn "kühn,
verwegen" an. Doch können "Kühnheit" und dergleichen in einer
so offenkundig geistlich konzipierten Dichtung wie dem Rolandslied nicht der ausschließliche Wortsinn sein, auch nicht

in den vier Fällen, in denen sich der Beleg auf die Christen
bezieht. Denn wären "Kühnheit" und "Verwegenheit" der vor-
herrschende Wortsinn, so müßte man aus der augenfälligen
zahlenmäßigen Überlegenheit der Belege für die h e i d -
n i s c h e Vermessenheit schließen, der Dichter habe die
heidnische 'fortitudo' groß herausstellen wollen, im Gegensatz zu den an sich unterlegenen, "nur" auf Grund der Mithilfe
Gottes schließlich doch noch siegenden Christen. Dies wäre
eine verfehlte Interpretation.
Vermessenheit als Attribut der Heiden ist nicht nur positive
ritterliche Kühnheit; dazu stehen die auf die Heiden bezogenen
Vermessenheits-Belege viel zu eindeutig in einem die Heiden
negativ wertenden Kontext, dessen Grundtenor die heidnische
'superbia' ist. Konrad will vielmehr sagen: o b w o h l die
Heiden in hybrider Verblendung gegen die Verwirklichung der
'civitas Dei' kämpfen, was als sündhaft gilt, zeigen sie doch
in manchen kämpferischen Einzelaktionen eine anzuerkennende
ritterliche Kühnheit. Innerhalb der Einzelaktionen ist solche
Vermessenheit zwar eine positive Eigenschaft, doch muß man
sie, aufs Ganze gesehen, verurteilen, da ihre Ursache und ihr
Ziel diabolischen Ursprungs sind und somit an der durch-
gängigen metaphysischen Vermessenheit der Heiden als heilsgeschichtlich Verdammten und Verlorenen teilhaben. Andere Belege, die grundsätzliche, nicht punktuell auf Einzelhandlungen
oder Teilaktionen bezogene Urteile über die Heiden aussprechen (wie z.B. 'haiden vermezzen' - von der Typik einmal abgesehen), drücken diese Grundvermessenheit unmittelbar
aus. Sie ist überall dort am Werk, wo sich die diabolische
'superbia' (bzw. 'hôchvart', 'ubermût' u.a.) greifbar in
menschliches Tun umsetzt.

Die Vorstellung, daß es eine Art c h r i s t l i c h e r
V e r m e s s e n h e i t im Rolandslied gibt, verwundert

nach der Durchsicht der Belege aus der Kaiserchronik und
früheren Denkmälern nicht mehr.[203] Diese Art der Vermessenheit ist mit heidnischer Heilsvergessenheit nicht identisch
oder verwandt. Sie ist ebenfalls metaphysisch bezogen, aber
nicht auf den Teufel, sondern auf Gott. Sie ist nur zu verstehen aus dem Drang der fränkischen Ritter zur Märtyrerkrone,
zu ihrem eigentlichen Daseinsziel, dem Leben in Gottes 'rîche',
im ewigen Heil (vgl. besonders 19of.; 987-9o; 994; 3251-54;
4719-22; 64o7-o9).[204]

Fern von aller hybriden Anmaßung, fern von 'superbia',
'ignorantia' und 'stultitia', steht solche "christliche Vermessenheit" nicht im Widerspruch zur Demut christlicher Ritter,
die ja einer ihrer Wesenszüge im Gegensatz zur 'hôchvart' der
Heiden ist, weil jene Demut sich auf das Verhältnis des Christen zum absoluten Gott bezieht. Demut gegenüber Gott und
maßlose Vernichtung des heidnischen Gegners im Namen des zu
errichtenden Gottesreiches schließen einander im Rolandslied,
wie überhaupt in der frühen Kreuzzugsdichtung, nicht aus.
Die heidnische metaphysische Vermessenheit erniedrigt Gott,
indem sie seinen 'gradus' als Herr der Schöpfung leugnet:
Gott selbst ist der Zielpunkt solchen maßvernichtenden Tuns.
Bei der Vermessenheit der christlichen 'helede' sind die Objekte der Teufel, der aus seiner angemaßten Machtstellung in
der Schöpfungswelt vertrieben werden soll, und seine Gehilfen,
die Heiden. Die "christliche Vermessenheit" ist somit ebenfalls metaphysisch bedingt. Sie äußert sich als unbeugsame
Kühnheit im Namen Christi, als opferbereite Verwegenheit des

---

[203] Fliegner macht es sich zu leicht, wenn er schreibt:
"Den Taten der christlichen Helden wird nur dreimal
ein wohl formelhaftes 'vermezenlich' beigegeben" (S.15).

[204] P.Wapnewski spricht sogar, modern psychologisierend, von
einer "Lust zum Tode" (Das Rolandslied des Pfaffen Konrad. Hsg. von C.Wesle. 2. Aufl. besorgt von P. Wapnewski.
Tübingen 1967, S. XIV).

Typus des 'miles Dei', der sie am reinsten verkörpert und
dadurch die frühmittelhochdeutsche Literatur, die auf ihn
im besonderen Maße zurückgreift, mit alttestamentarischem
Ethos erfüllt. Christliche Vermessenheit äußert sich in
konkreten, kämpferisch verwegenen Einzelaktionen (z.B. 4782;
8298f.), dient aber auch als allgemeine Wesenskennzeichnung
(z.B. 3996) der in alttestamentarischer Unerbittlichkeit,
noch fern dem programmatischen 'Diligite inimicos vestros'
der Bergpredigt (Lc 6,27), um der absoluten Heilswahrheit
willen die Heiden zu Tausenden abschlachtenden Christen.

Dem modernen Bewußtsein muß ein dogmatisch und praktisch
derart intolerantes Christentum, das dem Heiden nur die Wahl
zwischen Tod oder Taufe läßt, als zutiefst inhuman erscheinen.
Vor solchen modernen oder zumindest neutestamentarischen Anschauungen her geriete natürlich auch jene alttestamentarische
christliche Vermessenheit in ein Zwielicht, dem sie innerhalb der Werkwelt des Rolandsliedes nicht ausgesetzt ist. Sie
will aus ihren geschichtlichen Bedingungen, den Kreuzzugsbewegungen des 12. Jahrhunderts, verstanden werden.

Maßlosigkeit als Begleiterscheinung und Folge der Vermessenheit

Die Härte des Einsatzes im Kampf zwischen heidnischem und
christlichem Heer, in dem sich der Anspruch christlicher und
heidnischer Vermessenheit als Bewußtseinshaltung der Beteiligten in allen Phasen der Schlacht unter Beweis stellt,
zeigt sich auch in manchen katastrophalen Folgeerscheinungen
des Kampfgeschehens. Die Zahl der Toten nimmt im Verlauf der
Schlacht auf beiden Seiten außerordentlich zu: 'Di christen
an dem wal / vielen ummâzen ze tal' (5969f.), und 'âne mâze
lâgen di haiden tôt' (8198), wobei zu beachten ist, daß
derartige Hyperbeln gleichermaßen auch zur Stiltypik des
Rolandsliedes gehören (vgl. die Wendung 'âne mâze clagen').

Diese beiden Belege sind vornehmlich Quantitätsbezeichnungen,
im Gegensatz zu den folgenden, die neben der Quantitätsaus-
sage gleichzeitig Qualitatives ausdrücken. In 3538 wird das
akustisch maßlose Getöse des heidnischen Heeres mit seinen
Heerhörnern betont ('von dem ummâzen scalle ...'), doch gleichzeitig auch auf das sich in Lärm und Hektik ergehende heidnische Getümmel der 'vaigen' ("Verdammten, zum Untergang Bestimmten" 3531) vor ihrem im Grunde aussichtslosen Kampf gegen
die Gottesstreiter hingewiesen.

So bildet sich Maßlosigkeit ('unmâze') als Folgeerscheinung
der heidnischen, aber auch, wie noch zu zeigen ist, der
christlichen Grundvermessenheit, zum Charakteristikum jener
Unbedingtheit heraus, mit der beide Seiten den Sieg in diesem
weltweiten Glaubenskrieg anstreben. 'vermezzenheit' und 'unmâze' werden zu Komplementärerscheinungen.

Der Dienst für Kaiser und 'riche' erfordert von den Franken
große Anstrengungen, Entbehrungen und selbstlosen Einsatz.
Dem schmeichlerischen, christliche Heilserwartung nicht kennen-
den alten Heiden Blanscandiz muß ein solches Leben natürlich
als 'ummâzen arbeit' (1769) erscheinen, doch für den christlichen Ritter ist es 'ein sûzze arbeit,/iz ist ein trôst der
sêle' (1791f.), winkt doch das ewige Heil als Lohn. Diese Aussage, obwohl dem Verräter Genelun in den Mund gelegt, kann
wohl als repräsentativ für das Ethos der 'gotes helede' gelten.

Gott läßt die Franken im Kampf gegen die Heiden nicht im
Stich. 'diu helve von himele' (3853) beeinflußt entscheidend
Verlauf und Ende der Schlachten. Der 'wâre gotes sun' (5150)
verleiht den Karlingen 'ummâzen craft' (5143), so daß sie das
Gemetzel der Kämpfe durchstehen können. Neben der Übergröße
der Hilfe Gottes klingt in dieser Aussage an, daß alle menschliche Vorstellungskraft vor den Maßstäben, mit denen Gott
mißt, versagen muß.

Demzufolge ist auch der Schaden, den die zahlenmäßig nicht
zu erfassenden Heiden den Karlingen beibringen, nach des
Erzbischofs Turpin Ansicht nicht unmäßig groß:

    5554 Got scol sîn iemir gêret sîn,
          daz wir gestriten haben hiute
          mit unzalhaftem liute
          âne ummâzen scaden.

In der Antithetik 'unzalhaft' - 'âne ummâzen scaden' kommt
wiederum Gott ein Lob zu, denn daß die Verluste der Franken
sich in maßvollen Grenzen hielten, ist ihm zu verdanken.

b) Maß und Maßlosigkeit in der französischen und
   deutschen Fassung

Ein grundlegender Unterschied zwischen der französischen
'Chanson de Roland' und dem deutschen Rolandslied besteht
darin, daß die Tugenden in der französischen Fassung primär
ritterlich-national (das heißt weltimmanent), im Rolandslied hingegen transzendent, auf Gott hin bezogen sind. Geduld,
Demut, 'milte' 'gûte', 'trûwe' (vgl. 1977: der Heilige Geist
als Lehrmeister der 'trûwe') u.a. erscheinen als religiöse
Tugenden und stehen im Dienst der Errichtung des Gottesreiches. Das gleiche gilt für die Minne (vgl. 3459).[205]

---

[205]Ehrismann wies auf die Tradition hin, in der die von den
    Karlingen geforderten Tugenden stehen: "Die Pflichten,
    die der Pfaffe Konrad für die Kreuzritter aufzählt, sind
    zusammengefaßt speziell Mönchsgebote und sind in der
    Benediktinerregel enthalten", was er auch im einzelnen
    belegt (Ehrismann, II, 1, S.263f., Anm.2). Zu weiteren An-
    klängen an die Benediktinerregel vgl. auch S. Hinter-
    kausen, Die Auffassung von Zeit und Geschichte in Konrads
    Rolandslied. Diss. Bonn 1967, S.34, 98. Es sei auch an das
    zur ahd. Benediktinerregel Ausgeführte, oben Kap. A III,
    erinnert.

Entsprechendes stellt man zu den Untugenden fest. So motiviert die Chanson Geneluns 'untrûwe' (Verrat am Lehnsherrn)
mit irdischer Besitzgier; das Rolandslied jedoch bringt
Geneluns 'untrûwe' mit dem Gottesverrat des biblischen Judas
in Verbindung. Die 'superbia' der Heiden ist im deutschen
Rolandslied als Vermessenheit gegenüber Gott und als Verloren-
heit und Ausgeschlossenheit im heilsgeschichtlichen Sinne zu
verstehen und erinnert an den Gebrauch bei Heinrich von Melk,
der sie besonders bei Rittern und Damen anprangert. Die gewaltige, in absoluter Hingabe stehende, entsagungsvolle 'arbeit',
die der 'miles Dei' durchzustehen hat, wird durch reichen
himmlischen Lohn entgolten (91-1oo; 184-89).

Der obengenannte prinzipielle Unterschied in der Tugendkon-
zeption trifft auch für 'mâze', 'unmâze' und 'vermezzenheit'
zu. Das läßt sich nachweisen an einem kompositorischen Brenn-
punkt des Geschehens, der Unterlassung des rettenden Hornrufs
durch Roland.

In der 'Chanson de Roland' wird die Verweigerung des Hornrufs mit Rolands hybrider, unvernünftiger Tollkühnheit und
Vermessenheit (nach Wapnewski:[2o6] aus 'desmesure') und mit der
Erfüllung eines weltlichen Ehrbegriffs aus Furcht vor Schimpf
und Schande, die dann auf Rolands Sippe fallen würden, ohne
irgendeinen metaphysischen Hintergrund, motiviert. Ein solches,
den diesseitigen Ehrbegriff überbewertendes Ethos unterliegt
der Kritik des besonnenen, maßvollen Olivier:

[2o6] Wesle/Wapnewski, Ausg., a.a.O. S. XIV.

1724 Kar vasselage par sens nen est folie: [207]
    Mielz valt <u>mesure</u> que ne fait estultie.

Rolands Verhalten ist von 'estultie' ('stultitia' = "törichte
Anmaßung") und 'legerie' (="Unbesonnenheit", Chanson 1726)
durchdrungen. Im deutschen Rolandslied verweigert der Held den
Hornruf, weil er ihn als eine Versuchung empfindet,[208] irdischer Rücksichten wegen den göttlichen Absolutheitsanspruch
zu ignorieren, die 'trûwe' zu seinem obersten Herrn, dem er
bedingungslos gehorcht, zu brechen und auf die Märtyrerkrone
zu verzichten. Was in der Chanson als verderbliche, verhängnisvolle 'desmesure' bezeichnet werden mußte, ist im deutschen
Rolandslied völlig zurückgedrängt zugunsten einer der Konzeption des Ganzen Rechnung tragenden, religiösen Motivierung.
Der deutsche Roland handelt alttestamentarischem Ethos entsprechend, was oben (mit allen Vorbehalten wegen der Mißver-
ständlichkeit des Begriffs) als "religiöse Vermessenheit" bezeichnet wurde. Insofern der Held alle irdische, menschliche
Rücksichtnahme überwindet und sich von Gottes unbedingtem
Anspruch erfüllt zeigt, ist er vermessen, weil er das nur-
menschliche Maß übersteigt und von göttlichem Maß erfüllt
wird.

Die Klagen, Klagegebärden und Gesten des Schmerzes und Zornes
des deutschen Rolandsliedes im Vergleich zur französischen

---

[207] La Chanson de Roland. Übersetzt von H.W.Klein. München
1963. Klein übersetzt: "denn besonnenes Rittertum ist keine
Torheit, und rechtes Maß ist mehr wert als Tollkühnheit"
(S.1o1). - Einflüsse aristotelischer Tradition machte Eli-
sabeth Mager für diesen 'mesure'-Begriff der 'Chanson de
Roland' geltend: die Tugend der Tapferkeit verkörpere das
gewünschte mittlere Maß zwischen Feigheit und Tollkühnheit
(Elisabeth Mager, Der Standescharakter der Tapferkeit. Ein
Vergleich zwischen Chanson de Roland und mittelhochdeutschem
Rolandslied, Wissenschaftliche Zschr. der Ernst-Moritz-
Arndt-Universität Greifswald, Gesellschafts- und sprach-
wissenschaftliche Reihe, 15 (1966) 545-49, hier S. 547).

[208] nach F.Ohly, Zum Reichsgedanken des deutschen Rolandsliedes. ZfdA 77 (194o) 189-217, hier S.2o1.

Vorlage sind in der Forschung ausführlich untersucht worden.[2o9]
Leicher, Färber und Hoppe kommen dabei zu weitgehend über-
einstimmenden Ergebnissen: die G e s t e n   d e s   S c h m e r -
z e s seien im deutschen Rolandslied keineswegs seltener
oder gemäßigter als in der 'Chanson de Roland'. Ohnmacht und
Tod als Ausdruck übergroßen Schmerzes ließen sich in beiden
Texten gleichermaßen nachweisen (Hoppe S.117). Im Unterschied
zur Chanson werde der Schmerz im Rolandslied am Schluß in der
Klage der Brechmunda in ein neues Bezugsverhältnis gerückt,
er nehme eine "jenseitige Wendung" und werde im Lichte der
Ewigkeit und angesichts des unvergänglichen Seelenheils neu
gesehen, verinnerlicht und mit christlichem Geist erfüllt
(ebenda, S.118). Die Äußerungen des Z o r n s sind jedoch
im deutschen Rolandslied "stark gemäßigt" (ebenda, S.119).
Leicher resümiert: "... die Wehklage erscheint bei Konrad,
übereinstimmend mit der Chanson de Roland, als groß und unmäßig; jedoch sind ihre Gebärden gegenüber dem Französischen
gemildert" (S.46)[21o]; so habe der deutsche Dichter beispielsweise die häufigen Ohnmachten aus der französischen Chanson
nicht übernommen (wohl mit Ausnahme von 7569). Gemäßigt sind
auch die in der Chanson maßlosen Schmäh- und Schimpfreden der

---

[2o9]R.Leicher, Die Totenklage in der deutschen Epik von der
ältesten Zeit bis zur Nibelungen-Klage. Breslau 1927;
Elisabeth Färber, Höfisches und "Spielmännisches" im Rolandslied des Pfaffen Konrad. Diss. Erlangen 1933, bes. S.65-
68; Ruth Hoppe, Die romanische Geste im Rolandslied. Königsberg 1938.

[21o]Selbst der in allen Belangen als Vorbild hingestellte Kaiser
Karl muß sich von seinen Fürsten eine Aufforderung zur maßvollen Klage gefallen lassen: 'in gote si in beswûren, /
daz er mâzlichen chlagete' 7574f. Der Aufruf zur Mäßigung
der Klage wird religiös bezogen und läßt die Verankerung
des Mäßigungsgedankens in der geistlichen Ideologie der
Dichtung erkennen: angesichts des ewigen Lohnes im Himmel
muß jedwedes maßlose Klagen als ungerechtfertigt erscheinen.

christlichen Ritter gegen die Heiden. Extreme Gebärden wie
Kleiderzerreißen, Zerkratzen und Zerfleischen des Gesichts
hat Konrad ebenfalls vermieden.
Besonders bei der Bewertung von Maß und Unmaß der Klagen
sollte man sich vor einer ungerechtfertigten Psychologisierung
hüten. Man wird dem Rolandslied erst dann gerecht, wenn man
bedenkt, in welchem Maße solche (vom psychischen bzw. emotionalen Engagement her natürlich unmäßigen) Klagen literarischer Topos waren, ein wirksames, gebräuchliches und mittelalterlichem Publikum einsichtiges Mittel zur dichterischen Gestaltung des Schmerzes.

c) 'unmâze' der Vergleiche?

Im Rolandslied sind Analogien von Geschehnissen, Personen
und Motiven zu den entsprechenden Vorbildern in der Heiligen
Schrift, besonders zu Jesus und seinem irdischen Lebenswandel,
nicht selten. Karl und seine zwölf Pairs erinnern an Jesus
und die Apostel. Die wunderbaren Naturereignisse beim Tode Rolands (6924-49) haben ihr Vorbild in jenen beim Kreuzestode
Christi. Genelun wird mit dem Verräter Judas in Zusammenhang
gebracht. Alle diese geheimen und offenen, inneren und ge-
stalthaften Analogien knüpfen an die Heilige Schrift an, und
Konrad hat offenbar keine Scheu davor, derartige Bibelbezüge
in Einzelheiten auszugestalten.

Konrads von religiöser Grundüberzeugung bestimmtes Dichter-
ethos kennt durchaus das Prinzip der Mäßigung. Das ist deutlich ausgesprochen in Vers 6527 ('Von diu sculn wir unsich dâ
mâzen'), der einer ausführlichen Schilderung göttlicher Einwirkungen angesichts des Todes Olivirs in bewußter Selbstbe-
schränkung eine Grenze setzt.

H. Backes rechtfertigt alle diese typologischen Bezüge, wenn
er über Konrad schreibt: "Die der Hl. Schrift immanente
Ordnung löst er nicht auf um der Dichtung willen, läßt diese
vielmehr an Kraft der Aussage und symbolischer Gestaltver-
tiefung gewinnen in analoger Teilhabe an jener Ordnung".[211]
Grundsätzlich müsse man diese für mittelalterliche Dichtungen
nicht ungewöhnlichen oder gewagten Analogien auf das "Prinzip der Analogie in allen Seins-Bereichen (analogia entis)"[212]
zurückführen, das, angewandt auf Dichtung, deren Aussage
transzendiere. Das mittelalterliche Geschichtsbewußtsein ist
von diesem Prinzip getragen. "Im jeweilig konkreten irdisch-
zeitlichen Geschehen wird die stets gegenwärtig gültige
Ordnung der Hl. Schrift transparent, figurieren sich ihre
Gestalten hinfort neu bis zum Ende der Tage in der Partei
Gottes und der seines Widersachers."[213] So werde im Rolandslied der "geschichtlich vergangene Stoff" bzw. die Legende
"mit Hilfe der biblischen Wahrheit" "für das 'hic et nunc'
der Erzählergegenwart" im heilsgeschichtlichen Sinne aktualisiert.[214]

Wenn die Eindeutigkeit des typologischen Bezugs, so möchte
ich hinzufügen, gegeben ist und durch das geistliche Ethos
der Dichtung getragen und gerechtfertigt wird, so liegt
keine 'unmâze' bei solchen Aktualisierungen vor. Diese Voraussetzungen bestehen für das Rolandslied, das als christ-

---

[211] H. Backes, Bibel und Ars praedicandi im Rolandslied
des Pfaffen Konrad. Berlin 1966, S.66.

[212] ebenda, S.66, Anm. 16.

[213] ebenda, S.7o.

[214] ebenda, S.87.

liche Legendendichtung fundamental heilsgeschichtlich kon-
zipiert wurde.[215]

d) Die 'mâze' im Rolandslied

Die 'mâze' ist im Rolandslied als positiver Begriff ex-
pressis verbis nicht vorhanden. In den drei Belegstellen
6447, 75o2 und 8198 ist sie stets mit der negierenden Präposition 'âne' verbunden. Beschreibungen eines von 'mâze'
durchwalteten Kosmos fehlen ebenfalls. Dennoch kennt der
Pfaffe Konrad Vorstufen der höfischen 'mâze', was man im Text
an einigen Stellen nachweisen kann (s.u.). Man wird sie als
Vorstufen ansehen müssen, weil die Darstellung höfischen Verhaltens gerade nicht zu den Absichten Konrads gehörte. Die

[215] Ist jedoch der heilsgeschichtliche Urtypus bereits zugunsten der Herausstellung des mit ihm Verglichenen in
den Hintergrund gedrängt, wird er auch künstlerisch kaum
mehr bewußt als Ziel der Darstellung evoziert, sondern
liegt dieses Darstellungsziel unter Beibehaltung der
Typologiemetaphorik nun eindeutig bei den Personen der
Dichtung und nicht mehr bei einem typologischen Vorbildern (für die die Figuren der Dichtung ja nur Aktualisierungen waren), dann kann man wohl kaum noch von maßvollen Bezügen sprechen, denn das typologische Gefüge
wäre dann ja durch eine Überbewertung menschlicher Personen ersetzt. Als Beispiel sei Walthers von der Vogelweide Spruch 19,5ff. genannt, den man auf Weihnachten 1199
(Hoftag zu Magdeburg) datiert: 19,8f. 'dâ gienc eins
keisers bruoder und eins keisers kint / in einer wât,
swie doch die namen drîge sint' (Die Gedichte Walthers von
der Vogelweide. Hsg. von K. Lachmann. 13., aufgrund der
1o. von C.von Kraus bearbeiteten Ausgabe neu hsg. von
H. Kuhn. Berlin 1965). In diesem Spruch wird König Philipp
durch die Zahlensymbolik in die Nähe der göttlichen Trinität gerückt und mit ihren Kennzeichen, nämlich der Einheit
der Person ('in einer wât') bei der Dreiheit der Namen
('die namen drîge'), verherrlicht. Hier ist das typologische Urbild-Abbild-Verhältnis aufgegeben, weil das Abbild (König Philipp) zum Zentrum erhoben und mit den Kennzeichen des Urbildes aufgewertet wird, denn Walther ging
es nicht um den Preis des Urbildes durch eine Aktualisierung, sondern um den Preis des Abbildes mit den Elementen des Urbildes.

legendenhafte, auf Überweltliches bezogene, das Ringen Gottes
mit dem Teufel symbolisierende Struktur des Rolandsliedes
ließ ein ritterlich-höfisches Grundprinzip als tragende Ethik
der fränkischen Gottesstreiter nicht zu. Dennoch sind, was
die künstlerische wie die religiöse Einheitlichkeit der Dichtung wohl kaum erschüttert, Ansätze zu höfischem Verhalten
vorhanden.

Das, was die Literaturwissenschaft unter höfisch-ritterlichen
Tugenden versteht, sind in den mittleren Jahrzehnten des 12.
Jahrhunderts von der christlichen Tradition entscheidend[216]
mitgeprägte, das heißt zunächst metaphysisch fundierte Wertbegriffe, die erst in der sogenannten höfischen Epoche durch
das Aufkommen eines neuen Weltverständnisses auch im Irdischen
sich als Werte etablieren konnten und sich in zunehmendem Ausmaß säkularisierten. Dabei wurden die Tugenden, gefördert von
der soziologischen Begrenzung auf einen relativ gebildeten und
begüterten Stand, verfeinert und im Sinne des neuen Selbstverständnisses der ritterlichen Feudalschichten zu ideologischen Leitwerten ausgebaut.

Das Rolandslied zeigt sich in der Fundierung seiner Tugenden
ziemlich einheitlich. Neben den ausschließlich religiösen
Tugenden, deren Sinn im typologischen Nachvollzug des christlich Präfigurierten liegt, ist ein schwacher Ansatz zu höfischem Verhalten zu erkennen. Bei der Anwendung dieser Tugenden geht es nicht mehr allein um ein ausdrückliches Nach-

---

[216] Außerchristliche Beeinflussungen sind bei einzelnen
Tugenden selbstverständlich ebenfalls nachweisbar: etwa
die germanisch-heldisch verstandene, aus dem heidnischen
Gefolgschaftswesen stammende Treue, die im Rolandslied
als Vasallentreue einen gewissen Einfluß hat, besonders
auf heidnischer Seite. - Entscheidend für den Sinngehalt
sind aber nicht Entstehung und Wurzeln der höfischen Tugenden, sondern entscheidend ist diejenige Ethik, die sie
am meisten mit ihrem Geist erfüllen konnte. Dieser Haupt-
einfluß kam bei den Tugenden des Rolandsliedes natürlich
vom Christentum.

vollziehen des von Christus und den Heiligen präfigurierten,
heilserfüllten Ethos, sondern schon der Ausübung solcher Tugenden innerhalb der Welt scheint ein Selbstwert zuzukommen.
Die Stellen 7416-21 ('milte' empfiehlt der sterbende Marsilie
für seinen Nachfolger gegenüber Paligan); 641-7o (Schilderung
von Karls Hofhaltung im Baumgarten, bes. 666 'aller werlt
wunne'); 9o58-63 (Schilderung von Heinrichs Hof, 'staete',
'zucht', 'vroude', 'gehucht', 'kûske', 'scham', 'tugint',
'êre') deuten trotz entgegengesetzter kontextueller Bindungen
darauf hin.[217]

Die religiös bezogenen Tugenden kulminieren in der Gestalt
des Kaisers Karl. Karl repräsentiert als gehorsamer 'gotes
dînistman' (31) und oberster Feldherr Gottes im Kampf gegen
den Satan alle christlichen Tugenden und guten Eigenschaften
('êre' 18 u.a., 'tugent' 25 u.a., 'wîshait' 7473, 'wîstum' 772,
adj. 'rîche' 14o4 u.a., 'tûre' 2245', 'maere' 2245, 'heilig'
9oo1, adv. 'gezogenlîche' 14o5; die Belege ließen sich vermehren). Karl fordert 'durch got' von seinen Soldaten:

> 214 habet stêtigen mût,
>   habet zucht mit gûte,
>   wesit dêmûte,
>   wesit got untertân,
>   ûwir meisterschefte untertân;
>   welt ir also volkomen,
> 22o so vindit ir dar ze himele daz lôn
>   der êwigin genâden.

Hier ist die religiöse Bezogenheit der Tugenden des 'miles
Dei' deutlich ausgesprochen.

Höfisches, von 'mâze' bestimmtes Verhalten ist ansatzweise
im Rolandslied vorhanden. Zuchtvolles Sprechen wird ausdrück-

---

[217] Backes hat in seiner bereits zitierten Arbeit den christlichen Traditionsgehalt der Tugenden und Untugenden des
Rolandsliedes aufzuweisen versucht. Er stellt zwischen
den ethischen Zentralbegriffen des Rolandsliedes und der
Bibel einen paränetischen Zusammenhang her und geht der
Frage nach, in welchen Bibelstellen Begriffe aus dem Rolandslied wie Demut, Zucht und Mäßigkeit, 'hôchvart',
'kiusche', 'milte', 'staete' bzw. 'stetig', 'übermuot',
'ungetriuwe', 'unkusclîche', 'vermezzen' usw. ihren
ethischen Hintergrund haben. Die Bibelstellen zu 'vermezzen'
bei Backes S.177.

lich als 'gezogenlîche' apostrophiert (1405; 1487). Karl
bemüht sich um Selbstbeherrschung (1047-51), und seine Un-
beherrschtheit wird von Genelun als 'ungezogenlîche' geta-
delt (6081-83). Zorn wird als verderblich hingestellt (1498;
vgl. auch 1409). Paligan umhüllt die schmerzerfüllte Brechmunda mit seinem Mantel und tröstet die 'frouwin' (7390f.).
Hier fungiert vor allem 'zuht' als Verwirklichung eines maßvolles, höfisches Benehmen repräsentierenden Tugendbegriffs.

Das alles kann jedoch nicht darüber hinwegtäuschen, daß dem
Rolandslieddichter 'mâze' als ethisches Postulat noch nicht
ins Bewußtsein gekommen ist. Es gibt weder eine religiös verstandene noch eine höfische 'mâze' als voll bewußtes, bejahtes
und sprachlich realisiertes Tugendprinzip im Rolandslied, wohl
aber gewisse Ansätze dazu, wie gezeigt wurde.[218] Der Gebrauch
der Wortfamilie ist vor allem von der Negation her bestimmt
('âne mâze', 'ummâze', 'vermezzen' usf.) und entspricht so
der Haltung, die sowohl gehaltlich wie begrifflich im Rolandslied zum Ausdruck kommt und es in die vorhöfische Epoche ein-
reiht. 'mâze' ist noch keine unangefochtene Grundtugend.

4. Der Straßburger Alexander

Zeigte die Kaiserchronik unverkennbare Ansätze, exponierte
Wert- und Unwertvorstellungen mit bestimmten Personen zu verbinden und damit zu einer vom ideellen Hintergrund der Chronik
abhängigen Personentypik zu gelangen, aber auch episches Ge-

---

[218]Einen weitaus stärkeren Anteil der 'mâze' an der Ethik des
Rolandsliedes nimmt H.Röhr an (Die politische Umwelt des
deutschen Rolandsliedes, PBB 64 (1940) 1-39). Im Gegensatz
zur maßlos sich gebärdenden Gestalt Karls in der französischen Chanson werde der Kaiser in der deutschen Fassung
zentral von der 'mâze' bestimmt (S.5); überhaupt verkörpere
er vorbildlich die vier Kardinaltugenden, eine Voraussetzung
für das Prädikat "Bekenner" im mittelalterlich-theologischen
Sinne (S.13f.). - Beide Aussagen erscheinen, gemessen an
den Belegen und im Hinblick auf das oben Gesagte, als über-
interpretiert.

schehen selber als Entfaltung bestimmter Wertvorstellungen
und deren Gegenpositionen vorzuführen, so verstärkte sich im
Rolandslied diese Tendenz im Hinblick auf das Ausmaß der
Strukturabhängigkeit einzelner Teile des Werkes von bestimmten
Wertbegriffen (z.B. von christlicher und heidnischer Vermessenheit). In der Straßburger Fassung des Alexanderliedes, die nun
betrachtet werden soll,[219] erlangt die aufgezeigte Tendenz
eine Bedeutung, die sowohl vom die Handlung und den Aufbau
der Dichtung prägenden Weg des Helden bestimmt wird, als auch
auf einer im Verlauf des Geschehens eintretenden Überwindung
der starren, unveränderbar scheinenden Typik des Helden beruht.
Es wird bewußt zu machen sein, in welchem Maße im Straßburger
Alexander Umfang und Intensität epischer Integration, den bestimmte Wertvorstellungen leisten, gegenüber Kaiserchronik und
Rolandslied zunehmen.

Die begriffsgeschichtlich-monographische Fragestellung der
vorliegenden Untersuchung rückt damit nicht in den Hintergrund,
sondern wählt sich, gemäß ihrem in der Einleitung beschriebenen
methodischen Ansatz, als Kontext nun nicht mehr nur den engeren Handlungszusammenhang oder den geistlichen bzw. sittlichen
Hintergrund der Dichtung, sondern ist, um der zunehmenden
ästhetisch-ethischen Differenzierung der Dichtung in der zweiten Hälfte des 12. Jahrhunderts gerecht zu werden, um deren
ideell-architektonisches Gesamtgefüge bemüht.[220]

[219] Lamprechts Alexander. Nach den drei Texten mit dem Fragment
des Alberic von Besançon und den lateinischen Quellen hsg.
und erklärt von K.Kinzel. Halle a.S. 1884.

[220] Dies ist ein anspruchsvolles methodisches Vorhaben. Bei
seiner Durchführung muß sich der Verfasser auf einen Bruch-
teil dessen, was ein derartiges Verfahren an Intensität und
Extensität des Untersuchens erforderte, beschränken und
will das Folgende nur als Ansatz verstanden wissen.

Das Belegmaterial

Die Belege zu stf. 'mâze' haben höchst unterschiedlichen
Aussagewert. Er umfaßt:

a) präpositionale Wendungen bzw. adverbiale Bestimmungen der
Art und Weise ('ze mâzen' 153, kontrahiert 'zemâzen' 7136,
'mit sô getâner mâzen' 1567, 'mit sulher mâzen' 3o76), die
Quantitäts- oder Modalaussagen ohne ethische Nebenbedeu-
tungen treffen;

b) Quantitätsbezeichnungen, die gleichzeitig bestimmte qualitative Inhalte aufweisen (z.B. 'ûzer mâze(n)' 4333; 5o43;
5498a);

c) die im Hinblick auf die Herausbildung der höfischen Tugend
'mâze' sehr wichtigen Belege 15o6, 3436, 4871 und 7263.

Bei den Belegen im Sinnbereich "Vermessenheit" dominieren
diejenigen, welche in irgendeiner Form Alexanders 'superbia'-
Weg kennzeichnen:

'sich vermezzen' 998; 163o "schwören"
                    1938 "sich erheben gegen"
                    5498a "sich erkühnen, sich rühmen"[221]
'vermezzenlîche' 196; 4617 "vermessen, verwegen"

Einzig das Partizipialadjektiv 'vermezzen' bildet eine Ausnahme. Von den fünf vorkommenden Belegen, von denen sich
übrigens kein einziger unmittelbar auf Alexander bezieht,
werden vier weitgehend formelhaft gebraucht und typisieren
die zugehörigen Personen als tapfere, verwegene Kämpfer oder
Ritter ('helede vermezzen' 4131; 'ein kuninc, der is ver-

[221] Die Verwegenheit der Soldaten Alexanders, die unmittelbar am Ende der Welt angelangt sind und in den Ozean
springen wollen, aus dem sie Stimmen in griechischer
Sprache zu vernehmen glauben, kann man durchaus als Reflex der auf Welteroberung bedachten Vermessenheit
Alexanders bei seinen Untergebenen auffassen.

mezzen' 5625;[222] 'di helede vermezzen' 5715; 'wîgande ...
vermezzen' 6539-42), obwohl auch bei ihnen ein 'superbia'-
Bezug nicht auszuschließen ist (insbesondere bei 4131). Nur
'vermezzen' 2326 individualisiert sein Subjekt dahingehend,
daß es als Handlungsmotiv und Bezugspunkt für eine Wertung
zum Verständnis eines Geschehnisses beiträgt.

Die zu 'mâze' gehörige Wortsippe als Ausdruck der Quantität

Wie in der bisherigen Untersuchung deutlich wurde, dient ein
großer Teil der zu 'mâze' gehörigen Wortfamilie zum Ausdruck
von Quantitätsverhältnissen. Ethische Nebenaussagen sind hier
nicht vorhanden. Solche Belege finden sich auch im Straßburger
Alexander, wie etwa die folgenden:

32o   'wîs was er zunmâzen' (aus 'ze unmâzen'): schon der
      Knabe Alexander zeichnete sich durch eine überragende,
      außerordentliche Klugheit aus und verließ seine
      Lehrer.

1o77f. 'doh môser getrôsten sih/ des scaden ummâzlîch':
      Alexanders ungestümer, aber vergeblicher Ansturm
      gegen die Burgfeste Tyrus hat ihn gewaltige Opfer
      an Soldaten und Schiffen gekostet, doch Alexander
      als 'listich man' besinnt sich nun auf seine Kriegs-
      kunst.

4224   'des was unmâzlîchen vile': Der indische König
      Porus warnt in einem Brief Alexander mit dem
      Hinweis, daß er schon einmal einen solchen Ein-
      dringling vernichtend schlug, nämlich Dionisius.
      Dieser habe dabei ungeheure Verluste an Soldaten
      erlitten (vgl. 4276ff.: Alexander nimmt die
      Niederlage des Dionisius als Anlaß zur Rache, er
      motiviert damit den Kampf gegen Porus neu).

In den folgenden Beispielen kommt der präpositionalen Verbindung mit 'mâze' die Satzfunktion einer modalen adverbialen
Bestimmung zu:

---

[222] Vgl. das (allerdings konjizierte) 'ein kuning ⟨gar
vormezzen⟩ ' Lampr.Tob.52.

153 '(sîn hâr) was ime <u>ze mâzen</u> dicke': der 'wunderlîche'
Alexander fiel schon als kleines Kind durch wildes,
ungewöhnliches Äußeres auf. So war sein Haar rötlich,
emporstehend, sehr (ziemlich) dicht und gekräuselt wie
das Haar eines wilden Löwen.

7136 'er was <u>zemâzen</u> cleine': der Paradiesstein, den
Alexander erhält, ist ziemlich klein, etwa wie
ein Menschenauge.

1567 'mit sô getâner <u>mâzen</u>': Alexander lehnt des Darius
Zinsforderung ab; er will den Zins Darius aber
in der Art und Weise gewähren, daß er dessen
Kopf zum Pfand dafür nehmen, das heißt: ihn töten
will.

3o76 'mit sulher <u>mâzen</u>': Alexanders Bote übermittelt
Darius, Alexander und sein Heer wollen ihm den
Zins in solcher Weise (derart) heimzahlen, daß
er für immer genug davon haben werde.

a) <u>Die Wunderwelt des Orients</u>[223]

Zur Verbreitung des Alexanderstoffes in Westeuropa haben die
Schilderungen der fabulösen Wunderwelt des Vorderen Orients,
Persiens und Indiens innerhalb der zahlreichen Alexanderdichtungen erheblich beigetragen. Das durch die Kreuzzugs-
bewegung erregte Interesse des mittelalterlichen Menschen
am Orient fand in den Alexanderdichtungen reichlich Nahrung,
und umgekehrt spiegeln die mittelalterlichen Bearbeitungen
des Alexanderstoffes die Reaktion der Bearbeiter auf die
phantastische, ihnen bisher kaum erschlossene Welt des
Orients. Das zeigt sich sogar in einem so untergeordneten
lexischen Bereich wie dem der 'mâze'-Sippe. Mit Attributen
wie 'ummâzen', 'ummâzlîchen' und 'ûzer mâzen' wird die geheimnis-

---

[223] Vgl. hierzu besonders J.Brummack, Die Darstellung des
Orients in den deutschen Alexandergeschichten des Mittel-
alters. Berlin 1966; H. Szklenar, Studien zum Bild des
Orients in vorhöfischen deutschen Epen. Göttingen 1966.

volle Natur der östlichen Welt gekennzeichnet.

Tiere, Pflanzen, Klima, Landschaften und Menschen des Orients
werden im Laufe der Jahrhunderte in Wort und Bild immer
phantastischer ausgestaltet und beschrieben. Im Straßburger
Alexander sind derartige Beschreibungen jedoch nicht (wie es
später geschah) zum Selbstzweck innerhalb der Dichtung geworden; sie sind noch durchaus in das Erzählgefüge integriert.
Die im folgenden aufgeführten Belege drücken nicht nur ein
quantitatives Unmaß aus,[224] sondern sie geben einem gewissen
Mißtrauen des Straßburger Bearbeiters gegenüber der phan-
tastischen Naturwelt des Orients Ausdruck. Interesse, staunen-
de Bewunderung und Neugier sind gepaart mit leiser Skepsis
und verhohlenem Zweifel an der durch das Schöpfungswerk Gottes verliehenen "Gutheit" der beschriebenen Naturdinge, denn
was alles an Menschen, Tieren und Pflanzen Alexander auf seinem Eroberungszug begegnet, sprengt das natürliche Maß des
bisher dem Verfasser und seinem Publikum Bekannten. Daher werden einige Repräsentanten der Tier-, Pflanzen- und Menschenwelt mit den Prädikaten 'ummâzen' und 'ûzer mâzen' versehen.
Die im folgenden aufgeführten Unmaß-Bezeichnungen sind daher
auch nicht als eindeutig wertend aufzufassen, sondern bleiben
eigentümlich in der Schwebe. Gesteigert wird diese Schwebe-
haltung noch dadurch, daß der Bericht über den Orient teilweise aus der Perspektive Alexanders heraus erfolgt (Bericht
Alexanders an seine Mutter Olympias und seinen Lehrer Aristoteles 4918-6588) und somit in gewissem Sinne "verfremdet"
wird.

---

[224]Dahinter wird man die mittelalterliche Vorstellung vermuten dürfen, die indischen Naturphänomene seien grundsätzlich größer und gewaltiger als die europäischen
(Szklenar S.74).

Alexander berichtet beispielsweise von 'ummâzen' langen
Schlangen (5oo3), die sich seinem Lager, das an einem See
lag, näherten. Dieser See verwandelte sich allabendlich in
eine riesige Tränke. Neben zahlreichen anderen Tieren
(Skorpione, Löwen, Eber, Elefanten usf.) und sonderbaren,
menschenähnlichen Wesen kamen auch 'fôchse' zur Tränke,
'grôze ûzir mâzen' (5o43). Unter 'fôchsen' sind wohl nicht
Füchse, sondern Hyänen bzw. Schakale zu verstehen (vgl. 5o44).
Auf seiner weiteren Kriegsfahrt sieht Alexander hohe Bäume,
deren Früchte 'sô ummâzlîchen grôz' (5814) waren, 'daz ihs
nit ne tar sagen', denn Alexander fürchtet den Spott seiner
Adressaten (bzw. der Straßburger Bearbeiter den seines Publikums). Das 'lantlût', also die Urbevölkerung jenes Landes,
fällt Alexander wegen seiner Körpergröße auf: 'di wâren ummâzlîchen grôz' (5o73). Die Elefanten des Porus liegen ebenfalls außerhalb des Normalen, sie 'sint ûzer mâze stark'
(4333), so daß man auf ihrem Rücken 'turme unde berchfride'
(4336) anbringen kann. Schon zur Schilderung des Rosses
Bucival hatte der Straßburger Bearbeiter im Gegensatz zur
Vorauer Fassung den Unbeschreiblichkeitstopos angewandt: 'iz
hete unzallîche craft/ und ummâzlîche maht' (276f.).

b) Alexanders Weg zur 'superbia'

Im Gegensatz zur Vorauer Bearbeitung, die Alexander über
weite Strecken als abschreckendes Beispiel eines maßlosen
Eroberers auffaßt, differenziert sich die Alexanderdarstellung
in der Straßburger Fassung in der Hinsicht, daß der Lebensweg
Alexanders einem Wandel unterworfen ist. Alexander erobert
alle Länder der Erde und gerät dabei immer mehr in maßlose
Besitzgier und Überheblichkeit. Innerhalb dieser fortwähren-
den Steigerung, die erst an der Mauer des Paradieses ihre
absolute Grenze findet, sind mehrere, in ihrer Eindringlich-
keit sich steigernde Aufforderungen zur 'mâze' synkopenhaft

eingefügt (bes. 15o6; 3436; 4871; die Candacis-Episode, zur
Interpretation s.u.), doch erst Gottes Eingreifen bewirkt
Alexanders Umkehr und innere Wandlung.[225]

Die Gestalt Alexanders tritt im Schlußteil der Dichtung,
dies sei vorwegnehmend gesagt, aus der Abhängigkeit des
'superbia'-Kraftfeldes heraus.[226] Vermessenheit bestimmt nun
nicht mehr Alexanders Lebensweg, sondern wird als religiös-
sittlich verwerfliche Fehlhaltung entlarvt und hat ihrem
Oppositionsbegriff, der 'mâze', bzw. deren geistlicher Variante, der 'ôtmüete', zu weichen, die, neben anderen Tugenden des 'rex iustus et pacificus', zur ideell und dich-
tungsintegratorisch beherrschenden Kraft des Schlußteils
der Dichtung aufgewertet wird. Dieser Umschwung von der 'vermezzenheit' zur 'mâze' kommt nicht unvorbereitet. Der Dichter
fügte, wie oben erwähnt, an nicht unwichtigen Stellen des
Handlungsablaufs vier Mahnungen zur 'mâze' in das Erzählge-
schehen ein und unterbricht damit die Finalstruktur von
Alexanders 'superbia'-Weg mit wichtigen retardierenden Szenen, die seine Umkehr am Schluß sinnbildlich vorbereiten,
indem sie die Vorherrschaft der 'vermezzenheit' in Zweifel
ziehen und zudem Alexanders Wandlung in ihrer Eindrücklichkeit
wirksam unterstützen. Nimmt man zu diesen vier Aufforderungen,
'mâze' walten zu lassen, die Schlußszene hinzu, so zeigt sich

---

[225] Die meisten im Vorauer Alexander (V) vorkommenden Belege
zur 'mâze'-Sippe haben in der späteren Straßburger Fassung
(S) ihre Entsprechung: V129 = S153; V277 = S32o; V744 =
S998; V778 = S1o78; V1o98 = S15o6; V1143 = S1567; V119o =
S163o; V1414 = S1938. Keine Parallelstelle in S weisen
V437; 5o1; 515 und 673 auf; S ist hier, zwischen 5o8 und
959, durch eine Lücke unterbrochen. Ebensowenig findet
sich der Abschlußvers V1532, den ein Teil der Forschung
nicht Lamprecht, sondern einem späteren Kopisten zuschreibt,
in S. Umgekehrt haben S196 ('vermezzenlîchen') und S277
('ummâzlîche') in V keine Parallele.

[226] Zum sprachlichen 'superbia'-Feld s. Hempel S.149ff.

'mâze' als ideeller Träger einer deutlichen Klimax,[227] und
der Bearbeiter verabschiedet seinen Helden mit stillem Triumph
als einen Einsichtigen, dem es mit Gottes Hilfe gelungen ist,
sich selbst als Typus des vermessenen, machtgierigen Eroberers
zu überwinden und somit im Nachhinein gleichsam sein eigener
Antitypus zu werden.[228]

Doch bevor ich mich mit dieser Wende beschäftige, sollen jene
Belege aus dem 'mâze'-Wortgut vorgeführt werden, die Alexanders
Entwicklung zum Welteroberer begleiten. Sie besitzen unterschiedliche Wertigkeit und lassen eine scharfe Bedeutungsabgrenzung
zwischen Kühnheit und Überheblichkeit bzw. 'fortitudo' und
'superbia' nicht immer zu.

> 195 si larten ime strîten
> und vermezzenlîchen rîten
> in sturm unde in volcwîch,
> sô daz is nie ne wart sîn gelîch.

Innerhalb dieser Klimax werden Kampfkraft und verwegene Reit-
kunst Alexanders bis hin zur (wohl toposhaften) Inkommensurabilität gesteigert.

> 998 bî sîme lîbe er sih vermaz,
> iz gienge in allen an den leben,
> daz si ime torsten widerstreben.

Die 'gûten knehte' aus der Burg Tyrus wollen sich zwar 'durh
minne' (989) mit Alexander verständigen, widersetzen sich aber
dessen Drohung und Kapitulationsforderung, weil sie tapfer sind
und ihn nicht erkennen. Vermessen schwört (erkühnt sich) daher
Alexander bei seinem Leben, diesen Widerstand zu brechen.

> 1630 Alexander hât sich vermezzen.

Die beiden Herzöge Marius und Tybotes sollen auf des Darius
Bitte Alexander den Weg über den Euphrat versperren, sind
aber skeptisch, weil sie einsehen, daß der erfolgreiche Er-
oberer Alexander kaum aufzuhalten ist, denn er hat sich in
vermessener Weise entschlossen (geschworen), Darius eine
Schlacht auf Biegen und Brechen (1631) zu liefern.

---

[227] Dieses gradative Strukturgefüge hat die Alexanderforschung
seit längerem erkannt, bezieht es aber weniger auf 'mâze'
als vielmehr in negativer Sicht auf die abgestuften Warnungen vor der 'giricheit' Alexanders. Eine eingehende Analyse
dieser Kette von Warnungen vor der Hybris lieferte W.Schröder,
Zum Vanitas-Gedanken im deutschen Alexanderlied. ZfdA 91
(1961/62) 38-55. W.Sanders erkannte eine "dreifache Klimax
der Mahnungen durch Darius, Candacis und den Alten vor dem
Paradiestor" (S.80), die Alexander vor der Gefahr des 'sich
verheben' warnen.

[228] Damit kommt man Götterts Forderung ein Stück näher:
"Es geht um den Nachweis, daß und wie höfische Leit-

1938 daz er sih ie torste <u>vermezzen</u>
      wider sînen hêren.

Nach der Eroberung von Sardes durch Alexander schwört
Darius in seinem 'ubirmût' (1927), Alexander zu töten,
der sich in schuldhafter Weise gegen seinen Herrn erhoben habe.

Die 'kûnen Lacedemones' (2319) sind ebensowenig wie ihr
Gegner Alexander oder Darius von Überheblichkeit freizu-
sprechen (vgl. 232o).[229] Weil sie schon einmal Xerxes
besiegt hatten, geraten sie in Vermessenheit; andererseits
bezeichnen sie Alexanders Aufbegehren gegen Darius als
maßlos:

2326 des wâren si <u>vermezzen.</u>
      si enboten Alexandro,
      wolder scaden Dario,
      daz dûhte si <u>ummâze.</u>

Sie erklären Alexander den Krieg (2331f.), den dieser
nun neben anderem zum Anlaß nimmt, die Niederlage des
Xerxes zu rächen (2349f.).

Anläßlich der bevorstehenden Hochzeit Alexanders mit des
Darius Tochter Roxane wird der Reichtum Alexanders beschrieben:

4o36 ouh heter ze sînen tische
      fleisch unde vische
      sô <u>unmâzlîchen</u> vile,
      daz man is gelouben niht ne wile.

Neben der Betonung der Quantität ist in 'unmâzlîchen' ein
versteckter Hinweis darauf enthalten, daß diese ganze
Fülle der Lebenshaltung auf Alexanders Eroberungsgier und
somit auf 'unmâze' beruht.

---

228 Fortsetzung:
    begriffe aus ihrem eigenen Kräftespiel heraus eine
    bestimmte Handlungsführung und Figurenkonstellation
    hervorbringen und so dazu beitragen, im Horizont sinn-
    bildlichen Sprechens epische Welt auszuformen" (S.22).

[229] Die Interpretation des 'vermezzen'-Seins der Lakedä-
    monier als Vermessenheit und Überheblichkeit erscheint
    aus dem Kontext gerechtfertigt. In anderen Belegen
    steht vor dieser Vermessenheit, die natürlich mitbe-
    teiligt ist, die Wortbedeutung "Verwegenheit, Kühnheit,
    Tapferkeit" im Vordergrund, so z.B. in: 'ein kuninc,
    der is <u>vermezzen</u>' (5625; der Entführer der 'frowe' des
    Candacis-Sohnes Candaulus); 'di helede <u>vermezzen</u>'
    (5715; die Einwohner der Burg Bala, in der sich die ent-
    führte Frau des Candaulus befindet); '(wîgande) ...
    rîche und <u>vermezzen</u>' 6542; die Bedroher des Amazonen-
    reiches, bevor Alexander in das Land kommt).

4131 helede _vermezzen_

So redet Alexander seine Soldaten an. Obwohl dieses Epitheton
formelhaft gebraucht wird, sagt es doch mehr aus: Alexander
will in seinem des jahrelangen Eroberungszuges müden Heer
neue Begeisterung wecken.

Das Zweikampfangebot Alexanders an Porus: '_vermezzenliche_ er
zô ime sprah' (4617), spricht für Alexanders Tapferkeit, aber
auch für seinen grenzenlosen Eroberungsdrang, den er nicht
mäßigen kann und der ihn nun auch vor Indien nicht haltmachen
läßt.

Alexanders Streben nach Beherrschung der ganzen Welt wird
im Straßburger Alexander schon bald, nachdem der junge König
seine ersten Eroberungsfeldzüge begonnen hat, klar ausgesprochen (1535-56) und im Verlauf der Dichtung mehrfach wiederholt (16o7-11, vgl. dazu auch 1934; ferner 4898; 5492;
66o5ff.). Antriebskräfte dieses hybriden Strebens sind
'giricheit'[23o] und 'hômût' ('superbia'). Angestachelt von diesen beiden Grundlastern, erobert Alexander ein 'rîche' nach
dem anderen und will nicht eher ruhen, bis ihm die ganze Welt
gehört. Auf diesem Wege fordern ihn verschiedene Menschen
wiederholt zur Mäßigung auf; 'mâze' wird in diesen Szenen
(1-4) zum Schlüsselwort. Seinem Grundstreben nach Besitz der
ganzen Welt gebietet erst die Paradiesesmauer, eine meta-
physisch-christliche Macht vertretend, Einhalt.

(1) Eine erste Aufforderung zur Ausübung von 'mâze' ergeht
an Alexander von den gefangen**genommenen** Boten des Darius.
Durch dessen herausfordernden Brief maßlos erzürnt, will
Alexander die Abgesandten töten lassen, doch diese bitten:

[23o] Lat. 'gula', 'avaritia' oder, nach Bernhard von Clairvaux,
'terrenae qualiscunque possessionis cupiditas' (PL 182,
923; nach Fliegner S.1o).

1505 nû bedwingit uheren mût
     unde habit unsir _mâze_.

Alexander soll seine Affekte mäßigen und Gerechtigkeit
üben, denn 'daz ne wâre niwit reht,/ swâ sihein uher kneht /
uher botescaft tribe,/ daz er dar umbe tôt blibe' (1494ff.).
Alexander 'bedâhte sih' und begnadigte die Boten (1510f.).

(2) Nach dieser Bitte um Ausübung von 'mâze' auf einem
partiellen Gebiet wird Alexander von Darius aufgefordert,
sein ganzes Tun unter das Gebot der 'mâze' zu stellen. Darius
war zunächst von 'ubirmût' nicht frei (1925-40), fühlte sich
aber durch schwere Niederlagen gewarnt und erkannte seine
'sunden' und seinen 'ubirmût' (Klage 3399-3421). Die Einsicht
in das Wirken der unberechenbaren Göttin Fortuna mit ihrer
'schîbe' hatte es ihm ermöglicht, die Ursachen seines Sturzes
zu durchschauen.[231] Der geschlagene, flüchtende und wissend
gewordene Darius bietet nun Alexander Versöhnung an und übermittelt ihm eine Aufforderung zur Mäßigung und eine Warnung
vor Überheblichkeit, wenn er schreibt:

3433 mir is dicke gezalt,
     daz iz dem manne wol stât,
     alsime sîn heil vore gât,
     daz er sîne _mâze_
     an gûten dingen lâze.

Voraussetzung für das 'heil', das erfolgreiche Bestehen im
Leben, ist die Ausübung von 'mâze' bei gleichzeitiger Hin-
wendung zu 'gûten dingen'; erst diese Einstellung ermöglicht
Gelingen und Erfolge, die auf sittlich gutzuheißende Weise
errungen wurden. Die Tugend der 'mâze' tritt an dieser Stelle
zum erstenmal innerhalb der Alexander-Dichtung als volles
ethisches Postulat in Erscheinung, das das Tun des Herrschers

---

[231] Zur Auffassung der Fortuna im Straßburger Alexander sowie
zu den Begriffen 'heil', 'gelucke' und 'sâlde' als traditionellen Schicksalswörtern s. Sanders S.76-96.

und darüber hinaus wohl allgemein des (gesellschaftlich an-
erkannten) Menschen (vgl. 'dem manne' 3434) in seiner Gesamtheit durchdringen will. Es ist schwer zu bestimmen, wie groß
der Anteil spezifisch christlicher Impulse an diesem 'mâze'-
Begriff ist; indes kann man aufgrund der christlichen Grundhaltung des Alexanderliedes annehmen, daß 'mâze' dem im religiösen Sinne sittlich Guten, Heilfördernden zugeordnet wird,
für dessen Durchsetzung auf Erden sie dem Menschen ein
ethischer Maßstab sein will. Vergleicht man diese 'mâze'-
Auffassung mit Belegen der geistlich beeinflußten 'mâze', etwa
mit Lampr.Tob.113,[232] so liegt hier das Neuartige darin,
daß 'mâze' zwar letztlich christlichen Zielsetzungen dient,
aber in einem weltlichen Wirkungsbereich, und zwar vornehmlich dem des Herrschers oder des vorbildhaften, hochge-
stellten Feudalen, als sittliche Tugend zur Geltung kommt,
in einem Bereich zudem, der als solcher, in seiner Weltlich-
keit, nicht mehr rigoros verdammt wird.

Darius warnt Alexander besonders vor dem hoffärtigen 'sich
verheben' (3438ff.), das wegen der wechselseitigen Kausal-
beziehung von Erfolg und gesteigerter Überheblichkeit vom
'heil' wegführen muß. Schon vorher hatte Darius Alexanders

---

[232]S. oben Kap. B II, 3a.

'hôhmût' öfters betont (1583-92; 16o1; 2885).[233] Der von
Meuchelmördern (die sich 'verwâneten', von Alexander dafür
reich entlohnt zu werden, 3699f.) tödlich verwundete Darius
versetzt Alexander in tiefes Leid ('du rûwis mih zummâzen'
378o): aus menschlichem Mitleid, aber auch, weil ein 'kuningis
name' durch diesen Meuchelmord geschändet worden sei (3777).

---

[233] Die hier vorgenommene Herausarbeitung von Alexanders negativen Charakterzügen und Lastern darf nicht darüber hinwegtäuschen, daß bei der Zeichnung seiner Gestalt im Verlaufe der Feldzüge zahlreiche positive Seiten seines We-
sens und seines Tuns genannt werden. So ist er ein Vorbild
an Tapferkeit und Klugheit (als Belege hier nur 2364; 25o5;
2535; 2947; 2953; 316o; 4798 usf.), gibt vorzügliche Beispiele an Rechtsempfinden (Bestrafung der Mörder des
Darius 3778f.; 3936-81; Bestattung des Darius 3872ff.) und
kennt Mäßigung seiner Affekte (z.B. 3544) und Erbarmen
(3577). Erwähnenswert ist ferner die großzügige, "ritterliche" Behandlung von Frau und Tochter seines Gegners
Darius. Die Beispiele ließen sich vermehren. Einen inter-
essanten Beitrag zum Alexanderbild lieferte Lucie Sandrock,
Das Herrscherideal in der erzählenden Dichtung des deutschen Mittelalters. Münsteraner Diss., Emsdetten 1931.
Sandrock sieht in Alexander die vier Kardinaltugenden der
Stoa verkörpert, "die hier noch in mehr geistlicher als in
weltlich-ritterlicher Prägung erscheinen" (S.18), nämlich
'prudentia', 'fortitudo', 'temperantia' und 'iustitia'.
Diese im Alexanderlied zunächst innerweltlich aufgefaßten
Tugenden würden im Verlaufe der Dichtung immer stärker
höfisiert und vergeistlicht: 'prudentia' werde zur Gottes-
weisheit, 'fortitudo' zur 'zuht', 'temperantia' zur
'humilitas' und 'mâze' usf. (S.2o). - Daß verschiedentlich
mit Nachhallen der antiken und dann christianisierten vier
Kardinaltugenden in mittelhochdeutscher Dichtung zu rechnen ist, darf allerdings nicht dazu verleiten, ältere
Begriffsstufen der Kardinaltugenden mit ihren historisch
gebundenen semantischen Inhalten (z.B. der Stoa) naiv als
Vorstufen der mittelalterlichen Erscheinungsformen der
Kardinaltugenden anzunehmen, nur um einen Systematisierungs-
effekt zu erreichen und ohne Quellenmaterial zu den Ver-
mittlungswegen beizubringen. Weder für die historische
Deduktion noch für die Bedeutungsbeschreibung der Kardinaltugenden im mittelalterlichen Kontext scheint mir damit
etwas gewonnen zu sein.

(3) Eine dritte Warnung ergeht an Alexander von den Gymnosophisten (bzw. Occidraten). Dieses Volk aus dem Lande 'Occidratis' wird folgendermaßen beschrieben:

```
4767    daz lût dar inne daz is arm
        und ne hât neheinen ubirmût.
        vil mêzlîch ist ir gût.
```

Die Gymnosophisten bilden geradezu ein Gegenstück zu
Alexander: sie leben in großer Bescheidenheit, verzichten
bewußt auf Besitztümer (vgl. Alexanders 'cupiditas') und
sind frei von 'ubirmût' und Ruhmsucht (vgl. Alexanders 'superbia'). Alexander will ihnen eine Bitte erfüllen. Als sie um
die Unsterblichkeit bitten und ihn dadurch an die Grenzen
seiner Macht erinnern, gerät er in Zorn und weist darauf hin,
daß jeder Mensch sterben muß. Darauf fragt ihn ein Weiser,
wenn er doch auch einmal sterben müsse,

```
4867    warumber an der erden
        wunder alse manicfalt
        sô lange hête gestalt;
4870    er mohtiz gerne lâze:
        'alles dingis mâze
        gezimet manneglîche'.234
```

In dieser sprichwörtlichen Aussage wird gefordert, daß jedermann bei all seinem Tun 'mâze' üben soll.
In diesem wichtigen Beleg hat 'mâze' sich als grundlegendes
sittliches Prinzip unangefochten gefestigt. Das 'gezemen'

---

234 "In allen Dingen 'mâze' zu üben, geziemt sich für jedermann." Dazu Szklenar: "Wenn sich die Lehre, die die Occidraten hier vertreten, auch der christlichen Tugend des
Maßhaltens nähert, so schimmert doch der eigentlich
philosophische Grund noch hindurch, nämlich die Ansicht,
daß angesichts des Todes jedes über die Befriedigung der
natürlichsten Bedürfnisse des Menschen hinausgehende Streben abwegig sei, also der denkbar größte Gegensatz zum
maßlosen Streben Alexanders zum Ende der Welt" (S.103).

erweist 'mâze' als ethisch-ästhetischen Begriff (was im
Hochmittelalter bekanntlich eine Einheit bildete); das
'alles dingis' macht sie für alle Seinsstufen der diesseitigen Welt verbindlich.[235]

(4) Und schließlich warnt die Königin Candacis Alexander
vor Hochmut und Hoffart, ohne allerdings bei ihrem eher ver-
hüllenden als offenen Aufruf zur Mäßigung einen der 'mâze'-
Begriffe zu nennen. Candacis hatte den sich als Herzog Anto-
nius ausgebenden Alexander in die innersten Gemächer ihres
Palastes geführt und ihn dort mit Hilfe einer List erkannt.
Alexander steht nun in ihrer Gewalt (6161ff.) und muß sich
sagen lassen:

```
6176   nû mahtu rehte wol verstân,
       daz nû nieman ne lebet,
       swenner sih ze hô verhebet,
       swî ime di sâlden volgen,
6180   werdent si ime verbolgen,
       si ne kêre zornlîche wider
       und wirfit den rîchen der nider
       alsô schiere sô den armen.
       des mûz ih dih warnen.
```

Dermaßen vor den Gefahren des 'sich verheben' gewarnt und auf
die unsichere 'sâlde' aufmerksam gemacht (vgl. dazu 2439:
'di sâlde volget sînen vanen'), gerät Alexander in großen
Zorn, der ihn stets dann erfaßt, wenn eine andere Macht sich
der seinen unerwartet als ebenbürtig erweist oder erweisen
will.

---

[235] Wenn Eichler in seinen Mâze-Studien über den Beleg 4871f.
urteilt: "So klar wie hier sind die Beziehungen von mâze und
Männlichkeit nicht wieder ausgedrückt worden" (S.48),
dann möchte man dieses Fehlurteil nebst einem Vokabelmiß-
verständnis auch der Entstehungszeit seines Buches (Er-
scheinungsjahr 1942!) zugute halten. 'manneglîche' bedeutet in erster Linie "jeder, jedermann, männiglich"
(Lexer, Mhd.Wb.Bd.I, Sp.2034) und ist wohl kaum mit Männlichkeit in Verbindung zu bringen.

c) Paradiesfahrt und Paradiesstein

Das Motiv der Paradiesfahrt war dem Straßburger Bearbeiter
vorgegeben. Es entstammt dem auf den babylonischen Talmud
zurückgehenden 'Iter ad Paradisum',[236] einer Beschreibung
der Paradiesfahrt Alexanders des Großen. Das 'Iter ad Paradisum' diente ab Vers 6569 dem Straßburger Bearbeiter als
Quelle. Die Paradiesfahrt fügt sich, unter dem Aspekt der
Grundspannung zwischen 'superbia' und 'humilitas' bzw. 'mâze'
betrachtet, als Höhepunkt des als Klimax gestalteten Macht-
strebens Alexanders gut in die bisherige, auf der 'Historia
de preliis' fußenden Darstellung ein.

Dieser letzte Teil der Straßburger Fassung wurde am deutlichsten einer bewußten Christianisierung unterzogen; die
jüdische Quelle kam einem Umformungsprozeß naturgemäß entgegen. In diesem letzten Abschnitt der Dichtung treten der
Gestalt Alexanders, die bisher im Zentrum des Geschehens stand,
am entschiedensten konkurrierende religiös-sittliche Mächte
gegenüber und rücken seine Individualgeschichte auf eine
exemplarische Ebene. Gleichzeitig weichen die Realitäts-
schilderungen aus der Sphäre der Eroberungszüge und des Kriegs-
lebens einer verstärkten Vergeistlichung des Stoffes, die
sich am Schluß zur Bußaufforderung und zum Bedenken der
christlichen Nutzanwendung der Fabel verdichtet.

Bisher hatte sich Alexander alle 'ertrîche' (6607) unterworfen und tributpflichtig gemacht, doch

---

[236] Abgedruckt in Kinzels Ausgabe von Lamprechts Alexander,
S.357-84, in den Fußnoten. Zu den Abhängigkeitsverhält-
nissen der Tradierung des Alexanderstoffes vgl. besonders
G.Cary, The Medieval Alexander. Ed. by J.A. Ross.
Cambridge 1956; W.Fischer, Die Alexanderliedkonzeption
des Pfaffen Lambreht. München 1964.

```
6613   des ne dûhte ime allis niht genûc.
       sin hôhmût in dar zû trûc,
6615   daz er sih hiz wîsen
       gegen den paradîse.
       daz wolder bedwingen
       und zins ouh dannen bringen
       von den engelischen chôren.
```

In seiner anmaßenden 'tumpheit' ('stultitia'; 662o) schlägt
er die Warnungen seiner erfahrenen Ratgeber, nicht 'wider
gote' (6638) zu streben, in den Wind und folgt den ihm zu-
ratenden 'tumben jungelingen' (6641). Der Entschluß zur Eroberung des Paradieses wird ausdrücklich als 'tumpheit' (zu
den obigen Belegen noch: 6668; 6669; 67o3; 6843; vgl. auch
'unsin' 6867), ja, sogar als 'toben' (6671) hingestellt, als
vom Satan eingegebene Verblendung. Alexanders 'giricheit'
(6683) wird mit der teuflischen Gier der Hölle ('daz ungesat-
lîche hol' 6678) verglichen, die alles verschlingen will.
Dennoch hat Gott ihn nicht verworfen (Vorausdeutung seiner
Rettung 6698f.), obwohl er auf sein 'gelucke' (679o) vertraut
und nicht auf Gott.

Schließlich gelangt Alexander an die unüberwindliche Edel-
steinmauer, hinter der sich das Paradies verbirgt.[237] Das als
'unsin' (6867) bezeichnete gewaltsame Schlagen und Stoßen
der Soldaten Alexanders gegen die Paradiesmauer wird von den
im ewigen Heil lebenden Engelsscharen (6869) und 'gotis kint'
(6911) nicht wahrgenommen, bis ein alter Mann erscheint, nach
dem Begehren der Soldaten fragt und nach einiger Zeit zurück-
kommt, um Alexanders Abgesandten eine Weisung von seinen
'gesellen' (6898) kundzutun. Alexanders Vorhaben, das Paradies

---

[237]Das Paradies wurde im Mittelalter auf der Erde lokali-
siert; vgl. dazu Heinrich von Melk, Er.1o12ff.: 'ouch ist
uns offenbar gescriben,/ daz paradis si uf dirre erde./
daz besliezen die hohisten berge,/ die dehein ouge mag
uberreichen.' Der Euphrat, den Alexander hinauffuhr, war
einer der vier Ströme, die nach mittelalterlicher Geo-
graphie aus dem Paradiese flossen.

zu erobern, bezeichnet der alte Mann als 'unmâze':

> 6913 ouh sult ir ime sagen,
> er muhte gerne mê gedagen
> von sulher unmâze
> und varen sîne strâze.

Ebenso wie die 'mâze' erlangt auch die 'unmâze' im Straßburger Alexander dadurch ihren vollen Rang, daß sie neben
ihrem faktischen Vorhandensein nun auch sprachlich an wichtiger
Stelle benannt wird. 'unmâze' bedeutet hier die Privation
einer geistlich aufgefaßten 'mâze', die das vorgegebene Verhältnis innerhalb der Beziehung Gott-Mensch beachtet.
Alexander aber hatte dieses Verhältnis gestört, sich aus
seinem (dem Menschen zukommenden) Platz herausgehoben (vgl.
'sich verheben') und war hart an die Peripherie des unmittelbar Göttlichen, an die Paradiesmauer, gestoßen. Dieses sünd-
haft-anmaßende Tun (vgl. 'er was ubile bedâht' 69o9; 'er hât
vil ubelis getân' 6922), seine Schuld vor Gott (6923), kann
er bereuen, dann wird Gottes Gnade (6926) ihm helfen.[238]
Er soll seine 'superbia' in die christliche Tugend der Demut
verwandeln ('sô sal er ôtmûte wesen' 692o) und sich damit
wieder in die gottgewollte Seinsordnung einfügen. Als sinn-
fälliges Zeichen der Weisung Gottes an Alexander erhalten
die Boten einen Edelstein. Dieser Paradiesstein kann, wenn er
richtig gedeutet wird, Alexanders Bekehrung von seinen Grundlastern 'superbia' und 'cupiditas' bewirken und ihn zur
'mâze' führen:

---

[238]Strukturell und gehaltlich entspricht dieser letzte Teil
des Straßburger Alexander dem christlichen Legendenschema
der Sünderheiligen-Legenden. Auf dem Gipfelpunkt der
Schuldverstrickung wird der Sünder göttlichen Mächten gegenübergestellt, durch Gottes Gnade zur Umkehr bewogen und
von seiner Schuld erlöst, nachdem er sie eingesehen und
bereut hatte (vgl. die Sünderheiligen-Exempla in der Rede
vom Glauben des armen Hartman). Auf Gattungsfragen kann
hier allerdings nicht näher eingegangen werden.

```
6941   unde saget ime dâ mite,
       daz er wandele sîne site.
       swanne ime wirt bescheinet,
       waz der stein meinet,
6945   sô mûz er sih gemâzen:
       des ne mac er niht gelâzen.
```

Alexander besinnt sich und begibt sich auf die Heimfahrt. In
Griechenland angekommen, sucht er einen Kundigen, der ihm
den Stein deuten könne. Nach vielen Fehldeutungen durch Be-
trüger findet sich schließlich ein alter jüdischer Weiser,
der den Stein erklären kann. Der Stein, in eine Waagschale
gelegt, ist schwerer als die größten Schätze und Edelsteine
(1.Wiegevorgang), aber leichter als eine Feder und ein wenig
Erde (2.Wiegevorgang). Gott selber (7155) schickte Alexanders
Untertanen den Stein als Mahnung, sich nicht mehr zu 'verheben'
(7161) und sich vor der 'giricheit' (7163) zu hüten.[239]

Der Straßburger Anonymus hat wahrscheinlich die ursprüngliche
Bildlichkeit der Wiegeprozedur verkannt und durch eine
naivere[240] ersetzt, die dennoch nicht eines bildkräftigen
und in sich logischen Sinnes entbehrt und somit als produk-
tives Mißverständnis aufgefaßt werden kann.

Ausgangspunkt der vereinfachenden Sicht des Straßburger Bearbeiters ist, so läßt sich vermuten, die Raumstruktur beim
Wiegevorgang, genauer: der Gegensatz von Höhe und Tiefe und
die damit verbundene Sinnbildlichkeit. Beim ersten Wiegen
zieht der Stein, auf den es vorwiegend ankommt, zur Tiefe.
Er verdeutlicht das Hinabsinken des von Gier und Reichtum
beherrschten Menschen als eines 'cranc man' in die Hölle,

---

[239]Der Vergleich des Gierigen mit der unersättlichen Hölle
6678ff. wird hier, in 7174ff., wieder aufgenommen.

[240]Das heißt keineswegs, dem Dichter ein Armutszeugnis aus-
zustellen oder seine gestalterische Kraft irgendwie in
Zweifel zu ziehen.

dorthin, wo der Tod seiner Seele sich ereignet:

(1)

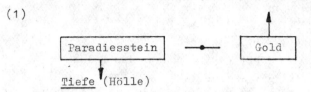

Tiefe (Hölle)

Beim zweiten Wiegevorgang schnellt der Stein in die Höhe
und veranschaulicht dadurch, daß rechte Einsicht in die
Vergänglichkeit und Sterblichkeit der Welt, symbolisiert
durch Feder und Erde, den Menschen in den Himmel, zum ewigen
Leben führt:

(2)

Höhe (Himmel)

Paradiesstein —•— Feder, Erde

Die räumlichen Dimensionen Tiefe und Höhe, 'nidene' und
'obene', versinnbildlichen nach alter christlicher ikono-
graphischer Tradition die zwei endzeitlichen Möglichkeiten
des Menschen: die ewige Verderbnis in der Hölle und das
ewige Leben im Himmel. Offensichtlich hat sich der Straßburger Bearbeiter von dieser Vorstellung leiten lassen und
mit ihr die von ihm mißverstandene ursprüngliche Wiegepro-

zedur und die an sie geknüpfte Symbolik überlagert.[241] Der
Paradiesstein verweist dabei jedesmal auf das menschliche
Geschick bei unterschiedlichen Erfahrungsweisen und Gefährdungen[242] oder konkreter: er repräsentiert den in der ständigen Gefährdung durch 'giricheit' stehenden Herrscher und
zeigt durch sein Sinken die Überwältigung des Menschen durch
die Schätze der Welt und durch sein Aufsteigen die Überwindung der Gefährdung durch die Einsicht in Nichtigkeit und
Vergänglichkeit der Welt an.

Die Symbolik des Paradiessteins ist somit mehrschichtig und
wird erst aus seiner Funktion beim Aufwiegen mit Gold bzw.
Feder und Erde klarer: (1) Je mehr Reichtümer und Schätze
der Mensch aufhäuft (Unersättlichkeitsmotiv), um so tiefer

---

[241] Gegen diese, zugegeben: schlichte Interpretation der
Wiegevorgänge könnte eingewandt werden, sie deute die
sinnbildhaften Bezüge des Wiegens nur einseitig von der
Waagschale des Paradiessteins her und unterschlage mögliche Sinndeutungen der anderen Seite der Waage, also
das sich hebende Gold und die sich senkenden Gegengewich-
te Feder und Erde. Ein solcher Einwand unterwürfe sich
dem Zwang der Waage-Bildlichkeit, die von der Äquivalenz
zweier zunächst gleichrangiger Faktoren, den Inhalten
ihrer zwei Waagschalen, getragen wird, allzu lange und
beachtete nicht, daß Gold, Feder und Erdkrumen in der
umgestaltenden Sicht des Straßburger Anonymus lediglich
Ingredienzien ohne Eigengewichtigkeit darstellen, die
nur im Hinblick auf die Funktionalität ihrer sinnbildhaften Aussage für Alexanders weiteres Geschick Bedeutung haben. Auf den Stein kommt es vor allem an: er ist
die Konstante bei den Wiegevorgängen, er bleibt ständig
in seiner Waagschale, er ist das eigentliche Parameter
bei wechselnden, der Veranschaulichung s e i n e r Bedeutung kontrastiv dienenden Gegengewichten. So ist der
von der Waage-Bildlichkeit ausgehende Strukturzwang zu
überwinden und der Blick freizuhalten für die D e u -
t u n g des Steins durch den jüdischen Weisen 7153ff.,
in der die 'lîhte' und 'swâre' des Steins (7205) im Vordergrund stehen.

[242] Der Verweisungszusammenhang zwischen Paradiesstein und
Mensch ist im Straßburger Alexander im Gegensatz zur
Quelle nur noch schwach gestaltet, so z.B. in 7136f.
(Vergleich des Steins mit einem menschlichen Auge).

sinkt er (7179-87) und wird ein 'cranc man' (718o), was in
diesem Zusammenhang mit "sündhaft, im geistlichen Sinne an der
Seele krank" zu übersetzen ist.
(2) Andererseits wiegen Erde und Feder, Vergänglichkeit und
Unbedeutsamkeit des Menschenlebens symbolisierend, den Stein
auf. Sie erweisen sich im Hinblick auf die Ewigkeit als ge-
wichtiger und für das Seelenheil entscheidender als aller
Ruhm, alle Macht und alle Schätze der Welt. Das Wiegen des
Steins vermittelt Alexander Einsicht in die Heilswahrheiten,
in die richtige Wertabstufung zwischen irdisch-vergänglichen
und himmlisch-ewigen Gütern. In Verbindung mit der Waage ist
der Stein auch ein Symbol der 'mâze', indem er vor der Uner-
sättlichkeit im Verlangen nach Ruhm und irdischen Gütern warnt,
denn diese verhindern eine Rettung und Erlösung durch Gott
(7165f.). Er erinnert den Menschen daran, daß er das para-
diesische Glück nicht durch Aufhäufen von Schätzen und weltlichem Ansehen gewinnen kann, sondern daß des Menschen wahres
'Iter ad Paradisum' nur über die Befolgung von Gottes Geboten zu betreten ist.

An dieser Stelle bleibt ein kurzer Hinweis auf die Forschungen
zur Symbolik des Paradiessteins und seine unterschiedliche
Verwendung in Literatur und Schrifttum nachzutragen. Grundlegend ist immer noch die Arbeit von W. Hertz, Aristoteles
in den Alexanderdichtungen des Mittelalters. München 189o.
Hertz führt einige Varianten der Paradiesstein-Episode in der
Alexanderliteratur vor und macht insbesondere auf die Deutung
des Steins im 'Iter ad Paradisum' aufmerksam. Hier sei der
Stein das Auge des Menschen, das durch alles Gold nicht zu
sättigen sei, bis es die Erde bedecke, also ein Symbol der
Gier (S.59ff.). Die Wiegeprozedur im Straßburger Alexander
weiche von der Sagentradition insofern ab, als die Erde in
diejenige Waagschale geschüttet werde, in der der Stein
n i c h t liegt. In den älteren Sagenfassungen werde der
Stein selbst mit Erde überschüttet, womit zum Ausdruck komme,
daß erst der Tod der menschlichen Gier ein Ende setzt. Hertz
vermutet eine "Mischung verschiedener Überlieferungen" in
der Straßburger Fassung (S.74). - In der neueren Forschung
herrscht die Auffassung vor, der ich mich anschließe, der
Straßburger Bearbeiter habe die Bildlichkeit der Wiegeprozedur mißverstanden und in ihrer ursprünglichen Sinnhaftigkeit

zerstört. So W.Schröder, Zum Vanitas-Gedanken im deutschen
Alexanderlied, a.a.O. S. 53f. Daß man auch in der veränderten
Bildlichkeit von S sinnhafte Strukturen entdecken kann, ver-
suchte ich zu zeigen. Die bisherigen Deutungsversuche zur
eigentlichen Symbolik des Paradiessteins im Straßburger
Alexander konzentrieren sich auf die Frage, ob der Stein ein
Symbol der Demut oder der 'mâze' sei. F.Ranke sah im Stein
ein Demuts- und Vergänglichkeitssymbol (Zur Symbolik des
Grals bei Wolfram von Eschenbach. Trivium 4 (1946) 2o-3o) und
verglich ihn mit dem Gralsstein aus dem "Parzival", dem er
ebenfalls eine Symbolaussage im Sinne von Demut zusprach. J.
Quint widersprach und verneinte eine Beziehung zwischen Grals-
und Paradiesstein. Nicht der Paradiesstein als solcher sei
ein Symbol der Demut, sondern erst die Ausdeutung der Wiegeprozedur beinhalte Mahnungen zu tugendhaftem Verhalten, allerdings weniger zur Demut als vielmehr zur 'mâze' und 'zuht';
in der Schlußbemerkung über Alexanders Wandlung 726off. bleibe
die Demut unerwähnt (Ein Beitrag zur Textinterpretation von
Gottfrieds Tristan und Wolframs Parzival, in: Festschr. H. de
Boor zum 75. Geburtstag am 24. März 1966. Hsg. von den Di-
rektoren des Germanischen Seminars der Freien Universität
Berlin. Tübingen 1966, S.71-91). Zwei Jahre zuvor schon hatte
Quint in seinem Aufsatz "Die Bedeutung des Paradiessteins
im Alexanderlied", in: Formenwandel, Festschr. für P. Böckmann.
Hsg. von W. Müller-Seidel und W. Preisendanz. Hamburg 1964,
S. 9-26, Alexanders Weg als "Wandlung von hybrider Maßlosig-
keit zur höfischen 'mâze'" und den Paradiesstein mit dem Wiege-
vorgang als Symbol dieses Grundgedankens beschrieben (S.25).

Paradiesstein und Wiegevorgang sind, hier ist Quint zu
folgen, nur in ihrer Zusammenschau ein 'mâze'-Symbol, und
zwar in dem Sinne, daß diese Tugend Alexander die rechten
Relationen zwischen oben und unten, Himmel und Hölle, ewigem
Leben und Tod der Seele lehren soll.

Der jüdische Weise schließt seine Deutung des Steins mit
einer Aufforderung zur christlichen Lebensführung. Gottes-
lob, Gehorsam, Liebe zu Gott und gute Werke seien die besten
Voraussetzungen, Gottes Gnade zu erlangen.

Unter der Einwirkung des Eingreifens der himmlischen Macht
selber vollzieht Alexander nun die Wandlung vom sündhaften
zum Gott wohlgefälligen Leben: er

```
7258   ... êrete man unde wîb
       baz dan er dar vore tete,
726o   und wandelte sîne site
       unde sîn gemûte
       in allirslahte gûte
       und plach gûter mâzen.
       ouh begunder lâzen
·7265  urlôge und giricheit
       und was mit zuhten gemeit.243
```

Alexander wandelt sich vom maßlosen Usurpator zum idealen
christlichen Herrscher und lebt noch zwölf Jahre, bis ihn
der Tod (Giftmord) ereilt.

d) Die 'mâze' im Straßburger Alexander

Wenn sich das Erdenleben des Menschen auch am 'unzeganc-
lîchen leben' (7oo2) orientieren soll, so wird es doch als
solches nicht rigoros verdammt, denn Gott selbst hat es ja
dem Menschen gegeben (7218ff.). Somit wird ein neu akzentuiertes Verständnis von 'mâze' möglich. Sie ist gekennzeichnet
als in ständiger Rückbesinnung auf das ewige Leben stehendes,
"gutes" irdisches Verhalten (im Sinne christlicher 'bonitas').
'mâze' ist somit durchaus noch metaphysisch begründet, aber
sie hat ihre Funktion im Hinblick auf das Erdenleben des
Christen zu erfüllen. Sie behält Bedeutung als Kraft, die vor
der Sünde schützt. Somit kommt ihr, und im entgegengesetzten
Sinne auch ihrer Gegenspielerin, der 'unmâze', im Schlußteil
des Straßburger Alexander die erhöhte Bedeutung eines
ethischen Regulativs christlicher Tugenden zu, soweit sie
sich im Weltleben zu bewähren haben. Weder eingeschränkt auf
Beherrschung und Mäßigung von Trieben und Leidenschaften

243Die formelhafte Wendung 'mit zuhten gemeit' (vgl. auch
   5282) wird des öfteren als Verweis auf die höfische
   Literaturepoche angesehen, so Eichler S.48; Quint, Die
   Bedeutung des Paradiessteins im Alexanderlied, a.a.O.
   S.24, und andere.

oder auf die Befolgung höfischer 'zuht'-Regeln[244] noch dem
Übergewicht 'mâze'-losen Verhaltens ausgesetzt, gewinnt
'mâze' hier erstmals in deutscher Dichtung ansatzweise die
Funktion zugewiesen, dem mittelalterlichen, in der Spannung
zwischen Gott und Welt lebenden Menschen eine Ausgleichsmög-
lichkeit anzubieten. Die breite Basis, auf die sie gestellt
ist, bedingt bereits ihre Differenzierung in verschiedene
Intensitätsgrade: erstmals wird neben die 'mâze' die 'gûte
mâze' gestellt.[245] Und der Rang, der ihr beigemessen wird,
ruft wie von selbst ihre Gegenspielerinnen, 'vermezzenheit'
und 'unmâze', hervor und verleiht ihr durch diese direkte
Konfrontation neue Akzente.

Die besondere Bedeutung der 'mâze' im Straßburger Alexanderlied besteht folglich darin, daß sie ein Zwischenstadium
zwischen geistlich beeinflußter und höfischer Spielart darstellt. Einerseits wird sie von einem Rahmen geistlicher Begründungen durchaus im Bildfeld vorzüglichen christlichen
Lebenswandels gehalten, andererseits beginnen sich in ihrer
kontextuellen und semantischen Nachbarschaft Begriffe wie
'tugint', 'site', 'zuht', 'gûte' usf. zu höfisieren, das
heißt, ihren Bezugspunkt nicht mehr unmittelbar im kirchlichen
Ethos, sondern im sittlichen Selbstverständnis des immer
stärker auf den Plan tretenden Rittertums zu suchen. Auch die

---

[244] Auf die nicht geringzuschätzende Bedeutung der mit der
'mâze' verwandten 'zuht' für den Schlußteil des Straßburger Alexander hat Quint mit Recht hingewiesen (ebenda, S.24f.).

[245] Älter als Alex.S 7263 ist das superlativische 'in der besten
mâze' Kchr. 32o9. Der dem Beleg aus dem Straßburger Alexander zeitlich am nächsten stehende Beleg zur 'gûten mâze'
findet sich im Pilatusgedicht 325 (Zu dem deutschen Pilatusgedicht. Text, Sprache und Heimat. Hsg. von K.Weinhold.
ZfdPh 8 (1877) 253-88). Diese Aussage kann natürlich nur
unter der Voraussetzung gelten, daß die in der Forschung
erschlossene Datierung (117o-118o) richtig ist.

'mâze' unterliegt diesem Wandel. Als Oppositionsbegriff zum
'superbia'-Vokabular ist sie mit 'humilitas' /adj. 'ôtmûte'
teilidentisch. Als Tugendideal des 'rex iustus et pacificus'
deckt sie sich weitgehend mit der bedeutungsmäßig ebenfalls
breit angelegten 'gûte' (vgl. 724o; 7262f.).

Die Geistlichendichter des 12. Jahrhunderts konnten es nicht
wagen, ihrem Publikum einen (im übrigen biblisch gut ausge-
wiesenen[246]) heidnischen Fürsten vorzustellen, ohne ihn mit
einer Folie christlich verantworteter Tugenden zu umkleiden.
Indem 'mâze' zur Herrschertugend erhoben wurde, entfernte sie
sich gleichzeitig einen Schritt von ihrer geistlichen Verankerung und betrat den Weg zur Säkularisierung. Denn der
ideale Herrschertypus wurde im Schrifttum des 12. Jahrhunderts
oft genug zum literarischen und in seinen gesellschaftlichen
Auswirkungen auf den Ritterstand zum anthropologischen Leitbild erkoren. Als Begleit- und Folgeerscheinung dieses Vor-
gangs konnten sich verschiedene Wertbegriffe, die schon früh
als Herrschertugenden galten ('milte', 'staete', 'êre',
'diemüete', 'triuwe' u.a.), aus ihrer geistlichen Umklammerung
lösen und zur neuen sittlichen Norm einer neuen gesellschaftlichen Oberschicht werden. Der Straßburger Alexander rückt
diesen Entwicklungsweg nun auch für die 'mâze' ins Blickfeld.

---

[246] Zur biblisch-heilsgeschichtlichen Rolle Alexanders s.
vor allem W. Fischers Studie über die Alexanderliedkonzeption des Pfaffen Lambreht (a.a.O.).

Zusammenfassung zu Abschnitt III

(1) Als Ertrag der vorausgehenden Beleguntersuchungen kann
nun folgende Übersicht über die 'vermezzen'-Sippe erstellt
werden:

'sich vermezzen'

1. Positive, weil theologisch oder sittlich verankerte Belege:
 - "sich erkühnen, streben nach, sich kühn entschließen"
   Jüng.Jud.5224;
 - "vorhersagen, prophezeien" Friedb.Chr.D^{a}5; Ava,Jes.1455;
   Wild.M.,Ver.415;
 - "berechtigt sein zu etwas, verfügen" Recht 347;
 - "sich berufen auf" Kchr.8961;
 - "behaupten" Kchr.8981;

2. Negative, weil in (unterschiedlich starker) 'superbia'-
Nähe gelagerte Belege:
 - "hoffen, vertrauen auf" ('praesumptio de se') Npgl.II,
   385,6 (S.-St.III,663,1); Ava,Jes.1357 (substantiviertes
   refl.Verb, "vermessenes Sich-Verlassen auf die eigenen
   Kräfte");
 - "sich vermessen, sich erkühnen, sich erdreisten, sich
   anmaßen" Wien.Gen.11o5, Wien.Gen.4o35; (Milst.Skl.835)[247];
   Milst.Gen.84,13; Ava,Joh.268; Milst.Ex.16o,32; Wien.Ex.
   3o75; Vor.Jos.297; Wien.Jos.592; Rhein.Paul.95; Vor.Mos.
   37,29f.; Jüng.Jud.682; T.Hl.127,31; Hartm.Gl.391; RL.85o3;
   Spec.eccl.111,31; Osw.M.2414; Alex.S 5498a;
 - "schwören, behaupten, zu tun versprechen, als feste
   Absicht erklären, den Entschluß fassen, garantieren"
   Alex.V. 744; Kchr.14o63; 15113; 16974; RL.3693; 4oo9;
   4667; 8826; Alex.S 998; 163o;

3. Positive, dem weltlichen Bereich zuzuordnende Belege:
 - "sich vermessen, sich erkühnen, streben nach, mutig
   wagen" Nb.I,248,13 (S.-St.I,267,13); Wernh.v.Nrh.6oo;
   Roth.3427;
 - "vorhersagen, etwas kühn behaupten, für etwas Behauptetes
   entschlossen einstehen" Mem.mori 47; Alb.Tnugd. 123o;
 - "schwören, versprechen" Kchr.3814; 4378; 4911; 4978;
   1279o; 13978; 14o99; Salm.48,1;

---

[247]Konjizierte Belege stehen in Klammern.

4. Negative, dem weltlichen Bereich zugeordnete Belege:
- "sich vermessen, sich anmaßen, sich erdreisten, sich herausnehmen" Eilh.1734 und Rd8; 3425 und M3^{r}22;
- "prahlen, sich rühmen" Kchr. 4448;

5. Sonderbedeutung "sich erheben gegen, einen Aufstand führen gegen" Anno 295; 336; Alex.V 1414; Kchr.17216; Alex.S 1938 (bei diesen Belegen ist nur teilweise ein 'superbia'-Beiklang festzustellen).

'vermezzen' (part.adj.)

1. Vor eindeutig wahrnehmbarem religiösem Hintergrund:
- "unverzagt, ohne Bedenken, unbekümmert" (ambivalent) Milst.Gen. 5o,4;
- "vermessen (gegen Gott), anmaßend, aufrührerisch, unbotmäßig" (negativ, mit 'superbia'-Beiklang) Kchr.15692; 16695;
- "mutig, tapfer, kühn, verwegen" (positive, christliche Vermessenheit, allerdings schon formelhaft) Kchr.1o17; 14869; 14973;

2. Besonders bei dieser Beleggruppe ist eine präzise semantische Festlegung schwierig. Kennzeichnend sind gleitende Übergänge zwischen religiöser Bezogenheit und verblaßtem religiösem Hintergrund, ferner die Tendenz zur Festwerdung als typisierende poetische Formeln (Epitheton ornans) mit heute kaum noch genau anzugebendem Bedeutungspotential. In welchem Maße 'fortitudo'- und 'superbia'-Elemente dem Bedeutungsraum dieser Belege innewohnen, ist meist nur noch vage zu bestimmen.
- "mutig, tapfer, kühn, verwegen" (Lampr.Tob.52); Kchr. 249; 274; 4471; 4551; 4873; 6992; 7629; 7739; 13968; Maria 1412 (entspricht D 136o und A 1228); A 1755; RL.38o; 642; 26o2; 2624; 3745; 4378; 4425; 4491; 5237; 7155; 7641; 8326; (Eilh.72o2); Alex.S 4131; 5625; 5715; 6542; Osw.M 238; 372; Or.162; 4o6; 414; 2551; 2561; Tund.9o; Alb.Tnugd.1621;
- "stolz, prahlend" Alex.S 2326.

'vermezzenlîche(n)' (adv.)

Auch beim Adverb sind die Übergänge zwischen expliziter 'fortitudo', 'superbia' und helden- oder rittertypischer, poetischer Formelhaftigkeit fließend:

1. "mutig, kühn (bis zur Verwegenheit), vermessen, tapfer, ritterlich vortrefflich" Kchr.6756; 7o39; 7o65; 7444; 7734; 13o56; 13692; 15665; RL.4286; 4634; 8368; 891o; Roth.2o5; 4o6; 4958;

2. "vermessen, aufrührerisch, anmaßend, aber auch: verwegen,

tapfer" (negativ, mit 'superbia'-Beiklang, gleichzeitig
mit deutlichem 'fortitudo'-Element) Kchr. 15718; RL.294;
2596; 358o; 55o7; Alex.S 196; 4617;

3. "vermessen, tapfer, kühn" (positiv gewertete bzw. christliche Vermessenheit) Kchr.52o2; 5333; 5343; 15953; 1714o;
RL.4782; 8298.

'vermezzenlich' (adj.)

"gewaltig, kühn, verwegen" RL.4o93; 49oo.

'vermezzenheit'

1. "Anmaßung, Hochmut, Dünkel" (als Sünde im Beichtspiegel)
Bamb.Gl.u.B.142,29; Wessobr.Gl.u.B. I 142,29;

2. "Vermessenheit, Verwegenheit" (heidnische Vermessenheit)
RL.4o12;

3. "Vermessenheit, Verwegenheit" (christliche Vermessenheit)
RL.3996.

(2) Diese Übersicht macht deutlich, wie sehr die 'vermezzen'-
Sippe im 11. und 12. Jahrhundert noch im Kraftfeld geistlicher Abhängigkeit steht. Gleitende Übergänge, Zwischentöne
und ambivalente Sinnbezüge erschweren die definitive Zuordnung vieler Belege zu genau abgesteckten Segmenten dermaßen,
daß der semantische Wandel, in dem sich die Sippe befindet,
als eines der wenigen unanfechtbaren Kennzeichen festgehalten
werden muß. Die in der Übersicht vorgenommenen semantischen
Abgrenzungen sind daher nicht mehr als ein Versuch, Tendenzen
und Schwerpunktbildungen deutlich zu machen. Im Einzelfall
wird man, das sei hier betont, auch zu anderen Zuordnungen
gelangen können.

Zunächst ist eine Verlagerung des semantischen Schwerpunktes
der 'vermezzen'-Sippe vom Sinnkern 'superbia' zur 'fortitudo'
festzustellen, die dem allgemeinen Wandel des literarischen
Bewußtseins von mehr geistlich bestimmten Inhalten zu höfisch-
ritterlichen entspricht. Mit dieser Verlagerung dringt die
"Verformelung" der 'vermezzen'-Begriffe weiter vor, ohne
immer deutlich werden zu lassen, in welchem Ausmaß die alten

Bedeutungen abgestoßen oder als überschichtete dem mittelalterlichen Publikum noch wahrnehmbar waren.

Die Kreuzzugsdichtung der zweiten Hälfte des 12. Jahrhunderts
kehrt nochmals zum 'superbia'-orientierten Gebrauch zurück,[248]
gibt aber das 'fortitudo'-Element keinesfalls auf - mit dem
Ergebnis, daß sich das gleißnerisch-mehrdeutige und zum Teil
in sich widerspruchsvolle semantische Gesamtspektrum der
Sippe nur noch dann einigermaßen klar überblicken läßt, wenn
man es unter bestimmten Aspekten (geistlichen, kreuzzugsideo-
logischen, heldentypischen u.a.) aus dem Kontext heraus interpretiert.

(3) Im einzelnen lassen sich für die Entwicklung der 'vermezzen'-Wörter folgende Richtungen erkennen.
Beim Verb 'sich vermezzen' zeichnet sich im 12. Jahrhundert
die Tendenz ab, die metaphysischen Hintergrundbezüge abzu-
stoßen und im weltlichen Bereich gebräuchlicher zu werden.
Diese Erscheinung ist verbunden mit einer Zunahme der inhaltlichen Bedeutung "schwören, behaupten, versprechen", also
der Akzentuierung der Verbalhandlung gegenüber der unmittel-

---

[248] Zum geistesgeschichtlichen Hintergrund des Wiederauflebens
des 'superbia'-Gedankens in der Kreuzzugsdichtung s. besonders Hempel S.146ff. Das Interesse der durch die Kreuzzugsbewegungen beeinflußten geistlichen Dichter der zweiten
Hälfte des 12. Jahrhunderts am Typus des 'miles Christi',
des idealen Gottesstreiters, führte zu einer Aufwertung
der Kriegertugenden (S.148), was in diesem Kapitel an der
Entwicklung der 'vermezzen'-Sippe aufgezeigt werden konnte.
- Bezeichnenderweise ist die 'vermezzen'-Wortgruppe als
sprachlicher Träger von 'superbia'-Elementen in der be-
deutendsten Kreuzzugsdichtung der sog. Blütezeit, in Wolframs von Eschenbach "Willehalm" (Text der 6. Ausgabe von
K.Lachmann. Übersetzung und Anmerkungen von D.Kartschoke,
Berlin 1968), gänzlich verschwunden. Im einzigen 'vermezzen'-
Beleg des "Willehalm" wird heidnische Vermessenheit lediglich im Sinne von (durchaus positiv gewerteter) militärischer
Härte und hartnäckiger Kühnheit angesprochen, wenn Gyburc
angesichts der anrückenden gewaltigen heidnischen Heeres-
macht eine Belagerung befürchtet: 'ich erkenne se sô vermezzen, / wir werden hie besezzen' (94,23f.).

baren Aktion.[249] Der Beiklang "Mut, Tapferkeit, Verwegenheit" wird immer mehr zum nur noch verbal geäußerten Anspruch, gegenüber älteren Belegen, bei denen das aktive
Moment überwiegt.

Das part.adj. 'vermezzen' neigt ebenfalls dazu, den Sinnbezug zur 'superbia' aufzugeben und seine Hauptbedeutung
zur 'fortitudo' zu verschieben; auch dieser Vorgang hat
mit der Zunahme ritterlicher Stoffe und Problemstellungen
in der deutschen Literatur der zweiten Hälfte des 12. Jahrhunderts zu tun.[250] Mehr noch als das Adverb erstarrt das
Partizipialadjektiv zur Formel und steht der Dichtersprache
der beginnenden ritterlichen Literatur als typuskennzeichnen-
des Epitheton ornans zur Verfügung, das die Gestalt des
mutigen und kriegerisch erfahrenen ritterlichen Kämpfers
herausstellt.

Ebenso deutlich verliert das Adverb seine negative Aura und
nimmt eine ähnliche Entwicklung zur Bedeutung "mutig, verwegen, ritterlich vortrefflich" wie das part.adj. Auch bei
ihm ist eine Tendenz zur "Verformelung" klar erkennbar.

---

[249] Ähnlich Hempel S.119: "Die meisten Belege ... stellen Kchr.
und Rol., in denen 'sich vermezzen' vordringlich 'eine
Leistung zu vollbringen schwören' bedeutet". Zur historischen Herkunft des Verbs führt Hempel weiter aus: "Es
bestätigt sich auch hier: in 'vermezzen' wird die Sitte
des Sichberühmens vor Freunden weitergeführt. 'Vermezzen'
vertritt also das alte 'biheizen', ebenso wie 'gelf' das
alte ags. 'gylp' aufnimmt. Die negativen Belege bezeichnen
das Sichrühmen der Feinde oder in Bedeutungserweiterung
'Selbstüberschätzung'" (ebenda). In der Tat ist die alte
Bedeutung "sich rühmen" noch in zahlreichen Belegen der
'vermezzen'-Sippe zu erkennen.

[250] So auch Hempel S.118f., 121. Im Zuge dieser Entwicklung
werde der 'superbia'-Gedanke immer mehr "auf seine
eigenen Hervorbringungen 'übermuot', 'hôchmuot', 'hôchvart' zurückgedrängt" (S.121).

Das Substantiv löst sich aus seiner theologischen Verankerung als Sündenbezeichnung und rückt als "Vermessenheit,
Verwegenheit" in die geistlich-ritterliche Vorstellungswelt
ein. Es wird nur selten verwendet.

(4) In Dichtungen oder Dichtungsteilen, deren Thematik von
Kreuzzugsideologie durchdrungen ist, werden die aus der
älteren frühmittelhochdeutschen Literatur bekannten 'superbia'-Elemente der 'vermezzen'-Sippe in abgewandelter
Form wieder aufgewertet und stehen nun neben dem Sinnkern
"Mut, Tapferkeit, Verwegenheit". Letzterer kann sowohl
christlichen als auch heidnischen Rittern zugesprochen werden; der Sinnkern 'superbia' als metaphysische Verbundenheit mit den Feinden des Gottesreiches kennzeichnet stets
die Gegnerschaft zum christlichen Gestaltenkreis.

(5) Demjenigen Teil der 'vermezzen'-Sippe der geistlichen
Ritterdichtung, der vom Sinnkern 'superbia' beherrscht
wird, erwächst erstmals im Straßburger Alexander in der
'mâze' ein sich aus geistlichen Bindungen lösender, ritterlicher Ethik immer mehr verpflichteter Oppositonsbegriff,[251]
dessen Widerpart bald nicht mehr nur als 'superbia', sondern,
entsprechend den Grundanschauungen ritterlicher Sittlichkeit,
als 'unmâze' auf den Plan treten wird.[252] Im Straßburger
Alexander als einer Dichtung des Übergangs wird des Helden
Verfehlung in ambivalenter Unentschiedenheit sowohl dem (geistlichen) 'hôhmût' bzw. 'übermuot' als auch der (ritterlichen)
'unmâze' zugeschrieben. In Kaiserchronik und Rolandslied er-
gaben sich noch keine Anhaltspunkte für eine Opposition der
'mâze' zur 'vermezzen'-Sippe.

---

[251] Schärfer faßt Hempel das Verhältnis der 'mâze' zum
'superbia'-Gedanken. Seine Grundüberlegung ist die,
daß die geistliche Ritterdichtung die Kategorien 'superbia' - 'humilitas' zu den entscheidenden polaren Werten
der Dichtung macht und versucht, die sich emanzipierende
ritterliche Ethik im Spannungsfeld jener zwei Pole auf-
zufangen. Der Grund dafür ist die Absicht der Kirche,
ihre moralisch-geistige Führungsrolle nicht an das

- 279 -

(6) Die These über die Herkunft der 'vermezzen'-Sippe aus
der Heldenepik, der man verschiedentlich in der Forschung
begegnet, kann durch die hier vorliegende schmale Material-
basis keine entscheidende Stellungnahme erfahren. Hier
hilft nur ein komparatistischer Ansatz weiter, also eine

251 Fortsetzung
Rittertum abtreten zu wollen. Im Rahmen dieser Bemühungen
kommt die geistliche Ritterdichtung dem Rittertum darin
entgegen, daß sie ritterliche Stoffe und Motive auf-
greift und ihm für den Preis der Anerkennung des 'humilitas'-Ideals (als einer strikten Unterordnung des Ritters
unter Gott) verspricht, sein Tugendideal der ritterlichen
'virtus' nicht mehr als 'superbia' zu bekämpfen (wie es
die sog. cluniazensische Literatur noch getan hatte). Am
weitesten gedieh dieser Anpassungsprozeß mit Hinterge-
danken im Straßburger Alexander, wo die Verritterlichung
so weit geführt wurde, daß das ritterliche Gegensatzpaar
'mâze' - 'unmâze' das ursprünglich von der Kirche legi-
timierte Paar 'superbia' - 'humilitas' aufzusaugen drohte.
Die Kompromißbereitschaft der Kirche hat sich allerdings
in der Praxis letztlich nicht bezahlt gemacht, denn die
ritterliche Sittlichkeit konnte in der höfischen Literatur schließlich ihren Sieg feiern. Das alte geistliche
Gegensatzpaar 'superbia' -'humilitas' war damit nicht
überwunden, sondern erschien im ritterlichen Gewande als
Spannung zwischen 'guot', 'êre' und 'gotes hulde' in
neuer Problematik (S.146-62). - Eine Stellungnahme zu
dieser Deutung, vor allem zur Stellung der Kirche gegenüber der sich emanzipierenden ritterlichen Sittlichkeit,
ist schwierig, da das Belegmaterial, vor allem aus der
lateinischen kirchlich-theologischen Literatur des
Mittelalters, wie mir scheint, noch nicht hinlänglich
untersucht worden ist. Hier ist, in Erwartung weiterer
Forschungsergebnisse zur Stellung der Kirche gegenüber
dem aufkommenden Rittertum des 12. Jahrhunderts, vor-
läufig noch Zurückhaltung am Platze.

252 Verschiedentlich ist versucht worden, den 'vermezzenheit'-
Gedanken aus der Theologie der Zeit heraus zu deuten.
Seine Verwandtschaft mit der 'superbia' wurde erörtert.
Schon für Notkers von St.Gallen Glossator diente lat.
'praesumere' als Lemma für das Verb 'vermezzin'. 'praesumptio' im Sinne eines berechnenden Vertrauens auf Gottes Bereitschaft zur Sündenvergebung ist aber auch als
'vürgedanc' im Mittelhochdeutschen bekannt (Gregorius
von Hartmann von Aue. Hsg.von H.Paul. Elfte Aufl. besorgt
von L.Wolff. Tübingen 1966, V. 21). Aufschlußreich für
die Beziehung zwischen 'praesumptio', 'vürgedanc' und
theologisch verstandener Vermessenheit ist die Arbeit von

vergleichende Untersuchung der Heldenwörter und -epitheta
in den verschiedenen germanischen Sprachen des Mittelalters.
Für die deutsche Literatur gilt, daß die ersten Belege in
der religiösen Dichtung des 11. und frühen 12. Jahrhunderts
zu finden sind (abgesehen von den zwei Belegen bei Notker
von St. Gallen).

---

252 Fortsetzung
    Ch.Cormeau, Hartmanns von Aue 'Armer Heinrich' und 'Gre-
    gorius'. Studien zur Interpretation mit dem Blick auf
    die Theologie zur Zeit Hartmanns. München 1966, bes. S.
    1oo-1o4. - Fliegner (S.14f.) wies auf die Verwandtschaft
    der 'praesumptio' mit der 'superbia' bei Bernhard von
    Clairvaux hin ('De septimo gradu superbiae, qui est prae-
    sumptio', in: 'De gradibus humilitatis et superbiae', PL
    182, 966); dieser große Kirchenlehrer des 12. Jahrhunderts
    stelle an die 'nova militas' die Forderung: 'non de suis
    praesumere viribus, sed de virtute Domini sabaoth sperare
    victoriam' (De laude novae militiae. PL 182,927). Schon
    Augustinus habe in der Vermessenheit eine 'perversa spes'
    gesehen (Sermones 87,8; PL 38, 535; nach Fliegner 'per-
    versa securitas'). - Alle diese theologischen Begriffe
    (es ließen sich noch weitere beibringen) berühren ledig- .
    lich semantische Einzelaspekte der sehr komplexen mhd.
    'vermezzenheit'-Vorstellungen und reichen zu ihrer Be-
    deutungsbestimmung nicht aus.

<u>K a p i t e l   C</u>:

DIE WORTFAMILIE 'mâze' IN DER MITTELHOCH-
DEUTSCHEN LITERATUR (bis etwa 1220)

In der zweiten Hälfte des 12. Jahrhunderts wird die literarische Entwicklung im deutschsprachigen Raum zunehmend vom Rittertum geprägt. Um 1160/70 setzen Minnedichtung und frühhöfische Epik ein, um 1180/85 liegt mit Hartmanns von Aue 'Erec' der erste "hochhöfische" Ritterroman vor. Der aufblühenden Dichtung bis um das Jahr 1220 ist das dritte Kapitel dieser Studie gewidmet. Natürlich sind nicht alle Denkmäler dieses Zeitabschnitts höfisch-ritterlich beeinflußt. Die Tradition religiöser Dichtung, vor allem aber auch religiöser Gebrauchstexte und kirchlichen Schrifttums im weitesten Sinne, setzt sich ungebrochen fort. Religiöse und höfisch-ritterliche Dichtung bilden überdies keinen sich ausschließenden Gegensatz, sondern durchdringen sich in einem nicht geringen Ausmaß. Der Minnesang stellt ein literarisches Novum dar. Die didaktische Dichtung nimmt einen großen Aufschwung; Tierdichtung und die umstrittene "Spielmannsdichtung" erhalten ihr eigenes Gepräge. Die Zahl der Denkmäler mit negativem Befund zur 'mâze'-Wortfamilie nimmt stark ab.

In einem ersten Abschnitt wird die Weiterentwicklung des geistlich bestimmten 'mâze'-Wortguts untersucht. Exemplarisch für die Verwendung der 'mâze' in religiösen Gebrauchstexten mag die Zwiefaltener Benediktinerregel gelten, deren Lexik sich für einen Vergleich mit der althochdeutschen Regelübersetzung anbietet (Exkurs I). Ein zweiter Exkurs ist dem Einfluß von Sap 11,21 auf die 'mâze'-Wortfamilie gewidmet. Wie 'mâze' als 'ordo'-Begriff höfisch-ritterlicher Prägung neue Akzente erhält, wird in Abschnitt II betrachtet. Der III. Abschnitt thematisiert den Anteil der 'mâze' an der didaktischen Dichtung der Zeit; Wernher von Elmendorf behandelte ich bewußt nicht im vorausgehenden Kapitel B (wo er eigentlich hingehört), sondern stelle ihn nun, zum besseren Vergleich, Thomasins von Circlaria "Wälschem Gast" gegenüber[1]. In Abschnitt IV wird mit dem Verhältnis von 'mâze' und 'minne' eins der Hauptprobleme des höfischen Menschen untersucht (vor allem anhand von Heinrichs von Veldeke 'Eneide' und

[1] Dagegen wird Wernher von Elmendorf in der Belegsammlung des Anhangs in die frühmittelhochdeutsche Literatur eingereiht.

im Minnesang), und schließlich geraten in Abschnitt V diejenigen zentralen Belege ins Blickfeld, die Zeugnis von der Ausformung spezifisch ritterlicher Ideologie in mittelhochdeutschen Dichtungen ablegen. Weitere schwerpunktmäßige Anwendungsbereiche von 'mâze' und ihrer Sippe sind in den Exkursen III-
VI behandelt (vgl. die Abschnitte III und IV). Durch diesen
Aufbau der Untersuchung sollen die entscheidenden Bedeutungsbereiche der 'mâze' in der deutschen Literatur des umschrie-
benen Zeitabschnitts in ihrer literarischen Ausformung und
zeitlichen Entfaltung (soweit dies bei der unsicheren Dich-
tungschronologie möglich ist) freigelegt werden.

I. Das geistlich bestimmte 'mâze'-Wortgut in der höfischen Zeit

In Kapitel B war unter anderem der Versuch unternommen worden, den Anteil christlicher Vorstellungen und kirchlicher Tradition an der Semantik der 'mâze'-Wortfamilie in der frühmittelhochdeutschen Literatur zu bestimmen. In jener literarischen Epoche hatte die religiöse Dichtung eine weit größere Bedeutung als in dem halben Jahrhundert von 1170-1220, in dem das Rittertum literarisch tonangebend wurde. Auch in dieser Zeit gab es natürlich, neben höfischer Epik und Lyrik, religiöse Dichtungen mit entsprechend geistlich bestimmten Wortfeldern. Aber nicht nur in ihnen, sondern auch in der höfischen Epik selbst lassen sich Belege der 'mâze'-Sippe finden, die man zweifellos zum geistlich-kirchlichen Wortgut rechnen muß. Die ritterlichen Dichter hatten zwar weite Sprachbereiche der kirchlichen Tradition übernommen, doch nicht immer gelang es ihnen, sie sich ihrem Geist und ihren oft andersgearteten Absichten gefügig zu machen. Sie wollten dies auch nicht immer; Ihre Dichtungen richteten sich ja nicht gegen Religion und Glauben, sondern wirkten allenfalls gegen die Vormachtstellung kirchlicher Institutionen, die weit in das Leben der Feudalschichten eingriffen und deren Ideologie und Bewußtsein zu beeinflussen trachteten.

Hinter den meisten Belegen wird man terminologische und idiomatische Vorbilder aus Bibeltradition und Theologie suchen müssen. Allein Sap 11,21 hat eine derart große Anzahl von Belegen beeinflußt, daß sie in einem gesonderten Abschnitt besprochen werden sollen (s. unten, Exkurs II). Gott in seiner Tätigkeit als Messender ist biblisch ebenfalls gut ausgewiesen[2]. Lc 6,38 und Mc 4,24 sind Vorlage für Spec. eccl. 91,2 gewesen: 'Alse wir hie mezzen, als wirt uns in ener werlt gemezzen'. Ohne Zweifel sind auch schon die Belege 'sô mizzet man im hin widere / al die selben mâze' (Kchr. 3364f.) und 'man sol iu wol lônen / mit der selben mâze' (Kchr. 7535f.) von jenem biblischen Idiom angeregt: 'mâze' entspricht der

---

[2]S. oben Kap. BI,1.

'mensura' des lateinischen Bibeltextes. Gott mißt Belohnung
und Strafe zu (Maria A 4370: Bild des Zumessens mit dem Schef-
fel), er hat die Schöpfungswelt mit seinem Maß ausgemessen
(vgl. Kindh. 1008), und er entwarf als 'deus artifex' den ersten Menschen nach seinem Ebenbild ('anders denne got uns maz,
/ dô er ze werke übr mich gesaz' Parz. 518,21f.)[3]. Gott selbst
verkörpert das absolute Maß, dem niemand und nichts sich an
die Seite stellen läßt; ein 'ebenmâz', ein Gleichmaß zu ihm
gibt es nicht (Willeh. 2,13). 'Non est similis tui', heißt
es in 2 Sam 7,22. Der Bischof Ulrich von Augsburg lebt vorbildlich hinsichtlich irdischer Genüsse: er ißt 'vil 'mêzlichen'
(Albert. 448; die Quelle spricht von seiner 'moderata parcitas')[4]. Das Suchen einer rechten Mitte zwischen 'immoderata'
und 'moderata abstinentia' spiegelt sich bei Thomasin WG.
10339f.: 'ichn sage daz man maezlichen / vasten sol gewislî-
chen' (zur lat. Vorlage vgl. Rückert, Thomasin-Ausgabe, Anm.
S. 587).
Andere Belege berühren einzelne religiöse Schichten aus unterschiedlichen geistlichen Bereichen. Das Motiv der sündhaften Vermessenheit gegen Gott klingt·in Iw. 5282f.[5] an ('sich
vermezzen'). Ein Beispiel für Buße über jedes Maß hinaus
gibt Gregorius, der sich 'âne mâze' aus der Menschenwelt in
die Einsamkeit zurückzieht (Greg. 2761). Der Dichter des Rheinischen Marienlobs[6] verspricht sich von der Gottesmutter eine Linderung seiner 'unmezlichen truricheide' (39,33).
Eine eigene Beleggruppe stellen die Quantitätsbezeichnungen
für ein jeweils ungewöhnliches Ausmaß einzelner religiöser
Sachverhalte und Erscheinungen dar. Es sind die Bereiche:
Gott: Gottes Machtfülle kann niemand 'gemezzen' (Maria D
4180), denn er ist wesenhaft 'ungemezzen' (Marienl. 55,18).
Gottes 'dulcedo': Schon im T.Hl. 66,19 war von der 'ummâzeclichen sûzze' mystischer Vereinigung mit Gott die Rede.
Der Dichter des Rheinischen Marienlobs spricht von 'der
unmezlicher suezicheide, / die in dem suezstem Jhesu is'

_____

[3] Wolfram von Eschenbach. Sechste Ausgabe von K.Lachmann. Berlin
u. Lepizig 1926. Unveränderter photomech. Nachdruck 1964.
Weitere Belege zur Vorstellung Gottes als eines Künstlers
in Wolframs Werken verzeichnet E. Martin, Wolframs von Eschenbach Parzival und Titurel. Hsg. und erklärt von E.M. 2. Teil:
Kommentar. Halle a.S. 1903, S. 125; 387. Tiefere geistesgeschichtliche Zusammenhänge eröffnet E.R. Curtius, Europäische Literatur und lateinisches Mittelalter, a.a.O., Exkurs
XXI: Gott als Bildner, S. 527-29.

[4] Albert von Augsburg, Das Leben des Heiligen Ulrich. Hsg. von
K.-E. Geith. Berlin, New York 1971.

[5] Hartmann von Aue, Iwein. Hsg. von G.F.Benecke u. K.Lachmann. Neu
bearbeitet von L. Wolff. Siebente Ausg. Bd.1. Text. Berlin 1968.

[6] Das Rheinische Marienlob. Eine deutsche Dichtung des 13.
Jahrhunderts. Hsg. von A. Bach. Leipzig 1934.

(40,8f.). Vom märtyrerhaften Vivianz sagt Willehalm, daß
das salzige Meer 'zuckermaezic' würde, würfe man nur eine
seiner Zehen hinein (Willeh. 62, 11-14). In dieser "Süße"
des Märtyrers sah das Mittelalter einen Teil der göttlichen 'dulcedo'.
Maria: Die irdischer Bedürfnisse und Mühen enthobene Gottesmutter thront in 'ungemezzenem' 'gemach' (Marienl. 130,12):
nicht nur in menschlicher Ruhe und Geborgenheit, sondern
in der unendlichen Sicherheit und Glückseligkeit, die die
Gottesmutterschaft ihr verbürgt.
Freude im Himmel: Im Himmel herrscht 'unmazliche froide' über
die von Gott geretteten Sünder (Lucid. 75,7).
Höllenstrafe: Die bei des Roaz Überfall getöteten Ritter gelangten in das Höllenfeuer und erleiden Strafen 'âne mâze'
(Wig. 4710)[7].

Begriffsgeschichtlich wichtiger sind einige Passagen aus Hart-

manns "Gregorius" und aus der mhd. St. Ulrichs-Legende, die

eine geistlich bestimmte 'mâze' nun auch für die Jahre um

die Jahrhundertwende erkennen lassen. Mag man sich bei dem Beleg

Greg. 2272 (Gregorius als 'dux iustus et pacificus' befleißigt

sich der Tugend der 'mâze' hinsichtlich der Beherrschung seiner

machtpolitischen Möglichkeiten) über den Anteil christlich

und kirchlich gebundener Ethik gegenüber einem säkularisierten,

betont ritterlichen Ideal der Bescheidung noch streiten können:

bei zwei anderen Belegen hat Hartmann die 'mâze' so eindeutig

in eine geistliche Konzeption eingefügt, daß sie zum Bestand-

teil idealer Erfüllung einer 'vita spiritalis' zu werden

scheint. Der Papst Gregorius vermochte nach seiner ungeheu-

ren Buße, nach wunderbarer Errettung und Berufung auf den Stuhl

Petri 'wol ze rehte leben, / wan im diu mâze was gegeben /

vons heiligen geistes lêre' (3793-95). Und weiter:

> 3822 dâ von gât gnâde vür daz reht.
> sus kunde er rehte mâze geben
> über geistlîchez leben,
> dâ mite der sündaere genas
> und der guote staete was.

Zwischen beiden Belegen handelt Hartmann die Thematik von

'reht' und 'gnâde' ('lex et gratia') als den entscheidenden

Spannungspolen des höchsten geistlichen Amtes der Christen-

---

[7] Wigalois der Ritter mit dem Rade von Wirnt von Gravenberc.
Hsg. von J.M.N. Kapteyn. Erster Band: Text. Bonn 1926.

heit ab[8]. Beide Belege sind inhaltlich so aufeinander bezogen,
daß der zweite den ersten zur inneren Voraussetzung hat.
Die 'lêre' des Heiligen Geistes[9] bedingt das Vermögen des
Gregorius, ein vorbildliches, mit dem 'reht' ('ordo'-Begriff!)
in Einklang stehendes Leben zu führen. Der Heilige Geist
fungiert als Lehrer der 'mâze': der inneren, metaphysisch
fundierten Ausrichtung der 'vita spiritalis' des Papstes, des
inneren Maßstabs seiner geistlichen Amtsführung. Diese 'mâze'
als göttliche Stiftung diente nicht nur der Heiligung lediglich der Person des Papstes, sondern sollte nach den Vorstellungen des Dichters Orientierung gebend und lenkend in die
ganze Christenheit hineinwirken. Wer sie besaß, vermochte
das 'geistlîche leben' der Kirche in die rechten Bahnen zu
leiten; er konnte es dem Sünder ermöglichen, sich zu retten,
und dem Guten, in seinen Tugenden 'staete' zu bleiben. Der
Papst, selbst begnadeter Empfänger der 'lêre' des Heiligen
Geistes (3795), konnte nun seinerseits eine 'starke lêre'
(3827) an das Christenvolk weitergeben und damit die 'gotes

---

[8]Näheres dazu bei Ute Schwab, Lex et gratia. Der literarische
Exkurs Gottfrieds von Strassburg und Hartmanns Gregorius. Messina 1967. Schwab faßt die 'mâze' in 3794 unter Berufung auf
A. Schönbach (s.u.) als 'moderatio' auf. Sie interpretiert
sie im Zusammenhang mit der Bußpraxis: in der Befolgung des
'reht' einerseits und der (höheren) Einwirkung der 'gnâde'
andererseits. Dem höchsten Verwalter des Bußsakraments auf Erden komme es zu, "die 'maze' zu suchen, d.h. den richtigen
Weg zwischen 'reht' und 'gnade', die 'maze', welche die
komplementären Kräfte von 'reht' und 'gnade' im einzelnen
Falle richtig abzuwägen weiss. Auch für diese seelsorgerische
Tätigkeit ist Gregorius beispielgebend, denn ihm ist diese
Gabe der 'rehten mâze', dem segenvollen Auferlegen der angemessenen Busse (v. 3811), die zur Gnade führt, vom Heiligen
Geist eingegeben ... Die Gnade aber steht in der Busspraxis
über dem Recht" (S. 64).

[9]A.E. Schönbach denkt hier an die sieben Gaben des Heiligen
Geistes in Anlehnung an Is 11,2f. (Über Hartmann von Aue.
Drei Bücher Untersuchungen von A.E. Schönbach. Graz 1894,
S. 109).

êre' anwachsen lassen (3828). Indem der Papst in Erfüllung
seiner geistlichen Ämter das rechte Maß verwirklichte, setzte
er, zumindest in der Legendenwelt der Dichtung, ein Stück
göttlicher 'mensura' ins Werk[10].
Wie der Papst Gregorius, so vermochte es auch der heilige
Bischof Ulrich von Augsburg, eine geistlich verstandene 'mâze' in priesterliche Tätigkeit umzusetzen: 'Er lernte enzit
die maze geben / der daz volc solte leben' (Albert. 143f.).
Die sprachlichen Formeln gleichen sich; das 'mâze geben' ist
in der lateinischen Ulrichs-Vita als 'mensuram dare' bezeugt
(Textausgabe von Geith S. 26). Und es gleicht sich auch das
seelsorgerische Programm: Papst und Bischof als von Gott au-
torisierte Verwalter der Christenheit sind berechtigt, noch
mehr: verpflichtet, für die Erfüllung der heilsgeschichtlichen Verheißungen Sorge zu tragen und der Menschheit und ihrem
Treiben Maß und Richtung vorzugeben[11].

Auch im Adjektiv, im Verbum und im Gegenbegriff 'unmâze'
ist gelegentlich ein geistlicher Gehalt zu verspüren. Schon
in seiner Jugend tat sich der hl. Ulrich dadurch hervor, daß
er sich 'vil mêzlichen' betrug und damit die Tugend der 'modestia' besaß (Albert. 146; lat. 'modeste'). Ein geistlich
aufzufassendes 'sich mâzen' hinsichtlich der Sünden kennen
Obdt.Serv.[12] 1541, Maria A 3850f. und schließlich auch Willeh.

---

[10]Die Verwirklichung des rechten Maßes in Ausübung des geistlichen Auftrages hinsichtlich des Bußsakraments ist der Hintergrund, vor dem man die 'mâze' in Greg. 3823 sehen muß. Zum
Verständnis dieser 'mâze' sei an Vor.Skl. 526-34 erinnert.
Dort bekennt der Sünder, die 'mâze' verletzt zu haben. Das
meint in jenem Kontext das Maß der ihm vom Priester auferlegten Buße, das ihm zugesprochene Strafmaß für seine Sünden.
Beide Belege, der eine allgemeine Aussage treffende in Greg.
3823 und der an eine bestimmte Situation (Bekenntnis eines
reuigen Sünders) gebundene Beleg Vor.Skl. 531, treffen sich
im Kern.

[11]Der geistlich bestimmten 'mâze' im oben erläuterten Sinne
läßt sich in der St.Ulrichs-Legende als Korrelat die 'geistliche zuht' (Albert. 158; lat. 'celestes disciplinae', Geith
S. 27) an die Seite stellen. Diesen Begriff kennt auch Alb.
Tnugd. 1875.

308,28 (Gyburcs "Toleranzrede"). Dieser Typus eines im christlichen Sinne zu verstehenden 'sich mâzen' als Ablassen von
sündhaftem Tun ist nicht zu verwechseln mit dem transitiven,
ebenfalls im geistlichen Kontext gebräuchlichen swv. 'mâzen'
in der Bedeutung "bewerkstelligen, führen, lenken, regeln";
in der idiomatischen Wendung 'dinc mâzen' wird dieses Verb im
Rheinischen Marienlob zweimal im Zusammenhang mit Gott angewendet ('Ich had mich so genzlich up got gelazen, / dat ich in
al min dinc li^{e}z mazen' 106,13f.; ferner 86,14). Der Einzelne
begibt sich in die Obhut Gottes und vertraut ihm die Lenkung
seines Lebens an. 'unmâze' als Sünde verzeichnet Maria 3689
(ebenfalls A 3027): die ungerechten Bezichtigungen der Juden,
die schwangere Maria hätte durch Unkeuschheit ihre Reinheit
befleckt (eine nicht nur maßlose und theologisch unhaltbare
Behauptung, sondern auch eine Beleidigung der persönlichen
Lauterkeit der Gottesmutter), werden als 'unmâze' entlarvt.

Exkurs I: Die 'mâze'-Wortfamilie in der mittelhochdeutschen
Benediktinerregel aus Zwiefalten im Vergleich mit
der althochdeutschen Benediktinerregel

Die Regel des hl. Benedikt von Nursia hätte in einer Best-
sellerliste des europäischen Mittelalters, würde es sie gegeben haben, nach der Bibel an zweiter Stelle geführt werden
müssen. Zahlreich waren die Übertragungen des lateinischen
Textes in die Volkssprachen, und unabschätzbar wird die Wirkung bleiben, die Wortschatz und Geist der Regel auf die
volkssprachige Lexik und Semantik ausgeübt haben. Die Bedeutung der ersten deutschsprachigen Regelversion aus althochdeutscher Zeit für die 'mâze'-Wortfamilie war bereits Gegenstand unseres Interesses[13]; nun soll versucht werden, durch
eine Gegenüberstellung der althochdeutschen Interlinearversion

---

[12] Sanct Servatius oder wie das erste Reis in deutscher Zunge
geimpft wurde. Ein Beitrag zur Kenntnis des religiösen und
literarischen Lebens in Deutschland im elften und zwölften
Jahrhundert von F. Wilhelm. München 1910.

[13] S. oben Kap. A III.

mit der mittelhochdeutschen Regel aus Zwiefalten[14] Aufschlüsse
über die Entwicklung der 'mâze'-Sippe und ihrer Semantik
in der zweiten Hälfte des 12. Jahrhunderts zu gewinnen.

'mâze' stf.
Neun Belegen zu stf. 'mâze' aus Ben.Reg.Zwief. fehlt in B. die
Entsprechung. Ursachen sind Lücken in der Hs. der ahd. Interlinearversion und die Tatsache, daß die Glossierung in Kapitel
67 aussetzt (die lateinische Regula umfaßt 73 Kapitel). Diese neun Belege gehen auf die folgenden lateinischen Entsprechungen zurück[15]:

Ben.Reg.Zwief.		lat. Regula	
27,32	di mazze des bannis	24 Übschr.	modus excommunicationis
27,33	Nah der mazze der scul-de	24,1	Secundum modum culpae
27,33f.	der / sculdo mazze	24,2	culparum modus
28,12	der mazze oder der stun-de	25,5	mensura uel hora
32,29	Von der mazze der ezzin	39 Übschr.	De mensura cibus
33,9	Vō der mazze des trin-kins	40 Übschr.	De mensura potus
45,21	der krefte sin(er) mazze	68,2	uirium suarum mensuram
45,29	nit kainslath mazze	69,3	Nec quolibet modo
46,2	mit aller mazze vō biscaidenhait	70,5	cum omni mensura et ratione

Über die nhd. Bedeutung "quantitatives Maß, Ausmaß, Grad",
die für die ersten acht Belege anzusetzen ist, geht nur der
letzte Beleg hinaus. Er drückt aus, daß sich die Klostergemeinschaft bei der Erziehung der Kinder unter 15 Jahren mit
Sorgfalt ihrer Zucht und Beaufsichtigung annehmen soll; dies
aber möge 'mit aller mazze vō biscaidenhait' (46,2) geschehen:

---

[14] Die ältesten mittelhochdeutschen Versionen der Benediktinerregel sind ediert in: Middle High German Translations of the
Regula Sancti Benedicti. The Eight Oldest Versions. Edited with
an Introduction, a Latin-Middle High German Glossary, and a
Facsimile Page from each Manuscript by C. Selmer. Cambridge,
Mass., 1933. - Die Zwiefaltener Regel S. 13-47, Zählung hier
nach Seite und Zeile. Selmer datiert die Hs. auf "the middle
or end of the twelfth century" (S. 7).

[15] Zu den benutzten lateinischen und althochdeutschen Regel-
Ausgaben s. oben Kap. A III.

mit dem gebotenen Maß und mit Vernunft. Das Beladensein
des Begriffes 'mazze' mit sittlichen Grundsätzen benediktinischer Klostererziehung ist unverkennbar[16].
Die auffälligste Neuerung der Regelübersetzung aus dem späteren 12. Jahrhundert gegenüber der althochdeutschen Interlinearversion ist, daß in Ben.Reg.Zwief. die Wurzelvariante
'mez' nicht mehr vorkommt. In B. war stn. 'mez' noch mit 21
Belegen vertreten; nur an 13 diesen Belegen entsprechenden
Parallelstellen weist Ben.Reg.Zwief. hier 'mâze' auf. Es sind
dies im einzelnen:

mez (B.)		mâze (Zwief.)	mez (B.)		mâze (Zwief.)
221,15	-	22,36	240,14	-	31,6
224,30	-	24,13	246,1	-	33,11
231,1	-	27,12	246,4	-	33,12
232,9	-	27,33	246,24	-	33,21
233,30	-	28,22	257,10	-	37,19
235,9	-	29,7	260,19	-	39,22
235,33	-	29,18			

In der Semantik dieser Entsprechungen sind keine tiefgrei-
fenden Änderungen feststellbar. 'mâze' in Ben.Reg.Zwief.
scheint aber im kontextuellen Wortverband eine größere Gewichtigkeit und Aussagekraft zu besitzen als das etwas
blasse 'mez' in B. Dies zeigt exemplarisch ein Vergleich von
B.221,5f. ('... si kihabet mez daz ist ...') mit Ben.Reg.
Zwief. 22,36 ('... werde gihabin di mazze daz ist ...'). Die
Übersetzung "... solle man folgende Ordnung einhalten" trifft
auf beide Belege zu; im zweiten gewinnt 'mazze' aber, gestützt durch das Pronomen 'di', einen stärkeren Aussagewert.
Das Wort zehrt natürlich von der Bedeutung, die es im deutschsprachigen Raum im Laufe des 12. Jahrhunderts erlangt hatte.
Wenn öfters in diesen Belegen nicht einfach von 'mazze' die
Rede ist, sondern 'di mazze' angesprochen wird, so läßt sich
daraus folgern, daß sie als bekannte, vielleicht auch schon
semantisch fest umrissene Größe im Sprachbewußtsein des
Übersetzers vorausgesetzt werden konnte[17].

---

[16]Zum erzieherischen Ethos der Benediktinerregel s. oben
Kap. A III.

[17]Hinsichtlich des Belegs 22,36 wird man zunächst unsicher
sein, ob 'di' als bestimmter Artikel oder als Demonstrativ-
pronomen aufzufassen ist. Der Befund der übrigen 'mâze'-
Belege in der Zwiefaltener Regel spricht für ersteres. Für
das Demonstrativum ist nämlich an anderer Stelle 'dirre'
bezeugt (29,7; 'desu mezzu' B. 235,9; 'isto modo' 28,6),
und bei einer Reihe von Belegen weisen lateinische Vorlage
und mittelhochdeutscher Kontext 'di mazze' eindeutig als
die 'mâze', nicht aber als diese 'mâze', aus.

Für B. 200,5 gibt es in Ben.Reg.Zwief. keine Entsprechung, weil dieser Text hier eine Lücke aufweist. Lat.
'moderatio', in B. mit stf. 'mezhafti' glossiert (249,8),
ist in Ben.Reg.Zwief. mit 'mâze' übersetzt (34,17); ebenso
wurde lat. 'parcitas' in der Zwiefaltener Regel mit 'mâze'
wiedergegeben (33,7), wohingegen B. an dieser Stelle das
stf. 'lîbantî' "Sparsamkeit" (245,24) aufweist.
Es bleiben noch sieben Belege zu erwähnen, die in B. das
Element 'mez' enthalten, in Ben.Reg.Zwief. aber ohne Be-
teiligung der 'mâze'-Sippe übersetzt wurden. Es sind dies:
- drei adverbiale Wendungen vom Typus lat. 'omnimodis'
  und 'quolibet modo', in denen B. für 'modus' 'mez',
  Ben.Reg.Zwief. aber schon 'wîse' gebraucht:
    B. 229,2 eocouuelichu mezzu - Zwief. 26,15 allerwise
    " 233,15 so uuelichu mezu -   "   28,16f. kainer wise
    " 267,18 so uuelichv mezv -   "   41,31 mit kainer
                                              wîse
- und vier Belege zum verneinenden adv. lat. 'nullatenus'
  "durchaus nicht, keinesfalls", das der Glossator von B.
  durchgängig mit 'nohheinu mezzu' wiedergab (243,9;
  258,31; 259,7; 269,4), wohingegen Ben.Reg.Zwief. verschiedene andere Übersetzungen der Negation bevorzugte.

'übermâze' stf.; 'übermâzic' adj.

Stf. 'mâze' erfährt in Ben.Reg.Zwief. eine Abgrenzung durch
das zweimal belegte Kompositum stf. 'übermâze', das B. noch
nicht kannte. In beiden Fällen liegt lat. 'superfluitas' zugrunde. Ob Benedikt von den kranken Brüdern keine unbeschei-
denen Forderungen an ihre Pfleger erwartet oder ob er bei
fremden Mönchen, die das heimische Kloster besuchen, keine
übergebührlichen Ansprüche auf Bewirtung und Unterbringung
dulden will, beidesmal ist es eine Verletzung der klösterlichen, allen Luxus und Aufwand meidenden Lebensweise, die
der unbescheidene Anspruch des einzelnen Mönchs zur Folge haben kann. In B. sind diese Tatbestände mit 'ubarflua-
tida' (242,10) und 'ubarfleozida' (269,28) übersetzt; Ben.
Reg.Zwief. gibt sie beide mit 'übermâze' wieder (31,29; 42,17)
und unterstreicht damit die Verbreitung der Wortsippe in ihren religiös-ethischen und 'ordo'-bezogenen (Kloster-
regel!) Segmenten. Die gefährlichen Folgen dieses möglichen
Fehlverhaltens der Mönche sind aus dem Kontext ablesbar. Im
ersten Fall ist 'tristitia' der Brüder, im zweiten 'pertur-
batio' der Klosterordnung die Konsequenz. Wer sich in diesem
Sinne als 'superfluus' (B.: 'ubarfleozanter' 270,12; Ben.Reg.
Zwief.: 'ubermazzic' 42,23) erweist und das ethische wie das
regulative Maß der Klostergemeinschaft sprengt, dem solle
das Kloster sowohl als vorübergehender Aufenthaltsort als auch
als dauernde Lebensgemeinschaft verschlossen bleiben.

'mâzen' swv.

Im allgemeinen ist in denjenigen Fällen, in denen B. das
swv. 'ketemprôn' "ansetzen, regeln, einteilen" aufweist
(218,22; 247,16f.; 247,31), auch Ben.Reg.Zwief. nicht von
diesem Lehnwort abgewichen (22,3f.; 33,31; 33,37). In der
Bedeutung "fernhalten, ablassen von" übersetzte der Glossator von B. das lateinische 'si ab omnibus uitiis temperamus'
(49,4) noch mit 'ibu fona allem achustim pirum kitemprot'
(257,1f.), wohingegen die Zwiefaltener Regel schon 'mâzen'
verwendet: 'ib vo allen boshaite wir mazzen' (37,15f.). Hier
deutet sich an, daß 'mâzen' nicht nur auf Mäßigung und Beherrschung abzielt, sondern unter der Einwirkung der Imperative
monastischer Ethik und geistlicher Forderungen auch die weiter-
reichende Bedeutung "sich enthalten, ablassen von" angenommen hat.

'mâzlîche' adv.

Den Gebrauch des adv. 'mâzlîche' im Sinne von lat. 'parcus'
"sich mäßigend, sich zurückhaltend (beim Weingenuß)" (Ben.
Reg.Zwief. 33,19) kennt B. noch nicht; vielmehr gebraucht
die althochdeutsche Regel das seltene adv. 'sparalîhho'
(246,20), vgl. nhd. "spärlich".

'mâzic' adj.

Lat. 'mensuratus' im Sinne von "dem rechten, geziemenden Maß
entsprechend" wurde in B. mit adj. 'mezhaft' (260,21), in Ben.
Reg.Zwief. mit adj. 'mâzic' übersetzt (39,23). Auch hier wirkt
sich die Ablösung von stn. 'mez' durch stf. 'mâze' aus.

'mâziclich' adv.

Schließlich bekräftigen auch die drei Belege aus Ben.Reg.
Zwief. zum adv. 'mâziclich' diesen Wandel (27,22; 29,36;
36,25), denn sie lösen das noch in B. gebräuchliche 'mezhaftiu' (231,24; 237,9; 254,28) ab.

Nicht mehr alle Wörter der 'mâze'-Sippe aus B. sind auch in
der Zwiefaltener Regel durch verwandte oder gleiche Wörter wiedergegeben worden. Hinsichtlich der Belege swv. 'kemezlîhhên' (276,19; 277,1), stv. 'mezzan' (201,27) und adv. 'unmez' (275,29; 276,13) aus der althochdeutschen Regel fehlt
jede Vergleichsmöglichkeit, da die entsprechenden Passagen
aus der Zwiefaltener Regel nicht überliefert sind (Lücke
in der Hs.). Auf das Verhältnis des stn. 'mez' zum stf.
'mâze' ging ich oben ein. Es bleiben noch folgende Abweichungen zu erwähnen:

lat.	B.	Ben.Reg.Zwief.
modestia	stn. mezhafti 231,20	stf. senfti 27,20
temperies	stf. mezlîhchii 260,2	stf. temperunge 39,15
nimietas	stf. unmezzîgii 247,8	stf. uili 33,27 "Weile"
reconpensare	stv. widarmezzan 206,18	stv. widergebin 17,14

In diesen Übersetzungen von Ben.Reg.Zwief. zeigen sich deutliche Tendenzen zur bedeutungsvereinigenden Konkretisierung
und zur Anpassung der Lexik an die fortentwickelte Sprache.

So dokumentiert ein Vergleich zweier Übersetzungstexte
mit gleicher Vorlage, aber aus verschiedenen Jahrhunderten,
ein Stück deutscher Sprach- und Wortgeschichte. Hinsichtlich
der Lexik der 'mâze'-Wortfamilie wurde der Wegfall aller Bildungen mit 'mez-' und deren Ersatz durch Ableitungen mit 'mâz-'
als wichtigste Neuerung erkannt; sie bestätigt eine Grund-
tendenz in der Entwicklung der Wortfamilie von der althochdeutschen zur mittelhochdeutschen Zeit, die schon mehrfach
zu beobachten war. Stf. 'mâze', stf. 'übermâze', adj. 'übermâzic', swv. 'mâzen', adj. 'mâzic', adv. 'mâzlîche' und adv.
'mâziclich' kommen in B. noch nicht vor, wohl aber in der
Zwiefaltener Regel. Umgekehrt stößt die Wortsippe einige Wörter ab, die sich zu bestimmten Adverbien oder adverbialen
Wendungen verfestigt hatten (Typus 'omnimodis', 'quolibet
modo', 'nullatenus'). An ihre Stelle treten geschmeidigere
Wendungen (z.B. mit 'wîse'). Stf. 'mâze' kommt in der her-
vorgehobenen Form 'di mazze' als offensichtlich bekannter
und verbreiteter Begriff in die Diktion der Regel. Es soll
aber nicht verschwiegen werden, daß auch Ben.Reg.Zwief. als
an eine konstant bleibende Vorlage gebundene Übersetzung manche veralteten Wörter bewahrt (swv. 'tempern', stf. 'temperunge'). In diesem Falle liegt eine Bedeutungsverengung vor.
Für die durch die Verengung nicht mehr gedeckten Segmente
wird ein neuer Begriff eingeführt, und es kommt so zur Auf-
spaltung von ahd. 'ketemprôn' in 'tempern' und 'mâzen'. Insgesamt bewahren die mittelhochdeutschen Regelübersetzungen
die 'mâze'-Wortfamilie als Teil des im weiteren Sinne christlich beeinflußten Kulturwortschatzes, können sich aber den
gesamtsprachlichen Entwicklungstendenzen nicht verschließen.
In diesem Sinne muß damit gerechnet werden, daß die Sprache
säkularer, besonders ritterlicher Schichten zur Profilierung
der 'mâze' auch in geistlichen Texten indirekt beigetragen hat.

Exkurs II: Einflüsse von Sap 11,21 auf die 'mâze'-Wortfamilie

Eine nicht unwichtige Gruppe von Belegen aus Dichtungen und
Gebrauchstexten des 12. und beginnenden 13. Jahrhunderts
weist deutliche Einflüsse von Sap 11,21 auf ('Sed omnia in
mensura, et numero, et pondere disposuisti'). Nach der Art
der Beeinflussung lassen sich drei Gruppen unterscheiden.

(1) Direkte Übertragungen des Bibelverses konnten nicht gefunden werden, dafür aber einige modifizierte Wiedergaben
des in Sap 11,21 Ausgesagten in unterschiedlicher Ausführlich-
keit. Am genauesten ist Lucid. 75,36f.: 'Got mahte niht wen daz
volle braht was / mit rehtem messe, unde mit rehter zal, unde
mit rehter swerin'. Dieser Beleg ist neben Maria A 4886-88
('daz hat er altersaine / allez uber sezzen, / gezêlt vn gemezzen') der einzige, der die Trias Maß - Zahl - Gewicht voll-

ständig wiedergibt.
Variationen oder unvollständige Wiedergaben liegen in den
folgenden (oben schon besprochenen) Belegen vor:
  Kchr. 9237-39 (Maß, Gewicht)
  Hartm.Gl. 291-300 (Gewicht, Maß, Umfang, Begrenzung)
  Milst.Per. 4,12 (Maß, Gewicht; vgl. Is 40,12)
  Kindh. 1008 (Gewicht, Maß)
Auffällig ist das Fehlen des Elements "Zahl" in diesen
Belegen.

(2) Der Gedanke von Maß, Zahl und Gewicht konnte auch, losge-
löst von seiner Verankerung in Gottes Schöpfertum, auf andere
geistliche Gebiete, etwa in den Bereich christlichen Handelns,
übertragen werden. So benutzt T.Hl. 91,30-92,7 zwar die Vorstellung vom rechten Gewicht und Maß, verlagert sie aber in
neuartige Zusammenhänge. Rechtes Messen und Wägen werden nun
vom sittlich handelnden Menschen erwartet, und man ist geneigt anzunehmen, daß hier ein bewußtes typologisches Abbild-
verhältnis zu Gottes Messen, Zählen und Wägen vorliegt. -
Auch in Priester Wernhers Aussage, daß niemand Gottes Gnade
"zählen und messen" könne (Maria 1163), wirkt Sap 11,21 nach.
Thomasin von Circlaria begreift Maß, Zahl und Gewicht als
grundlegend für den Ordnungsbegriff 'reht' (WG. 9945; 12376).

(3) Noch weiter entfernt vom ursprünglichen Gehalt von Sap
11,21 haben sich Belege, in denen nur noch einzelne Elemente
aus jener fundamentalen theologischen Aussage formelhaft und
zum Teil profaniert vorhanden sind wie in En. 177,33 (gefalle-
ne Soldaten 'âne mâze und âne zale'[18]. Ähnlich schon Bamb.B.
148,4f.: Sünden 'über méz, uber alla dúsent zala'). Wie vielen anderen Aussagen aus den biblischen Büchern, so blieb
auch Sap 11,21 dieser Prozeß der Verflüchtigung des exegetischen
Gehalts bis hin zur abgelösten Formelbildung nicht erspart.
Andererseits bereicherten derartige Wendungen und Sekundär-
formeln die Volks- und Literatursprache. Die ursprüngliche
Abhängigkeit von mhd. 'mâze' von ihrer lateinischen Entsprechung 'mensura' ist hier kaum noch erkennbar.
Bei der ursprünglichen Analogie von 'mensura' und 'mâze' im
Anschluß an Sap 11,21 konnte man davon ausgehen, daß die durch
Maß, Zahl und Gewicht geordnete Schöpfung dadurch, daß sie
der 'sapientia' Gottes entstammte, auch in vollkommener Schönheit gestaltet worden war. 'mâze' als Ausdruck der Sinnfülle
der geschaffenen Dinge bezeugte für das Mittelalter gleichzeitig ihren ästhetischen Glanz als einen Abglanz der Schönheit des Allerhöchsten und läßt damit für den neuzeitlichen
Interpreten einmal mehr ihre metaphysische Dimensionierung
erkennen.
Bei der geistesgeschichtlichen Herleitung des Gedankens von
Maß, Zahl und Gewicht als Grundelementen des Universums wird
man, neben der Bibel, von Platon auszugehen haben. "Für die
Aufnahme, Umbildung und Weiterbildung des griechischen

---

[18]Die Eneide. In: Heinrich von Veldeke. Hsg. von L. Ettmüller.
  Leipzig 1852.

Gedankens im Christentum war aber entscheidend der Zustrom
analoger Vorstellungen aus der Bibel... Die Maß- und Pro-
portionsästhetik von Sap. 11,21 stimmte ihrerseits mit der
platonischen Tradition zusammen."[19] In der frühchristlichen
und mittelalterlichen Theologie fand der biblische Gedanke
vom nach Maß, Zahl und Gewicht geordneten Universum frucht-
bare Aufnahme. Er wurde einer intensiven Exegese zugeführt
und immer wieder zitiert. Die mittelalterlichen Wissenschaften setzten sich mit ihm auseinander, und er bestimmte zunehmend auch die ästhetischen Vorstellungen und Leitlinien
mittelalterlichen Kunstschaffens[20]. Für das 'ordo'-Denken
der Zeit ist er zum wichtigsten Ausgangspunkt geworden.

---

[19]Curtius, Europäische Literatur, S. 527.

[20]Ebenda, Exkurs XV: Zahlenkomposition, S. 491-98, bes. S. 493f.

II. 'mâze' als Kernwort sich wandelnder 'ordo'-
Vorstellungen

1. Die Ordnung der Dinge

Der Gedanke, daß Gott einem jeglichen Ding der Schöpfungswelt sein ihm eigenes Maß verliehen und damit das gesamte Universum einer ausgewogenen und in sich harmonischen,
weisen Ordnung unterworfen habe, übte besonders im Bereich
der frühmittelhochdeutschen Literatur seine Faszination aus.
Es wurde schon gezeigt[21], daß bei der Formulierung dieses
Gedankens der 'mâze' insofern eine Schlüsselrolle zukam,
als sie zum Ausdruck des von Gott der Dingwelt verliehenen
Maßes herangezogen wurde und somit auf die metaphysisch
begründete Inhärenz fester Ordnungsgesetze in den Dingen
selbst verweisen sollte. Der göttliche Ursprung dieser 'mâze' ist den frühmittelhochdeutschen Dichtern so wichtig, daß
sie ihn eigens betonen (vgl. Hartm.Gl. 291ff.; Kchr. 9237;
Wild.M.;Ver. 61).

Das ändert sich, zumindest der Tendenz nach, bei den wenigen
Belegen aus der höfischen Literatur. Bei ihnen steht nur
noch der Gedanke der von der 'mâze' als einem Ordnungsprin-
zip durchwalteten Welt im Mittelpunkt, ohne daß gefragt oder
gesagt würde, wo der Ursprung dieser 'mâze' zu suchen sei.
Wird man aus diesem Befund nicht gleich einen Säkularisie-
rungsvorgang herauslesen wollen, so bleibt doch die Tatsache festzuhalten, daß im semantischen Raum von 'mâze' als
eines 'ordo'-Begriffs die metaphysische Dimension als 'prima
causa' weitgehend in den Hintergrund gedrängt wird oder ganz
schwindet.

---

[21] S. oben Kap. BII, 4.

Nicht von ungefähr enthalten Hartm.Gl. 291ff. und Kchr.
9237ff. Elemente von Sap 11,21, wo Gott als Urheber von
Maß, Zahl und Gewicht aller Dinge ausdrücklich angesprochen
wird. Den unmittelbaren Bezug zu diesem göttlichen Ursprung
der Ordnungsgesetze läßt Thomasin von Circlaria vermissen,
wenn er nur noch die Einzelelemente 'mâze, wâge, zal' nennt
und sie als Voraussetzungen des für ihn wichtig gewordenen
'ordo'-Begriffs 'reht' auffaßt, sie aber nicht mehr unmittelbar an die göttliche 'sapientia' bindet (9945; 12376); vgl.
auch die aufgewertete Bedeutung der 'natura' in 'ein ieglîch dinc sîn orden hât, / daz ist von der natûre rât' WG.
·2611f.·

Nicht der Gedanke vom Maß i n allen Dingen, sondern der Preis
des Maßes b e i allen Dingen, das heißt bei allem Tun, nimmt
im beginnenden 13. Jahrhundert sentenzenhaften Charakter an
(vgl. Morant[22], der 'zu guder mazen / Alle dinck wale kan'
Mor. 622f.; ähnlich 5398ff. Ferner Neidhart[23]: 'zallen
dingen hoeret mâze' 48,22). Er verfestigt sich in der spät-
mittelalterlichen deutschen Literatur zum Sprichwort. Auch
hier ist der religiöse Bezug größtenteils geschwunden. Man
denke an 'Mas ist guot zuo allen dingen' aus Heinrich Wittenwilers "Ring" (3067) und an die zahlreichen, in Wortlaut
oder Inhalt entsprechenden Parallelstellen und Belege, die
E. Wießner zu diesem Sprichwort anführt[24]. Rechtes, sich an
brauchbaren Leitsätzen und Lebensweisheiten orientierendes
Handeln in einer nicht mehr fraglos geordneten Welt gab den
Menschen des Spätmittelalters dringlicheren Anlaß, bewährte
ethische Maximen und Werte im Sprichwort festzuhalten, als

---

[22]Morant und Galie, nach der Cölner Handschrift hsg. von E.
Kalisch. Bonn und Leipzig 1921.

[23]Die Lieder Neidharts. Hsg. von E. Wießner. Zweite Auflage
revidiert von H. Fischer. Tübingen 1963. - Schon in der
Straßburger Bearbeitung des Alexanderliedes wurde dem Menschen, sofern ihm sein 'heil' wichtig war, empfohlen, 'daz
er sîne mâze / an gûten dingen lâze' (3436f.). Darius, der
diesen Rat gibt, deutet an, daß es sich um eine tradierte
Lebensweisheit handelt ('mir is dicke gezalt' 3433). Und
der Weise aus dem Lande Occidratis belehrt Alexander:
'alles dingis mâze / gezimet manneglîche' (4871f.); s. oben
Kap. BIII, 4.

[24]Heinrich Wittenwilers Ring nach der Meininger Handschrift.
Hsg. von E. Wießner. Unveränderter reprografischer Nach-

der Antrieb zum Preis einer ewigen, der Lösung konkreter
Daseinsprobleme nicht unmittelbar förderlichen 'harmonia
mundi'.

2. Die Ordnung der menschlichen Gesellschaft

Daß mit 'mâze' auch die 'ordo'-Vorstellung des gesellschaftlichen Standes angesprochen sein kann, zeigt eine Gruppe
von Belegen aus höfischer Epik und Lyrik. Insbesondere sind
es die Gesichtspunkte des Alters, des Besitzes, der Abkunft und der ritterlichen Kampfkraft, die die Zugehörigkeit
zu einem sozialen 'ordo' bestimmen. Belege dieser Art finden
sich vornehmlich bei Hartmann von Aue, Wolfram von Eschenbach, Walther von der Vogelweide und Neidhart von Reuental.

Jugend - Alter: Auf Erecs[24a] und Enites Hochzeitsfest gruppie-
ren sich die Gäste je nach Alterszugehörigkeit: 'besunder
hâten si sich / gesellet ritterlîchen, / die jungen zir ge-
lîchen, / die alten zuo den alten: / diu mâze wart behalten'
(1945-49); vgl. auch Erec 1953: die älteren Gäste sind in Ausrüstung und Kleidung 'zer mâze als ouch in gezam', das heißt:
in der ihnen zukommenden Art und Weise, ihrem 'ordo' gemäß,
ausgestattet. Der junge Gregorius ist 'den kinden ze mâze /
ûf der wîsen strâze' (1253f.): zwar dem Alter der 'kintheit'
zugehörig, doch auf dem Weg der Weisen. In der "Kindheit
Jesu" begründet Joseph seine keusche Ehe mit Maria damit,
daß er dem jungen Weib nicht 'ze mâze' ist (149), einer ganz
anderen Altersgruppe angehört. Daher erläßt er Maria das
Beilager.
Armut - Reichtum: Auch der Arme und der Reiche bilden jeweils
für sich Ordnungsgruppierungen, die mit 'mâze' umschrieben
werden. Enite lehnt die Werbung des Grafen ab, indem sie von
sich und Erec sagt: 'wir ensîn beide niht rîche, / wir komen
wol ze mâze' (3823f.). Gawan aus Wolframs "Parzival" erbittet
von einem reichen Kaufmann lediglich solche Waren, die 'nâch
sîner mâze teile' geartet sind, das meint: die seiner wirtschaftlichen Lage oder seinen Besitzverhältnissen entsprechen
(Parz. 563,16). Thomasin fordert vom Armen und vom Reichen,
daß sie ihren 'orden' beibehalten sollen (WG. 3056ff.; vgl.
auch 4322f.).

druck der Ausgabe Leipzig 1931. Darmstadt 1964; Kommentar zu
Heinrich Wittenwilers Ring. Von E. Wießner. Unveränderter
reprografischer Nachdruck der Ausgabe Leipzig 1936. Darmstadt 1964 (= DLE, Reihe Realistik des Spätmittelalters,
Kommentar zu Bd. 3). Die Belege S. 123f.

[24a] Hartmann von Aue, Erec. Hsg. von A.Leitzmann. 5.Auflage besorgt von L.Wolff. Tübingen 1972.

<u>Unedle - edle Abkunft:</u> Die Formel 'ze mâze sîn' meint
weiterhin eine standesgemäße Entsprechung oder eine abkunfts-
gemäße Ebenbürtigkeit zweier Partner wie z.B. Erec 4190
('daz si iu niht enist ze mâze'). Wenn Iwein zum Hausherrn
auf der "Burg zum schlimmen Abenteuer" sagt: 'ouch vind ich
ein wîp wol, / swenn ich wîp nemen sol, / dâ mir mîn mâze
an geschiht' (6627-29), so deutet 'mâze' ebenfalls auf den
standesmäßigen Rang des Sprechenden. In der Schlußszene des
XV. Buches des "Parzival" erhält ein jeglicher 'man' 'nâh
mâze sîn' (786,25), entsprechend seiner gesellschaftlichen
Stellung, kostbare Geschenke aus dem Lager des Heiden Feire-
fiz.
<u>Kriegerische Ebenbürtigkeit:</u> Das ritterliche Kampfideal er-
füllt sich darin, daß Gegner aufeinanderstoßen, die sich 'ze
mâze komen', die, bei vorausgesetzter gleichrangiger Abkunft,
das gleiche Ausmaß an kämpferischen Qualitäten aufweisen und
somit eine bestimmte Gruppierung im Sinne eines 'ordo' darstellen. Ein Gegner, der der 'mâze', dem Rang eines kampfbereiten Ritters nicht entspräche, würde abgelehnt werden. Ein
'ze mâzen sîn' in diesem Sinne kennt schon Heinrich von Veldeke (En. 311,31). Das Idiom 'ze mâze komen' ist belegt
in Ernst B[25] 2973; 3639. Herbort von Fritzlar[26]kritisiert die
Amazonen, die 'mit vmmazze / Den manen mit swerte widerstan'
(14914f.); sie sollten sich besser, ihrer natürlichen Aufgabe entsprechend, mit 'wiplichme gelazze' den Männern widmen
(14912f.).

Nicht nur der Adel, sondern auch der bürgerliche Kaufmanns-
stand hat seine 'mâze', seine rangmäßige Werthaftigkeit in
der Gesellschaft. Dem reichen Kaufmann, der sich Gawan als
Pferdeknecht anbietet, entgegnet der Ritter: 'waerz in iwern
mâzen, / ich woltz iu gerne lâzen' (Parz. 564,13f.). Er hält,
nicht zuletzt wegen dessen Reichtum, den Rang des Kaufmanns
für zu hoch, als daß dieser Knechtesdienste verrichten dürfte.
Überhaupt zeichnet sich Gawan durch vollendetes Wissen um die
gesellschaftlichen Rangordnungen und Abstufungen aus. Die rei-

---

[25]Herzog Ernst. Ein mittelalterliches Abenteuerbuch. In der
mittelhochdeutschen Fassung B nach der Ausgabe von K.
Bartsch mit den Bruchstücken der Fassung A hsg., übersetzt,
mit Anmerkungen und einem Nachwort versehen von B. Sowinski.
Stuttgart 1970.

[26]Herbort's von Fritslâr liet von Troye, hsg. von Ge.K.
Frommann. Quedlinburg und Leipzig 1837.

zende Antikonie versichert er, daß sein 'art' ("Abkunft")
durchaus mit dem ihren auf gleicher Höhe stünde 'unt
in rehter mâze' gehe (406,20), was nichts anderes ist als
eine bildliche Umschreibung für ihrer beider gleichrangige
'mâze', ihre Zugehörigkeit zur gleichen Feudalschicht. Auch
Gahmuret besitzt ein feines Gespür für seine 'mâze', für das,
was ihm aufgrund seiner Abkunft an 'êre' und gesellschaftlicher Würdigung zukommt: er will als einfacher Ritter 'in
der mâze lebn' (33,29) und weist die übermäßigen Ehrungen
der Königin Belakane dezent zurück. Der Winsbecke[27] kleidet
diese Einsicht in die eigene standesmäßige Bedeutung später
in die merkspruchartigen Worte: 'ein ieglîch man hât êren
vil, / der rehte in sîner mâze lebet/ und übermizzet niht sîn
zil' (41,5-7); er verbindet sie mit einer Warnung vor der
die gesellschaftliche Ordnung bedrohenden 'hôchvart' (41,2).
In der Rückschau seines Alterstons (66,21) zählt sich Walther
von der Vogelweide zu den 'werden'. Er hat 'mit unverzageter
arebeit' vierzig Jahre lang um höfisches Ansehen und künstlerische Würde gerungen. Obwohl ihn viele seiner Kritiker nach
ihren Maßstäben als ständisch niedrigstehend einstufen ('swie
nider ich sî' 66,37), hält er sich doch für 'genuoc in (sîner) mâze hô' (67,1). In seinem Ordnungsbild hat er nach
eigener Überzeugung den höchsten ihm möglichen Stand erreicht.
'mâze' bedeutet auch hier den gesellschaftlichen Rang, der
aber in diesem besonderen Fall nicht nur durch Geburt und
Stellung am Hofe, sondern vor allem durch die künstlerische
Leistung als Minnesänger der Gesellschaft definiert wird.

Ein in seiner verrätselten Bildhaftigkeit von der Forschung bisher nicht eindeutig aufgelöstes Beispiel für die
Sprengung der 'ordo'-Grenzen durch die 'hôhvart' führt Walther
seinem Publikum im Spruch von der Sechs, die zur Sieben gemacht werden will, vor (80,3). Das Hinausstreben der Sechs aus

---

[27]Winsbeckische Gedichte nebst Tirol und Fridebrant. Hsg.
von A. Leitzmann. Dritte, neubearbeitete Auflage von I.
Reiffenstein. Tübingen 1962.

der natürlichen Seinsordnung kritisiert der Dichter als
'übermâze' (80,5) und droht: 'swer der mâze brechen wil
ir strâze, / dem gevellet lîhte ein enger pfat' (80,6f.).
'übermâze' ist Verkehrung des durch die 'mâze' bezeichneten 'ordo', Verzerrung der in ihm herrschenden Maßstäbe.
Die Sechs will ihr Ordnungsgefüge, in dem sie sinnvoll verankert ist und ihr Sein ganz erfüllen kann, in hoffärtiger
Weise überschreiten und damit die gegebene Ordnung verkehren.

In diesen Zusammenhang gehört auch Walthers Kritik an der Ni-
vellierung und widernatürlichen Vermischung der natürlichen
Ordnung und der gesellschaftlichen Stände als einer Form der
'unmâze' im Spruch 80,19 (vgl. die Oxymora 'manlîchiu wîp,
wîplîche man' 80,20; 'pfafliche ritter, ritterlîche pfaffen'
80,21). In diesem Beleg sind Ansätze zu einer Personifi-
zierung der 'unmâze' erkennbar. Sie wird mit 'dû' angesprochen - dies ist ein bezeichnender Unterschied zu den Personifizierungen in Walthers Werk, die als 'hêr' oder 'frowe' einen höheren Rang zugewiesen erhalten. Mit der 'unmâze' in
80,19 verfährt der Dichter gebieterischer. Er befiehlt ihr
unumwunden, ohne Huldigung und ohne Demutsformeln, die Verletzer der natürlichen und ständischen Ordnung zu sich zu
holen und somit zu deren und ihrer eigenen Entlarvung beizutragen.

Schließlich kennt auch Neidhart von Reuental die 'mâze' in
der Bedeutung "Stand, Rang". Im Sommerlied Nr. 23 warnt die
Mutter ihre Tochter vor den Rittern, die ihr nicht 'ze mâze'
sind (27,17). In diese Richtung, wiewohl nicht so eindeutig,
zielt auch das Idiom 'ze mâze kumen' in 29,26 und 81,32; neben der Betonung des gesellschaftlichen Standes kann hier
auch auf die persönliche Neigung und auf die Bereitwilligkeit
des Ritters oder Mädchens zur Minne angespielt sein[28].

---

[28] Auch U. Gaier sieht in den drei 'mâze'-Belegen 27,17; 29,26
und 81,32 vornehmlich die Bedeutung "ständische Zugehörigkeit" (Satire. Studien zu Neidhart, Wittenwiler, Brant und
zur satirischen Schreibart. Tübingen 1967). Zur Interpretation vgl. S. 67-70.

'mâze' als 'ordo'-Begriff des 13. Jahrhunderts unterscheidet
sich somit von den Belegen aus der Literatur des 12. Jahrhunderts neben einer Verlagerung der Anwendungsbereiche vornehmlich dadurch, daß die durch 'mâze' repräsentierten Ordnungs-
systeme nun nicht mehr unmittelbar göttliche oder metaphysisch
dimensionierte sind. Die Dichter sind nicht mehr bestrebt,
die mit 'mâze' benannten Ordnungen oder Ordnungsmaße als in
der großen göttlichen Ordnung aufgegangene und verankerte
Elemente einer theozentrischen Welt sichtbar werden zu lassen.
Die Anwendungsbereiche verlagern sich insofern, als 'mâze'
zunehmend auf die Differenzierungen und sich verfeinernden
Gruppenbildungen der ständischen Gesellschaft und ihrer anthropologischen Idealvorstellungen zur Anwendung kommt und deren hierarchisches Gefüge deutlich werden läßt. Das schließt
natürlich nicht aus, daß das höfische Publikum derartige
'ordo'-Formationen nicht auch als irdische Spiegelungen einer
ewigen göttlichen Ordnung ansah. Dieser religiös-typologische
Hintergrund ist allerdings aus dem semantischen Raum der
'mâze'-Belege geschwunden.

III. 'mâze' als didaktischer Leitwert praktischer
Daseinsbewältigung

In den lehrhaften Dichtungen der höfischen Zeit bündeln
sich unterschiedliche ethische Traditionen wie in einem
Brennglas. Antike Einflüsse wird man ebenso nachweisen können wie Einwirkungen jüngerer, christlicher Rezeptionsstufen
aus der patristischen Literatur oder ethische Maximen eines
erwachenden ritterlichen Selbstbewußtseins.
Auch die in den didaktischen Dichtungen des späten 12. und
frühen 13. Jahrhunderts enthaltenen gelehrt-erzieherischen
Erörterungen über die 'mâze' entstammen keinesfalls einer
einsträngigen Tradition. So wird bei der Erörterung des 'mâze'-
Begriffs und seiner Bedeutung in den Werken Wernhers von
Elmendorf, Thomasins von Circlaria und des Winsbecken die
Frage nach der geschichtlichen Herkunft jener didaktischen
Wertvorstellung 'mâze' zum besonderen methodischen Erfordernis.
Wernher von Elmendorf und Thomasin von Circlaria schöpften
allerdings zumindest aus e i n e r gemeinsamen Quelle: dem
'Moralium dogma philosophorum' des Guillaume de Conches[29].
Trotz aller Unterschiede der Herkunft, der Lebensumstände,
der literarischen Absicht und dichterischen Begabung bilden
beider Werke, zu denen sich noch Freidanks "Bescheidenheit"
stellen läßt, im Unterschied zur Didaxe der frühmittelhochdeutschen, geistlich-asketisch bestimmten Literatur eine
annähernd verwandte Gruppe[30]. Es verbindet sie das Bedürfnis,

---

[29] Das Moralium dogma philosophorum des Guillaume de Conches.
Lateinisch, altfranzösisch und mittelniederfränkisch. Hsg.
von J. Holmberg. Paris, Cambridge, Uppsala, Leipzig, Haag
o.J. (1929). - Die Verfasserschaft dieser Morallehre ist
nach wie vor umstritten.

[30] F. Ranke, Sprache und Stil im Wälschen Gast des Thomasin
von Circlaria. Berlin 1908, S. 75. Die Unterschiede betont
stärker Traub S. 68.

dem Publikum Werte und Muster tugendhaften Verhaltens in klarer, lehrhafter Form, stets im Hinblick auf konkrete Anwendbarkeit, vor Augen zu führen. Von den frühmittelhochdeutschen Didaktikern trennt sie der Verzicht auf jedwede einseitige Ausrichtung der Sittenlehre auf das geistliche Asketentum, die, zumindest in ihrer Grundeinstellung, das weltliche Leben als Wert sui generis rigoros mißachtet und sich ausschließlich am Jenseits orientiert. Wernhers und Thomasins lehrhafte Dichtungen stehen daher im Mittelpunkt der Erörterungen[31].

Drei kleinere Exkurse, allesamt auf punktuelle Anwendungsgebiete der 'mâze' gerichtet ('rede', 'guot', Essen und Trinken), sollen veranschaulichen, in welchem Umfang die in den Lehrdichtungen geforderten ethischen Qualitäten, aus vielfältigen Traditionen stammend und in entsprechenden Abwandlungsvarianten, bereits vorher oder von Zeitgenossen vereinzelt literarisch fruchtbar gemacht worden waren und wurden.

Bei aller grundsätzlichen Wertschätzung der 'mâze' als eines erzieherischen Leitwertes mittelhochdeutscher lehrhafter Dichtung darf man nicht vergessen, daß die dem höfischen Lebenskreis zugehörigen Dichter der "Blütezeit" es vorzogen, ethische Wertvorstellungen in Handlungen, Situationen und Verhaltensweisen literarischer Gestalten einfließen zu lassen[32]; sie entdeckten die integrierte Didaxe als die wirksamere Form von lehrhafter Dichtung und wurden, was Geltung, Verbreitung und geistige Kraft ihrer Werke anbelangt, somit die eigentlichen Nachfahren der frühmittelalterlichen Didaktiker. Daß 'mâze' als anzustrebende ethische Grundhaltung, die des

---

[31] Freidanks "Bescheidenheit" wurde, entsprechend der Begrenzung des untersuchten Zeitraums auf die deutsche Literatur bis ca 1220, aus der Betrachtung ausgeklammert.

[32] Ähnlich W. Rehm, Kulturverfall und spätmittelhochdeutsche Didaktik. Ein Beitrag zur Frage der geschichtlichen Alterung. ZfdPh 52 (1927) 289-330, hier S. 301ff.

Menschen Tun und Lassen beeinflussen soll, nicht nur in ausgesprochen lehrhaften Dichtungen und Dichtungspartien gefordert wurde, sondern in vielfältigen Abstufungen zwischen
direktem Imperativ und subtil verschlüsseltem, indirektem ethischem Impuls an das Publikum in nahezu alle epischen Dichtungen der hochhöfischen Zeit Eingang fand, kann kaum bestritten
werden. Allerdings sind unvermittelt-direkte Aussagen wie beispielsweise Helenas moralisches Eingeständnis:

> 8515 ...ob got wil
> Beide zv ernste vn̄ zv spil
> Sol ich haldē mazze
> An werke vnd an gelazze

aus dem Trojaroman Herborts von Fritzlar, die in ihrer Unmittelbarkeit eine der Forderungen Thomasins vorwegzunehmen
scheint, gegenüber den zahlreichen dichterisch vermittelten,
in poetische Handlungen und Gestalten integrierten Konkretionen der 'mâze' verständlicherweise in der Minderzahl geblieben. Erst Dichtern wie dem Winsbecken, die am Ende dieses literarisch überaus fruchtbaren Zeitraums stehen, wurde es geschichtlich möglich, die von den hochhöfischen Dichtern in
ihren epischen und lyrischen Werken vielfachen Bewährungen
und Prüfungen ausgesetzten ethischen Normen wie reife Früchte
zu ernten und sie nun als reine Lehre, unmittelbar und scheinbar endgültig, auf das Pergament zu bringen. Erst nach Walther von der Vogelweide, erst nach den höfischen Epikern konnte der Winsbecke seinem Sohn das ererbte Vermächtnis mit auf
den Lebensweg geben, nicht ahnend, damit der Nachwelt bereits
eines der ersten Zeugnisse eines sich ankündigenden Wandels
der gesellschaftlichen Struktur und der ethischen Anschauungen
zu übermitteln:

> 31,1 Sun, merke, daz diu mâze gît
> vil êren unde werdekeit:
> die soltû minnen zaller zît,
> sô wirt dîn lop den werden breit.
> 5 ist daz den wandelbaeren leit,
> waz umbe daz? der boesen haz
> die biderben selten ie vermeit.

Denn schon in der Spruchdichtung des Winsbecken aus dem
zweiten Jahrzehnt des 13. Jahrhunderts deutete sich das Ende der ritterlich-höfisch bestimmten Ethik an. Im zitierten Lehrspruch 31 gerät die 'werdekeit' in Bedrängnis. Die
'boesen' und 'wandelbaeren' treten drohend auf den Plan -
literarische Vorboten einer die ritterliche Sittlichkeit ab-
lösenden, neuen Epoche.

1. Wernher von Elmendorf

Das Übergewicht der 'mâze'[33] über die 'unmâze' ist das augen-
fälligste Merkmal der Belege zur 'mâze'-Wortfamilie in der
Lehrdichtung des niederdeutschen Kaplans Wernher von Elmendorf[34]. Das hat seinen verständlichen Grund darin, daß Wernhers Dichtung als didaktisches Traktat ausdrücklich über verschiedene Tugenden und rechtes, tugendhaftes Verhalten unter-
richten will. Zudem fehlen bei Wernher gänzlich die zur 'mâze'-
Sippe gehörigen Vermessenheits-Belege, obwohl vermessenes Verhalten im Verlauf der Dichtung häufiger vorgeführt wird. Das
Nichtvorhandensein der luziferischen Vermessenheit in diesem
Traktat ist nicht verwunderlich, wenn man bedenkt, daß fast
ausschließlich antik-heidnische auctores die Gewährsmänner für
Wernhers Belehrungen sind und es dem Dichter nicht auf eine Erörterung der für das Verhältnis des Menschen zu Gott entscheidenden Tugenden ankommt, sondern auf die Vermittlung von Ver-
haltensregeln rein praktischer Art für den irdischen Daseins-
bereich mit seinen konkreten Einzelproblemen.
Im Jahre 1890 entdeckte A.E. Schönbach[35] Wernhers von Elmendorf

---

[33] Zur 'mâze' bei Wernher von Elmendorf s. auch Eichler S. 53ff.;
Traub S. 59ff.

[34] Wernher von Elmendorf, hsg. von Hoffmann von Fallersleben.
Lesarten von M. Haupt. ZfdA 4 (1844) 284-317.

[35] A.E. Schönbach, Die Quelle Wernhers von Elmendorf. ZfdA 34
(1890) 55-57 (im folgenden zitiert als 'Schönbach').

Vorlage: den lateinischen Traktat 'Moralis philosophia
de honesto et utili'[36], der damals noch Hildebert von
Le Mans zugeschrieben wurde. J. Holmberg hat diesen Traktat
unter dem Titel der Eingangsworte seiner 'praefatio', 'Moralium dogma philosophorum', in einer kritischen Ausgabe zugänglich gemacht[37]. Vor Schönbachs Entdeckung hatten schon H.
Hoefer[38] und H. von Sauerland[39] einzelne Quellenbelege aus antiken Autoren nachgewiesen. Schönbach zeigte, daß Wernher
nicht unmittelbar auf die antiken Quellen zurückgegriffen, sondern sie aus dem 'Moralium dogma' bezogen hatte. Denn dieser
Traktat bestehe "fast ausschließlich aus aneinandergefügten
klassischen loci communes, die zum teil in der eklektischen
moralliteratur des mittelalters häufig wiederkehren"[40]. Die
Kompilation sei im Aufbau von Ciceros 'De officiis' beeinflußt und fuße daneben vor allem auf Seneca, Sallust, Boethius, Horaz, Terenz und Lucan[41]. Durch den Hinweis auf das
'Moralium dogma' als Wernhers Quelle sind aber Hoefers und von
Sauerlands Quellennachweise aus antiken Autoren nicht überflüssig geworden, da ja auch das 'Moralium dogma' seinerseits
auf antikem Geistesgut beruht[42].
Um die Erforschung der Probleme im Zusammenhang mit Wernhers

-----

[36] PL 171, 1003-56.

[37] Vgl. oben die Einleitung zu Abschnitt III. Holmberg wählte
die Hs. R (Rouen, 12.Jh.) als Textgrundlage.

[38] H. Hoefer, Quellennachweise zu Wernher von Elmendorf. ZfdA
26 (1882) 87-96.

[39] H. von Sauerland, Wernher von Elmendorf. ZfdA 30 (1886) 1-58.

[40] Holmberg S. 4.

[41] Holmberg S. 8ff.

[42] Ergänzend zur folgenden Erörterung der 'mâze'-Belege in
Wernhers Gedicht sei daher auf die Anmerkungen in Bumkes
Dissertation (s.u.), die die jeweiligen Quellen des 'Mora-
lium dogma' nennen, und auf Hoefers und von Sauerlands
Quellennachweise verwiesen.

von Elmendorf Lehrgedicht hat sich besonders J. Bumke verdient gemacht[43]. Bumke kommt zu dem Schluß, "daß das 'Moralium
dogma philosophorum' dem deutschen Übersetzer in einer Gestalt
vorlag, die sich beträchtlich von Holmbergs kritischem Text
unterschied"[44]. Dennoch sieht Bumke - und ihm ist bisher noch
nicht widersprochen worden - die Quellenfrage "ein für alle
Mal" durch Schönbachs Nachweis als gelöst an[45]. Nach Bumke
wurden das 'Moralium dogma' um 1150 und Wernhers Gedicht zwischen 1170 und 1180 abgefaßt[46]. Bumke hat in den genannten
Arbeiten wiederholt auf den unterschiedlichen Charakter beider
Werke aufmerksam gemacht. Das 'Moralium dogma' systematisiere
in starker Anlehnung an Cicero und unter Einbeziehung zahlreicher antiker Autoren die Tugenden zu einer wissenschaftlichen Wertelehre. Wernher dagegen habe keinerlei Systemabsich-
ten verfolgt. Er habe die quaestiones I und III ('De honesto'
und 'De utili') frei übertragen, ohne die zahlreichen Tugend-
definitionen der Quelle zu übernehmen. Der Systemcharakter der

---

[43]Wernher von Elmendorf. Untersuchung, Text, Kommentar. Von
J. Bumke. Diss. Heidelberg 1953 (Masch.), im folgenden zit.
als Bumke, Diss.; ders., Die Auflösung des Tugendsystems bei
Wernher von Elmendorf. ZfdA 88 (1957/58) 39-54. Dieser Aufsatz faßt die wichtigsten Ergebnisse der Diss. zusammen. Er
bietet auch den Versuch einer Gliederung des Lehrgedichtes
in die Kernbegriffe 'reht', 'milte', 'staete', 'mâze' ("die
populären Hauptthemen herrscherlicher Vorbildlichkeit" S. 49),
wobei die 'mâze' in 857-1198 (Bumkes Zählung!) behandelt
werde. Wernher folge "in Auswahl und Anlage" dieser Kernbegriffe "einem Typ der Fürstenlehre, die in Walthers von
Châtillon Aristotelesrede seinen nächsten Verwandten hat"
(S. 54). Ders., Zur Überlieferung Wernhers von Elmendorf: Die
alten Fragmente. In: Festgabe für Ulrich Pretzel zum 65. Geb.
Hsg. von W. Simon, W. Bachofer, W. Dittmann. Berlin 1963,
S. 33-42.

[44]Bumke, Zur Überlieferung Wernhers v. Elmendorf, a.a.O. S. 41.
—Genauer geht Bumke auf das Problem, welche Hs. des 'Mo-
ralium dogma' Wernher vorgelegen habe, in seiner Diss. auf
S. 103ff. ein.

[45]Bumke, Diss. S. 7.

[46]Ebd. S. 107.

Tugenden[47] sei zugunsten der Herausarbeitung ihres konkreten Anwendungsbereiches gesprengt[48].

a) Wernhers auf die Praxis ausgerichtete Ethik

Obwohl Wernher von Elmendorf zu Beginn seiner Dichtung als
'volleist' (4) den Heiligen Geist anruft[49], konkretisiert sich
dessen Hilfe nicht weiter (wie etwa in des armen Hartman
Rede vom Glauben in den fünf Räten). Vielmehr wird die Funktion,
praktische ethische Weisungen auszusprechen, den 'vil getruen

---

[47] Als Veranschaulichung für die leichte Systematisierbarkeit
des 'Moralium dogma' sei Holmbergs Gliederung des Punktes D
der quaestio I angeführt: D. De temperantia 1) De modestia,
2) De verecundia, 3) De abstinentia, 4) De honestate, 5) De
moderantia, 6) De parcitate, 7) De sobrictate, 8) De pudici-
tia (Holmberg S. 41-52). In gleicher Weise gliederte schon G.
Ehrismann, Die Grundlagen des ritterlichen Tugendsystems. ZfdA
56 (1918/19) 137-216, hier S. 143. - Dagegen ergibt Bumkes
Gliederungsversuch von Wernhers Lehrgedicht keine gelehrt-
systematische Einteilung, sondern läßt die Schwerpunkte der
praktischen Anwendungsbereiche der 'mâze' als strukturbestim-
mende Elemente des Textes deutlich in praktischer Reihung sichtbar werden. Im Abschnitt VII über die 'mâze' (mit den Unter-
punkten a-t, die hier nicht im einzelnen zitiert werden sollen)
treten als solche hervor: "1. Über gemessenes Benehmen (a-e),
2. Über das Verhältnis von Herrn und Knecht (f-l), 3. Über
Habgier und Gewalt (m-t)" (Die Auflösung des Tugendsystems
bei Wernher von Elmendorf, a.a.O. S. 48). Die Tugenden
'abstinentia', 'moderantia' und 'parcitas' der Quelle habe Wernher gänzlich außer Acht gelassen (Bumke, Diss. S. 129, Anm.1).

[48] Zu der Diskussion über das sogenannte ritterliche Tugendsystem
schreibt Bumke, daß nicht nur Wernhers Stellung in diesem an-
geblichen System, sondern auch die seiner Quelle, des 'Moralium dogma', "unwiederbringlich dahin" sei, denn E.R. Curtius
habe gezeigt, daß sie mit der Ausbildung des "ritterlichen
Tugendsystems" nichts zu tun habe. Das ganze ritterliche Tugendsystem sei "eine Erfindung von Ehrismann" (Bumke, Diss.
S. 13).

[49] Auch in dem jüngeren Gedicht 'Die Maze' (vermutlich Ende 13.
oder Anfang 14. Jh., in: Mittelhochdeutsche Übungsstücke.
Zusammengestellt von H. Meyer-Benfey. Halle a.S. 1909, Nr.6,
S. 24-30) wird der Heilige Geist als Helfer angerufen: 'Des
sei vnser volleist / Der vil heilige geist' 215f. (vgl. Bumke,
Diss., Anmerkungen S. 1).

ratgeben' (74) zuerteilt[50]. Das ist bezeichnend für Wernhers Grundkonzeption einer praktikablen, situationsgebunde-
nen Ethik, die ihre Bezugspunkte nicht programmatisch in
christlichen Wertvorstellungen sucht (obwohl sie von ihnen
beeinflußt ist), sondern sich auf der Basis antiker Tugendlehren als konkrete, dem jeweiligen Anwendungsbereich ihr
Hauptaugenmerk leihende Verhaltenslehre für Laien realisiert.
Wie praxisnah Werner dabei bleibt, zeigt deutlich folgende
Empfehlung:

> 623 Vn swanne dir zwei vbil anligen,
> Der du beide nicht mach vercien,
> 625 Daz saltu alsus masen,
> Daz ergere saltu lasin.

Bumkes Stellungnahme: "Wernhers Abschlußverse ... scheinen
sein Eigentum zu sein: für ihn ist nicht die Relativität der
ethischen Begriffe wichtig, sondern die praktische Anwendung"[51],
kann man, trotz des Eingriffs in den Text[52], zustimmen. 'mâze',

[50]Zum Ratgebermotiv und seiner Herleitung aus der Antike vgl.
Sauerland S. 10. Werner unterscheidet sehr genau zwischen
guten und schlechten Ratgebern. Für die Folgen des Hörens
auf schlechte Ratgeber führt er das Beispiel des persischen
Königs Xerxes an (149-236), der in seiner 'unmâze' (157, Lesart von Haupt) Griechenland erobern wollte und seine Ratgeber über die Siegesaussichten befragte. Fast alle waren
Schmeichler und rieten ihm zu dem Feldzug, außer einem, der
Xerxes warnte ('So beginnet dir der lediste tac / Der dir ie
quam zu handen, / So wirdistu zu maze dinen vinden' 220ff.),
aber vergeblich. Xerxes verlor den Feldzug und mußte dafür
büßen. 'zu maze werden' übersetzt Bumke mit "als Beute zu-
fallen" (Diss. S. 80).

[51]Bumke, Diss., Anmerkungen S. 24. - Der erste Satz dieses Zitats bezieht sich auf das 'Moralium dogma'; dort habe Wernher kein Vorbild für das Verhalten in der Situation zwischen
zwei Übeln gefunden. Hoefer dagegen (S. 92) führt 623-26
auf Cicero, 'De officiis' III, 102 zurück: 'Primum minima
de malis'. Zuerst solle man das kleinste der Übel wählen.

[52]Bumke änderte Vers 625 dahingehend ab, daß er 'mazin' als
reflexives Verb auffaßte ('des saltu dich alsus mazin').
Ich halte diese Erweiterung des Textes für unnötig, da die
Lesart Hoffmanns von Fallersleben durchaus einen Sinn ergibt. Das swv. 'mâzen', transitiv gebraucht, kann "mäßigen,
verringern, beschränken" bedeuten (Lexer, Mhd. Wb. I, Sp.
2066). 'Daz' bezieht sich auf die beiden vorausgehenden Verse 623f.: das, d.h. diese schwierige Situation zwischen zwei
Übeln, sollst du in einer Weise in ein erträgliches Maß
bringen ("mäßigen", ausgleichen, meistern, ins rechte Lot

wie sie hier empfohlen wird, bedeutet besonnenes, ver-
nünftiges, von rationalen Überlegungen begleitetes Abwägen und Meistern von Schwierigkeiten des weltlichen Lebens.
Stellenweise gibt Wernher zur Meisterung solcher alltäglicher
Situationen die Empfehlung, die rechte Mitte zwischen zwei
Extremen einzuhalten, und nähert sich damit dem aristotelischen Prinzip der μεσότης. So warnt er beispielsweise vor
übertriebener und unnötiger Kampfbereitschaft und Kühnheit
einerseits (749ff.) und Feigheit andererseits (745f.); er
empfiehlt einen vernünftigen Mittelweg. Oder er preist die
'rechte stetikeit' (808) als Ausgleich zwischen Glück und
Leid:

> 810 Wes dinez hercen vrie:
>   Dinis glukis vrowe dich zu maze;
>   Dinen kummer in saltu dir nicht zcu leit lasen;
>   Bis gerecht zu iewedirre hant;
>   So wirdistu vor einen stetin man bekant.

Die 'mâze' trägt also dazu bei, daß der Mensch sich nicht an
Empfindung und Gefühl verliert. Sie wird hier in ihrer Verwandtschaft mit der 'staete' gezeigt und bekommt damit die
Funktion zugewiesen, die seelischen Kräfte zu stabilisieren.
Gelingt dieses dauerhaft und ist man anderen gegenüber gerecht, so besitzt man 'staete'. Die hier beschriebene 'mâze'
ist also eine der Voraussetzungen der 'staete'.

Die 'mens temperata' der Quelle ("besonnene, beherrschte, ge-
zügelte Gesinnung")[53] wird im mittelhochdeutschen Text durch

---

bringen usf.), daß ... usf. Der zitierten Stelle ging die
Aufforderung voraus, daß man jemandem, der einem seinen
Besitz anvertraut hat, inzwischen aber sein Land befehdet,
diesen Besitz nicht zurückgeben solle, weil sich das für
das eigene Land negativ auswirken könne. Somit steht man
vor der Entscheidung, dem Land zu schaden oder das gegebene
Versprechen auf Rückgabe des Besitzes zu brechen, und man
solle sich für das kleinere Übel (in diesem Falle wohl Beachtung der Ehre des Landes, vgl. 622) entscheiden. Tue man
das, so übe man 'mâze'.

[53] 'Moralium dogma' 39,5; Bumke, Diss., Anm. S. 31.

'maze' wiedergegeben. In beiden Texten wird die Mahnung ausgesprochen, sich im Glück wie im Unglück beherrscht und maßvoll zu verhalten.

Mäßigung der Gefühle und Leidenschaften

Wie man sich in Freude und Schmerz mäßigen soll, so sind
auch weitere Bereiche der Gefühls- und Leidenschafts-
äußerungen diesem Rat anempfohlen. So soll man beispielsweise bei der Ausübung der Rache maßvoll sein, denn dadurch
gewinne man an 'ere' (663f.). Seinen Zorn soll man mäßigen,
indem man sich um 'patientia' bemüht (670), denn Besonnenheit
(673) und Selbstbeherrschung verleihen große Kraft[54]. Im
Leid soll man nicht verzweifeln, sondern sich großer Geduld
befleißigen (843ff.), denn Ungeduld vergrößert das Unglück[55].
Ferner soll man sich um zuchtvolles Benehmen (857f.) und
'schame' (860) bemühen[56]. Auch in der 'lust' (897) soll man Beherrschung ('getwanc' 899) üben, sonst tauscht man seine 'eren'
gegen 'bosheit' ein (898ff.).

'mâze' im Verhältnis zu materiellen Gütern

Die 'milte' ist eine von Wernher ausführlich behandelte

---

[54]'Moralium dogma' 10,15; 16,32; Sauerland S. 19.

[55]'Moralium dogma' 30,9 ; 41,1 ; Sauerland S. 22; Schönbach
S. 67.

[56]C. von Kraus definierte 'zuht' und 'schame' einmal so, daß
er erstere auf "körperliche" und letztere auf "seelische
mâze" gerichtet sah (C. von Kraus, Walther v.d. Vogelweide.
Untersuchungen. Berlin und Leipzig 1935, S. 320). Es ist zu
bezweifeln, ob diese strikte Scheidung von innerem und äußerem Anwendungsbereich der 'mâze' der mittelalterlichen Auffassung von Tugenden und ihren Wirkungsweisen entspricht.

Grundtugend[57]. Doch man soll bei ihrer Ausübung 'mâze' walten
lassen. Man soll gern von seinem Besitz etwas abgeben, dagegen anderer Eigentum nicht begehren (290-97). Beachtet man
die 'mâze' nicht, so verkehrt sich 'milte' in lasterhafte
'ilekeit' (302), in übertriebene Freigebigkeit und maßlose
Verschwendung (299-311; 354-57). Diese nämlich ruft das
Begehren fremden Besitzes hervor (361ff.). Maßlosigkeit im
Verhältnis zum Besitz führt früher oder später zu unrecht-
mäßigen Handlungen. Die Verse

> 485 Dv weist wol welcher maze
> (du geben) salt vn lazen   (Haupts Lesart!)

führte Hoefer (S. 91) auf Seneca, 'De beneficiis' V1,1
zurück: 'In prioribus libris videbar consummasse propositum,
cum tractassem, quemadmodum dandum esset beneficium, quemadmodum accipiendum'. Im Gegensatz zum blassen 'quemadmodum'
bei Seneca ist in Wernhers Formulierung das ethische Postulat,
die 'mâze' beim Geben und Nehmen walten zu lassen, wesentlich
stärker akzentuiert[58]. - Mit Gegengaben und der Abstattung der
Dankesschuld soll man sich nicht übereilen, sondern maßvoll
den rechten Zeitpunkt abwarten (495ff.). Ferner soll man sich
um maßvolle Ausgewogenheit zwischen Freundschaftsdiensten
(z.B. vor Gericht) und einer eventuell damit verbundenen Un-
gerechtigkeit anderen gegenüber bemühen (507-14). Stehen allerdings Leben oder Besitz des Angeklagten auf dem Spiel, so
soll man ohne Rücksicht auf den befreundeten Ankläger dem Angeklagten helfen (515-20).

Vor Gericht sollen Wahrheit und Unbefangenheit oberste Grundsätze sein (535-38). Es gilt die Empfehlung Sallusts:

---

[57]Bumke: "In der Bestimmung der 'miltekeit' geht W. über die
Quelle hinaus, die die liberalitas zunächst nur als 'benefi-
ciorum erogatrix' definiert (13,21)" (Diss., Anm. S. 13).

[58]Vgl. auch Bumke, Diss., Anm. S. 19 zum 'Moralium dogma';
Sauerland S. 16.

```
541 Allen haz saltu senken,
    In keiner fruntschaft saltu gedenken,
    Zorn saltu lazen,
    An den gnadin saltu dich mazen;
545 Wenne dise  sache viere
    Verkerint di wareit vil sciere.
```

Das 'Moralium dogma' nennt an der entsprechenden Stelle
(21,20): 'Omnes autem, qui de rebus dubiis consultant, ab
odio, amicitia, ira atque misericordia uacuos esse decet',
was auf Sallust, Catil. 51,1-2, zurückgeht[59]. Das 'uacuos'
bezüglich der 'misericordia' hat Wernher in ein 'sich mazen'
gemildert. Man soll sich also vor Gericht um einen Ausgleich
zwischen den emotionalen Empfindungen, Haß, Freundschaft, Zorn
und 'gnade' (die ja eine Form der 'milte' ist)[60]und der Gerechtigkeit bemühen.

Auch bezüglich des Essens und Trinkens rät Wernher zur Mäßigung:

```
891 Von vbir tranke saltu dich huten;
    Du sies wol, iz tut den man wuten.
    Ez  in schadit im keiner maze. [61]
    Mit in ezzen saltu lazen;
895 Is in hat keine fuge:
    Iez vn trinc daz dir di nature genuge.
```

Wie man sich vor dem Umgang mit einem 'trenkere' (889) hüten
soll, so möge man auch übermäßiges Trinken und Essen vermei-

---

[59] Bumke, Diss., Anm. S. 21; Hoefer S. 92.

[60] 'gnade' meint hier wohl: "Mitleid, Mitgefühl, Teilnahme"
und gibt das lat. 'misericordia' wieder.

[61] Bumke schlägt hier eine andere Lesart vor: 'ez ne scadit
niemanne wil er iz lazen. / An deme ezzen satu dich mazen; /
iz ne hat andirs neheine vuge...' usf. Bumke ändert das stf.
'maze' in das swv. 'sich mazen' und beschränkt es nur auf das
Essen. Ich gebe der Lesart Hoffmanns von Fallersleben den
Vorzug, weil sie die Möglichkeit bietet, 'maze' sowohl auf
den vorherigen Text (Trinken) als auch auf den folgenden
(Essen) zu beziehen. - Bumke weist auf die Ausführungen des
'Moralium dogma' über 'sobrietas', 'ebrietas' und die zu üben-
de 'moderantia' hin (Diss., Anm. S. 35): 'Moralium dogma'
51,20; 51,17; 50,25. Vgl. auch Sauerland S. 23, Schönbach S.
68.

den, um die 'fuge' nicht zu verletzen und die 'ere' nicht
zu verlieren[62]. Bezugspunkt dieser sittlichen Forderung ist
die 'nature', die auf die antikische 'natura' zurückgeht, und
nicht eine christlich begründete Warnung vor dem Laster der
'gula'. Der 'natura' des Menschen im theologischen Sinne als
Bezeichnung für den fleischlichen, erdengebundenen, in seiner
Erbärmlichkeit besonders erlösungsbedürftigen Teil der menschlichen Person, wie sie beispielsweise in Spec.eccl. 152,8 genannt wird (vgl. oben Kap. BII,3), steht hier ein diesseits-
orientierter, jenes geistliche Spannungsfeld zwischen sündhaftem Begehren ('cupiditas') und Erlösungsstreben nicht ken-
nender, weitaus stärkerer 'natura'-Begriff gegenüber, wiewohl Wernher auch sonst die 'natura' als weltimmanente   Ordnungsmacht preist und aufwertet:

> 866 La dich di natura bescheiden;
>   Vn da na daz si hat gelazt   (Lesart: gesazt)
>   Ein igelich an sine stat.

Hier "setzt" nicht Gott als Schöpfer die Dinge, sondern eine
heidnisch-antik verstandene 'natura' wird für den diesseitigen 'ordo' verantwortlich gemacht.
In 901ff. warnt Wernher vor einer Überbetonung der 'schone'.
Die äußere Erscheinung des Menschen soll frei sein von eit-
lem Gepränge[63].

Auch bei einer so praktischen Angelegenheit wie beim Hausbau ist das Gebot der 'mâze' zu beachten. Die Größe des Ge-
sindes, das man sich hält, solle sich in maßvollen Grenzen
bewegen, und die Größe des Hauses soll mit dem Umfang der
ganzen Wirtschaftsführung in Einklang gebracht werden:

---

[62] Bei fast allen Warnungen Wernhers vor schlechtem Verhalten,
besonders wenn es mit einer Maßlosigkeit verbunden ist,
steht der Verlust der 'ere' als drohende Folge im Hintergrund.

[63] Vgl. Sauerland S. 23.

941 Saltu gesinde wol inthalden,
Dez muz al <u>maze</u> gewaldin:
Diz saltu <u>allir</u> erst mirken.
Lesistu selbe ein hus wirken,
945 Daz in buwe nicht zu rume
Noch zu groz zu dime ingetume.

Die Quelle hat an dieser Stelle (55,20): 'Cauendum est autem,
si ipse edifices, <u>ne extra modum</u> sumptus prodeas. Obseruanda
autem in edificando <u>mediocritas</u>. <u>Auream</u> quisquis <u>medio-
critatem</u> diligit, tutus caret obsoleti sordibus tecti, caret
inuidenda sobrius mala. Ornanda est enim dignitas domo, non
ex domo tota querenda; nec domo dominus sed domus domino debet
honestari'[64]. An dieser Stelle wird besonders deutlich, wie
sehr die 'mâze' bei Wernher von Elmendorf von antiken Maßvorstellungen beeinflußt ist, so zum Beispiel von der auf die
μεσότης zurückgehenden 'aurea mediocritas'.

Wernher beruft sich neben 'Tulius' (= Cicero, 947) auch auf
Seneca (963) und Lucanus (969). Letzterer ist ihm in folgen-
dem Beleg ein zuverlässiger Gewährsmann:

969 Wiltu Lucanes worten getruwen,
So saltu in der <u>mazen</u> buwen,
Beide in groze vn in veste.

Lucan spricht die gleiche Aufforderung aus, beim Hausbau nach
dem Prinzip der 'mâze' zu verfahren, wie schon Cicero. Das
'Moralium dogma' verzeichnet an entsprechender Stelle (56,8):
'Ideo sequamur in edificio <u>temperantiam</u> illius de quo legitur:
Huic epule uicisse famem, magnique penates submouisse hiemem
tecto'[65].

---

[64]Vgl. Bumke, Diss., Anm. S. 38; Traub S. 63. Sauerland (S.
24f.) zeigte, daß diese Stelle und die folgenden Verse
über den Hausbau von Cicero, 'De officiis' I, 138-40, beeinflußt sind. Hoefer (S. 94) macht ebenfalls auf diese
Stelle aufmerksam. Cicero spricht z.B. von der beim Hausbau zu beachtenden 'commoditas' ("gehöriges, vollkommenes
Maß, Angemessenheit, Zweckmäßigkeit"). Genau diesen Sachverhalt meint Wernher in obigem Zitat.

[65]Bumke, Diss., Anm. S. 38. Nach Hoefer, S. 95, geht diese
Stelle auf Lucanus, 'Pharsalia' II,384, zurück.

'Mâze' wird ferner im Streben nach Reichtum verlangt
(1065ff.). Man solle genügsam und ohne Gier nach Besitz leben ('gern' 1071), denn der Besitz halte sich meistens bei den
'bosten' (1076) auf, die keine 'milte' kennen. Zwischen Geiz
und Verschwendung soll man einen vernünftigen Mittelweg finden;
denn:

> 1103 Is iz bose vmme den man
>   Der keine <u>maze</u> nicht in kan,
>   Daz er die abe zu zere minnit.

Je mehr man an Reichtum erwirbt, um so größer wird das Verlangen nach noch größeren Schätzen (1106ff.). Die übertriebene Sorge um Reichtum bezeichnet Wernher als 'groze tumpheit' (1123), denn man wisse heute nicht, ob man morgen noch
lebe. Das Verhältnis zum irdischen Gut wird, das ist auch hier
festzuhalten, von Wernher nicht sub specie aeternitatis betrachtet, sondern von diesseitsbestimmten Nützlichkeitser-
wägungen her.

'mâze' im Verhältnis zum Mitmenschen

In einer längeren Passage behandelt Wernher von Elmendorf das
Verhalten im Krieg (733-806). Er gibt konkrete Hinweise darauf, wie die Gegner einzuschätzen sind, wie man einen Kampf
praktisch vorbereitet und welche Maßnahmen man treffen soll.
Solange es möglich ist, solle man Frieden wahren. Wenn man jedoch zum Kampf gezwungen wird, so solle man Tapferkeit bewei-
sen. Habe man den Sieg errungen, so möge man sich bedacht und
beherrscht verhalten. Den Gefangenen solle man das Leben schen-
ken; ein dem Feinde gegebenes Versprechen ist in 'truwe' (806)
einzuhalten. Besonnenheit, Umsicht und Mäßigung sind somit
die Grundsätze, nach denen man sich in Krieg und Fehde richten soll. Auch das Gesinde hat Anspruch auf maßvolle Behandlung, und der Herr soll es seine 'sitin lerin' (980), er soll
es gut behandeln und Zorn gegenüber seinen Untergebenen vermeiden (986). Pflicht des Herrn ist es auch, das Gesinde mit

Kleidung und Nahrung zu versorgen. Die Seele des Knechtes
steht nicht mehr in der Verfügungsgewalt des Herrn (998ff.).
Der Herr soll sein Gesinde 'sitelîche' (1016, Lesart von
Haupt) behandeln. Andererseits habe auch der Knecht 'mit
eren' zu dienen (1026), er soll bei der Arbeit 'gefuge vn
balt' (1028) sein. Er möge sich mit Klagen und Beschwerden
zurückhalten und seine Zunge stets in der Gewalt haben
(1060ff.). Schließlich soll auch das Verhältnis des Menschen
zu Macht und Gewalt dem Gesetz der 'mâze' unterworfen sein:

> 1137 Ich sage dir noch waz du lazen salt:
> Vnmaze pin vn groze gewalt.
> Daz saltu dar vmme miedin,
> 40 Wenne zu hant beginnet man dich niedin
> Vn di dine vrunt waren
> Di beginnen dinis lasteres faren
> Vn sin vmmer an dem willen,66
> Swi dich von der geuellen.

Das 'gelucke' (1154) ist nur von kurzer Dauer. Wer 'vmme
groze gewalt pinet', das heißt: sich um Ämter und Macht ab-
müht (1157; vgl. oben 1138), und sich für 'biderbe' ausgibt,
es aber in Wirklichkeit nicht ist, der kann sein wahres Wesen nicht lange verbergen. Wernher warnt vor Hochmut (1167)
und vor dem Glauben, daß Besitz und 'gewalt' (1168) 'stete'
seien. Der Herr soll sich, was besser als Machtstreben ist,
um die Verehrung durch seine Untertanen bemühen (1169f.). -
Auch das Streben nach Ruhm und Ansehen bezeichnet Wernher als
'itel' (1185); nur 'den tummen gelustet iteler eren' (1195).

b) Zum "ritterlichen Tugendsystem"

Generell läßt sich über die Rolle der 'mâze' bei Wernher von
Elmendorf sagen, daß sie einen unmittelbaren religiösen Be-

66Zur Quelle vgl. Bumke, Diss., Anm. S. 44; 'Moralium dogma':
'Prelationum quoque temperandus est appetitus' (64,8), d.h.
das ungezügelte Streben nach Vorzugsstellungen ist zu
mäßigen. Wo die Quelle von 'temperare' spricht, fordert Wernher ein "unterlassen" (1137).

zug nicht erkennen läßt und sich nur auf praktische, irdische Fragen der Lebensbewältigung bezieht. Sie will den
Menschen[67] zu 'eren', zu Ansehen und sittlicher Untadelig-
keit führen. 'mâze' kommt bei Wernher einer sozialen Tugend
gleich, denn fast immer ist sie auf das Verhalten in der Gesellschaft abgestimmt. Ihre Herkunft aus der antiken Ethik ist
noch deutlich.

· Wernher hat verschiedene antike Begriffe wie das allgemeine,
ethisch-ästhetische 'modus', die auf Aristoteles zurückge-
hende 'mediocritas' und auch die vornehmlich die Mäßigung
der Sinne und des seelischen Vermögens regulierende 'temperantia' allesamt mit 'mâze' wiedergegeben, was wissenschaftsge-
schichtlich nicht ohne Folgen blieb. Denn Ehrismann bezog sich
bei der Konstruktion des "ritterlichen Tugendsystems" auf Wernher von Elmendorf und wies auch der 'mâze', wie er sie bei Wernher vorfand, in diesem System einen bedeutenden Rang zu[68].
Er verallgemeinerte den Geltungsbereich dieses "ritterlichen
Tugendsystems" auf die ganze mittelhochdeutsche Literatur und
unterlag dem Fehlschluß, die mittelalterliche 'mâze' sei "die
Kardinaltugend der Temperantia, Platos $\sigma\omega\varphi\rho\sigma\sigma\acute{\nu}\eta$"[69]. H. Naumann konstruierte im Anschluß an Ehrismann eine Identifizie-
rung der antiken und mittelalterlichen Maßbegriffe: "Besteht
nicht auch außer dem zweifellosen historischen Zusammenhang
die nahezu völlige Identität der mâze mit der $\mu\epsilon\sigma\acute{o}\tau\eta\varsigma$, der

---

[67] Wernher richtet seine Morallehre nicht ausschließlich an
das Rittertum, sondern bezieht alle laikalen Stände vom
Hochadel bis zum Hausknecht mit ein; nicht Standesethik,
sondern Laienethik ist sein Ziel (Bumke, Diss., S. 158f.).

[68] Vgl. den oben zitierten Aufsatz: Die Grundlagen des ritterlichen Tugendsystems, aus dem Jahre 1918/19.

[69] Ehrismann II, 1, S. 253 (aus dem Jahre 1922).

σωφροσύνη und der aurea mediocritas?"[70] E.R. Curtius
widerlegte die These eines direkt auf die Antike bezogenen
"ritterlichen Tugendsystems" und wies die von Ehrismann
angenommene Bedeutung sowohl des 'Moralium dogma' als auch
des Lehrgedichts Wernhers von Elmendorf für die Ethik des
12. und 13. Jahrhunderts in ihre bescheidenen Grenzen zurück[71]. Spätestens seit diesem Aufsatz von Curtius ist es
nicht mehr möglich, weiterhin auf einer unmittelbaren Abhängigkeit der mittelhochdeutschen 'mâze' von antiken Tugend-
begriffen zu bestehen[72]und eine Umdeutung durch die christliche Ethik auszuklammern. Die vorliegende Untersuchung will
deutlichmachen,

1. daß zu fast allen Stellen, an denen 'mâze' vorkommt,
   Quellenbezüge zum 'Moralium dogma' oder zu antiken
   Autoren vorhanden sind und

2. daß Wernher an keiner Stelle die 'mâze' in einen direkten Bezug zu christlichen Instanzen bringt.

Mit der ersten Erkenntnis ist aber noch keine Identität oder
unmittelbare Verwandtschaft der antiken Begriffe mit der 'mâze' zwingend gegeben, wie Ehrismann und Naumann wollen, denn
es ist ja immer noch mit der Möglichkeit, ja sogar Wahr-
scheinlichkeit, zu rechnen, daß die aus der Antike stammenden Termini 'temperantia', 'mediocritas', 'moderantia' usf.

---

[70]H. Naumann, Versuch einer Geschichte der deutschen Sprache
als Geschichte des deutschen Geistes. DVjs 1 (1923) 139-60
(hier S. 152f.).

[71]E.R. Curtius, Das ritterliche Tugendsystem. DVjs 21 (1943)
343-68.

[72]Das trifft wohl auch für Wernhers 'mâze' zu, die ja trotz
der Anregung durch antike Quellen in eine Dichtung integriert ist, die durchaus unter dem Einfluß christlicher
Ethik steht. Da die 'mâze' bei Wernher stets praxisbezo-
gen erscheint, ist der Anteil an christlicher Beeinflussung
jedoch schwer zu bestimmen. Eine Identität von lat. 'hone-
stum' und mhd. 'ere' bei Wernher hat Bumke zurückgewiesen
(Diss., Exkurs S. 118ff.). Gilt dies auch für andere Tugenden? Die Frage, inwiefern Wernhers Tugendbegriffe von
christlicher Ethik durchdrungen sind, kann erst dann zu-
reichend beantwortet werden, wenn der Anteil antiken bzw.

von der patristischen Theologie und Ethik zwar als solche,
als Wortkörper, rezipiert, aber semantisch in gesteigertem
Maße christlich verstanden oder umgedeutet wurden. Auch wenn
sie ihre semantische Ursprungsbedeutung antikischer Herkunft
beibehalten haben sollten (wofür es kaum sprachgeschichtliche
Anhaltspunkte gibt), sind sie sicherlich auf neuartige, das
heißt in diesem Falle: mittelalterlich-christliche, Grund-
oder Hintergrundsvorstellungen theologischer Art bezogen
worden; sie wurden von Vorstellungen christlicher Sittlichkeit überlagert und paßten sich ihnen - so ist zu vermuten -
äußerlich kaum merklich, daher für die Nachwelt schwer nachvollziehbar, mehr oder weniger stark an. Zum Teil mögen sie,
das sei zugegeben, gegenüber ihrem Kontext ihren archaischen
Charakter bewahrt haben. Aus diesen Überlegungen ergibt sich
ferner, daß die zweite Erkenntnis (s.o.) keinesfalls zum
Beweis ex negativo für die heidnisch-antike Bedeutung der 'mâze' in Wernhers Dichtung erhoben werden kann.
Nicht zu vergessen ist auch, daß Wernhers von Elmendorf Lehrgedicht die mittelhochdeutsche Literatur, soweit sie heute
übersehen werden kann, kaum beeinflußt hat. Jedenfalls konnte
bisher nicht nachgewiesen werden, daß seine 'mâze'-Konzeption
einen Einfluß auf die Tugendvorstellungen anderer mittelalterlicher Dichter ausübte. Die 'mâze' bei Wernher von Elmendorf
nimmt eine wirkungsgeschichtlich isolierte Stellung ein.

Abschließend sei kurz auf Bumkes Untersuchung hinsichtlich der
Frage, ob in Wernhers Gedicht schon ein spezifisch ritterliches Ethos zu spüren sei, hingewiesen[73]. Gegenüber einer "Masse von unritterlichen Zügen" gebe es "nur Weniges, was auf

---

christlichen Einflusses auf Wernhers Traktat grundlegend
geklärt worden ist, insbesondere, wenn das 'Moralium dogma'
quellenkritisch genauer untersucht worden ist. F.-W. Wentzlaff-Eggebert behauptet zwar, Wernhers Gedicht sei von
christlicher Ethik bestimmt, belegt dies aber nicht im einzelnen (Ritterliche Lebenslehre und antike Ethik. DVjs 23
(1949) 252-73, bes. S. 262).

[73] Dazu und zu den folgenden Zitaten: Bumke, Diss. S. 160f.

die ritterliche Sphäre weist", beispielsweise die Frei-
lassung eines gefangenen Feindes gegen ein Versprechen,
die Rede der 'habe' und einige Wörter aus der Minneter-
minologie. Doch fehle der ritterlich-höfische 'minne'-Be-
griff; die 'ere' habe keine ritterliche Färbung, der Wortschatz sei unritterlich und unhöfisch usw. Als Resultat
formuliert Bumke: "Von spezifisch ritterlichen Zügen in W.s
Ethik kann man also nicht sprechen".

2. Thomasin von Circlaria, Der Wälsche Gast

Das VIII. Buch des "Wälschen Gastes" (1215/16) des Friauler
Geistlichen Thomasin von Circlaria[74] enthält den einzigen
Ansatz zu einer gelehrt-schulmäßigen Darstellung der 'mâze'
in der mittelhochdeutschen Literatur bis 1220.

Um der immanenten gedanklichen Systematik dieses Buches auf
die Spur zu kommen, sei zunächst der Versuch unternommen,
seinen Inhalt in einer gliedernden Überschau zu vergegen-
wärtigen.

a) Gedanklicher Aufbau von Buch VIII

    I. Kapitel[75] 9851-9992)

        1. Rückblick auf die vorausgegangenen Ausführungen
           über 'unstaete' und 'bescheidenheit' (9851-80);
           Überleitung zum 'unmâze'-Thema (9881-84)

---

[74]Mehr oder weniger ausführliche Gliederungen zum VIII. Buch
boten bisher: F. Ranke, Sprache und Stil im Wälschen Gast
des Thomasin von Circlaria, a.a.O. S. 155f. (unter stil-
psychologischem Aspekt), S. 166; H. Kuhn, Verf.-Lex. IV,
470; am ausführlichsten: F. Neumann in der Einleitung des
von ihm besorgten photomechanischen Nachdrucks der Thomasin-
Ausgabe H. Rückerts, S. XVII-XXI. Neumann gibt auch einen
Überblick über den Stand der Forschung.

[75]'Ditze bûch ist geteilet in zehen teil, und ein ieglich
teil hat siniu capitel. etlich teil hat zehen capitel,
etlichz mer, etlich minner...' Diese Angabe entstammt dem

2. <u>Systematische</u> Erfassung von 'unmâze' und 'mâze' im kontrastiven Verfahren ('der mâze lêre'):

   a) 'unmâze' als Schwester der 'unstaete' (9885)
      und Gegenspielerin der 'mâze'. Rechtfertigung
      des kontrastiven Verfahrens (9885-94)

   b) Aussagen über das Wesen der 'unmâze' in bild-
      kräftigen, anaphorisch gereihten Kennzeich-
      nungen (9895-9920)

   c) Grundsätzliches zur'unmâze'; Verdeutlichung
      ihres Kausalnexus im ethischen Feld. Anti-
      thetisch dazu: Beschreibung der Machtfülle
      der 'mâze' und ihrer Bedeutung für den Men-
      schen (9921-34)

   d) Wesensbestimmung der 'mâze' als Mittleres
      zwischen "Zuviel" und "Zuwenig"; Erläuterung
      des 'mâze'-Prinzips mit Hilfe der auf das Ge-
      biet des Ethischen übertragenen Bildlichkeit
      von Sap 11,21 (Maß, Zahl, Gewicht) (9935-46)

   e) Antithetisch durchgeführte Absteckung des Wir-
      kungsbereichs von 'unmâze' und 'mâze' (9947-
      55)

   f) Bogenmetapher[76]und Wolfsvergleich als Veran-
      schaulichung der Funktionsleistung von 'un-
      mâze' und 'mâze' (9956-74)[77]

   g) Vorteile einer durch 'mâze' geordneten Welt
      für den Menschen; 'mâze' als sachadäquates
      Prinzip (9975-82)

   h) Die systematische Darstellung gipfelt in der
      <u>Lehre</u>, daß 'mâze' die Umwandlung der Untugend
      in Tugend bewirke, ebenso wie 'unmâze' aus Tu-
      genden Untugenden mache (9983-92).

---

sog. Prosavorwort, einer Art Inhaltsverzeichnis, das Rückert
zur Hs. G (14. Jh.) gestellt hat und S. 403-15 seiner Ausgabe abdruckte (S. 403). Neumann hält im Anschluß an Ranke
eine Verfasserschaft Thomasins für möglich, vgl. Einleitung S. XXVIII, XLVI.

[76]Vgl. dazu B. Willson, Wolframs Bogengleichnis. ZfdA 91
(1961/62) 56-62; hier S. 59, Anm. 1.

[77]Zu WG. 9945-76 vgl. Abb. 3 und 4 am Schluß dieser Untersuchung.

(II. Kapitel: 9993-10066)

3. Das wichtigste Ergebnis aus Punkt 2, die Konzeption von 'mâze' und 'unmâze' als zweier die Qualität von Tugenden und Lastern bestimmender Prinzi-
   pien (Unterpunkt h), erfährt nun eine Exemplifizierung.

   a) Der theoretische Ausgangspunkt, ein Struktur-
      muster aristotelischer Provenienz, nämlich: die
      Tugend sei stets zwischen zwei Untugenden ange-
      siedelt (9993f.), erfährt nun ihre deduktive Recht-
      fertigung durch Anwendung auf die Beispiele 'die-
      muot' (9995-10020), 'einvalt' (10021ff.), 'milte'
      (10027ff.), 'kiusche' (10037ff.), 'reht' (10043ff.),
      'dultekeit' (10057ff.) u.a., wobei die wichtige
      Funktion der 'mâze' darin besteht, innerhalb des
      Spannungsgefüges zwischen zwei Untugenden die rechte
      Mitte ('die mittern strâze'), die allein eine Tu-
      gendqualität gewährleisten kann, zu bestimmen, das
      heißt: Untugenden zu Tugenden zu machen. Umgekehrt
      verwandelt die 'unmâze' Tugenden zu Lastern.

(III. Kapitel: 10067-174)

   b) Beispiele für die durch die 'mâze' bedingte Ver-
      wandlung von Lastern zu Tugenden ('zorn' 10074-
      128; 'übermuot' 10129-58; 'nît' 10159-74)

(IV. Kapitel: 10175-382)

   c) Nach kurzer Rekapitulation des Vorausgegangenen
      (10175-86) werden die Exempla nun auf Situationen
      geistlich-praktischen Lebens ausgeweitet. So wird
      die 'rehte mâze' zum entscheidenden Faktor bei Ge-
      bet und Kirchenaufenthalt (10187-377), beim Fasten
      (10338-72) und Almosengeben (10373-82).

(V. Kapitel: 10383-568)

   d) Nach den geistlichen folgen weltliche Bewährungs-
      felder für die 'mâze', so etwa das 'tagalten'
      ("Scherz, Lachen, Spiel" 10383-424), alltägliche
      Situationen wie Reden, Wachen und Schlafen oder,
      symbolisch für den politischen Bereich, die Wap-
      penbilder (10425ff.); Ottos IV. Wappen als Bei-
      spiel der 'unmâze', die zur allgemeinen 'hôhvart'
      und Überheblichkeit führt (10471-568).

(VI. Kapitel: 10569-702)

      Kontrastierend wird neben Otto IV. der junge
      Friedrich II. gestellt (10569-84). Es folgen

- 326 -

weitere Beispiele für die verhängnisvolle Aus-
wirkung des "Zuviel" und "Zuwenig" aus des Dichters geschichtlicher Erfahrung (Apulien 10585-
94; Ostrom 10595-632), die er durch ein die Beispiele wieder zum Grundsätzlichen führendes Zwischenresümee über 'unmâze' und 'hôhvart' unterbricht, nicht ohne zum erneuten Studium der schäd-
lichen Folger des 'übermuot' anhand zahlreicher
historischer Vorbilder, die ihm 'kronike' und 'alte
buoch' überliefern, aufzurufen (10633-680). Einige
dieser (zumeist biblischen) 'superbia'-Exempla
führt Thomasin vor:

- die Cosdras-Eraclius-Geschichte (10681-
  702)

(VII. Kapitel: 10703-956)

- die Geschichte des persischen Königs
  Asswêr und seines hoffärtigen Fürsten
  Ââman, vgl. Buch Esther[78] (10703-44)
- die Geschichte Nicânors, vgl. 1 Mach 7,
  26-50 (10745-68)
- die Geschichte Nabuchodonosors (vgl. Dan
  5,21) und seines Sohnes Balthasâr (Bel-
  sazar, vgl. Dan 5,30) (10787-886).

Die Reihe der historischen Exempla schließt Thomasin mit einer 'conclusio' ab, in der das Publikum zur Besserung aufgerufen wird (10887-904).
Schließlich fügt er noch ein Tier-'bîspel'
an und deutet es geistlich ('lewe'='tiuvel'),
indem er auf den theologischen Zusammenhang von
'übermuot' und Höllenstrafe verweist (10905-56).

(VIII. Kapitel: 10957-11346)

e) Nach diesen Exempla aus der soziologischen Schicht
der 'herren' wendet sich Thomasin nun dem 'volc'
zu (10957-11090). Auch hier, bei den Untertanen,
gilt es, die 'unmâze' des 'übermuot' in ihren
verschiedenen Ausprägungen darzustellen und vor
ihr zu warnen, insbesondere vor der Auflehnung gegen
die von Gott eingesetzten 'herren' und einer damit
verbundenen Sprengung dieser metaphysisch begrün-

---

[78]Die biblischen Quellen für diese Exempla benannte Neumann
im Namenverzeichnis der Thomasin-Ausgabe Rückerts S. 613ff.
Vgl. auch Rückerts Anmerkungen.

deten Ordnung.

f) Eine der von Gott eingesetzten Autoritäten ist
der Papst, nach Gott der oberste Herr der Christenheit. 'übermuot' ihm gegenüber, das meint:
Unbotmäßigkeit, Kritik, Ungehorsam, Auflehnung,
ist Sünde und zieht den Verlust der Gnade nach
sich. Innerhalb dieser Apologie des Papsttums
(11091-11346) führt Thomasin einen versteckten Angriff auf Walther von der Vogelweide (11191ff.),
dessen Papstschelte er als Form der 'unmâze'
brandmarkt[79].

(IX. Kapitel: 11347-730; X. Kapitel: 11731-830)

g) Nach diesen Exempla aus der historisch-bibli-
schen Vergangenheit und der Gegenwart (Walther)
wendet sich der Dichter nun der Zukunft zu. Die
'unmâze' der Heiden (ebenfalls in der konkreten
Form des 'übermuot') nimmt er zum Anlaß, in einem längeren Abschnitt die deutsche Ritterschaft
zum Kreuzzug aufzurufen (11347-830). Indem die
Ritter die heidnische 'hôhvart' brechen, können
sie sich Gottes Lohn erwerben.

(XI. Kapitel: 11831-12222)

4. Abschließender, theoretisch-systematischer Teil.
Rückwendung zu 'der mâze lêre', nun mit dem Akzent
auf konkreten Unterweisungen für die Vermeidung der
Grundlaster im Leben des Laienchristen.

a) Thomasin führt die gedankliche Linie kurz vor Ende des VIII. Buches nach zwei digressiv ausge-
wucherten Passagen (Papstapologie mit Waltherkritik; Kreuzzugsaufruf) nun wieder in die Diktion diskursiver Erörterungen zurück. Diejenige
Form der 'unmâze', die er als die verhängnisvoll-
ste erkannt hatte, nämlich 'hôhvart' bzw. 'übermuot', wird jetzt in Wesen und Auswirkungen genauer
beschrieben und ihrem positiven Gegenstück, der
Demut, gegenübergestellt. Daneben wird die Verwandtschaft der 'hôhvart' mit den übrigen Haupt-
lastern aufgewiesen (11831-12002).

---

[79]Grundlegendes zu den Zusammenhängen zwischen Walthers und
Thomasins Werk bei K.K. Klein, Zum dichterischen Spätwerk
Walthers von der Vogelweide. Der Streit mit Thomasin von
Zerclaere. In: Germanistische Abhandlungen. Hsg. von K.K.
Klein und E. Thurnher. Bd. 6, Innsbruck 1959, S. 59-109.

b) Schließlich gibt Thomasin konkrete Anweisungen
für die Vermeidung der 'untugent'. Vom Prinzip
der 'mâze' bestimmte Tugenden, insbesondere die
Grundtugend der Demut, können 'hôhvart', 'girde',
'nît', 'zorn', 'unreht' und 'meineit'' vermeiden helfen (12003-222).

Wenn auch in der Kombination von 'lêre' und Zeitkritik, die
das VIII. Buch darstellt, eine strenge gedankliche Abfolge
im Fortgang des Textes immer mehr schwindet[80], bis sie am
Ende mit einem Kunstgriff wiederhergestellt wird, so ist die
auf eine systematische Durchführung der 'unmâze'-'mâze'-The-
matik angelegte Disposition doch unverkennbar. Insbesondere
sind es Otto-Schelte, Waltherkritik und Kreuzzugsaufruf, aber
auch weitere Exkurse, deren Eigengewichtigkeit jede gedank-
lich-logische Abfolge und Proportionalität gefährdet. Andererseits läßt der Gliederungsversuch erkennen, daß selbst die um-
fangreichsten Abweichungen inhaltlich (nicht aber quantitativ) der Absicht, das verhängnisvolle Wirken der 'unmâze',
vergegenwärtigt am Beispiel des 'übermuot', per exemplum
zu zeigen, entspringen oder ihr zumindest nicht grundsätzlich
zuwiderlaufen. Daß manche Abweichungen schließlich ihre Eigen-
gesetzlichkeit entwickelten, sollte nicht beklagt, sondern als
Indiz ihrer Wahrhaftigkeit und Aktualität, die sie für den
Dichter besaßen, zur Kenntnis genommen werden.

b) 'der mâze lêre': 'mâze' als 'virtus generalis'

Ehrismanns methodischer Ansatz, die von Thomas von Aquin
stammenden Begriffe 'virtus generalis' und 'virtus specialis'
auf den Typus der 'mâze' anzuwenden, den unter anderem der
"Wälsche Gast" vertritt, rechtfertigt sich trotz des zeitlichen Abstandes zwischen Thomasin und dem Aquinaten durch die

---

[80]Vgl. Ranke, Sprache und Stil im Wälschen Gast des Thomasin
von Circlaria, a.a.O. S. 166; Kuhn Sp. 470.

gleiche ethische Tradition, an die sich beide Autoren hinsichtlich ihrer ethischen Auffassung von 'mâze' und 'temperantia' anlehnen: an die Tradition des aristotelischen
Tugendbegriffs[81]. Nach Thomas von Aquin ist 'temperantia':

1. 'virtus generalis', indem sie mit Hilfe der sittlichen
   Vernunft menschliche Handlungen und Affekte unter dem
   Gesichtspunkt von 'temperies id est moderatio' ("gemäßig-
   te Beschaffenheit, Mäßigung, rechtes Maß, rechtes Verhältnis, rechte Mischung") zügelt und in ein angemesse-
   nes, sittlich gutzuheißendes Maß bringt: "die 'temperantia'
   als 'virtus generalis' ist das einhalten des r i c h t i -
   g en   m i t t e l m a ß e s"[82]. Die Qualität der 'temperies' gehöre zu jeder sittlichen Tugend.

2. 'virtus specialis', wenn sie als besondere Tugend mit
   einem spezifischen Aufgabenbereich (Zügelung des 'appetitus', des Verlangens, Begehrens, der Triebe, der Nei-
   gungen zum Bösen usf.) ausgestattet ist. Diese Art der
   'temperantia' ist "m ä ß i g k e i t, die b e z ä h m u n g
   der sinnlichen begierden durch die vernunft, ist eine der
   vier cardinaltugenden ..."[83]

Im ersten Fall verkörpert 'temperantia' keine eigentliche
Tugend, sondern ein allen Tugenden immanentes Prinzip for-
malethischer Natur. Erst im zweiten Fall ist sie eine konkret bestimmbare Tugend; sie ist "angewandte" 'temperantia'
mit einem materialiter definierbaren Inhalt.

---

[81] Ehrismann, Über Wolframs Ethik, a.a.O. S. 436f. Problematisch ist es allerdings, Ehrismanns vorschnelle Gleich-
setzung von aristotelischer μεσότης, Thomasinscher 'mâze' und
Thomasscher 'temperantia' mitzuvollziehen, die alle historisch bedingten Unterschiede mißachtet. Wenn alle jene Begriffe auch in einer Tradition stehen, so sind sie doch noch
nicht identisch.

[82] Ebd., S. 436. Auch hier ist es problematisch, die Begriffe
'temperies' und 'moderatio' des Aquinaten mit der aristotelischen μεσότης, dem μηδὲν ἄγαν, einfach gleichzusetzen. Zu den
grundsätzlichen methodischen Bedenken gegen dieses Verfahren
s. oben Kap. CIII,1.

[83] Ebd., S. 437.

Mit Hilfe dieser Unterscheidungsmerkmale wird der Begriff
der 'mâze', wie Thomasin ihn verwendet, eingrenzbar. Thomasin definiert:

> 9935 Wizzet daz diu <u>mâze</u> ist
> des sinnes wâge zaller vrist.
> diu rehte <u>mâz</u> diu hât ir zil
> enzwischen lützel unde vil.
> 9983 swaz man in der werlde tuot,
> daz mac ân <u>mâz</u> niht wesen guot.
> 85 jâ wil ich halt sprechen mêre,
> man möhte mit der <u>mâze</u> lêre
> die untugent ze tugent bringen.
> swer dernâch wolde ringen,
> der möht mit der <u>unmâze</u> wol
> 90 (des man doch niht tuon sol)
> von tugende untugent machen:
> nu vernemt in welhen sachen.
> Zwischen zwein untugenden ist
> ein tugent zaller vrist.

Denkt man sich, schematisch vereinfacht, jede einzelne Tugend jeweils auf einer vertikalen Skala angesiedelt, so bildet
zwar die ganze horizontale Reihe dieser Skalen ein ethisches
Feld, doch innerhalb der einzelnen vertikalen Skalen unterliegen die Tugenden Begrenzungen nach unten und nach oben: je
nach extremer Verminderung ("Zuwenig") oder Vermehrung ("Zuviel") ihrer inhaltlichen Substanz können sie zu einem Mangel
oder einer Übertreibung werden. In einem solchen Falle haben
beide Extremformen, Mangel und Übersteigerung, die rechte Mitte ('medietas') verlassen und sich in eine Untugend (Laster)
verwandelt.
Die 'mâze' ist dasjenige ethische Grundprinzip, das für die
richtige Festlegung des Standorts der Tugenden innerhalb
des Spannungsgefüges zwischen ihren jeweiligen korrelativen
Untugenden des "Zuviel" und "Zuwenig" zu sorgen hat. Sie ist
'des sinnes wâge', ethisches "Meßinstrument", das die rechte
Ausgewogenheit der Tugenden bewirkt. Als ethisches Grundprinzip strukturiert sie damit das gesamte Feld der Tugenden und
Laster unter den Gesichtspunkten des "Zuwenig" ('ze lützel'),
"der rechten Mitte" ('die mittern strâze') und des "Zuviel"
('ze vil').

Der Mensch kann sein eigenes ethisches Verhalten dadurch
bestimmen, daß er der 'mâze' entscheidende Einflußmöglichkeiten auf sein sittliches Tun einräumt, denn er muß wissen,
'wie unmâze machen kan / von tugende untugende' (10011f.; auch
10069f.) und wie 'diu mâze di untugende machen kan / wol ze
tugenden' (10073f.; vgl. auch 10127; 10143-46; 10176-78); das
heißt, er muß die grundsätzliche ethische Bedeutung der 'mâze'
erkannt haben[84].

Thomasin verdeutlicht dieses Prinzip unter anderem am Beispiel
der 'diumuot' (9995-10020), zu dem sich, unter Einbezug des
oben Bemerkten, nun folgendes Schema aufstellen läßt:

allgemeinethisch	angewandt ethisch	strukturell
untugent - unmâze	hôhvart (9996) übermuot (10018)	"Zuviel"
tugent - mâze	diumuot (9995; 9997; 10005; 10008; 10017); semfte (10017)	'die mittern strâze' (10019)
untugent - unmâze	bloedekeit (9996; 10001; 10009); bloede (10006; 10015); bloeder muot (10003)	"Zuwenig"

---

[84]Für diese Einsicht sind hauptsächlich die Vernunftkräfte
des Menschen erforderlich. Nicht umsonst betont Thomasin
den Anteil des 'sin' an den ethischen Entscheidungen ('des
sinnes wâge' 9936; 'mit des sinnes mâze' 10151; 'mezzen...
mit sinne' 10097f., 10130f.). Auch die Kennzeichnung der
ethischen Aussage als einer 'lêre' (9986; 10239), die ja
notwendig etwas Erlernbares beinhalten muß, weist darauf
hin; ferner die Wichtigkeit der Tugend der 'bescheidenheit'
bzw. 'bescheidunge', die mit der 'discretio' verwandt ist.
Vgl. auch Neumann, Einleitung zur Thomasin-Ausgabe, S. XVIf.
- Mit Recht sieht Eichler im Übergewicht der 'ratio' in
Thomasins Konzeption der Grundtugenden ein Abweichen von der
ritterlichen Ethik - und damit auch von der ritterlichen
'mâze'; auch im WG. kündige sich der "Verfall des Rittertums" an (S. 83). Vgl. ferner Hempel: "Thomasin hat als
Schlußstein in der Geschichte der ritterlichen Ethik zu
gelten" (S. 176).

Von der grundsätzlichen ("allgemeinethischen") Disposition
von 'mâze' und 'unmâze' bezüglich der einzelnen Tugenden
hängt es ab, ob beispielsweise ("angewandt ethisch") die
'diumuot' sich in der rechten Mitte hält oder ob sie zum
'Mangellaster" 'bloedekeit' oder zum "Übermaßlaster" 'hôhvart' pervertiert wird.
Ein Typus der 'mâze' als 'virtus specialis', also im angewandt ethischen Sinne als Mäßigung, Beherrschung, Maßhalten
oder dergleichen, ist im "Wälschen Gast" nicht nachzuweisen;
auch in der 'cortezia'- und Hofzucht-Lehre des I. Buches
spielt er keine maßgebende Rolle. Wenn Thomasin von 'mâze'
spricht, meint er die 'virtus generalis'. So auch in folgenden Belegen:

> 'gemâzen' 9930; 'sîn dinc gemâzen' - sein Tun nach
> der 'mâze' ausrichten;

> 'mâze' 9892; 9953; 9970; 9982; 10005; 10007; 10239;
> 10337; 10378; 12028; 12030; 12335;

> 'maezec', d.h. nach der 'mâze' ausgerichtet, die 'mâze'
> befolgend: 9975; 13725;

> 'maezeclîchen' 5549 (dazu vgl. 5580ff. und Anm. Rückert
> S. 567); 10223; 10339[85];

> 'mezzen' als tätiges Ausüben der 'mâze': 9934, 9939;
> 9941; 9943; 9953; 9955; 9956; 9967; 10097;
> 10098; 10104; 10130; 10153; 10164; 10173;
> 10178; 14180; 14208.

Alle Dinge und Handlungen sollen diese Art der 'mâze' spiegeln: 722; 724; 9931; 9932; 9939; 9944; 9945; 10387. Die
ethisch-religiöse Qualität des 'bonum' ist mit der 'mâze'
wesensmäßig verknüpft (9984; 10383f.). 'mâze' bedingt 'êre

---

[85] 'maezeclîchen' 10760 (ironisch: "kaum, nicht") bildet die
einzige Ausnahme.

und guot' (9947), regelt Geben und Nehmen (9949) und ist ein
wichtiger Stabilisator der politischen Herrschaft (9951).
'mâze' hat entscheidenden Einfluß auf das Zustandekommen und
die Wirkungsweisen der Tugenden (z.B. 'milte' 10032) und ist
eine wichtige Kraft im Kampf gegen die Laster ('zorn' 10096;
'nît' 10173f.; 'übermuot' 10129-32, 10145, 10151f. u. a.).
Das Prinzip der 'mâze' gilt auch für die Gestaltung der Wappen-
bilder (10451). Gemäß dem mittelalterlichen Grundsatz der
Übereinstimmung von Außen und Innen, Gestalt und Gehalt (10437-
40) läßt ein nach der 'unmâze' entworfenes Wappen eindeutige
Schlüsse auf die sittliche Bescholtenheit seines Besitzers
zu[86]. Das Haus der Tugend, in dem der Mensch wohnen soll, muß
auf dem sicheren Fundament der Demut ruhen. Seine Mauern, die
Tugenden, sollen nach dem Werkmaß der 'mâze' bestimmt werden -
nur so kann man der andrängenden Untugenden Herr werden (12003-
40).
Aus alledem ist die ungewöhnliche Bedeutungsbreite der 'mâze'
ersichtlich ('diu rechte _mâz_ sol sîn gemeine' 9944), die
sie über die Tugenden hinaus zu einem ethischen Grundprinzip
werden läßt[87].
Analog zur 'mâze' meint ihr Gegenstück, die 'unmâze', das Nicht-
beachten der rechten Mitte bei ethischen Entscheidungen; sie
löst damit die 'perversio' des Virtusideals zur Untugend aus:

---

[86]Zum politischen Hintergrund der Kritik an Ottos IV. Wappen
vgl. H. Teske, Thomasin von Zerclaere. Der Mann und sein
Werk. Heidelberg 1933, S. 99ff.

[87]Schwietering sieht in 'staete', 'mâze' und 'reht' "kosmi-
sche Gesetze" (S. 278); Teske faßt die 'mâze' in Anlehnung
an Augustinus als 'lex naturalis' (S. 177), als immanentes
Ordnungsgesetz der Schöpfung auf. Neumann kritisiert ihre
"Unbestimmtheit" und Überdehntheit (Einleitung zur Thomasin-
Ausgabe, S. X, XVIII.).

```
9917 Unmâze ist der Untugende schar
     gart, wan si menet dar
     unde wecket die untugende
  20 beidiu an alter und an jugende.
     daz ist der unmâze maht
     daz si tuot über ir kraft.
     daz ist der unmâze site,
     si volget der untugende mite.
  25 sô ist ir gewerve daz,
     unsaelikeit und gotes haz.
     unmâze diu ist âne zil,
     si heizet ze lützel und ze vil.
```

Die 'unmâze' zerstört die 'bonitas' jedweden Tuns, den ethischen Wert als solchen, der Handlungen und Dingen innewohnen kann:

```
10183 swie guot ein dinc sî,
      ist diu unmâze derbî,
   85 ez enmac niht wesen guot,
      sît manz mit unmâze tuot.
```

Ähnlich 10181f., 10422f. - 'unmâze' als Gegentypus der 'mâze'
ist ferner belegt in 9886; 9887; 9894; 9895; 9899; 9900; 9901;
9907; 9911; 9914; 9917; 9921; 9923; 9942; 9948; 9950; 9952;
9954; 10013; 10071; 10180; 10390; 10492; 10635; 10671; 10783;
10959; 10960; 11370; 11845; 11999; 12001; 12336; 13801; 13804.
Einen anderen Typus der 'unmâze' kennt Thomasin nicht. In diese
Richtung zielen noch: 'unmaezeclîchen' 9909; 10299; 'unmaezic'
13829; 'unmaezlîchen' 10042; 10049; 10481[88].

c) Der Zusammenhang von 'mâze' und 'mezzen'

Der innere, semantisch begründete Zusammenhang zwischen dem
Substantiv 'mâze' und der Tätigkeit des 'mezzen' im Sprachgebrauch Thomasins bedarf einer besonderen Erwähnung, da der
Dichter ihn offensichtlich nicht nach den Verfahrensweisen mittelalterlicher Etymologie, sondern vor seiner dem Gedanken der
"rechten Mitte" verpflichteten Ethik her aufweist. Er scheint
damit eine archaische Entwicklungsstufe der 'mâze'-Etymologie,
das Hervorgehen des Abstraktums 'mâze' aus der konkreten Ausübung des Messens, zu aktualisieren.

Es wurde schon erwähnt, daß Thomasin unter 'mezzen' das tä-
tige Ausüben der 'mâze', wie er sie begreift, versteht. Faßt

---

[88] Ist das Fehlen der Wortgruppe 'vermezzen' im WG. der Tatsache
zuzuschreiben, daß Thomasin als Welscher einen geringeren
deutschsprachigen Wortschatz zur Verfügung hatte als etwa seine deutschen Zeitgenossen Wolfram, Gottfried und Walther? Wahr-
scheinlicher ist wohl, daß die semantischen Inhalte dieser
Wortgruppe bei ihm in den bedeutungsmäßig sehr breit angelegten 'unmâze'- und 'übermuot'/'hôhvart'-Begriffen aufgefangen
sind.

man die Tugend als rechte Mitte zwischen einem Mangel- und
einem Übermaßpol, so fordert dieses Denkmodell von sich aus
schon bei jedweder Vergegenwärtigung ethischer Probleme
dazu auf, Tugenden und Laster sprachlich-begrifflich als Faktoren des Messens, als quasi-mathematische Größen zu sehen
(natürlich ohne den Anspruch neuzeitlicher naturwissenschaftlicher Exaktheit). Spricht man lediglich von einer Bildlichkeit des Messens von Tugenden, so wird das Kennzeichnende
und Eigenwillige dieser mittelalterlichen (bzw. antiken)
Vorstellung mit modernen poetologischen Begriffen zugedeckt.
'mâze' und 'mezzen' sind für Thomasin keineswegs Metaphern
für ethische Sachverhalte und Vorgänge, sondern konkrete,
lehrbare und erlernbare didaktische Werte, die für ihn und das
mittelalterliche Publikum einen höheren Grad von Unmittelbarkeit besessen haben müssen als für das an subtile ästhetische
Vermittlungserscheinungen gewöhnte moderne Bewußtsein.

'mezzen' als Grundvorgang ethischer Entscheidungen setzt sich
das Erreichen der 'mâze' als der Voraussetzung sittlichen Verhaltens zum Ziel. Denn:

>   9939 swer mit der mâz kan mezzen wol,
>   der tuot ez allez als er sol.
>   man sol mezzen nâch sîner kraft,
>   unmâze ist an übermaht.
>   man sol mezzen grôz und kleine,
>   diu rehte mâz sol sîn gemeine.

Nur wessen 'sin' die 'mâze' erkannt hat, der ist richtiger
ethischer Entscheidungen fähig; wer 'sîn gevert niht mezzen
kan' (9934), dem bleibt das Seelenheil als der Lohn für
sittliches Verhalten auf Erden versagt[89]. 'mezzen' wird iden-

---

[89]Vgl. auch 9967. Die Formel vom 'mezzen' des 'geverts' verdeutlicht noch einmal die fundamentale Bedeutung dieses
ethischen Programms. Thomasin fordert nichts anderes als
die totale sittliche Ausrichtung der gesamten Lebensweise
an den christlichen Lehren seiner Zeit.

tisch mit dem Treffen von sittlichen Entscheidungen, die
jedem Handeln, ob bewußt oder unbewußt, zugrundeliegen,
und orientiert sich an den Normen nicht des ritterlich-
höfischen, sondern des christlich-kirchlichen Weltbildes,
wie es der klerikal-feudalistische Didaktiker Thomasin in
seinem "Wälschen Gast" zeichnet[90]. 'mezzen' als menschliches
Handeln verwirklicht sich im rechten (das heißt stets: norm-
gerechten) "Bemessen" von Affekten und Sünden ('mezzen' des
Zorns 10097f., des 'übermuot' 10129ff., 10153; des 'nît'
10173), von irdischem Besitz (14208) und Gaben der 'milte'
(14179f.) oder grundsätzlich von Lastern (10104; 10178). Unter "Bemessen" ist zu verstehen, daß die Anlegung des rechten
Maßes jene Laster soweit abbaut oder verändert, daß sie zu
sittlich annehmbarem Verhalten verwandelt werden, daß ursprünglich vorhandene Laster in Relation zu den absoluten
Werten des Weltbildes gestellt werden und angesichts der unendlichen Tugendfülle Gottes eine Reduktion auf ihre Nichtigkeit hin erfahren müssen (vgl. besonders 10149-58). Insofern das 'mezzen' einem ständigen Überprüfen und Korrigieren
ethischer Entscheidungen gleichkommt, wird 'mâze' bei Thomasin zu einem ethischen Korrektiv, zu einem stabilisieren-
den Element der Sittlichkeit überhaupt. Ihre antithetische
Entsprechung, die 'unmâze', hat kein ethisch definierbares
Ziel. Sie ist zügellos und des rechten Messens unfähig:
'unmâze hât niht die maht / daz si mezze ihtes iht' (9954f.).
Sie wird für Thomasin zur größten Gefahrenquelle für Sittlichkeit und Moral seiner Zeit, weil sie die Laster, an der Spitze
die 'hôhvart', hervorbringt.

Zum Motiv des "Messens von ethischen Werten" im WG. (speziell
zu 9935-46) sei eine ältere literarische Parallele angefügt.

---

[90]Im herkömmlichen Sinne wird das Verb 'mezzen' von Thomasin
nur in 8928, 9044 und 9134 gebraucht.

Im St. Trudperter Hohenlied heißt es:

> 91,30 ... waz ist rehter wîstûm? daz ist daz wir
> reht gebin, daz wir reht wegen, daz
> wir rehte mezzen. hâstû disiu sô maht dû wîse
> 33 unde diemût sîn. mizzest dû rehte swâ man danne
> 92, 1 tailit, sô dunchest dû dich wirdich des smâhe-
> sten. daz mezz netrûget dich [niht] . wigest dû rehte
> sô ch[iu] sest dû an dir daz wirste unde
> an dîneme nâhesten daz beste. diu wâge intrûgit
> 5 dich nieht an dîner diemûte. gîst dû rehte sô
> gîst [dû] allen mennisken daz dû dir selbime wil[t].
> daz mez netriuget dich [niht].

Zweifellos hat Sap 11,21 diesen Text beeinflußt[91]. Sprachlich
weist er noch das ältere stn. 'mez' auf, das bei Thomasin
nicht mehr gebräuchlich ist. Für den Hohelied-Dichter begründet das 'rehte mezzen' Werte wie Weisheit und Demut - bei Thomasin sind es 'tugent' und Demut. Wie die 'mâze' im "Wälschen
Gast", steht das 'mez' im Rang einer ethisch-sittlichen Ent-
scheidungsautorität.

d) Die 'mâze' neben 'staete', 'reht' und 'milte'

Trotz der aristotelischen Tradition, die für Thomasins Auffassung der 'mâze' bestimmend wurde, beruht seine Ethik[92]
nicht auf antik-moralphilosophischen, sondern auf christlich-
theologischen Fundamenten. Ihr Ziel ist die Stärkung christlicher Sittlichkeit unter den gesellschaftlich dominierenden

---

[91] Vgl. 'Daz reht ist über al / an allen dingen mâze, wâge,
zal' WG. 12375f., ähnlich 9945f. Die Vorstellung von Maß,
Zahl und Gewicht, in der Bibel lediglich auf die Dingwelt
der Schöpfung bezogen, wurde in mittelalterlicher Theologie und Dichtung gern auf abstrakte Bereiche übertragen. Geordnete Größen- und Proportionsverhältnisse wünschte man sich
auch auf dem Gebiet der Sittlichkeit und der Werte.

[92] Zur grundsätzlichen Beurteilung der Ethik des WG. vgl. Ehris-
mann, Die Grundlagen des ritterlichen Tugendsystems, a.a.O.
S. 146ff.; ders. II, 2,2 S. 308-12; Schwietering S. 277-80;
Teske S. 178ff.; Eichler S. 82-85; de Boor II, S. 403-8;
Kuhn Sp. 466-70; E.P. Siegert, Der Wälsche Gast des Thoma-
sin von Zerklaere. Didaktischer Gehalt und künstlerischer
Aufbau. Diss. Frankfurt a.M. 1953, S. 30, 36ff., 116-23
und öfters; Neumann, Einleitung zur Thomasin-Ausgabe, bes.
S. XXIXff.; Hempel S. 176-9.

Ständen seiner Zeit, Adel und Geistlichkeit. Diesem Ziel
ist auch die 'mâze', wie immer sie bestimmten Traditionssträngen verbunden ist, untergeordnet.

Das gilt grundsätzlich auch für die drei anderen tragenden
ethischen Begriffe, die den sittlichen 'ordo' der ständischen Gesellschaft begründen: 'staete', 'reht' und 'milte'.
'staete' ist die Schwester der 'mâze' (12339)[93], ebenso wie
'unmâze' und 'unstaete' verschwistert sind (9885f., 12336-38);
'staete' und 'unmâze' schließen sich gegenseitig aus (9887).
Die 'staete' ist Ratgeberin aller anderen Tugenden. Gott selbst
verkörpert die oberste 'staete' und unterwarf die Schöpfung
dieser 'ordo'-Kategorie; erst der Sündenfall des Menschen ließ
'unstaete' in die Welt kommen. Mit dieser Bedeutungsbreite
wird die 'staete' zur wichtigsten Tugend in Thomasins Dichtung
überhaupt, indem sie die Konsistenz des 'ordo christianus'
verbürgt.

War die 'staete' vorzügliche Ordnungskategorie in kosmologischer und fundamentalethischer Hinsicht, so ist das 'reht'[94],
der Bruder von 'staete' und 'mâze' (12341), für die Aufrecht-
erhaltung christlicher Sittlichkeit im sozialen Bereich verantwortlich, und die 'milte' als Abkömmling des 'reht' wird
als vornehmste Tugend christlicher Nächstenliebe gepriesen.
Entscheidend ist jedoch die Hinordnung aller Tugenden, der fundamentalen wie der angewandten, auf Gott. Sie dienen dem
letzten Ziel des Menschen, der Erlangung des Seelenheils[95].

---

[93] Vgl. das enge Verhältnis von 'mâze' und 'staete' bei Wernher von Elmendorf (oben Kap. CIII,1). 'staete' ist "die Erfüllung alles Guten durch Stetigkeit im Denken und Wollen
(Vers 4345/46); sie ist daher die 'virtus', die "Tugend"
schlechthin" (Neumann, Einleitung zur Thomasin-Ausgabe,
S. XIII). Neumann weist mit Recht darauf hin, "wie Wolfram
die 'staete' mit der 'triuwe' koppelt, Thomasin aber mit
der 'mâze', die als "Verstandes Waage" nahe an der 'discretio' (an der ethischen Urteilskraft) bleibt" (ebd., S. XXXVI,
Anm. 20).

[94] Zum 'reht' vgl. besonders J. Müller, Studien zur Ethik und
Metaphysik des Thomasin v. Circlaere. Königsberg 1935, S. 17ff.

[95] Zum 'ze got varn' als letztem Ziel des Menschen, das er über
die Stufen der Tugenden erreicht, vgl. J. Müller, S. 119ff.
(Exkurs 'peregrinatio-ascensio-gradus').

Die möglichen Quellen der 'mâze' als 'virtus generalis'
sind bei Aristoteles, in der stoischen Tradition, bei Cicero,
Seneca und in der Patristik gesucht worden[96]. Auszuschließen
aus Thomasins 'mâze'-'lêre' ist der Typus der 'virtus specialis' und damit die Annahme des Einflusses der Kardinaltugend 'temperantia'. Der Quarternar der vier Kardinaltugenden läßt sich als solcher, von Partiellem einmal abgesehen,
im "Wälschen Gast" nicht nachweisen[97]. Thomasins besorgte
Frage:

> 6409 Wâ ist nu Aristôteles,
> Zênô und Parmenides,
> Platô und Pytâgoras?
> wâ ist ouch Anaxâgoras?

muß von der Forschung in einem neuen Sinne erst noch gestellt und beantwortet werden[98].

---

[96]Schwietering vermutet, daß das aristotelisch-neuplatoni-
sche Gedankengut über die Vermittlung der Werke der Schule
von Chartres auf Thomasin gelangt sei (S. 279). Eichler nimmt
eine "Verkennung" der "aristotelischen Mesotes" durch Thomasin an, vgl. seine Begründung S. 84f. (dagegen Siegert
S. 36, Anm. 1). Traub insistiert auf einem Einfluß Ciceros
auf Thomasins 'mâze' (S. 72).

[97]Dies ist ein wesentlicher Unterschied zum 'Moralium dogma'.
Neumann, Einleitung zur Thomasin-Ausgabe, äußert die Vermu-
tung, daß Thomasin "den Gedanken an die Vierzahl zudecken
wolle, darin bestrebt, soweit wie möglich mit einem weit
gedehnten Begriff der 'stæte' auszukommen" (S. XXII; vgl.
auch S. XXXII, XXXIV). S. auch Ehrismann, Die Grundlagen
des ritterlichen Tugendsystems, a.a.O. S. 149; de Boor II,
S. 406f. - Damit scheidet auch das 'Moralium dogma' als
Quelle für Thomasins 'mâze' aus, denn ein Maßbegriff in Anlehnung an die aristotelische μεσότης fehlt dort (vgl.
auch Ehrismann, Die Grundlagen des ritterlichen Tugendsystems, a.a.O. S. 146, Anm. 1).

[98]Diese Forderung stellt auch Neumann, Einleitung zur Thomasin-Ausgabe, S. XXXVIII. Sie wäre zu präzisieren im Hinblick auf eine begriffsgeschichtliche Untersuchung der in
Frage kommenden gr. und lat. Bezeichnungen μεσότης, μέσον,
μηδὲν ἄγαν, 'medietas', 'temperantia' usf. und ihrer sachgeschichtlichen Hintergründe, die eine traditionsgeschicht-
liche Fragestellung auf breiterer Grundlage erst ermöglichen würde.

3. Exkurse

<u>Exkurs III:</u> 'mâze' in Rede, Sprechsituation, Predigt und
dichterischem Schaffensprozeß

Reden als ästhetisches, Sprechen als sozial-kommunikatives
und Predigen als religiöses Verhalten waren in Antike und
Mittelalter von bestimmten, in den kulturellen und religiösen Anschauungen der Zeit begründeten Regeln und Normen
abhängig. Die Rhetorik gehörte zu den im Mittelalter ge-
pflegten, von der Spätantike übernommenen sieben freien Künsten. Das deutschsprachige Mittelalter hat nicht zu einer
eigenen Theorie der Rede gefunden, sondern zeigt sich von der
Antike beeinflußt. Allenfalls auf dem Gebiet religiöser
Predigt und volkstümlicher Verkündigung ging es eigene Wege.
Aufforderungen zur Beachtung bestimmter Maßvorstellungen in
Sprechsituationen unter Benutzung von Begriffen aus der Wortfamilie 'mâze', denen in diesem Exkurs nachgegangen wird, finden sich schon in der althochdeutschen Literatur.
(1) Der Nachhall antiker Rhetorik ist am deutlichsten bei
Notker dem Deutschen zu verspüren, dem wir die Überlieferung
einer lateinisch abgefaßten Rhetorik für Klosterschulen verdanken ('De arte rhetoria'). In ihr finden sich die Übersetzungen 'mezunga'(Nr. I, 682, 16f.), 'metemscaft' (Nr.
I, 682,17) und 'mezhaftigi' (Nr. I, 683,7) für lat. 'moderatio'
als eines nicht auf die Inhalts-, sondern auf die Ausdrucks-
seite der Rede bezogenen Spezialbegriffs (s.o. Kap. AVIII).
Stark in den Bereich sakraler Musik tendieren die Belege 'mâzunge' (Ps. 20, Or.; Ps.95, Or.) und 'wisemez' (Ps. 64,Or.)
als Wiedergabe von lat. 'modulatio' (Windb.Ps., s.o. Kap.
BI,1), das das ästhetische Maß als Grundlage des Lobgesangs zur
Verherrlichung Gottes benennt. Andere Belege, die mehr auf
die Inhaltsseite der sprachlichen Äußerungen zielen, rufen
zum beherrschten, maßvollen Gebrauch bestimmter Sprachinhalte
auf, so etwa schon Otfrid ('Sprih ... mezworte' IV,19,15) und
Milst.Hym. 53,3 ('mâzlich' / 'parcus' in bezug auf den Gebrauch bestimmter Worte).
(2) Die ritterlich-höfische Zeit stellt die Sprechsituation
unter das Gesetz der 'zuht'. Schon Joseph in der Wiener
Genesis spricht 'uil gezogenliche' (3493; 3519). In der Kaiserchronik liest man in der Erziehungslehre 1640ff. vom heranwachsenden Ritter:

> 1648 swenne der junge man
> mit zuhten wol gesprechen kan
> unde swîgen dâ er sol,
> sô stât sîn dinc wol!

Wo es angebracht ist, so hören wir, muß der höfische Mensch
zuchtvoll schweigen können: etwa im Verhalten gegenüber zor-

nigen Frauen ('ze mâze muos er swîgen' Lanz. 261)[99]. Vor-
bildliche Damen zeichnen sich dadurch aus, daß sie 'sîze
wort mit rechter mâzen' aussprechen können (Rud.G 27)[100].
Ungebührlicher, maßloser Gebrauch der Sprache wird gerügt
('Grozze vmmazze / An worte vîl an gelazze' Herb. 2307f.),
wiewohl das Beachten der 'maze/an rede und an gelaze' zum
Erfordernis des idealen, höfischen Menschen gehört (Trist.
2739f.) oder gar, für Tristan, zur Notwendigkeit im Kampf
um Minne und Überleben werden kann ('und haete sine huote/
an rede und an gelaze/in bezzerre maze, / danner e males
taete' Trist. 13630-33).
Die höfischen Didaktiker Thomasin und Winsbecke halten es
mit der Ausgewogenheit und überlegt-maßvollen Zurückhaltung
im sprachlichen Umgang mit den Mitmenschen. Thomasin rät[101]
in der Hofzucht-Lehre des I. Buches des WG. zur rechten Mitte zwischen 'swîgen' und 'klaffen':

> 719 man sol ze vil doch swîgen niht,
> wan von vil swîgen dicke geschiht
> daz von vil klaffen mac geschehen.
> man sol die mâze wol ersehen
> an allen dingen, daz ist guot:
> ân mâze ist niht wol behuot.

Vgl. auch WG. 10385-88 und Wernh.v.E. 858ff. - Ähnlich vorsichtig empfiehlt der Winsbecke seinem Sohn, vor einer unbe-
dachten, sinnlosen 'rede' ein zweites Mal gründlich nachzu-
denken und den Inhalt der Worte zu prüfen:

> 25,1 Sun, bezzer ist gemezzen zwir
> denne gar verhouwen âne sin.
> ê daz diu rede entrinne dir
> ze gaehes ûz dem munde hin,
> 5 besnît si wol ûf den gewin,
> daz si den wîsen wol behage.

(3) Das Christentum als Verkündigungsreligion hat von jeher
Predigt[102] und Rede gepflegt und sie als Dienst für Gott aufge-
faßt. Damit gewann das Wort des Predigers eine metaphysische
Aura. Indes sind im volkssprachigen Bereich Begriffe der

---

[99] Ulrich von Zatzikhoven, Lanzelet. Eine Erzählung. Hsg. von
K.A.Hahn. Mit einem Nachwort und einer Bibliographie von
F. Norman. Berlin 1965 (=photomechan. Nachdruck der Ausga-
be Frankfurt a.M. 1845).

[100] Graf Rudolf, hsg. von P.F. Ganz. Berlin 1964.

[101] Näheres zur Hofzuchtlehre und zu literarischen Parallelen
nei Teske S. 121ff., bes. 123f., 131.

[102] Vgl. R. Cruel, Geschichte der deutschen Predigt im
Mittelalter. Detmold 1879.

'mâze'-Wortfamilie an der Kennzeichnung der idealen Form
christlicher Verkündigung nur selten beteiligt. Belege wie
der folgende aus der Legende des hl. Ulrich müssen als Ausnahme gelten. Vom hl. Ulrich wird berichtet:

> 432 so was sin wort gezieret
> mit wisheit wol gezimieret;
> maze vnd süzicheit was sie vol
> bescheidenheit konde er behalten wol.
> Ze diemüte vnd ze bezzerünge
> was gar bereit sin zünge
> als ein wiser man lerte
> sin wort er ze nütze kerte.

Was die lateinische Vorlage (um 1030) zeigt[103], ist rhetori-
sche Fertigkeit im Verkündigen des Gotteswortes mit Werten wie
'sapientia', 'modestia', 'humilitas' und anderen verbunden.
Im Sprachgebrauch des mittelhochdeutschen Übersetzers Albertus sind Einflüsse höfischer Schönheitsvorstellungen unübersehbar ('gezieret', 'gezimieret', letzteres romanisches
Lehnwort). Das 'in uerbis modus' legt Albertus nicht mehr dem
'wisen man' in den Mund, sondern stellt es, wahrscheinlich unter dem Einfluß der sich festigenden Eigenwertigkeit der Rittertugend 'mâze', unter Mißachtung des Wortlauts der Quelle voran:
'maze vnd süzicheit was sie vol' 434 (vgl. die Verbindung von
"süß" und einem Maßbegriff in 'suozze mazzunge' Windb.Ps. 20,
Or., und 'süze wort mit rechter mazen' Rud. G 27). Die Ver-
leugnung der Tradition, die sich darin kundtut, mag der Gattung der legendarischen Heiligenvita gemäß und aus ihrer Ahisto-
rizität erklärbar sein; möglicherweise deutet sie aber auch darauf, daß 'mâze' sich um 1220 im literarischen und religiösen
Schrifttum als Wertbegriff derart profiliert hatte, daß sie
einer genetischen Legitimation entraten konnte.

---

[103] 'Sed si quando necessario ei loquendum fuit, erat illius
sermo sapientie sale conditus, modestus, humilis et ad
persuadendum utilis et, ut quidam sapiens dicit, in sermone
pondus atque in uerbis modus', Textausgabe S. 36. Die Rede
(Predigt) solle Gewichtigkeit, das Einzelwort aber Maß
haben - dies scheint ein klassischer antiker Grundsatz zu sein.
Der 'quidam sapiens' der Quelle kann demzufolge ein antiker Autor
rhetorischer Schriften sein, möglicherweise aus dem Umkreis
Ciceros oder Quintilians. Berno selbst will sein dichteri-
sches Vorhaben 'moderato sermone' ausführen, wie er im Prolog zur 'Vita sancti Udalrici' bekundet (PL 142, Sp. 1184).
Dies hat sicherlich eine gewisse Verwandtschaft zum Grundsatz des 'in uerbis modus' des unbekannten Weisen.

Eine begriffsgeschichtliche Rückführung auf lateinische Vorstufen ist, wie man sieht, für einzelne Belege durchaus auf-
weisbar, dürfte aber wegen der spärlichen Überlieferung nicht
immer ohne Spekulation möglich sein. Sowohl hinsichtlich des
Inhalts der Rede bzw. des Sprechens, der Art der Ausführung
(Technik) als auch der Sprechsituation als solcher lassen sich
Maßforderungen erkennen. Ihre Reichweite umfaßt das alltäglich-
situative Sprechen wie das gestaltete dichterische und religiöse Wort.

(4) In der mittelhochdeutschen Literatur gibt es nicht selten
Dichterkommentare, in denen die 'mâze' als Rechtfertigungs-
grund für den Abschluß einer Dichtung oder eines Dichtungs-
abschnitts bemüht wird. Mit der Erklärung solcher Belege als
Bescheidenheits- und Kürzungstopoi erfaßt man die Bedeutung
der 'mâze' für den dichterischen Schaffensprozeß nicht ganz,
denn mit der Verwendung von Begriffen der 'mâze'-Sippe wird
dem Abschluß der Dichtung häufig zugleich ein ästhetischer Be-
gründungszusammenhang unterlegt. Der Dichter spielt gewissermaßen mit der Bedeutungsvielfalt der 'mâze' als ethischer
(Bescheidenheit) und ästhetischer (Dichtungsarchitektur) Größe.
So in den folgenden Belegen:

> Serv. II, 501   Wij en moghens all ghesegghen nyet.
> Ouch en sal ment all nyet laten:
> Wij soelen nae der <u>maeten</u>
> Der reden rueren eyn deel. [104]

> En. 26,19   des scholen wir vil lâzen
> unde nâch der <u>mâzen</u>
> die rede harde korten.

> Eracl. 3756   ich wil der rede ein michel teil
> under wegen lâzen
> und wilz mit guoter <u>mâzen</u>
> enden sô ich beste kan. [105]

> Winsb. 56,1   Sun, ich wil dir nû niht mêre sagen.
> der <u>mâze</u> ein zil gestôzen sî:
> dû enmaht sîn alles niht getragen.

Natürlich wollen die Dichter auch ihre Bescheidenheit zum
Ausdruck bringen[106]. Ausschlaggebend sind aber die realen,

---

[104] Sinte Servatius Legende van Heynrijck van Veldeken naer een
handschrift uit het midden der XV^de eeuw, voor de eerste
mael uitgegeven door J.H. Bormans. Maestricht 1858. - In diesem Beleg bedeutet 'mâze' außerdem den mittleren Weg zwischen den beiden Extremen des 'all ghesegghen' und des 'all
laten'.

[105] Eraclius. Deutsches Gedicht des dreizehnten Jahrhunderts.
Hsg. von H. Graef. Straßburg/London 1883.

[106] Grundlegend hierzu: J. Schwietering, Die Demutsformel mittelhochdeutscher Dichter. Berlin 1921.

nicht die fiktiven Ursachen des intendierten Dichtungsab-
schlusses bzw. des Abschlusses oder der Kürzung eines Dich-
tungsteils. Bei den genannten Belegen ist keinesfalls auszuschließen, daß es vor allem kompositorische Aspekte waren,
die die Dichter zum Abschluß bewegten. Sie haben ein Gespür
für die Architektur eines Dichtungsgefüges, wollen Auswu-
cherungen vermeiden und dem Inhalt wie der Aufnahmebereit-
schaft des Publikums angemessene Zäsuren setzen. Oder sie wollen, um der künstlerischen und gehaltlichen Anlage ihrer
Dichtung gerecht zu werden, bestimmte Elemente ihrer literarischen Quellen nicht übernehmen und kürzen die Erzählung
unter Berufung auf die 'mâze' (so besonders auffällig En.
26,19ff.). In der didaktischen Dichtung des Winsbecken kommt
als weiteres Motiv die psychologische Einsicht in die vernünftige Dosierung erzieherischer Belehrungen hinzu. Das
Nennen der 'mâze' in obigen Zitaten trägt den Dichtern nicht
nur den Nimbus bescheidener Zurückhaltung gegenüber ihrem
Publikum ein, sondern soll ihm, subtil verhüllt, ihr eigenes künstlerisches Vermögen, ihren Sinn für Harmonie und
Ausgewogenheit, andeuten. Gegen 'mâze' oder sogar 'guote
mâze' wird schlechterdings niemand etwas einwenden können -
die Dichter wußten offenbar, warum sie sich diese Bundes-
genossin erwählten. Der Bescheidenheits- oder Kürzungstopos
wird zur getarnten Apologie eigenen Künstlertums.
Demgegenüber nimmt es sich naiv aus, wenn der Dichter
der Pilatuslegende bereits im Prolog auf das Gütesiegel
der 'mâze' in bewußter Abkehr verzichtet und ihr vorschnell
sein gestalterisches Temperament als überlegen entgegen-
setzt:

> 14 mac sih enthalden mîn gedanc,
>   unz ich sî geenden,
>   sô weiz ih daz genenden
>   mê tût dan mâze
>   an sulhen anlâze. 107

Der unbekannte Verfasser, dem auch sonst das Dichten in
'dûtscher zungen' nicht leichtfällt (vgl. die Eingangsverse),
weiß allerdings um die Unerläßlichkeit der 'mâze' für den
dichterischen Schaffensprozeß und bekennt kurz darauf:

> 54 ih spien mich ze sêre,
>   dô ih dî sinne beschiet.
>   noh nentlâzen ih mih niet,
>   ih wil an mîner mâze donen
>   unz ich gweichen unde gwonen
>   in dûtscher zungen vorbaz;
> 60 sî ist mir noh al ze laz.

---

107 Weinhold, der Herausgeber der Pilatuslegende, verweist
    auf eine Prallele in Wild.M.,Ver. 58-60 (a.a.O. S. 257).

Liegt hier nun ein anders verstandener Begriff der 'mâze'
vor als in Pil. 17? Bei der semantischen Spannweite mittelhochdeutschen Wortguts ist das durchaus denkbar. Im ersten
Fall wird auf das psychologische Hemmungsmoment schüchter-
ner Zurückhaltung und Bescheidenheit angespielt, und im zweiten Beleg versteht der Dichter die 'mâze' offensichtlich im
grundsätzlichen Sinne als die je eigene künstlerische Kraft
und sprachliche Entfaltungsmöglichkeit (im Bereich der 'dût-
schen zunge'). Derartige Differenzierungen im Sprachgebrauch
ein und derselben Dichtung sind für mittelhochdeutsche Texte
nicht ungewöhnlich.
Die Gefahr des 'ze laz sîn' in Verbindung mit dem Fehlen
einer als künstlerisches Vermögen verstandenen 'mâze' kennt
auch, in auffälliger Parallelität zu Pil. 57ff., Konrad von
Fußesbrunnen in seiner "Kindheit Jesu":

> 3025 swelch mîn friunt mich âne haz
> nu meldet, dem enphâhe ich daz
> ze guote, ob er mir etewaz
> zeiget, dar an ich ze laz
> bin gewesen unde vergaz
> 30 der mâze und ez unrehte maz,
> sô snüere ich gerne ein anderz baz.

Hier spielt natürlich auch der Gesichtspunkt der richtig be-
messenen Quantität, des rechten Umfangs als einer zu beachtenden künstlerischen Idealvorstellung eine Rolle, so wie
er in Serv.I, 859 ('boven maten') und Herb. 1642 ('vz der
mazze') ausschließlich zum Tragen kommt. Mit 'mezzen' ("reimen") benutzt Konrad einen prosodischen Begriff, den schon
Otfrid kannte (s.o. Kap. A VII), vgl. auch 'snüeren' 3031[108].
Neben diesen im wesentlichen ästhetischen Begründungen für
einen Dichtungsabschluß oder Teilabschluß finden sich auch
religiöse Motive. Der Beleg RL. 6527 ('Von diu sculn wir
unsich dâ mâzen') wurde bereits oben Kap. B III, 3c besprochen;
hier beendet der Dichter aus Scheu vor einer allzu ausführlichen Beschreibung überirdischer Erscheinungen einen Abschnitt.
Auch Aneg.831f. ('von diu sul wir mit mâzen / die rede enzît
lâzen') läßt eine Überhöhung des Bescheidenheitstopos durch
Vorbehalte religiöser Art (vgl. 813-30) erkennen.
Ganz anders erklärt man sich den abrupten Abschluß der
Vorauer Fassung von Lamprechts Alexander: 'hie dûhte si
beide diu mâze./ nû ist zît daz lâzen' (1532f.). In der
Forschung setzt sich immer mehr die Auffassung durch, bei den

---

[108]'mezzen' als dichtungstechnischer Fachausdruck sonst noch:
Parz. 311,9 "berichten, angeben"; 'sanc mezzen' Parz. 337,6
"dichten, dichterisch gestalten"; Willeh. 189,25 "erzählen,
dichterisch in Szene setzen".

Abschlußversen handele es sich um den Zusatz eines Schrei-
bers[109]. 'mâze' wird im vorliegenden Text, in dessen Torso-
charakter man eine Verletzung ästhetischer Gesetze zu sehen
glaubte, zum schlecht und flüchtig angelegten Notverband,
der einen Dichtungsabschluß vortäuschen soll, wo er offensichtlich in der Vorlage fehlte.

Exkurs IV: 'mâze' und Besitz[110]

In der Verurteilung unmäßiger Gier nach irdischem Reichtum
sind sich mittelalterliche Theologie und volkssprachige
Dichtung des 11./12. Jahrhunderts weitgehend einig. In Hil-
deberts von Lavardin (1056-1133) sentenzenhaftem Ausspruch
'cupiditas est radix omnium malorum'[111], der hier stellvertre-
tend für die theologische Position stehen mag, ist die gleiche
radikale Ablehnung eines übertriebenen Strebens nach den Gütern dieser Welt angelegt wie in des Wilden Mannes 'Van der
girheit' (s.o. Kap.B II, 3a), um die literarisch eindrucks-
vollste Warnung vor der 'cupiditas' aus dem Bereich der deutschen Literatur des 12. Jahrhunderts zu nennen, und hier wie
da wird das kritische Verhältnis zum Reichtum geistlich begründet.
    Schon Notker der Deutsche spricht in seiner Boethius-
Übersetzung vom 'unmeze dero giredo' (Nb. I,93,28; S.-St.I,
104,4; vgl. auch 'unmez' Nb. I,96,26; S.-St.I, 107,2), und
sein Glossator versteht unter dem Laster der 'luxuria' nichts
anderes als 'guotis unmez' (Npgl. II, 277,14; S.-St.III,
480,12). Spec.eccl.135,4 warnt vor der 'unmazlîchen girde
des grozzen richtômes' und führt gegen die 'gierscheit' die
sechste Vaterunser-Bitte ins Feld (152,3ff.; s.o. Kap.B II,
3a). Aus dieser vom asketischen Armutsideal beeinflußten

---

[109]Die bisherige Forschung zusammenfassend: F. Urbanek, Umfang
und Intention von Lamprechts Alexanderlied. ZfdA 99
(1970) 96-120.

[110]Weiterführend: H. Buttke, Studien über Armut und Reichtum
in der mittelhochdeutschen Dichtung. Diss. Bonn 1938; H.
Grundmann, Neue Beiträge zur Geschichte der religiösen
Bewegungen im Mittelalter. Archiv für Kulturgeschichte 37
(1955) 129-82; E. Werner, Pauperes Christi. Studien zu
sozial-religiösen Bewegungen im Zeitalter des Reform-
papsttums. Leipzig 1956; W. Schröder, 'Armuot'. In: DVjs 34
(1960) 501-26; A.P. Wirth, Vor- und Frühgeschichte des
Wortes 'arm'. Diss. Freiburg i. Br. 1966; W. Mohr, 'arme
ritter'. In: ZfdA 97 (1968) 127-34.

[111]Hildebert von Lavardin, Sermones de sanctis LXXXIII. PL
171,735.

Haltung ist es verständlich, wenn der Geistliche Heinrich in
seiner Litanei seinen göttlichen Herrn lediglich um 'maezzigen
richtuome / unt dar uber niemere' bittet (G 23a, 14f.; vgl.
S 1430f.).

In der frühhöfischen Epik beginnt sich der Charakter der Belege zu wandeln, weil das aufkommende Rittertum in der Pro-
pagierung seiner Ideale das 'guot', von dessen Besitz der
ganze Ritterstand entscheidend abhängig wird (man denke nur
an das Lehnswesen), mehr und mehr zu einem seiner grundlegenden Werte erklärt. Der geistliche Bearbeiter des Straßburger Alexander erlaubt seinem heidnischen, die Unterjochung
der ganzen Erde planvoll betreibenden Helden zum Schluß einen inneren Wandel zum maßvollen, weisen Herrscher.
Die höfische Dichtung vermittelt ihrem Publikum ideale Vorbilder für den Umgang mit irdischem Reichtum und seiner maßvollen Unterordnung unter die höheren ethischen und metaphysischen Werte. Hartmann von Aue preist den 'dux iustus et
pacificus' Gregorius:

> 2268 er was vestes muotes:
>   enhaete erz niht durch got verlân,
>   im müesen wesen undertân
>   swaz im der lande was gelegen.
>   nû wolde aber er der mâze phlegen:
>   durch die gotes êre
>   so engerte er nihtes mêre
> 75   wan daz im dienen solde:
>   vürbaz er niene wolde.

Des Gregorius 'mâze' in bezug auf den gewaltsamen Erwerb be-
nachbarter Länder wird vom 'vesten muot' (2268; vgl. 'staete',
'constantia') gestützt und durch den Dienst an der 'gotes
êre' metaphysisch begründet. Gregorius bescheidet sich in
seinen 'ordo', in das, was ihm von seiner Stellung her zu-
steht (2274-76), und besiegt damit die 'girheit'. - Wolfram
von Eschenbach läßt Gurnemanz dem jungen Parzival folgende
Lehre mit auf den Weg geben:

> 171,7 Ir sult bescheidenlîche
>   sîn arm unde rîche.
>   wan swâ der hêrre gar vertuot,
> 10   daz ist niht hêrlîcher muot:
>   sament er ab schaz ze sêre,
>   daz sint och unêre.
>   gebt rehter mâze ir orden.

'bescheidenlîche'(vgl. die Tugend der 'discretio') soll man
sich irdischen Gütern gegenüber verhalten, sich vor Verschwendung hüten (denn Besitz gehört zum 'hêrlîchen' Leben)
und die Habgier meiden. Nur dann läßt der junge Adelige die
'rehte mâze' in dem ihr von der Schöpfung zugewiesenen Wir-
kungsraum ('orden') zur Entfaltung kommen, wenn er sich vor
den Extremen des 'gar vertuon' und des 'ze sêre samenen'

hütet und den einzig tugendhaften Weg der Mitte sucht[112].
Auch Walther von der Vogelweide warnt die angehenden Ritter
vor einer Überschätzung der materiellen Güter (22,33ff.;
31,13ff.). Nur dann gewinnt Reichtum an Werthaftigkeit, wenn
er nach den Weisungen der 'mâze' erworben wird. Das 'guot'
ist notwendig; außerdem ist es eine der Voraussetzungen der
'fröide' (23,4). Es kommt nur auf das 'rehte' Verhältnis zum
'guot' an; vernünftige, alles Exzessive meidende Besonnenheit
(vgl. 23,9) soll dem 'guot' den ihm gebührenden Platz in der
höfischen Wertehierarchie zuweisen. In der "Junkerlehre"
(22,33ff.), einem didaktischen Spruch über das rechte Verhältnis zum 'guot', zu Besitz und Reichtum, gebraucht Walther
das Bild der Waage:

> 23,5 wilt aber dû daz guot ze sêre minnen,
> dû maht verliesen sêle unt êre.
> dâ von volge mîner lêre,
> leg ûf die wâge ein rehtez lôt,
> und wig ouch dar mit allen dînen sinnen,
> 10 als ez diu mâze uns ie gebôt.

Der 'mâze' werden hier legislative Funktionen zugesprochen,
die in ihrer Ausschließlichkeit und Pointiertheit ('mâze' im
Schlußvers und gnomisches Präteritum!) an die Gebote Gottes
erinnern und damit einen religiösen Anschein bekommen ('ie
gebôt'). Die 'mâze' bestimmt das 'rehte lôt', ein Meßinstrument, im übertragenen Sinne die Maßstäbe für das Bewußtsein
des Menschen, welchem Stand er auch zugehöre ('in swelher
aht dû bist' 22,33), für das richtige Abwägen und Einschätzen
der Bedeutung der irdischen Güter für das sittliche Leben.
Eine Überbewertung des 'guot' führt zur Gefährdung von 'sêle
unt êre', von ewigem Seelenheil und diesseitigem Ansehen in
der Gesellschaft und von persönlichem ethischem Verdienst.
'mâze' entsteht hier (vgl. Thomasin von Circlaria!) durch das
rechte Abwiegen und Abwägen, durch einen ins Ethische übertragenen Vorgang des Messens. Bis in materielle und wirt-
schaftliche Bereiche hinein soll die 'mâze' als Regulativ
wirken.

---

[112] Der Vers 171,13 'gebt rehter mâze ir orden' darf natürlich nicht voreilig aus seinem kontextuellen Zusammenhang gelöst und als Beweisstück für die grundlegende Rolle der 'mâze' in der ritterlich-höfischen Ideologie im
allgemeinen Sinne verwendet werden, wie es manchmal geschieht. Er ist an die Thematik des 'guot' als eines
wichtigen Bewährungsfeldes für die 'mâze' gebunden.

Wie man vorbildlich mit dem 'guot' umgeht, dafür gaben auch
Tristan und Rual ein Beispiel[113]: Rual beachtete strikt die
'maze an dem guote' (Trist.4519; auch 4544), um dem jungen
Tristan die materielle Vorbereitung und Durchführung seiner
Abfahrt von König Markes Hof zu ermöglichen, im weiteren
Sinne: um ihm für die Verwirklichung seines 'herren muot'
(4479), seiner feudal-höfischen Gesinnung, die materiellen
Voraussetzungen zu schaffen. Rual und Tristan verletzen dabei nicht die Grenzen, die ihnen von der 'mâze' gesetzt werden (vgl. 4505).
Das Befolgen der höfischen 'mâze' wird zur ethischen Grundlage für den Umgang mit dem 'guot' - in der frühmittelhochdeutschen Literatur band man des Menschen Verhältnis zum
Reichtum noch wesentlich stärker an eine geistliche Sittlichkeit. Neben den Bezugspunkt "Gott" bzw. "Seelenheil" treten
irdische Werte: 'êre', 'werdekeit', höfische Tugenden. Repräsentativ für die späthöfische Literatur formuliert der Winsbecke diese Einstellung:

> 50,1 Sun, swer mit tugenden hûses phliget,
>   der nimt an werdekeit niht abe,
>   und alsô mit der mâze wiget,
>   daz im gevolgen mac sîn habe.
>   und krüche der an einem stabe,[114]
>   gote und der werlte waere er wert.

Immer noch wird seelisch-geistliche Armut als diskriminieren-
der empfunden als materielle - zumindest vordergründig, denn
dem sonst so sehr auf rechte Hofhaltung, maßvolle Hausführung
und oft recht kleinlich anmutenden Erhalt der 'habe' bedachten Walther-Epigonen Winsbecke nimmt man eine Bereitschaft
zum Verzicht auf äußeren Besitz um religiöser Werte willen nicht
mehr ohne Zögern ab. Wem die 'hûsêre' über alles geht, zu dem
paßt der Bettelstab (50,5) schwerlich.
Immerhin soll der Ritter seinen Besitz nicht zu sehr lieben
(Wernh.v.E. 1105); 'guot' kann auch niemals durch 'hôhvart',
'unmâze', 'zorn', 'nît' und 'unstaete' erworben werden (WG.
13829-33). Auch Krieg und Fehde sind abzulehnende Mittel zum
Besitzerwerb, weil sie dem 'reht' widersprechen (vgl. Lanz.
46-49). 'rehte mâze': diese Formel birgt die sittlichen Normen in sich, die für den Umgang mit weltlichen Gütern gelten
sollen (vgl. 'reht' und 'mezzen' in WG.14179f.; Spervogel

---

[113] Vgl. die Lehren Markes über 'guot' und 'muot' Trist.4470ff.,
ferner das 'guot'-'muot'-Wortspiel Greg.606-26.

[114] Das literarische Vorbild für diesen und den nächsten Vers:
Walther 66,33ff.

MF[115]23,25, Hs.C; Parz.171,13). Das rechte 'behalten unde
geben' (WG.9048) ist eine Funktion der 'milte', und auch
diese hervorragende Feudaltugend christlichen Ursprungs soll
im rechten Maß angewendet werden (s.o. Kap.C III,1 zu
Wernh.v.E.)[116]. Besitz 'âne mâze', unendlicher Reichtum,
wird in der mittelhochdeutschen Literatur kritiklos nur den
heidnischen Herrschern und Adeligen zuerkannt (vgl. Osw.W[117]13;
dazu zahlreiche Belege im RL. und in Wolframs "Willehalm";
ähnlich auch der Teufelsbündler Rôaz in Wig.8319).

Dem Dilemma, einerseits auf das 'guot' wirtschaftlich, politisch und kulturell angewiesen zu sein, es andererseits aber,
zumindest im individuellen Entscheidungsraum des einzelnen
literarischen Helden, angesichts der religiösen und sittlichen Werte, zu denen man sich ja nach wie vor bekennt, nicht
zu hoch zu veranschlagen, versuchen die höfischen Dichter dadurch zu entgehen, daß sie das Verhältnis zum 'guot' durch
Werte wie 'mâze', 'milte' und 'reht' regeln lassen.

---

[115]Des Minnesangs Frühling. Nach K. Lachmann, M. Haupt und
F. Vogt neu bearbeitet von C.v.Kraus. 33. Auflage. Unveränderter Nachdruck. Stuttgart 1962.

[116]Ironisch kritisiert Walther von der Vogelweide Ottos IV.
fehlende 'milte' im Spruch 26,33 ('Ich wolt hern Otten
milte nâch der lenge mezzen'). Die ätzende Wirkung des
Spruchs lebt aus der Vorstellung des Messens auf den zwei
Ebenen des konkreten Meßvorgangs und des abstrakten Meßob-
jekts ('milte'). Walther mißt zunächst Ottos Freigebigkeit
mit dem Maßstab ('mâze') seiner großen Körperhöhe, und der
Maßstab erweist sich als zu groß bzw. die 'milte' als zu
klein. Umgekehrt mißt Walther dann Ottos großen Körperwuchs
mit dem Maßstab der 'êre', der sich als der richtige erweist, um Ottos 'miltes muot' auf seine richtige, erbärm-
liche Größe zusammenschrumpfen und im Gegensatz dazu König
Friedrich zum Riesen aufschießen zu lassen. - Dies als
Beispiel für den Grad der Wichtigkeit der 'milte' für die
mittelhochdeutsche Dichtung. Die Forderung nach 'milte'
war angesichts der mittelalterlichen Wirtschaftsstruktur
nicht überhöhte Wunschvorstellung einiger idealistischer,
weltfremder Dichter, sondern wurde für eine breite Be-
völkerungsschicht unerläßlich, um die Fristung des Daseins
zu sichern. Nur so kann man sich die scharfe sittliche Verurteilung mangelnder 'milte' in der höfischen Dichtung erklären (vgl. etwa Bligger von Steinach: 'swer âne milte
guotes pfligt und âne schame,/den wirfet in vil swinder art/
in einen schaden und in ein êwic laster' MF 119,18-20).

[117]Der Wiener Oswald. Hsg. von G. Baesecke. Heidelberg 1912.

Dies verbürgt ihnen ein Vermeiden der Überbetonung weltlicher
Güter, befreit sie aber auch von einem grundsätzlichen Verzicht auf sie. Die 'milte' als Feudaltugend christlicher
Provenienz sichert die materiellen Bedürfnisse des Rittertums vor kirchlicher Kritik an allzu starker Diesseitsorientiertheit ab; das 'reht' verschafft ihm die gewünschte Verankerung des 'utile', aller materiellen Werte, im gottgewollten
'ordo'. 'milte', 'reht' und 'mâze' können unter diesem
Aspekt als ideologische Waffen eines um seinen Führungsan-
spruch ringenden weltlichen Standes angesichts der kirchlichen
Machtfülle angesehen werden.

Exkurs V: 'mâze' bei Essen und Trinken

Unmäßigkeit in Essen und Trinken gehört zu den Sünden, die
auf eine eindeutige biblische Tradition zurückgehen[118]. Der
Apostel Paulus zählt 'ebrietates' und 'comessationes' unter
den 'opera carnis' auf (Gal 5,21). Die kirchlichen Fastengebote, besonders auch die Fastenvorschriften der klösterlichen Gemeinschaften, trugen zur Aufsplitterung der Sünde der
Unmäßigkeit hinsichtlich der Speiseaufnahme in verschiedene
Tochtersünden bei, und die mittelalterliche Theologie verzeichnet die 'gula' bzw. 'gastrimargia' unter den sieben Ka-
pitalsünden. Das Übermaß im Essen und Trinken zählt auch zum
festen Bestand der Sündenkataloge der althochdeutschen Beichten.[119] Der hl. Benedikt warnt in seiner Regula ausdrücklich
vor 'crapula' und 'ebrietas' (Kap. 39 und 40, s. oben Kap. A
III)[120].

---

[118] Belege für 'ebrietas', 'crapula' und 'comessationes':
Prov 20,1; 21,17; 23,30-34;, 31,4; Eccli 31,25-31; Is 5,11.
22; 28,1-7; Lc 21,34; 1 Cor 5,11; 6,10; Gal 5,21; 1 Petr
4,3 und viele andere. Belege auch bei O. Zöckler, Das Lehrstück von den sieben Hauptsünden. Beitrag zur Dogmen- und
zur Sittengeschichte, insbesondere der vorreformatorischen
Zeit. Nebst einer Textbeilage: Der Kampf der Laster und
der Tugenden nach Matthias Farinator und seinen mhd. Ex-
zerptoren. In: O.Z., Biblische und kirchenhistorische Studien. Nr.III. München 1893; Art. "Essen und Trinken" von J.
Schmid in LThK 3,1112f. - Zu den Folgen des Trinkens in einigen Sprichwörtern der älteren nordischen Literatur s. A.
Taylor, "When Wine Is In, Wit Is Out". In: Nordica et
Anglica. Studies in Honor of Stefán Einarsson. Ed. by A.H.
Orrick. The Hague, Paris 1968, S. 53-56.

[119] Belege in: Die Millstätter Sündenklage. Hsg. von M. Roediger.
ZfdA 20 (1876) 295 (Anm. zu 488-516).

[120] Auch Karl der Große verbietet den Mönchen in seinen Capi-
tularien Trunksucht und Völlerei. Belege bei Stosiek S. 51f.

Weitere Belege, besonders aus den Psalmen, finden sich bei
Notker von St. Gallen. Gott läßt Fleisch und Vögel vom Himmel regnen, und die Israeliten werden 'unmâzzo sât' (Np.II,
316,10, S.-St.III, 544,16; Ps.77,29 'et saturati sunt
nimis'). Lat. 'sobrius' glossiert Notker mit 'mezîg' (Nb.
I,122,19, S.-St.I,133,14). Er und sein Glossator kennen auch die
im mystischen Sinne zu verstehende, ekstatische, geistliche
Trunkenheit, die 'ebrietas spiritalis'. Der Glossator übersetzt sie mit 'keistlic truncheni' (Np.II, 436,22-25, S.-St.III,
754,1-4; Ps.103,15)[121]; vgl. auch Np.II,125,18ff., S.-St.III,
207,15ff. (Ps. 35,9) zur geistlichen Trunkenheit und Np. II,
73,21ff., S.-St.III, 119,15ff. (Ps. 22,5) zur geistlichen
Nahrung.
Frühmittelhochdeutsche Belege aus der 'mâze'-Wortfamilie zu
Maß und Unmaß bei Speise und Trank werden oft verbunden mit
Aufforderungen zum Einhalten der Fastengebote:'... an der
ûnbihâltini heiliger uastun, unde kiuscer mêzhaftî' Bamb.B.
147,5; Idst.Spr.44,60,71 (vgl. auch die Sprüche 45-59,61-
70 und 72-78); Spec.eccl.45,23; Milst.Hym.53,3[122]. In den Umkreis positiver, geistlicher Trunkenheit gehört T.Hl.66,18f.
('wande siu werdent trunchen uon der / ummâzeclichen süzze die
siu mit gote habent')[123]. 'mâze' und 'mâzlîche' sind in frühmittelhochdeutschen Psalmenübersetzungen belegt (Milst.Ps.79,6;
Windb.Ps.79,6; vgl. auch Milst.Hym.16,2). Klagen über Maßlosigkeit in Essen ind Trinken findet man in der frühmittelhochdeutschen Literatur öfters. Die 'mâze' wird ausdrücklich
genannt in Milst.Skl.514 (bezogen auf die Zunge des Menschen),

---

[121]Notkers Quellen zu diesem Beleg erörtert A.K.Dolch, Notker-
Studien Teil III. Stil- und Quellenprobleme zu Notkers
Boethius und Martianus Capella. New York 1952, S. 366. Zur
geistlichen Nahrung und Trunkenheit vgl. K. Lange, Geistliche Speise. Untersuchungen zur Metaphorik der Bibel-
hermeneutik. ZfdA 95 (1966) 81-122.

[122]'mâze' und Begriffe der 'mâze'-Sippe als sittliche Bezugspunkte für Fastengebote außerdem noch: Benediktinerregel
(öfters), Maria A 323 (positives Übermaß) und WG. 10338-72
(zur Quelle s. Anm. Rückert, Thomasin-Ausg. S. 587).

[123]Vgl. den ganzen Abschnitt T.Hl.66,3ff. (nach Cant 5,1),
der die mystische Ausdeutung göttlicher Speise und göttlichen Tranks vorführt und die Gottestrunkenheit als geistliche Vereinigung mit Gott preist. Vgl. auch T.Hl.115,20-
27 ('daz ezzen dînes gebetes', 'daz trinchen der gûtin ge-
danche'); Vor.Bal.83,5ff. ('der gotes gebe trunkenheit');
Milst.Hym.13,6 (Christus ist Speise und Trank der Gläubigen;
diese erlangen durch seinen Genuß die 'chvske trvncheneheit
des geistes', 'sobriam ebrietatem spiritus'). Zur geistlichen
Speise vgl. Lucid.7,13-24.

Hartm.Gl. 1787-90 und Er.715-18. Die Sünde der 'vrazheit'
als Teufelsattribut verzeichnet Wild.M.,Ver.231.
Biblische und literarische Vorbilder für einen von 'mâze' bestimmten Umgang mit Speise und Trank findet man in Jüng.Jud.
865 (Rationierung der Wasser- und Lebensmittelvorräte der
von Holofernes belagerten Juden) und Spec.eccl.40,15f. ('Div
ubirmâzzi maneger ezzen uerlôf / Ierusalem'). Beispielhaft
ist auch der hl. Bischof Ulrich von Augsburg, von dem Albertus berichtet: 'Er az vil mêᵃzlichen / vnd tet den gelichen/
als er fleisch genûzte' 448-50 (lat. Quelle: 'Erat etiam ei
moderata ciborum parcitas ac quidam singularis abstinentie
modus', Ausg. S.37). Und beispielhaft ist schließlich Christus selbst, von dem der Stricker sagt, daß er wegen der Sünder
auf Speise und Trank verzichtet habe[124].
Nicht in geistlicher, sondern in antiker Tradition steht Wernhers von Elmendorf Empfehlung, beim Genuß von Speise und Trank
das in der 'nature' des Menschen angelegte Maß nicht zu überschreiten (891-96; vgl. die 'moderantia' der Quelle, s.o. Kap.
CIII,1). Thomasins Tischzucht-Lehre WG.471-526 zielt auf zuchtvolles, höfisches Benehmen ab, weniger auf ethisch begründete
Mäßigungsgebote; diese treten erst in der Lehre der 'mâze'
in Buch VIII in Erscheinung ('Unmâze ist... der Trunkenheit
gespil' 9895-97; 'Unmâze ist des Vrâzes munt' 9901).
Die höfische Epik kennt nur periphere Beispiele für eine Anwendung des 'mâze'-Vokabulars auf die Mäßigung beim Essen und
Trinken: En.172,23f. ('Dô si gnûch ze mâzen / getrunken unde
gâzen...'; Frings/Schieb[125]Bd.II, S. 200, verweisen auf die
frz. Quelle 'Roman d'Eneas' 4774: 'puis mangierent molt riche-
ment'); Parz.201,15 ('er gab in rehter mâze teil', mit Rücksicht auf die 'laeren magn' der unter Belagerung stehenden
Bewohner Pelrapeires). In Erec 2139 ('des wart in âne mâze
gegeben') ist die Maßlosigkeits-Bezeichnung positive Hervorhebung der 'milte' der Gastgeber (Hochzeitsfest Erecs und
Enites).

Neben dem Erwerb, dem richtigen Bemessen und dem Umgang mit
dem 'guot' ist das Verhältnis des Menschen zu den sinnlichen
Genüssen des Essens und Trinkens ein wichtiges Bewährungs-
feld der 'mâze' in der mittelalterlichen Literatur. Umgekehrt wie beim 'guot', wo der Schwerpunkt der 'mâze'-Belege
in der "Blütezeit" liegt, werfen Speise und Trank und deren
richtig bemessener Genuß besonders für die geistlich orientierte, frühmittelhochdeutsche Literatur eigene Probleme auf,
zu deren Lösung man offensichtlich der normativen Kraft sittlicher und religiös bestimmter Werte wie Enthaltsamkeit, Fastengebote, Mäßigung, 'mâze' und anderer bedurfte. Die hochhöfische Literatur aber, großenteils in einer die profane

---

[124]Beispielreden und Spruchgedichte des Strickers, I,101.
In: Mhd. Übungsbuch. Hsg. von C.v.Kraus. 2.vermehrte und
geänderte Aufl.Heidelberg 1926. Nr.4, S.83-108.

[125]Henric van Veldeken, Eneide II. Untersuchungen von Gabriele
Schieb unter Mitwirkung von Th.Frings.Berlin 1965.

Realität nur in sublimierter und durch das Filter der ritterlichen Ideologie gereinigten Form einlassenden Ideal-
welt befangen, zeigt sich von so banal anmutenden Notwendig-
keiten wie der Regulation von Speise und Trank nicht mehr
unmittelbar berührt.

In keiner der größeren Lehrdichtungen der volkssprachigen
Literatur zwischen 1170 und 1220, das sei abschließend festgestellt, fehlt die Wertvorstellung der 'mâze'. In der durch
den Rückgriff auf antikisch beeinflußte Quellen eine neue
Diesseitszugewandtheit gewinnenden Dichtung Wernhers von Elmendorf kommt eine stark von der menschlichen 'nature' abge-
leitete 'mâze' in vielen Bereichen praktischer Daseinsbewältigung zur Anwendung, ohne doch je die Durchgängigkeit einer
die Lebenstotalität durchdringenden sittlichen Grundkraft zu
besitzen. Erst bei Thomasin von Circlaria erweitert sich der
Rang der 'mâze' über das Situative hinaus zu fundamentaler
Bedeutung. In seiner die ritterliche Ideologie der religiös
gebundenen, gelehrten Sittlichkeit des beginnenden 13. Jahrhunderts verpflichtenden Feudalethik, der es um den Erhalt der
ständischen Ordnung geht, wird 'mâze' zur Lehrautorität (zu
'der mâze lêre' 9968; 10239 vgl. die geistlich-didaktischen
"Ratschläge zur 'mâze'" Ups.Skl.51). Als 'virtus generalis'
wird sie zum Prinzip der rechten Mitte, das den gesamten Bereich der Sittlichkeit nach einem noetischen Strukturmodell
aristotelischer Herkunft erfassen und durchdringen soll. In der
ritterlichen Standesdidaktik des Winsbecken kündigt sich das
Ende der höfisch verstandenen 'mâze' als eines sittlichen
Zentralbegriffs des Rittertums an[126]. Wo Walthers und Wolframs

---

[126] de Boors Auffassung, der 'mâze'-Begriff des Winsbecken sei
vom aristotelischen Prinzip des $\mu\acute{\epsilon}\sigma o\nu$, dem Mittleren zwischen zwei Extremen, abgeleitet, erscheint mir als zu
pointiert (II,407.409). Lediglich 30,8 ('wirf in die mitte
dînen sin) kann de Boor als Beweis anführen. Die gravieren-
den Belege 31,1; 41,6; 45,3 und 50,3 gehen mehr von der Vorstellung eines sittlichen 'ordo' aus, dessen Grenzen man
nicht überschreiten soll, weniger vom Denkmodell der tugendhaften Mitte zwischen zwei lasterhaften Extremen. Der Winsbecke folgt hier ganz seinen ritterlichen Vorbildern.

Meisterwerke bereits zu heimlichen literarischen Quellen
einer verengten Epigonendichtung werden, ist der Zenit ritterlicher Ethik überschritten. Beim Winsbecken gibt es Anzeichen für den beginnenden Abbröckelungsprozeß, dem die sittlichen Kernbegriffe des Rittertums im frühen 13. Jahrhundert
unterliegen. In den Jahrzehnten nach 1220 verengt sich das
ritterliche Weltbild immer mehr, und mit ihm schrumpfen auch
seine sittlichen Fundamente. Ein zusehends häuslicher werdender Lebensstil wird in der Literatur manifest; die großartigen
ideellen Entwürfe der höfischen Epik sind nicht mehr absolut
verpflichtend. Der entscheidende Schritt zur bürgerlich bestimmten 'mâze' des Spätmittelalters ist getan. Die Sittlichkeit wird zum Lernziel der heranwachsenden Generation erhoben. Auch wenn immer noch das große Anliegen der höfischen
Dichter, einen Ausgleich zwischen göttlichem und weltlichem
Anspruch zu finden, beschworen wird, so ist doch der Wandel
bereits in vollem Gange. Das Ziel, Gott u n d der Welt Recht
zu tun, ist nicht mehr die Utopie eines ganzen Standes und
Prüfstein der Bewährung seiner sublimierten Sittlichkeit in
Epik und Lyrik. Nicht mehr der Weg des Ritters durch die Welt
ist der signifikante Ausdruck der Suche nach jener Utopie, sondern eine um ihre ursprüngliche und ureigene Praxis verkürzte,
gelehrt werdende Sittlichkeit sucht Göttlichem und Weltlichem
nun durch die Vermittlung von 'kunst' (Wissenschaft), 'zuht'
und 'hüfscheit' bescheideneres Genüge zu tun. Die Utopie wird
zur lehrbaren Verhaltensethik verkleinert und zieht, anscheinend als Selbstverständlichkeit, in die Gelehrtendichtung,
vielleicht auch in die mittelalterlichen Schulstuben, ein. Zumindest diese Größe kann man dem Friauler Geistlichen Thomasin
bescheinigen, daß er (im VII. Buch des WG.) jenen Wandel dichterisch gestaltete und der Nachwelt anzeigte:

                9268 man mac dehein erbe sô breit
                     sînn kinden lâzen, noch sô guot
                  70 als wol gelêrten muot,
                     wan von der kunst vindt man wol
                     wie man got gevallen sol.
                     diu kunst phlegt ouch wol ze geben
                     wie man sol zer werlde leben.

IV. <u>Gefährdungen der 'mâze' durch die Minne und durch mensch-</u>
<u>liche Affekte</u>

1. <u>Heinrich von Veldeke, Die 'Eneide'</u>

Fast gleichzeitig mit den frühesten Zeugnissen des Minnesangs
schon bald nach 1170   beginnt der Maastrichter Ritter Heinrich von Veldeke seine Arbeit an der 'Eneide' und gestaltet
in der Dido-Handlung die erste größere Konfrontation der
'mâze' mit der die menschliche Person in eine sittliche Krise
bis zur Vernichtung stürzenden Macht der dämonischen Minne.

Das Motiv der Spannung zwischen 'minne' und 'mâze' kündigt
sich vor Veldeke im Minnesang sprachlich, aber noch nicht
ideell, schon bei Dietmar von Eist an, dessen Wirken man in das
Jahrzehnt 1160-1170 setzt. Auf dem Gebiet der Epik tritt es,
noch früher, in der Faustinian-Sage der Kaiserchronik in Erscheinung, hier allerdings, ähnlich wie bei Veldekes Dido-Minne, in der besonderen Spielart diabolischer Einflußnahme.
Faustinians Bruder Claudius stellt, unter den Einwirkungen des
Teufels stehend (1256), seiner Schwägerin Mähthilt nach. Diese
'unmâze' ('er begie sô grôz <u>unmâze</u> / nâh der frowen minne'
1286f.) bringt ihn derart aus dem Gleichgewicht, daß er an seiner Vernunft zweifelt und für die Erfüllung seines ungezügelten
Minneverlangens mit dem Leben bezahlen will (1281-88)[127]. 'unmâze' in der Minne wird als lebens- und heilbedrohende, überpersonale Macht aufgefaßt.

Bevor jedoch den vielfältigen Spannungen und Zusammenstößen
zwischen Minne und 'mâze' in Minnesang und höfischer Dichtung
nachgegangen werden soll, sei der Konflikt dämonischer Minne
mit der 'mâze' im Geschehen um die Hauptgestalten Dido, Lavinia

---

[127]Zu den epischen Konsequenzen dieser Darstellung, die mit
    literarischen Gestalten feste ethische Wertbegriffe ver-
    bindet, s. Göttert S. 18f.

und Eneas erläutert, wobei die Venusminne in Erscheinungsform
und Folgenhaftigkeit für das Geschick der tragenden Figuren der
'Eneide' im Mittelpunkt steht.

a) <u>Die Dido-Minne</u>
<u>Belege</u> (zitiert wird nach der Ausgabe L.Ettmüllers, s.o.):

     gemâzen swv. 80,19
     mâze stf. 37,21; 69,7
     unmâze stf. 56,37; 76,19; 79,7
     unmâzen adv. 68,24
     unmâzlîchen adv. 38,29

Die Voraussetzungen der Minneverstrickung Didos

Nach siebenjähriger Irrfahrt auf dem Mittelmeer landet der aus
Troja geflüchtete Herzog Eneas weitab von seinem durch die Götter bestimmten Fahrtziel Italien auf Junos Betreiben hin an der
Küste Libyens. Es beginnt nun jene Episode auf dem Wege des Eneas zur Begründung des römischen Herrschergeschlechts, die wohl
am krassesten das Austragen der Gegensätzlichkeiten überindivi-
dueller Mächte im Menschen schildert. Verschaffen wir uns, um
rascher zum Kerngeschehen der Minneverstrickung Didos vorzustoßen,
eine geraffte Übersicht über die Ereignisse bis zur ersten Be-
gegnung Didos mit Eneas.

Eneas landet an der libyschen Küste und sendet Boten ins Landes-
innere (23,25-24,12). Unter Führung des Ylionix stoßen die Boten
auf die Burg Karthago. In die Burgbeschreibung wird die Vorgeschichte der Burg und ihrer Herrin Dido eingeblendet (24,28-
26,18). Dido empfängt die Boten freundlich und verspricht den
Trojanern ihre Hilfe (28,11-31,30). Nach der Rückkehr der Boten
zu Eneas und einer Beratung brechen die Trojaner nach Karthago
auf, nachdem sie sich in höfischer Manier auf den Empfang vorbereitet haben. Es folgt der Empfang. - Didos Verhalten bis zur
Ankunft des Askanjus auf der Burg Karthago verläßt nicht die Grenzen sittlichen Betragens, das bei höfischen Empfängen zu beachten ist. Der 'minnechlîche' Empfang (35,30), Didos Initiative
beim Begrüßungskuß (35,32) und auch die vorherigen Versprechun-
gen an die Boten (30,34-31,2) gehören mit zum höfischen Zeremoniell und sind frei von einer erotischen Komponente. Allerdings
deutet sich letzteres bereits in der Antwort Didos an Ylionix an.
Sprach Dido zunächst über das Eneas und ihr gemeinsame Schicksal
der Flucht aus dem heimatlichen 'lant' und deutete sie eine mögliche Teilung der politischen Herrschaft mit Eneas an, so verschieben sich nun die Akzente ihrer "Vorfreude" auf den Ankömm-
ling von der karitativen Bewirtung Schiffbrüchiger über das An-
gebot von 'gût und êre und dienst' (30,34f.) und die Hoffnung
auf ein ständiges Bleiben des angeblich von einem Gott gesandten
Eneas in Karthago (31,1ff.) merklich zu erotischen Vorausdeutun-
gen hin (31,24f.; 31,28-30), die aber weit entfernt von irgend-
welchen Zwängen sind, sondern aus Didos natürlichen Anlagen als
Frau resultieren (vgl. die Terminologie 'wîp' - 'man' in 31,28f.).

Die Minneverstrickung und ihr Verlauf

Die eigentliche Minneverstrickung Didos beginnt erst in der
Askanjus-Szene. Der Neueinsatz wird von Veldeke auffallend
akzentuiert. Zunächst durch eine resümierende Vorausdeutung
auf Didos zu große Minne und ihren daraus folgenden Tod (36,
8ff.), dann durch direktes Ansprechen des Zuhörers, der damit
auf das Hervortreten einer neuen Problematik aufmerksam gemacht wird (36,12), und schließlich durch einen Verweis auf
die Außergewöhnlichkeit der Minne Didos in 37,20-22 (ihre
Minne sei 'harde ûz der mâzen' gewesen). Die Frage nach dem
Schuldanteil Didos an ihrem Untergang bleibt von vornherein
in der Schwebe. Es muß aber auffallen, daß die ganze Episode
der Minneverstrickung Didos, die sich auf personaler Ebene
abspielt, in zwei Einwirkungen überpersonaler Mächte einge-
bettet ist. Zu Beginn der Minneentwicklung werden Venus und
Cupido als Initiatoren genannt:

> 35,40 do geschûf sîn mûder Vênûs
> 36, 1 und sîn brûder Cupidô
> daz in diu frouwe Dîdô
> starke minnen began,
> daz nie wîb einen man
> 5 harder mohte geminnen.

Und am Schluß, nach Didos Tod, erklärt der Erzähler nachträglich, sie sei dem Rat des Teufels gefolgt (80,28f.). Beide
Einwirkungen ereignen sich ohne Wissen des Eneas (80,27ff.).

Der Verlauf der Minneverstrickung Didos vollzieht sich in folgenden Stufen:
(1) Venus überträgt das Feuer der Minne (37,27) auf Askanjus,
der denjenigen der Minnegewalt unterwerfen soll, welcher ihn
als erster küßt. Diese Person wird durch den Kuß 'von minnen
quâle' 'intsenget' (37,34ff.), vom Brand der Minne erfaßt
und so sehr versengt, daß dauernde Wunden zurückbleiben. Dido
empfängt Askanjus nach höfischer Sitte mit einem Kuß und wird
mit dem Minnefeuer 'vaste bestricket' (38,9). Veldeke gestaltet den Minnezwang in der ersten Phase so, daß Dido sich ihm
nicht entziehen kann: 'done mohte si des niht engân, / si
enmûste in starke minnen' (38,22f.). Sie gerät immer stärker
unter den Zwang dieser ihr von der Göttin Venus auferlegten,
dämonischen Minne ("dämonisch" im Sinne von "zerstörend, ver-
nichtend"). 38,38f. wird Didos Minnewunde mit dem Pfeilschuß
der Venus zusätzlich erklärt. Cupido hält ständig seine Fackel

an Didos Wunden (39,2ff.), so daß eine Heilung dieses Minne-
brandes nicht möglich ist. Die innere Verwundung durch die
Minne zeigt sich äußerlich in Verfärbungen und extremen Tem-
peraturschwankungen (39,6-12). Die Gewalt der von göttlichen,
überpersonalen Kräften in Dido erzeugten, nach menschlichem
Ermessen bereits per se maßlosen Minne äußert sich im zwischenmenschlichen Bereich als 'unmâze': Dido war Eneas 'unmâzlîchen holt' (38,29; vgl. auch 36,8; 37,21 und später 69,7),
und auch in Dido selbst zeitigt solche Minnegewalt maßlose
Reaktionen: 'undolt' (38,30), Minnequal (38,32) und 'ungemach'
(38,40). Veldeke als Erzähler vermeidet es jedoch, diese 'unmâze' der Minne Didos den Göttern anzulasten. Innerhalb seiner Konzeption[128] bleibt er konsequent, wenn er die 'unmâze'
der Minne nur in ihrer Reaktion im Menschen, in diesem Falle
in Dido, vor Augen führt.

Die ersten beiden Hinweise auf das Unmaß der Dido-Minne (36,8
und 37,21) beziehen sich auf die gesamte Dido-Handlung, speziell auf die Schlußphase, wo man Dido eine gewisse, persönlich verantwortbare Schuldverstrickung tatsächlich nachweisen
kann, denn sie sind nur zu verstehen aus der Gesamtsicht der
Dido-Episode, aber noch keinesfalls aus dieser ersten Phase
der Minneverstrickung. Der 'unmâze'-Beleg 38,29 erweist sich
bei genauer Prüfung nicht zwingend als sittliche Verurteilung
Didos, da sich im oben erläuterten Sinne eine Minne göttlicher
Provenienz, hineinverlegt in menschlich enge Bereiche, naturgemäß als Unmaß äußern muß. Zudem muß im adv. 'unmâzlîchen',
wie in einem Vergleich mit dem übrigen Belegmaterial noch zu
zeigen sein wird, der Beiklang sittlicher Verurteilung nicht
notwendig mitenthalten sein. 'unmâzlîchen' kann lediglich das
Außerordentliche einer Tätigkeit oder eines Zustands ausdrücken. Man gelangt also zu dem vorläufigen Ergebnis, daß in
der ersten Phase der Minneverstrickung Didos ein persönliches
Verschulden ihrerseits nicht vorliegt.

---

[128]Grundlegend zur 'Eneide' und speziell zu Heinrichs von Veldeke Entmythologisierungsbestrebungen im Vergleich zur Ver-
gilschen antiken Vorlage: Marie-Luise Dittrich, Die 'Eneide' Heinrichs von Veldeke. I.Teil: Quellenkritischer Vergleich mit dem Roman d'Eneas und Vergils Aeneis. Wiesbaden
1966. - Auf die Entmythologisierung wird an zahlreichen
Stellen hingewiesen.

(2) Der bisherige Handlungsverlauf wird nun durch eine längere
Rückschau unterbrochen, in der Eneas Dido über den Fall Trojas
und sein weiteres Geschick berichtet (40,8-48,4). Für Dido
ergibt sich dabei insofern eine neue Situation, als sie nun
von Eneas selbst erfährt, daß er mit den Göttern verwandt ist
und unter ihren Weisungen steht (47,31ff.) und daß sein Fahrtziel in Italien liegt (47,40). Schon vor des Eneas Bericht
hatte Ylionix zu Dido über dessen Fahrtziel gesagt: 'die gote
heten in gesant / zů Italjen in daz lant' (29,17f.). Der Bote
hatte ihr zu verstehen gegeben, daß Juno an der Unterbrechung
der Meerfahrt nach Italien die Schuld trage (29,21-33) und daß
des Eneas Aufenthalt an Libyens Küste lediglich dazu benutzt
werden solle, die Weiterfahrt nach Italien vorzubereiten (30,5
-8). Die unter Minnezwang stehende und der Selbstvergessenheit
verfallende Dido (vgl. 38,17) verdrängt jedoch die Kenntnis
der weiteren Pläne des Eneas aus ihrem Bewußtsein.
Die als zerstörerische Macht erfahrene Minne hat so stark von
Dido Besitz ergriffen, daß sie ihre 'êre' gefährdet sieht.
Noch gelingt es ihr, ihre Würde zu wahren und sich schweren
Herzens von dem vor Müdigkeit erschöpften Eneas hinwegzube-
geben (50,16). Die Stärke des Minneerlebens läßt Dido in der
ersten Nacht nach des Eneas Ankunft keinen Schlaf finden
(50,38). In ihrer Verzweiflung bittet sie Cupido und Venus
um Erbarmen (51,16-20), denn sie weiß, daß der Minnezwang
sie sonst töten wird (52,19-22). Die häufigen Kennzeichnun-
gen ihrer Bewußtseinslage durch das Präfix 'un-' ('unsanfte',
'ungemach', 'ummaht', 'ungewone', 'unsinne') verdeutlichen
eindringlich die jede menschliche Erlebnisfähigkeit sprengende, überpersonale Gewalt des Minnezwangs. Nach einem die Liebesvereinigung mit Eneas vorausdeutenden Traum (52,31-39)
und dem um so schmerzlicheren Erwachen bittet Dido ihre
Schwester Anna um Rat (53,24ff.). Die Minneverstrickung wird
nun schon als Krankheit bezeichnet ('siech' 53,39). In der
zermürbenden Spannung zwischen dem Gebot der 'êre' und dem
übermenschlichen Minneverlangen sind Anzeichen einer tiefen
Krise, in die Dido gerät, nicht verwunderlich: mehr und mehr
verliert sie ihren Eigenwillen und begibt sich in die Hand ihrer Schwester, die ihr rät, Eneas ihre Minne auf indirekte

Weise mitzuteilen.[129]

(3) An diesem Punkt der Entwicklung setzt die persönliche Schuldverstrickung Didos ein, indem sie sich willenlos Annas Gedankengängen überantwortet, die einer Verführung gleichkommen. Anna rät Dido, sich über das Ehelosigkeitsgelübde hinwegzusetzen und damit rechts- und wortbrüchig zu werden. Sie bringt Dido von der düsteren Aussicht ab, dem drohenden Tode infolge der Minnekrankheit (52,22; 53,38) mit äußerster Bewußtheit als letztem Ausweg entgegenzusehen und dabei bis zum Ende auf das Erbarmen und die 'genade' der Göttin Venus zu hoffen (vgl. 52,20). Durch den Rat Annas gerät Dido in den Strudel eines sich steigernden Verlangens nach irdischer Minneverwirklichung. Dieses verhängnisvolle Verlangen wird von Dido von vornherein als metaphysisch gerechtfertigt angesehen, weil sie sich Annas Ansichten und ihrem Zuspruch bedingungslos überläßt. Anna fordert Dido geradezu zur Minneverwirlichung auf (56,25-28) und vermittelt ihr das Gefühl, damit dem Wunsch der Götter zu entsprechen ('ir habet geluckelîche erkoren. / die gote habent in her gesant / dorch ûwer gûte in diz lant' 56,4-6).

(4) Damit ist das Ziel Didos, die Minne des Eneas zu gewinnen, festgelegt. Allerdings unterliegt ihr wachsendes sinnliches Begehren (vgl. 57,31f.) in Grenzen ihren persönlichen Einflußmöglichkeiten und kann, da es sich in der Jagdszene bis zur Liebeshingabe gesteigert hat (59,5-64,6), vom sittlichen Vorwurf der Konkupiszenz nicht ganz freigehalten werden (vgl. auch 63,20). Dies ist die zweite subjektive Verfehlung, von der Dido kaum zu entlasten ist, daß sie nämlich den Kampf gegen die Minneverstrickung aufgab und das sinnliche Begehren nicht mehr unter ihre Gewalt bringen konnte (obwohl sie sich dagegen wehrte, vgl. 63,21). Erst von dieser Stelle an, nämlich nach der Liebeshingabe, hat Veldeke Didos persönliches

---

[129] Ein weiteres Kennzeichen der krisenhaften Situation Didos ist das 'toben' ihres 'herze' (56,14). Die zunehmend zutage tretende Minnekrankheit löscht aber keineswegs Didos Schuldfähigkeit aus. Dido besitzt bis in ihren letzten Monolog durchaus noch ein entwickeltes Schuldbewußtsein, sonst würde ihr Gewissen sich nicht über den Treueschwur gegenüber ihrem ermordeten Gatten belastet fühlen (54,20-26).

Schuldempfinden einsetzen lassen, das sich sprachlich sowohl
in Begriffen des Erzählers wie 'rouwich' (64,8), 'schande'
(65,6) als auch in Selbsturteilen wie 'missetât' (68,8) und
'scholde' (68,11) niederschlägt.

(5) Die 'hôzît' mit Eneas vertieft die Schuldverstrickung der
'frouwe Dîdô', indem ihre 'schande' nun auch von der Gesellschaft zur Kenntnis genommen wird. Das 'verhelen' ihres 'gemach' (64,36f.) zwischen Jagdszene und Hochzeit wird von Dido
selber als Unrecht empfunden, und ihre durch die Hochzeit nachträglich brüskierten Freier fühlen sich mit Recht in ihrer
'êre' verletzt. Ohne Standesunterschiede sind sich 'arme unde
rîche' (65,27) in der Verurteilung ihres Rechtsbruchs und ihrer sittlichen Verfehlung einig. In diese zugespitzte Situation fällt das Gebot der 'gote' an Eneas, nach Italien weiter-
zufahren.

Didos Tod

Gegen Ende der Dido-Episode mehren sich die Belege für Didos
Schuld (72,5; 73,23; 74,34ff.). Nach maßlosen Invektiven gegen
Eneas (72,19ff.) und dessen Abfahrt (73,5ff.) verliert sich
Dido in selbstanklägerischer Resignation und nimmt alle Schuld
auf sich:

> 74,34 wand ich enkunde die scholde
> ûf nieman anderen gesagen:
> mich hât mîn selber wille erslagen.
> ichn mach si nieman gegeben,
> ich muz mîn unsenftez leben
> an mir selber rechen.
> 40 ichn mach daz niht gesprechen
> 75, 1 daz ez iemannes scholt sî.

Aus dem Verlauf der Geschehnisse weiß das Publikum jedoch,
daß Dido keinesfalls die alleinige Schuld trägt, da ihre Minneverstrickung ja von den Liebesgöttern verursacht wurde.

Dido spricht Eneas ausdrücklich von Schuld frei (76,17) und
ringt sich unmittelbar vor ihrem Tod zur Vergebung durch (78,
20f.)[130]. In ihrem großen Schlußmonolog bekennt Dido die 'unmâze', die ihre Minne zu Eneas kennzeichnete ('ich minnete
ûch zunmâzen' 76,19; vgl. schon vorher 'harde ûzer mâzen' 69,7),

---

[130]Eneas hatte zuvor beteuert, Didos Leid und Klagen täten
ihm 'unmâzen wê' (68,24). Der Erzähler kennzeichnet des
Eneas Verhalten Dido gegenüber als 'barmechlîche' (68,21).

und ähnlich urteilt auch Anna über Didos Minne ('ir mindet in
zunmâzen' 79,7). Der Text zeigt eindeutig, daß Veldeke Dido
ein gewisses Schuldmaß zuspricht; doch bleibt die Abgrenzung
zum Schuldanteil der Liebesgötter, die ja Dido mit Minnezwang
belegten, eigentümlich in der Schwebe. Denn im Schlußmonolog
Didos und in der Todesszene finden sich sowohl Belege für Didos
persönliches Schuldempfinden ('tumblîche' 77,25; 'schande' 77,
31; 'laster' 77,33) als auch wiederholte Betonungen des unge-
heuren Minnezwangs (76,22-29; 77,14-17). Didos Freitod wird
vom Dichter zunächst als Tat einer Frau dargestellt, die die
Kontrolle über ihren Willen und ihr Bewußtsein verloren hat
('vil sinne lôs' 78,1; 'daz quam von unsinne' 78,3), er wird
aber nachträglich von Veldeke darauf zurückgeführt, daß Dido
dem Rat des Teufels gefolgt sei (80,28f.). Das von Dido in
75,8 angekündigte Brandopfer erweist sich nun in seiner äus-
sersten Konsequenz als Opferung von Dido selber, die sich bezeichnenderweise mit des Eneas Schwert ersticht[131] und sich
in die Flammen stürzt. War vorher vom Minnefeuer der Götter
die Rede, das ständig in Dido brennt (77,14-17), so verbrennt
Dido nun sich selbst. Veldeke betont des Eneas totale Ahnungs-
losigkeit darüber, daß Dido sich in ihrer 'rouwe' nicht 'gemâzen' konnte (80,18f.), was einen Teil der Schuld an ihrem Ende bedingt. Weder in ihrer Minne noch in ihrer 'rouwe' hat Dido sich um Mäßigung bemüht (was ihr in Grenzen und intentional
vielleicht möglich gewesen wäre). Aus der Perspektive Annas
und des Eneas trifft Dido die leidvolle Klage über deren 'unmâze'. Inwieweit der Erzähler damit ein negatives Werturteil
im Sinn einer Verurteilung der 'unmâze' verbindet, könnte erst
ein exakter Vergleich mit den Quellen deutlich machen (der hier
nicht geleistet werden kann). Fest steht, daß Heinrich von Veldeke in der Gestalt der Dido und ihrer Destruktion bis zur physischen Selbstvernichtung die 'unrehte' Minne (78,4) in ihren
zerstörerischen, ja katastrophalen Folgen eindrucksvoll dar-
stellte und daß eine solche Minneüberwältigung einschließlich
ihrer Folgen von der Betroffenen selbst, aber auch von den ihr
nahestehenden Gestalten, als 'unmâze' erfahren wird.

---

[131]Das ist aus den Belegen 76,3 und 76,7 zu schließen. Dido hatte die 'swertscheide' ins Feuer geworfen und das Schwert zu-
rückbehalten, um sich 'mit dem swerde' (77,38) zu töten.

b) <u>Die Lavinia-Minne</u>

<u>Belege:</u> mâze stf. 285,13; 302,27; 303,12
mâzen swv. 125,2
mâzlich adj. 274,16
unmâze stf. 270,17
unmâze adj. 299,7
unmâzen adv. 267,40; 285,3
unmâzlich adj. 295,2
unmâzlîchen adv. 276,13; 294,31

Des Eneas Verbindung mit der italischen Königstochter Lavinia
ist Bestandteil des weltgeschichtlichen Entwurfs der Dichtung,
dessen Ausführung die 'gote' Eneas übertrugen. Die Minne zwischen Eneas und Lavinia wird von Anfang an von den Göttern gut-
geheißen, und Eneas erfährt davon, noch bevor er Lavinia gesehen hat (108,17f.). Auch Lavinias Vater Latinus kennt das Gebot
und die Weissagung seiner (römischen) Götter (vgl. 115,38-117,
18) und hat davon seiner Gattin, der Königin, berichtet (124,
33ff.). Demgegenüber war die Verbindung Didos mit Eneas von den
Göttern nicht vorgesehen und verzögerte nur dessen Fahrt nach
Italien.

Des Herzogs Turnus Anstrengungen, Lavinia zu gewinnen, kommen
damit einer Bekämpfung der weltgeschichtlichen Pläne der Götter
gleich, sind 'superbia' im vollen religiösen Sinne, höchste 'unmâze', Sprengung der sinnvollen Ordnung der Zeitläufe. Unter diesem Verdikt steht auch die Königin, weil sie Turnus begünstigt.
Der Dichter läßt nichts unversucht, ihre erste große Rede negativ zu kennzeichnen ('zorn', 'âne minne', 'vil ubele', Vergessen
der 'zuht', 'unsanfte' usf., 120,37ff.) und sie als Ausgeburt
der 'unmâze' (vgl. 124,4; 125,2), 'unzuht' (125,3), 'undolt'
(125,7; 125,23), 'fravelheit' (125,18) und als 'unsin' (125,32)
zu brandmarken.

Turnus führt zu seiner Verteidigung den Rechtsanspruch auf
'lant unde wîb' (128,17) an, hatte ihm doch Latinus vor langer
Zeit schon Tochter und Reich zugesprochen (127,8ff.; 151,6ff.;
152,40), jedoch entgegen dem Göttergebot. Als weitere Motive
kommen die Rache für die Tötung des Sohnes des Tyrreus durch
Askanjus, für den Tod einiger Krieger in der darauffolgenden,
sich gefährlich ausweitenden Auseinandersetzung (138,3ff.)
und für Raub und Brandschatzung (152,20; 153,5f.) hinzu. Das
Verhalten der Trojaner auf italischem Boden werten Turnus und

seine Leute aus ihrer Sicht als 'unmâze' (153,32), als Land-
friedensbruch, Gewalttätigkeit und Maßlosigkeit rechtlicher
und ritterlicher Art; die Ursache des Streites, die unglück-
liche Hirschjagd, aus der der große Krieg entsteht, ist dabei
nicht aus dem Blick zu verlieren.

Nach den ersten schweren Kämpfen und empfindlichen Niederlagen
sieht Turnus ein, daß sich seine Rechtsposition ins Unrecht
verkehrt (198,11f.) und die Götter sein Vorgehen gegen Eneas
mißbilligen (209,20ff.). Um letzte Gewißheit zu erlangen, wil-
ligt er in einen Zweikampf mit Eneas ein, den er als Gottesurteil auffaßt (256,36ff.; 258,36f.). Daß Eneas die 'gote' zu
Bundesgenossen hat, beeindruckt ihn anscheinend wenig; ihm
geht es vor allem um irdische Dinge wie 'êre' und 'gût' (259,
14) sowie um 'lant unde wîb' (256,38; vgl. auch 259,36-39).

An dieser Stelle setzt die Minnehandlung ein. Der Verbindung
des Eneas mit Lavinia stehen, wie skizziert, gewaltige Hinder-
nisse im Wege, die den Vollzug des Götterwillens verzögern.
Weltpolitisches und kriegerisches Geschehen stehen gleichgewichtig neben der sich anbahnenden Minnehandlung. Eingangs
des berühmt gewordenen Gesprächs zwischen Mutter und Tochter
über Macht und Wesen der Minne fordert die Königin die Königstochter Lavinia zum Haß auf Eneas und zur Minne gegenüber Turnus auf. Den Ausführungen der Mutter über die Minne liegt der
Gedanke zugrunde, daß Minne eine überpersonale Macht sei. Das
bedeutet, daß sie stärker ist als 'sin' und 'herze' des Menschen.

Hier ist an das zu erinnern, was im Hinblick auf die normen-
sprengende Dido-Minne gesagt wurde. Nimmt man den Menschen,
seine Gefühls-, Verstandes- und Erfahrungsdimensionalität zum
Maßstab, so wird Minnebefallenheit, eben weil die Minne als
übermenschliche Macht angesehen wird, sich aus der Sicht des
Liebenden ganz allgemein als eine das Maß menschlicher Erfah-
rensmöglichkeiten sprengende, in diesem Sinne "maß"-lose Kraft
erweisen: in ihrer Zwanghaftigkeit (man kann sich nicht gegen
sie wehren) wie in ihren Symptomen und Begleiterscheinungen
(Verwundung durch die Liebesgötter; 'inordinatio' der Sinne;
Temperaturwechsel; Verfärbungen; dauerndes Schwanken zwischen
Angst und Zuversicht, Qual und Wonne, Entbehrung und Erfüllung,

Verwundung und Heilung). Der vom goldenen Minnepfeil Verwundete unterliegt nicht mehr dem "normalen" menschlichen
Maß, er steht unter dem Einfluß einer höheren Macht. Die
Phänomene der Minneüberwältigung finden auch ihren sprachlichen und stilistischen Niederschlag: in superlativischen
Wendungen, Stilfiguren wie Klimax und Oxymora, Inkommensura-
bilitätstopoi, paradoxen Ausdrücken (vgl. die 'sic-et-non'-
Fügungen zur Kennzeichnung der Minne in Gottfrieds von Straßburg 'Tristan') usf., nicht zu vergessen in Bildungen mit
den Präfixen 'un-' und 'uber-'.

In diesem Rahmen sind auch die folgenden Belege aus der 'mâze'-Wortfamilie, soweit sie sich auf das Minnegeschehen um
Lavinia und Eneas beziehen, zu sehen. Sie sind Ausdruck der
Minnepathologie ovidscher Prägung und gleichen im Prinzip
denen der Dido-Minne, eben weil sich beider Minnebefallenheit und deren Symptome gleichen, denn auch diese Minne ist
ja durch Einwirkung der Götter zustandegekommen.[132] Ebenso
wie Dido wird es auch Lavinia abwechselnd heiß und kalt
(39,12; 'unmâzen heiz' 267,40; Lavinias Herz ist 'alze unmâzen heiz' 285,3). Wie Dido liebt auch Lavinia zwanghaft
den noch nicht von der Minne befallenen Eneas 'zunmâzen'
(270,17); auch sie ist ihm 'unmâzlîchen holt' (276,13; 285,
12f.; vgl. auch 270,39) und 'harde ûzer mâzen' zugetan
(302,27); auch sie betont immer wieder die plötzliche äus-
sere Einwirkung dieser gewalttätigen Macht (270,20ff.;
272,33ff.; 276,14; 278,19 u.a.). Für Turnus hätte sie allenfalls 'mit mâzlîchen sinnen' (274,16) empfinden können (man

---

[132]Die Verteilung der Prädikate "unrechte" und "rechte Minne" auf Dido und Lavinia, die F.Maurer sehen will (Leid.
Studien zur Bedeutungs- und Problemgeschichte, besonders
in den großen Epen der staufischen Zeit. Bern, München
1951, S.98-114), hat W.Schröder mit Recht zurückgewiesen
(Dido und Lavine. ZfdA 88 (1957/58) 161-95). Der schwierige Gesamtkomplex der Bewertung von "unrechter" und
"rechter" Minne bedarf allerdings weiterer Klärung.

beachte den Litotescharakter dieses Belegs). Im Stadium der
Ungewißheit über die Erwiderung ihrer Liebe ist Lavinia dem
Eneas 'ûzer mâzen / beidiu holt unde gram' (303,12f.). Es
scheint auch zur Symptomatik dämonischer Minne zu gehören,
daß Frauen, die von ihr verwundet werden, weit eher als Männer mit dem üblichen höfischen Minnekomment in Konflikt zu
geraten fürchten und unter starken persönlichen Schuldge-
fühlen zu leiden haben (Dido 68,11; 71,36-72,5; Lavinia
270,40), woraus der Interpret natürlich keinen objektiven
Schulderweis herauslesen darf.

Der weitere sprachliche Vergleich würde keine qualitativen,
sondern nur quantitative Unterschiede in der Gestaltung der
Dido- und Lavinia-Minne ergeben. Die Minne Didos war begrenzte Episode, die Minnebefallenheit Lavinias gehört zur Kern-
handlung und wird genauer geschildert. Derartiges, den menschlichen Mikrokosmos in seiner Ordnung und Harmonie gefährdendes
Unmaß erlebt der Befallene solange als Krankheit und Lebens-
bedrohung, als die Minne nicht erwidert wird. Diese beiden
Phänomene erleben Dido und Lavinia gleichermaßen: Dido, deren
Minne keine dauerhafte Gegenliebe erfährt, und Lavinia, solange Eneas noch nicht von den Liebesgöttern verwundet worden ist. Sie kennt bis dahin nur das 'ubele' der Minne, noch
nicht das 'gûte' (279,5f.).

Eneas ergeht es nicht anders, nachdem der goldene Pfeil Amors
auch ihn getroffen hat (291,12-19). Bei ihm ist anfangs der
Zorn über die Minneverwundung am heftigsten, weil er durch
sie seine Mannhaftigkeit, Kampffähigkeit und seine männlichen
Vernunftkräfte paralysiert sieht (vgl. besonders 292,34ff.),
was sich unheilvoll im Zweikampf mit Turnus auswirken könnte.[133] Wie Didos und Lavinias Liebe in ihrer Intensität als
'unmâzlîchen' bezeichnet wurde, ist nun auch dem vorher eher

---

[133]Später ändert sich seine Haltung. Durch Lavinias Minne
glaubt er sich in 'kûnheit unde sin' so sehr gestärkt,
daß er seinen Zweikampfgegner von vornherein bedauert
(299,38-300,9).

kühlen als feurigen Eneas keine Frau der Welt 'sus unmâzlîchen lieb' wie Lavinia (294,31). Auch Eneas, der sich zuvor gegen alle Minnebindungen (auch die mit Dido) absolut
gefeit wähnte (294,40ff.), muß nun diese 'unmâzlîche minne'
(295,2; vgl. auch 'unmâze minne' 299,7) am eignen Leibe und
im eignen Herzen erfahren und bekennt einsichtig, daß er
Dido seinerzeit nicht verlassen hätte, wäre ihm nur der
zehnte Teil der Minneerfahrung zu eigen gewesen, die er
nun besitzt (296,10-21). Dies kommt einem Eingeständnis
gleich, am Freitod Didos mitschuldig zu sein, weil der Tod
von allen von dämonischer Minne Befallenen einstimmig als
notwendige Konsequenz nichterwiderter Liebe angesehen wird.[134]
Auffällig am Text ist auch, daß Veldeke in diesem Zusammenhang Eneas das christliche Wort 'sunde' gebrauchen läßt
(296,18), mit dem er sonst sehr sparsam umgeht. Hier ist
zu fragen, ob Veldekes Neuerungen, die nachträgliche Einführung des Teufels, der Dido den Rat zum Freitod eingab,
und des Eneas subjektiv empfundene "Treulosigkeit" als einer
"Sünde" im christlichen Sinne, zum mindesten der Tendenz
nach, Dido nicht teilweise wieder von Schuld entlasten sollen. Solche christlichen Vorstellungen treten, auch wenn
der Erzähler sie teilweise nur in der Gestaltenperspektive
entfaltet, deutlich in Konkurrenz mit dem 'fatum' der antiken Vorstellungswelt. Sowohl die vermeintliche Untreue
des Eneas als auch ihre Folge, Didos Suizidreaktion, über-
führt Veldeke vorsichtig einer christlichen Wertung: daß
Eneas Dido (die immerhin durch öffentliche Bekanntgabe als
Ehefrau seinem Schutz anempfohlen war) in ihrem verhängnisvollen Geschick allein ließ und ihren Tod mitverschuldete,
sieht er nun als 'sunde' an; daß Dido den Einwirkungen der

---

[134]Alle Minneverwundeten spüren die tödliche Bedrohung der
dämonischen Minne, sei es, daß sie die Minnebefallenheit
als solche schon als existenzgefährdend empfinden, oder
sei es, daß sie freiwillig in den Tod gehen wollen, wenn
ihnen Minneverwirklichung versagt bleiben sollte. Vgl. das
Todesmotiv bei Claudius in Kchr.1281-88; Dido 52,22; 53,38;
54,8; 57,20; 58,18; 67,20; 69,30 usf. bis zu ihrem Freitod; Lavinia 269,24; 275,15; 276,40; 277,16; 323,34f.;
343,27; Eneas 294,11-26.

Liebesgötter (die einen christlichen Dichter ohnehin in gewisse Verlegenheiten gebracht haben mußten) schließlich to-
tal unterliegt, kann sich Veldeke, in betonter Abkehr von der
antiken Mythologie, nur als Teufelswerk erklären, wiewohl
er die Gebundenheit des Stoffes an antike Vorstellungen nicht
ganz umgehen kann, ohne den Stoff als solchen völlig zu verändern.

c) Dämonische Minne und 'mâze'

Es wurde deutlich, daß 'mâze' im Zusammenhang mit dem Minnegeschehen der 'Eneide' als Wertgröße meistens nur indirekt
eine Rolle spielt. Gerade die 'unmâze', ihr Gegenbegriff, ist
es, die immer wieder im Vordergrund steht. Um abschließend
das Verhältnis zwischen dem oben analysierten dämonischen
Minnetypus und dem Begriff der 'unmâze' wenigstens annähernd
einer Klärung entgegenzubringen, müssen die folgenden 'unmâze'-
Segmente unterschieden werden:
(1) Für 'unmâze' als 'superbia'-verwandter Auflehnung des
Menschen gegen ihm übergeordnete, metaphysische Mächte gibt
es in der 'Eneide' keine Belege. Sie wären denkbar, denn zum
mindesten Dido, die die Gewalt der dämonischen Minne voll zu
spüren bekommt und der ihr Minnepartner kategorisch entzogen
wird, hätte Anlaß zum Aufbegehren gegen die Götter. Tatsächlich gibt es auch bei ihr derartige, das Göttergebot in Frage stellende Reaktionen, nachdem Eneas ihr seine Abreise an-
gekündigt hat; sie werden aber vom Dichter nicht direkt als
'unmâze' angesprochen. Auch Turnus und die Königin lehnen sich
gegen das Göttergebot auf; Latinus hat es verletzt - nichtsdestoweniger ermahnt er die Königin in solchem Zusammenhang,
sich zu 'mâzen' (124,40ff., hier 125,2).
(2) 'unmâze' als Unmaß (nicht im ethischen Sinne als Maßlosigkeit) zur Kennzeichnung des außerhalb des menschlichen
"Maßes" stehenden Minnetypus dämonischer Minne und des Ver-
laufs der Minneüberwältigung ist in der 'Eneide' reich belegt.
Hierher gehören die Belege, die die Minnesymptome als Unmaß

bezeichnen (Typus: A wird es 'unmâzen' heiß) oder die die
Intensität ihrer Minne zum Ausdruck bringen wollen (Typus:
A liebt B 'zunmâzen'). Aus diesen Belegen eine sittliche
Verurteilung der Minnenden durch den Dichter ableiten zu
wollen, ist problematisch.[135] Nicht sittliche Maßlosigkeit,
sondern Außerkraftsetzung einer den gesellschaftlichen Kon-
ventionen entsprechenden 'mâze' bildet den semantischen
Schwerpunkt dieser Belege.

(3) 'unmâze' als sittlich zu verurteilende Maßlosigkeit in
bezug auf das Minnegeschehen scheint nur hinsichtlich der
Schlußphase der Dido-Minne belegt zu sein: allenfalls als
kritische Äußerung des Erzählers zum Freitod der Königin
aus der Perspektive des Eneas (Dido konnte sich ihrer 'rouwe' nicht 'gemâzen' und nahm sich das Leben, 80,18ff.). Obwohl der Freitod nachträglich mit dem Teufel in Zusammenhang gebracht wird, bedeutet dies keine volle Entlastung
für Dido, da ja nach christlicher Auffassung, der sich Veldeke auch in der 'Eneide' nicht völlig entziehen konnte,
stets der Wille des Menschen bei einer sündhaften Handlung
mitbeteiligt ist.[136] Die Verführung durch den 'vîant' setzt
eine potentielle Bereitschaft zur Sünde voraus. Allerdings

---

[135]"Daß die Liebe im allgemeinen von sich aus weder Verstand
noch Maß habe, stand schon in der französischen Vorlage zu
lesen: 'amors nen a sens ne mesure' (1882), und Veldeke hätte es gewiß unterschrieben", Schröder, Dido und Lavine, a.a.
O. S.173. Das Unmaß einer Verwundung durch Minnebefallenheit bezeugt auch das sog. 2. Büchlein in der Nachfolge
Hartmanns von Aue: 'Ich bin unmaezeclichen wunt' Büchl.
1807 (Hartmann von Aue, Die Klage, Das (zweite) Büchlein
aus dem Ambraser Heldenbuch. Hsg. von Herta Zutt. Berlin
1968). In diesen Belegen äußert sich das, was einige Zeit
später die Winsbeckin im Minnegespräch mit ihrer unerfah-
renen Tochter als die 'ungemezzeniu meisterschaft' der Minne, ihre alles Maß übersteigende Machtfülle, bezeichnen
wird (23,3). Die Winsbeckin hat die Venusminne vor Augen
(35,2), deren 'gewalt' ein Gott 'sô wîten maz', daß sie
allgemeine Verwirrung stiften kann (36,7ff.).

[136]Dies darf aber nicht so weit gehen, daß der Mensch, nachdem
er zur Einsicht gekommen ist, nun auch das Strafmaß für seine Missetaten selbst bestimmen will, wie Dido es 74,38f.
tut. Allein Gott steht Bestrafen oder Vergeben zu.

ist diese christliche Motivation vom Dichter nicht konsequent durchgeführt worden.

Es ist nicht auszuschließen, daß das mittelalterliche Publikum die unter (2) genannten Belege nicht doch als Ausdruck
sittlicher Exzessivität aufgefaßt hat, wobei dann die Schuld
ebensowohl bei den antiken Liebesgöttern als der 'prima causa' gesucht werden konnte wie auch bei den minnebefallenen
Menschen. Die frühhöfische Auffassung von der Minne als einer
potentiell zerstörerischen und dämonischen, überpersonalen
Macht[137] birgt wesensmäßig die Sprengung der 'mâze' als eines
innerpersonalen Ordnungsprinzips (Vorstellung vom menschlichen Mikrokosmos) in sich und zeitigt verhängnisvolle Folgeerscheinungen auf psycho-physischer und gesellschaftlicher
Ebene, die dem mittelalterlichen Menschen oft genug als 'unmâze' erscheinen mußten. Veldeke hat zwar im Unterschied zu
Vergils 'Aeneis' in der Nachfolge des altfranzösischen Roman
d'Eneas die zweite Minnehandlung (Lavinia-Eneas) stark in
den Vordergrund gerückt, an der Gebundenheit des Eneas an die
Weisungen der Götter aber kaum gerüttelt: die Folge für seine
Dichtung ist, daß die Normen zwischenmenschlichen und gesellschaftlichen Verhaltens, die zudem in der 'Eneide' weitgehend
höfisiert sind, immer wieder durch Pläne und Aktionen der
Götter überspielt und außer Kraft gesetzt wurden.

2. 'mâze' im deutschen Minnesang

In der Konfrontation von 'minne' und 'mâze' verbinden sich individuelle und gesellschaftliche Ansprüche oft zu unentwirr-

---

[137]"Die Minne ist für die frühhöfischen Dichter eine viel zu
problematische Macht, als daß sie bei ihnen schon ideell
gebändigt sein könnte. Etwas rätselhaft Dämonisches haftet
ihr an... Halb beseligend, halb peinigend, nicht ganz teuf-
lisch und nicht ganz göttlich, so ist der ersten Generation
der höfischen Dichter die von ihnen entdeckte Liebe erschienen", Schröder, Dido und Lavine, a.a.O. S.181.

baren Verklammerungen. Eine Zuordnung der 'minne' zu individuellen und der 'mâze' zu gesellschaftlichen Normen ist unmöglich, weil der Minnesang, mag er auch auf persönlichen Erlebnissen beruhen, was hier nicht zu prüfen ist, Gesellschaftskunst war und 'mâze' als von der Gesellschaft entwickeltes Ideal stets auch im Individuum und nur für es wirksam werden konnte. Der Ansatz, die Spannung zwischen 'minne' und 'mâze' von der Relation Individuum - Gesellschaft her definieren zu wollen, muß zwangsläufig scheitern, weil eine objektive Abgrenzung individueller und gesellschaftlicher Einflußsphären für den Bereich des Minnesangs der Forschung aus vielfältigen Gründen bisher nicht gelang.

Ein gangbarer Weg scheint sich darin aufzutun, daß man, ähnlich dem Vorgehen im letzten Abschnitt, die Aussagen zur 'mâze' aus dem Geschehensfeld der Minne zunächst unterteilt in solche, die die Minne als eigenständige Macht in Wesen und Symptomen kennzeichnen, und andere, die dem jeweiligen Verhalten des Minnenden in seiner je eigenen Situation zuzuordnen sind[138].

In der ersten Generation der Minnesänger vor 1170 herrscht der Gedanke partnerschaftlicher Minnegemeinschaft vor, der körperliche Hingabe mit einschließt. 'mâze' als sittliche Kraft oder ordnendes Prinzip spielt in dieser elementaren Frühform noch keine Rolle und wird auch nicht durch den körperlichen Vollzug der Minne auf den Plan gerufen. Appelle zur Mäßigung sinnlichen Begehrens wird man vergeblich suchen. Die Liebenden bilden eine Gemeinschaft mit eigenen und individuell wohl auch un-

---

[138] Auch K. Speckenbach, der ein ähnliches Verfahren wählt, unterscheidet sinnvollerweise die äußere Haltung der 'mâze' beim Minnesänger von der "inneren Maßlosigkeit der Minne als Zeichen ihrer Größe und Unbedingtheit"; erst letztere kann eine "innere Maßlosigkeit der Minnesänger" zur Folge haben, die nicht negativ sein muß. Nur die "äußere Maßlosigkeit" der Minnenden unterliege der Kritik (K. Speckenbach, Studien zum Begriff 'edelez herze' im Tristan Gottfrieds von Straßburg. München 1965, S. 58f., Anm. 26). Die von Speckenbach entwickelten Kriterien entsprechen meinem Vorhaben.

- 373 -

terschiedlichen Gesetzmäßigkeiten, die gesellschaftlich anerkannt werden. Allenfalls die Störung der Minnepartnerschaft
wird als übergroßes Leid erlebt. Wenn Dietmar von Eist bekennt, es tue ihm 'âne mâze wê', daß er so lange von seiner
Geliebten getrennt sei (MF 32,15), so zeitigt die Minne zwar
im persönlichen Bereich leidvolle, aber noch keineswegs eine
gesellschaftlich verstandene 'mâze' verletzende Folgen. Diese
scheint noch gar nicht ins Bewußtsein gekommen zu sein[139], und
die Konfrontation zwischen Minne und 'mâze' ist zunächst nur
eine begrifflich-sprachliche. Das auf dem Fundament der 'staete' ruhende Minnebündnis kennt weder die Extremform dämonischer Minneüberwältigung noch eine ins bloße Sinnliche ent-
gleitende Konkupiszenz, sondern findet in Liebeshingabe und
gegenseitiger Werterhöhung seine Erfüllung und damit sein in
sich ruhendes Maß[140].

[139] Die Formel 'âne mâze' muß nicht notwendig die Abwesenheit
der 'mâze' zum Ausdruck bringen, sondern kann einfach, auch
schon in dieser Frühphase des Minnesangs vor 1170, "überaus,
außerordentlich, sehr" bedeuten. In dieser abgeblaßten Form,
die auch in MF 32,15 vorzuliegen scheint, sagt sie nicht mehr
und nicht weniger aus, als daß ein Sachverhalt das still-
schweigend vorausgesetzte, im Verständnis des Sängers und
seines Publikums als Vorwissen vorhandene Normalmaß (was immer das sei) übersteigt.

[140] Die Echtheit eines großen Teils der ursprünglich Dietmar zu-
geschriebenen Lieder ist in der Forschung bekanntlich umstritten. Ist es Zufall, daß vier Belege zur 'mâze'-Wort-
familie gerade in den (nach MF) als unecht vermuteten Strophen zu finden sind? Es handelt sich um 'sich gemâzen' (MF
35,23; Motiv der maßlosen Trauer), 'âne mâze' (MF 36,2;
39,5; Motiv des "maßlosen" Liebesempfindens) und um die
'beste mâze' (MF 33,34; Motiv der Warnung vor übermäßigem
'rüemen'). Die ersten drei Belege könnten von der Aussage
her durchaus in Dietmars Schaffen Platz haben, vorausgesetzt, man sähe 'âne mâze' lediglich als Quantitätsbezeichnung an und nicht als Akzentuierung eines Liebesverhält-
nisses, dem die Tugend der 'mâze' fehlte. Lediglich die Verletzung der 'besten mâze' durch übertriebenes Rühmen deutet
auf spätere Schichten des Minnesangs. Sprachlich ist die 'beste mâze' vor 1170 allerdings schon belegt (Kchr.3209). -
Eichler läßt die Echtheitsfrage unberücksichtigt und kommt
damit zu problematischen Zuordnungen der Belege (S. 52).

Auch in der unmittelbaren Folgezeit kommt die 'mâze' noch
nicht ins Blickfeld der Minnesänger[141]. Erst Heinrich von Veldeke setzt die Minne bewußt in Beziehung zur 'mâze', indem
er das unkontrollierte (und, gemessen an seiner Minneauffassung, wohl auch unkontrollierbare) Minnebegehren als Minne-
symptom 'ûter mâten' (MF 57,4) wertet[142]. Der durch den An-
blick der sinnenverwirrenden Schönheit der Frau der Verlok-
kung erlegene Sänger beklagt seinen 'dumben wân' (57,3), seine zudringliche, allzu rasche Forderung nach Minnegewährung
('umbevân' 57,6), die zu seinem unzureichenden Minnedienst
(57,7) im Mißverhältnis steht. Wie schon in der 'Eneide', so
korrespondiert auch hier die innere Maßlosigkeit der Minne als
solcher in ihrer Außerordentlichkeit dem "unmäßigen" Verhalten des Minnenden[143] ('Al te hôge gerende minne / brachte
mich al ût den sinne' 56,19f.). Und noch mehr: Das Unmaß der
Extremform der Minneüberwältigung setzt sich ständig in einem Unmaß der inneren Erfahrung und der äußeren Reaktionen der

---

[141]Lediglich Meinloh von Sevelingen, bei dem sich schon die hohe Minne ankündigt, fügte zur formelhaften Wendung 'mit
zuhten gemeit' die Variante 'in rehter mâze gemeit' (MF 15,12)
hinzu und bereicherte damit den Formelschatz des Frauenprei-
ses um ein stärker höfisch akzentuiertes Idiom. Daneben ist
das stv. 'vermezzen' in einem Lied des Kaisers Heinrich VI.
belegt (MF 6,1).

[142]Daß in diesem Falle mehr vorliegt, als nur die abgeblaßte Bedeutung "überaus, außerordentlich", daß nämlich eine dem
Sänger die Orientierung erleichternde Maßvorstellung im Hintergrund steht und Belege wie 57,4 mit neuem Sinn erfüllt,
zeigt einmal der Kontext dieses Liedes, und zum andern ist
das aus dem lyrischen Gesamtwerk Veldekes mit seiner
spannungsgeladenen Minnekonzeption zu schließen.

[143]In diesem Zusammenhang lediglich von "höfischer Devotion der
Minne" zu sprechen, wie Schröder, Dido und Lavine, a.a.O.
S. 166, es tut, bedeutet eine unberechtigte Herabspielung
der dichterischen Aussage und eine Verkürzung der Minneproblematik gerade um ihre für Veldeke typische Ausprägung.

von ihr Betroffenen fort. Es ist anzunehmen, daß derartiges
Minneverhalten der sittlichen Beurteilung durch das Publikum
nicht immer standhalten konnte; 'mâze' ist daran aber als
ausgesprochene Wertgröße nicht beteiligt.

Mit Friedrich von Hausen, dessen lyrisches Schaffen zwischen 1170 und 1190 liegt, kommt der hohe Minnesang zum Durchbruch. Die partnerschaftliche Minnegemeinschaft, die ihr eigenes Maß in sich selbst, im Grad der Minneerfüllung und
gegenseitigen Wertsteigerung der Partner fand, ist bei ihm endgültig zerbrochen. Erfüllung bleibt den Liebenden versagt; die
Frau erscheint auf einem Postament hoher Tugenden, unerreich-
bar für den Mann, stets aber seinen 'staeten' und beharrli-
chen Dienst fordernd und ihm die Illusion einer Minnegewährung
vorgaukelnd. Einen Ausgleich zwischen dem Verlangen des werben-
den Mannes und den sittlichen Forderungen der Frau gibt es
nicht mehr. Die geographische Ferne zwischen den Partnern, die
eigentlich keine mehr sind, wird in einigen Liedern Hausens zum
Symbol ihrer inneren Getrenntheit. Der Sänger bekennt: wäre ihm
seine Herrin lediglich 'in der mâze liep' (MF 43,19), so würde
ihm die Trennung nichts ausmachen; so aber, und man ist berechtigt zu folgern: in seiner übermäßigen Liebe zu ihr, die die
gesellschaftlichen Barrieren um so deutlicher hervortreten läßt,
will er ihr weiter dienen, auch ohne die Aussicht, seine 'fröide'
wiederzugewinnen (43,26). Der Zwiespalt zwischen einem vom
Sänger abfällig abgetanen Minnedienen 'in der mâze' und seinem aussichtslosen, "übermäßigen" Minneverlangen wird tiefer,
ja unüberbrückbar und läßt sich nur schwerlich dadurch kaschie-
ren, daß der Mann durch den Dienst eine Veredelung seiner
sittlichen Existenz erfährt[144]. 'fröide' darf er nur noch in

---

[144]Diese sieht de Boor in der Erziehung zu 'mâze' und Bestän-
digkeit (II,255), was sich allerdings, zumindest hinsichtlich der 'mâze', nicht begrifflich, sondern nur ideell bzw.
an ihrem sprachlichen Gesamtwortfeld aufzeigen ließe.

sublimierter Entwirklichung, als geistig-fiktives Erlebnis, kennen.

Diese Grundproblematik wiederholt sich auch in den Liedern Rudolfs von Fenis und Berngers von Horheim. Rudolf kann sich nicht 'mâzen' (MF 81,8), seine 'vrowe' beständig weiterzulieben, ohne die Aussicht auf 'trôst noch gedingen' (80,2; 80,27) zu haben. Bernger kennt in seiner Minne keine 'mâze' (MF 112,8) und sieht sich deswegen in 'kumber' gestürzt; doch auch er bekennt sich zur 'staete' im Minnedienst. Ähnliche Töne vernimmt man bei Heinrich von Rugge, der sich über die Gewalt der Minne beklagt, die ihm den Verstand zu rauben droht (MF 101,19). Die Folge ist, daß er die 'mâze' nicht mehr einhalten kann (101,22f.)[145]. Auch Reinmar von Hagenau minnt 'âne mâze' (MF 154,10) und weiß sich seine Geliebte in seiner Phantasie näher, als wenn sie in seinem Herzen wohnte[146]. An anderer Stelle verkündet er, daß ihm seine Herrin stets in 'gelîcher mâze' wert sei wie sein eigenes Leben (165,22). Daß er schon 'in alsô langer mâze' (189,33) um Minnelohn bittet (und ihn nicht erhält), stürzt ihn zeitweise in 'zwîvel', von dem ihn nur seine 'lûterlîche staete' (190,2) bewahrt. Sein Weg, 'der von der liebe gât unz an daz leit' (163,15) und der ihm Erfahrungen bereitet, die ihm 'unmâzen wê' tun (163,18), ist gleichzeitig der Weg in die Auflösung der Minne, die sich auf seiten der Frau in unerfüllbare sittliche Forderungen und auf seiten des Man-

---

[145] Heinrichs Formulierung 'Kunde ich die mâze' (101,23) finden wir etwas später bei Walther 43,19. Ebenso wie im Lied Heinrichs bewirkt die 'mâze' auch bei Walther eine begriffliche und ideelle Verzahnung der ersten beiden Strophen. - Unecht sind die Belege adj. 'gemaeze' MF 104,12 und stf. 'mâze' MF 105,34.

[146] Näheres zu diesem Beleg bei Xenja von Ertzdorff, Reinmar von Hagenau: Wiest ime ze muote, wundert mich (MF 153,14). In: Interpretationen mittelhochdeutscher Lyrik. Hsg. von G. Jungbluth. Bad Homburg v.d.H., Berlin, Zürich 1969, S. 137-52; hier S. 148f.

nes in die resignative Haltung des 'trûren' oder in die
Irrealität der 'wân'-Minne entwirklicht. In allen diesen Belegen dient das 'mâze'-Vokabular zur Bestimmung des Ausmaßes,
der Intensität der Minne, ohne je schon zwingend aus sich
heraus eine sittliche Verurteilung des Minnegeschehens zu
ermöglichen[147].

Merkwürdigerweise verstummen 'mâze'-Belege als Aussagen
zum Minneproblem bei so bekannten Minnesängern wie Albrecht von Johansdorf und Hartmann von Aue, in deren Liedern
Begriffe der 'mâze'-Sippe zwar nicht fehlen[148], aber von untergeordneter Bedeutung sind. Das ändert sich wieder, wie teilweise schon gezeigt wurde, in der Generation der Minnesänger zwischen 1190 und 1210, insbesondere bei Reinmar von Hagenau, und schließlich bei Walther von der Vogelweide.

In den Liedern Heinrichs von Morungen und Reinmars von Hage-
nau treibt die Grundspannung des hohen Minnesangs menschliche
Empfindens- und Leidensfähigkeit an ihre Grenzen. Im Lied
MF 137,27 Morungens bedroht sie das dem im Minnedienst ste-
henden Mann üblicherweise zuzutrauende Maß an Entbehrung,
Leid und Sehnsucht:

---

[147]"Die innere Maßlosigkeit der Minnesänger ist ein Beweis der
'staete' im Dienst und ein Zeichen der unbedingten Liebe",
Speckenbach S. 59, Anm. 26. In der Weltabsage Neidharts von
Reuental wiederholt sich das Motiv des maßlosen Minndien-
stes: 'ich hân mîniu jâr / ir gedienet âne mâze' 82,11f.
Nun aber ist nicht mehr eine Frau das Ziel solch ausharren-
den Dienens, sondern die verachtete Frau Welt, die den Sänger schnöde um den Liebeslohn betrügt. Vgl. auch Neidhart
72,24f.: 'Ich bin einem wîbe lange gar unmâzen holt / stae-
teclîchen her gewesen' - hier sind beide Motive des hohen
Minnesangs noch einmal miteinander verknüpft: das innere
Unmaß der Minnebindung und die 'staete' beim Ausharren im
Minnedienst.

[148]Albrecht von Johansdorf: 'mâze' MF 91,5; Hartmann von Aue:
'mâze' MF 211,10; 212,13; 216,30; 217,12. Vgl. Eichler S.60.

138,3 Frouwe, ob du mir niht die werlt erleiden wil,
         sô rât unde hilf: mir ist ze lange wê;
     5 sît si jêen ez sî niht ein kinde spil,
         dem ein wîp sô nâhen an sîn herze gê.
       ich erkande mâze vil   der sorgen ê:
       disiu sorge gêt mir für der mâze zil,
       hiute baz und aber dan über morgen mê.

Leid-Terminologie und mariologische Anklänge in der sprachlichen Diktion stehen in diesem Lied in innerem Zusammenhang.
Der in Sehnsucht und Betrübnis seine Tage verbringende Sänger spürt, daß seine 'sorge', seine Hoffnung auf Erwiderung der
Liebe, das Maß des Erträglichen überschreitet, und fleht
in tiefem Schmerz die 'frouwe' um Rat und Hilfe an, wie ein
Betender zur Mutter Gottes sprechen würde.

Diese säkularisierte Form des Bittgebetes benutzt einige Zeit
später auch Walther von der Vogelweide, wenn er, nun nicht
mehr die Frau, sondern die personifizierte 'frowe Mâze' als
scheinbar autonom gewordenen Wert um Hilfe anfleht ('Aller
werdekeit ein füegerinne' 46,32)[149]. Ebenso wie in Morungens
Lied überschneidet sich der sittliche mit dem religiösen Er-
fahrungsbereich des Sängers. Besonders in den Anfangsversen von
46,32 erscheint 'frowe Mâze' in der dichterischen Gestaltung als
dem menschlichen Vermögen übergeordnet und fast mit göttlichen

---

[149] Es handelt sich hierbei um eines der meistinterpretierten,
aber auch schwierigsten Lieder Walthers. Aus der umfangrei-
chen, z.T. kontroversen Forschungsliteratur seien hier nur
genannt: S. Beyschlag, Herzeliebe und Mâze. Zu Walther 46,
32. PBB 67 (1945 [recte: 1944]) 386-401; G. Schweikle,
'Minne' und 'Mâze'. Zu 'Aller werdekeit ein füegerinne'
(Walther 46,32). DVjs 37 (1963) 498-528; K.H.Borck, Walthers
Lied 'Aller werdekeit ein füegerinne' (Lachmann 46,32). In:
Festschrift für J. Trier zum 70. Geburtstag. Hsg. von W.
Foerste und K.H.Borck. Köln,Graz 1964, S. 313-34; W. Bachofer,
Walther von der Vogelweide: Aller werdekeit ein füegerinne
(46,32). In: Interpretationen mittelhochdeutscher Lyrik,
hsg. von G. Jungbluth. Bad Homburg v.d.H., Berlin, Zürich
1969, S. 185-203; D. Rocher, 'Aller werdekeit ein füegerin-
ne'. EG 24 (1969) 181-93.

Fähigkeiten ausgestattet, denn ein Mensch wendet sich an sie,
der 'versêret', 'ze nidere tôt' und 'ze hohe siech' ist, also in lebensbedrohender Bedrängnis der "Erlösung" bedarf,
und dessen Blick daher auch nach oben gerichtet ist. Dieser
pseudoreligiöse Charakter erhält seine stilistische Entsprechung in dem hyperbolischen Anruf an die höhere Macht und in der
Inversion, die sonst in Gebeten üblich ist. Der heutige Leser
ist versucht, in diesem "religiösen" Aspekt der Anrufe an die
'frouwe' und an die 'frowe Mâze' eine subtile Form von Ersatz-
religion zu sehen, nämlich darin, daß Heinrich von Morungen
und Walther von der Vogelweide im Spannungsfeld ihrer antinomischen Minneerfahrung nicht christliche Instanzen anrufen,
sondern, im Falle Morungens, das hypostasierte Idealbild der
'frouwe' und, im Falle Walthers, eine ins Ästhetisch-Allegori-
sche verdinglichte Macht. Dies gilt unabhängig davon, daß
Morungen und Walther verschiedene Auffassungen von Minneverwirklichung und daher auch unterschiedliche "Gebetsanliegen"
haben. Immerhin scheint sich der bei Morungen ansatzweise angelegte, fiktive Gebetseingang für eine Minneliedstrophe als dich-
terisches Aussagemittel bei Walther um ein Beträchtliches zu
erweitern, was nicht zuletzt auch als ein Indiz für die wachsen-
de Bedeutung der 'mâze' als einer hilfegebenden Macht für die
mit der Minne in Konflikt Geratenen zu werten ist.

Aus den Spannungen zwischen erfüllbarer 'herzeliebe' mit ihrem
Gegenseitigkeitsanspruch und dem Widerstand gegen diese 'herzeliebe' durch die Gesellschaft, ferner aus dem antinomischen
Verhältnis von 'ze hôhe' und 'ze nidere werben' und schließlich aus der Gefahr, immer wieder von der 'herzeliebe' verlei-
tet zu werden, suchte Walther einen Ausweg. Die 'frowe Mâze'
als Personifikation, die er um Hilfe anfleht, verflüchtigt sich
im Verlauf des Liedes; die 'unmâze' (hier als Mangel an 'mâze' zu verstehen) gewinnt die Oberhand (47,4), bereitet dem Sänger ständig neue Qualen und versperrt ihm die Möglichkeit, die
Heterogenität seiner Minneerfahrungen zu überwinden. Am Ende

bleibt der Sänger alleingelassen zurück, hilflos und sich
wundernd, warum sich die 'mâze' zögernd zurückhält (47,11).
'rât' und 'lêre' der 'Mâze' haben versagt[150]; wo sich die
Sittlichkeit eines Standes in Lehren[151] und Allegoresen verfestigt, hat sie ihre heimliche Wirksamkeit als lebendige
Kraft im ethischen Bewußtsein des Rittertums bereits eingebüßt, und der Weg in die Tugendallegorese des Spätmittelalters ist vorgezeichnet[152].

Immerhin stellt die Personifikation der 'frowe Mâze' für
Walther und wohl auch für seine Zeitgenossen ein Wunschbild
dar, ein Ideal, dem man zustrebte, es aber nicht erreichte.
'frowe Mâze' als 'füegerinne aller werdekeit': in dieser
bündigsten Umschreibung der 'mâze' als gesellschaftlich-hö-
fischer Tugend aus dem deutschen Minnesang überhaupt ist
nichts anderes zum Ausdruck gebracht, als daß 'alle werdekeit'
als unumgänglicher Voraussetzung der 'mâze' bedarf. Damit sind
alle höfischen Tugenden des Mannes und der Frau, alle Sitten und
Umgangsformen, überhaupt alle Dimensionen des höfisch-ritterlichen Lebens, der 'mâze' als ihrer Herrin überantwortet.

---

[150] Dieser Lehrcharakter eines Tugendbegriffs läßt sich gut mit
dem pseudoreligiösen Duktus des Liedes in Einklang bringen,
denn stets sah das Mittelalter in seinen religiösen Autoritäten gleichzeitig auch seine Lehrautoritäten.

[151] Vgl. das vorhergehende Kapitel, insbesondere das zur Lehre
der 'mâze' bei Thomasin von Circlaria Ausgeführte.

[152] Verlebendigungen, Allegorisierungen und Anthropomorphisie-
rungen treten in einem in der bisherigen literarischen Entwicklung unbekannten Ausmaß bei Walther auf. Es sei z.B.
nur erinnert an: Personifizierungen von materiellen Gegenständen ('her Stoc' 34,22; 'frô bône' 17,25), Personifikationen von Abstrakta ('frô Saelde' 43,1; 55,35; 'frô Unfuoge'
64,38), Personifikationen der Minne ('frouwe Minne' 14,11;
40,26; 98,36), der Welt ('frô Welt' 100,24) und von Mona-
ten ('her Meie' 46,30); Ausstattung von Abstrakta mit lebendigen und menschlichen Zügen (8,4ff.; 9,8; 64,31; 102,15f.
u.a.). Das Kriterium für die Verteilung der Anrede 'her'
oder 'frô' an die Objekte ist deren grammatisches Geschlecht,
ein nicht uninteressanter Gesichtspunkt, bedenkt man die unterschiedliche Gewichtsverteilung und Bedeutung, die 'her'
und 'frowe' in der Struktur des Lehnswesens haben. Personifikationen als solche sind in der europäischen Literatur

Selbstgefühl und ethisches Verdienst des Ritters und das
auf dem Besitz der höfischen Tugenden beruhende Ansehen vor
der Gesellschaft sind ohne 'mâze' nicht mehr denkbar. Walthers Verse zeigen deutlich, daß sie Grundtugend, Basis und
Voraussetzung aller höfischen Ideale ist.

Der Sänger beruft sich apologetisch auf sie, nachdem er
die Kritik der Gesellschaft[153] erfahren mußte: 'ich sol ab ie-
mer mîner zühte nemen war / und wünneclîcher mâze pflegen'
(61,36f.). Der Ritter, der im Dienst der Dame steht, erhofft
sie sich von ihr ('nû sult ir mir die mâze geben' 43,18),
doch selbst die Dame, der doch der Mann 'sô vile tugenden'
nachrühmen hört, bekennt von sich, sie nicht zu besitzen ('Kund
ich die mâze als ich enkan, / sô waere et ich zer welte ein
saelic wîp' 43,19f.)[154]. Der Abgesang höfischer Tugenden,
unter ihnen auch der 'mâze', zeichnet sich ab. Walther,
einst ihr leidenschaftlicher Fürsprecher, wendet sich in der

---

nichts Ungewöhnliches; sie können aber, wenn sie gehäuft
auftreten, Rückschlüsse auf die geistige Situation des
Zeitalters zulassen (vgl. Spätantike, Boethius, Spätmittelalter).

[153]Der Anlaß dürfte Walthers Wunsch- und Traumminne gewesen
sein, in der er sich 'fröide' nicht in der Gesellschaft,
sondern im 'waenen' verschaffen wollte (184,1ff.).

[154]Eine Wortfelduntersuchung könnte auch hier erweisen, daß
'mâze' wegen ihres breiten Bedeutungsgehalts, den sie in
der höfischen Dichtung besitzt, ihres z.T. allgemeinen
Charakters als Basis der höfischen Tugenden, viel eher in
der Form konkreterer Werte (etwa als 'zuht', 'wirde', 'werdekeit', 'fuoge', 'hövescheit', 'schame' und dgl.) den Gestalten der Dichtung zugesprochen wird als in ihrer allumfassenden Form mit dem Wortkörper 'mâze'.

Weltresignation seines Alterstons dauerhafteren Werten zu.
Die unzuverlässige, enttäuschende 'frowe Mâze' scheint mit
dem Abklingen der Minneproblematik endgültig aus dem Ge-
sichtsfeld des der weltlichen 'fröide' verlustig gegangenen
Dichters geschwunden zu sein.

3. 'minne'-'mâze'-Thematik in der höfischen Epik

· a) Überblick

In der höfischen Epik nach Heinrichs von Veldeke 'Eneide'
kehren zwei der Hauptmotive aus der 'minne'-mâze'-Thematik
des deutschen Minnesangs und der 'Eneide' wieder:

(a) maßübersteigende Minne:
Typus: A liebt B 'ûz der mâze': Salm. 96,5 (Einfluß eines
Zauberrings); Lanz.5571; Herb.8953; Eracl.4017. Als vor-
stufenhafte Variante zu diesem Typus kann Trist.9993 gel-
ten (Isolde läßt sich von Tantris 'uzer maze' beeindrucken).-
Typus: A liebt B 'âne mâze': Rud.E 18; Eracl. 3302; als
Variante Wig.5411 (allgemeiner Frauenpreis).

(b) Symptome der Minnebefallenheit:
Büchl.1807 ('unmaezeclichen wunt'); Eracl.2977 (Minnezwang 'ûz der mâze');2983 ('ûz der mâzen heiz');3689 ('heiz
ûz der mâzen'). In Wolframs von Eschenbach 'Titurel'[155]
heißt es von der Minne, sie sei ein 'winkelmez' (91,3), sie
zeichne ihre unverkennbaren, symptomatischen Züge in die
Gesichter der Minnenden ein. Der von der gewalttätigen Minne befallene Jüngling eingangs des "Büchleins" Hartmanns
von Aue begann 'ze maze' (11) eine Frau zu minnen - ein Widerspruch in sich, wie die Herausgeberin Herta Zutt anzunehmen scheint und daher 'ze maze' in 'über maze' oder 'uz
der maze' ändern will[156].

---

[155]Wolfram von Eschenbach. Sechste Ausgabe von K.Lachmann.
Berlin u. Leipzig 1926. Unveränd. photomech. Nachdr. 1964.

[156]Hartmann von Aue, Die Klage, a.a.O. S. 165, Anm. zu 11. Es
bieten sich, bevor man konjiziert, mindestens zwei Möglichkeiten an, 'ze maze' beizubehalten. Entweder man geht davon
aus, daß 'mâze' zu diesem Zeitpunkt noch möglich ist, weil
das Anfangsstadium der Minne beschrieben wird (vgl. 'begunde'
13), oder man faßt die Wendung 'ze maze' als idiomatisches
"in entsprechendem Ausmaß, in entsprechender Intensität" auf,
das die 'mâze' als Tugend oder sittlichen Impuls nicht besonders akzentuiert.

Neu ist die Anwendung der 'mâze'-Sippe bei folgenden Motiven:

(a) Polemik gegen die 'huote':
Eracl.4146 ('diu unmaezige huote');4416 ('ze mâzen hüeten',
d.h. nur wenig 'huote' ausüben). In Gottfrieds 'huote'-Ex-
kurs wird von einem rechtschaffenen Mann gefordert, daß
er 'getruwen (sol) sinem wibe / und ouch sin selbes libe,/
dazs aller slahte unmaze /durch sine liebe laze' (17913
-16). Nicht die entehrende 'huote' kann die Frauen vor
'unmâze' bewahren, sondern allein achtendes Vertrauen und
starke Liebe des Mannes.

(b) Schmerzvolles Warten auf Minneerfüllung:
Erec und Enite quält das Warten auf die Liebesvereinigung
'zuo der mâze und dannoch mê'(1871; vgl. auch 1847ff.),
in dem Ausmaß (wie es das vorausgehende Habicht-Beispiel an-
gibt, vgl. 1862-69) und darüber hinaus noch mehr.

(c) 'mâze' im körperlichen Vollzug der Minne:
Im "Wälschen Gast" wird 'mâze' als Mitte zwischen den Extremen der 'unkiusche' (10037) und dem 'versagen' (völ-
liger sexueller Enthaltsamkeit, 10038) angesiedelt; aber
auch der eheliche Verkehr selber soll nicht ausschweifend
sein: 'man mac doch mit sîn selbes wîp / wol leben unkiusch-
lîchen, / wil man toerschen unmaezlîchen' (10040-42). Die
eheliche Gemeinschaft erfährt dadurch eine Aufwertung, daß
ihr die Fähigkeit zugesprochen wird, gleichzeitig 'kiusche'
zu üben und dennoch auch eine sexuelle Gemeinschaft zu sein.

Man fühlt sich an zwei Belege aus Wolframs 'Parzival' erinnert, die noch deutlicher die versittlichende Kraft der 'mâze' hinsichtlich der Liebesgemeinschaft zwischen zwei Menschen beschreiben. Condwiramurs bittet in ihrem nächtlichen
Gespräch mit Parzival diesen um 'mâze' (193,30), um Beherrschung der Sinne, und Parzival gewährt sie ihr. Das keusche Beilager Parzivals mit Condwiramurs ist Ausdruck einer auf die Ehe als idealer Form des Zusammenlebens der dem
Laienstand angehörenden Männer und Frauen zielende Minne, die
ihre sittliche Kraft aus der 'mâze' bezieht: 'des mâze ie
sich bewarte, / der getriwe staete man / wol friwendinne
schônen kan' (202,2-4).

(d) Gottesminne:
Einen frühen, in Analogie zur Entzündung weltlicher Minne
stehenden Beleg mystischer Gottesminne weist das "Rheinische Marienlob"[157]auf. Die religiöse Minne entzündet Mari-
as Herz 'so unmezliche' (107,31), daß noch nie ein anderer Mensch so stark wie sie vor Minne "entbrannte".

---

[157]Mit diesem Denkmal verlassen wir natürlich (wie übrigens an
einigen weiteren Stellen dieses Abschnitts) den Umkreis der
höfischen Epik.

b) Schwerwiegende Verletzungen der 'mâze' als unmittelbare oder mittelbare Folge der 'minne'

In Alexanders 'sich verheben', Erecs 'sich verligen' und
Iweins 'sich verrîten' kann man mit einiger Berechtigung Verletzungen einer höfisch verstandenen 'mâze' erblicken. Im Falle Erecs hat die Minne wesentlichen Anteil daran, daß der
Held die conditio sine qua non des Artusrittertums als eines
idealen Modells hochhöfischen Rittertums, das ständige Mehren der 'êre' durch ritterlich-aventiurehafte Bewährung,
preisgibt und die Annehmlichkeiten eines Minnelebens im Übermaß und ohne Gegenleistungen genießt. Eine übermäßige Minne
ist es auch, die den Helden Jason in Herborts von Fritzlar
Trojadichtung zur Vernachlässigung seiner Kampfespflichten ver-
führt und ihm einen schwerwiegenden Tadel und einen Aufruf
zur Mäßigung durch König Oertes einträgt ('Ir sullet es vch
mazzē' 1067).
Nach seiner Eheschließung mit Athânais wird die Minne des
Kaisers Fôcas aus Ottes 'Eraclius' derart übermächtig, daß
auch hier die 'mâze' darunter leidet und der Regent seinen Amtspflichten nicht mehr nachkommen kann:

>   2484 des muose der rîche keiser lân
>   vil dinges under wegen,
>   daz er berihten solde und phlegen.
>   die mâze hête er begeben:
>   als diu minne wolde, sus muoser leben.

Daß die Minne tiefgreifende Veränderungen im Leben des Menschen
herbeiführen kann, die ihn in Konflikt mit der 'mâze', der
ordnenden Daseinsmacht im Weltbild des höfischen Menschen
kurz vor 1200, stürzen, bezeugt programmatisch auch Ulrich
von Zatzikhoven im 'Lanzelet':

>   4856 sît ich zellende worden bin,
>   sô stuont dar nâch geschriben
>   'minne hât mâze vertriben.
>   sine mugent samen niht bestân.'

An anderer Stelle bekundet der Dichter, wie der Gegensatz von
'minne' und 'mâze' den Verlust der 'vreude' zur Folge haben
kann:

> 6644 ir wizzent wol, wie minne tuot,
> swâ si den liuten an gesiget,
> daz si deheiner mâze pfliget,
> wan siu aller vreude nimt den zol. [158]

Auch die großen Vollender der staufischen Dichtung, Wolfram
von Eschenbach und Gottfried von Straßburg, ringen um die Bewältigung des Minneproblems, gelangen aber zu unterschiedlichen Lösungsmodellen. Wolfram weist der 'mâze' einen besonderen Platz in der sittlichen Fundierung des höfischen Frauen-
ideals zu, und er erbittet dazu die Hilfe Gottes:

> Parz.3,3 vor gote ich guoten wîben bite,
> daz in rehtiu mâze volge mite.

Die Frau soll, wie Obilot es von sich behauptet, 'ûf der mâze pfat' wandeln (Parz. 369,15). Diesem und dem Beleg 3,4
läßt sich mühelos eine ähnliche Aussage Gottfrieds von Straßburg an die Seite stellen. Im sog. Exkurs über die Frauen
stellt Gottfried die Forderung nach 'mâze' auf, die besonders in der Suche nach dem rechten Verhältnis zwischen 'êre'
und Sinnlichkeit wichtig wird:

> 18009 bevelhe unde laze
> ir leben an die maze;
> da besetze ir sinne mite,
> da ziere mite lip unde site:
> maze diu here
> diu heret lip und ere.
> 15 Ezn ist al der dinge kein,
> der ie diu sunne beschein,
> so rehte saelic so daz wip,
> diu ir leben unde ir lip
> an die maze verlat,
> 20 sich selben rehte liebe hat.

Zumindest diese Gemeinsamkeit Wolframs und Gottfrieds bleibt
festzuhalten: von der 'mâze' erwarten beide Dichter eine Wertsteigerung der Frau im höfischen Bereich. Aber hinsichtlich
der beispielhaften Lösungswege des Minneproblems in der dichte-

---

[158] Diese Minneauffassung stellt de Boor mit Recht in Veldeke-
sche Tradition (II,86).

rischen Fiktion klaffen ihre Vorstellungen weit auseinan -
der.

Wolframs Idealvorstellung ist die sich in der "hohen Ehe"
verwirklichen lassende, hochsittliche, untrennbare und unauf-
lösliche Liebesgemeinschaft zwischen Mann und Frau (voll-
kommen repräsentiert durch Parzival und Condwiramurs), die sich
unter anderem auf höfisch verstandene und gesellschaftlich abge-
sicherte Werte wie 'mâze', 'schame', 'kiusche' und 'zuht' gründet. Im Rahmen dieser vertieften sittlichen Begründung von Minne und Ehe siedelt er 'mâze' weitgehend im Sinnbezirk von
'schame' und 'kiusche' an[159]. Hinsichtlich dieser inneren Bindung der Minnegemeinschaft an die 'mâze' gibt es für Wolfram
keine grundsätzlichen Probleme.

Diese tauchen erst im "Willehalm" auf, weil hier, im Gegensatz zur für ideelle und sittliche Idealvorstellungen offenen, fiktiven Phantasiewelt des "Parzival", der Anteil rea-
ler und geschichtlich-konkreter Erfahrungbereiche an der Werkwelt der Dichtung weitaus größer ist und sittliche Orientie-
rungswerte ganz andere, der Zeitwirklichkeit näherstehende Bewährungsfelder zugewiesen bekommen. Wolfram zieht es vor, angesichts dieses gesteigerten Realitätsgehalts des "Willehalm" gegenüber dem "Parzival" auch mit den sittlichen Idealen in dieser Dichtung zurückhaltender umzugehen. So spielt die 'mâze'
lediglich in quantitativer Bedeutung eine bescheidene Rolle
und scheint ihren Rang ganz an die konkreten Werte 'zuht' und
'kiusche' abgetreten zu haben. Womit sonst sollte das Fehlen
der 'mâze' im "Willehalm" zusammenhängen als mit dem zu einer
Entfaltung dieser Tugend im Widerspruch stehenden Dichtungs-
geschehen, das vom weltgeschichtlichen, erbarmungslosen Kampf
zweier unversöhnlich scheinender Religionsgemeinschaften mit
all seinen brutalen und leidvollen Begleiterscheinungen be-

---

[159] Ein einprägsames Beispiel für die Verwandtschaft von 'schame'
und 'mâze' gibt auch die Winsbeckin, in deren Strophen 5
und 6 beide Begriffe zur zweigliedrigen Formel zusammenge-
wachsen sind: 'Scham und mâze sint zwô tugent, / die gebent
uns vrouwen hôhen prîs' (6,1f.; vgl. auch 'scham unde mâze'
5,8 und 'mâze' 7,6).

herrscht ist? Vielleicht kann man den "Willehalm" als Zeugnis für die Untauglichkeit der 'mâze' in historisch-realen
Bewährungsbereichen ansehen; indirekt käme in dieser Dichtung
ihre Affinität zur Idealität höfischer Sittlichkeit, wie sie
sich im "Parzival" kundtut, zum Ausdruck[160].

In eine sich von den Minne- und Ehevorstellungen des "Parzival" deutlich unterscheidende Welt führt uns Gottfried:
das Minnemodell, das er anbietet, die esoterische, vielleicht
in mystischer Analogie stehende, aber (im Gegensatz zur mystischen Liebe) innerweltliche Minne der 'edelen herzen', ist eigenen sittlichen Bedingungen unterworfen. Mystische Liebe ist
eine Liebe ohne Maß[161], und wenn die Prämisse richtig ist, daß
die Minne der 'edelen herzen' analog zur mystischen Liebe geprägt ist, so wird einsichtig, daß die Minne der 'edelen herzen'
nicht mehr von höfischen 'mâze'-Vorstellungen erreicht und geprägt werden kann. Sie steht außerhalb des Einwirkungsbereichs
höfischer Maßstäbe[162] und kennt demzufolge keine 'mâze' als
sie konstituierendes Prinzip. Das bedeutet keineswegs, daß sie
keine Sittlichkeit kenne. Es herrscht in ihr eine Sittlichkeit
sui generis, die im Grunde nur für die Liebenden und ihre
Gemeinschaft gilt.

Es sind also zwei Ebenen festzustellen, auf denen Gottfried
Tugenden und sittliche Werte ansiedelt: die höfisch-gesell-
schaftliche Ebene und der pseudomystische Intimbereich der
'edelen herzen'. Nur auf der ersten kommt 'mâze' explizit vor;

---

[160]Beweisführungen e silentio sind oft genug problematisch.
Hier aber halte ich einen solchen Beweis für durchaus möglich, da sich der "Parzival" als verläßliches Korrektiv
anbietet. Man denke auch an das Nibelungenlied: engt nicht
auch hier das maßlose Geschehen dieser Dichtung den Spielraum
für die epischen Entfaltungsmöglichkeiten der 'mâze' derart
ein, daß sie nur am Rande eine Rolle spielt?

[161]Belege bei Speckenbach, S. 110f.

[162]Es muß auffallen, wie oft im "Tristan" von den Liebenden
im höfischen Sinne 'mâze'-los gehandelt wird, wie wenig dies
aber explizit sprachlich mit Hilfe des 'unmâze'-Wortfeldes
zum Ausdruck gebracht wird - ein Hinweis darauf, daß Gottfried der Gegensatz von höfischer Sittlichkeit und der eigen-
gesetzlichen Welt der 'edelen herzen' als solcher bewußt
war.

dem Wesen der Minne 'edeler herzen' scheint sie, als höfisch
gebundener und sich vor der Öffentlichkeit der Gesellschaft
verwirklichender Wert, nicht gemäß zu sein.

Bereits Blanscheflur unterliegt der übermächtigen 'gewal-
taerinne Minne', die ihr 'den besten teil ir maze' raubt
(961-65), so daß sie durch ihre zunehmende Leidenschaft
'vuoge' und 'ere' gefährdet sieht (1045-51)[163].
Der noch nicht unter dem Einfluß der (absoluten) Minne stehende Tristan, d.h. der "höfische Tristan", ist Vorbild höfischer Tugenden, so auch der 'mâze' (z.B. 2739; 4505). Nachdem sie zu den 'edelen herzen' gehören, bedienen sich Tristan
und Isolde der höfischen Tugenden, u.a. der 'mâze', als Tar-
nung ihrer Liebe nach außen hin, als List zur Absicherung
ihrer Minnegemeinschaft gegen die Gesellschaft (13630ff.).
'mâze', vor dem Genuß des Minnetranks noch Wert höchster Ordnung, eine der Zielvorstellungen höfischen Daseins, hat nun
für die Liebenden diese Gültigkeit verloren. Man setzt sie
als Täuschungsmittel ein und beraubt sie damit ihres eigentlichen Funktionsbereiches. Wenn Isolde sich beim Ausüben
ihrer 'liste' mit einem Betrugsmanöver an Marke wendet und
diesen um 'mâze' gegenüber seinem Neffen Tristan bittet
(14991-93), so verkürzt sie einen Grundwert des Rittertums
zur Attitüde, besitzt dafür allerdings den Legitimations-
ausweis einer für sie weitaus höheren Macht, nämlich ihrer
maßübersteigenden Minne zu Tristan.
Die höfische Welt ('ir aller werlde' 50) fordert die Minnenden wiederholt zur Beachtung der Grenzen höfischer Sittlichkeit (Selbstbeherrschung, Enthaltsamkeit von der Minne, Rücksicht auf die 'ere' des Herrschers) auf (16546-50). Auch
Brangaene rät Isolde nach dem Genuß des Minnetranks, sich zu
'gemazen und enthaben' (12140f.). Der nach höfischen Normen lebende Marke, von 'zwivel unde arcwan' (16513) erschüttert, verliert schließlich in dieser ihn überfordernden Konfrontation
mit einer nicht mehr im Bereich des Höfischen angesiedelten
Macht die 'mâze' (16516).

Wenn die absolute Minne gefährdet ist, werden höfische Werte
wie 'mâze', 'zuht', 'vuoge' usf. von den 'edelen herzen'
preisgegeben (vgl. beispielsweise den Mordanschlag auf Brangaene). Die höfische 'schame' gilt für sie nur nach außen,

---

[163] "Der Verlust der 'maze' (965), die fehlende Rücksicht auf
Zucht und 'ere' (1050f.), die Vereinigung mit dem todwun-
den Riwalin (1287ff.) sind alles andere als höfisch, genau-
sowenig wie die gemeinsame Flucht (1511ff.; 1578ff.)",
Speckenbach, S. 58f.

in ihrer Liebe hat sie keinen Raum (12380ff.). Die 'mâze'
wird, wie alle anderen höfischen Tugenden auch (mit gewissen Einschränkungen hinsichtlich der 'ere') über Bord
geworfen, wenn Gefahr droht[164].
Wenn Gottfried den Frauen rät, ihr Leben nach der 'mâze' auszurichten (18009ff., s.o.), so bewegt er sich damit bloß im
höfischen Bereich[165]und verschweigt, daß die 'edelen herzen'
kaum auf seinen Rat hören würden, wenn es gälte, ihre Liebe
gegen Bedrohungen von außen zu wahren. Nicht mehr die 'mâze'
ist für sie das erstrebenswerteste Ziel, sondern die ins
Irreale verklärte Minneerfüllung. Der Ausbruch Tristans und
Isoldes aus der höfischen Welt in die Minnegrotte symbolisiert das Ende des höfischen Bereichs als eines unangefochte-
nen Lebensraumes des staufischen Ritters.
Wie bei Walther von der Vogelweide (s.o.), so gerät nun auch
bei Gottfried von Straßburg die 'mâze' als bisher geforderter
und anerkannter, tragfähiger Wert der Sittlichkeit einer ganzen
Klasse in eine tiefe Krise. Mit ihr stellt der Dichter die
gesamte höfische Welt in Frage, bricht aber aus bisher ungе-
klärten Gründen ab, bevor er eine Lösung andeuten kann. Die
'mâze', in der eine ganze Generation von höfischen Dichtern
eine Ordnungsmacht ersten Ranges sah und sie mit sittlichen
Postulaten gleichsam überfrachtete, gerät im "Tristan" in eine
erbarmungslose Aporie: im Dichterkommentar wird sie gepriesen,
im Handeln der Hauptgestalten der Dichtung wird sie außer Kraft
gesetzt. Eine lediglich in der Immanenz des höfischen Menschen-

---

[164]"Um diese Liebe zu erhalten, werden die Grenzen der Sittlichkeit und der Religion unbekümmert und mit feinsten Listen
überschritten. Zwar gelten Ausdrücke wie 'tugent' (16943),
'kiusche' (17026), 'staete' (16970), 'güete' (17063), 'diemüete' (17064) und 'zuht' (17065) in der Minnegrotte auch
für die Liebenden... Aber die sittlichen oder religiösen
Eigenschaften haben eine Umwertung erfahren, sie bezeichnen
nicht mehr das Verhalten in der Gesellschaft, sondern nur
das Verhalten der Liebenden zueinander", Speckenbach, S. 96f.
Bezeichnend ist, daß in der allegorischen Ausdeutung der
Minnegrotte die 'mâze' keine Rolle spielt.

[165]Ich folge hier der Auffassung von P.W.Tax, Wort, Sinnbild,
Zahl im Tristanroman. Studien zum Denken und Werten Gottfrieds von Straßburg. Berlin 1961, S. 150, Anm. 34.

kreises und seiner Konventionen verankerte 'mâze' konnte
zur Bewältigung der als metaphysische Größe in die Dichtung
eingeführten Minne 'edeler herzen' nicht mehr herangezogen
werden; sie hatte sich historisch überlebt.

Exkurs VI: Affekte

Neben der Minne, die als elementare Daseinsmacht die hochmittelalterlichen Dichter vor gewaltige Probleme stellte, sind
es vor allem die menschlichen Affekte, gegen die man die 'mâze' als harmonisierende und ausgleichende Kraft in den Dichtungen immer wieder ins Feld führt. Die ganze Skala der Gemüts-
bewegungen und Gefühlsäußerungen, des sensoriellen und tem-
peramentmäßigen Erfahrungsbereichs, ist damit gemeint. Die Anzahl der Belege spricht für sich und bedarf eigentlich keiner
weiteren Kommentierung; sie legt beredtes Zeugnis ab von
den Anstrengungen besonders der höfischen Dichter, mit Hilfe
der 'mâze' der Gefühle, Empfindungen, Leidenschaften, Stimmungen und schmerzvollen Erfahrungen Herr zu werden.
Eine große Anzahl der Belege drückt lediglich ein Übermaß der
bezeichneten Sachverhalte aus (Typus: 'ûzer mâzen'), ohne
schon sittliche Wertungen damit zu verbinden, läßt aber vermuten, wie sehr hier immanente Ordnungskriterien in der Sprache selbst angelegt sind und wie wenig fest die Grenzen zwischen außerordentlich starken, aber sittlich als indifferent
angesehenen Affekten einerseits und als maßlos empfundenen und
daher auch einem sittlichen Verdikt unterworfenen, nicht-
rationalen Verhaltensäußerungen andererseits doch schon sind.
Semantische Abgrenzungen und Differenzierungen dieser Art werden nicht immer exakt möglich sein und sollen hier auch nicht
rigoros und ohne Kontextinterpretation vorgenommen werden.

Die hinsichtlich einer Bewältigung schmerzlicher und leid-
voller Situationen mit Hilfe der 'mâze' für die höfische
Literatur in entscheidender Weise vorbildlich gewordene Dichtung ist das R o l a n d s l i e d, sieht man einmal von vereinzelten Belegen in frühmittelhochdeutschen Texten ab. Seit
dem Rolandslied wird die Forderung nach Mäßigung von Klagen
und Klagegebärden zum literarischen Topos in der mittelhochdeutschen Dichtung. Daher sei kurz auf dieses Denkmal eingegangen. Es enthält fünf Belege aus der Wortfamilie 'mâze', die
sich auf Klage und Klagen beziehen. Allen diesen Belegen
liegt eine maßlose Klage zugrunde. Das darf jedoch nicht zu
dem Trugschluß führen, die Klagen im deutschen Rolandslied seien
allesamt maßlos. Vergleicht man nämlich Klagen und Klagegebärden im Rolandslied mit denen der französischen Chanson de
Roland, so wird man obiges Urteil bedingt modifizieren müssen.

Die 700 Begleiter Geneluns (vgl. 1661) werden von diesem wieder zu Karl zurückgeschickt (1684ff.). Beim Abschied von
Genelun können sie ihren Schmerz nicht verbergen: 'ummâze
was ir clage, / grôz was ir ungehabe' (1736f.). Unter Händerin-
ringen und einer Ohnmacht nahe gibt sich Roland seinem maßlosen Schmerz und seiner Erbitterung über den Tod Olivirs hin:
'Âne mâze er chlagete' (6447). Mit gleichem Wortlaut schildert
der Dichter wenig später die Klagen Karls und seines Heeres
über den toten Roland und die anderen gefallenen Karlinge:
'Âne mâze sie chlageten' (7502). Die Königin Brechmunda klagt
dem Heidenkönig Paligan ihre 'ummêzliche nôt' über ihren erschlagenen Sohn (7382). Kaiser Karls Klagen über seinen toten
Neffen Roland sind maßlos; übermäßig ist sein Schmerz: 'Nune
lebet nîmen / den ich dir ebenmâze' (7534f.). In dieser Situa-
ation beschwören die Fürsten den Kaiser, 'daz er mâzlichen
chlagete' (7575).
Die folgende Belegsammlung zur Verbindung von Affekten[166]
(einschließlich der verschiedenen kontextuellen und situativen
Bezüge, in denen sie zum Tragen kommen) und Begriffen der 'mâze'-Sippe beruht auf der deutschen Literatur von ca 1170-1220
und enthält daneben Verweise auf ähnliche Belege im althochdeutschen und frühmittelhochdeutschen Schrifttum.

<u>'clage', 'clagen'</u>
Jemandes Klage ist maßlos (adj. 'unmâz'; adv. 'unmâze(n)';
adv. 'unmaezlîche'): RL. 1736; Osw.M 1200; NL.[167]1007,4; Maria
D 3677 (A 3211).

---

[166]"Affekte" ist als Sammelbegriff im eingangs erläuterten Sin-
ne zu verstehen. Aus der umfangreichen Literatur zu diesem
Gebiet seien hier folgende Arbeiten genannt: W. Scherer,
Der Ausdruck des Schmerzes und der Freude in den mittelhoch-
deutschen Dichtungen der Blütezeit. Diss. Straßburg 1908;
K. Korn, Studien über "Freude und Trûren" bei mittelhoch-
deutschen Dichtern. Beiträge zu einer Problemgeschichte.
Leipzig 1932; W. Frenzen, Klagebilder und Klagegebärden in
der deutschen Dichtung des höfischen Mittelalters. Diss.
Würzburg 1936; H.G. Weinand, Tränen. Untersuchungen über das
Weinen in der deutschen Sprache und Literatur des Mittel-
alters. Bonn 1958; D. Ruprecht, Tristitia. Wortschatz und
Vorstellung in den althochdeutschen Sprachdenkmälern. Göt-
tingen 1959.

[167]Das Nibelungenlied. Nach der Ausgabe von K. Bartsch hsg.
von H. de Boor. 15. Aufl., Wiesbaden 1959.

Die Klage ist 'âne mâze(n)': RL. 6447; 7502; Serv.I,2793;
Wig. 2169; Klg.[168] 658.
Jemand kann sein Klagen nicht 'mâzen': Marienl. 18,21.
Aufforderung oder Bitte, maßvoll zu klagen oder das Klagen zu
unterlassen bzw. zu beenden (adv. 'mâzlîche(n)'; adv. 'maez-
lîche'; adv. 'maezeclîchen'; adv. 'mâze'; swv. 'mâzen'; 'ze
mâzen'): RL. 7575; Maria 3172 (D 2992; A 2634); Erec 6444;
Lanz. 8; Parz. 93,4; 334,26; 480,2; Trist. 12473; WG. 5549; Klg.
3217; 3443; 3638; 3747.
Jemandes Vermögen, maßvoll zu klagen (adv. 'maezlîchen'; adv.
'maezeclîchen'; adj. 'maezlich'; 'in ... mâzen'): Rud.v.F.,
MF 83,25 ("gar nicht, kaum"); Eracl. 3085 ("gering, klein");
WG. 10760 ("gar nicht"); Klg. 3671.
Für die hochhöfische Literatur ist die Lehre repräsentativ,
die Trevrizent Parzival erteilt: 'dune solt och niht ze sêre
klagn./ du solt in rehten mâzen / klagen und klagen lâzen'
(489,2-4). Bemerkenswert ist die Parallele zu Greg. 1247f.,
'sîne vreude und sîn klagen / kunde er ze rehter mâze tragen',
in Kindh. 1625f.: 'swer sîne fröude und sîn klagen / in rehter
mâze künne tragen...'.

Weinen, Jammern, Klagegeschrei

Jemand weint 'âne mâze', 'unmaezlich','unmâzen': Milst.Gen.
96,18; NL.920,4; Ernst B 3107; Kindh.377; Maria A 4342.
Unvermögen, das Weinen zu 'mâzen': Marienl. 18,21.
Forderung, das Weinen zu mäßigen bzw. sich der Tränen zu ent-
halten (swv. 'mâzen'; swv. 'maezigen'): Trist. 13318; Marienl.
21,35.
Jammer 'ûzer mâzen', 'unmâzen grôz'; Serv.II,756; NL.1009,3.
Klagegeschrei 'âne mâze(n)': Klg.2038; 2723.

'wê', 'müejen', 'sêr', 'pîn'

Etwas tut 'âne mâze' oder 'unmâzen' weh: Dietm.v.E., MF
32,15; En. 68,24; Reinm.v.H., MF 163,18; Ernst B 1558.
Etwas bekümmert 'âne mâze' oder 'ûz der mâze(n)': NL.2216,4
('müejen'); Eracl.4205; 4647 ('müejen'); Willeh.71,13 ('sêr').
Warnung vor übergroßem 'pîn': Wernh.v.E.1138.
Schon Otfrid klagt über das 'ummezzigaz sêr' des irdischen
Lebens (V,23,93).

'leit'

Maßloses Leid (adv. 'unmaezlîchen'; 'ûzer mâzen';'unmâzen';
'âne mâze'; 'wît gemezzen'): Aneg. 1667; Osw.M 1771; 2468;
Lanz.5993; NL.861,3; 1071,2; Eracl.14; 1413; Willeh.253,1.
Aufforderung, sein Leid zu mäßigen (swv. 'gemâzen'): Herb.
2812.

---

[168]Diu Klage mit den Lesarten sämtlicher Handschriften. Hsg.
von K.Bartsch. Unveränderter reprografischer Nachdruck der
Ausgabe Leipzig 1875. Darmstadt 1964.

Geringes oder gar kein Leid (adv. 'maezlîche'): NL.193,4;
347,4.
Vgl. auch 'in alles leides unmezze' Bamb.Gl.u.B.144,29.

'trûren'
Jemand kann sein 'trûren' nicht 'gemâzen': Dietm.v.E., MF
35,23 (unecht).
Jemand ist 'âne mâze' 'trûric': Trist.13424.
Der Dichter des Rheinischen Marienlobs hofft auf Erlösung von
seiner 'unmezlichen truricheide': Marienl.39,33.

'sorge'
Aufforderung, die 'herzen sorge' zu 'mâzen': Willeh.252,24.

'vreisen', 'vorhten', 'angest'
Außerordentliche Furcht ('sonder mate'; 'zunmâzen'; adv. 'un-
mâzen'): Serv.II,900; En.56,37; Ernst B 4395; Kindh. 1702.
Vgl. auch 'in unmezzigero forhtun' Wessobr.B. I 146,6.
Geringe (gar keine) Furcht ('ze mâze'): Willeh. 111,14.

'riuwen'
Jemand ist durch etwas maßlos betrübt ('zummâzen'; 'âne mâze'):
Alex.S 3780; En.197,19; NL.2005,1.
Aufforderung, die 'riuwe' zu mäßigen (adj. 'unmâz'; swv.
'mâzen'): Parz.99,9; Klg.3217.
Geringe (gar keine) Betrübnis ('ze mâzen'): En.241,76.

'schamen'
Maßlose Scham ('utermaten'; adv. 'unmaezlîche'): Serv.II,
1918; Lanz.2644.
Gebührliche Scham ('ze mâzen'): WG.189.

'ungemüete'
Maßlose Verzweiflung (adv. 'unmaezlîchen'): NL.1066,4.

'zorn', 'zürnen'
Aufforderung, den Zorn zu unterlassen oder zu mäßigen (swv.
'mâzen'; 'ûz der mâze'; stf. 'mâze'): Willeh.146,21; Craûn[169]
1455; Neid.13,34; 48,22f.
Jemand zürnt maßlos bzw. wird von maßlosem Zorn ergriffen
(stf. 'unmâze'; 'ûzer mâzen'; swv. 'mâzen'): Kchr.12838;
En.124,4; Salm.337,3; Herb.12210; 16346; Parz.356,10.
'schelten âne mâze' als Folge des Zorns: Greg.1367 (vgl.
1410).

---

[169]Moriz von Craûn. Unter Mitwirkung von K.Stackmann und
W.Bachofer im Verein mit E.Henschel und R.Kienast hsg.
von U.Pretzel. Zweite, stark veränderte Auflage. Tübingen 1962.

Zorn läßt sich mit Hilfe der 'mâze' und des richtigen 'mezzen' zur Tugend verwandeln, z.B. indem man seinen Zorn auf die
'bôsheit' richtet: WG.10096-104.
Geringer (gar kein) Anlaß zum Zorn ('ze mâze'): Eracl.1820.
Aus der ahd. und frühmhd. Literatur vgl. Hildebrandslied 25
('ummet irri'), Notker Nb. I, 251,16, S.-St.I,271,6
('ûnmézigêr sînes zôrnes', lat. 'irae intemperans') und Wien.
Ex.2045 ('der dîne unmâzzen zorn', vgl. Milst.Ex.146,35).

'schelten', 'schimpf'
Maßloses Schimpfen ('âne mâze'): Greg.1367.
Aufforderung, 'boesen schimpf' zu unterlassen (swv. 'mâzen'):
Wig. 11539.

'toben'
Maßloses Außersichsein ('âne mâze'): Obdt.Serv.3169.

'vreude', 'vrô'
Jemand ist außerordentlich froh (adv. 'unmaezelîchen'; adv.
'unmâzlîchen'; adv. 'unmaezlîchen'): Salm. 664,3; 687,6;
729,5.
Im Jenseits herrscht 'unmazliche froide' über die geretteten
Sünder: Lucid.75,7.
Freud und Leid sollen in 'rehter mâze' getragen werden: Greg.
1248; Kindh. 1626.
Vgl. auch 'wande sint [si]/ frô daz [i]st [âne] mâze, sint siu
trû/rich daz ist âne gelimph' T.Hl.67,22-24; diese Freude
ohne Maß ist offensichtlich Folge des 'ungordenôten mûtes '
(67,22).

'wunne'
Außerordentliche Freude ('âne mâze'): NL.270,2.

Auffällig ist das Übergewicht negativer Affektäußerungen wie
Schmerz, Leid, Furcht usf., deren Übermaß in vielgestaltigen
sprachlichen Wendungen ausgedrückt wird, über die positiven
wie Freude und Wonne. In dem Bemühen um Bändigung der Affekte
und Gefühlsregungen und um Selbstbeherrschung und Bezwingung
elementarer Schmerzens- und Glücksbekundungen, das aus dieser Belegsammlung als Tendenz erkennbar wird, kündigt sich
die Reduktion der polysemantischen hochmittelalterlichen 'mâze'
zur bloßen Mäßigung an, die für das Spätmittelalter kennzeichnend geworden ist.

V. 'mâze' als tragender Wert ritterlicher Ideologie

1. 'mâze' in höfischen Gegenstands- und Gestaltenschilderun-
   gen

Daß Maß und Schönheit in ursächlichem Zusammenhang stehen,
ist keine Erfindung mittelhochdeutscher Dichter, sondern ererbte europäische Tradition. Der Gedanke des rechten Maßes
als Bedingung für ästhetische Qualität fand in der höfisch-
ritterlichen Kultur des hochmittelalterlichen Europa eine besonders günstige Aufnahme und ging in das subtil ausgeprägte
Formempfinden einer sich verfeinernden Gesellschaftskultur
ein, so daß es heute scheinen will, als sei er ihr originäres
Kennzeichen. In den literarischen Denkmälern des zuendegehenden 12. und beginnenden 13. Jahrhunderts bildet sich eine neue
Wertschätzung dinglicher und menschlicher Schönheit heraus,
die sich teilweise auch in der Anwendung der 'mâze'-Wort-
familie niederschlägt. Damit ist der Sachbereich benannt, dem
die folgenden Belege zugehören. Sie besitzen unterschiedliche
Aussagekraft, und es sei von vornherein darauf hingewiesen,
daß sich die Tendenz zur semantischen Abschwächung und Formelbildung auch hier fortsetzt.

Auf dem Gebiet der Architektur ist die traditionelle Einheit
von Maß und Schönheit besonders einsichtig. Das Konstruieren
und Bauen des Architekten und Baumeisters verlangt den ständigen Umgang mit dem geometrischen Maß[170]. Im Verbum 'mâzen'
in der Bedeutung "konstruieren, erbauen" kommt diese messend-
mathematische und schöpferisch-ästhetische Tätigkeit des Architekten ebenso zum Ausdruck wie im Substantiv 'mâze'. Den
ursprünglichen Bezug zur Meßkunst zeigt sehr schön ein Beleg
aus Veldekes "Eneide": hier ist es bezeichnenderweise der Grieche
Geometras, der das Grabmal für Kamille schuf ('der meister
mâzetez also' 253,9)und damit 'die list von geometrîen' ins
Werk setzte (252,5; vgl. die Schilderung des Bauwerks und seiner Entstehung 251,36ff.). Wirnt von Grafenberg beschreibt

---

[170]S. oben Kap. B II,5-6.

'ein harte schoene kastel, / ze mâze hôch und sinwel' (Wig.
10346f.), einen turmartigen Aufbau, den ein Elefant trug
und in dem die Königin Larîe und ihre Jungfrauen Platz
fanden. Schon in der geistlichen Dichtung "Vom Himmelreich"[171]
(Datierung unsicher; wohl zwischen 1160 und 1187), einer Schilderung des himml. Jerusalem, sind die zwölf Türme der Burg-
mauer mit 'den edelen steinen' 'wole gezinnit/in ebener
mâzze' (3,19f.). Der Palast der Kranichköpfe im "Herzog Ernst"
bietet so viel an Pracht und eingearbeitetem Schmuck, daß
der Dichter emphatisch verkündet: 'daz wunder was unmaezlîch /
daz dar ane ergraben lac' (B 2812f.).
     Des weiteren sind es Stoffe, Pelze, Kleidungsstücke und
Reitgerät, an die man bestimmte Anforderungen stellte. Sie
mußten 'ze mâze' sein, eine passende, angemessene Größe und
Qualität aufweisen. Das richtige Maß war es, was die Dichter
hervorhoben. So z.B. die Ärmel am Kleid Didos, die 'ze mâzen
wît' waren (En. 59,37); ein Ärmel als Wappenbild ('zer mâze
sô si solde' Erec 2294); der Halsriemen des Leithundes[172] ('ze
mâzen enge unde wît' En. 61,37); die Sattelbögen ('ze mâzen
enge unde wît' En. 149,9); Helmschnüre ('veste wol ze mâzen'
En. 244,23); Steigbügel ('ze rehter mâze erlenget' Parz. 122,6)
und eine Decke ('nach des tisches maze breit' Trist. 15803).
Selbst ein Sarkophag wird einmal als 'zv mazze lanc zv mazze
breit' beschrieben (Herb. 10788).

Schmuck, Kleidung und Waffen erfüllten erst dann ihren Zweck,
Glanz und Wert ihrer Besitzer oder Träger zu erhöhen, wenn
sie diesen genau paßten oder gut standen. Diesen Bezug zwischen Gegenständen und ihren Besitzern (oder übergeordneten
Gegenständen) drücken Wendungen aus wie 'ze mâze sîn', 'ze
mâze komen' und 'ze mâze stân' (En. 194,37; Erec 7701; Maria
D 4640; ähnlich Erec 1953 und Willeh. 293,24).

Farbliche Übereinstimmung von Waffen, Pferden und Kleidung
galt bei den Rittern als besonders eindrucksvolles Merkmal
an Vornehmheit und Trefflichkeit. So etwa NL.399,1-3: Pferde
und Kleidung Gunthers und Siegfrieds waren 'reht' in einer
mâze', übereinstimmend in ihrer weißen Farbe. In einer der
"Kleiderstrophen" des Nibelungenliedes wird hinsichtlich des
'gewant' gefragt, 'ob ez den helden waere ze kurz und ouch
ze lanc' (369,3); die Helden stellen zufrieden fest: 'ez was
in rehter mâze' (369,4). Das richtige Mittelmaß ist getroffen.
Gottfried von Straßburg personifizierte diese 'mâze': Isolde
trägt einen Mantel, 'da stuont ein höfscher zobel vor /
der maze, als in diu Maze sneit, / weder ze smal noch ze breit'

---

[171] In: Maurer I, Nr. 14, S. 365-95.

[172] Eichler sieht in 61,35ff. fälschlicherweise eine Beschreibung von "Didos Halsschmuck" (S. 51).

(Trist.10924-26)[173]. Die 'Maze' verkörpert hier ein auf die
Kleidermode bezogenes, höfisches Schönheitsideal[174]; sie
ist mit der 'hovemaze' (Trist.11107) als der am irischen Kö-
nigshof gerade vorherrschenden Moderichtung in gewisser Weise verwandt.

Farbenpracht, Schmuck und äußerer Glanz höfischer Menschen
wurden in der Epik um und nach 1200 kunstvoll beschrieben.
Feste und höfische Versammlungen waren den Dichtern willkommene Gelegenheiten, Proben ihrer Gestaltungskunst zu geben,
oder, wie Otte im "Eraclius" es ausdrückt, die 'mâze' jener
äußeren Attribute, also Farben, Schönheit der Frauen, Putz,
Schmuck, Eleganz der Kleidung usf., richtig zu erkennen und
genau wiederzugeben (Eracl.1956-60). Die 'mâze' der Sujets
setzte sich in der Dichtung in das Maß der kunstvollen Beschreibung um.

Ein vollständiges Bild vom sprachlichen Niederschlag der Beschreibung und Wertschätzung dinglicher Schönheit in mittelhochdeutscher Dichtung würde man erst gewinnen, stellte man
die gesamten Wortfelder dieses Bereichs zusammen. Das Material der 'mâze'-Sippe kann naturgemäß nur einige wenige Eigenheiten freilegen. Einiges wird man aber beobachten können. Vornehmlich die Tatsache, daß in den Dichtungen Kunst- und Ge-
brauchsgegenstände nicht unterschieden werden. Selbst an Gegenständen des täglichen Gebrauchs stellte das höfische Mittelalter ästhetische Anforderungen. Der Sachbereich, dem die 'mâze'-
Belege entstammen, umspannt Architektur, Kunsthandwerk, Kleidung, Waffen, Jagd- und Reitausrüstung. Diese Gegenstände
sollen sowohl schön als auch passend und zweckmäßig sein. Die
Schönheitsmerkmale der benannten Dinge werden nun aber nicht als
eigenständige Werte, isoliert von ihren Besitzern

---

[173]Die personifizierte 'Maze' erhielt allerdings keine Anrede
wie etwa Walthers 'frowe Mâze' 46,32ff. Vgl. auch 'diu
Minne' Trist. 10896; 10951 u.a.

[174]Wie sehr man sich davor hüten muß, formelhafte Wendungen lo-
gisch-begrifflich aufzufassen, ersieht man aus einem Vergleich dieses Belegs mit Trist.5004: dort werden Kleider
beschrieben, die 'gezieret uz der maze' sind. 'uz der maze'
ist keine logische, sondern eine emphatische Formel ("außerordentlich, überaus"), in der der Bestandteil 'maze' in-
terpretatorisch nicht isoliert oder als eigenständige Tugend aufgefaßt werden darf.

oder Handhabem, gesehen, sondern sind für das an mannigfaltige Signifikanzen des Gegenständlichen und die Koinzidenz
von Innen und Außen gewöhnte mittelalterliche Bewußtsein als
äußere Zeichen hoher Abkunft, Werthaftigkeit, Tugend, Trefflichkeit und anderer Qualitäten derjenigen Menschen erkennbar, die sich mit jenen Gegenständen umgeben. Schönheit und
Kostbarkeit der Dinge erfahren eine Rückbindung an ihre Besitzer: 'ane wâfen unde ane gewant / wirt daz herze dicke
erkant', lehrt Thomasin von Circlaria (WG.10441f.). In diesem Sinne konnte 'mâze' die ganze Spannweite oder einzelne
Aspekte zwischen den Polen Schönheit, Angemessenheit und Zweckmäßigkeit bezeichnen. Die häufigen Formeln des Typus 'ze mâzen'
lassen, obwohl sie Produkt eines sprachlichen Verblassungs-
prozesses sind, den ursprünglichen Aussagekern "rechtes und
gleichzeitig schönes Maß" immerhin noch erahnen. Mit dieser Tendenz zur Aussageschwächung scheint aber die Aussagekraft der
Dinge selbst und ihrer komplizierten Rückbindung an die sie
besitzenden oder gebrauchenden Menschen nicht mitbetroffen zu
sein. Bemerkenswert ist schließlich eine Neigung zur Exponie-
rung des Mittelmaßes in Gegenstandsbeschreibungen, das dann
von seinen Extrempositionen abgegrenzt wird (Typus: 'weder ze
kurz noch ze lanc'). Dieser Typus des bezeichneten Mittelmaßes läßt sich übrigens, unabhängig von der 'mâze'-Sippe,
auffällig häufig in den Sachschilderungen mittelhochdeutscher
Dichtung aufzeigen.

Die 'mâze'-Sippe fand auch bei der literarischen Gestaltung
von Personen und ihren Merkmalen Verwendung. Besonderer Be-
liebtheit erfreuten sich emphatische Formeln zum Preis der
außergewöhnlichen Schönheit einer Frau. Solche Lobpreisungen
erfuhren Kriemhild ('âne mâzen schoene' NL.3,3; 'ir unmâzen
scoene' 45,1; 49,2; 324,1), Brünhild ('diu was unmâzen scoene'
NL.326,3) und Pamige ('ir schoene ist uzermâzen grôz' Osw.M
229). Derartige toposhafte Wendungen blieben nicht auf die
höfische Dichtung beschränkt, sondern drangen seit dem 13. Jahrhundert auch in andere literarische Bereiche ein (z.B. wird die

hl. Margareta in Wetzels von Bernau gleichnamiger Legende[175]
als 'vss der massen schöne' (902) gepriesen). Eine in Einzelheiten gehende Beschreibung der zwischen Weiß und Rot das rechte
Maß einhaltenden Gesichtsfarbe[176] Medeas gab Herbort von Fritzlar in seiner Trojadichtung 601-7.

Stf. 'mâze' als das konkrete Maß konnte natürlich auch die
Körpergröße oder allgemein die Statur eines Menschen bezeichnen. So ist Tristan 'ze guoter maze lanc' (3340), von recht
bemessener, das heißt dem Schönheitsideal entsprechender Größe.
Im "Lanzelet" wird ein 'maezlich man mit fuoge', also ein
körperlich kleiner, aber 'fuoge' besitzender Ritter, einem
hochaufgeschossenen Manne mit üblem Charakter vorgezogen
(6025-30)[177]. Körpergröße und Statur bedeutet 'mâze' auch
in Herb.2919, 3103 und 17937. Wirnt von Grafenberg beschreibt
einen menschlichen Bart als 'ze mâze breit' (7094); bei dieser
Formel gilt mutatis mutandis das, was oben hinsichtlich der
Gegenstandsbeschreibungen ausgeführt wurde[178].

Zu den Merkmalen einer Person konnte auch ihr Name zählen, zumal dann, wenn er mit Bedacht ausgewählt war und eine
Bedeutungsbeziehung zu seinem Träger zum Ausdruck brachte. So
bildet der Müller Âtus im Pilatusgedicht (um 1170-80) aus
seinem und seiner Tochter Pîlâ Namen das Kompositum 'Pîlâtus',

---

[175] Die Margaretalegende in ihren mittelalterlichen Versionen.
Eine vergleichende Studie door G.G. van den Andel. Groningen-Batavia 1933, S. 125-56. Der Herausgeber datiert Wetzels Margaretalegende auf die Jahre kurz nach 1235 (S.8f.).

[176] Eichler bezieht diese Beschreibung irrtümlicherweise auf
Medeas Haar (S.59).

[177] Hier besitzt der mittelalterliche Grundsatz von der Entsprechung von Innen und Außen, wie ihn beispielsweise Thomasin
von Circlaria formulierte (WG.10436-40), ausnahmsweise
keine Geltung.

[178] Nicht nur auf Menschen und Gegenstände, sondern auch auf
Tiere und Pflanzen konnten derartige Formeln angewandt werden. Der Hals von Enites Pferd war 'ze rehter mâze gebogen'
(Erec 7351); im "Orendel" werden Pferde genannt, die als
'uzer mazen schoene' gelten (1094; 1187). Wirnt von Grafenberg bezieht die Formel 'schône âne mâze' auf einen Baum
und seinen Standort (Wig.4612). Über den Aussagewert dieser
Wendungen vgl. die oben genannten Einschränkungen.

und der Dichter fügt hinzu: er fand diesen Namen 'mit
gûter mâze' (325). Er wurde dem "Maß" der Bedeutungsbeziehung zwischen sich, seiner Tochter und dem Kind gerecht,
indem er, ein additives Verfahren der Namensbildung anwendend,
durch die Namensprägung die genealogische Bindung des Kindes
an sein Geschlecht retten wollte (vgl. 330f.).
Wolfram von Eschenbach, von dem man grundsätzlich sagen kann,
daß er vor allen anderen Zeitgenossen in seinen Dichtungen
alle semantischen Möglichkeiten, die in stv. 'mezzen' angelegt sind, virtuos und sprachschöpferisch ausnutzte, hin-
terließ der Nachwelt ein Beispiel für den Zusammenhang zwischen Maß und menschlichem Schönheitsideal. Im "Titurel" beschrieb er den kampfbereiten Schionatulander in der Pose des
Turnierritters: 'Er ist ze tjost entworfen: wer kunde in
sô gemezzen?' (130,1), und gestaltete damit ein Exempel für
die ideale Harmonie, ja Identität von äußerer und innerer männ-
licher Schönheit, wie sie ihm vorschwebte. Der besondere
künstlerische Reiz dieser Strophe 130 liegt in der ästhetischen Doppelung: der bildlich-plastischen Gestaltung des Motivs im Medium literarischer Beschreibung.

2. 'mâze' als Ausdruck ritterlich-höfischen Lebensstils

Symptomatisch für die Wertschätzung eines den gesamten Lebensstil und Umgangston einer sozialen Schicht umgreifenden
Formwillens, wie er in weiten Bereichen der höfischen Dichtung gestaltet wurde, scheinen die bei Herbort von Fritzlar
und Gottfried von Straßburg sich häufenden Endreime von
'mâze' : 'gelâze' zu sein. In dieser formalen Bindung eines
höfischen Kommunikationsideals an das für jene Dichtung typische Schlüsselwort stmn. 'gelâz' ("Benehmen, Gebärden, Gebaren, Haltung") kommt das Bemühen des Rittertums zum Ausdruck, seine formalen, den sozialen Umgang seiner Repräsentanten umfassend gestalten wollenden Vorstellungen auf die
Grundlage ethischer Werte zu stellen und sie somit gegen mannigfaltige Kritik, mit der zu rechnen war, abzusichern.

Es sind zu verzeichnen: die Reime 'mâze': 'gelâze' (und
umgekehrt) Herb. 2919f.; 8517f.; 11597f.; Trist.2739f.;
10991f.; 13631f.; 14991f.; 'unmâze': 'gelâze' (und umgekehrt)
Herb.2307f.; 8755f.; 10841f.; 13395f.; 14913f. und 'ungelâze':
'unmâze' Herb.10199f. stswf. 'strâze', sonst häufigstes Reimwort
zu 'mâze', tritt eindeutig zurück. Im "Tristan" reimt 'gelâz'
doppelt so oft wie 'strâze' auf 'mâze' und zeigt damit an,
daß der semantische Inhalt "ästhetisch-höfisch vorbildliches
Benehmen" in Gottfrieds Gebrauch des Wortes und seiner Sippe
tatsächlich eine größere Rolle spielt als bei seinen Zeitgenossen. 'gelâz' ist fast immer Glied einer Zwillingsformel und
steht am häufigsten mit 'wort', 'rede' und 'werc' in Nachbarschaft. Diese drei Partnerwörter weisen ebenfalls auf den Bereich, in dem menschliches Verhalten als 'gelâz' zum Ausdruck
kommt: in Worten und in Werken, also im allumfassenden gesellschaftlichen Verkehr von Menschen. Nicht in allen genannten
Belegen wird man in 'mâze' einen ethischen Begriff sehen dürfen; in Herb. 2919 bedeutet 'mâze' "Körpergröße", und in einem anderen Beleg wird sie mit den Qualitäten eines Reit-
pferdes in Verbindung gebracht (Herb.11598).

In den Belegen aus Herborts Trojadichtung mit ihren ausge-
dehnten Schlachtschilderungen steht naturgemäß die 'unmâze'
als zu verurteilende Haltung in Kampfsituationen und im Aus-
nahmezustand des Krieges, seiner Vorbereitung und grausamen
Durchführung im Vordergrund ('unmâze' Herb.2307; 8755; 10200;
10841; 13396; 14914). Die Härte der Schlachten, die Unzahl der
Gefallenen und Verwundeten und die maßlosen Klagen in den Be-
stattungsszenen erforderten diesen Begriff vor einem Publikum, das zur Bändigung seiner elementaren Kräfte und Möglichkeiten erzogen werden sollte. Das Einhalten der 'mazze / an
werke vnd an gelazze' (Herb.8517f.) war mehr als Einübung in
Beherrschung und individuelles Sich-Bezähmen-Können. Es be-
deutete den höfischen Dichtern als den eigentlichen Erziehern
ihrer Zeitgenossen einen Teil des ehrgeizigen Programms, einen
ganzen Stand anhand literarischer Modelle und richtungsweisen-
der Beispielgestalten aus der schlechten Realität in eine ideale,
zum Teil religiös überhöhte Sittlichkeit zu führen.

Diese Sittlichkeit (die die neuzeitliche Forschung, man sollte
es sich immer wieder in Erinnerung rufen, als ideales und
synthetisch gewonnenes Modell nachträglich aus den Dichtungen
der hochhöfischen Epoche abstrahierte) schien beachtenswerte

ästhetische Auswirkungen zu haben, die bis in die Umgangsformen, in Gesten und Gebärden, in Zeremonielle und Auftritte
vor der Gesellschaft hineinreichten. Sie sind auch an der
'mâze' ablesbar. So vermochte der junge Tristan 'sine maze /
an rede und an gelaze' so hervorragend zu entwickeln, daß
man ihm 'groze saelden' voraussagte (Trist.2739-43). Bevor
dieser ideale Zustand erreicht werden konnte, hatten allerdings eine sorgfältige Erziehung, gepaart mit feiner Selbst-
zucht, das Einüben von ritterlichen und höfisch-galanten
Fertigkeiten und nicht zuletzt eine (unverfügbare) Prädis-
position zur Verkörperung idealen höfischen Menschentums das
ihrige getan.

Der höfische Mensch (den es, wie die höfische Sittlichkeit,
in dieser Abstraktion freilich nur in der Forschung gibt),
schritt im gewissen Sinne choreographisch durch seinen Le-
bensraum. Bewegung und Gebärden, Gesten und Mienenspiel,
Kleidung[179] und Ausrüstung, Verhaltensweisen und Kommunikationsformen waren deutlich bestimmten Gesetzen unterworfen[180].
Eines dieser Gesetze forderte ohne Zweifel die Beachtung des

---

[179] Schon eher begegnen die Substantive 'mez' und 'mâze' im
Zusammenhang mit dem Tragen von Kleidung. Benedikt von Nursia widmet der Kleidung und dem Schuhwerk der Brüder ein eigenes Kapitel (LV). 'Mensura', bzw. in der ahd. Interlinearversion: 'mez' (260,19), soll die rechte Länge der Kleider
bestimmen. Frau Ava kennt schon die Vorstellung des 'mit
mazen ...gewant tragen' (Ava,Ger.211; Maurer II, Nr.43,
S. 498-513). Erinnert sei auch an Mfr.Reimbib. C 73ff. und
an die negativen Beispiele Er.319ff., 624ff. und Prl.690ff.

[180] "Der Streit der Königinnen im Nibelungenlied steht symptomatisch für die strenge Eingrenzung des Lebens in Geste
und Symbolgebärde; jede Bewegung, jeder Schritt kann Aussagekraft gewinnen. Zeremonie ist der tragende Grund jeglicher Hofhaltung als Versinnbildlichung des hierarchischen
Weltgebäudes: 'hövescheit' meint Formerfüllung, Beherrschen
der Spielregeln, die einen nicht-tragischen Ablauf des Welt-
geschehens garantieren. Artus lenkt allweise die Lebens-
bahnen der anderen; der Markehof, Etzels Saal leben vom
reibungslosen Ineinanderspiel gesellschaftlicher Formen" (Weber, G. und Helga Kilian, Kosmos und Chaos sub specie aeternitatis: 'ordo' als Existenzproblem des hohen Mittelalters.
In: Literatur und Geistesgeschichte. Festgabe für H.O.Bur-
ger. Hsg. von R.Grimm und C.Wiedemann. Berlin 1968, S.21-49,
hier S.38).

rechten Maßes. In seinen äußerlichen Realisationen erschien es in fast allen Bereichen der zivilisatorischen
Errungenschaften des Rittertums; in der Dichtung, dem Bereich also, der hier zu untersuchen ist, vermag man es, zum
Teil wenigstens, im Gebrauch der 'mâze'-Sippe abzulesen.

Einzelnes taucht motivisch schon in frühmittelhochdeutscher Dichtung auf. Ich nenne nur die Forderung 'sprich ge-
zogenlichen unde schone' aus der Milstätter Exodus (128,4)
und den Hinweis auf die 'mâze' beim Tragen der Kleidung in
Frau Avas "Jüngstem Gericht" 211 (s.o.), wiewohl hier noch deutliche geistliche Impulse (Warnung vor Zuchtlosigkeit und Verschwendung) spürbar sind.

Konrad von Fußesbrunnen gruppierte in einer Speiseszene der
"Kindheit Jesu" die Teilnehmer des Mahles so, daß 'eine maez-
liche wîte' zwischen ihnen die Weitergabe der Schüsseln er-
möglichte (2420). Tisch- und Eßkultur sind hier offensichtlich
'nâch franzeis site' (2416) ausgerichtet: sie weisen den für
die Herausbildung der ritterlichen Laienkultur entscheidend
wichtig gewordenen französischen Einfluß auf. Mit der 'con-
tenanze' ("Haltung", Trist.6489) und zahlreichen anderen französischen Lehnwörtern hat auch Gottfried von Straßburg ein Stück
romanischer Ritterkultur übernommen. Iwein lehnt (aus einer
bestimmten Situation heraus, die hier nicht weiter interessie-
ren soll) eine ihm ungebührlich erscheinende Ehrung mit dem
Hinweis 'mich gnüeget rehter mâze' (4792) ab und läßt durch
diesen Ausspruch erahnen, wie sehr das höfische Zeremoniell
von hierarchischem Maßbewußtsein, von genauen Rangordnungen
und feinem Sinn für Dezenz und Gebührlichkeit beherrscht sein
konnte. Man denke auch an den feierlichen Aufzug der Grals-
hüterin Repanse de schoye und ihres Gefolges, bei dem das ze-
remonienhafte Geschehen teilweise 'ze rehter mâze' (Parz.236,6),
wie eine choreographische Szene, abläuft, oder an den glän-
zenden Auftritt Isoldes auf dem Hoftag zu Weisefort, bei dessen
Schilderung die 'mâze' ebenfalls eine nicht unwichtige Rolle
spielt (Trist. 10885-11020; 'mâze' 10925; 10991; 'gemezzen'
10990).

Erziehung und Selbsterziehung, das Ringen um die richtige Form der Minne und um die Bändigung der Affekte, die
Bemühungen um Gewinnung von Orientierungspunkten für die Ordnung in der Welt und im einzelnen Menschen - dies waren die
gewaltigen Bewährungsfelder für die höfischen Tugenden, die
wir bisher kennenlernten. Hier geht es darum, Tiefenstruk-
tur und Leistungsfähigkeit der 'mâze' als eines Kernworts
des ritterlichen Selbstbewußtseins aufzudecken und ihren spezifischen Beitrag zur Formulierung der ritterlich-höfischen
Ideologie zu beschreiben. Als Zwischenresümee sei formuliert:

'mâze' ist mehr als nur formales Prinzip oder quantifizieren-
der (d.h. die Größen- und Proportionsfolgen menschlicher
Haltungen und Handlungen oder sozialer Abläufe sinnvoll ordnen-
der und regelnder) Begriff. Die Apologeten dieser Tugend waren darauf aus, in den in ihm aufgespeicherten Imperativen
an Formempfinden und Haltung der Menschen gleichzeitig ein
ästhetisches Ideal anzulegen, das, im Verbund mit anderen Tugenden, an der Herausbildung einer eigenständigen ritterlich-
höfischen Kultur beteiligt sein sollte. Dort, wo 'mâze' literarisch sich bewähren konnte, wird sie, äußerlich oft nur als
formal-ästhetische Größe erscheinend, stets vom Ethos des
Rittertums mitgetragen; ja, sie erscheint in anderen Zusammenhängen geradezu als Kernwort der ritterlichen Laienethik.

Die semantische Vielfalt scheint ihre Stärke, aber auch ihre
Schwäche gewesen zu sein. Sie begründete einerseits die wichtige Identität von ästhetischen und ethischen Implikaten und
ließ sie zu einem der geistigen Kernpunkte des Rittertums werden. Andererseits schloß die gefährliche Bedeutungsbreite des
Begriffs Rand- und Nebenfelder mit ein, in denen die Bindungen an die Kerngedanken des Rittertums nie zum Durchbruch
kamen oder kommen konnten oder, wenn sie vorhanden waren, all-
mählich verblaßten (semantische Abbröckelung). So kam es, daß

einige ursprünglich wichtige Segmente sich vereinzelten und
ins "Bedeutungslose" abglitten. So erklären sich schließlich
auch diejenigen Belege, in denen 'mâze' nicht (oder nicht mehr)
den Vollsinn als Kernwort ritterlichen Bewußtseins realisiert, sondern nur in vereinzelten Situationen zur Anwendung
kommt und dadurch den Eindruck erwecken kann, sie sei für die
Ideologie der hochhöfischen Dichter von sekundärem Rang.
Nicht jede Szene und jeder Vorgang in der Dichtung konnte von
ideellen Grundsatzerklärungen begleitet werden; vieles in
den Texten entließ eine 'bezeichenunge' aus sich, die keiner
Kommentierung bedurfte. Zudem ist - trotz einer als wahrscheinlich anzunehmenden "mittelhochdeutschen Dichtersprache" -
mit gewissen semantischen Modifikationen hinsichtlich der Anwendung der 'mâze'-Sippe im individuellen Sprachgebrauch der
mittelhochdeutschen Dichter zu rechnen; diese Annahme be-
stätigte sich in den bisherigen Untersuchungen an zahlreichen
Stellen.

3. 'mâze' im Umkreis kriegerisch-ritterlicher Bewährung

Das ritterliche Leben, so wie die mittelhochdeutsche Literatur
es darstellt, erfüllte sich nicht nur als Leben im gesicher-
ten Raum der Burgen und Höfe, sondern bestand weitgehend aus
Kampf und Fehde gegen innere und äußere Feinde, aus mühe-
vollen Unternehmungen zum Schutz des Landes, aus Jagd und
Dienstleistungen im Auftrag des Landesherren und aus der oft
gefahrvollen Sicherung des eigenen Besitzes. So ist es nicht
verwunderlich, daß sich kämpferische und ritterliche Fähigkeiten in der Praxis als unumgänglich zur Sicherung der Über-
lebenschancen erwiesen und im idealisierten Freiraum der Dichtung eine Stilisierung als hohe Mannestugenden erfuhren. Es
ist zu fragen, welchen Stellenwert man in diesem Umkreis
der 'mâze' zugedacht hat, einer Tugend, die, so will es auf
den ersten Blick scheinen, dem Ideal des kämpferisch einge-
stellten, waffenkundigen, schlachtenerprobten Ritters entgegen-
gesetzt war.

In der Schilderung der großen Entscheidungsschlacht zwischen Heiden und Christen im letzten Teil des "Willehalm" läßt Wolfram von Eschenbach keinen Zweifel daran, wer letztlich den Sieg der christlichen Ritterschaft herbeiführte: Gott, der 'Altissimus. / der schuof iz in dem strîte alsus', daß die Heiden das Schlachtfeld als Besiegte verlassen mußten (434,23f.). Die Christen trieben die Heidenschaft 'mit den swerten' (435,2) in die Flucht; '... mit swerten was gemezzen / diu schumpfentiur sô wît, sô grôz' (437,4f.). Das Schwert wird hier zum Gradmesser der kämpferischen Bewährung christlicher Ritterschaft erklärt. Die Schwerter der Christen messen, gleichsam als Meßrute, die Niederlage der Heiden aus. Diese religiös motivierte Verherrlichung des Krieges ist nur dadurch zu erklären, daß er gegen die Heidenschaft geführt wurde und vom Dichter zu einer Zeit literarisch in Szene gesetzt worden war, in der man sich mehr denn je mit dem Problem des Heidentums theologisch, politisch und natürlich auch militärisch auseinanderzusetzen hatte.

Grundsätzliche Ächtungen und Verurteilungen kriegerischer Auseinandersetzungen als 'unmâze' sind in der mittelhochdeutschen Dichtung der "Blütezeit" nicht festzustellen. Es gibt aber eine Reihe von Belegen, die die sekundären Folgen von Kämpfen und Fehden, also Grausamkeiten, Gemetzel, Mord, Raub, die Unzahl von Toten usf. oder bestimmte Einzelaktionen eindeutig als 'unmâze' verurteilen. Diese Belege entstammen fast alle Herborts von Fritzlar Trojaroman.

Neben Herbort sind es Hartmann von Aue und Ulrich von Zatzikhoven, die den Maßgedanken auch an militärische Unternehmungen anlegen. Erec beklagt seine 'unmâze' (7014) und 'tumpheit' (7013), die darin bestand, daß er sich ganz allein, jede Besonnenheit vermissen lassend, tollkühn einer Schar von Rittern entgegenstellte (7007-23). Ulrich beschreibt im Lanzelet-Roman einen König, der in seinem Leben nicht genug Kämpfe führen konnte: 'von manegen kriegen wart er grîs, / der pflac er âne mâzen vil, / als maneger der mê haben wil / dan im daz reht verhenge' (46-49). Ein häufiges Motiv für Kriege, die Besitzgier, wird hier verurteilt. Man denkt an das positive Gegenbild, das Hartmann in der Person des Gre-

gorius gestaltete: Gregorius 'wolde aber ... der mâze phlegen' (2272) und widerstand der Versuchung, seinen Besitz durch
Eroberungen zu mehren.
Als 'unmâze' werteten schon einige Gestalten aus Heinrichs
von Veldeke "Eneide" bestimmte Einzelaktionen in kriegerischen Auseinandersetzungen. So das törichte Hereinfallen auf
die List mit dem "trojanischen Pferd" (stf. 'unmâze' 46,15),
die den Anhängern des Turnus als Maßlosigkeit erscheinenden
Aktionen des Eneas (stf. 'unmâze' 153,32) und die unritterlichen, nichtsdestoweniger wirkungsvollen Schläge mit eisernen
Keulen, mit denen die beiden Riesen Pandarus und Bitias die
Mannen des Turnus empfangen (stf. 'unmâze' 195,27). Im
letztgenannten Textbeispiel sind deutlich kritische Ober-
töne vernehmbar. Die höfischen Dichter bedienen sich zwar des
öfteren des Motivs der ungestümen Kampfkraft von Riesen als
Helfern der Ritter, ziehen aber oftmals feine Trennungslinien
zwischen ritterlichem und riesisch-ungeschlachtem Kampf-
gebaren.
Am eindeutigsten wertete Herbort von Fritzlar kriegerische
Unternehmungen und ihre grausamen Folgen als 'unmâze'. Er
konnte dies um so leichter, als die Gegner der Kämpfe um
Troja allesamt Heiden waren und 'übermuot' das Geschehen auf
beiden Seiten diktierte. In harter Realistik, die sich deutlich von den harmonisierenden hochhöfischen Romanen und Epen
absetzt, schilderte Herbort die verhängnisvollen Auswirkungen
von Kampf und Gewalt, Zerstörung, Mord und Raub. So schreck-
lich war das Schlachten, so viele Tote gab es, daß 'beide
tot v̄ lebē / Vure an einer strazze / Mit grozzer vmmazze /
Also gar glîche' (10976-79). Tod und Leben wurden erbarmungslos gleichbedeutend für die Beteiligten. In diesen Bereich
gehören die Belege stf. 'unmâze' 2307; 8755; 10200; 10841;
11571; 13396; 14914 und wohl auch das formelhafte 'ûzer
mâzen' bzw. 'ûz der mâzen' 4239; 6455; 9566; 12933. Das Unmaß der Erschlagenen benennen (ebenfalls formelhaft) 5589;
10225; 11037 (vgl. auch En.177,33; 198,6; 211,23).
    Die letzten, als formelhaft bezeichneten Belege müssen
wohl als weitgehend frei von sittlichen Wertungen angesehen
werden. Lediglich Ausmaß, Härte und ungeheure Folgen der Kämpfe werden thematisiert. Wertungsneutral sind auch Or. 2113
(die Königin Bride kämpfte 'uz der mazen'), Salm.75,1 (der
Kampf Salmans gegen Fôre wurde 'unmâzen grôz') und Lanz.699
(Kampf 'ze ummâzen').

Heldenhafter Einsatz im Kampf, Mut und Tatkraft erfahren uneingeschränktes Lob, das sich auch auf die Heiden erstrek-
ken kann. So rühmt der unbekannte Dichter des "Salman und
Morolf" die Kampfkraft sowohl des Christenherzogs Friedrich
als auch des heidnischen Königs Isolt emphatisch als 'un-
maeziclîch'(566,2; 568,2). Ein Preis der 'mâze' als ausgesprochen ritterlicher Tugend ist damit natürlich nicht ver-

bunden; sie kommt allerdings schon seit Heinrich von Veldeke
ins Bewußtsein der höfischen Dichter. In des Eneas Rat an
seine Mannen, sie sollten ihr Verhalten während seiner Abwesenheit von der Burg 'mit sinne unde mit mâzen'(En.167,1)
den militärischen Erfordernissen anpassen, ist sie als eigenständiger Wert angesprochen worden. Sie wird damit erstmals
ausdrücklich als soldatisch-ritterliche Tugend eingeführt, die
die Kämpfer zu Wachsamkeit, Besonnenheit, Umsicht und Mäßigung anhalten soll. In der Koppelung mit dem wichtigen Begriff 'sin' drückt sich eine Tendenz zur Verinnerlichung aus,
ein Versuch, ritterliche Tüchtigkeit nicht als Ergebnis ungezügelten Draufgängertums, sondern innerer, letztlich sittlicher Entscheidungen erscheinen zu lassen. Man darf vermuten, daß Veldeke ihr innerhalb der Kämpfertugenden eine Kor-
rektivfunktion zuweisen wollte. Äußere, glanzvolle Taten sollten nicht mehr Selbstzweck, sondern Ausdruck eines inneren,
von Vernunftkräften diktierten Maßes sein. Diese in der "Eneide"
erstmals sichtbar gewordene Aufgabe der 'mâze' festigte
sich später, in der höfischen Dichtung, und wurde bald zur
conditio sine qua non für die idealen Rittergestalten.

Den drei großen Epikern, Hartmann, Wolfram und Gottfried, ist
die 'mâze' als spezifisch ritterliche Tugend im oben beschriebenen Sinne geläufig. Hartmann läßt Iwein nach der gegenseitigen Identifikation im Zweikampf mit Gawein deutlich aussprechen, als was der Zweikampf, wäre er zuende geführt worden, eigentlich zu gelten hätte: als 'unmâze' (Iw.7550), als
Abwesenheit oder Außerkraftsetzung der 'mâze', der ritterlichen Umsicht und Verantwortung. An Umsicht und Mäßigung denkt
auch Gawan, wenn er hofft, der König Artus werde den an-
stehenden Zweikampf mit Gramoflanz aufschieben und damit 'mâze'
walten lassen (Parz.708,20). Die ängstlichen Barone, die Tristan
auf seiner Werbefahrt nach Irland begleiten und vor Develine im
Schiff ungeduldig auf ihn warten, bescheinigen ihm zwar 'wisheit unde vuoge' (8660), trauen ihm aber im Grunde nicht
zu, seiner 'blinden vrecheit' ("Tollkühnheit") durch 'mâze'
Herr zu werden und damit ihrer aller Leben zu retten (8662-74).

Dies sind nur einige Beispiele für die Auffassung der 'mâze'
als männlich-kriegerisches Ideal einer Ritterschaft, die durch
ein neues, ihre eigenen soziokulturellen Bedingungen berück-
sichtigendes Ethos ihre Selbstlegitimation dichterisch zu gestalten versuchte. In einem die Beleginterpretationen ab-

schließenden Abschnitt muß nun noch nach grundsätzlicheren
Aussagen hinsichtlich des Anteils der 'mâze' an dieser Selbstlegitimation (als Bestandteil der ritterlichen Ideologie)
gefragt werden.

4. 'mâze' als ritterliche Grundtugend

Die Bereiche, in denen das in der höfisch-ritterlichen
Dichtung nach 1180 sich ausprägende, neue Verständnis
der 'mâze' zum Tragen kam, sind abgesteckt. 'mâze' wurde
als wirksame, impulsgebende ästhetisch-ethische Grundkraft
auf den wichtigsten Gebieten des sozialen und persönlichen
Bereichs des höfischen Menschen erkannt: als 'ordo'-Begriff,
in der mittelhochdeutschen Didaktik, in der Auseinandersetzung mit einem Zentralproblem des mittelalterlichen Menschen: der Minne, als Gegenkraft gegen übermäßige Affekte,
auf dem Feld kultureller Errungenschaften wie Architektur,
Kleidung, Waffen und Kunsthandwerk, bei der literarischen Gestaltung vorbildhafter Personen, bei der Entwicklung eines
ritterlich-höfischen Lebensstils und entsprechender Umgangs-
und Kommunikationsformen bis hin zum Zeremoniell und zur
Geste und schließlich in der ritterlich-kämpferischen Bewährung. Zur Abrundung und Stützung dieser Einzelinterpretationen sind nun noch einige zentrale Aussagen der hochhöfischen Literatur über die grundsätzliche Stellung der 'mâze' im Kontext ritterlicher Emanzipationsbestrebungen zu besprechen.

'mâze' als polysemantischer Kernbegriff wird in den
mittelhochdeutschen Texten einerseits als realisiertes Faktum
der Ding- und Menschenwelt beschrieben, andererseits aber auch
als noch zu realisierende dem Publikum zur Anwendung empfohlen. Im letzten Falle sind die Textpassagen und Szenen,
in denen 'mâze' Bedeutung gewinnt, durch eine subtil wirksame "Appellstruktur"[181] unterlegt. 'mâze' (wie natürlich auch
andere Tugenden) wird zur anspruchsvollen Forderung an das

---

[181] Begriff nach W. Iser, Die Appellstruktur der Texte. Unbestimmtheit als Wirkungsbedingung literarischer Prosa.
Konstanz 1971.

Publikum und hat somit Anteil an der Erstellung des den
Litteralsinn der Texte umgreifenden Bedeutungsraumes von
Dichtung, die sich nicht nur als institutionalisiertes
Unterhaltungsmedium für ein höfisches Publikum versteht,
sondern die zugleich auch als programmatische Kundgabe des
kulturellen Führungsanspruchs des Rittertums gewertet wissen
will.

Hartmann von Aue kommt es entscheidend auf das innere Maß
dieser Ritterschaft an: 'ritterschaft daz ist ein leben, /
der im die mâze kan gegeben, / sô enmac nieman baz genesen'
(Greg.1531-33). Der Lebens- und Wirkungskreis der Ritterschaft soll von sittlichen, innere und äußere Ordnung garan-
tierenden, Verantwortung begründenden Konstanten getragen
werden, deren inneres Maß sich weitgehend an der Zielvorstellung des 'genesen', der letztendlichen Sehnsucht aller
'gotes ritter', orientiert. Für Herbort von Fritzlar erfüllt
sich irdische Vollkommenheit in der Findung rechter 'mâze' bei
Lieb und Leid. Beide Möglichkeiten fordern ihr Recht, und Ausgewogenheit in der Befolgung beider Ansprüche krönt den 'beder-
ben' Menschen, den Tüchtigen (Herb.2810-16). In der oftzi-
tierten Forderung des Gurnemanz: 'gebt rehter mâze ir orden'
(Parz.171,13), die im Kontext der Gegenüberstellung von Verschwendung und Geiz verstanden werden muß[182], deutet Wolfram
von Eschenbach exemplarisch an, wie er 'mâze' bei alter-
nativen Entscheidungen als Orientierung gebende Richtschnur
verstanden wissen will.

'mâze' als dem epischen Geschehen immanente Forderung zum
Nachvollzug kommt dort der Erkenntnis seiner "Appellstruktur"
durch das Publikum besonders entgegen, wo vorbildhafte literarische Gestalten sie richtungweisend zur Anwendung bringen.
Aus der Reihe dieser Leitbilder sei zunächst der (wenig ge-
würdigte) Morant genannt, 'De zu guder mazen / Alle dinck

---

[182]S. oben den Exkurs IV:"'mâze' und Besitz", Kap. C III,3.

wale kan / Als eyn wys birue man' (Mor.622-24) und der
auch im letzten Teil der Dichtung dem Publikum als einer, der
sein Tun und Lassen 'zo guder maessen' (Mor.5398) auszurichten vermochte, in Erinnerung bleibt. Der ideale Herrscher Wigalois erfährt dieses Lob:

> 11621 ... alle tage
> vernam er armer liute klage
> und buozte in ir kumbers nôt,
> als im diu mâze ie danne gebôt.

Wigalois befolgt das Gebot[183] der 'mâze', das ihm in Form
einer Belehrung durch seinen Vater Gawein kundgetan worden
war ('vernemet armer liute klage / und büezet ir kumber alle
tage' 11540f.). Deutlicher kann wohl der normative Anspruch
dieser Tugend nicht zum Ausdruck gebracht werden. Inhaltlich ist ihre innere Bindung an die Werke der Barmherzigkeit
bemerkenswert; 'mâze', 'milte' und 'erbermde' werden hier als
vorzügliche Herrschertugenden gepriesen. Zu den erklärten
Vorbildern der 'mâze' gehören schließlich Gahmuret und Schionatulander. Gahmuret 'der site phlac,/ den rehtiu mâze widerwac,/
und ander schanze enkeine' (Parz.13,3-5), und der junge
Schionatulander[184] war 'von der art, daz muose sich mâzen /
aller dinge dâ von prîs verdirbet' (Tit.38,2f.). Die Reihe
der Beispiele ließe sich auch auf Gestalten ausdehnen, deren
Tun nicht ausdrücklich als 'mâze'-gerecht gewürdigt wird, es
aber tatsächlich ist. Diese episch vermittelte Form der Didaxe
konnte natürlich ebenso wirksam oder noch wirksamer eine indirekte Aufforderung zum Nachvollzug ritterlicher Tugenden enthalten wie die expliziten Verdeutlichungen tugendhaften Verhaltens in obigen Belegen.

Daß die Verwirklichung der 'mâze' die Grundlagen für das Entstehen und Befolgen anderer ritterlicher Tugenden schaffen
kann, ist bekannt und dürfte kaum überraschen. Der innere Zu-

---

[183]Eine ähnliche Formulierung benutzt WvV.23,10: 'als ez diu
mâze uns ie gebôt'.
[184]Eichler bezieht diese Aussage irrtümlicherweise auf Titurel (S.65).

sammenhang, in dem die höfisch-ritterlichen Wertgrößen
stehen, stellt sich nicht als systematisch-schulmäßiges Lehr-
gebäude dar, sondern als dynamisch wirksam werdender, ethischer Verbund von Idealen, die sich gegenseitig anregen und
bedingen können. Die mittelhochdeutschen Dichter verteilten
zwar die Gewichtigkeiten der einzelnen Tugenden nicht schematisch gleich, waren sich aber darin einig, daß es einen Kern-
bestand von Werten gab, der für eine ritterliche Idealgestalt
zu den unabdingbaren Voraussetzungen gehörte. Die 'mâze'
ist mit Gewißheit dazuzurechnen.

Eine besonders enge Bindung besteht zwischen 'mâze' und
'zuht', deren Anwendungsbereiche sich teilweise überschneiden.
Den Konstitutionszusammenhang, in dem diese beiden Werte tätig
werden, verdeutlicht ein Beleg aus Wirnts von Grafenberg "Wigalois". Von Gwîgalois und Lârîe sagt der Dichter:

```
9246 der zweier kurtosîe            (kurtosîe)
     sich zem wunsche hêt geweten;  (Idealität)
     si wâren ninder ûz getreten;
     ir zuht stuont an der mâzen zil; (zuht, mâze)
  50 des wurden si geprîset vil.      (prîs)
```

Die gedankliche Linie dieser Verse setzt bei der 'kurtosîe',
dem vollendeten höfischen Benehmen, ein und läßt diese als
Folge der Beachtung der 'zuht' erscheinen. Vorbildhaftes, ideales Befolgen der Gesetze der 'zuht' wiederum gehört zur Verwirklichung der 'mâze'. Derart sittlich vertiefte 'kurtosîe'
verdient den 'prîs', die höchste Anerkennung durch die Gesellschaft. An anderer Stelle ist es die 'saelde', die der Dichter als Belohnung für ein von 'mâze' bestimmtes Leben preist,
wobei sich allerdings in den Preis die Klage über die geringe
Zahl derer mischt, die das Vollkommenheitsideal der ritterlichen Dichtung rein verkörpern können:

```
2956 wand ir ist leider nû niht vil
     die diu saelde ûf ir zil
     sô gärlîche lâze
     daz si mit der mâze
  60 älliu dinc verenden.
```

Die resignative Einsicht, daß die höfisch-ritterliche Ge-

sellschaft mit der die Totalität ihres Lebensbereichs
durchdringen sollenden 'mâze' überfordert sein könnte,
ist das eigentlich Bemerkenswerte an diesen Versen. Je höher
die geistige Elite des Rittertums den sittlichen Anspruch
an seine anthropologischen Leitgestalten trieb, desto weniger
konnten jene Ideale offenbar durch die Realität abgedeckt
werden, das heißt aber auch: um so beschwerlicher vermochte
ihnen das an je eigene gesellschaftlich-historische Bindungen fixierte Publikum zu folgen. Der Zwiespalt zwischen
Ideal und Wirklichkeit brach immer wieder auf, und der Anspruch der Verkünder der ritterlichen Tugenden, zur Konstituie-
rung eines neuen Welt- und Menschenbildes beizutragen, konnte
kaum noch eingelöst werden. Hier befinden wir uns an einer
weiteren Stelle, an der die 'mâze' dem Versagen näher ist
als dem Gelingen.

Der ethische Verbund, dem 'mâze' als Rittertugend angehört,
gipfelt im gesellschaftlich-öffentlichen Bereich in der 'êre'.
Auch an ihrem Zustandekommen konnte die 'mâze' entscheidenden Anteil haben, wie der Winsbecke bezeugt: 'Sun, merke,
daz diu mâze gît / vil êren unde werdekeit' (31,1f.). Schon
Walther von der Vogelweide ließ die 'frowe Mâze' als 'füegerinne aller werdekeit' auftreten (46,32).

Daß die 'mâze' als eine der höfischen Grundtugenden viele andere höfische Tugenden anregt und beeinflußt und sich besonders
in den ritterlichen Verhaltensweisen des höfischen Menschen
äußert, soll exemplarisch anhand des dichterischen Schaffens
Walthers von der Vogelweide angedeutet werden.

In Vers 102,27 beklagt der Dichter das Dahinsiechen der 'schame'. Besonders von den Frauen verlangt der Dichter diese Tugend (91,8), die sich beispielsweise darin zeigt, daß die
Frau den 'wol gezogen lîp' des Ritters, seine Sittsamkeit
und Wohlerzogenheit, gebührend schätzt. Ein 'reinez wîp' (91,
9) besitzt die 'schame', das innere Anstandsgefühl und maßvolle Beherrschen der eigenen Seelenkräfte[185]. 'schame' wird zur

---

[185]Man rufe sich Gottfrieds von Straßburg eindringliche Mahnung
an die Frauen, ihr Leben der 'mâze' anzuvertrauen (Trist.
18009ff.), in Erinnerung.

Pose, wenn die 'mâze' sie nicht vom inneren sittlichen Zentrum her durchstrahlt: 'schame vor gesten' (81,12) gibt sich als bloßer 'schîn' zu erkennen. Ebenso wie die 'mâze' 'beitet' (47,11), so hält sich auch die 'schame' zögernd zurück: die Welt ist 'gar âne scham' (21,13); die Menschen legten früher mehr Wert auf sie (59,14f.). Menschen 'âne schamen' verlieren das rechte Maß: sie verfallen der Falschheit und Unwahrhaftigkeit. Wer die Lehren der 'frowe Mâze' befolgt, der braucht sich ihrer 'weder ze hove schamen noch an der straze' (46,36).

'zuht' ist häufiges Korrelativ zu 'schame' und erweist diese in äußerer Haltung, Gebärden, Gesten und im Betragen in der höfischen Gesellschaft als das Ergebnis höfischer Erziehung und beständiger Arbeit an sich selbst. Der Mensch soll 'mit zühten' ausgestattet sein: die Christenheit (25,16), die Dame (43,31), der Sänger selbst (61,36; 90,26; 91,3), schließlich jeder höfische Mensch (24,4; 64,8; 185,39). 'zuht' ist teilidentisch mit 'mâze'.

Die 'hövescheit' markiert 'zuht', 'schame', 'mâze' und 'fuoge' im Rittertum um 1200 als dessen "Bildungsideal". Höfische Bildung und Wohlerzogenheit wiederum beruhen zum großen Teil auf der 'mâze' und begründen 'êre' und 'werdekeit' (24,3ff.; vgl. Winsb. 31,1f.).

Die Verwandtschaft von 'mâze' und 'fuoge' bei Walther erweist sich schon verbal darin, daß 'frowe Mâze' als 'füegerinne' angesprochen wird (46,32f.); ferner in 61,8ff., wo die 'senende frowe' sich vor 'ungefüeger swaere' hüten soll. 'ungefüege swaere' ist eine 'swaere' ohne 'mâze'; ein 'klagen ze mâze' (61,8f.) würde der 'frowe' besser anstehen. Schicklichkeit und Anstand als Zeichen innerer Tugend zeigen sich in den gesellschaftlichen Lebensformen, aber auch in der Kunstausübung des Sängers. Alle 'unfuoge' muß sich Walthers scharfe Kritik gefallen lassen (24,8ff.; 47,36ff., besonders 48,18; 64,8ff.; 64,31ff.; 90,38).

Die Grundtugend der 'mâze' ist, wie schon erwähnt, bei Walther auch Voraussetzung der 'êre', des inneren Selbstwertes und des darauf sich gründenden Ansehens vor der Gesellschaft. Ansehen muß man sich erst durch 'tugent' und 'guot' erworben haben, und an diesem Vorgang ist, wie schon mehrfach gezeigt wurde, 'mâze' entscheidend beteiligt.

Die 'mâze' bewahrt den höfischen Menschen in Walthers Dichtung auch davor, sich zu sehr den Verlockungen materieller Güter hinzugeben und darüber das himmlische Daseinsziel zu vergessen. 'mâze' ist daher auch eine ausgesprochen christliche Tugend und bekommt als solche in der Laiengesellschaft des Rittertums religiöse Funktionen zugesprochen. Sie warnt den Menschen vor der Sünde, vor der Überbetonung des Irdischen, und sie zeigt ihm das rechte Bezugsverhältnis zwischen 'gotes hulde', 'êre' und 'guot'. Besitzt man die rechte 'mâze' nicht, so kann man 'sêle unt êre' verlieren (23,6), also entscheidender ewiger und irdischer Werte verlustig gehen.

Ähnliche Untersuchungen hinsichtlich des Verbundes der 'mâze' mit der Gesamtheit ritterlicher Wertvorstellungen ließen
sich auch bei den höfischen Epikern anstellen. Sie würden
die hervorragende Stellung der 'mâze' im interdependenten
Gefüge der höfischen Sittlichkeit einmal mehr dartun können.
Stets sind aber auch jene 'mâze'-Belege im Auge zu behalten,
die die Grenzen ihrer Leistungsfähigkeit und ihrer hinsichtlich der Werkwelt der Dichtung u n d der historischen Wirklichkeit oft genug kritisch betrachteten Realisierbarkeit
aufzeigen [186]. Sie signalisieren eine kulturelle Entwicklung,
die man gemeinhin mit der Formel vom Niedergang des Rittertums
umreißt. Daß dieser beginnende Niedergang einer zur Neuge-
staltung des ideellen und konkret-materiellen Daseinsraumes
angetretenen gesellschaftlichen Oberschicht sich auch in deren
dichterischen Werken und hier als das Scheitern einer zu anspruchsvollen Sittlichkeit kundtut, können jene Literatur-
belege, in denen die 'mâze' an ihre Grenzen geführt wird,
gleichsam seismographisch registrieren und damit die bloße
Lektüre mittelhochdeutscher Texte in einen Anschauungsprozeß
geschichtlicher Entwicklungen überführen.

---

[186] In diesem Kapitel C ist mehrfach auf derartige, der 'mâze'
mit verdecktem oder offenem Zweifel an ihrer Wirksamkeit
begegnende Äußerungen hochhöfischer Dichter aufmerksam gemacht worden.

ZUSAMMENFASSUNG

(1) Infolge der starken Verbreitung der idg. Wurzeln *med-,
*mē-, m-e-t- und *medhi-, medhi̯o- und ihrer zahlreichen
Ableitungen im Bereich der germanischen Sprachen und aufgrund des frühen semantischen Differenzierungsprozesses der
Wortsippe in jenem Kulturraum kann man annehmen, daß vor Beginn des überlieferten deutschen Schrifttums im 8. Jahrhundert die 'mâza'-Wortfamilie, soweit sie zu dieser Zeit
im deutschen Dialektraum schon entwickelt war, auf keiner
einheitlichen semantischen Basis mehr beruhte. Die überlieferten Schriftzeugnisse bekunden, daß die Wortfamilie
von Anfang an unterschiedlichen Bedeutungsbereichen zustrebte und den oben erwähnten semantischen Differenzierungs-
prozeß auch innerhalb der althochdeutschen Dialekte fort-
setzte, von dem die ständig neu entstehenden sekundären Ableitungen Zeugnis ablegen. Im Hinblick auf die Semantik der
'mâza'-Sippe muß man also von einer Wortfamilie mit heteroge-
ner indogermanischer und germanischer Tradition ausgehen.

(2) Der besondere Charakter der althochdeutschen Literatur
als vornehmlich rezipierender Literatur[1] weist ebenfalls
auf die Verklammerung der althochdeutschen Wortfamilie mit
vorgegebenen Traditionsbereichen. Als Schwerpunkte zeichnen
sich eindeutig christliche und antike Überlieferungsstränge
ab (letztere oftmals in christianisierter Form). Bei diesen
Rezeptionsprozessen ist mit unterschiedlich starken Bedeu-
tungsverschiebungen zu rechnen, von denen auch die Wortsippe
'mâza' betroffen wurde. Nur etwa in einem Viertel der untersuchten Denkmäler ist die Wortfamilie 'mâza' belegt; allerdings befinden sich darunter so bedeutende Textzeugnisse wie
das Hildebrandslied, der althochdeutsche Isidor, die Benediktinerregel, Tatian, Otfrid von Weißenburg und Notker von
St.Gallen.

---

[1] Vgl. Ibach: "Es ist sicher kein Zufall, daß das Hauptereignis der Geschichte des Althochdeutschen die Übersetzung ist,
wie ja auch das Hauptereignis der frühdeutschen Geschichte
das Zusammentreffen mit Antike und Christentum war", PBB
(Halle) 78 (1956) 4.

(3) Ethische Maß- und Mäßigungsvorstellungen verlassen, wo
sie sich in der 'mâza'-Wortfamilie sprachlich realisieren,
nirgendwo grundsätzlich den christlichen Sittlichkeitsbereich.
Die Kirche bzw. die christlich-theologische Tradition sind
die entscheidenden maß-gebenden Instanzen für die ethischen
Aussagen der 'mâza'-Sippe in althochdeutscher Literatur.

(4) Betrachtet man die Wortfamilie 'mâza' innerhalb der
althochdeutschen Denkmäler als Ganzes, so sieht man allerdings,
wie gering der Anteil ethischer Maß- und Mäßigungsvorstellungen an den Bedeutungsbereichen der Sippe ist. Er ist
so gering, daß man von einem Vorhandensein eines literarisch
fixierten, auf der 'mâza'-Wortfamilie als seinem sprachlichen
Träger beruhenden, ethischen Maßbewußtsein innerhalb der
althochdeutschen Epoche nicht sprechen kann.

(5) Im kirchlichen und kirchlich beeinflußten deutschsprachigen Schrifttum der althochdeutschen Zeit begegnet dennoch
der Gedanke des ethischen Maßes, des Maßhaltens, der Mäßigung
in verschiedenen Bereichen (vgl. die Benediktinerregel), aber
er ist sprachlich nicht auf eine bestimmte Wortfamilie beschränkt. Er läßt sich als sprachliches Feld in vielen Wort-
familien innerhalb des auf biblischer ethischer Tradition beruhenden Sekundärschrifttums aufzeigen[2].

(6) Mit den ästhetischen Maßvorstellungen verhält es sich
im Prinzip ähnlich. Die althochdeutsche Literatur kennt zwar
das Maß als eine der Grundlagen verschiedener Schönheitsvorstellungen, doch beschränken sich dessen sprachliche Träger
keinesfalls nur auf Belege der 'mâza'-Sippe. Es bleibt aber
festzuhalten, daß bestimmte Vorstellungen eines ästhetischen
Maßes als Ausläufer antiker Schönheitsauffassung von Notker
von St.Gallen unter Zuhilfenahme des 'mâza'-Vokabulars rezipiert worden sind.

---

[2]Die 'mâza'-Wortfamilie wird auch von der Forschung nicht ausdrücklich zum christlichen Kulturwortschatz im engeren Sinne
gerechnet; in den Untersuchungen zur althochdeutschen Kirchensprache sucht man derartige Belege vergeblich (etwa Luginbühl, a.a.O., Anhang: Die Altdeutsche Kirchensprache;

(7) Die für die Herausbildung der 'mâze' bedeutsamsten Denkmäler der althochdeutschen Literatur sind die Benediktinerregel und die Schriften Notkers von St. Gallen. In der Benediktinerregel, die allerdings stf. 'mâza' noch nicht kennt,
verbinden sich monastische sittliche Vorstellungen aus den
Bereichen Mäßigung, Maßhalten, Ausgleich, 'discretio' und Einhalten der rechten Mitte mit Teilen der 'mez'-Wortfamilie
und bilden ein wirkungsgeschichtlich wichtig gewordenes Bedeu-
tungssegment. Der Gedanke des Maßes als einer sittlichen
Größe erfährt durch die Verbreitung des Benediktinerordens
über ganz Europa und sein pädagogisches Einwirken auf breite
laikale Kreise mannigfaltige Konfrontationen mit den Realitäten des Daseins. In Notkers von St. Gallen Boethius-Über-
setzungen (De consolatione Philosophiae; Bearbeitung der
Schrift 'De interpretatione' des Aristoteles), in seiner Übersetzung von 'De nuptiis Philologiae et Mercurii' des Marcianus
Capella und in seiner Schrift 'De musica' ist zum erstenmal
in althochdeutscher Literatur stf. 'mâza' belegt. Es dominieren bei ihm quantitative Bedeutungsrichtungen im Sinne von lat.
'mensura', und nur ein Beleg bezeugt ein Maßverständnis im
ästhetischen Sinne. Ethische und kosmologische Vorstellungen
fehlen. Einige andere Wörter der Sippe werden allerdings in
ethischer Bedeutung verwendet. Die lexische Vielfalt der
Sippe bei Notker ist in der deutschen Literatur bis 1220 nicht
wieder erreicht worden.

Th.Frings, Antike und Christentum an der Wiege der deutschen Sprache. In: Th.F., Grundlegung einer Geschichte der
deutschen Sprache. 3. erw. Auflage. Halle (Saale) 1957,
S. 58-75; I. Reiffenstein, Die althochdeutsche Kirchensprache. In: Germanist.Abh. Bd.6. Innsbruck 1959, S. 41-
58). Lediglich R. von Raumer nennt einige Belege aus den
Symbola zu Gottes Unermeßlichkeit und aus Notkers Schriften
zur Haltung der Demut (Die Einwirkung des Christenthums auf
die Althochdeutsche Sprache. Ein Beitrag zur Geschichte der
Deutschen Kirche. Stuttgart 1845, S. 343,404).

(8) In den frühmittelhochdeutschen Bearbeitungen der biblischen Bücher des Alten Testaments dient stf. 'mâze' zur Bezeichnung von Mengen und Maßverhältnissen im quantitativen Sinne. Erst im Vorauer Balaam (ca 1130-40) wird das Substantiv zur Benennung sittlichen Verhaltens im Sinne von Maßhalten und Selbstbeherrschung herangezogen. In den zahlreichen Bibelgestalten des AT, aber auch im Walten des alttestamentarischen höchsten Richters und strafenden Gottes, standen den frühmittelalterlichen Dichtern Exempla für Übermaß, Unmaß und Maßlosigkeit in unterschiedlichen Zusammenhängen zur Verfügung, bei deren sprachlicher Umsetzung besonders die Bildungen mit 'un-' zur Anwendung gelangten (adj. 'unmâz', 'unmâzlich', 'unmaezlich'; adv. 'unmâzen', 'unmaezlîchen'; stf. (?) 'unmezze'). Innerhalb dieser Beleggruppe kündigt sich die formelartige Verfestigung von Wendungen an, die eine übermäßige Gefühls- oder Schmerzensregung benennen.

(9) Die frühmittelhochdeutschen Beichten und Sündenklagen bündeln die Verfehlensmöglichkeiten des Christenmenschen in katalogartigen Aufzählungen, unter denen vornehmlich die Bereiche Maßlosigkeit in Leid und Angst, Unmäßigkeit in Essen und Trinken und Verletzung des Maßes auf sexuellem Gebiet Wörter der 'mâze'-Sippe aufweisen. Die Vorauer und vor allem die Upsalaer Sündenklage enthalten die ersten wichtigen Belege dafür, daß der selbstbewußter werdende Stand der Geistlichkeit um die Mitte des 12. Jahrhunderts die ethische Forderung der 'mâze' an die christlichen Laien heranträgt und damit, wenigstens ansatzweise, den Anstoß zur Herausbildung einer geistlich bestimmten 'mâze' gibt.

(10) Ebenfalls um die Mitte des 12. Jahrhunderts findet eine geistlich bestimmte 'mâze' Einzug in die Vorstellungs- und Begriffswelt geistlicher Dichter (besonders Pfaffe Lamprecht, Speculum ecclesiae, Idsteiner Sprüche der Väter). Neben anderen ethischen Kräften kann auch 'mâze' den Christenmenschen vor dem 'sich verwerken' bewahren helfen, insbesondere vor den Gefährdungen durch 'luxuria', 'avaritia', 'gula' und 'saturitas ciborum'. Auch die Geistlichkeit selber kennt die 'mâze' als Element einer vorbildhaften, inneren Einstellung

und greift damit auf die Tradition benediktinischer Ethik
zurück. Schonungslos kritisiert Heinrich von Melk, unter
dem Einfluß der cluniazensich-hirschauischen Reformbewegung stehend, die 'mâze'-losigkeit der Stände seiner
Zeit und läßt sie im Spiegel seiner satirischen Dichtung
ihre Untugenden erkennen. Bei Heinrich von Melk ist der Anspruch der Geistlichkeit, sittliche Erziehung der Stände aus-
zuüben, am radikalsten gestaltet, aber die Rigorosität seiner
asketischen Ethik verhindert eine praxisnahe Ausformung der
'mâze' zu einem sittlichen, in konkreten Lebenssituationen
anwendbaren Postulat.

(11) Nicht nur im Handlungsbereich des Menschen, sondern auch
auf dem Gebiet des kosmologischen und heilsgeschichtlichen
'ordo' erlangt eine geistlich bestimmte 'mâze' in den mittleren und späteren Jahrzehnten des 12. Jahrhunderts literarische Geltung. Die 'sapientia Dei' teilte sich in der nach
Maß, Zahl und Gewicht geordneten Schöpfung (Sap 11,21) der
Dingwelt mit und ließ einen 'ordo' entstehen, dessen 'mâze'
somit letztlich göttlicher Herkunft ist (armer Hartman, Rede
vom Glauben). In der Veronica-Dichtung des Wilden Mannes erlangt 'mâze' dadurch Bedeutung, daß sie zur Benennung des
im AT heilsgeschichtlich prophezeiten und dann von Gott erfüllten Erlösungswerkes dient und sich somit erneut als zum
'ordo'-Vokabular der geistlichen Dichtung zugehörig erweist.

(12) Das 'mâze'-Vokabular ist auch im weiteren Bereich wissen-
schaftlich-kosmologischer Begrifflichkeit belegbar, ohne die
mittelalterliche Ansicht, daß allen Dingen des Universums ein
inhärentes (göttliches) Maß innewohne, immer unmittelbar zum
Ausdruck zu bringen. Bevorzugt werden Begriffe der 'mâze'-
Sippe zur Formulierung von astronomischen und geometrischen
Vorstellungen herangezogen. Die messenden Verfahren mittelalterlicher Naturwissenschaft werden dabei oftmals angesichts
des absoluten Parameters des göttlichen Maßes einer theologisch argumentierenden Kritik unterworfen, die warnend auf

Gefährdungen durch die 'superbia' hinweist. Auch die kosmologischen 'ordo'-Vorstellungen und die mathematisch-physi-
kalischen Maßbegriffe beruhen letztlich auf metaphysischen
bzw. theologischen Grundlagen.

(13) Die 'mâze'-Sippe begegnet auch in Denkmälern, die Darstellungen mystischer Raumvorstellungen zum Inhalt haben
(Arche Noah, Stiftshütte des Moses, himmlisches Jerusalem,
Kreuzesbalken), allerdings ohne terminologisch in den mystischen Wortschatz jener Denkmäler einzugehen.

(14) Die Herausbildung einer geistlich bestimmten 'mâze' in
der frühmittelhochdeutschen Literatur ist nicht so weit-
greifend, daß sie sich zu einem System ideeller Geschlossen-
heit verdichtet hätte, geht aber deutlich über bloß okka-
sionelle Anwendungen hinaus.

(15) Mit dem Straßburger Alexander beginnt 'mâze' sich aus
ihrer geistlichen Verklammerung zu lösen und (im Zuge eines
weitere Bereiche umfassenden Säkularisierungsprozesses) ritterlich bestimmter Sittlichkeit anzunähern, was besonders an
ihren Oppositionsbegriffen deutlich wird (vgl. das 'superbia'-
Wortfeld, die 'vermezzen'-Wortgruppe und die zunehmend ritterlich verstandene 'unmâze'). Die Grundbegriffe 'vermezzenheit' und 'mâze' kommen in weiten Teilen der geistlichen Ritterdichtung so sehr einer epischen Integration entgegen, daß
sie, neben anderen tragenden Ideen, als strukturprägende Leit-
wörter jener Denkmäler beschrieben werden können. Im Straßburger Alexander wird 'mâze' als Herrschertugend "hoffähig"
in einem ursprünglichen Sinne des Wortes. Als Grundhaltung
des 'rex iustus et pacificus' bildet sie zusammen mit der 'zuht'
das höfische Korrelat zur geistlichen 'humilitas'.

(16) Die in den letzten Jahrzehnten des 12. Jahrhunderts einsetzende höfische Dichtung kennt 'mâze' als ein den religiösen, sittlichen, kosmologischen, gesellschaftlichen und kulturellen Anschauungen des Rittertums verpflichtetes Kernwort. Da die Tradition religiösen Schrifttums in der Zeit von

ca 1170-1220 keineswegs abriß, konnte weiterhin auch mit
einem geistlich bestimmten 'mâze'-Wortgut gerechnet werden
(vgl. Albertus, St. Ulrichs Leben). Hartmanns von Aue Dichtungsgestalt Gregorius weiß sich als Herr über die Christenheit dem Ideal der 'vita spiritalis' und mit ihm der 'mâze'
als dem inneren, theologisch begründeten Maßstab seiner
geistlichen Amtsführung verpflichtet. Im 12. Jahrhundert
stößt die Wortsippe 'mâze' immer mehr Bildungen mit der Wurzelvariante 'mez-' ab (Ausnahme: die 'vermezzen'-Gruppe)
und bevorzugt, besonders in den ethischen Bedeutungsbereichen, Bildungen mit 'mâz-'. Ein Vergleich der althochdeutschen mit der Zwiefaltener Benediktinerregel konnte diesen
Wandel veranschaulichen. Der Einfluß des Bibelverses Sap 11,21
auf einen Teil der 'mâze'-Wortfamilie besteht auch in der
Epoche der mittelhochdeutschen Literatur, verflüchtigt sich
aber häufig dadurch, daß der ursprüngliche theologische Gehalt verlorengeht und die zu Formeln erstarrten Wendungen
nun beliebigen Bedeutungsbereichen dienbar werden können.

(17) 'mâze' als Ausdruck des von Gott der Menschen- und Dingwelt verliehenen Maßes ('ordo'-Begriff) ließ in der frühmittelhochdeutschen Dichtung ihren metaphysischen Ursprung
noch klar hervortreten. In der höfischen Dichtung geht dieser
Bedeutungsbereich zugunsten einer immanent-gesellschaft-
lich ausgerichteten 'mâze' als Bezeichnung für bestimmte
standessoziologisch-hierarchische Strukturen des Rittertums
weitgehend verloren; in dieser säkularisierten Form ver-
stellt sich 'mâze' der Spiegelung einer ewigen göttlichen
Ordnung.

(18) In den didaktischen Dichtungen der mittelhochdeutschen
Literaturepoche tritt 'mâze' als wichtiger Orientierungs-
punkt für realitätsbezogene Daseinsprobleme in Erscheinung.
Wurde tugendhaftes, dem Maß als einer vernünftig-sittlichen
Instanz verpflichtetes Verhalten schon bei Werner von Elmen-
dorf in praxisnahen Situationen vorgeführt und als konkret

anwendbare Sittlichkeit einer unmittelbaren Didaxe unterstellt, so bemüht sich einige Jahrzehnte später Thomasin
von Circlaria, die 'lêre' der 'mâze' in schulmäßig-dis-
kursivem Verfahren einer Systematisierung näherzubringen.
Er weist der 'mâze' die Aufgabe zu, als ethisches Regulativ
die rechte Ausgewogenheit der Tugenden zwischen den korrelativen Extremen des "Zuwenig" und des "Zuviel" zu bewirken und so das Feld der Sittlichkeit von einer maß-gebenden
Mitte her verbindlich zu ordnen.

(19) Forderungen nach Beachtung der 'mâze' enthalten die
mittelhochdeutschen Denkmäler für die speziellen Anwendungsbereiche sprachlicher Kommunikation in Rede-, Sprech- und
Predigtsituation, aber auch, jenseits des alltäglich-situa-
tiven Sprechens, für den Bereich des gestalteten religiösen
und dichterischen Wortes, und hier besonders bei Dichtungs-
abschlüssen, -teilabschlüssen oder Kürzungen gegenüber den
Quellen.- Irdischer Reichtum soll in maßvollen Grenzen gehalten, das heißt: nach den Vorschriften der 'mâze' erworben und bewahrt werden. Nicht mehr rigorose Verdammung
materieller Güter (wie noch in frühmittelhochdeutschen Denkmälern) ist das Ziel der Dichter, sondern ein maßvolles
Verhältnis zu ihnen, verbunden mit einer neuen Wertschätzung
des 'guot' als der unerläßlichen wirtschaftlichen Grundlage
der feudalen Gesellschaft. Schließlich begegnet auch in
mittelhochdeutscher Literatur die bereits bekannte Forderung nach 'mâze' in bezug auf Essen und Trinken, weniger
aber in der höfischen Epik als vielmehr im lehrhaften und religiösen Schrifttum der Zeit.

(20) In der Auseinandersetzung mit einem der zentralen Probleme des mittelalterlichen Menschen, der Minne und der menschlichen Leidenschaften und Gefühle, räumen einige Dichter der
'mâze' eine Schlüsselstellung ein. In Heinrichs von Veldeke
'Eneide' scheitert 'mâze' an der überpersonalen, existenzge-
fährdenden Macht der Minne (vgl. die Dido-Episode) und kann

erst in den Lavinia-Partien der Dichtung aus der Spannung
zur 'minne' heraustreten, obwohl auch den Minnepartnern Eneas und Lavinia sich in 'unmâze' äußernde Symptome der Minnekrankheit ovidscher Prägung infolge der Minneüberwältigung
nicht erspart bleiben. Am Ende der Dichtung dominiert die
'rehte minne', die sich für die Minnepartner in der Ehe erfüllt. Den Sängern der "hohen Minne" bleibt eine 'minne',
die die 'mâze' nicht außer Kraft setzt, unerreichbarer
Wunsch, und Walthers von der Vogelweide personifizierte
'frowe Mâze' akzentuiert gerade als hypostasiertes Idealbild einer maß-gebenden Autorität für den Minnenden das
Scheitern dieses Ideals in der höfischen Alltagspraxis um
so krasser. Auch die höfischen Epiker ringen um einen Ausgleich zwischen der Macht der Minne und dem sittlichen Gebot der 'mâze', der bei Wolfram von Eschenbach in idealer
Harmonie in der "hohen Ehe" Parzivals mit Condwiramurs gelingt, bei Gottfried von Straßburg aber aufgrund der tiefen
Gegensätzlichkeit der Minne der 'edelen herzen' und einer
gesellschaftlich-konventionellen 'mâze' in eine hoffnungs-
lose Aporie gerät. Wie sehr sich die mittelhochdeutschen Dichter von der breiten und tiefen Wirkung menschlicher Affekte
beeindruckt und auch belastet fühlten - so sehr, daß sie oftmals die 'mâze' als bändigende Gegenkraft bemühten -, konnte
durch eine umfangreiche Belegsammlung illustriert werden.

(21) Die mittelhochdeutsche Literatur als Ausdruck ritterlich-höfischen Selbstverständnisses gab in subtiler Weise
einer neuen Wertschätzung dinglicher und menschlicher Schönheit Ausdruck und verlieh der 'mâze'-Wortfamilie, wo sie
auf diesem Gebiet als sprachlicher Träger eingesetzt wurde,
eine ästhetische Bedeutungskomponente. In Architektur und
Mode, bei Waffen, Reitgerät, Jagdausrüstung und sonstigen
handwerklichen Gegenständen tendiert rechtes Maß zur Identität mit der Schönheit der Dinge; gleichzeitig erfahren Schönheit und Kostbarkeit der Gegenstände eine Rückbindung an
ihre Besitzer. Auch in literarischen Schilderungen höfischer
Gestalten ist eine ästhetisch verstandene 'mâze' häufig anzutreffen, wiewohl auch hier, wie in allen anderen Bedeutungs-

bereichen dieses Kernworts, merkliche Tendenzen zur Verformelung und semantischen Verflachung bestehen.

(22) Der Herausbildung eines ritterlich-höfischen Lebensstils und entsprechender Umgangs- und Sozialformen bis hin
zum Zeremoniell, zur Geste und Gebärde liegt ein Formwille
zugrunde, der sich von einer eigenständig gewordenen ritterlichen Ethik getragen weiß. Unter anderen ist es die 'mâze'-
Sippe, an der man jenen Formwillen ablesen kann, ohne daß
'mâze' in diesem Zusammenhang lediglich auf Formales ein-
zuengen wäre: gerade die Doppelung und innere Verbindung von
ästhetischer Verwirklichung und ethischer Rückbindung an die
Idealität literarischer Vorbilder machen das Kennzeichnende
jener Belege aus; sie spiegeln sich zudem in der Häufigkeit des Endreims 'mâze' : 'gelâze'.

(23) Die ritterlichen Mannestugenden (Tapferkeit, Einsatz-
wille, Waffenbeherrschung, Kraft, Erfahrenheit in kriegerischen Unternehmungen u.a.) werden durch 'mâze' vor Extremi-
sierungen und Verkehrungen bewahrt. Diese mildert sie dort,
wo sie in den Geschehnissen der höfischen Dichtung zur Anwendung kommt, zu Besonnenheit und Umsicht (vor allem seit
Heinrich von Veldeke). Insgesamt humanisiert sie in der
fiktiven Welt der Dichtung den Bereich Krieg-Fehde-Zwei-
kampf und läßt, je mehr sie idealisiert wird, den Gegensatz
zur schlechten Praxis der mittelalterlichen Daseinswirklich-
keit um so augenfälliger werden. Auch hier sagt 'mâze' als
unmittelbar und mittelbar geforderter Richtwert und Verhal-
tensmaßstab mehr über die Bedürfnisse als über die Errungenschaften des Ritterstandes aus.

(24) Die mittelhochdeutsche höfische Dichtung appelliert
dort, wo Tugenden und andere werthafte Begriffe zur Darstellung gelangen, an das Publikum, diese Werte tätig zu verwirklichen. Neben der expliziten Gestaltung dieser "Appellstruktur" bevorzugt die Dichtung der "Blütezeit" in verstärktem Maße das kunstvollere Verfahren, jene Tugenden und

Werte in episch vermittelter Form durch vorbildhafte literarische Gestalten aus dem ritterlich-höfischen Umkreis richtungweisend zur Anwendung bringen zu lassen. Die Wertvorstellungen der höfischen Literatur stehen untereinander in
gegenseitiger Abhängigkeit und somit in innerem Zusammenhang: nicht als schulmäßiges "Tugendsystem", sondern als
dynamischer Verbund von Idealen mit einem gefestigten Kern-
bestand ('êre', 'zuht', 'mâze', 'milte', 'kiusche' usf.) und
weiteren (teilweise nicht einheitlich geforderten) Wertgrößen,
Spezialtugenden usf. Dieser Verbund von höfischen Tugenden
ist um so wirksamer, je mehr seine Bewährungsfelder in einer
realitätsentrückten, dichterischen Scheinwelt idealen Bedingungen unterworfen sind, und er gerät um so öfter in die
Nähe des Scheiterns, je mehr die konkrete Wirklichkeit Ein-
laß in die Dichtung findet. So wird auch 'mâze' als eine der
ritterlichen Grundtugenden in zentralen Denkmälern der höfischen Zeit an ihre Grenzen geführt und dokumentiert damit
den beginnenden Niedergang einer wahrscheinlich zu anspruchs-
voll gewordenen Sittlichkeit und das sich ankündigende Ende
einer geschichtlichen Epoche.

(25) Im Anschluß an die Zusammenfassung der wichtigsten Ergebnisse dieser Arbeit bleiben einige weitere Fragestellungen
zu nennen, die aus der Untersuchung ausgeklammert werden
mußten oder die sich nun aus ihr ergeben. Ich beschränke
mich auf folgenden Katalog:

1. Mit welchen außerdeutschen Traditionssträngen stehen die alt-
   und mittelhochdeutschen Maßbegriffe in genetischem Zusammenhang (insbesondere antikische, kirchlich-patristische,
   romanische Einflüsse)?
2. An welchen Wortfeldern ist 'mâze' beteiligt und welchen
   Stellenwert hat sie in ihnen? Welche Beziehungen herrschen
   z.B. unter den ethischen oder ästhetischen Wertbegriffen
   der höfischen Literatur?
3. Wie verläuft die weitere Entwicklung der 'mâze'-Wortfamilie
   im 13. und 14. Jahrhundert?
4. Eins der Ergebnisse dieser Untersuchung ist die Erkenntnis, daß die Semantik von 'mâze' weitgehend aus ihren An-
   wendungs- und Bewährungsbereichen zu erschließen ist, daß

ihre Bedeutungssegmente von jenen geprägt werden. Wie
läßt sich dieser Befund in neuere Theorien und Verfahrensweisen der Semantikforschung einbinden?[3]

5. Lassen sich auch für andere mittelhochdeutsche Kernwörter ähnliche begriffsgeschichtliche Strukturen wie
für 'mâze' aufzeigen, indem zu den höfischen Kernwörtern
geistlich bestimmte "Varianten" oder Vorstufen in der
frühmittelalterlichen deutschen Literatur gefunden
werden können, die einem Säkularisierungsprozeß unterliegen?

---

[3]In diesem Zusammenhang wäre auch der in dieser Arbeit verwendete Kontextbegriff mit den Ergebnissen der neueren Semantikforschung zu konfrontieren. Grundlegend zur Semantik u.a.: S.Ullmann, Grundzüge der Semantik. Die Bedeutung in sprachwissenschaftlicher Sicht. Deutsche Fassung
von Susanne Koopmann. Zweite, unveränderte Auflage. Berlin, New York 1972; W.Schmidt, Lexikalische und aktuelle
Bedeutung. Ein Beitrag zur Theorie der Wortbedeutung. Berlin, 3. Aufl. 1966; E.Coseriu, Einführung in die strukturelle Betrachtung des Wortschatzes. In Zusammenarbeit mit
E.Brauch und Gisela Köhler hsg. von G.Narr. Tübingen 1970;
H.-M.Gauger, Wort und Sprache. Sprachwissenschaftliche
Grundfragen. Tübingen 1970; ders., Durchsichtige Wörter.
Zur Theorie der Wortbildung. Heidelberg 1971; R.Hoberg,
Die Lehre vom sprachlichen Feld. Ein Beitrag zu ihrer Ge-
schichte, Methodik und Anwendung. Düsseldorf 1970.

ANHANG

Erläuterungen

Der Anhang dokumentiert das der Untersuchung zugrundeliegende Belegmaterial zur Wortfamilie 'mâze ' von den
Anfängen bis ca 1220. Zur Frage seiner Vollständigkeit
vgl. die Einleitung.

Die Belege werden in zweifacher Anordnung dargeboten:
als Übersicht über die Lexik der 'mâze'-Wortfamilie in
althochdeutscher, frühmittelhochdeutscher und mittelhochdeutscher Zeit, die nach Denkmälern geordnet ist
(A), und als Übersicht über die Lexik in alphabetischer
Anordnung des gesamten Wortbestandes (B); beides mit
genauen Stellenangaben.

Zu A: Die nach literarischen Denkmälern geordnete Belegsammlung wurde in "Althochdeutsche Zeit" (I), "Frühmittelhochdeutsche Zeit" (II) und "Mittelhochdeutsche Zeit"
(III) gegliedert. Die Denkmäler der althochdeutschen Zeit
führe ich ohne weitere Unterteilung chronologisch auf
(soweit das bei der unsicheren Datierung einiger Texte
möglich ist). In dieser Reihenfolge wurden die Belege
auch in Kap. A besprochen. Die Fülle der Denkmäler aus
frühmittelhochdeutscher und mittelhochdeutscher Zeit ließ
eine Unterteilung nach gattungsmäßigen Gesichtspunkten
als ratsam erscheinen. Ich bin mir der Problematik derartiger Gliederungen bewußt, greife aber notgedrungen
auf sie zurück, weil sie durch die einschlägigen Literaturgeschichten hinlänglich bekannt sind und dem Leser eine
rasche Orientierung über den sprachlichen Befund und seine
literarischen Quellen vermitteln können. Innerhalb der
untergliedernden Gattungsangaben sind die Denkmäler
chronologisch aufgeführt (wiederum mit den notwendigen
Vorbehalten hinsichtlich der unsicheren Chronologie).
Hinter jedem Denkmalstitel wird stichwortartig der Herausgeber der benutzten Ausgabe oder (bei einschlägigen Text-
sammlungen) deren Titel angegeben. In einigen Fällen haben

die Herausgeber dieser zugrundegelegten Editionen eine
neue Zählung eingeführt. Hier wird jeweils zusätzlich
vermerkt, nach welcher Zählung die Belege aufgeführt
werden. Die Belege zu den einzelnen Denkmälern erscheinen
in alphabetischer Anordnung. Die ihnen zugrundeliegenden
Textausgaben wurden jeweils beim ersten Auftreten im
interpretatorischen Teil der Arbeit zitiert. Ich war
bestrebt, stets die neuesten Textausgaben zu benutzen,
wenn sie wissenschaftlichen Ansprüchen genügen konnten.
Die Schreibweise der Belege wurde, wie es ja auch in den
Textausgaben üblich ist, weitgehend normalisiert, jedoch
nicht immer in der konsequenten Form M.Lexers. Manche
Eigenheiten der Orthographie einzelner Denkmäler, die
sowohl ihre geographische Herkunft als auch ihre sprachgeschichtliche Zuordnung erkennen lassen, behielt ich bei.

Zu B: Aufgrund des sprachlichen Befundes erwies es sich
als zweckmäßig, auch in diesem Teil des dokumentarischen
Anhangs das althochdeutsche, frühmittelhochdeutsche und
mittelhochdeutsche Belegmaterial getrennt aufzuführen.
Innerhalb der einzelnen Wortansätze sind die Belege
(soweit es möglich oder wahrscheinlich ist) wiederum
chronologisch aufgeführt. Kap. B schließt mit einer Liste
der idiomatischen und präpositionalen Ausdrücke mit
stf. 'mâze'.

Der Anhang enthält dann noch einen Teil C mit einer Liste
aller althochdeutschen, frühmittelhochdeutschen und mittelhochdeutschen Denkmäler (bis ca 1220) mit negativem
Befund zur 'mâze'-Wortfamilie, damit der Umkreis des
durchgesehenen Textmaterials ersichtlich ist, und schließlich, gewissermaßen als Nebenfrucht der Beschäftigung mit
der 'mâze'-Sippe, in Teil D eine Belegsammlung zur Wortfamilie 'tempern', die zur 'mâze'-Sippe Beziehungen aufweist. Auch dieses Belegmaterial beruht auf der für die
Untersuchung der 'mâze'-Wortfamilie gewählten Textgrundlage.

A. Übersicht über die Lexik der 'mâze'-Wortfamilie in
althochdeutscher, frühmittelhochdeutscher und mittelhochdeutscher Zeit (nach Denkmälern geordneter Wortbestand)

I. Althochdeutsche Zeit (bis einschließlich
Notker von St. Gallen)

Hildebrandslied (Steinmeyer)

ummet (unmez) adv. 25; 39

Isidor (Eggers)

mez stn. 608; 671; 683; 703
mezzan stv. 321; 339

Monseer Fragmente (Hench)

mezsamôn swv. XL, 22

Interlinearversion der Benediktinerregel (Steinmeyer)

kemezlîhhên swv. 276, 19; 277,1
mez stn. 200,5; 221,15; 224,30; 229,2; 231,1;
232,9; 233,15; 233,30; 235,9; 235,33;
240,14; 243,9; 246,1; 246,4; 246,24;
257,10; 258,31; 259,7; 260,19; 267,18;
269,4
mezhaft adj. 260,21
mezhafti stn. (nur als 'mezhaftiu') 231,20;
231,24; 237,9; 254,28
mezhaftii stf. 249,8
mezlîhchii stf. 260,2
mezzan stv. 201,27
unmez adv. 275,29; 276,13
unmezzîgii stf. 247,8
widarmezzan stv. 206,18

Weißenburger Katechismus (Steinmeyer)

ungimezzan part. adj. 65 (3 Belege); 68; 69

Freisinger Paternoster (Steinmeyer)

mez stn. 33 A; 33 B

Würzburger Beichte (Steinmeyer)

mez stn. 16

Mainzer Beichte (Steinmeyer)

    unmezzon adv. 8

Pfälzer Beichte (Steinmeyer)

    unmezzon adv. 7

Altalemannische Psalmenfragmente (Steinmeyer)

    mezzan stv. 293,5

Murbacher Hymnen (Sievers)

    gewimez (kawimiz) stn. XIX,6,3; XIX,8,2
    mez stn. XXVI,15,2
    ungimezzan part.adj. XXVI,5,3
    unmezîg adj. VI,3,4

Tatian (Sievers)

    mez stn. 21,7; 39,3; 39,4; 45,4; 108,3 (2 Belege);
        141,27; 142,1
    mezzan stv. 39,4 (2 Belege)
    widarmezôn swv. 73,1

Otfrid von Weißenburg (Erdmann)

    gewimez stn. I,20,8
    gimezan stv. IV,29,29
    mez stn. II,8,31; II,9,95; IV,12,46; V,18,7
    mezan stv. I,1,21; I,1,26; I,1,41; II,11,14;
        II,13,31
    mezhafto adv. II,4,92
    mezwort stn. IV,19,15
    ungimezên adv. V,10,24
    ungimez(z)on adv. IV,31,31
    unmez stn. V,23,109
    unmezlîh adj. IV,5,12
    unmezzîg adj. V,23,93

St.Galler (Schul-)Arbeit (sog. Brief Ruodperts)
(Steinmeyer)

    widermezunga stf. 22f.

Notker Labeo von St. Gallen (Piper; S.-St. =
Sehrt/Starck)

    drîoelnemez stn. Nk.I,412,15
    ebenmâze adj. Np.II,642,17 (S.-St.III,1113,1)
    ebenmâzôn swv. Np.II,367,9 (S.-St.III,632,10)
    ebenmezôn swv. Nb.I,35,23 (S.-St.I,40,4)
    ermezen stv. Np.II,640,31 (S.-St.III,1110,6)
    fermezen stv. Nb.I,248,13 (S.-St.I,267,13);
      Npgl.II,385,6 (S.-St.III,663,1)
    fuodermâze adj. Nr.I,674,14
    gemâze adj. Nb.I,35,22 (S.-St.I,40,3); Nk.I,418,16;
      Nk.I,419,8f.; I,CL,32 ('De definitione')
    gemezen stv. Np.II,227,29 (S.-St.III,390,3)
    gnôtmez stn. I,CL,28 ('De definitione')

gnôtmezôn, knot-, genot- swv. Nb.I,67,19 (S.-St.
I,76,13); Nb.I,115,18 (S.-St.I,126,4);
Nk.I,411,5; Nk.I,439,31; I,CL,21
('De definitione')
gnôtmezunga stf. Nb.I,67,16f. (S.-St.I,76,10);
Nr.I,666,21
guismezôn swv. Nb.I,115,17f. (S.-St.I,126,3f.)
lantmezseil stn. Np.II,41,27 (S.-St.III,66,3f.)
mâza stf. Nb.I,115,26 (S.-St.I,126,12); Nb.I,
280,5 (S.-St.I,302,17); Nb.I,280,6 (S.-St.I,
302,19); Nk.I,400,5; Nc.I,714,6 (S.-St.II,
38,22); Nc.I,776,12 (S.-St.II,126,20); Nc.I,
776,14 (S.-St.II,126,22); Nm.I,852,29; Nm.
I,857,19; Nm.I.858,24; Nm.I.858,31
mâzig adj. Npgl.II,330,24 (S.-St.III,568,2)
mâzigo adv. Np.II,288,8 (S.-St.III,499,5)
mâzseil stn. Np.II,320,21 (S.-St.III,551,11);
Np.II,445,4 (S.-St.III,771,2f.)
mez stn. Nb.I,9,20 (S.-St.I,9,24); Nb.I,110,20
(S.-St.I,121,9); Nb.I,138,9 (S.-St.I,149,12);
Nb.I.176,14 (S.-St.I,188,23); Nb.I.272,20
(S.-St.I,294,10); Nb.I,283,14 (S.-St.I,306,
10); Nb.I,346,23 (S.-St.I,379,19); Nk.I,417,
23; Nk.I,449,23; Nk.I,451,26; Nc.I,809,14
(S.-St.II,171,13); Nc.I,825,27 (S.-St.II,192,
9); Nc.I,831,22 (S.-St.II,200,3); Nm.I,855,3;
Np.II,32,27 (S.-St.III,52,3); Np.II,33,2
(S.-St.III,52,7); Np.II,91,10 (S.-St.III,148,9);
Np.II,329,18 (S.-St.III,565,18); Npgl.II,330,4
(S.-St.III,566,12)
mezchuoli stf. Nc.I,833,28 (S.-St.II,203,6)
mezen stv. Nb.I,115,25 (S.-St.I,126,11); Nb.I,
115,30 (S.-St.I,126,16); Nb.I,154,22 (S.-St.I,
165,24); Nb.I,207,25 (S.-St.I,224,3); Nb.I,
288,2 (S.-St.I,311,13); Nk.I,413,6; Nc.I,714,5
(S.-St.II,38,21); Nm.I,857,2; Nm.I,857,22; Nm.
I.858,20; Nm.I,858,25; Nm.I,859,17; Nm.I.859,18;
Np.II,33,1 (S.-St.III,52,7); Np.II,467,5
(S.-St.III,807,4)
mezhafti stf. Nc.I,801,27 (S.-St.II,162,3)
mezhaftîg adj. Nc.I,788,23 (S.-St.II,143,22)
mezhaftigi stf. Nr.I,683,7
mezîg adj. Nb.I,49,23 (S.-St.I,56,7); Nb.I,80,32
(S.-St.I,90,27); Nb.I,122,19 (S.-St.I,133,14);
Np.II,437,7 (S.-St.III,755,2)
mezlustigi stf. Lesart Hs. G zu I,683,7 (Piper S.
CLXXV, 29f.)
mezmuote adj. Npgl.II,94,12 (S.-St.III,153,13)
mezmuoti stf. Npgl.II,236,20 (S.-St.III,406,7)
mezôn swv. Nb.I,256,5 (S.-St.I,276,15); Np.II,
368,14 (S.-St.III,634,14); Np.II,582,8 (S.-St.
III,1014,5)
mezpoto swm. Npgl.II,280,16 (S.-St.III,485,10)
mezunga stf. Nr.I,682,16f.
nôtmez stn. Nb.I,206,16 (S.-St.I,223,4); Nb.I,
207,24 (S.-St.I,224,2); Nk.I,464,11; Nk.I,

464,13; Nk.I,464,24
nôtmezôn swv. Nk.I,439,31; Ns.I,620,10
unebenmâze adj. Nc.I,792,18 (S.-St.II,149,10)
ungemâze adj. Nk.I,418,16; Nk.I,419,9; Nk.I,
   426,24; Nk.I,426,28; Nk.I,427,1
unmâzîg adj. Np.II,640,29f. (S.-St.III,1110,4f.);
   Np.II,640,30 (2 Belege; S.-St.III,1110,5); Np.II,
   641,8 (S.-St.III,1110,15); Np.II,641,8f.
   (S.-St.III,1110,15f.)
unmâzo adv. Np.II,316,10 (S.-St.III,544,16)
unmez stn. Nb.I,93,28 (S.-St.I,104,4); Nb.I,96,
   26 (S.-St.I,107,2); Ni.I,553,10; Nm.I,855,5;
   Npgl.II,277,14 (S.-St.III,480,12); Np.II,553,1
   (S.-St.III,961,11); Np.II,593,4 (S.-St.III,
   1032,4)
unmez adv. Nb.I,197,4 (S.-St.I,213,16); Nc.I,697,
   7f. (S.-St.II,14,5); Np.II,603,4 (S.-St.III,
   1048,13); Np.II,626,10 (S.-St.III,1090,11)
unmezîg adj. Nb.I,13,29/14,1 (S.-St.I,15,8f.);
   Nb.I,165,10f. (S.-St.I,177,20f.); Nb.I,251,16
   (S.-St.I,271,6); Nc.I,730,1 (S.-St.II,60,14);
   Nc.I,838,1f. (S.-St.II,208,22f.)
widermâza stf. Nc.I,778,16 (S.-St.II,129,25);
   Nc.I,781,8 (S.-St.II,133,16); Npgl.II,323,14
   (S.-St.III,556,6); Npgl.II,339,21 (S.-St.III,
   584,1)
widermeza stf. Npgl.II,311,20 (S.-St.III,538,4);
   Npgl.II,312,6 (S.-St.III,538,14)
widermezôn swv. Nc.I,777,1 (S.-St.II,127,19);
   Np.II,311,21 (S.-St.III,538,5)
widermezunga stf. Nb.I,115,22 (S.-St.I,126,8);
   Nb.I,348,20 (S.-St.I,381,24); Nb.I,354,4f.
   (S.-St.I,387,17f.); Np.II,266,19 (S.-St.III,
   461,11); Np.II,311,17 (S.-St.III,538,1)
zuei(o)elnemez stn. Nk.I,412,15; Nk.I,417,18f.

II. Frühmittelhochdeutsche Zeit

1. Geistliches und geistlich bestimmtes Schrifttum

a) Religiös-Lehrhaftes

Memento mori (Maurer; Zählung nach Braune, Ahd. Lesebuch, 14. Aufl. 1962)

vermezzen stv. 47

Idsteiner Sprüche der Väter (Maurer)

mâze stf. 22; 44; 60 (2 Belege); 71

Priester Arnolds Gedicht von der Siebenzahl (Maurer; Zählung nach Rozer-van Kol)

ebenmâzen swv. 82
mâze stf. 453
mâzen swv. 403
mezzen stv. 566

Armer Hartman, Rede vom Glauben (Maurer; Zählung nach Massmann)

ebenmâze adj. 211
mâze stf. 292; 923; 2190
mezzen stv. 392
übermezzen stv. 119
unmâze stf. 1787; 2495
vermezzen stv. 391
widermezzen stv. 2584

Vom Rechte (Maurer; Zählung nach Waag)

unmaeze adj. 319
vermezzen stv. 347

Die Hochzeit (Maurer; Zählung nach Waag)

ermezzen stv. 150

Heinrich von Melk, Erinnerung an den Tod (Maurer; Zählung nach Kienast)

ebenmâze stf. 147; 469
mâze stf. 715

Heinrich von Melk, Priesterleben (Maurer; Zählung nach Kienast)

ebenmâzen swv. 283; 741

unmâzen adv. 83
unmaezlich adj. 149

Anegenge (Neuschäfer)

mâze stf. 831; 1818
mezzen stv. 2800
unmaezlîchen adv. 1667

Wessobrunner Glauben und Beichte I (Steinmeyer)

unmez stn. 144,26f.
unmezzecheit stf. 143,2f.
unmezzic adj. 146,6
vermezzenheit stf. 142,29

Wessobrunner Predigten (Bruchstücke von drei deutschen Predigtsammlungen) (Steinmeyer)

gegenmâzen swv. 169,Nr.2,3; 170,Nr.2,45

Bamberger Glauben und Beichte (Steinmeyer)

mez stn. 148,4
mezhafte stf. 147,5; 147,23
mezvuore stf. 147,25
unmez stn. 144,29
unmezmichel adj. 136,12f.
unmezzigheit stf. 143,1f.; 146,31
vermezzenheit stf. 142,29

Speculum ecclesiae (Mellbourn)

ebenmâze stf. 52,28
ebenmâzen swv. 28,11; 92,19; 93,12; 100,19;
                118,16; 118,22; 118,31; 119,6f.;
                119,26f.; 119,33; 128,4; 133,12;
                135,10
mâze stf. 104,7; 122,14; 135,26; 135,27; 136,1;
              136,2; 152,7
mâzelîche adv. 45,23
mezzen stv. 91,2 (2 Belege)
übermâze stf. 40,15
unmâzlich adj. 135,4
vermezzen stv. 111,31

Die ältesten Lucidariusbruchstücke (Dittrich)

unmâzen adv. 439

Lucidarius (Heidlauf)

mâze stf. 77,25
mâzen swv. 50,8
mez stn. 75,37
unmâze adv. 28,11
unmâzen adv. 22,18
unmâzlich adj. 62,27; 75,7

b) <u>Biblisches und biblisch Beeinflußtes</u> [1]

<u>Wiener Genesis</u> (Dollmayr)

    ebenmâzen swv. 1886
    geebenmâzen swv. 5827
    mâze stf. 4200
    vermezzen stv. 1105; 4035

<u>Wessobrunner Psalmen und katechet. Denkmäler</u>
(Piper)

    ebenmâzîg adj. 384,22
    ermezen stv. 383,1
    gemezsamên swv. 246,31
    lantmezseil stn. 36,23
    mâze stf. 289,22
    mâzseil stn. 197,24
    mez stn. 80,13
    mezen stv. 216,24
    mezhaftigôn swv. 325,8f.
    mezîg adj. 191,6
    unermezzenlîh adj. 29,26
    unmâzîg adj. 382,32 (3 Belege); 383,10;
                383,11
    unmez stn. 297,1; 335,29
    unmez adv. 345,26; 369,27

<u>Wiener Exodus</u> (Altdeutsche Exodus) (Papp)

    mâze stf. 2451
    umbemezzen stv. 2510
    unmâz adj. 2045; 2211; 2700
    unmâzlich adj. 555
    unmezze stf. (?) 1557
    vermezzen stv. 3075
    widermezzen stv. 570

<u>Milstätter Genesis</u> (Diemer)

    ebenmâzen swv. 41,7
    mâze stf. 6,11; 87,16; 96,18
    mezzen stv. 16,25; 49,23
    vermezzen stv. 84,13
    vermezzen part.adj. 50,4

---

[1] Nicht ganz sicher ist ein Beleg zu stv. 'mezzen'
in "Von der Zukunft nach dem Tode", in: Maurer II,
Nr. 33, S. 279 - 89. Maurer ergänzte in 3,7
'mezzen' und richtete sich dabei nach Zutt, vgl.
Anm. zu 3,7, S. 287.

Milstätter Exodus (Diemer)

 maeze stf. 152,16
 umbemezzen stv. 153,8
 unmâz adj. 146,35
 unmaeze adj. 149,7; 155,29
 unmaezlich adj. 126,29
 unmezze stf. (?) 140,13
 vermezzen stv. 160,32
 widermezzen stv. 126,36

Vorauer Genesis (Diemer)

 unmâzen adv. 26,21

Geschichte Josephs in Ägypten nach der Vorauer Hs.
("Vorauer Joseph") (Diemer)

 ebenmâzen swv. 1207
 mâze stf. 380
 vermezzen stv. 297

Geschichte Josephs in Ägypten nach der Wiener Hs.
("Wiener Joseph") (Piper)

 geebenmâzen swv. 2390
 mâze stf. 757
 vermezzen stv. 592

Vorauer Moses (Diemer)

 mâze stf. 57,17f.; 57,19; 57,20
 vermezzen stv. 37,29f.

Vorauer Balaam (Diemer)

 burcmaeze adj. 77,15
 mâze stf. 79,3

Die Jüngere Judith (Monecke)

 mâze stf. 275; 865
 vermezzen stv. 524; 682

Pfaffe Lamprecht, Tobias (Maurer; Zählung nach
Degering)

 mâze stf. 113
 vermezzen part.adj. 52 (Konjektur)

Willirams Paraphrase des Hohen Liedes (Seemüller)

 ebenmâzzon swv. 15,1
 mâza stf. Buxheimer Fragm. ZfdA 28 (1884)
   236,9

Zum Vergleich das Belegmaterial aus der
Leidener Handschrift (Sanders) ^{2} :
maazen swv. 15,2 (assimilare)

St. Trudperter Hohes Lied (Menhardt)

ebenmâzen swv. 22,21; 31,29
mâze stf. 67,23; 146,24; 146,25
mez stn. 92,2; 92,7
mezzen stv. 91,32; 91,33
unermezzen part.adj. 26,24; 46,33; 76,8;
                              76,17; 83,4; 90,13
unmâzeclich adj. 66,19
unmâzeclîche adv. 104,15
unmâzlich adj. 63,3
vermezzen stv. 127,31

Milstätter Psalmen (Törnqvist)

ermezzen stv. 59,8
gemezzen stv. 107,8
mâze stf. 24,4; 30,7; 34,7; 79,6
mâzen swv. 48,13; 48,21
maezlich adj. 38,6
unmâze stf. 51,9

Milstätter Cantica (Törnqvist)

mezzen stv. 5,6
ungemezzen part.adj. 11,11 (2 Belege)
unmaeze adj. 11,9 (3 Belege)

Milstätter Hymnen (Törnqvist)

mâze stf. 94,7
mâzen swv. 30,6
mâzlich adj. 53,3
mâzlîche adv. 16,2
mezzen stv. 84,4

Milstätter Perikopen (Törnqvist)

mezzen stv. 4,12

Windberger Psalmen (Graff)

gegenmâzen swv. 48,14; 48,23
mâze stf. 79,6
mâzunge stf. 20, Oratio; 95, Oratio
maezlîche adv. 38,7
mez stn. 138,2
mezseil stn. 104,11

---

^{2} (Expositio) Willerammi Eberspergensis abbatis
in canticis canticorum. Die Leidener Handschrift
neu hsg. von W. Sanders. München 1971.

mezzen stv. 59,7; 107,8
unmâze adj. 18, Oratio
unmâzen adj. 30, Oratio
unmâzic adj. 76, Oratio
wisemez stn. 64, Oratio

Windberger Cantica (Schmeller)

    mezseil stn. 131,5
    mezzen stv. 127,29
    unmâze adj. 142,15 (2 Belege); 142,15/17;
            142,23; 142,25

Brieger Psalmenfragmente (Kriedte)

    gegenmâzen swv. 48,21

Frau Ava, Johannes (Maurer; Zählung nach Piper)

    vermezzen stv. 268

Frau Ava, Das Leben Jesu (Maurer; Zählung nach
Piper)

    vermezzen stv. 1455
    vermezzen part.adj. 1357

Frau Ava, Das Jüngste Gericht (Maurer; Zählung
nach Piper)

    mâze stf. 211

Friedberger Christ und Antichrist (Maurer; Zählung
nach MSD)

    vermezzen stv. D^a 5

Adelbrechts Johannes Baptista (Maurer; Zählung
nach Kraus)

    unmâze stf. 71

Wernher vom Niederrhein, Di vier Schiven (Maurer;
Zählung nach Köhn)

    mâze stf. 429
    mezzen stv. 211
    vermezzen stv. 600

Der Wilde Mann, Veronica (Maurer; Zählung nach
Standring)

    mâze stf. 59; 61
    vermezzen stv. 415

Der Wilde Mann, Van der girheit (Maurer; Zählung
nach Standring)

    mâze stf. 378
    mezzen stv. 71

Linzer Antichrist (Maurer; Zählung nach Hoffmann)

    ebenmâzen swv. 111,39
    unmâzen adv. 120,15

Himmel und Hölle (Steinmeyer)

    unmez stn. 56

Vom himmlischen Jerusalem (Maurer; Zählung nach Waag)

    ebenmâzen swv. 242
    mezzen stv. 430
    umbemezzen stv. 12

Vom Himmelreich (Maurer)

    gemâzen swv. 12,28
    mâze stf. 3,20; 8,21
    übermaezic adj. 6,5

Wien-Münchener Evangelienfragmente (Kriedte)

    mâze stf. 313
    mez stn. 995

Lilienfelder Heilsgeschichte (Menhardt)

    mâze stf. 182

c) Legendarisches

Annolied (Maurer; Zählung nach Roediger)

vermezzen stv. 295; 336

Priester Arnolds Juliane (Geith)

übermezzen stv. 362

Mittelfränkische Reimbibel (Maurer; Zählung nach Kraus)

gemâzen swv. C 45

Pilatusgedicht (Weinhold)

mâze stf. 17; 57; 325
unmâze stf. 366

Tundalus (Kraus)

mâze stf. 168
unmaezeclîche adv. 135
vermezzen stv. 90

Albers Tnugdalus (Wagner)

ebenmâzen swv. 978
unmâze stf. 1092
unmâzen adv. 1194; 1265
unmaezlich adj. 1103; 1436
unmaezlîchen adv. 1294
vermezzen stv. 1230
vermezzen part.adj. 1621

d) Gebete und Sündenklagen

Gebete und Benediktionen von Muri (Wilhelm)

mezzen stv. 12; 13; 28; 29

Vatikanische Gebete (Wilhelm)

mezzen stv. 130

Züricher Gebetsanweisung (Wilhelm)

mezzen stv. 5

Die Litanei (Maurer; Zählung nach Kraus)
gemâzen swv. S 600 (vgl. G 228,8;
    Maurer 16,11)
maezic adj. S 78
maezlich adj. S 1430 (vgl. maezic adj.
    G 236,39; Maurer 23a,14)
unmâzlîche adv. S 1030

Milstätter Sündenklage (Maurer; Zählung
nach Roediger)
    mâze stf. 514
    vermezzen stv. 835

Vorauer Sündenklage (Maurer; Zählung nach Waag)
    mâze stf. 492; 531

Rheinauer Paulus (Maurer; Zählung nach Kraus)
    vermezzen stv. 95

Upsalaer Sündenklage (Maurer; Zählung nach Waag)
    mâze stf. 51

e) Mariendichtung

    Priester Wernhers Maria (Wesle)
        gemezzen stv. 1163 (D 1119); D 4180
        mâze stf. 365 (D 363; vgl. A 323); D 2686;
            A 4342; D 4640
        mâzen swv. A 323; A 3850
        mâzlîche adv. 3172 (D 2992; A 2634)
        mezzen stv. D 772 (A 696); A 4370; A 4888
        unmâze stf. 3689 (A 3027)
        unmâzen adv. D 3677 (A 3211)
        vermezzen stv. 1412 (D 1360; A 1228); A 1755

f) Naturwissenschaftliches

    Der ältere Physiologus (Wilhelm)
        gegenmâzen swv. 11,7
        unmezlich adj. 2,5

    Der jüngere Physiologus (Wilhelm)
        ebenmâzen swv. 5,22; 11,11

    Milstätter Reimphysiologus (Maurer)
        gegenmâzen swv. 333; 577

2. Vorhöfische Epik

Lamprechts Alexander (Vorauer Fassung) (Kinzel)

gemâzen swv. 437; 673
mâze stf. 129; 501; 1089; 1143; 1532
unmâze stf. 277; 515
unmâzlich adj. 778
vermezzen stv. 744; 1190; 1414

Kaiserchronik (Schröder)

gemezzen stv. 2431
mâze stf. 1385; 3209; 3365; 7536; 9237; 16094
mâzen swv. 13873
mezzen stv. 3364; 3570; 3628; 10443
unmâz adj. 15344
unmâze stf. 1286; 12838; 16338; 16647
unmâzen adv. 5717
vermezzen stv. 3814; 4378; 4448; 4911; 4978;
      8961; 8981; 12790; 13978; 14063;
      14099; 15113; 16974; 17216
vermezzen part.adj. 249; 274; 1017; 4471; 4551;
      4873; 6992; 7629; 7739; 13968;
      14869; 14973; 15692; 16695
vermezzenlîche adv. 5202; 5333; 5343; 6756; 7039;
      7065; 7444; 7734; 13056; 13692;
      15665; 15718; 15953; 17140

Rolandslied (Maurer)

ebenmâzen swv. 7535
geebenmâzen swv. 296; 3222
mâze stf. 6447; 7502; 8198
mâzen swv. 6527
mâzlîchen adv. 7575
unmâz adj. 1736; 1769; 3538; 5143; 5557
unmâzen adv. 5970
unmêzlich adj. 7382
vermezzen stv. 3693; 4009; 4667; 8503; 8826
vermezzen part.adj. 380; 642; 2602; 2624; 3745;
      4378; 4425; 4491; 5237;
      7155; 7641; 8326
vermezzenheit stf. 3996; 4012
vermezzenlich adj. 4093; 4900
vermezzenlîche adv. 294; 2596; 3580; 4286; 4634;
      4782; 5507; 8298; 8368; 8910

Straßburger Alexander (Kinzel)

gemâzen swv. 6945
mâze stf. 153; 1506; 1567; 3076; 3436; 4333;
      4871; 5043; 5498a; 7136; 7263
mâzlîchen adv. 5914
mêzlich adj. 4769

```
unmâze stf. 320; 3780; 6915
unmâze adj. 2329
unmâzen adv. 5003
unmâzlich adj. 277; 1078
unmâzlîchen adv. 4038; 4224; 5073; 5814
vermezzen stv. 998; 1630; 1938; 5498b
vermezzen part.adj. 2326; 4131; 5625; 5715;
                    6542
vermezzenlîche adv. 196; 4617
```

Eilhart von Oberg, Tristrant-Fragmente
(Bußmann; Zählung nach Lichtenstein und Wagner)

```
vermezzen stv. 1734 und Rd 8; 3425 und M3ʳ 22
vermezzen part.adj. 7202 (Diesen Beleg weisen
                    nur die jüngeren Hss. DH
                    (15.Jh.) aus. In den alten
                    Fragmenten ist er von
                    Bußmann ergänzt worden.)
```

3. Fachliteratur

Bamberger Arzeneibuch (Wilhelm)

```
mâze stf. 84
mez stn. 36; 88; 92; 128
mezlich adj. 91
```

Züricher Arzeneibuch (Wilhelm)

```
mâze stf. 119
mez stn. 123; 125; 189; 201; 202 (2 Belege);
        210; 240; 315
```

4. "Spielmannsdichtung" [3]

Rother (Frings/Kuhnt)

```
gemezzen stv. 1711 (Ermlitzer Fragment); 3367
unmâzen adv. 1728 b (Ermlitzer Fragment)
```

---

[3] Aus der Gruppe der "Spielmannsdichtung" ist wohl nur
der "Rother" (um 1160) der frühmittelhochdeutschen
Literatur zuzurechnen. Die übrigen Denkmäler sind daher
unten in Abschnitt III "Mittelhochdeutsche Zeit"
aufgeführt.

vermezzen stv. 3427
vermezzenlîche adv. 205; 406; 4958

5. Lehrhafte Dichtung

Wernher von Elmendorf (Hoffmann von Fallersleben)

mâze stf. 222; 485; 811; 893; 942; 970; 1104
mâzen swv. 544; 625
unmâz adj. 1138
unmâze stf. 157 (Lesart Haupt)

Herger / Spervogel (MF)

mâze stf. 23,25 (nur Hs. C)
mezzen stv. 22,22
vermezzen stv. 30,9

III. Mittelhochdeutsche Zeit (bis ca 1220)

1. Frühhöfische Epik

Graf Rudolf (Ganz)

máze stf. E 18; G 27; Hb 28
mezzen stv. αb 23
unmâze adv. α8

Heinrich von Veldeke, Eneide (Ettmüller; in
Klammern zum Vergleich Zählung und abweichende
Wortformen nach Frings/Schieb)

ebenmâzen swv. 205,5 (7517)
gemâzen swv. 80,19 (2525)
mâze stf. 26,20 (360); 37,21 (803); 59,37 (1705);
          61,37 (1785); 69,7 (2073); 84,16 (2682);
          87,12 (2798); 118,23 (4053); 149,9
          (5275); 150,38 (5344); 167,1 (5987);
          172,23 (6209); 177,33 (6421); 194,37
          (7109); 198,6 (7238); 211,23 (7777);
          235,9 (8729); 241,36 (9000); 244,23
          (9109); 285,13 (10743); 302,27 (11437);
          303,12 (11462); 311,31 (11801); 344,18
          (13106)
mâzen swv. 125,2 ('gematen' 4316); 140,6 ('gematen'
          4918); 253,9 (9453)
mâzlich adj. 184,26 (6696); 274,16 (10304)
unmâze stf. 46,15 (1159); 56,37 (1583); 76,19
          (2365); 79,7 (2473); 124,4 (4276);
          153,32 (5458); 195,27 (7139); 197,19
          (7211); 270,17 (10149)
unmâze adj. 299,7 ('unmatelic' 11297)
unmâze(n) adv. 68,24 ('unmatelike' 2050); 221,6
          ('te unmaten' 8162); 267,40 ('un-
          matelike' 10052); 285,3 ('unmatelike'
          10733)
unmâzlich adj. 295,2 (11132); 347,21 (13229)
unmâzlîchen adv. 38,29 (851); 45,27 (1131); 276,13
          (10381); 294,31 (11121)
vermezzen stv. 155,12 (5518); 162,21 (5807)
vermezzen part.adj. 40,27 (929); 110,1 (3711);
          137,26 (4818); 176,4 (6350);
          193,21 (7053); 204,6 (7478);
          215,10 (7924); 256,31 (9595)
vermezzenlîche adv. 236,28 (8792); 318,4 (12052)

Frings/Schieb nahmen die Belege 'mâze' stf. 59,37
(1705); 118,23 (4053) und 'mâzen' swv. 253,9 (9453)
nicht in ihren kritischen Text auf, sondern verzeichnen sie lediglich als Lesarten.

Morant und Galie (Kalisch)

ebenmâzen swv. 3606
mâze stf. 622; 5398; 5553
mâze adv. 630 ('mâzen'); 1252
mezzen stv. 4540
unmâze stf. 2761; 4087; 4789
vermezzen stv. 648; 1391; 1504; 1978; 2548;
          3644; 5185
vermezzen part.adj. 1090; 4018; 5526

Herbort von Fritzlar, Trojaroman (Frommann)

gemâzen swv. 2812
mâze stf. 415; 604; 1642; 2442; 2919; 2985; 3024;
       3083; 3103; 3152; 4239; 4383; 4734;
       5164; 5589; 5873; 6455; 6677; 7403;
       7493; 8517; 8568; 8953; 9566; 10679;
       10788 (2 Belege); 11037; 11129; 11598;
       12210; 12933; 16346; 17937
mâzen swv. 1067; 1790
mezzen stv. 7673; 14191; 14213
ubermezzen stv. 14194
unmâze stf. 2307; 8755; 10200; 10225; 10841;
       10978; 11571; 13396; 14914; 16094;
       16409
unmâzen adv. 2371
vermezzen stv. 11434
vermezzen part.adj. 7645; 14192; 14350; 16863;
       17334

Albrecht von Halberstadt, Bruchstücke einer Übersetzung von Ovids Metamorphosen

mâze stf. 35; 120 (Lübben)
mâze adv. 54 (Leverkus)

Otte, Eraclius (Graef)

mâze stf. 14; 28; 590; 796; 1820; 1957; 1969;
       2022; 2052; 2064; 2487; 2977; 2983;
       3302; 3441; 3475; 3598; 3689; 3758;
       3804; 3878; 4017; 4205; 4416; 4647
maezlich adj. 2150; 3085
unmâzen adv. 1413
unmaezic adj. 4146
vermezzen stv. 1636; 2290
vermezzen part.adj. 4099; 4489

Athis und Prophilias (Kraus)

mâze stf. D 147
vermezzen part.adj. A* 87

2. Hochhöfische Epik

Hartmann von Aue, Die Klage ("Büchlein") (Zutt)

mâze stf. 11; 1080; 1514
unmaezeclîchen adv. 1807
Der Beleg 'gemâzen' swv. 1028 ist Konjektur
von H.Zutt.

Hartmann von Aue, Erec (Leitzmann)

gemâzen swv. 1878; 2820; 7663
mâze stf. 1574; 1871; 1949; 1953; 2130; 2139;
2294; 3824; 4190; 4629,16; 5140; 5315;
6886; 7351; 7701; 8462
mâzen swv. 6444
mezzen stv. 9091 (Inf.subst.)
unmâze stf. 7014
vermezzen stv. 9540

Hartmann von Aue, Gregorius (Paul)

gemâzen swv. 2642
mâze stf. 88; 1248; 1253; 1367; 1532; 2272; 2409;
2761; 3774; 3794; 3823

Hartmann von Aue, Der arme Heinrich (Paul)

mâze stf. 316

Hartmann von Aue, Iwein (Lachmann)

gemâzen swv. 1043
mâze stf. 831; 1044; 1076; 3274; 3365; 3828;
3896; 4792; 5870; 6082; 6629; 6633;
7082
unmâze stf. 7550
unmâzen adv. 2137
vermezzen stv. 5282

Wolfram von Eschenbach, Parzival (Lachmann)

balsemmaezec adj. 427,17
gemezzen stv. 114,30
igelmaezec adj. 521,12
mâze stf. 3,4; 13,4; 33,29; 93,4; 122,6; 142,14;
162,11; 171,13; 180,13; 193,30; 201,15;
202,2; 236,6; 239,15; 334,26; 369,15;
405,13; 406,20; 480,2; 489,3; 508,2;
563,16; 564,13; 708,20; 786,25
mâze adv. 6,23
mâzen swv. 25,7; 136,25; 188,3; 1955; 356,10;
427,30
mez stn. 295,14
mezzen stv. 145,3; 162,19; 172,23; 174,30; 233,23;
275,16; 283,10; 292,19; 297,17;
309,29; 311,9; 333,17; 335,10; 337,6;

```
                346,23;  376,6;  409,14;  424,13;  434,15;
                436,23;  518,21;  568,17;  597,18;  643,16;
                659,4;  669,15;  716,5;  755,24;  775,22
übermezzen stv. 288,10
unmâz adj. 99,9
unmâzen adv. 403,20
vermezzen stv. 684,29
vermezzen part.adj. 32,10
```

Wolfram von Eschenbach, Willehalm (Lachmann/Kartschoke)

```
ebenmâz stn. 2,13
mâze stf. 71,13;  94,4;  111,14;  132,6;  144,19;
             181,24;  198,12;  225,20;  246,16;  261,26;
             293,24;  325,15;  347,12
mâzen swv. 59,18;  146,21;  252,24;  308,28
mezzen stv. 142,11;  181,29;  189,25;  253,1;  385,23;
             437,4
vermezzen part.adj. 94,23
zuckermaezic adj. 62,13
```

Wolfram von Eschenbach, Titurel (Lachmann)

```
gemezzen stv. 130,1
mâze stf. 92,4;  140,3
mâzen swv. 38,2
mezzen stv. 33,1
vermezzen stv. 108,1
winkelmez stn. 91,3
```

Gottfried von Straßburg, Tristan und Isolde (Ranke)

```
ebenmâzen swv. 8096 (flekt.Inf.)
gemâzen swv. 12140
gemezzen stv. 438
hovemâze stf. 11107
mâze.stf. 965;  2578;  2739;  3193;  3340;  4505;
             4519;  4544;  5004;  6584;  7427;  7871;
             8063;  8664;  8854;  9062;  9722;  9993;
             10925 (2 Belege); 10991; 11088; 11103;
             13424; 13632; 14991; 15803; 16017;
             16516; 18010; 18013; 18019
mâze adv. 12473;  14608
mâzen swv. 10332; 13318; 16012; 16549
mâzlîche adv. 9079
maezlich adj. 9854; 11601; 16624; 16823; 18771;
             19440; 19456
maezlich adv. 19488
mez stn. 5565
mezzen stv. 3153;  6061; 10990
umbemezzen stv. 5538
unmâze stf. 17915
vermezzen stv. 9572; 11226
vermezzen part.adj. 5938; 15920
```

Ulrich von Zatzikhoven, Lanzelet (Hahn)

máze stf. 47; 261; 283; 424; 2876; 4527; 4858;
            5050; 5159; 5537; 5571; 5613; 5993;
            6646; 6757; 8891; 9133; 9221
maezeclîchen adv. 8
maezic adj. 2607; 5808
maezlich adj. 6029
mezzen stv. 4781
unmáze stf. 699; 2551; 6707
unmaezlîche adv. 2644
vermezzen stv. 2532; 2963; 6248; 7389; 7393;
            8975
vermezzen part.adj. 681; 2865; 6680
vermezzenheit stf. 686; 1722
vermezzenlich adv. 1397
vermezzenlîchen adv. 2273

Moriz von Craûn (Pretzel)

ebenunmáze stf. 218
máze stf. 574
mázen swv. 354; 1455
unmázen adv. 87; 786

Wirnt von Grafenberg, Wigalois (Kapteyn)

gemezzen stv. 11703
máze stf. 2169; 2656; 2959; 4612; 4710; 5028;
            5411; 6771; 7094; 8319; 8357; 9249;
            10347; 10735; 10741; 11624
mázen swv. 11539
vermezzen stv. 2827
vermezzenlîche adv. 443; 2988

Herzog Ernst (B) (Bartsch/Sowinski)

máze stf. 1558; 2973; 3639; 4455; 4962
unmázen adv. 4395
unmaezlich adj. 2812; 3107
vermezzen part.adj. 2455; 2884; 3537; 4516;
            4818
vermezzenheit stf. 25

Nibelungenlied (Bartsch/de Boor)

máze stf. 3,3; 270,2; 307,2; 369,4; 399,1;
            861,3; 920,4; 1071,2; 1164,4; 1435,1;
            2005,1; 2216,4
mázen adv. 2056,1
maezlîche adv. 193,4; 347,4; 726,4; 2014,1
unmáz adj. 45,1; 49,2; 324,1
unmázen adv. 5,2; 326,3; 328,1; 1009,3
unmaezlîche(n) adv. 1007,4; 1066,4; 1987,4
vermezzen stv. 118,2; 1793,4

Diu Klage (Bartsch)

    mâze stf. 658 (dagegen Hs. C: 'mit unmâzen',
                Lassbergischer Druck 676); 2038;
                2723; 2792; 3443; 3671
    mâzen swv. 3217; 3747
    maezlîche adv. 3638
    vermezzen part.adj. 1360
    Die Hs. C hat noch zusätzlich: mâze stf. 695;
    1289 (Zählung nach Lassbergischem Druck).

"Waldecker Bruchstück" einer unbekannten
Alexanderdichtung[4] (Gabriele Schieb, PBB (Halle) 90
(1968) 380-94)

    mâze adv. ra 13

3. "Spielmannsdichtung"[5]

Münchener Oswald (Baesecke)

    mâze stf. 173; 229; 497; 689; 1282; 1771; 1895;
              2122; 2285; 2409; 2630
    unmâzen adv. 1200; 2468; 2700
    vermezzen stv. 238; 372; 2417

Wiener Oswald (Baesecke)

    mâz stn. (?) 13
    mâze stf. 881; 887
    vermezzen stv. 1427
    vermezzen part.adj. 139

Orendel (Steinger)

    mâze stf. 1094; 1187; 2113
    unmâz adj. 319
    vermezzen stv. 162; 406; 414; 2551; 2561

---

[4] Die Datierung dieses Bruchstückes ist sehr unsicher. Möglicherweise ist Biterolf der Verfasser
(Schieb); damit ergäbe sich als chronologischer
Anhaltspunkt das zweite Jahrzehnt des 13. Jahrhunderts.

[5] Die "Spielmannsdichtung" wird hier lediglich aus
traditionellen Gründen als geschlossene Gruppe aufgeführt (Ausnahme: "Rother", dessen Datierung
"um 1160" heute als ziemlich sicher gelten darf und
der daher zur frühmittelhochdeutschen Literatur gestellt wurde); die heute übliche Datierung spräche
eher dagegen, denn den "Orendel" rechnet man dem
14. Jahrhundert zu, und auch "Salman und Morolf"
sind als spät anzusetzen.

Salman und Morolf (Vogt)

 mâze stf. 96,5; 337,3
 unmâzen adv. 7,5; 75,1; 631,3
 unmâzlîchen adv. 687,6
 unmaezelîchen adv. 664,3
 unmaeziclich adv. 566,2; 568,2
 unmaezlîchen adv. 729,5
 vermezzen stv. 48,1

4. Lehrhafte Dichtung

Winsbeckische Gedichte (Leitzmann)

 Winsbecke: hôchgemezzen part.adj. 17,7
      mâze stf. 31,1; 41,6; 45,3; 50,3; 56,2
      mezzen stv. 12,6; 25,1
      übermezzen stv. 41,7
      volmezzen stv. 16,2
 Zum Vergleich: Fortsetzung (Kontrafaktur)
      mezzen stv. 75,7
      ungemezzen part.adj. 74,1
      unvolmezzen part.adj. 57,6
 Winsbeckin: mâze stf. 5,8; 6,1; 7,6
      mezzen stv. 36,8
      ungemezzen part.adj. 23,3

Thomasin von Circlaria, Der Wälsche Gast (Rückert)

 gemâzen swv. 9930
 mâze stf. (und apokopiert: mâz) 189; 722; 724;
    9892; 9931; 9932; 9935; 9937; 9939;
    9944; 9945; 9947; 9949; 9951; 9953;
    9970; 9982; 9984; 9986; 10005; 10007;
    10032; 10073; 10096; 10127; 10145;
    10151; 10176; 10239; 10337; 10378;
    10384; 10387; 10451; 12028; 12030;
    12335; 12339; 12376
 maezec (-ic) adj. 9975; 13725
 maezeclîchen adv. 5549; 10223; 10760
 maezlîchen adv. 10339
 mezzen stv. 8928; 9044; 9134; 9934; 9939; 9941;
    9943; 9953; 9955; 9956; 9967; 10097;
    10098; 10104; 10130; 10153; 10164;
    10173; 10178; 14180; 14208
 unmâze stf. 9886; 9887; 9894; 9895; 9899; 9900;
    9901; 9907; 9911; 9914; 9917; 9921;
    9923; 9927; 9942; 9948; 9950; 9952;
    9954; 9989; 10011; 10013; 10069;

10071; 10180; 10182; 10184; 10186;
10390; 10422; 10492; 10635; 10671;
10783; 10959; 10960; 11370; 11845;
11999; 12001; 12336; 13801; 13804

unmaezeclîchen adv. 9909; 10299
unmaezic adj. 13829
unmaezlîche(n) adv. 10042; 10049; 10481

5. Religiöse Dichtung

Heinrich von Veldeke, St. Servatius (Bormans; in Klammern die Zählung nach Frings/Schieb)

gemâzen swv. II,1806 (5058)
mâze stf. I,859 (858); I,972 (971); I,1220 (1219);
I,1897 (1897); I,2642 (2642); I, 2793
(2793); II,34 (3288); II,134 (3388);
II,503 (3756); II,574 (3827); II,578
(3831); II,756 (4009); II,900 (4153);
II,1468 (4721); II,1507 (4759); II,1672
(4924); II,1918 (5170); II, 2347 (5599).
Frings/Schieb nahmen 'mâze' stf. II,578 (3831);
II,900 (4153) und II,1918 (5170) nicht in ihren
kritischen Text auf, sondern verzeichnen sie
lediglich als Lesarten.

Oberdeutscher Servatius (Wilhelm)

geebenmâzen swv. 3505
mâze stf. 3169
mâzen swv. 1541
maezlich adj. 1596; 1615
mezzen stv. 777; 3521
unmâzen adv. 1882
vermezzen stv. 2322; 2436; 2565; 2912
vermezzen part.adj. 1737

Margaretalegende

(Die zeitliche Einordnung der folgenden zwei mhd.
Versionen der Margaretalegende ist nicht gesichert.
Ihre Herausgeber, M.Haupt und K.Bartsch, rechnen
sie noch dem 12. Jahrhundert zu.)

Sanct Margareten Büchlein (Die Marter der heiligen Margareta. Hsg. von M.Haupt. ZfdA 1 (1841) 151-93)

mâzen swv. 30

Sente Margareten bûch (Hsg. von K.Bartsch. Germania 24 (1879) 294-97)

vermezzen part.adj. 4

Albertus, St. Ulrichs Leben (Geith)

måz stf. 921; 1090
måze stf. 143; 434
maezlîchen adv. 146; 448
mezzen stv. 1391

Konrad von Fußesbrunnen, Die Kindheit Jesu
(Kochendörffer)

måze stf. 149; 613; 768; 1626; 1826; 1905; 2269;
          2291; 2391; 2575; 2599; 2601; 3030
maezlich adj. 2420; 2518
mezzen stv. 1008; 3030
unmåzen adv. 377; 507; 1702

Rheinisches Marienlob (Bach)

måze stf. 46,12 (apokopiert); 76,14; 77,11
måzen swv. 18,21; 86,14; 106,14
maezigen swv. 21,35
ungemezzen part.adj. 55,18; 130,12
unmaezlich adj. 39,33; 40,8
unmaezlîche adv. 107,31
vermezzen stv. 93,18

6. Ordensregeln

Mhd. Benediktinerregel aus Zwiefalten (Selmer)

måze stf. 22,36; 24,13; 27,12; 27,32; 27,33;
          (2 Belege); 27,34; 28,12; 28,22; 29,7;
          29,18; 31,6; 32,29; 33,7; 33,9; 33,11;
          33,12; 33,21; 34,17; 37,19; 39,22;
          45,21; 45,29; 46,2
måzen swv. 37,15f.
måzic adj. 39,23
måziclich adv. 27,22; 29,36; 36,25
måzlîche adv. 33,19
übermåze stf. 31,29; 42,17
übermåzic adj. 42,23

7. Tierdichtung

Heinrich der Glîchezaere, Reinhart Fuchs
(Baesecke)

Hs. S (die alten Fragmente):
    gemetlîche adv. 1559 (Lesart)
    mezzen stv. 806

Zum Vergleich die Belege der Hs. P (14. Jh.):
    mâze stf. 173; 1120; 1265; 1964
    mezzen stv. 806
    unmâze stf. 1419

8. Minnesang und sonstige Lied- und Spruchdichtung

Dietmar von Eist (MF)
mâze stf. 32,15
(unecht: gemâzen swv. 35,23
        mâze stf. 33,34; 36,2; 39,5)

Meinloh von Sevelingen (MF)
mâze stf. 15,12

Kaiser Heinrich (MF)
vermezzen stv. 6,1

Heinrich von Veldeke (MF)
mâze stf. 57,4

Friedrich von Hausen (MF)
mâze stf. 43,19

Rudolf von Fenis (MF)
mâzen swv. 81,8
maezlîchen adv. 83,25

Bernger von Horheim (MF)
mâze stf. 112,8

Bligger von Steinach (MF)
mâze stf. 119,16

Albrecht von Johansdorf (MF)
mâze stf. 91,5

Heinrich von Rugge (MF)
mâze stf. 101,22; 101,23; 108,17
(unecht: gemaeze adj. 104,12
        mâze stf. 105,34)

Heinrich von Morungen (MF)
mâze stf. 122,15; 138,8
mâze adv. 138,7
vermezzen stv. 139,32

Reinmar von Hagenau (MF)

    mâze stf. 151,16; 154,10; 165,22; 172,8; 189,33
    unmâze stf. 197,3
    unmâzen adv. 163,18
    (unecht: mâze stf. 191,16)

Hartmann von Aue (MF)

    mâze stf. 211,10; 212,13; 216,30; 217,12

Walther von der Vogelweide, Lieder und Sprüche
(Lachmann/Kuhn)

    mâze stf. 23,10; 26,34; 27,10; 34,16; 43,18;
            43,19; 44,7; 46,33; 47,11; 61,37;
            67,1; 80,6
    mez stn. 27,4
    mezzen stv. 26,33; 26,36; 66,7; 66,11; 77,33;
            92,15
    übermâze stf. 80,5
    ungemezzen part.adj. 10,3
    unmâze stf. 47,4; 80,19
    volmezzen stv. 11,15
    (unecht: mâze stf. 29,25; 29,30; 29,32; 61,9;
                 91,26; 148,20 (Ausgabe S.200)
    mezzen stv. 29,33; 29,34
    übermâze stf. 29,26
    unmâz adj. 26,21
    unmâze stf. 29,26 (Lesart Hs. B))

Wolfram von Eschenbach (Lachmann/Hartl)

    gemâzen swv. 9,3
    mezzen stv. 8,17

Neidhart von Reuental (Wießner)

    mâze stf. 13,34; 27,17; 29,26; 39,1; 46,10;
            48,22; 67,14; 81,32; 82,12; 86,18;
            92,37
    mezzen stv. 74,28
    unmâzen adv. 72,24; 73,6
    vermezzen stv. 18,30; 54,18

B. Übersicht über die Lexik der 'mâze'-Wortfamilie in althochdeutscher, frühmittelhochdeutscher und mittelhochdeutscher Zeit (alphabetisch geordneter Wortbestand)

I. Althochdeutsche Zeit (bis einschließlich Notker von
St. Gallen)

drîoelnemez stn.
   Nk.I,412,15

ebenmâze adj.
   Np.II,642,17 (S.-St.III,1113,1)

ebenmâzôn swv.
   Np.II,367,9 (S.-St.III,632,10)

ebenmezôn swv.
   Nb.I,35,23 (S.-St.I,40,4)

ermezen stv.
   Np.II,640,31 (S.-St.III,1110,6)

fermezen, -mezzin stv.
   Nb.I,248,13 (S.-St.I,267,13); Npgl.II,385,6
   (S.-St.III,663,1)

fuodermâze adj.
   Nr.I,674,14

gemâze adj.
   Nb.I,35,22 (S.-St.I,40,3); Nk.I,418,16; Nk.I,419,
   8f.; I,CL,32 ('De definitione')

gemezen, gimezan stv.
   O.IV,29,29; Np.II,227,29 (S.-St.III,390,3)

gewimez, kawimiz stn.
   MH.XIX,6,3; XIX,8,2; O.I,20,8

gnôtmez stn.
   N.I,CL,28 ('De definitione')

gnôtmezôn, knot-, genot- swv.
   Nb.I,67,19 (S.-St.I,76,13); Nb.I,115,18 (S.-St.I,
   126,4); Nk.I,411,5; Nk.I,439,31; N.I,CL,21 ('De
   definitione')

gnôtmezunga stf.
   Nb.I,67,16f. (S.-St.I,76,10); Nr.I,666,21

guismezôn swv.
   Nb.I,115,17f. (S.-St.I,126,3f.)

kemezlîhhên swv.
   B.276,19; 277,1

lantmezseil stn.
  Np.II,41,27 (S.-St.III,66,3f.)

mâza stf.
  Nb.I,115,26 (S.-St.I,126,12); Nb.I,280,5 (S.-St.
  I,302,17); Nb.I,280,6 (S.-St.I,302,19); Nk.I,400,
  5; Nc.I,714,6 (S.-St.II,38,22); Nc.I,776,12 (S.-St.
  II,126,20); Nc.I,776,14 (S.-St.II,126,22); Nm.I,
  852,29; Nm.I,857,19; Nm.I,858,24; Nm.I,858,31

mâzîg adj.
  Npgl.II,330,24 (S.-St.III,568,2)

mâzigo adv.
  Np.II,288,8 (S.-St.III,499,5)

mâzseil stn.
  Np.II,320,21 (S.-St.III,551,11); Np.II,445,4
  (S.-St.III,771,2f.)

mez stn.
  I.608; 671; 683; 703; B.200,5; 221,15; 224,30;
  229,2; 231,1; 232,9; 233,15; 233,30; 235,9;
  235,33; 240,14; 243,9; 246,1; 246,4; 246,24;
  257,10; 258,31; 259,7; 260,19; 267,18; 269,4;
  FP.33 A; 33 B; WB. 16; MH.XXVI,15,2; T.21,7;
  39,3; 39,4; 45,4; 108,3 (2 Belege); 141,27; 142,1;
  O.II,8,31; II,9,95; IV,12,46; V,18,7; Nb.I,9,20
  (S.-St.I,9,24); Nb.I,110,20 (S.-St.I,121,9);
  Nb.I,138,9 (S.-St.I,149,12); Nb.I,176,14 (S.-St.
  I,188,23); Nb.I,272,20 (S.-St.I,294,10); Nb.I,
  283,14 (S.-St.I,306,10); Nb.I,346,23 (S.-St.I,
  379,19); Nk.I,417,23; Nk.I,449,23; Nk.I,451,26;
  Nc.I,809,14 (S.-St.II,171,13); Nc.I,825,27 (S.-St.
  II,192,9); Nc.I,831,22 (S.-St.II,200,3); Nm.I,
  855,3; Np.II,32,27 (S.-St.III,52,3); Np.II,33,2
  (S.-St.III,52,7); Np.II,91,10 (S.-St.III,148,9);
  Np.II,329,18 (S.-St.III,565,18); Npgl.II,330,4
  (S.-St.III,566,12)

mez(z)an stv.
  I.321; 339; B.201,27; APs.293,5; T.39,4 (2 Belege);
  O.I,1,21; I,1,26; I,1,41; II,11,14; II,13,31

mezchuoli stf.
  Nc.I,833,28 (S.-St.II,203,6)

mezen stv.
  Nb.I,115,25 (S.-St.I,126,11); Nb.I,115,30 (S.-St.
  I,126,16); Nb.I,154,22 (S.-St.I,165,24); Nb.I,
  207,25 (S.-St.I,224,3); Nb.I,288,2 (S.-St.I,311,13);
  Nk.I,413,6; Nc.I,714,5 (S.-St.II,38,21); Nm.I,857,2;
  Nm.I,857,22; Nm.I,858,20; Nm.I,858,25; Nm.I,859,17;
  Nm.I,859,18; Np.II,33,1 (S.-St.III,52,7); Np.II,
  467,5 (S.-St.III,807,4)

mezhaft adj.
  B.260,21

mezhafti (nur als 'mezhaftiu') stn.
  B.231,20; 231,24; 237,9; 254,28

mezhafti(i) stf.
  B.249,8; Nc.I,801,27 (S.-St.II,162,3)

mezhaftîg adj.
  Nc.I,788,23 (S.-St.II,143,22)

mezhaftigi stf.
  Nr.I,683,7

mezhafto adv.
  O.II,4,92

mezîg adj.
  Nb.I,49,23 (S.-St.I,56,7); Nb.I,80,32 (S.-St.I,
  90,27); Nb.I,122,19 (S.-St.I,133,14); Np.II,437,
  7 (S.-St.III,755,2)

mezlîhchii stf.
  B.260,2

mezlustigi stf.
  N. Lesart Hs. G zu I,683,7 (Piper S.CLXXV, 29f.)

mezmuote adj.
  Npgl.II,94,12 (S.-St.III,153,13)

mezmuoti stf.
  Npgl.II,236,20 (S.-St.III,406,7)

mezôn swv.
  Nb.I,256,5 (S.-St.I,276,15); Np.II,368,14 (S.-St.
  III,634,14); Np.II,582,8 (S.-St.III,1014,5)

mezpoto swm.
  Npgl.II,280,16 (S.-St.III,485,10)

mezsamôn swv.
  MF.XL,22

mezunga stf.
  Nr.I,682,16f.

mezwort stn.
  O.IV,19,15

nôtmez stn.
  Nb.I,206,16 (S.-St.I,223,4); Nb.I,207,24 (S.-St.
  I,224,2); Nk.I,464,11; Nk.I,464,13; Nk.I,464,24

nôtmezôn swv.
  Nk.I,439,31; Ns.I,620,10

unebenmâze adj.
  Nc.I,792,18 (S.-St.II,149,10)

ungemâze adj.
  Nk.I,418,16; Nk.I,419,9; Nk.I,426,24; Nk.I,426,28;
  Nk.I,427,1

ungimezzan, -mez(z)en part.adj.
  WK.65 (3 Belege); 68; 69; MH.XXVI,5,3

ungimezên adv.
  O.V,10,24

ungimez(z)on adv.
  O.IV,31,31

unmâzîg adj.
  Np.II,640,29f. (S.-St.III,1110,4f.); Np.II,640,
  30 (2 Belege; S.-St.III,1110,5); Np.II,641,8
  (S.-St.III,1110,15); Np.II,641,8f. (S.-St.III,
  1110,15f.)

unmâzo adv.
  Np.II,316,10 (S.-St.III,544,16)

unmez, um- stn.
  O.V,23,109; Nb.I,93,28 (S.-St.I,104,4); Nb.I,
  96,26 (S.-St.I,107,2); Ni.I,553,10; Nm.I,855,
  5; Npgl.II,277,14 (S.-St.III,480,12); Np.II,
  553,1 (S.-St.III,961,11); Np.II,593,4 (S.-St.
  III,1032,4)

unmez, ummet adv.
  H.25; 39; B.275,29; 276,13; Nb.I,197,4 (S.-St.
  I,213,16); Nc.I,697,7f. (S.-St.II,14,5); Np.II,
  603,4 (S.-St.III,1048,13); Np.II,626,10 (S.-St.
  III,1090,11)

unmezîg, -mezzîc, ummezzig adj.
  MH.VI,3,4; O.V,23,93; Nb.I,13,29/14,1 (S.-St.I,
  15, 8f.); Nb.I,165,10f. (S.-St.I,177,20f.); Nb.
  I,251,16 (S.-St.I,271,6); Nc.I,730,1 (S.-St.II,
  60,14); Nc.I,838,1f. (S.-St.II,208,22f.)

unmezzîgii stf.
  B.247,8

unmezlîh (um-) adj.
  O.IV,5,12

unmezzon adv.
  MB.8; PfB.7

widarmezôn, widermezôn swv.
  T.73,1; Nc.I,777,1 (S.-St.II,127,19); Np.II,
  311,21 (S.-St.III,538,5)

widarmezzan stv.
  B.206,18

widermâza stf.
  Nc.I,778,16 (S.-St.II,129,25); Nc.I,781,8
  (S.-St.II,133,16); Npgl.II,323,14 (S.-St.
  III,556,6); Npgl.II,339,21 (S.-St.III,584,1)

widermeza stf.
    Npg.II,311,20 (S.-St.III,538,4); Npgl.II,312,
    6 (S.-St.III,538,14)

widermezunga stf.
    GA.22f.; Nb.I,115,22 (S.-St.I,126,8); Nb.I,
    348,20 (S.-St.I,381,24); Nb.I,354,4f. (S.-St.
    I,387,17f.); Np.II,266,19 (S.-St.III,461,11);
    Np.II,311,17 (S.-St.III,538,1)

zuei(o)elnemez stn.
    Nk.I,412,15; Nk.I,417,18f.

II. Frühmittelhochdeutsche Zeit

burcmaeze adj.
    Vor.Bal.77,15

ebenmâze stf.
    Er.147; 469; Spec.eccl.52,28

ebenmâze adj.
    Hartm.Gl.211

ebenmâzen swv.
    Willir.15,1 ('ebenmâzzon'); Wien.Gen.1886;
    Jüng.Phys.5,22; 11,11; Milst.Gen.41,7;
    Vor.Jos.1207; Jerus.242; T.Hl.22,21; 31,29;
    Arn.Siebz.82; Prl.283; 741; Antichr.111,39;
    Spec.eccl.28,11; 92,19; 93,12; 100,19; 118,
    16; 118,22; 118,31; 119,6f.; 119,26f.; 119,
    33; 128,4; 133,12; 135,10; Alb.Tnugd.978
    Vorhöfische Epik: RL.7535

ebenmâzîg adj.
    Npw.384,22

ermezzen stv.
    Npw.383,1; Hochz.150; Milst.Ps.59,8

geebenmâzen swv.
    Wien.Gen.5827; Wien.Jos.2390
    Vorhöfische Epik: RL.296; 3222

gegenmâzen swv.
    Ält.Phys.11,7; Milst.Phys.333; 577; Wessobr.
    Pr.169, Nr.2,3; 170, Nr.2,45; Windb.Ps.48,14;
    48,23; Brieg.Ps.48,21

gemâzen swv.
    Mfr.Reimbib. C 45; Lit.S 600 (vgl. G 228,8;
    Maurer 16,11); Himmelr. 12,28
    Vorhöfische Epik: Alex.V 437; 673; Alex.S 6945

gemezsamên swv.
    Npw.246,31

gemezzen stv.
    Maria 1163 (D 1119); D 4180; Milst.Ps.107,8
    Vorhöfische Epik: Kchr.2431
    "Spielmannsdichtung": Roth.1711 (Ermlitzer
    Fragm.); 3367

lantmezseil stn.
    Npw.36,23

mâze stf.
    Wien.Gen.4200; Npw.289,22; Willir. (Buxheimer
    Fragm.) 236,9; Wien.Jos.757; Vor.Jos.380;
    Wien.Ex.2451; Milst.Gen.6,11; 87,16; 96,18;
    Milst.Skl.514; Vor.Mos.57,17f.; 57,19; 57,20;
    Vor.Bal.79,3; Ava,Ger.211; Jüng.Jud.275; 865;
    Idst.Spr.22; 44; 60 (2 Belege); 71; Arn.Siebz.

453; Lampr.Tob.113; Hartm.Gl.292; 923; 2190;
T.Hl.67,23; 146,24; 146,25; Ups.Skl.51; Er.
715; Vor.Skl.492; 531; Aneg.831; 1818; Spec.
eccl.104,7; 122,14; 135,26; 135,27; 136,1;
136,2; 152,7; Wernh.v.Nrh.429; Himmelr.3,20;
8,21; Maria 365 (D 363; vgl. A 323); D 2686;
A 4342; D 4640; Pil.17; 57; 325; Wild.M.,Ver.
59; 61; Wild.M.,Girh.378; Lil.Heilsg.182;
Tund.168; Lucid.77,25; Windb.Ps.79,6; Milst.
Ps.24,4; 30,7; 34,7; 79,6; Milst.Hym.94,7;
Wien-Münch.Ev.313
Vorhöfische Epik: Alex.V 129; 501; 1089; 1143;
1532; Kchr.1385; 3209; 3365; 7536; 9237; 16094;
RL.6447; 7502; 8198; Alex.S 153; 1506; 1567;
3076; 3436; 4333; 4871; 5043; 5498a; 7136;
7263;
Fachliteratur: Bamb.Arzb.84; Zür.Arzb.119
Lehrhafte Dichtung: Wernh.v.E.222; 485; 811;
893; 942; 970; 1104; Herg.Sperv., MF 23,25
(nur Hs. C)

mâzelîche adv.
    Spec.eccl.45,23

mâzen swv.
    nichtreflexiv: Arn.Siebz.403; Lucid.50,8;
        Milst.Ps.48,13; 48,21; Milst.Hym.30,6
        Lehrhafte Dichtung: Wernh.v.E.625
    reflexiv: Maria A 323; A 3850
        Vorhöfische Epik: Kchr.13873; RL.6527
        Lehrhafte Dichtung: Wernh.v.E.544

mâzlich adj.
    Milst.Hym.53,3

mâzlîche(n) adv.
    Maria 3172 (D 2992; A 2634); Milst.Hym.16,2
    Vorhöfische Epik: RL.7575; Alex.S 5914

mâzseil stn.
    Npw.197,24

mâzunge stf.
    Windb.Ps.20, Oratio; 95, Oratio

maeze stf.
    Milst.Ex.152,16

maezic adj.
    Lit.S 78; zu Lit.G 236,39 s. unter 'maezlich' adj.

maezlich adj.
    Lit.S 1430 (vgl. 'maezic' adj. G 236,39; Maurer
    23a,14); Milst.Ps.38,6
    Vorhöfische Epik: Alex.S 4769 ('mêzlich')
    Fachliteratur: Bamb.Arzb.91 ('mezlich')

maezlîche adv.
    Windb.Ps.38,7

mez stn.
Npw.80,13; Bamb.Gl.u.B.148,4; T.Hl.92,2; 92,7;
Lucid.75,37; Windb.Ps.138,2; Wien-Münch.Ev.995
Fachliteratur: Bamb.Arzb.36; 88; 92; 128; Zür.
Arzb.123; 125; 189; 201; 202 (2 Belege); 210;
240; 315

mezhafte stf.
Bamb.Gl.u.B.147,5; 147,23

mezhaftigôn swv.
Npw.325,8f.

mezîg adj.
Npw.191,6

mezseil stn.
Windb.Ps.104,11; Windb.Cant.131,5

mezvuore stf.
Bamb.Gl.u.B.147,25

mezzen stv.
Npw.216,24; Milst.Gen.16,25; 49,23; Arn.Siebz.
566; Jerus.430; Hartm.Gl.392; T.Hl.91,32; 91,33;
Geb.Muri 12; 13; 28; 29; Vat.Geb.130; Geb.Anw.
5; Aneg.2800; Spec.eccl.91,2 (2 Belege); Wernh.
v.Nrh.211; Maria D 772 (A 696); A 4370; A 4888;
Wild.M.,Girh.71; Milst.Cant.5,6; Milst.Hym.84,
4; Milst.Per.4,12; Windb.Ps.59,7; 107,8; Windb.
Cant.127,29. - Der Beleg Zukunft 3,7 ist eine
Konjektur (vgl. Maurer II, S.287, Anm.).
Vorhöfische Epik: Kchr.3364; 3570; 3628; 10443
Lehrhafte Dichtung: Herg.Sperv., MF 22,22

übermâze stf.
Spec.eccl.40,15

übermaezic adj.
Himmelr.6,5

übermezzen stv.
Arn.Jul.362; Hartm.Gl.119

umbemezzen stv.
Wien.Ex.2510; Milst.Ex.153,8; Jerus.12

unermezzen part.adj.
T.Hl.26,24; 46,33; 76,8; 76,17; 83,4; 90,13

unermezzenlîh adj.
Npw.29,26

ungemezzen part.adj.
Milst.Cant.11,11 (2 Belege)

unmâze stf.
Adelbr.Joh.71; Hartm.Gl.1787; 2495; Maria 3689
(A 3027); Pil.366; Milst.Ps.51,9; Alb.Tnugd.1092
Vorhöfische Epik: Alex.V 277; 515; Kchr.1286;
12838; 16338; 16647; Alex.S 320; 3780; 6915

Lehrhafte Dichtung: Wernh.v.E.157 (Lesart Haupt)

unmâz, unmâze, unmâzen adj.
Wien.Ex.2045; 2211; 2700; Milst.Ex.146,35;
Windb.Ps.18, Oratio; 30, Oratio; Windb.Cant.
142,15 (2 Belege); 142,15/17; 142,23; 142,25
Vorhöfische Epik: Kchr.15344; RL.1736; 1769;
3538; 5143; 5557; Alex.S 2329
Lehrhafte Dichtung: Wernh.v.E.1138

unmâze adv.
Lucid.28,11

unmâzeclich adj.
T.Hl.66,19

unmâzeclîche adv.
T.Hl.104,15

unmâzen adv.
Vor.Gen.26,21; Prl.83; Antichr.120,15; Maria
D 3677 (A 3211); Lucid.Brst.439; Lucid.22,18;
Alb.Tnugd.1194; 1265
Vorhöfische Epik: Kchr.5717; RL.5970; Alex.S
5003
"Spielmannsdichtung": Roth.1728b (Ermlitzer
Fragm.)

unmâzic adj.
Npw.382,32 (3 Belege); 383,10; 383,11; Windb.
Ps.76, Oratio

unmâzlich adj.
Wien.Ex.555; T.Hl.63,3; Spec.eccl.135,4; Lucid.
62,27; 75,7
Vorhöfische Epik: Alex.V 778; Alex.S 277; 1078

unmâzlîche(n) adv.
Lit.S 1030
Vorhöfische Epik: Alex.S 4038; 4224; 5073; 5814

unmaeze adj.
Milst.Ex.149,7; 155,29; Recht 319; Milst.Cant.
11,9 (3 Belege)

unmaezeclîche adv.
Tund.135

unmaezlich adj.
Ält.Phys.2,5 ('ummezlihch'); Milst.Ex.126,29;
Prl.149; Alb.Tnugd.1103; 1436
Vorhöfische Epik: RL.7382 ('unmêzlich')

unmaezlîchen adv.
Aneg.1667; Alb.Tnugd.1294

unmez stn.
Npw.297,1; 335,29; Wessobr.Gl.u.B.I 144,26f.;
Bamb.Gl.u.B.144,29; H.u.H.56

unmez adv.
Npw.345,26; 369,27

unmezze stf. (?)
   Wien.Ex.1557; Milst.Ex.140,13

unmezzic adj.
   Wessobr.Gl.u.B.I 146,6

unmezzigheit stf.
   Wessobr.Gl.u.B.I 143,2f. ('unmezzecheit');
   Bamb.Gl.u.B.143,1f.;   146,31

unmezmichel adj.
   Bamb.Gl.u.B.136,12f.

vermezzen stv.
   Mem.mori 47; Wien.Gen.1105; 4035; Anno 295; 336;
   Wien.Jos.592; Friedb.Chr. D^a 5; Wien.Ex.3075;
   Milst.Gen.84,13; Milst.Ex.160,32; Milst.Skl.835;
   Rhein.Paul.95; Vor.Jos.297; Vor.Mos.37,29f.;
   Recht 347; Jüng.Jud.524; 682; Ava,Joh.268; Ava,
   Jes.1455; Hartm.Gl.391; T.Hl.127,31; Spec.eccl.
   111,31; Wernh.v.Nrh.600; Maria 1412 (D 1360;
   A 1228); A 1755; Wild.M.,Ver.415; Tund.90; Alb.
   Tnugd.1230
   Vorhöfische Epik: Alex.V 744; 1190; 1414; Kchr.
   3814; 4378; 4448; 4911; 4978; 8961; 8981; 12790;
   13978; 14063; 14099; 15113; 16974; 17216; RL.
   3693; 4009; 4667; 8503; 8826; Alex.S 998; 1630;
   1938; 5498b; Eilh.1734 und Rd 8; 3425 und M3^r 22
   "Spielmannsdichtung": Roth.3427
   Lehrhafte Dichtung: Herg.Sperv., MF 30,9

vermezzen part.adj.
   Milst.Gen.50,4; Ava,Jes.1357; Lampr.Tob.52
   (Konjektur); Alb.Tnugd.1621
   Vorhöfische Epik: Kchr.249; 274; 1017; 4471;
   4551; 4873; 6992; 7629; 7739; 13968; 14869;
   14973; 15692; 16695; RL.380; 642; 2602; 2624;
   3745; 4378; 4425; 4491; 5237; 7155; 7641; 8326;
   Alex.S 2326; 4131; 5625; 5715; 6542; Eilh.7202

vermezzenheit stf.
   Wessobr.Gl.u.B.I 142,29; Bamb.Gl.u.B.142,29
   Vorhöfische Epik: RL.3996; 4012

vermezzenlich adj.
   Vorhöfische Epik: RL.4093; 4900

vermezzenlîche adv.
   Vorhöfische Epik: Kchr.5202; 5333; 5343; 6756;
   7039; 7065; 7444; 7734; 13056; 13692; 15665;
   15718; 15953; 17140; RL.294; 2596; 3580; 4286;
   4634; 4782; 5507; 8298; 8368; 8910; Alex.S 196;
   4617
   "Spielmannsdichtung": Roth.205; 406; 4958

widermezzen stv.
   Wien.Ex.570; Milst.Ex.126,36; Hartm.Gl.2584

wisemez stn.
   Windb.Ps.64, Oratio

III. Mittelhochdeutsche Zeit (bis ca 1220)

balsemmaezec adj.
    Parz.427,17

ebenmâz stn.
    Willeh.2,13

ebenmâzen swv.
    En.205,5; Mor.3606; Trist.8096 (flekt. Infinitiv)

ebenunmâze stf.
    Craûn 218

geebenmâzen swv.
    Religiöse Dichtung: Obdt.Serv.3505

gemâzen swv.
    En.80,19; Büchl.1028 (Konjektur); Erec 1878;
    2820; 7663; Greg.2642; Herb.2812; Iw.1043;
    Trist.12140
    Lehrhafte Dichtung: WG.9930
    Religiöse Dichtung: Serv.II,1806
    Minnesang und sonstige Lied- und Spruchdichtung:
    Dietm.v.E., MF 35,23 (unecht); Wolfr.Ld.9,3

gemaeze adj.
    Minnesang und sonstige Lied- und Spruchdichtung:
    Heinr.v.R., MF 104,12 (unecht)

gemetlîche adv.
    Tierdichtung: Reinh.F.1559 (Lesart)

gemezzen stv.
    Trist.438; Parz.114,30; Wig.11703; Tit.130,1

hôchgemezzen part.adj.
    Lehrhafte Dichtung: Winsb.17,7

hovemâze stf.
    Trist.11107

igelmaezec adj.
    Parz.521,12

mâz stf. (?)
    Religiöse Dichtung: Albert.921; 1090

mâz stn. (?)
    "Spielmannsdichtung": Osw.W 13

mâze stf.

Frühhöfische Epik: Rud.E 18; G 27; Hb 28; En.
26,20; 37,21; 59,37; 61,37; 69,7; 84,16; 87,
12; 118,23; 149,9; 150,38; 167,1; 172,23; 177,
33; 194,37; 198,6; 211,23; 235,9; 241,36; 244,
23; 285,13; 302,27; 303,12; 311,31; 344,18;
Mor.622; 5398; 5553; Herb.415; 604; 1642; 2442;
2919; 2985; 3024; 3083; 3103; 3152; 4239; 4383;
4734; 5164; 5589; 5873; 6455; 6677; 7403; 7493;
8517; 8568; 8953; 9566; 10679; 10788 (2 Belege);
11037; 11129; 11598; 12210; 12933; 16346; 17937;
Albr.35; 120 (Lübben); Eracl.14; 28; 590; 796;
1820; 1957; 1969; 2022; 2052; 2064; 2487; 2977;
2983; 3302; 3441; 3475; 3598; 3689; 3758; 3804;
3878; 4017; 4205; 4416; 4647; Ath.D 147;
Hochhöfische Epik: Büchl.11; 1080; 1514; Erec
1574; 1871; 1949; 1953; 2130; 2139; 2294; 3824;
4190; 4629,16; 5140; 5315; 6886; 7351; 7701;
8462; Greg.88; 1248; 1253; 1367; 1532; 2272;
2409; 2761; 3774; 3794; 3823; A.Heinr.316; Iw.
831; 1044; 1076; 3274; 3365; 3828; 3896; 4792;
5870; 6082; 6629; 6633; 7082; Parz.3,4; 13,4;
33,29; 93,4; 122,6; 142,14; 162,11; 171,13;
180,13; 193,30; 201,15; 202,2; 236,6; 239,15;
334,26; 369,15; 405,13; 406,20; 480,2; 489,3;
508,2; 563,16; 564,13; 708,20; 786,25; Willeh.
71,13; 94,4; 111,14; 132,6; 144,19; 181,24;
198,12; 225,20; 246,16; 261,26; 293,24; 325,15;
347,12; Tit.92,4; 140,3; Trist.965; 2578; 2739;
3193; 3340; 4505; 4519; 4544; 5004; 6584; 7427;
7871; 8063; 8664; 8854; 9062; 9722; 9993; 10925
(2 Belege); 10991; 11088; 11103; 13424; 13632;
14991; 15803; 16017; 16516; 18010; 18013; 18019;
Lanz.47; 261; 283; 424; 2876; 4527; 4858; 5050;
5159; 5537; 5571; 5613; 5993; 6646; 6757; 8891;
9133; 9221; Craûn 574; Wig.2169; 2656; 2959;
4612; 4710; 5028; 5411; 6771; 7094; 8319; 8357;
9249; 10347; 10735; 10741; 11624; Ernst B 1558;
2973; 3639; 4455; 4962; NL.3,3; 270,2; 307,2;
369,4; 399,1; 861,3; 920,4; 1071,2; 1164,4;
1435,1; 2005,1; 2216,4; Klg.658 (dagegen Hs. C:
'mit unmâzen', Lassbergischer Druck 676); 2038;
2723; 2792; 3443; 3671; ferner Hs. C: 695; 1289
(Lassbergischer Druck);
"Spielmannsdichtung": Osw.M 173; 229; 497; 689;
1282; 1771; 1895; 2122; 2285; 2409; 2630; Osw.
W 881; 887; Or.1094; 1187; 2113; Salm.96,5; 337,3
Lehrhafte Dichtung: Winsb.31,1; 41,6; 45,3; 50,3;
56,2 (vgl. Winsbeckin 5,8; 6,1; 7,6); WG.189;
722; 724; 9892; 9931; 9932; 9935; 9937; 9939;
9944; 9945; 9947; 9949; 9951; 9953; 9970; 9982;
9984; 9986; 10005; 10007; 10032; 10073; 10096;
10127; 10145; 10151; 10176; 10239; 10337; 10378;
10384; 10387; 10451; 12028; 12030; 12335; 12339;
12376;

Religiöse Dichtung: Serv.I,859; I,972; I,1220;
I,1897; I,2642; I,2793; II,34; II,134; II,503;
II,574; II,578; II,756; II,900; II,1468; II,
1507; II,1672; II,1918; II,2347; Obdt.Serv.
3169; Albert.143; 434; Kindh.149; 613; 768;
1626; 1826; 1905; 2269; 2291; 2391; 2575; 2599;
2601; 3030; Marienl.46,12 (apokopiert); 76,14;
77,11
Ordensregeln: Ben.Reg.Zwief.22,36; 24,13; 27,12;
27,32; 27,33 (2 Belege); 27,34; 28,12; 28,22;
29,7; 29,18; 31,6; 32,29; 33,7; 33,9; 33,11;
33,12; 33,21; 34,17; 37,19; 39,22; 45,21; 45,29;
46,2
Minnesang und sonstige Lied- und Spruchdichtung:
Dietm.v.E., MF 32,15 (unecht: 33,34; 36,2; 39,5);
Meinl.v.S., MF 15,12; Heinr.v.V., MF 57,4;
Friedr.v.H., MF 43,19; Berng.v.H., MF 112,8;
Bligg.v.St., MF 119,16; Albr.v.J., MF 91,5; Heinr.
v.R., MF 101,22; 101,23; 108,17 (unecht: 105,34);
Heinr.v.Mor., MF 122,15; 138,8; Reinm.v.H., MF
151,16; 154,10; 165,22; 172,8; 189,33 (unecht:
191,16); Hartm., MF 211,10; 212,13; 216,30; 217,
12; WvV.23,10; 26,34; 27,10; 34,16; 43,18; 43,19;
44,7; 46,33; 47,11; 61,37; 67,1; 80,6 (unecht:
29,25; 29,30; 29,32; 61,9; 91,26; 148,20); Neidh.
13,34; 27,17; 29,26; 39,1; 46,10; 48,22; 67,14;
81,32; 82,12; 86,18; 92,37

mâze adv.
Mor.630 ('mâzen'); 1252; Albr.54 (Leverkus);
Parz.6,23; Trist.12473; 14608; NL.2056,1 ('mâzen');
Wald.Bruchst. ra 13
Minnesang und sonstige Lied- und Spruchdichtung:
Heinr.v.Mor., MF 138,7

mâzen swv.
nichtreflexiv: En.253,9; Herb.1790; Parz.136,25;
188,3; 195,5; 356,10; 427,30; Willeh.146,21;
252,24; Trist.16012; Craûn 354; 1455; Klg.
3747
Religiöse Dichtung: Marienl.18,21; 86,14;
106,14
Ordensregeln: Ben.Reg.Zwief.37,15f.
reflexiv: En.125,2; 140,6; Herb.1067; Erec 6444;
Parz.25,7; Willeh.59,18; 308,28; Tit.38,2;
Trist.10332; 13318; 16549; Wig.11539; Klg.3217
Religiöse Dichtung: Obdt.Serv.1541; Marg.30
(Sanct Margareten Büchlein)
Minnesang und sonstige Lied- und Spruchdichtung:
Rud.v.F., MF 81,8

mâzic adj.
Ordensregeln: Ben.Reg.Zwief.39,23

mâziclich adv.
Ordensregeln: Ben.Reg.Zwief.27,22; 29,36; 36,25

mâzlich adj.
En.184,26; 274,16

mâzlîche adv.
Trist.9079
Ordensregeln: Ben.Reg.Zwief.33,19

maezec (-ic) adj.
Lanz.2607; 5808
Lehrhafte Dichtung: WG.9975; 13725

maezeclîchen adv.
Lanz.8
Lehrhafte Dichtung: WG.5549; 10223; 10760

maezigen swv.
Religiöse Dichtung: Marienl.21,35

maezlich adj.
Lanz.6029; Eracl.2150; 3085; Trist.9854;
11601; 16624; 16823; 18771; 19440; 19456
Religiöse Dichtung: Obdt.Serv.1596; 1615;
Kindh.2420; 2518

maezlich adv.
Trist.19488

maezlîche(n) adv.
NL.193,4; 347,4; 726,4; 2014,1; Klg.3638
Lehrhafte Dichtung: WG.10339
Religiöse Dichtung: Albert.146; 448
Minnesang und sonstige Lied- und Spruchdichtung:
Rud.v.F., MF 83,25

mez stn.
Trist.5565; Parz.295,14
Minnesang und sonstige Lied- und Spruchdichtung:
WvV.27,4

mezzen stv.
Frühhöfische Epik: Rud.αb23; Mor.4540; Herb.7673;
14191; 14213;
Hochhöfische Epik: Erec 9091 (Inf. subst.); Parz.
145,3; 162,19; 172,23; 174,30; 233,23; 275,16;
283,10; 292,19; 297,17; 309,29; 311,9; 333,17;
335,10; 337,6; 346,23; 376,6; 409,14; 424,13;
434,15; 436,23; 518,21; 568,17; 597,18; 643,16;
659,4; 669,15; 716,5; 755,24; 775,22; Willeh.
142,11; 181,29; 189,25; 253,1; 385,23; 437,4;
Tit.33,1; Trist.3153; 6061; 10990; Lanz.4781;
Lehrhafte Dichtung: Winsb.12,6; 25,1 (vgl. Kontrafaktur 75,7; Winsbeckin 36,8)); WG. 8928; 9044;
9134; 9934; 9939; 9941; 9943; 9953; 9955; 9956;
9967; 10097; 10098; 10104; 10130; 10153; 10164;
10173; 10178; 14180; 14208;
Religiöse Dichtung: Obdt.Serv.777; 3521; Albert.
1391; Kindh.1008; 3030;
Tierdichtung: Reinh.F.806 (Hs. S, Bruchst.S2);

Minnesang und sonstige Lied- und Spruchdichtung:
WvV.26,33; 26,36; 66,7; 66,11; 77,33; 92,15
(unecht 29,33; 29,34); Wolfr.Ld.8,17; Neidh.
74,28

übermâze stf.
Ordensregeln: Ben.Reg.Zwief.31,29; 42,17
Minnesang und sonstige Lied- und Spruchdichtung:
WvV.80,5 (unecht: 29,26)

übermâzic adj.
Ordensregeln: Ben.Reg.Zwief.42,23

übermezzen stv.
Herb.14194; Parz.288,10
Lehrhafte Dichtung: Winsb.41,7

umbemezzen stv.
Trist.5538

ungemezzen part.adj.
Lehrhafte Dichtung: vgl. Winsbecke-Kontrafaktur
74,1 und Winsbeckin 23,3.
Religiöse Dichtung: Marienl.55,18; 130,12
Minnesang und sonstige Lied- und Spruchdichtung:
WvV.10,3

unmâze stf.
Frühhöfische Epik: En.46,15; 56,37; 76,19; 79,7;
124,4; 153,32; 195,27; 197,19; 270,17; Mor.2761;
4087; 4789; Herb.2307; 8755; 10200; 10225; 10841;
10978; 11571; 13396; 14914; 16094; 16409
Hochhöfische Epik: Erec 7014; Iw.7550; Trist.
17915; Lanz.699; 2551; 6707
Lehrhafte Dichtung: WG.9886; 9887; 9894; 9895;
9899; 9900; 9901; 9907; 9911; 9914; 9917; 9921;
9923; 9927; 9942; 9948; 9950; 9952; 9954; 9989;
10011; 10013; 10069; 10071; 10180; 10182; 10184;
10186; 10390; 10422; 10492; 10635; 10671; 10783;
10959; 10960; 11370; 11845; 11999; 12001; 12336;
13801; 13804
Minnesang und sonstige Lied- und Spruchdichtung:
Reinm.v.H., MF 197,3; WvV.47,4; 80,19 (unecht:
29,26, Lesart Hs. B)

unmâz(e) adj.
En.299,7; NL.45,1; 49,2; 324,1; Parz.99,9
"Spielmannsdichtung": Or.319
Minnesang und sonstige Lied- und Spruchdichtung:
WvV.26,21 (unecht)

unmâze adv.
Rud.α8; En.221,6

unmâzen adv.
En.68,24; 267,40; 285,3; Herb.2371; Iw.2137;
NL.5,2; 326,3; 328,1; 1009,3; Parz.403,20;
Eracl.1413; Craûn 87; 786; Ernst B 4395

"Spielmannsdichtung": Osw.M 1200; 2468; 2700;
Salm.7,5; 75,1; 631,3
Religiöse Dichtung: Obdt.Serv.1882; Kindh.377;
507; 1702
Minnesang und sonstige Lied- und Spruchdichtung:
Reinm.v.H., MF 163,18; Neidh.72,24; 73,6

unmâzlich adj.
En.295,2; 347,21

unmâzlîchen adv.
En.38,29; 45,27; 276,13; 294,31
"Spielmannsdichtung": Salm.687,6

unmaezeclîchen adv.
Büchl. 1807
Lehrhafte Dichtung: WG.9909; 10299

unmaezelîchen adv.
"Spielmannsdichtung": Salm.664,3

unmaezic adj.
Eracl. 4146
Lehrhafte Dichtung: WG.13829

unmaeziclich adv.
"Spielmannsdichtung": Salm.566,2; 568,2

unmaezlich adj.
Ernst B 2812; 3107
Religiöse Dichtung: Marienl.39,33; 40,8

unmaezlîche(n) adv.
Lanz.2644; NL.1007,4; 1066,4; 1987,4
"Spielmannsdichtung": Salm.729,5
Lehrhafte Dichtung: WG.10042; 10049; 10481
Religiöse Dichtung: Marienl.107,31

(unvolmezzen part.adj.
Kontrafaktur zu Winsb., 57,6)

vermezzen stv.
Frühhöfische Epik: En.155,12; 162,21; Mor.648;
1391; 1504; 1978; 2548; 3644; 5185; Herb.11434;
Eracl.1636; 2290
Hochhöfische Epik: Erec 9540; Iw.5282; Parz.
684,29; Tit.108,1; Trist.9572; 11226; Lanz.2532;
2963; 6248; 7389; 7393; 8975; Wig.2827; NL.118,2;
1793,4
"Spielmannsdichtung": Osw.M 238; 372; 2417; Osw.
W 1427; Or.162; 406; 414; 2551; 2561; Salm.48,1
Religiöse Dichtung: Obdt.Serv.2322; 2436; 2565;
2912; Marienl.93,18
Minnesang und sonstige Lied- und Spruchdichtung:
Kais.Heinr., MF 6,1; Heinr.v.Mor., MF 139,32;
Neidh.18,30; 54,18

vermezzen part.adj.
    Frühhöfische Epik: En.40,27; 110,1; 137,26;
    176,4; 193,21; 204,6; 215,10; 256,31; Mor.
    1090; 4018; 5526; Herb.7645; 14192; 14350;
    16863; 17334; Eracl.4099; 4489; Ath.A*87
    Hochhöfische Epik: Parz.32,10; Willeh.94,23;
    Trist.5938; 15920; Lanz.681; 2865; 6680; Ernst
    B 2455; 2884; 3537; 4516; 4818; Klg.1360
    "Spielmannsdichtung": Osw.W 139
    Religiöse Dichtung: Obdt.Serv.1737; Marg.4
    (Sente Margareten bûch)

vermezzenheit stf.
    Lanz.686; 1722; Ernst B 25

vermezzenlich adv.
    Lanz.1397

vermezzenlîche(n) adv.
    En.236,28; 318,4; Lanz.2273; Wig.443; 2988

volmezzen stv.
    Lehrhafte Dichtung: Winsb.16,2
    Minnesang und sonstige Lied- und Spruchdichtung:
    WvV.11,15

winkelmez stn.
    Tit.91,3

zuckermaezic adj.
    Willeh.62,13

IV. Idiomatische und präpositionale Ausdrücke mit
    stf. 'mâze'

Althochdeutsche Zeit:

    âne mâza: Nb.I,280,6 (S.-St.I,302,19)

    mâza habên: Nb.I,115,26 (S.-St.I,126,12); Nb.I,
        280,5 (S.-St.I,302,17); Nm.I,852,29

Frühmittelhochdeutsche Zeit:

    âne mâze: Milst.Gen.96,18; Jüng.Jud.275; T.Hl.
        67,23; Maria 365 (D 363); A 4342; RL.6447;
        7502; 8198

    beste mâze: Kchr.3209

    die selben mâze mezzen: Kchr.3365

    di mâze: Hartm.Gl.923; 2190

    ebene mâze: Himmelr.3,20

    gûte mâze: Pil.325; Alex.S 7263

    in der mâze: Windb.Ps.79,6; Wernh.v.E.970

    mâze begân: Vor.Skl.531

    mâze behalten: Spec.eccl.152,7

    mâze geben: Hartm.Gl.292; Aneg.1818; Lucid.77,
        25 ('maze gegebin'); Kchr.9237

    mâze haben: Idst.Spr.71; Lampr.Tob.113; T.Hl.
        146,25; Spec.eccl.122,14 ('mâze gehaben');
        Alex.V 1089; Alex.S 1506

    mâze kunnen: Milst.Skl.514; Wernh.v.E.1104

    mâze wellen: Vor.Skl.492

    mit alsô getâner mâze: Alex.V 501; 1143; Alex.S
        1567

    mit der selben mâze lônen: Kchr.7536

    mit gelîcher mâze: Bamb.Arzb.84; Zür.Arzb.119

    mit mâze(n): Vor.Bal.79,3; Ava,Ger.211; Jüng.
        Jud.865; Aneg.831; Wild.M.,⊃Girh.378; Milst.
        Ps.79,6

    mit sulher mâzen: Alex.S 3076

rehte mâze: Idst.Spr.44; T.Hl.146,25; Wild.M.,
　　Ver.59 ('mit rehter mâze')

uber mâze: Wien.Gen.4200 (=Vor.Jos.380; Wien.
　　Jos.757); Idst.Spr.60; Milst.Ps.24,4;
　　30,7; 34,7

uber rehte mâze: Herg.Sperv., MF 23,25 (nur Hs.C)

ûz der mâze: Milst.Gen.87,16; Wernh.v.Nrh.429;
　　Lil.Heilsg.182; Tund.168 ('ûzer mâzen');
　　Alex.S 4333 ('ûzer mâze'); 5043 ('ûzir mâzen');
　　5498a ('ûzer mâzen')

ze mâze(n): Milst.Gen.6,11; Idst.Spr.22; 60;
　　Alex.V 129; Alex.S 153; 7136 ('zemâzen');
　　Wernh.v.E.811

ze mâze komen: Maria D 2686

ze mâze stân: Maria D 4640

ze mâze tuon: Kchr.1385; 16094

ze mâze werden: Wernh.v.E.222

ze rehter mâzen: Idst.Spr.44

Mittelhochdeutsche Zeit (bis ca 1220)

　　an der mâze: Herb.2919; 3103; WvV.26,34

　　âne mâze: Rud.E 18; En.177,33; 211,23; Eracl.14;
　　　3302; Erec 2139; Greg.1367; 2761; 3774; Iw.
　　　3828; Parz.180,13; Willeh.71,13; 94,4; 132,6;
　　　261,26; 325,15; Trist.13424; Lanz.47; 5993;
　　　Wig.2169; 2656; 4612; 4710; 5028; 5411; 8319;
　　　8357; 10741; Ernst B 1558; NL.3,3; 270,2;
　　　861,3; 920,4; 1071,2; 2005,1; 2216,4; Klg.
　　　658; 2038; 2723; 695 (Hs.C, Lassbergischer
　　　Druck); 1289 (Hs.C, Lassbergischer Druck);
　　　Osw.W 881; Winsb.45,3; WG.724; 9982; 9984;
　　　Serv.II,900 ('sonder mate'); Obdt.Serv.3169;
　　　Dietm.v.E., MF 32,15; Heinr.v.R., MF 108,17;
　　　Reinm.v.H., MF 154,10; Neidh.82,12

　　bezzere mâze: Trist.13632

　　der mâze(n): En.235,9; Willeh.144,19; Trist.
　　　8854; 9062; 9722; 10925; 10991 ('beider
　　　mâze'); Kindh.768; Neidh.39,1

　　der mâze phlegen: Greg.2272; Lanz.6646; Serv.I,
　　　2793; WvV.61,37

　　guote mâze: Lanz.2876

　　in (ze) eteslîcher mâze: Erec 6886; Greg.88

<u>in gelîcher mâze</u>: Klg.2792; Reinm.v.H., MF
165,22 ('gelîcher mâze')

<u>in (...) mâze(n)</u>: Parz.33,29; 564,13; Willeh.
225,20; 246,16; 347,12; Trist.6584; 7427;
7871; Ernst B 4455; NL.399,1; 1164,4;
1435,1; Klg.3671; Winsb.41,6; Kindh.2391;
Friedr.v.H., MF 43,19; Reinm.v.H., MF 189,
33; Hartm., MF 212,13; 217,12; WvV.27,10;
67,1; Neidh.46,10; 67,14; 86,18

<u>in rehter mâze</u>: Parz.406,20; 489,3 (Pl.); NL.
369,4; Kindh.1626; Meinl.v.S., MF 15,12

<u>mâze (be)halten</u>: Herb.8517; Erec 1949; Trist.
4519; 4544; Kindh.2575; Ben.Reg.Zwief.33,7

<u>mâze geben</u>: Greg.1532; 3794; 3823; Trist.4505;
16017; Albert.143; WvV.43,18

<u>mâze hân (haben)</u>: En.150,38; Herb.11598; Trist.
2739; 14991; WG.9970; 10337; 10451; Kindh.
2599; Ben.Reg.Zwief.22,36; 24,13; 29,18;
Berng.v.H., MF 112,8

<u>mâze kunnen</u>: Heinr.v.R., MF 101,22; 101,23;
WvV.43,19

<u>mâze nemen</u>: Erec 5315; Iw.831; Lanz.424; 5050

<u>mit guoter mâzen</u>: Eracl.3758

<u>mit (...) mâze(n)</u>: En.167,1; Wig.2959; Winsb.
50,3; WG.9939; 10096; 10127; 10151; 10387;
12028; 12030; Marienl.76,14; 77,11; Ben.
Reg.Zwief.34,17; 46,2

<u>mit rehter mâzen</u>: Rud.G 27

<u>mit volleclîcher mâze</u>: NL.307,2

<u>nâch der mâze(n)</u>: En.26,20; Iw.5870; Parz.405,
13; 508,2 ('nâch...mâze'); 563,16 ('nâch...mâze');
786,25 ('nâh mâze sîn'); Trist.15803 ('nach
... maze'); WG.10032 ('nâch mâze'); Serv.II,
503; Ben.Reg.Zwief.27,12 ('nah maze'); 27,33;
31,6

<u>rehte mâze</u>: Greg.3823; Iw.4792; Parz.3,4; 13,4;
171,13; 201,15; WG.9937; 9944; 10145; Kindh.
2599

<u>über mâze</u>: Büchl.1514; WG.10007; Serv.I,859
('boven maten'); II,574 ('boven maten');
Ben.Reg.Zwief.37,19 ('uber di mazze')

<u>ûz der mâze(n)</u>: En.37,21; 198,6; Herb.1642;
5589; 5873; 6455; Albr.35 (Lübben); Eracl.
2977; 2983; 3689; 3804; 3878; 4017; 4205;
4647; Iw.3274; Trist.5004; Lanz.283; 4527;

5159; 5571; 5613; 9221; Craûn 574; Or.
2113; Neidh.13,34

<u>ûzer mâzen, ûzermâzen:</u> Rud.Hb 28; En.69,7; 285,
13; 302,27; 303,12; 344,18; Herb.415; 2442;
2985; 3024; 3083; 3152; 4239; 4383; 4734;
5164; 6677; 7403; 7493; 8568; 8953; 9566;
10679; 11037; 12210; 12933; 16346; Albr.120
(Lübben); Iw.6633; Trist.8063; 9993; 11088;
11103; Lanz.5537; 8891; Osw.M 173; 229; 497;
689; 1282; 1771; 1895; 2122; 2285; 2409;
2630; Osw.W 887; Or.1094; 1187; Salm.96,5;
337,3; Serv.I,1220; I,1897; I,2642; II,34;
II,134; II,578; II,756; II,1468; II,1507; II,
1672; II,1918; II,2347; Kindh.2291; Heinr.
v.V., MF 57,4

<u>ze guoter mâze(n):</u> Mor.622; 5398; Eracl.28; 796;
1969; Greg.2409; Iw.3365; Parz.142,14; Willeh.
198,12; Trist.2578; 3340; Lanz.9133; Wig.10735

<u>zeiner mâze:</u> Erec 2130; Hartm., MF 211,10

<u>ze mâze komen:</u> Erec 7701; Willeh.181,24; Tit.92,4;
Ernst B 2973; 3639; Neidh.29,26; 81,32

<u>ze mâze(n), zemâzen, zu mâze:</u> En.59,37; 61,37;
84,16; 87,12; 118,23; 149,9; 172,23; 194,37;
241,36; 244,23; 311,31; Mor.5553; Herb.10788
(2 Belege); Eracl.590; 1820; 2022; 2052;
2064; 3441; 3475; 3598; 4416; Ath.D 147;
Büchl.11; 1080; Erec 1574; 3824; 4190; 4629,
16; Greg.1253; Iw.1076; 6082; Parz.93,4;
334,26; 480,2; Willeh.111,14; 293,24; Trist.
3193; Lanz.261; Wig.7094; 10347; Klg.3443;
WG.189; Serv.I,972 ('te maten'); Kindh.149;
613; 1826; 2269; Bligg.v.St., MF 119,16;
Albr.v.J., MF 91,5; Heinr.v.Mor., MF 122,15;
Reinm.v.H., MF 151,16; 172,8; Hartm., MF
216,30; WvV.44,7; Neidh.27,17

<u>ze rehter mâze:</u> Erec 5140; 7351; Greg.1248;
A.Heinr.316; Iw.7082; Parz.122,6; 162,11;
236,6; Lanz.6757

<u>zu der mâze:</u> Herb.604; Erec 1871; 1953 ('zer mâze');
2294 ('zer mâze'); 8462

C. Denkmäler mit negativem Befund zur 'mâze'-Wortfamilie

(Die Denkmäler sind in alphabetischer Reihenfolge aufgeführt. Bei der unsicheren Datierung mancher Texte wurde die Begrenzung "bis ca 1220" mit der notwendigen Großzügigkeit eingehalten; manches Unsichere wurde mit aufgenommen.)

I. Althochdeutsche Denkmäler

Altbairische Beichte (= Ältere oder Erste bairische B.)
(Alt-) Bairisches Gebet (= St. Emmeramer Gebet)
Altsüdmittelfränkische Psalmenfragmente
Augsburger Gebet
Basler Rezepte
Binger Inschrift: Grabstein des Dieterich
Bruchstück einer Beichte (= Vorauer Beichte)
Carmen ad Deum
Christus und die Samariterin
Einhardi Vita Karoli
Exhortatio ad plebem christianam
Fränkisches Gebet
Fränkisches Taufgelöbnis
Fuldaer Beichte
Fuldaer Federprobe
Georgslied
Hammelburger Markbeschreibung
Jüngere bairische Beichte
Kasseler Gespräche
Kölner Inschrift: Arnold Mercator
Kölner Taufgelöbnis
Lex Salica-Fragment
Lorscher Beichte
Lorscher (Bienen-) Segen
Ludwigslied
Merseburger Gebetsbruchstück
Merseburger Zaubersprüche
Muspilli
Pariser Gespräche
Pariser Tatianfragmente
Petruslied
Priestereid
Pro Nessia
Psalm 138
Reichenauer Beichte
Rheinfränkische Cantica
Sigiharts Gebete
St. Galler Paternoster und Credo
St. Galler Schreibervers
St. Galler (Spott-) Verse
St. Galler Sprichwörter

Straßburger Eide
Trierer Capitulare
Trierer (Pferde-) Segen
Trierer Spruch
Trierer Verse wider den Teufel
Weingartner (Buch-) Unterschrift
Wessobrunner Schöpfungsgedicht und Gebet
Wiener (Hunde-) Segen
Würzburger Markbeschreibungen

II. Frühmittelhochdeutsche Denkmäler

Aegidius (Bruchstück aus einer gereimten Legende von
      dem hl. Aegidius)
Albanus
Alkuins Traktat 'De virtutibus et vitiis'
Alemannischer Glauben und Beichte
Andreas
Arnsteiner Marienlied
Frau Ava, Der Antichrist
Babylonische Gefangenschaft
Bamberger Blutsegen ('Crist unte Iudas spiliten mit
      spîeza')
Baumgartenberger Johannes Baptista
Von der Bedeutung der Buchstaben (Wiener Hs. 2245)
Benediktbeurer Gebet zum Meßopfer
Benediktbeurer Glauben und Beichte I
Benediktbeurer Glauben und Beichte II
Benediktbeurer Ratschläge und Gebete
Cambridger Augensegen
Cantilena de conversione S. Pauli
Von Christi Geburt
Christus und Pilatus
Deutung der Meßgebräuche
Die drei Jünglinge im Feuerofen
Engelberger Gebete
Erfurter Judeneid
Esau und Jakob
Ezzos Cantilena de miraculis Christi
Gegen Fallsucht ('Contra caducum morbum')
Fränkische Psalmenfragmente aus Wien
Gereimtes Frauengebet der Vorauer Hs.
Frauengeheimnisse
Füssener Sprachproben
Gereimte Gebetsanweisungen für Psalter und Laudes
      (hsg. von G.Eis, MLN 68 (1953) 319-28)
Geistliche Ratschläge
Glossen zur Vita Malchi
Gothaer Fiebersegen
Verfahren beim Gottesurteil

Grazer Ave Maria
Grazer Hagelsegen
Grazer Marienlob
Grazer Monatsregeln
Hamburger Jüngstes Gericht ('Vom Jüngsten Gericht')
Insbrucker Arzeneibuch
Insbrucker Kräuterbuch
Die ältere Judith
Frühmittelhochdeutsche Bruchstücke aus Klagenfurt
    (hsg. von H. Menhardt, ZfdA 67 (1930) 258-60)
Klagenfurter Gebete ('Klagenfurter Sündenklage')
Klosterneuburger Gebet
Klosterneuburger Predigtentwürfe
Kölner Morgensegen
Rezept gegen Lähmung bzw. Gicht ('Contra paralysin
    theutonice' und 'Contra paralisin')
Leipziger Psalmenfragmente
Lob Salomonis
Makkabäer
Mariensequenz aus Muri
Mariensequenz aus St. Lambrecht (Seckau)
Melker Marienlied
Merigarto
Münchener Halsentzündungssegen
Münchener Mariengebet
Münchener Wundsegen
Otlohs Gebet
Pariser Wurmsegen
Patricius
Pfälzer Judeneid
Gegen Pferdesteifheit und Würmer ('Contra rehin',
    'Ad equum errehet', 'Contra uermes pecus edentes',
    'Contra uermem edentem')
(Münchener) Physiologus-Bruchstück
(Wiener) Predigt-Bruchstücke (hsg. von J.Haupt, ZfdA
    23 (1879) 345-53)
Bruchstücke altdeutscher Predigten (hsg. von O.Zinger-
    le, ZfdA 23 (1879) 399-408)
Aus einer Predigtsammlung des 11.Jahrhunderts (hsg.
    von J.Zacher, ZfdPh 11 (1880) 418-20)
Prüler Kräuterbuch
Prüler Steinbuch
Ein weiterer Psalter-Codex mit gereimten frühmittel-
    hochdeutschen Marginalien, von G.Eis, PBB (Tüb.) 78
    (1956) 61-64
Psalm 88 ('Über einige Breviarien von Sanct Lambrecht',
    hsg. von A. Schönbach, ZfdA 20 (1876) 146-150)
Rezept gegen Stein
Regensburger Augensegen ('Ganc ze demo fliezzentemo
    vvazzera...')
Rheinauer Sündenklage ('Bruchstücke eines Frauen-
    gebets')
Rittersitte
Sangaller Glauben und Beichte II

Sangaller Glauben und Beichte III
Sankt Lambrechter Gebete (A und B)
Sankt Paulus ('Visio Sancti Pauli')
Sankt Veit
Schlägler Bruchstücke altdeutscher Predigten
Schleizer Psalmenfragmente
Schlierbacher Psalmenfragmente
Schwäbische Trauformel
Der 'scoph von dem lône' (Colmarer Bruchstücke)
Von der Siebenzahl ('De septem sigillis')
Fragment eines Sonnenburger Psalters
Bruchstücke von Spruchdichtungen (hsg. von H.Degering,
    PBB 41 (1916) 536f.)
Süddeutscher (Münchener) Glauben und Beichte
Summa theologiae
Bruchstück eines Tagzeitengedichts
Tegernseer Prognostica
Tobiassegen
Traditio Kuonradi
Trierer Aegidius
Trierer Silvester
Trost in Verzweiflung
Upsalaer Frauengebete
Aus dem Kodex Valkensteinensis
Auslegung des Vaterunsers
Vatikanische Pferdesegen
Vorauer Marienlob
Wahrheit
Weingartner Reisesegen
Wessobrunner Glauben und Beichte II
Wiggertsche Psalmen
Wilder Mann, Christliche Lehre
Wilder Mann, Vespasianus
Windberger Kalendernoten
Von den zehn Geboten
Züricher Gebet

III. Mittelhochdeutsche Denkmäler

Fünfzehn Vorzeichen des jüngsten Tages
Gottfried von Straßburg (?), Sprüche
Der heimliche Bote
Herzog Ernst (A)
Trierer Floyris-Bruchstücke

IV. <u>Aus dem Minnesang</u> (Reihenfolge nach MF):

Namenlose Lieder
Der von Kürenberg
Burggraf von Regensburg
Burggraf von Rietenburg
Ulrich von Gutenburg
Hartwig von Rute
Engelhart von Adelnburg

D. Belegmaterial zur Wortfamilie 'tempern' swv.

I. Althochdeutsche Zeit

Interlinearversion der Benediktinerregel (Steinmeyer)
(ke)temprôn, ka- swv. 218,22; 247,16f.; 247,31;
257,2

Notker Labeo von St. Gallen (Piper; S.-St.=Sehrt-Starck)
getemperôn swv. Nb.I,39,1f.(S.-St.I,44,5)
temperôn swv. Nc.I,712,24 (S.-St.II,37,6);
Nc.I,782,21 (S.-St.II,135,17)
temparâta swf. Nc.I,713,6 (S.-St.II,37,18)

II. Frühmittelhochdeutsche Zeit

Frau Ava, Das Leben Jesu (Maurer; Zählung nach Piper)
temperon (temperen) swv. 934; 996; 1012; 2122;
2280; 2308
vgl. auch: temperantia 2390

Auslegung des Vaterunsers ("Paternoster") (Maurer)
tempern swv. 4,6

St. Trudperter Hohes Lied (Menhardt)
temperunge stf. 146,23

Heinrich von Melk, Erinnerung an den Tod (Maurer;
Zählung nach Kienast)
temperunge stf. 946

Bamberger Arzeneibuch (Wilhelm)
tempern swv. 112; 122

Kräuterbuch (Wilhelm)
tempern swv. 14 (Prüler Fassung), 12f.
(Innsbrucker Fassung)

Anegenge (Neuschäfer)
tempern swv. 2996

Vom Himmelreich (Maurer)
tempern swv. 5,18

Eilhart von Oberg, Tristrant (Lichtenstein)
> temperôn swv. 2298 (allerdings Hs. D, 15. Jh.)

Milstätter Hymnen (Törnqvist)
> tempern swv. 5,2; 7,1; 14,2

III. Mittelhochdeutsche Zeit (bis ca 1220)

Hartmann von Aue, Die Klage ("Büchlein") (Zutt)
> temperieren ('tempriern') swv. 1306

Wolfram von Eschenbach, Parzival (Lachmann)
> temperîe stf. 643,23; 680,26

Wolfram von Eschenbach, Willehalm (Lachmann/Kartschoke)
> temperîe stf. 420,2

Wirnt von Grafenberg, Wigalois (Kapteyn)
> tempern swv. 874

Thomasin von Circlaria, Der wälsche Gast (Rückert)
> tempern swv. 5310; 12233; 13772; 13776

Mhd. Benediktinerregel aus Zwiefalten (Selmer)
> tempern swv. 22,3f.; 33,31; 33,37
> temperunge stf. 39,15

LITERATURVERZEICHNIS

I. Lateinische Quellen

Admonitio generalis. In: MGH, Capitularia regum Francorum.
    Hsg. von A.Boretius. Bd.I.

Alkuin, De dialectica. PL 101, 950-76

--, De virtutibus et vitiis. PL 101, 613-38

--, Dialogus de rhetorica et virtutibus. PL 101, 919-50

Ambrosius, De officiis ministrorum. PL 16, 23-184

Analecta hymnica medii aevi. Hsg. von Guido Maria Dreves
    und Clemens Blume. Bd.1-55. Leipzig 1886-1922. Unver-
    änderter Nachdruck Frankfurt a.M. 1961

Augustinus, Enarrationes in psalmos. PL 36; 37

--, Sermones. PL 38

Benedicti Regula. Recensuit Rudolphus Hanslik. Vindobonae
    1960 (= CSEL Vol. LXXV)

Bernhard von Clairvaux, De gradibus humilitatis et super-
    biae. PL 182, 941-72

--, De laude novae militiae. PL 182, 921-40

Berno von Reichenau, Vita sancti Udalrici. PL 142, 1183-
    1204

Boethius, In categorias Aristotelis libri quatuor. PL 64,
    159-294

--, De musica libri quinque. PL 63, 1167-1300

--, Trost der Philosophie. Deutsch von Karl Büchner. Mit
    Einführung von Friedrich Klingner. Leipzig o.J.

Ancii Manlii Torquati Severini Boetii, De institutione
    arithmetica libri duo. De institutione musica libri
    quinque. Accedit geometria quae fertur Boetii. E lib-
    ris manu scriptis edidit Godofredus Friedlein. Lipsiae
    1867

M.Tullii Ciceronis opera rhetorica. Recognovit Guilelmus
    Friedrich. Vol. I. Lipsiae 1890 (De inventione
    rhetorica S.117-236)

Defensoris Locogiacensis Monachi Liber Scintillarum quem
    recensuit Henricus M. Rochais O.S.B. Turnholti 1957
    (= CChr, Ser.Lat. CXII,1)

Dominicus Gundissalinus, De divisione philosophiae. Hsg.
    und philosophiegeschichtlich untersucht, nebst einer
    Geschichte der philosophischen Einteilung bis zum En-
    de der Scholastik von Ludwig Baur. Münster 1903
    (Beiträge zur Geschichte der Philosophie des Mittel-
    alters Bd.IV, H.2-3)

Das Moralium dogma philosophorum des Guillaume de Conches. Lateinisch, altfranzösisch und mittelniederfränkisch. Hsg. von John Holmberg. Paris, Cambridge,
Uppsala, Leipzig, Haag o.J. (1929)

Cornifici rhetoricorum ad C.Herennium libri IIII. Recensuit et interpretatus est Carl Ludwig Kayser. Lipsiae 1854

Herrade de Landsberg, Hortus Deliciarum. Ed. par
Joseph Walter. Strasbourg, Paris 1952

Hildebert von Lavardin, Sermones de sanctis. PL 171,
605-752

Hildebert von Le Mans, Moralis philosophia de honesto et
utili. PL 171, 1003-56

Hrabanus Maurus, Homiliae in evangelia et epistolas. PL
110, 135-468

Isidor von Sevilla, Differentiarum, sive de proprietate
sermonum libri duo. PL 83, 9-98

--, Etymologiarum libri XX. PL 82, 73-728

Martianus Capella. Franciscus Eyssenhardt recensuit.
Accedunt scholia in Caesaris germanici aratea.
Lipsiae 1866

--, De nuptiis Philologiae et Mercurii libri VIIII. Ed.
Adolfus Dick. Lipsiae 1925

Notker der Dichter und seine geistige Welt. Editionsband.
Hsg. von Wolfram von den Steinen. Bern 1948

Remigii Autissiodorensis commentum in Martianum Capellam.
(Bd.1:) libri I-II, (Bd.2:) libri III-IX. Edited with
an introduction by Cora E. Lutz. Leiden 1962-1965

Rupert von Deutz, De operibus Spiritus sancti
Pl 167, 1571-1828

Scriptores ecclesiastici de musica sacra potissimum. Ex
variis Italiae, Galliae et Germaniae codicibus manuscriptis collecti et nunc primum publica luce donati
a Martino Gerberto. Tomus I-III. Reprografischer
Nachdruck der Ausgabe St. Blasien 1784, Hildesheim
1963

II. Französische Quellen

La Chanson de Roland. Übersetzt von Hans-Wilhelm Klein.
München 1963 (= Klassische Texte des romanischen
Mittelalters in zweisprachigen Ausgaben. Hsg. von
Hans Robert Jauß und Erich Köhler)

III. Deutsche Quellen

1. Textsammlungen

Altdeutsche Predigten. Hsg. von Anton E. Schönbach.
3 Bde. Unveränderter reprografischer Nachdruck der
Ausgabe Graz 1886-1891. Darmstadt 1964

Althochdeutsche Literatur. Mit Proben aus dem Altniederdeutschen. Ausgewählte Texte mit Übertragungen und
Anmerkungen. Hsg., übersetzt und mit Anmerkungen
versehen von Horst Dieter Schlosser. Frankfurt a.M.
1970

Althochdeutsches Elementarbuch. Grammatik und Texte.
Hsg. von Hans Naumann und Werner Betz. 4., verbesserte und vermehrte Auflage. Berlin 1967

Althochdeutsches Lesebuch. Zusammengestellt und mit Wörterbuch versehen von Wilhelm Braune. Fortgeführt von
Karl Helm. 13. Auflage bearbeitet von Karl Helm, Tübingen 1958. 14. Auflage bearbeitet von Ernst A. Eb-
binghaus, Tübingen 1962

Denkmäler deutscher Poesie und Prosa aus dem VIII-XII
Jahrhundert. Hsg. von Karl Müllenhoff und Wilhelm
Scherer. Vierte Ausgabe von Elias Steinmeyer. 2 Bde.
Berlin, Zürich 1964. Unveränderter Nachdruck der
3.Auflage Berlin 1892 (= Deutsche Neudrucke. Reihe
Texte des Mittelalters)

Denkmäler deutscher Prosa des 11. und 12. Jahrhunderts
(A: Text, B: Kommentar). Hsg. von Friedrich Wilhelm.
München 1914. Fotomechanischer Nachdruck München
1960 (= Germanistische Bücherei Bd. 3)

Deutsche Bibelfragmente in Prosa des XII. Jahrhunderts.
Hsg. von Horst Kriedte. Halle a.S. 1930

Kleinere Deutsche Gedichte des XI. und XII. Jahrhunderts.
Hsg. von Albert Waag. Zweite, umgearbeitete Auflage.
Halle a.S. 1916 (= ATB Nr.10)

Die kleineren althochdeutschen Sprachdenkmäler. Hsg. von
   Elias von Steinmeyer. 2.Auflage. Unveränderter Nach-
   druck der 1.Auflage von 1916. Berlin, Zürich 1963
   (= Deutsche Neudrucke. Reihe Texte des Mittelalters.)

Des Minnesangs Frühling. Nach Karl Lachmann, Moriz Haupt
   und Friedrich Vogt neu bearbeitet von Carl von Kraus.
   33.Auflage. Unveränderter Nachdruck. Stuttgart 1962

Mittelalter. Texte und Zeugnisse. Hsg. von Helmut de Boor.
   2 Teilbände. München 1965 (= Die deutsche Literatur.
   Texte und Zeugnisse. Bd.1)

Mittelhochdeutsches Übungsbuch. Hsg. von Carl von Kraus.
   2. vermehrte und geänderte Auflage. Heidelberg 1926
   (= Germanische Bibliothek I, III.Reihe, 2.Bd.)

Die religiösen Dichtungen des 11. und 12. Jahrhunderts.
   Nach ihren Formen besprochen und hsg. von Friedrich
   Maurer. Bd.I-III. Tübingen 1964-1970

2. Einzelne Denkmäler

Adelbrechts Johannes Baptista. In.: Maurer II, Nr. 37, S.328
   -41

Albers Tnugdalus: Visio Tnugdali lateinisch und altdeutsch.
   Hsg. von Albrecht Wagner. Erlangen 1882

Albert von Augsburg, Das Leben des Heiligen Ulrich.
   Hsg. von Karl-Ernst Geith. Berlin, New York 1971
   (= QuF, Neue Folge. Hsg. von Hermann Kunisch,
   Stefan Sonderegger und Thomas Finkenstaedt. 39 (163))

Albrecht von Halberstadt, Bruchstücke einer Übersetzung
   von Ovids Metamorphosen. In: Aus Albrechts von
   Halberstadt Übersetzung der Metamorphosen Ovids.
   Hsg. von W. Leverkus. ZfdA 11 (1859) 358-74; Neues
   Bruchstück von Albrecht von Halberstadt. Hsg. von
   A. Lübben. Germania 10 (1865) 237-45

Albrecht von Johansdorf: MF, Nr. XIII, S.112-25

Altalemannische Psalmenfragmente. In: Steinmeyer, Sprachdenkm., Nr. XXXVIII, S.293-300 ("Altalemannische
   Psalmenübersetzung")

Altbayrisches (Freisinger) Paternoster. In: Steinmeyer,
   Sprachdenkm., Nr. VIII, S.43-48

Der ältere Physiologus. In.: Wilhelm, Denkm., Nr.II,
   S.4-20

Das Anegenge. Textkritische Studien. Diplomatischer
   Abdruck. Kritische Ausgabe. Anmerkungen zum Text.

Von Dietrich Neuschäfer. München 1966 (= Medium
Aevum Bd.8);
Das Anegenge. Hsg. von Dietrich Neuschäfer. München
1969 (= Altdt. Texte in kritischen Ausgaben, hsg.
von W.Schröder, Bd.1)

Annolied. In: Maurer II, Nr.22, S.3-45

Des armen Hartmann Rede vom Glouven. Eine deutsche Reimpredigt des 12. Jahrhunderts. Untersucht und hsg.
von Friedrich von der Leyen. Breslau 1897 (= Germanist.
Abh., XIV.H.)

Armer Hartman, Rede vom Glauben. In: Maurer II, Nr.46,
S.567-628

Priester Arnolds Gedicht von der Siebenzahl. (Ausgabe.
Schreibung. Reime.) Von Herman Polzer-van Kol. Bern
1913 (= Sprache und Dichtung H.13)

Priester Arnolds Gedicht von der Siebenzahl (Loblied auf
den Heiligen Geist). In: Maurer III, Nr.48, S.53-85

Priester Arnolds Juliane. In: Karl-Ernst Geith, Priester
Arnolts Legende von der heiligen Juliana. Untersuchungen zur lateinischen Juliana-Legende und zum
Text des deutschen Gedichtes. Diss. Freiburg i.Br.
1965, S.205-37

Athis und Prophilias. In: Mittelhochdeutsches Übungsbuch.
Hsg. von Carl von Kraus. 2.vermehrte und geänderte
Auflage. Heidelberg 1926, S.63-82 (= German.
Bibliothek I, III. Reihe, 2. Bd.)

Auslegung des Vaterunsers ("Paternoster"). In: Maurer I,
Nr.10, S.327-43

Frau Ava, Johannes. In: Maurer II, Nr.40, S.383-97

--, Das Jüngste Gericht. In: Maurer II, Nr.43, S.498-513

--, Das Leben Jesu. In: Maurer II, Nr.41, S.398-491

Bamberger Arzeneibuch. In: Wilhelm, Denkm., Abt.B, Nachtrag zu Nr.XXV, S.244-49

Bamberger Glauben und Beichte. In: Steinmeyer, Sprachdenkm., Nr.XXVIII, S.135-52

Benediktinerregel. In: Steinmeyer, Sprachdenkm., Nr.XXXVI,
S.190-289

Die Althochdeutsche Benediktinerregel des Cod.Sang 916.
Hsg. von Ursula Daab. Tübingen 1959 (= ATB Nr.50)

Mittelhochdeutsche Benediktinerregel aus Zwiefalten. In:
Middle High German Translations of the Regula Sancti
Benedicti. The Eight Oldest Versions. Edited with an
Introduction, a Latin-Middle High German Glossary,
and a Facsimile Page from each Manuscript by Carl
Selmer. Cambridge, Mass., 1933, S.13-47

Die Benediktusregel. Lateinisch-deutsch. Hsg. von
    Basilius Steidle OSB. Beuron 1963

Bernger von Horheim: MF, Nr.XV, S. 146-51

Bligger von Steinach: MF, Nr.XVII, S.156f.

Brieger Psalmenfragmente. In: Deutsche Bibelfragmente
    in Prosa des XII. Jahrhunderts. Hsg. von Horst
    Kriedte. Halle a.S. 1930, S.133-36

Buxheimer Willirambruchstücke. Hsg. von Wilhelm Meyer.
    ZfdA 28 (1884) 227-41

Dietmar von Eist: MF, Nr.VII, S.30-41

Eilhart von Oberge. Hsg. von Franz Lichtenstein.
    Straßburg 1877 (= QuF XIX)

Eilhart von Oberg, Tristrant. Synoptischer Druck der
    ergänzten Fragmente mit der gesamten Parallelüber-
    lieferung. Hsg. von Hadumod Bußmann. Tübingen 1969
    (= ATB Nr.70)

Ermlitzer Fragmente zum Rother. In: Rother. Hsg. von
    Jan de Vries. Heidelberg 1922 (= German. Bibliothek,
    2.Abteilung, Bd.13)

Friedberger Christ und Antichrist. In: Maurer II, Nr.25,
    S.103-23

Friedrich von Hausen:.MF, Nr.IX, S.45-63

Gebete und Benediktionen von Muri. In: Wilhelm, Denkm.,
    Nr.XXIX, S.73-86 ; 159-73

Gottfried von Straßburg, Tristan und Isold. Hsg.
    von Friedrich Ranke. Text. 7.Auflage. (Nach-
    wort von Eduard Studer.) Berlin 1963

Hartmann von Aue, Der arme Heinrich. Hsg. von Hermann
    Paul. 12., durchgesehene Auflage besorgt von Ludwig
    Wolff. Tübingen 1961 (= ATB Nr.3)

--, Erec. Hsg. von Albert Leitzmann. 5.Auflage besorgt von
    Ludwig Wolff. Tübingen 1972 (= ATB Nr.39)

--, Gregorius. Hsg. von Hermann Paul. Elfte Auflage be-
    sorgt von Ludwig Wolff. Tübingen 1966 (= ATB Nr.2)

--, Iwein. Hsg. von Georg Friedrich Benecke und Karl Lach-
    mann. Neu bearbeitet von Ludwig Wolff. Siebente Aus-
    gabe. Band 1. Text. Berlin 1968

--, Die Klage, Das (zweite) Büchlein aus dem Ambraser
    Heldenbuch. Hsg. von Herta Zutt. Berlin 1968

--, Lieder: MF, Nr.XXI, S.289-309

Heinrich der Glîchezaere, Reinhart Fuchs: Das mittel-
    hochdeutsche Gedicht vom Fuchs Reinhart, nach den
    Casseler Bruchstücken und der Heidelberger Hs.
    Cod.pal.germ.341. Hsg. von Georg Baesecke. Zweite
    Auflage besorgt von Ingeborg Schröbler. Halle
    (Saale) 1952 (= ATB Nr.7)

Heinrich von Melk, Erinnerung an den Tod. In: Maurer
III, Nr.53, S.302-59

--, Priesterleben. In: Maurer III, Nr.52, S.253-301

--. Hsg. von Richard Heinzel. Berlin 1867

Der sogenannte Heinrich von Melk. Nach R.Heinzels Ausgabe von 1867 neu hsg. von Richard Kienast. Heidelberg 1946 (= Editiones Heidelbergenses. Heidelberger
Ausgaben zur Geistes- und Kulturgeschichte des
Abendlandes. Heft Nr.1)

Heinrich von Morungen: MF, Nr.XVIII, S.158-95

Heinrich von Rugge: MF, Nr.XIV, S.126-45

Heinrich von Veldeke, Die Eneide. In: Heinrich von Veldeke. Hsg. von Ludwig Ettmüller. Leipzig 1852 (= Dichtungen des deutschen Mittelalters. 8.Bd.)

--, Lieder: MF, Nr.X, S.64-87

--, St.Servatius: Sinte Servatius Legende van Heynrijck
van Veldeken naer een handschrift uit het midden der
XV^de eeuw, voor de eerste mael uitgegeven door J.H.
Bormans. Maestricht 1858

--, St.Servatius: Die epischen Werke des Henric van
Veldeken. I: Sente Servas. Sanctus Servatius.
Kritisch hsg. von Theodor Frings und Gabriele
Schieb. Halle (Saale) 1956

Henric van Veldeken, Eneide I. Einleitung. Text, hsg. von
Gabriele Schieb und Theodor Frings. Berlin 1964
(= Deutsche Texte des Mittelalters, Bd.LVIII)

--, Eneide II. Untersuchungen von Gabriele Schieb unter
Mitwirkung von Theodor Frings. Berlin 1965 (= Deutsche Texte des Mittelalters, Bd.LIX)

Herbort's von Fritslâr liet von Troye, hsg. von Ge.Karl
Frommann. Quedlinburg und Leipzig 1837 (= Bibliothek
der gesammten deutschen National-Literatur von der
ältesten bis auf die neuere Zeit. 5.Bd.)

Herger/Spervogel: MF, Nr.VI, S.15-29

Herzog Ernst. Ein mittelalterliches Abenteuerbuch. In
der mittelhochdeutschen Fassung B nach der Ausgabe
von Karl Bartsch mit den Bruchstücken der Fassung
A hsg., übersetzt, mit Anmerkungen und einem Nachwort versehen von Bernhard Sowinski. Stuttgart 1970

Hildebrandslied. In: Steinmeyer, Sprachdenkm., Nr.I,
S.1-15

Vom Himmelreich. In: Maurer I, Nr.14, S.365-95

Himmel und Hölle. In: Steinmeyer, Sprachdenkm., Nr.XXIX,
S.153-55

Vom himmlischen Jerusalem. In: Maurer II, Nr.28, S.140-52

Die Hochzeit. In: Maurer II, Nr.30, S.179-223

Idsteiner Sprüche der Väter. In: Maurer I, Nr.2, S.76-93

Der althochdeutsche Isidor. Facsimile-Ausgabe des
    Pariser Codex nebst critischem Texte der Pariser
    und Monseer Bruchstücke. Mit Einleitung, grammatischer
    Darstellung und einem ausführlichen Glossar hsg. von
    George Allison Hench. Straßburg 1893 (= QuF LXXII)

Der althochdeutsche Isidor. Nach der Pariser Handschrift
    und den Monseer Fragmenten neu hsg. von Hans
    Eggers. Tübingen 1964 (= ATB Nr. 63)

Die jüngere Judith aus der Vorauer Handschrift. Kritisch
    hsg. von Hiltgunt Monecke. Tübingen 1964 (= ATB Nr.61)

Der jüngere Physiologus. In: Wilhelm, Denkm., Nr.III,
    S.5-28

Jüngeres Hildebrandslied: Deutsche Gedichte des Mittel-
    alters, hsg. von Friedrich Heinrich von der Hagen
    und Johann Gustav Büsching, Bd.II: Der Helden Buch
    in der Ursprache, hsg. von Friedrich Heinrich von
    der Hagen und Alois Primisser. 1.Teil Berlin 1820,
    2.Teil (Das Heldenbuch Kaspers von der Roen u.a.)
    Berlin 1825

Die Kaiserchronik eines Regensburger Geistlichen. Hsg.
    von Edward Schröder. Hannover 1892 (= MGH, Deutsche
    Chroniken I,2)

Kaiser Heinrich: MF, Nr.VIII, S.42-44

Diu Klage mit den Lesarten sämtlicher Handschriften.
    Hsg. von Karl Bartsch. Unveränderter reprografischer
    Nachdruck der Ausgabe Leipzig 1875. Darmstadt 1964

Konrad von Fußesbrunnen: Die Kindheit Jesu von Konrad
    von Fussesbrunnen. Hsg. von Karl Kochendörffer.
    Straßburg 1881 (= QuF XLIII)

Kräuterbuch. Prüler Fassung, Innsbrucker Fassung. In:
    Wilhelm, Denkm., Nr.XII, S.42-45

Lamprechts Alexander. Nach den drei Texten mit dem
    Fragment des Alberic von Besançon und den
    lateinischen Quellen hsg. und erklärt von Karl
    Kinzel. Halle a.S. 1884

Pfaffe Lamprecht, Tobias. In: Maurer II, Nr.44, S.515-35

"Leidener Willeram": (Expositio) Willerammi Eberspergen-
    sis abbatis in canticis canticorum. Die Leidener
    Handschrift neu hsg. von Willy Sanders. München 1971
    (= Kleine deutsche Prosadenkmäler des Mittelalters,
    H.9)

Lilienfelder Heilsgeschichte. Hsg. von Hermann Menhardt,
    ZfdA 78 (1941) 167-84

Linzer Antichrist. In: Maurer III, Nr.54, S.361-427

Die Litanei. In: Maurer III, Nr.51, S.124-251
  (Heinrichs "Litanei")

Lucidarius aus der Berliner Handschrift hsg. von
  Felix Heidlauf. Berlin 1915 (= Deutsche Texte
  des Mittelalters, hsg. von der Kgl. Preuß. Akademie
  der Wissenschaften, Bd.XXVIII)

Die ältesten Lucidariusbruchstücke: Zur ältesten Überlieferung des deutschen Lucidarius. Von Marlies
  Dittrich. ZfdA 77 (1940) 218-55

Mainzer Beichte. In: Steinmeyer, Sprachdenkm., Nr.XLIX,
  S.329-31

Die Margaretalegende in ihren mittelalterlichen Versionen.
  Eine vergleichende Studie door G.G. van den Andel.
  Groningen-Batavia 1933

Margaretalegende: Sanct Margareten Büchlein (Die Marter
  der heiligen Margareta). Hsg. von Moriz Haupt.
  ZfdA 1 (1841) 151-93; Sente Margareten bûch. Hsg.
  von Karl Bartsch. Germania 24 (1879) 294-97

Die Maze. In: Mittelhochdeutsche Übungsstücke. Zusammengestellt von Heinrich Meyer-Benfey. Halle a.S. 1909,
  Nr.6, S.24-30

Meinloh von Sevelingen: MF, Nr.III,S.7-10

Memento mori. In: Maurer I, Nr. 5, S.249-59

Die Millstätter Sündenklage. Hsg. von Max Roediger. ZfdA
  20 (1876) 255-323

Milstätter Cantica: s. Milstätter Psalmen

Milstätter Exodus: s. Milstätter Genesis, ebd., S.117-64

Milstätter Genesis: Genesis und Exodus nach der Milstäter
  Handschrift. Hsg. von Joseph Diemer. I.Band: Einleitung und Text. Wien 1862, S.1-116

Milstätter Hymnen. In: Cod.pal.Vind. 2682, II. Hymnen und
  Perikopen. Hsg. von Nils Törnqvist. Lund, Kopenhagen
  1937 (= Lunder Germanist. Forschungen 7)

Milstätter Perikopen: s. Milstätter Hymnen

Milstätter Psalmen. In: Cod.pal.Vind. 2682, I. Eine frühmittelhochdeutsche Interlinearversion der Psalmen aus
  dem ehemaligen Benediktinerstift Millstatt in Kärnten,
  zum ersten Male hsg.von Nils Törnqvist. Lund, Kopenhagen 1934, S.1-237 (= Lunder Germanist. Forschungen 3)

Milstätter Reimphysiologus. In: Maurer I, Nr.4, S.169-245

Milstätter Sündenklage. In: Maurer II, Nr.24, S.57-101

Mittelfränkische Reimbibel. In: Maurer I, Nr.3, S.95-168

The Monsee Fragments. Newly collated text with introduction, notes, grammatical treatise and exhaustive glossary and a photo-lithographic fac-simile, edited by George Allison Hench. Straßburg 1890

Morant und Galie, nach der Cölner Handschrift hsg. von Erich Kalisch. Bonn und Leipzig 1921 (= Rheinische Beiträge und Hülfsbücher zur germanischen Philologie und Volkskunde, hsg. von Theodor Frings, Rudolf Meissner und Josef Müller, Bd.2)

Moriz von Craûn. Unter Mitwirkung von Karl Stackmann und Wolfgang Bachofer im Verein mit Erich Henschel und Richard Kienast hsg. von Ulrich Pretzel. Zweite, stark veränderte Auflage. Tübingen 1962 (= ATB Nr.45)

Der Münchener Oswald. Text und Abhandlung von Georg Baesecke. Breslau 1907 (= Germanist.Abh. H.28)

Die Murbacher Hymnen. Nach der Handschrift hsg. von Eduard Sievers. Mit zwei lithographischen Facsimiles. Halle 1874

Die Lieder Neidharts. Hsg. von Edmund Wießner. Zweite Auflage revidiert von Hanns Fischer. Tübingen 1963 (= ATB Nr.44)

Das Nibelungenlied. Nach der Ausgabe von Karl Bartsch hsg. von Helmut de Boor. 15.Auflage, Wiesbaden 1959 (= Deutsche Klassiker des Mittelalters)

Die Schriften Notkers und seiner Schule. Hsg. von Paul Piper. Bd.I: Schriften philosophischen Inhalts. Mit 19 Holzschnitten und 14 Figuren im Text. Freiburg i.B. und Tübingen 1882 (= Germanischer Bücherschatz 8). Bd.II: Psalmen und katechetische Denkmäler nach der St. Galler Handschriftengruppe. Freiburg i.B. und Tübingen 1883 (= Germanischer Bücherschatz 9). Bd.III: Wessobrunner Psalmen, Predigten und katechetische Denkmäler. Freiburg i.B. und Tübingen 1883 (= Germanischer Bücherschatz 10)

Notkers des Deutschen Werke. Nach den Handschriften neu hsg. von Edward H. Sehrt und Taylor Starck. Bd.I-III. Halle (Saale) 1933-1955. Bd.I-II: Unveränderter Nachtdruck der 1.Auflage, Halle (Saale) 1966 (= ATB Nr. 32-34, 37, 40, 42, 43)
(Bd.I: Boethius, De Consolatione Philosophiae I
           und II, ATB Nr.32;
           Boethius, De Consolatione Philosophiae III,
           ATB Nr.33;
           Boethius, De Consolatione Philosophiae IV
           und V, ATB Nr.34;
   Bd.II: Marcianus Capella, De nuptiis Philologiae et
           Mercurii, ATB Nr. 37;

Bd.III: 1.Teil: Der Psalter, Psalmus I-L, ATB Nr.40
        2.Teil: Der Psalter, Psalmus LI-C, ATB Nr.42
        3.Teil: Der Psalter, Psalmus CI-CL, nebst
                Cantica und katechetischen Stücken,
                ATB Nr.43)

Oberdeutscher Servatius: Sanct Servatius oder wie das
        erste Reis in deutscher Zunge geimpft wurde. Ein
        Beitrag zur Kenntnis des religiösen und literarischen
        Lebens in Deutschland im elften und zwölften Jahr-
        hundert von Friedrich Wilhelm. München 1910

Orendel. Ein deutsches Spielmannsgedicht. Mit Einleitung
        und Anmerkungen hsg. von Arnold E.Berger. Bonn 1888

Orendel. Hsg. von Hans Steinger. Halle 1935 (= ATB Nr.36)

Otfrids Evangelienbuch. Hsg. von Oskar Erdmann. Vierte
        Auflage von Ludwig Wolff. Tübingen 1962 (= ATB Nr.49)

Otte, Eraclius: Eraclius. Deutsches Gedicht des drei-
        zehnten Jahrhunderts. Hsg. von Harald Graef. Straß-
        burg/London 1883 (= QuF 50)

Pfälzer Beichte. In: Steinmeyer, Sprachdenkm., Nr.L,
        S.331f.

Zu dem deutschen Pilatusgedicht. Text, Sprache und
        Heimat. Hsg. von Karl Weinhold. ZfdPh 8 (1877) 253-88

Vom Rechte. In: Maurer II, Nr.29, S.156-77

Reinmar von Hagenau: MF, Nr.XX, S.197-288

Rheinauer Paulus. In: Maurer II, Nr.23, S.47-56

Das Rheinische Marienlob. Eine deutsche Dichtung des
        13. Jahrhunderts. Hsg. von Adolf Bach. Leipzig
        1934 (= LV Bd.281)

Rolandslied: Das Alexanderlied des Pfaffen Lamprecht.
        Das Rolandslied des Pfaffen Konrad. Hsg. von
        Friedrich Maurer. Unveränderter reprografischer
        Nachdruck der Ausgabe Leipzig 1940. Darmstadt 1964
        (= DLE, Reihe Geistliche Dichtung des Mittelalters,
        Bd.5)

Das Rolandslied des Pfaffen Konrad. Hsg. von Carl Wesle.
        2.Auflage besorgt von Peter Wapnewski. Tübingen
        1967 (= ATB Nr.69)

König Rother. Nach der Ausgabe von Theodor Frings und
        Joachim Kuhnt. Dritte Auflage. Besorgt von Ingeborg
        Köppe-Benath. Halle (Saale) 1968 (= Altdt. Texte
        für den akademischen Unterricht 2)

Graf Rudolf, hsg. von Peter F. Ganz. Berlin 1964
        (= Philologische Studien und Quellen, H.19)

Rudolf von Fenis: MF, Nr.XII, S.102-11

Neue althochdeutsche Sagverstexte. Hsg. von Eduard Sievers. PBB 52 (1928) 174-77

Salman und Morolf. Hsg. von Friedrich Vogt. Halle 1880
(= Die deutschen Dichtungen von Salomon und Markolf.
Hsg. von Friedrich Vogt, Bd.I)

Speculum ecclesiae. Eine frühmittelhochdeutsche Predigtsammlung (Cgm.39). Mit sprachlicher Einleitung neu
hsg. von Gert Mellbourn. Lund, Kopenhagen 1944
(= Lunder Germanist. Forschungen 12)

Spervogel: s. Herger

St. Galler (Schul-)Arbeit (sog. Brief Ruodperts). In:
Steinmeyer, Sprachdenkm., Nr.XXVI, S.121-23
("Sangaller Schularbeit")

Straßburger Alexander: s. Lamprechts Alexander

Stricker: Beispielreden und Spruchgedichte des Strickers.
In: Mittelhochdeutsches Übungsbuch. Hsg. von Carl
von Kraus. 2.vermehrte und geänderte Auflage.
Heidelberg 1926, Nr.4, S.83-108

Das St. Trudperter Hohe Lied. Kritische Ausgabe. Text,
Wörterverzeichnis und Anmerkungen von Hermann
Menhardt. Halle (Saale) 1934 (= Rheinische Beiträge
und Hülfsbücher zur germanischen Philologie und
Volkskunde, Bd.22)

Tatian. Lateinisch und altdeutsch mit ausführlichem Glossar hsg. von Eduard Sievers. Zweite neubearbeitete
Ausgabe (1892). Unveränderter Nachdruck Darmstadt
1961

Der wälsche Gast des Thomasin von Zirclaria. Hsg. von
Heinrich Rückert. Mit einer Einleitung und einem
Register von Friedrich Neumann. Berlin 1965. Photome-
chanischer Nachdruck der Ausgabe Quedlinburg und
Leipzig 1852 (= Deutsche Neudrucke, Reihe: Texte
des Mittelalters, hsg. von Karl Stackmann)

Trierer Psalmen: s. Windberger Psalmen

Tundalus. In: Deutsche Gedichte des zwölften Jahrhunderts.
Hsg. von Carl Kraus. Halle 1894, Nr.XI, S.46-62, 217
-46

Ulrich von Zatzikhoven, Lanzelet. Eine Erzählung. Hsg.
von Karl August Hahn. Mit einem Nachwort und einer
Bibliographie von Frederick Norman. Berlin 1965.
Photomechanischer Nachdruck der Ausgabe Frankfurt
a.M. 1845 (= Deutsche Neudrucke, Reihe: Texte des
Mittelalters, hsg. von Karl Stackmann)

Upsalaer Sündenklage. In: Maurer III, Nr.49, S.86-93

Vatikanische Gebete: In: Wilhelm, Denkm., Nr.XXVIII,
S.69-73

Vorauer Alexander: s. Lamprechts Alexander

Vorauer Balaam: s. Vorauer Genesis, ebd., S.72,8-85,3

Vorauer Genesis: Deutsche Gedichte des elften und zwölften Jahrhunderts. Hsg. von Joseph Diemer. Wien 1849.
Unveränderter reprografischer Nachdruck Darmstadt
1968, S.3-31

"Vorauer Joseph": Geschichte Joseph's in Aegypten nach
der Vorauer Handschrift. Hsg. von Joseph Diemer.
In: Sitzungsberichte der kaiserlichen Akademie der
Wissenschaften. Philosophisch-historische Classe.
Wien, Jg.47 (1864) 636-87; Anmerkungen Jg.48 (1865)
339-423

Vorauer Moses: s. Vorauer Genesis, ebd., S.32-69,6

Vorauer Sündenklage. In: Maurer III, Nr.50, S.95-123

"Waldecker Bruchstück" einer unbekannten Alexanderdichtung. In: Gabriele Schieb, Ein neues Alexanderfrag-
ment. Hessisches Staatsarchiv Marburg. Bestand 147
(Waldeck, Nachlässe und Handschriften). Bruchstücke
deutscher Handschriften in Mappe A. PBB (Halle)
90 (1968) 380-94

Die Gedichte Walthers von der Vogelweide. Hsg. von Karl-
Lachmann. Dreizehnte, aufgrund der zehnten von Carl
von Kraus bearbeiteten Ausgabe neu hsg. von Hugo
Kuhn. Berlin 1965

Weißenburger Katechismus. In: Steinmeyer, Sprachdenkm.,
Nr.VI, S.29-38

Priester Wernher, Maria. Bruchstücke und Umarbeitungen.
Hsg. von Carl Wesle. 2.Auflage besorgt durch Hans
Fromm. Tübingen 1969 (= ATB Nr.26)

Wernher vom Niederrhein, Di vier Schiven. In: Maurer
III, Nr.56, S.435-83

Wernher von Elmendorf, hsg. von Hoffmann von Fallersleben. Lesarten von Moriz Haupt. ZfdA 4 (1844)
284-317

Wernher von Elmendorf. Untersuchung, Text, Kommentar.
Von Joachim Bumke. Diss. Heidelberg 1953 (Masch.)

Wessobrunner Glauben und Beichte I. In: Steinmeyer,
Sprachdenkm., Nr.XXVIII, S.135-52

Wessobrunner Predigten. In: Steinmeyer, Sprachdenkm.,
Nr.XXX, S.156-63; Nr.XXXII, S.168-72; Nr.XXXIII,
S.173-80

Wessobrunner Psalmen und katechetische Denkmäler. In:
Die Schriften Notkers und seiner Schule. Hsg. von
Paul Piper. Bd.III. Freiburg i.B. und Tübingen 1883

Wiener Exodus: Die altdeutsche Exodus. Untersuchungen
    und kritischer Text. Hsg. von Edgar Papp. München
    1968 (= Medium Aevum Bd.16);
    Die altdeutsche Exodus. Hsg. von Edgar Papp. München
    1969 (= Altdeutsche Texte in kritischen Ausgaben,
    hsg. von Werner Schröder, Bd.2)

Wiener Genesis: Die altdeutsche Genesis. Nach der Wie-
    ner Handschrift. Hsg. von Viktor Dollmayr. Halle
    (Saale) 1932 (= ATB Nr.31)

"Wiener Joseph" (Geschichte Josephs in Ägypten nach der
    Wiener Hs.): Das Gedicht von Joseph nach der Wiener
    und der Vorauer Handschrift nebst einigen Angaben
    über die Überlieferung der übrigen alttestamentlichen
    deutschen Texte des elften Jahrhunderts. Hsg. von
    Paul Piper. ZfdPh 20 (1888) 257-89. 430-74

Der Wiener Oswald. Hsg. von Georg Baesecke. Heidelberg
    1912 (= Germanische Bibliothek. Hsg. von Wilhelm
    Streitberg. Dritte Abt.: Kritische Ausgaben altdeut-
    scher Texte, 2.Bd.)

Wien-Münchener Evangelienfragmente. In: Deutsche Bibel-
    fragmente in Prosa des XII. Jahrhunderts. Hsg. von
    Horst Kriedte. Halle a.S. 1930, S.64-123

Wigalois der Ritter mit dem Rade von Wirnt von Gravenberc.
    Hsg. von J.M.N.Kapteyn. Erster Band: Text. Bonn 1926

(= Rheinische Beiträge und Hülfsbücher zur germanischen
    Philologie und Volkskunde, Bd.9)

Der Wilde Mann, Van der girheit. In: Maurer III, Nr.59,
    S.551-77

--, Veronica. In: Maurer III, Nr.57, S.490-531

Willirams deutsche Paraphrase des Hohen Liedes. Mit Ein-
    leitung und Glossar hsg. von Joseph Seemüller.
    Straßburg 1878 (= QuF 28)

Windberger Cantica. In: Deutsches des X-XII Jahrhunderts.
    Hsg. von Johann Andreas Schmeller. ZfdA 8 (1851)
    120-45

Windberger Psalmen. In: Deutsche Interlinearversionen
    der Psalmen. Aus einer windberger Handschrift zu
    München (XII.Jahrhundert) und einer Handschrift
    zu Trier (XIII.Jahrhundert) zum ersten Male hsg.
    von Eberhard Gottlieb Graff. Quedlinburg und Leipzig
    1839 (= Bibliothek der gesammten deutschen National-
    Literatur von der ältesten bis auf die neuere Zeit.
    10.Bd.)

Winsbeckische Gedichte nebst Tirol und Fridebrant.
    Hsg. von Albert Leitzmann. Dritte, neubearbeitete
    Auflage von Ingo Reiffenstein. Tübingen 1962
    (= ATB Nr.9)

Heinrich Wittenwilers Ring nach der Meininger Handschrift. Hsg. von Edmund Wießner. Unveränderter
reprografischer Nachdruck der Ausgabe Leipzig
1931. Darmstadt 1964 (= DLE, Reihe Realistik des
Spätmittelalters, Bd.3)

Wolfram von Eschenbach, Lieder. In: Wolfram von Eschenbach von Karl Lachmann. Siebente Ausgabe, neu bearbeitet und mit einem Verzeichnis der Eigennamen
und Stammtafeln versehen von Eduard Hartl. 1.Bd.:
Lieder, Parzival und Titurel. Berlin 1952, S.1-10

--, Parzival. In: Wolfram von Eschenbach. Sechste Ausgabe von Karl Lachmann. Berlin und Leipzig 1926.
Unveränderter photomechanischer Nachdruck Berlin
1964

--, Titurel: s. Wolfram von Eschenbach, Parzival

--, Willehalm. Text der 6.Ausgabe von Karl Lachmann.
Übersetzung und Anmerkungen von Dieter Kartschoke.
Berlin 1968

Würzburger Beichte. In: Steinmeyer, Sprachdenkm., Nr.
XLIV, S.316-18

Von der Zukunft nach dem Tode. In: Maurer II, Nr.33,
S.279-89 ("Visio Sancti Pauli")

Züricher Arzeneibuch. In: Wilhelm, Denkm., Nr.XXV,
S.53-64

Züricher Gebetsanweisung. In: Wilhelm, Denkm., Nr.
XXXIV, S.107

IV. Handschriften

Cod.Pal.Germ.389 (Heidelberger Pergamenthandschrift),
Hs.A des "Wälschen Gastes" Thomasins von Circlaria,
im Besitz der Universitätsbibliothek Heidelberg.

V. Darstellungen

Abert, Hermann: Die Musikanschauung des Mittelalters
und ihre Grundlagen. Leipzig 1905. Unveränderter
Nachdruck Tutzing 1964

Ackeren, Wilhelm van: Die althochdeutschen Bezeichnungen
der septem peccata criminalia und ihrer filiae.
Greifswalder Diss., Dortmund 1904

Arens, Fritz Victor: Das Werkmaß in der Baukunst des
Mittelalters. 8. bis 11. Jahrhundert. Bonner Diss.,
Würzburg 1938

Artes Liberales. Von der antiken Bildung zur Wissenschaft
des Mittelalters. Hsg. von Josef Koch. Leiden, Köln
1959 (= Studien und Texte zur Geistesgeschichte des
Mittelalters, Bd.V)

Bachofer, Wolfgang: Walther von der Vogelweide: Aller
werdekeit ein füegerinne (46,32). In: Interpretationen
mittelhochdeutscher Lyrik, hsg. von Günther Jungbluth.
Bad Homburg v.d.H., Berlin, Zürich 1969, S.185-203

Backes, Herbert: Bibel und Ars praedicandi im Rolandslied des Pfaffen Konrad. Berlin 1966 (= Philologische
Studien und Quellen, H.36)

Barbian, Karl-Josef: Die altdeutschen Symbola. Beiträge
zur Quellenfrage. Steyl 1964, zugleich Diss. Münster
1963 (= Veröffentlichungen des Missionspriester-
seminars St. Augustin, Siegburg, Nr.14)

Baunack, Th.: Neue Beiträge zur Erklärung des Priester-
lebens. ZfdA 57 (1920) 49-94

Bertau, Karl: Deutsche Literatur im europäischen Mittelalter. Bd.I: 800-1197. München 1972

Betz, Werner: Deutsch und Lateinisch. Die Lehnbildungen
der althochdeutschen Benediktinerregel. Bonn 1949

Beyschlag, Siegfried: Herzeliebe und Mâze. Zu Walther
46,32. PBB 67 (1945 [recte: 1944]) 386-401

--: Die Wiener Genesis. Idee, Stoff und Form. Sitzungsberichte der Akademie der Wissenschaften in Wien.
Philosophisch-historische Klasse. 220.Band, 3.Ab-
handlung. Wien und Leipzig 1942

Bindschedler, Maria: Der Bildungsgedanke im Mittelalter.
DVjs 29 (1955) 20-36

Böckenholt, Hans-Joachim: Untersuchungen zum Bild der
Frau in den mittelhochdeutschen "Spielmannsdichtungen". Ein Beitrag zur Bestimmung des literarhistorischen Standortes der Epen "König Rother", "Salman
und Morolf", "St.Oswald" und "Orendel". Diss. Münster 1971

Böhner, Philoteus und Etienne Gilson: Christliche
Philosophie von ihren Anfängen bis Nikolaus von
Cues. 3. neubearbeitete Auflage. Paderborn 1954

Boor, Helmut de: Geschichte der deutschen Literatur von
den Anfängen bis zur Gegenwart von Helmut de Boor
und Richard Newald (= Handbücher für das germanistische
Studium). Bd.I: Die deutsche Literatur von Karl
dem Großen bis zum Beginn der höfischen Dichtung.
770-1170. Von Helmut de Boor. Vierte, verbesserte
Auflage. München 1960.
Bd.II: Die höfische Literatur. Vorbereitung, Blüte,
Ausklang. 1170-1250. Von Helmut de Boor. Vierte,
verbesserte Auflage. München 1960.
Bd.III/1: Die deutsche Literatur im späten Mittelalter. Zerfall und Neubeginn. Von Helmut de Boor.
Erster Teil. 1250-1350. München 1962

Borck, Karl Heinz: Walthers Lied 'Aller werdekeit ein
füegerinne' (Lachmann 46,32). In: Festschrift für
Jost Trier zum 70. Geburtstag. Hsg. von William
Foerste und Karl Heinz Borck. Köln, Graz 1964,
S.313-34

Brechter, Suso OSB: St. Benedikt und die Antike. In:
Benedictus. Der Vater des Abendlandes. 547-1947.
Weihegabe der Erzabtei St. Ottilien zum vierzehn-
hundertsten Todesjahr. Dargebracht und hsg. von
Heinrich Suso Brechter. München 1947, S.139-94

Brummack, Jürgen: Die Darstellung des Orients in den
deutschen Alexandergeschichten des Mittelalters.
Berlin 1966 (= Philologische Studien und Quellen
H.29)

Bumke, Joachim: Die Auflösung des Tugendsystems bei
Wernher von Elmendorf. ZfdA 88 (1957/58) 39-54

--: Die romanisch-deutschen Literaturbeziehungen im
Mittelalter. Ein Überblick. Heidelberg 1967

--: Wernher von Elmendorf. Untersuchung, Text, Kommentar.
Diss. Heidelberg 1953 (Masch.)

--: Zur Überlieferung Wernhers von Elmendorf: Die alten
Fragmente. In: Festgabe für Ulrich Pretzel zum
65. Geburtstag. Hsg. von Werner Simon, Wolfgang
Bachofer, Wolfgang Dittmann. Berlin 1963, S.33-42

Buttke, Herbert: Studien über Armut und Reichtum in der
mittelhochdeutschen Dichtung. Diss. Bonn 1938

Cary, George: The Medieval Alexander. Edited by J.A.Ross.
Cambridge 1956

Cormeau, Christoph: Hartmanns von Aue 'Armer Heinrich'
und 'Gregorius'. Studien zur Interpretation mit
dem Blick auf die Theologie zur Zeit Hartmanns.
München 1966 (= Münchener Texte und Untersuchungen
zur deutschen Literatur des Mittelalters, Bd.15)

Cruel, Rudolf: Geschichte der deutschen Predigt im
Mittelalter. Detmold 1879

Curtius, Ernst Robert: Europäische Literatur und
    lateinisches Mittelalter. 6.Auflage. Bern und
    München 1967

--: Das ritterliche Tugendsystem. DVjs 21 (1943) 343-68

Dedler, Hermann OSB: Vom Sinn der Arbeit nach der
    Regel des heiligen Benedikt. In: Benedictus.
    Der Vater des Abendlandes. 547-1947. Weihegabe
    der Erzabtei St. Ottilien zum vierzehnhundertsten
    Todesjahr. Dargebracht und hsg. von Heinrich Suso
    Brechter. München 1947, S.103-18

Dittrich, Marie-Luise: Die 'Eneide' Heinrichs von Vel-
    deke. I.Teil: Quellenkritischer Vergleich mit dem
    Roman d'Eneas und Vergils Aeneis. Wiesbaden 1966

-, Marlies: Der Dichter des 'Memento mori'. ZfdA 72
    (1935) 57-80

Dolch, Alfred Karl: Notker-Studien Teil III. Stil- und
    Quellenprobleme zu Notkers Boethius und Martianus
    Capella. New York 1952 (= New York University, Ot-
    tendorfer Memorial Series of Germanic Monographs
    Nr. 16)

Dorn, Erhard: Der sündige Heilige in der Legende des
    Mittelalters. München 1967 (= Medium Aevum Bd.10)

Ehrismann, Gustav: Geschichte der deutschen Literatur
    bis zum Ausgang des Mittelalters (= Handbuch des
    deutschen Unterrichts an Höheren Schulen, Bd.6).

    I: Erster Teil. Die althochdeutsche Literatur.
             Unveränderter Nachdruck der 1932 erschienenen
             2., durchgearbeiteten Auflage. München 1966.
    II,1:   Zweiter Teil. Die mittelhochdeutsche
             Literatur. I. Frühmittelhochdeutsche Zeit.
             Unveränderter Nachdruck der 1922 erschienenen
             1.Auflage. München 1966.
    II,2,1: Zweiter Teil. Die mittelhochdeutsche Literatur.
             II. Blütezeit. Erste Hälfte. Unveränderter
             Nachdruck der 1927 erschienenen 1.Auflage.
             München 1965.
    II,2,2: Zweiter Teil. Die mittelhochdeutsche Literatur.
             Schlußband. Unveränderter Nachdruck der 1935
             erschienenen 1.Auflage. München 1966

--: Die Grundlagen des ritterlichen Tugendsystems.
    ZfdA 56 (1918/19) 137-216

--: Über Wolframs Ethik. ZfdA 49 (1907) 405-65

Eichler, Sigurd: Studien über die Mâze. Ein Beitrag zur
    Begriffs- und Geistesgeschichte der höfischen
    Kultur. Würzburg 1942 (= Bonner Beiträge zur Deutschen
    Philologie, hsg. von Hans Naumann, Heinrich Hempel,
    Günther Weydt, H.13)

Engel, Werner: Die dichtungstheoretischen Bezeichnungen
    im "Liber evangeliorum" Otfrids von Weißenburg.
    Diss. Frankfurt a.M. 1969

Ertzdorff, Xenia von: Reinmar von Hagenau: Wiest ime ze
    muote, wundert mich (MF 153,14). In: Interpretationen
    mittelhochdeutscher Lyrik. Hsg. von Günther Jungbluth.
    Bad Homburg v.d.H., Berlin, Zürich 1969, S.137-52

Färber, Elisabeth: Höfisches und "Spielmännisches" im
    Rolandslied des Pfaffen Konrad. Diss. Erlangen 1933

Feist, Ekkehard: Der religiöse Wortschatz der althoch-
    deutschen Tatian-Übersetzung in seiner Abhängigkeit
    vom Latein der Vorlage. Studien zur Lehngutforschung.
    Diss. Freiburg i.Br. 1953

Fellerer, Karl Gustav: Die Musica in den Artes Liberales.
    In: Artes Liberales. Von der antiken Bildung zur Wis-
    senschaft des Mittelalters. Hsg. von Josef Koch. Lei-
    den, Köln 1959, S.33-49

Fischer, Wolfgang: Die Alexanderliedkonzeption des Pfaffen
    Lambreht. München 1964 (= Medium Aevum, Bd.2)

Fliegner, Gotthard: Geistliches und weltliches Rittertum
    im Rolandslied des Pfaffen Konrad. Breslau 1937

Forkel, Johann Nikolaus: Allgemeine Geschichte der Musik.
    Bd.1-2. Leipzig 1788-1801. Photomechanischer Nach-
    druck, hsg. und mit Registern versehen von Othmar
    Wessely. Graz 1967 (= Die großen Darstellungen der
    Musikgeschichte in Barock und Aufklärung. Hsg. von
    Othmar Wessely. Bd.8)

Frenzen, Wilhelm: Klagebilder und Klagegebärden in der
    deutschen Dichtung des höfischen Mittelalters.
    Diss. Würzburg 1936

Freybe, Adolf: Das Memento mori in deutscher Sitte, bildli-
    cher Darstellung und Volksglauben, deutscher Sprache,
    Dichtung und Seelsorge. Gotha 1909

Frings, Theodor: Grundlegung einer Geschichte der deutschen
    Sprache. 3.erweiterte Auflage. Halle (Saale) 1957

-- und Gertraud Müller: Keusch. In: Erbe der Vergangen-
     heit. Germanistische Beiträge. Festgabe für Karl
     Helm zum 80. Geburtstage 19.Mai 1951. Tübingen 1951,
     S.109-35

Frotscher, Gotthold: Geschichte des Orgelspiels und der
     Orgelkomposition. 2. Bde. Berlin 1935f.

Gaier, Ulrich: Satire. Studien zu Neidhart, Wittenwiler,
     Brant und zur satirischen Schreibart. Tübingen 1967

Glogner, Günther: Der mittelhochdeutsche Lucidarius eine
     mittelalterliche Summa. Münster i.W. 1937
     (= Forschungen zur deutschen Sprache und Dichtung H.8)

Göttert, Karl-Heinz: Tugendbegriff und epische Struktur
     in höfischen Dichtungen. Heinrichs des Glîchezâre
     Reinhart Fuchs und Konrads von Würzburg Engelhard.
     Köln, Wien 1971

Grabmann, Martin: Aristoteles im Werturteil des Mittelal-
     ters. In: M.G., Mittelalterliches Geistesleben. Ab-
     handlungen zur Geschichte der Scholastik und Mystik.
     Bd.II, München 1936, S.63-102

--: Der Einfluß des heiligen Augustinus auf die Ver-
     wertung und Bewertung der Antike im Mittelalter.
     In: M.G., Mittelalterliches Geistesleben. Abhandlungen
     zur Geschichte der Scholastik und Mystik. Bd.II,
     München 1936, S.1-24

--: Forschungen über die lateinischen Aristotelesüberset-
     zungen des XII. Jahrhunderts. Münster 1916

--: Mittelalterliches Geistesleben. Abhandlungen zur Ge-
     schichte der Scholastik und Mystik. Bd.I-III, Mün-
     chen 1926-1956

Grillmeier, Alois: Adoptianismus. In: LThK Bd.1, Sp.153-55

Grundmann, Herbert: Neue Beiträge zur Geschichte der
     religiösen Bewegungen im Mittelalter. Archiv für
     Kulturgeschichte 37 (1955) 129-82

Grünewald, August: Die lateinischen Einschiebsel in den
     deutschen Gedichten von der Mitte des 11. bis gegen
     Ende des 12. Jahrhunderts. Diss. Göttingen 1908

Grünewald, Hans: Die pädagogischen Grundsätze der
     Benediktinerregel. Diss. München 1939

Harms, Wolfgang: Der Kampf mit dem Freund oder Ver-
     wandten in der deutschen Literatur bis um 1300.
     München 1963 (= Medium Aevum Bd.1)

Haubrichs, Wolfgang: Ordo als Form. Strukturstudien zur Zahlenkomposition bei Otfrid von Weißenburg und in karolingischer Literatur. Tübingen 1969 (= Hermaea. Germanistische Forschungen. N.F. Bd.27)

Hauck, Albert: Kirchengeschichte Deutschlands. 5 Bde. Leipzig 1911-1929

Hautkappe, Franz: Über die altdeutschen Beichten und ihre Beziehungen zu Cäsarius von Arles. Münster 1917 (= Forschungen und Funde. Hsg. von Franz Jostes. Bd.IV, H.5)

Hegel, Georg Wilhelm Friedrich: Phänomenologie des Geistes. Nach dem Texte der Originalausgabe hsg. von Johannes Hoffmeister. Hamburg, 6.Auflage 1952 (= Philosophische Bibliothek Bd.114)

Hempel, Wolfgang: Übermuot diu alte ... Der Superbia-Gedanke und seine Rolle in der deutschen Literatur des Mittelalters. Bonn 1970 (= Studien zur Germanistik, Anglistik und Komparatistik. Hsg. von Armin Arnold. Bd.1)

Henschel, E.: Zu Heinrich von Melk. Jb. der Kirchlichen Hochschule Berlin (= Theologia viatorum) 4 (1952) 267-73

Henzen, Walter: Deutsche Wortbildung. 3.Auflage. Tübingen 1965

Hermanns, Wilhelm: Über den Begriff der Mäßigung in der patristisch-scholastischen Ethik von Clemens v. Alexandrien bis Albertus Magnus (Mit Berücksichtigung seines Einflusses auf die lateinische und mittelhochdeutsche Poesie.) Bonner Diss., Aachen 1913

Hertz, Wilhelm: Aristoteles in den Alexanderdichtungen des Mittelalters. München 1890 (= Abhandlungen der Bayr. Akademie der Wissenschaften, Phil.-Hist. Kl. XIX,1)

Herwegen, Ildefons: Sinn und Geist der Benediktinerregel. Einsiedeln/Köln 1944

Heufelder, Emmanuel Maria: Strenge und Milde. Die Strafkapitel der Benediktinerregel. In: Benediktinische Monatschrift zur Pflege religiösen und geistigen Lebens 28 (1952) 6-18

Hinterkausen, Siegfried: Die Auffassung von Zeit und Geschichte in Konrads Rolandslied. Diss. Bonn 1967

Hoefer, H.: Quellennachweise zu Wernher von Elmendorf.
ZfdA 26 (1882) 87-96

Hoffmann, Paul Th.: Der mittelalterliche Mensch. Gesehen
aus Welt und Umwelt Notkers des Deutschen. 2., durch-
gesehene und verbesserte Auflage. Leipzig 1937

Hoppe, Ruth: Die romanische Geste im Rolandslied. Königsberg 1938 (= Schriften der Albertus-Universität,
Geisteswiss. Reihe 10)

Ibach, Helmut: Zu Wortschatz und Begriffswelt der althochdeutschen Benediktinerregel. PBB (Halle) 78 (1956) 1-
110; 79 (1957) 106-85; 80 (1958) 190-271; 81 (1959)
123-73; 82 (1960/61) 371-437

Interpretationen mittelhochdeutscher Lyrik. Hsg. von Günther Jungbluth. Bad Homburg v.d.H., Berlin, Zürich
1969

Iser, Wolfgang: Die Appellstruktur der Texte. Unbestimmtheit als Wirkungsbedingung literarischer Prosa.
Konstanz 1971 (= Konstanzer Universitätsreden. Hsg.
von Gerhard Hess. Nr.28)

Jaehrling, Jürgen: Die philosophische Terminologie Notkers
des Deutschen in seiner Übersetzung der Aristotelischen
"Kategorien". Berlin 1969 (= Philologische Studien und
Quellen H.47)

Jenčič, Renate: Die lexikologische Bedeutung der Regula Benedicti. Diss. Wien 1965

Kelle, Johann: Die philosophischen Kunstausdrücke in Notkers
Werken. München 1886 (= Abhandlungen der königlich
bayerischen Akademie der Wissenschaften. Classe I,
Bd.XVIII, Abt.I)

--: Die rhetorischen Kunstausdrücke in Notkers Werken.
München 1899 (= Abhandlungen der königlich bayerischen
Akademie der Wissenschaften. Classe I, Bd.XXI, Abt.III)

Kienle, Mathilde von: Der Schicksalsbegriff im Altdeutschen.
Wörter und Sachen XV (1933) 81-111

Kleiber, Pauline: Studien zum Wortschatz im Psalter Notkers
III. Diss. Freiburg i.B. 1959 (= Teil 1 der Diss.)

--: Lateinisch-Althochdeutsches Glossar zum Psalter Notkers III. Freiburg i.B. 1962 (= Teil 2 der Diss.)

Klein, Karl Kurt: Zum dichterischen Spätwerk Walthers von
der Vogelweide. Der Streit mit Thomasin von Zerclaere.
In: Germanistische Abhandlungen. Hsg. von Karl Kurt
Klein und Eugen Thurnher. Innsbruck 1959, S.59-109
(= Innsbrucker Beiträge zur Kulturwissenschaft, Bd.6)

Klinkenberg, Hans Martin: Der Verfall des Quadriviums im
    frühen Mittelalter. In: Artes Liberales. Von der
    antiken Bildung zur Wissenschaft des Mittelalters.
    Hsg. von Josef Koch. Leiden, Köln 1959, S.1-32

Korn, Karl: Studien über "Freude und Trûren" bei mittel-
    hochdeutschen Dichtern. Beiträge zu einer Problemge-
    schichte. Leipzig 1932 (= Von deutscher Poeterey.
    Forschungen und Darstellungen aus dem Gesamtgebiet
    der deutschen Philologie, Bd.12)

Kraus, Carl von: Des Minnesangs Frühling. Untersuchungen.
    Leipzig 1939

--: Walther von der Vogelweide. Untersuchungen. Berlin
    und Leipzig 1935

Kuhn, Hugo: Thomasin von Zerklaere. Verf.-Lex. IV,466-72

Lange, Klaus: Geistliche Speise. Untersuchungen zur Meta-
    phorik der Bibelhermeneutik. ZfdA 95 (1966) 81-122

Leicher, Richard: Die Totenklage in der deutschen Epik
    von der ältesten Zeit bis zur Nibelungen-Klage.
    Breslau 1927 (= Germanistische Abhandlungen 58)

Luginbühl, Emil: Studien zu Notkers Übersetzungskunst.
    Mit einem Anhang: Die Altdeutsche Kirchensprache.
    Einleitung von Stefan Sonderegger. Berlin 1970.
    Photomechanischer Nachdruck der Ausgabe "Studien
    zu Notkers Übersetzungskunst", Abhandlung zur Er-
    langung der Doktorwürde der philosophischen Fakultät I
    der Universität Zürich, Weida i.Thür. 1933, sowie
    "Die Altdeutsche Kirchensprache", Wissenschaftliche
    Beiträge zum 80. Programm der St. Gallischen Kantons-
    schule und der Sekundarlehramtsschule des Kantons
    St. Gallen für das Schuljahr 1936/37. St. Gallen 1936
    (= Das Althochdeutsche von St. Gallen. Texte und Unter-
    suchungen zur sprachlichen Überlieferung St. Gallens
    vom 8. bis zum 12. Jahrhundert. Hsg. von Stefan
    Sonderegger. Bd.1)

Mager, Elisabeth: Der Standescharakter der Tapferkeit.
    Ein Vergleich zwischen Chanson de Roland und mittel-
    hochdeutschem Rolandslied. In: Wissenschaftliche
    Zeitschrift der Ernst-Moritz-Arndt-Universität
    Greifswald, Gesellschafts- und sprachwissenschaftliche
    Reihe, 15 (1966) 545-49

Mähl, Sibylle: Quadriga virtutum. Die Kardinaltugenden in
    der Geistesgeschichte der Karolingerzeit. Köln, Wien
    1969 (= Beihefte zum Archiv für Kulturgeschichte,
    H.9)

Mahrenholz, Christhard: Die Berechnung der Orgelpfeifenmensuren vom Mittelalter bis zur Mitte des 19. Jahrhunderts. Kassel 1938

Martin, Ernst: Wolframs von Eschenbach Parzival und Titurel. Hsg. und erklärt von E.M. 2.Teil: Kommentar.
Halle a.S. 1903

Maurer, Friedrich: Leid. Studien zur Bedeutungs- und Problemgeschichte, besonders in den großen Epen der staufischen Zeit. Bern, München 1951 (= Bibliotheca germa-
nica Bd.1)

Mehring, Marga: Die Lehnprägungen in Notkers Übersetzung
der "Nuptiae Philologiae et Mercurii" des Martianus
Capella. Diss. Bonn 1958

Meissburger, Gerhard: Grundlagen zum Verständnis der
deutschen Mönchsdichtung im 11. und im 12. Jahrhundert. München 1970

Mohr, Wolfgang: 'arme ritter'. ZfdA 97 (1968) 127-34

Morciniec, Norbert: Die nominalen Wortzusammensetzungen
in den Schriften Notkers des Deutschen. PBB (Halle)
81 (1959) 263-94

Müller, Günther: Gradualismus. Eine Vorstudie zur altdeutschen Literaturgeschichte. DVjs 2 (1924)
681-720

Müller, Jürgen: Studien zur Ethik und Metaphysik des Thomasin v. Circlaere. Königsberg 1935 (= Königsberger
Deutsche Forschungen. Hsg. von Paul Hankamer, Gottfried Weber, Walther Ziesemer. H.12)

Naumann, Hans: Versuch einer Geschichte der deutschen
Sprache als Geschichte des deutschen Geistes. DVjs
1 (1923) 139-60

--: Der wilde und der edle Heide. (Versuch über die
höfische Toleranz.). In: Vom Werden des deutschen
Geistes. Festgabe Gustav Ehrismann zum 8.Oktober 1925
dargebracht von Freunden und Schülern. Hsg. von
Paul Merker und Wolfgang Stammler. Berlin und Leipzig
1925, S.80-101

Neuhold, Hans: Die althochdeutsche Interlinearversion der
Benediktinerregel und ihre lateinischen Vorlagen.
Diss. Wien 1956

Ohly, Ernst Friedrich: Sage und Legende in der Kaiser-
chronik. Untersuchungen über Quellen und Aufbau der
Dichtung. Münster 1940 (= Forschungen zur deutschen
Sprache und Dichtung, H.10. Neudruck Darmstadt 1968)

-, Friedrich: Vom geistigen Sinn des Wortes im Mittel-
    alter. ZfdA 89 (1958/59) 1-23

--: Geistige Süße bei Otfried. In: Typologia litterarum.
    Festschrift für Max Wehrli, hsg. von Stefan Sonder-
    egger, Alois M. Haas und Harald Burger. Zürich,
    Freiburg i.Br. 1969, S.95-124

--: Zum Reichsgedanken des deutschen Rolandsliedes.
    ZfdA 77 (1940) 189-217

Olschki, Leonardo: Der geometrische Geist in Literatur
    und Kunst. DVjs 8 (1930) 516-38

Pörnbacher, Hans: Bamberger Glaube und Beichte und die
    kirchliche Bußlehre im 11. Jahrhundert. In: Fest-
    schrift für Max Spindler zum 75. Geburtstag. Hsg.
    von Dieter Albrecht, Andreas Kraus, Kurt Reindel.
    München 1969, S.99-114

Quint, Josef: Die Bedeutung des Paradiessteins im
    Alexanderlied. In: Formenwandel. Festschrift zum
    65. Geburtstag von Paul Böckmann. Hsg. von Walter
    Müller-Seidel und Wolfgang Preisendanz. Hamburg
    1964, S.9-26

--: Ein Beitrag zur Textinterpretation von Gottfrieds
    Tristan und Wolframs Parzival. In: Festschrift
    Helmut de Boor zum 75. Geburtstag am 24.März 1966.
    Hsg. von den Direktoren des Germanischen Seminars
    der Freien Universität Berlin. Tübingen 1966, S.71-
    91

Ranke, Friedrich: Sprache und Stil im Wälschen Gast des
    Thomasin von Circlaria. Berlin 1908 (= Palaestra
    Bd.68)

--: Zur Symbolik des Grals bei Wolfram von Eschenbach.
    Trivium 4 (1946) 20-30

Rathofer, Johannes: Rez. von Hans Eggers (Hsg.), Der alt-
    hochdeutsche Isidor. ATB Nr.63. Tübingen 1964. In:
    RhVB. 31 (1966/67) 461-67

Raumer, Rudolf von: Die Einwirkung des Christenthums auf
    die Althochdeutsche Sprache. Ein Beitrag zur Ge-
    schichte der Deutschen Kirche. Stuttgart 1845

Rehm, Walther: Kulturverfall und spätmittelhochdeutsche
    Didaktik. Ein Beitrag zur Frage der geschichtlichen
    Alterung. ZfdPh 52 (1927) 289-330

Reichmann, Oskar: Deutsche Wortforschung. Stuttgart 1969

Reiffenstein, Ingo: Die althochdeutsche Kirchensprache.
In: Germanistische Abhandlungen. Hsg. von Karl Kurt
Klein und Eugen Thurnher. Innsbruck 1959, S.41-58
(= Innsbrucker Beiträge zur Kulturwissenschaft,
Bd.6)

Reissenberger, Karl: Über Hartmanns Rede vom Glauben.
Ein Beitrag zur deutschen Literaturgeschichte. Diss.
(Leipzig), Hermannstadt 1871

Rocher, Daniel: 'Aller werdekeit ein füegerinne'. EG 24
(1969) 181-93

Roggenkamp, Hans: Maß und Zahl. In: Hartwig Beseler und
Hans Roggenkamp, Die Michaeliskirche in Hildesheim.
Berlin 1954, S.119-56

Röhr, Helmut: Die politische Umwelt des deutschen Rolandsliedes. PBB 64 (1940) 1-39

Rosenfeld, Hellmut: Das Jüngere Hildebrandslied. Verf.-
Lex. V,413-16

Roth, Marie: Über den Wortschatz der Benediktinerregel.
Diss. Heidelberg 1921

Rupp, Heinz: Deutsche religiöse Dichtungen des 11. und
12. Jahrhunderts. Untersuchungen und Interpretationen.
Freiburg i.Br. 1958
(Rez. W.Schröder, AfdA 71 (1958/59) 6-13; L.Wolff,
GRM 40 (1959) 433-37)

Ruppert, Lothar: Die Josephserzählung der Genesis. Ein
Beitrag zur Theologie der Pentateuchquellen. Diss.
München 1965

Ruprecht, Dietrich: Tristitia. Wortschatz und Vorstellung
in den althochdeutschen Sprachdenkmälern. Göttingen
1959 (= Palaestra Bd.227)

Sanders, Willy: Glück. Zur Herkunft und Bedeutungsentwicklung eines mittelalterlichen Schicksalsbegriffs.
Köln, Graz 1965 (= Niederdeutsche Studien Bd.13)

Sandrock, Lucie: Das Herrscherideal in der erzählenden
Dichtung des deutschen Mittelalters. Münsteraner
Diss., Emsdetten 1931

Sauerland, H. von: Wernher von Elmendorf. ZfdA 30 (1886)
1-58

Scharmann, Th.: Studien über die Saelde in der ritterlichen
Dichtung des 12. und 13. Jahrhunderts. Würzburg 1935

Schelenz, Hermann: Geschichte der Pharmazie. Hildesheim
    1962

Scherer, Wilhelm: Der Ausdruck des Schmerzes und der
    Freude in den mittelhochdeutschen Dichtungen der
    Blütezeit. Diss. Straßburg 1908

Scherer, Wilhelm: Geschichte der deutschen Dichtung im
    11. und 12. Jahrhundert. Berlin 1883

Schieb, Gabriele: Henric van Veldeken. Eneide II, Unter-
    suchungen von G.Sch. unter Mitwirkung von Theodor
    Frings. Berlin 1965 (= Deutsche Texte des Mittel-
    alters, Bd.LIX)

Schmidt, Josef: Essen und Trinken. In: LThK 3,1112f.

Schmidt-Görg, Joseph: Ein althochdeutscher Traktat über die
    Mensur der Orgelpfeifen. Kirchenmusikalisches Jahrbuch
    27 (1932) 58-64

Schmitz, Philibert OSB: Geschichte des Benediktinerordens.
    Bd.1-4. Einsiedeln, Zürich 1947-1960

Schönbach, Anton Emanuel: Die Quelle Wernhers von Elmen-
    dorf. ZfdA 34 (1890) 55-75

--: Studien zur Geschichte der altdeutschen Predigt. I:
    Über Kelle's 'Speculum ecclesiae'. Sitzungsberichte
    der Kais. Akademie der Wissenschaften in Wien.
    Philosophisch-historische Klasse, Bd.CXXXV. Wien 1896.
    Reprographischer Nachdruck Hildesheim 1968

--: Über Hartmann von Aue. Drei Bücher Untersuchungen von
    A.E.Sch. Graz 1894

Schröbler, Ingeborg: Notker III von St. Gallen als Über-
    setzer und Kommentator von Boethius' De Consolatione
    Philosophiae. Tübingen 1953 (= Hermaea. Germanistische
    Forschungen. N.F. Bd.2)

Schröder, Werner: 'Armuot'. DVjs 34 (1960) 501-26

--: Dido und Lavine. ZfdA 88 (1957/58) 161-95

--: Zum Vanitas-Gedanken im deutschen Alexanderlied.
    ZfdA 91 (1961/62) 38-55

Schubert, Hans von: Geschichte der christlichen Kirche
    im Frühmittelalter. Ein Handbuch. Tübingen 1921

• Schulze, Paul: Die Entwicklung der Hauptlaster- und
    Haupttugendlehre von Gregor dem Großen bis Petrus

Lombardus und ihr Einfluß auf die frühdeutsche
Literatur. Greifswald 1914

Schützeichel, Rudolf: Das alemannische Memento mori. Das
Gedicht und der geistig-historische Hintergrund.
Tübingen 1962

--: Zum Hildebrandslied. In: Typologia litterarum. Festschrift für Max Wehrli, hsg. von Stefan Sonderegger,
Alois M. Haas und Harald Burger. Zürich, Freiburg i.Br.
1969, S.83-94

Schwab, Ute: Lex et gratia. Der literarische Exkurs Gottfrieds von Strassburg und Hartmanns Gregorius. Messina
1967 (= Università degli studi di Messina. Facoltà di
magistro. Pubblicazioni dell'istituto di lingue e
letterature straniere 1)

Schwarz, Heinz-Otto: Die Lehnbildungen der Psalmenübersetzung Notkers von St. Gallen. Diss. Bonn 1957

Schweikle, Günther: 'Minne' und 'Mâze'. Zu 'Aller werdekeit
ein füegerinne' (Walther 46,32). DVjs 37 (1963)
498-528

Schwietering, Julius: Die Demutsformel mittelhochdeutscher
Dichter. Berlin 1921 (= Abhandlungen der königlichen
Gesellschaft der Wissenschaften zu Göttingen.
Philologisch-Historische Klasse. Neue Folge Bd.XVII)

--: Die deutsche Dichtung des Mittelalters. 2.unveränderte
Auflage. Darmstadt 1957. Unveränderter fotomechanischer
Nachdruck der 1.Auflage (= Handbuch der Literatur-
wissenschaft. Hsg. von Oskar Walzel)

Siegert, Ernst Peter: Der Wälsche Gast des Thomasin von
Zerklaere. Didaktischer Gehalt und künstlerischer
Aufbau. Diss. Frankfurt a.M. 1953

Speckenbach, Klaus: Studien zum Begriff 'edelez herze' im
Tristan Gottfrieds von Straßburg. München 1965
(= Medium Aevum Bd.6)

Stammler, Wolfgang: Die Anfänge weltlicher Dichtung in
deutscher Sprache. In: W.St., Kleine Schriften zur
Literaturgeschichte des Mittelalters. Berlin,
Bielefeld, München 1953. Zuerst in ZfdPh 70 (1948/
49) 10-32

--: Aristoteles und die Septem Artes Liberales im Mittelalter. In: Der Mensch und die Künste. Festschrift
für Heinrich Lützeler zum 60. Geburtstage. Düsseldorf 1962, S.196-214

Steenberghen, Fernand van: Aristotle in the West. The
     Origin of Latin Aristotelianism. Translated by
     Leonard Johnston. Louvain 1955

Steidle, Basilius: Dominica schola servitii. Zum Ver-
     ständnis des Prologes der Regel St. Benedikts. In:
     Benediktinische Monatschrift zur Pflege religiösen
     und geistigen Lebens 28 (1952) 397-406

Stosiek, Konrad: Das Verhältnis Karls des Großen zur
     Klosterordnung mit besonderer Rücksicht auf die
     regula Benedicti. Diss. Greifswald 1909

Szklenar, Hans: Studien zum Bild des Orients in vor-
     höfischen deutschen Epen. Göttingen 1966
     (= Palaestra Bd.243)

Tax, Petrus W.: Wort, Sinnbild, Zahl im Tristanroman.
     Studien zum Denken und Werten Gottfrieds von Straß-
     burg. Berlin 1961 (= Philologische Studien und
     Quellen H.8)

Taylor, Archer: "When Wine Is In, Wit Is Out". In:
     Nordica et Anglica. Studies in Honor of Stefán
     Einarsson. Ed. by Allan H. Orrick. The Hague, Paris
     1968, S.53-56

Teske, Hans: Thomasin von Zerclaere. Der Mann und sein
     Werk. Heidelberg 1933 (= Germanische Bibliothek.
     Begründet von Wilhelm Streitberg. Zweite Abteilung:
     Untersuchungen und Texte. 34.Bd.)

Traub, Gerhard: Studien zum Einfluß Ciceros auf die
     höfische Moral. Greifswald 1933 (= Deutsches Werden.
     Greifswalder Forschungen zur deutschen Geistes-
     geschichte. Hsg. von Leopold Magon und Wolfgang
     Stammler. H.1)

Traube, Ludwig: Textgeschichte der Regula S. Benedicti.
     2.Auflage hsg. von H.Plenkers. München 1910 (= Ab-
     handlungen der Königlich Bayerischen Akademie der
     Wissenschaften. Philosophisch-philologische und
     historische Klasse. XXV.Bd., 2.Abhandlung)

Trier, Jost: Der deutsche Wortschatz im Sinnbezirk des
     Verstandes. Die Geschichte eines sprachlichen Feldes.
     Bd.I: Von den Anfängen bis zum Beginn des 13. Jahr-
     hunderts. Heidelberg 1931

Ueberwasser, Walter: Nach rechtem Masz. Aussagen über
     den Begriff des Maszes in der Kunst des XIII.-XVI.
     Jahrhunderts. Jahrbuch der Preuszischen Kunstsammlungen
     56, Berlin 1935, 250-72

Ueberweg, Friedrich: Grundriß der Geschichte der
    Philosophie. 2.Teil: Die mittlere oder die
    patristische und scholastische Zeit. Zehnte, voll-
    ständig neu bearbeitete und stark vermehrte, mit
    einem Philosophen- und Literatoren-Register ver-
    sehene Auflage hsg. von Matthias Baumgartner.
    Berlin 1915

Urbanek, Ferdinand: Umfang und Intention von Lamprechts
    Alexanderlied. ZfdA 99 (1970) 96-120

Walter, Hermenegild OSB: Die benediktinische Discretio.
    In: Benedictus. Der Vater des Abendlandes. 547-1947.
    Weihegabe der Erzabtei St. Ottilien zum vierzehn-
    hundertsten Todesjahr. Dargebracht und hsg. von
    Heinrich Suso Brechter. München 1947, S.195-212

Wapnewski, Peter: Deutsche Literatur des Mittelalters.
    Ein Abriß. Göttingen 1966

Warfelmann, Fritz: Die althochdeutschen Bezeichnungen für
    die Gefühle der Lust und der Unlust. Diss. Greifs-
    wald 1906

Weber, Gottfried und Helga Kilian: Kosmos und Chaos sub
    specie aeternitatis: 'ordo' als Existenzproblem des
    hohen Mittelalters. In: Literatur und Geistesge-
    schichte. Festgabe für Heinz Otto Burger. Hsg. von
    Reinhold Grimm und Conrad Wiedemann. Berlin 1968,
    S.21-49

Wechssler, Eduard: Das Kulturproblem des Minnesangs.
    Halle a.S. 1909

Weinand, Heinz Gerd: Tränen, Untersuchungen über das Wei-
    nen in der deutschen Sprache und Literatur des Mittel-
    alters. Bonn 1958 (= Abhandlungen zur Kunst-, Musik-
    und Literaturwissenschaft, Bd.5)

Wells, David A.: The Vorau 'Moses' and 'Balaam'. A Study
    of their Relationship to Exegetical Tradition. Cam-
    brigde 1970

Wentzlaff-Eggebert, Friedrich-Wilhelm: Ritterliche Lebens-
    lehre und antike Ethik. DVjs 23 (1949) 252-73

Werner, Ernst: Pauperes Christi. Studien zu sozial-
    religiösen Bewegungen im Zeitalter des Reform-
    papsttums. Leipzig 1956

Wettstein, Jacques: "Mezura". L'Idéal des Troubadours.
    Son essence et ses aspects. Thèse présentée à la
    Faculté des Lettres de l'Université de Berne.
    Zurich 1945

Wießner, Edmund: Kommentar zu Heinrich Wittenwilers
    Ring. Unveränderter reprografischer Nachdruck
    der Ausgabe Leipzig 1936. Darmstadt 1964 (= DLE,
    Reihe Realistik des Spätmittelalters, Kommentar
    zu Bd.3)

Willson, Bernard: Wolframs Bogengleichnis. ZfdA 91
    (1961/62) 56-62

Wirth, Alois Peter: Vor- und Frühgeschichte des Wortes
    'arm'. Diss. Freiburg i.Br. 1966

Zöckler, Otto: Das Kreuz Christi. Religionshistorische
    und kirchlich-archäologische Untersuchungen. Zu-
    gleich ein Beitrag zur Philosophie der Geschichte.
    Gütersloh 1875

--: Das Lehrstück von den sieben Hauptsünden. Beitrag
    zur Dogmen- und zur Sittengeschichte, insbesondere
    der vorreformatorischen Zeit. Nebst einer Textbeilage:
    Der Kampf der Laster und der Tugenden nach Matthias
    Farinator und seinen mhd. Exzerptoren. In: O.Z.,
    Biblische und kirchenhistorische Studien. Nr.III.
    München 1893

VI. Wörterbücher, Lexika und sonstige Hilfsmittel

Althochdeutscher Sprachschatz, oder Wörterbuch der
    althochdeutschen Sprache, ... etymologisch und
    grammatisch bearbeitet von Eberhard Gottlieb Graff.
    Erster bis sechster Teil. Darmstadt 1963. Nachdruck
    der Ausgabe Berlin 1834-1842. - Vollständiger
    alphabetischer Index zu dem althochdeutschen Sprach-
    schatze von E.G.Graff. Ausgearbeitet von H.F.Massmann.
    Darmstadt 1963. Nachdruck der Ausgabe Berlin 1846.

Althochdeutsches Glossenwörterbuch (mit Stellennach-
    weis zu sämtlichen gedruckten althochdeutschen und
    verwandten Glossen). Zusammengetragen, bearbeitet
    und hsg. von Taylor Starck und J.C.Wells. Heidel-
    berg 1972ff., bisher 2 Lieferungen (A-fiscâri).
    (= Germanische Bibliothek, 2.Reihe = Wörterbücher)

Althochdeutsches Wörterbuch. Auf Grund der von Elias von
    Steinmeyer hinterlassenen Sammlungen im Auftrag der
    Sächsischen Akademie der Wissenschaften zu Leipzig
    begründet von Elisabeth Karg-Gasterstädt und
    Theodor Frings. Bd.I: A und B. Berlin 1968; Bd.II:
    C und D, hsg. von Rudolf Grosse, Berlin 1970,
    1.Lieferung; Bd.III: E und F, hsg. von Rudolf Grosse,
    Berlin 1971, 1.Lieferung

Die Bibel. Die heilige Schrift des Alten und Neuen Bundes.
    Deutsche Ausgabe mit den Erläuterungen der Jerusalemer
    Bibel hsg. von Diego Arenhoevel, Alfons Deissler und
    Anton Vögtle. Freiburg i.Br., Basel, Wien 1968

Die Bibel oder die ganze Heilige Schrift des Alten und
    Neuen Testaments nach der deutschen Übersetzung
    D.Martin Luthers. Neu durchgesehen nach dem vom
    Deutschen Evangelischen Kirchenausschuß genehmigten
    Text. Taschen-Ausgabe. Stuttgart 1930

Biblia Sacra iuxta Vulgatam Clementinam nova editio.
    Logicis partitionibus aliisque subsidiis ornata a
    Alberto Colunga et Laurentio Turrado. Quarta editio.
    Matriti 1965

Die deutsche Literatur des Mittelalters. Verfasserlexikon.
    5 Bände. Hsg. von Wolfgang Stammler und Karl Langosch.
    Berlin, Leipzig 1933-1955

Deutsches Wörterbuch von Jacob und Wilhelm Grimm. 16 Bände.
    Leipzig 1854ff.

Du Cange, Charles Du Fresne Sieur: Glossarium mediae
et infimae latinitatis. Editio nova. Ed. Léopold
Favre. 8 Bände. 1883-1887. Unveränderter Nachdruck Graz 1954

Duden, Grammatik der deutschen Gegenwartssprache. Hsg.
von der Dudenredaktion unter Leitung von Paul Grebe.
3., neu bearbeitete und erweiterte Auflage. Mann-
heim/Wien/Zürich 1973 (= Der Große Duden Bd.4)

Eggers, Hans: Vollständiges lateinisch-althochdeutsches
Wörterbuch zur althochdeutschen Isidor-Übersetzung.
Berlin 1960 (= Deutsche Akademie der Wissenschaften
zu Berlin. Veröffentlichungen des Instituts für deutsche Sprache und Literatur 20)

Glossar der Sprache Otfrids. Bearbeitet von Johann Kelle.
Neudruck der Ausgabe 1881. Aalen 1963 (= Otfrids von
Weißenburg Evangelienbuch. Text, Einleitung, Grammatik,
Metrik, Glossar. Von Johann Kelle. 3.Bd.)

Ausführliches lateinisch-deutsches Handwörterbuch. Ausgearbeitet von Karl Ernst Georges. 11.Auflage. Nachdruck der achten verbesserten und vermehrten Auflage
von Heinrich Georges. 2 Bde. Hannover 1962

Lateinisches etymologisches Wörterbuch. Von Alois Walde.
3., neubearbeitete Auflage von Johann Baptist Hofmann.
2 Bände und 1 Registerband. Heidelberg 1938-1956
(= Idg. Bibliothek, 1.Abt., II.Reihe, 1.Bd.)

Lexikon für Theologie und Kirche. Begründet von Michael
Buchberger. Zweite, völlig neu bearbeitete Auflage.
Hsg. von Josef Höfer und Karl Rahner. 10 Bde.,
1 Registerband, 3 Ergänzungsbände. Freiburg i.B.
1957-1968

Merguet, Hugo: Handlexikon zu Cicero. Leipzig 1905

Merguet, Hugo: Lexikon zu den philosophischen Schriften
Cicero's. Mit Angabe sämtlicher Stellen. Bd.1-3.
Jena 1887-1894

Mittelhochdeutsche Grammatik von Hermann Paul. 20.Auflage
von Hugo Moser und Ingeborg Schröbler. Tübingen 1969

Mittelhochdeutsches Handwörterbuch von Matthias Lexer.
Zugleich als Supplement und alphabetischer Index zum
Mittelhochdeutschen Wörterbuche von Benecke-Müller-
Zarncke. Erster Band: A-M. Leipzig 1872. Zweiter
Band: N-U. Leipzig 1876. Dritter Band: VF-Z. Nach-
träge. Leipzig 1878. Nachdruck Stuttgart 1965

Mittelhochdeutsches Wörterbuch, mit Benutzung des Nach-
lasses von Georg Friedrich Benecke, ausgearbeitet von
Wilhelm Müller und Friedrich Zarncke. 3 Bde., Leipzig 1854-1866. Reprografischer Nachdruck Hildesheim
1963

Die Musik in Geschichte und Gegenwart. Allgemeine Enzyklo-
pädie der Musik. Unter Mitarbeit zahlreicher Musikforscher des In- und Auslandes hsg. von Friedrich
Blume. 14 Bände. Kassel, Basel, London, Paris, New
York 1949-1968

Notker-Glossar. Ein Althochdeutsch-Lateinisch-Neuhochdeut-
sches Wörterbuch zu Notkers des Deutschen Schriften
von Edward H. Sehrt. Tübingen 1962

Notker-Wortschatz. Das gesamte Material zusammengetragen
von Edward H. Sehrt und Taylor Starck. Bearbeitet
und hsg. von Edward H. Sehrt und Wolfram K. Legner.
Halle (Saale) 1955

Paul, Hermann: Deutsches Wörterbuch. 5., völlig neubearbeitete und erweiterte Auflage von Werner Betz.
Tübingen 1966

Pokorny, Julius: Indogermanisches etymologisches Wörterbuch. I.-II.Bd. Bern und München 1959-1969

Die Religion in Geschichte und Gegenwart. Handwörterbuch
für Theologie und Religionswissenschaft. Dritte,
völlig neu bearbeitete Auflage hsg. von Kurt Galling.
6 Bände und 1 Registerband. Tübingen 1957-1965

Schneider, Wolfgang: Lexikon alchemistisch-pharmazeutischer
Symbole. Weinheim/Bergstr. 1962

Schützeichel, Rudolf: Althochdeutsches Wörterbuch.
Tübingen 1969

Theologisches Wörterbuch zum Neuen Testament. In Verbindung mit zahlreichen Fachgenossen hsg. von Gerhard
Kittel. 8 Bände. Stuttgart 1933-1969

Vergleichendes Wörterbuch der gotischen Sprache. Mit
Einschluß des Krimgotischen und sonstiger zerstreuter
Überreste des Gotischen. Von Sigmund Feist. Dritte
neubearbeitete und vermehrte Auflage. Leiden 1939

Walde, Alois: Vergleichendes Wörterbuch der indogermanischen
     Sprachen. Hsg. und bearbeitet von Julius Pokorny. I.-
     II.Bd., III.Bd. Register. Berlin und Leipzig 1927-1932

Wortschatz der Germanischen Spracheinheit unter Mitwirkung
     von Hjalmar Falk gänzlich umgearbeitet von Adolf Torp.
     Göttingen 1909 (= Vergleichendes Wörterbuch der Indo-
     germanischen Sprachen von August Fick. 4.Auflage, 3.
     Teil)

Nachtrag zu V-VI:

Coseriu, Eugenio: Einführung in die strukturelle Betrachtung
     des Wortschatzes. In Zusammenarbeit mit Erich Brauch und
     Gisela Köhler hsg. von Gunter Narr. Tübingen 1970 (= Tü-
     binger Beiträge zur Linguistik 14)

Gauger, Hans-Martin: Wort und Sprache. Sprachwissenschaftli-
     che Grundfragen. Tübingen 1970 (= Konzepte der Sprach-
     und Literaturwissenschaft. 3.)

--: Durchsichtige Wörter. Zur Theorie der Wortbildung. Hei-
     delberg 1971 (= Bibliothek der Allgemeinen Sprachwissen-
     schaft)

Gröger, Otto: Die althochdeutsche und altsächsische Komposi-
     tionsfuge mit Verzeichnis der althochdeutschen und altsäch-
     sischen Composita. Zürich 1911 (= Abh. hsg. von der Ges.
     f. dt. Sprache in Zürich XI)

Hoberg, Rudolf: Die Lehre vom sprachlichen Feld. Ein Beitrag
     zu ihrer Geschichte, Methodik und Anwendung. Düsseldorf
     1970 (= Sprache der Gegenwart. Bd.11)

Schmidt, Wilhelm: Lexikalische und aktuelle Bedeutung. Ein
     Beitrag zur Theorie der Wortbedeutung. Berlin, 3.Aufl.
     1966 (= Schriften zur Phonetik, Sprachwissenschaft und
     Kommunikationsforschung Nr.7)

Ullmann, Stephen: Grundzüge der Semantik. Die Bedeutung in
     sprachwissenschaftlicher Sicht. Deutsche Fassung von Su-
     sanne Koopmann. Zweite, unveränderte Auflage. Berlin,
     New York 1972

Bildnachweis

Abb. 1   Herrade de Landsberg, Hortus Deliciarum.
         Ed. par Joseph Walter. Strasbourg, Paris
         1952. Tom. 2: Planches, XXXII.

Abb. 2   ebd., IX.

Abb. 3   Cod.Pal.Germ.389 (Heidelberger Pergament-
         handschrift), Hs.A des "Wälschen Gastes"
         Thomasins von Circlaria, Abb. Nr.100
         (Fol.154^a), im Besitz der Universitäts-
         bibliothek Heidelberg.

Abb. 4   ebd.

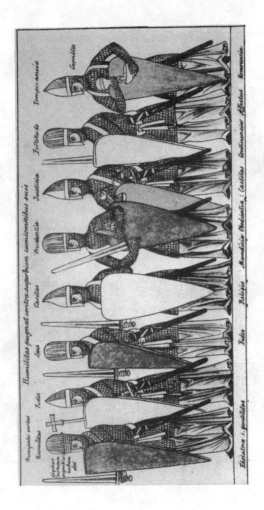

Abb.1: Die Kardinaltugenden Prudentia, Iustitia, Fortitudo und Temperantia streiten, angeführt von Humilitas und begleitet von Fides, Spes und Caritas,
gegen die Superbia.
Ausschnitt aus Tafel XXXII 'Le combat des vertus
et des vices' des Hortus Deliciarum der Herrad von
Landsberg.

Abb.2: Geometria mit Elle und Zirkel unter dem Spruch- -
band: 'Terrae mensuras per multas dirigo curas'.
Ausschnitt aus einer Darstellung der 'septem artes
liberales' im Hortus Deliciarum der Herrad von
Landsberg (Tafel IX).

- 525 -

Abb.3: Thomasin von Circlaria, Der Wälsche Gast.
Hs.A, vv.9945-76.
Blatt Fol.154ᵃ des Cod.Pal.Germ.389 (Heidel-
berger Pergamenthandschrift).

Abb.4: 'Trewe' und 'Mazze' stehen 'Unmaze' und 'Untrewe'
gegenüber; alle vier Frauengestalten halten ein
langes Stück Stoff, das 'Mazze' mit der Elle mißt.
Rechts 'Unmaze' in wilder Bewegung.
Ausschnitt aus Abb.3, Thomasin von Circlaria, Der
Wälsche Gast, Hs.A (Cod.Pal.Germ.389, Heidelberger
Pergamenthandschrift, Fol.154[a]).

TEXTREGISTER

Dieses Register enthält in alphabetischer Reihenfolge alle
Denkmäler bis ca 1220, in denen die Wortfamilie 'mâze' vertreten ist, und verweist auf die Stellen der Arbeit (Seiten-
zahlen), an denen Belege jener Denkmäler untersucht oder
erwähnt werden (einschließlich Kap. A des Anhangs).

SUMMARY

This study examines the appearance and, especially, the
literary development of the MHG basic term 'mâze' and its
word family, i.e. its etymological relations, in the Ger-
man-speaking area from the beginning of literary tradition
up to about 1220. This work is based on all the edited
OHG, EMHG and MHG texts from monuments up to the end of
MHG 'blütezeit', with the exception of the glosses and
the German material scattered in the Latin texts. The material has been arranged and interpreted according to certain important aspects and completely documented in the
register (app. 1600 items).

Methodically, this work is based on contextual analysis.
'Context' does not only mean linguistic neighbourhood in
a narrower sense, but includes, in a wider sense, the whole text, possible literary dependence and traditions, aesthetic aspects, intellectual movements and socio-cultural
relationships. Thus, methodically, we proceed in two steps:
the words and phrases under consideration are first analy-
sed semantically according to contextual aspects; then
their position and function in the whole text, especially
according to the literary-historical aspect of interpretation, are given. This study is arranged chronologically.
Due attention has been paid to complexes of material of
certain genres and subgenres, wherever they appear.

Due consideration must be given to OHG literature, especially the 'benediktinerregel' and Notker von St. Gallen. In
the literature of the middle and late 12th century Heinrich
von Melk, der arme Hartman, the 'rolandslied', the Straßburger Alexander, Wernher von Elmendorf, and Heinrich von
Veldeke are of special interest, and in the 'blütezeit'
not only the three great epic writers Hartmann von Aue,
Wolfram von Eschenbach and Gottfried von Straßburg, but
also Walther von der Vogelweide and Thomasin von Circlaria

are of central importance.

In OHG literature, which is mostly translations, only the
root-variant 'mez-' appears before Notker von St. Gallen.
This literature is mostly part of the Christian tradition
and refers, as apposed to the MHG items, only to a small
extent, to the ethical idea of continence (measure) and
modesty. In the 'benediktinerregel' monastic moral ideas
of the spheres of moderation, temperance, equilibrium,
'discretio' and avoidance of extremes are combined with
parts of the 'mez' word family. In Notker von St. Gallen's
writings it is the first time that 'mâza' appears in OHG
literature, above all as an expression of quantity in the
sense of the Latin 'mensura'. The lexical variety of this
word family in Notker is unique.

Concerning early MHG literature, special investigation has
been made of the word family 'mâze' in the commentaries on
the books of the Old Testament, in the confessions and re-
pentance of sins and in clerical poetry. In the sphere of
man, as well as in the cosmological and evangelical 'ordo',
during the 12th century, the development of a clerically-
orientated 'mâze' becomes increasingly apparent, but still
not predominantly so: it did not result in an integrated
system of ideas. In the Straßburger Alexander this clerical
use of 'mâze' is gradually adopted by the court, thus secu-
larized and approximated to medieval ideas of chivalry.
One of the basic aims of this study is to show that the
clerical use of 'mâze' appeared before the court use of
'mâze'.

Court poetry, which begins during the last decades of the
12th century, contains 'mâze' as a basic term, belonging
to the religious, moral, cosmological, social and cultural
ideas of the rising knightly class: this is discussed in de-
tail. Didactic poetry, Minnesang and the courtly novel then
appear beside the clerical poetry and offer manifold evidence of the increasing rank of 'mâze'. Six digressions on special themes and collocations in which 'mâze' was used have
been inserted. In the MHG poets 'mâze' becomes a central
principle, which, among other values and virtues, helped

to develop an independent knightly and courtly culture.
It influences the aesthetic as well as the ethical ideas
of the medieval courtier, is ideal expression of his code
of behaviour and etiquette, tames and humanizes the warrior-
ideal and, through paradigmatic literary figures, appeals
to the audience. At the end of the 'blütezeit', in some
texts, 'mâze' reaches its ultimate limit. Its failure is
implied: a symbol of the decline of a morality remote from
reality and too esoteric, and of a deep change in poetry
and, what is more important, in society.

The appendix contains the complete evidence, arranged not
only according to the monuments, but also alphabetically.
It also contains a list of monuments, in which the 'mâze'
family is not to be found, and material on the word family
w.v. 'tempern'.

GÖPPINGER ARBEITEN ZUR GERMANISTIK
herausgegeben von
ULRICH MÜLLER, FRANZ HUNDSNURSCHER und CORNELIUS SOMMER

GAG 1: U. Müller, „Dichtung" und „Wahrheit" in den Liedern Oswalds von Wolkenstein: Die autobiographischen Lieder von den Reisen. (1968)

GAG 2: F. Hundsnurscher, Das System der Partikelverben mit „aus" in der Gegenwartssprache. (1968)

GAG 3: J. Möckelmann, Deutsch-Schwedische Sprachbeziehungen. Untersuchung der Vorlagen der schwedischen Bibelübersetzung von 1536 und des Lehngutes in den Übersetzungen aus dem Deutschen. (1968)

GAG 4: E. Menz, Die Schrift Karl Philipp Moritzens „Über die bildende Nachahmung des Schönen". (1968)

GAG 5: H. Engelhardt, Realisiertes und Nicht-Realisiertes im System des deutschen Verbs. Das syntaktische Verhalten des zweiten Partizips. (1969)

GAG 6: A. Kathan, Herders Literaturkritik. Untersuchungen zu Methodik und Struktur am Beispiel der frühen Werke. (2. Aufl. 1970)

GAG 7: A. Weise, Untersuchungen zur Thematik und Struktur der Dramen von Max Frisch. (3. Aufl. 1972)

GAG 8: H.-J. Schröpfer, „Heinrich und Kunigunde". Untersuchungen zur Verslegende des Ebernand von Erfurt und zur Geschichte ihres Stoffs. (1969)

GAG 9: R. Schmitt, Das Gefüge des Unausweichlichen in Hans Henny Jahnns Romantrilogie „Fluß ohne Ufer". (1969)

GAG 10: W. E. Spengler, Johann Fischart, genannt Mentzer. Studie zur Sprache und Literatur des ausgehenden 16. Jahrhunderts. (1969)

GAG 11: G. Graf, Studien zur Funktion des ersten Kapitels von Robert Musils Roman „Der Mann ohne Eigenschaften". Ein Beitrag zur Unwahrhaftigkeitstypik der Gestalten. (1969)

GAG 12: G. Fritz, Sprache und Überlieferung der Neidhart-Lieder in der Berliner Handschrift germ. fol. 779 (c). (1969)

GAG 13: L.-W. Wolff, Wiedereroberte Außenwelt. Studien zur Erzählweise Heimito von Doderers am Beispiel des „Romans No 7". (1969)

GAG 14: W. Freese, Mystischer Moment und reflektierte Dauer. Zur epischen Funktion der Liebe im modernen deutschen Roman. (1969)

GAG 15: U. Späth, Gebrochene Identität. Stilistische Untersuchungen zum Parallelismus in E. T. A. Hoffmanns ‚Lebensansichten des Kater Murr'. (1970)

GAG 16: U. Reiter, Jakob van Hoddis. Leben und lyrisches Werk. (1970)

GAG 17: W. E. Spengler, Der Begriff des Schönen bei Winckelmann. Ein Beitrag zur deutschen Klassik. (1970)

GAG 18: F. K. R. v. Stockert, Zur Anatomie des Realismus: Ferdinand von Saars Entwicklung als Novellendichter. (1970)

GAG 19: St. R. Miller, Die Figur des Erzählers in Wielands Romanen. (1970)

GAG 20: A. Holtorf, Neujahrswünsche im Liebeslied des ausgehenden Mittelalters. Zugleich ein Beitrag zum mittelalterlichen Neujahrsbrauchtum in Deutschland. (1973)

GAG 21: K. Hotz, Bedeutung und Funktion des Raumes im Werk Wilhelm Raabes. (1970)

GAG 22/23: R. B. Schäfer-Maulbetsch, Studien zur Entwicklung des mittelhochdeutschen Epor. Die Kampfschilderungen in „Kaiserchronik", „Rolandslied", „Alexanderlied", „Eneide", „Liet von Troye" und „Willehalm". (2 Bde. 1972)

GAG 24: H. Müller-Solger, Der Dichtertraum. Studien zur Entwicklung der dichterischen Phantasie im Werk Christoph Martin Wielands. (1970)

GAG 25: Formen mittelalterlicher Literatur. Siegfried Beyschlag zu seinem 65. Geburtstag von Kollegen, Freunden und Schülern. Herausgegeben von O. Werner und B. Naumann. (1970)

GAG 26: J. Möckelmann / S. Zander, Form und Funktion der Werbeslogans. Untersuchung der Sprache und werbepsychologischen Methoden der Slogans. (1970) (2. Aufl. 1972)

GAG 27: W.-D. Kühnel, Ferdinand Kürnberger als Literaturtheoretiker im Zeitalter des Realismus. (1970)

GAG 28: O. Olzien, Wirken. Aktionsform und Verbalmetapher bei Goethe. (1971)

GAG 29: H. Schlemmer, Semantische Untersuchungen zur verbalen Lexik. Verbale Einheiten und Konstruktionen für den Vorgang des Kartoffelerntens. (1971)

GAG 30: L. Mygdales, F. W. Waiblingers „Phaethon". Entstehungsgeschichte und Erläuterungen. (1971)

GAG 31: L. Peiffer, Zur Funktion der Exkurse im „Tristan" Gottfrieds von Straßburg. (1971)

GAG 32: S. Mannesmann, Thomas Manns Roman-Tetralogie „Joseph und seine Brüder" als Geschichtsdichtung. (1971)

GAG 33: B. Wackernagel-Jolles, Untersuchungen zur gesprochenen Sprache. Beobachtungen zur Verknüpfung spontanen Sprechens. (1971)

GAG 34: G. Dittrich-Orlovius, Zum Verhältnis von Erzählung und Reflexion im „Reinfried von Braunschweig". (1971)

GAG 35: H.-P. Kramer, Erzählerbemerkungen und Erzählerkommentar in Chrestiens und Hartmanns „Erec" und „Iwein". (1971)

GAG 36: H.-G. Dewitz, „Dante Deutsch". Studien zu Rudolf Borchardts Übertragung der ‚Divina Comedia'. (1971)

GAG 37: P. Haberland, The Development of Comic Theory in Germany during the Eighteenth Century. (1971)

GAG 38/39: E. Dvoretzky, G. E. Lessing. Dokumente zur Wirkungsgeschichte (1755 bis 1968). (2 Bde. 1971/72)

GAG 40/41: G. F. Jones / H. D. Mück / U. Müller, Vollständige Verskonkordanz zu den Liedern Oswald von Wolkenstein. (Hss. B und A) (2 Bde. 1973)

GAG 42: R. Pelka, Werkstückbenennungen in der Metallverarbeitung. Beobachtungen zum Wortschatz und zur Wortbildung der technischen Sprache im Bereich der metallverarbeitenden Fertigungstechnik. (1971)

GAG 43: L. Schädle, Der frühe deutsche Blankvers unter besonderer Berücksichtigung seiner Verwendung durch Chr. M. Wieland.

GAG 44: U. Wirtz, Die Sprachstruktur Gottfried Benns. Ein Vergleich mit Nietzsche. (1971)

GAG 45: E. Knobloch, Die Wortwahl in der archaisierenden chronikalischen Erzählung: Meinhold, Raabe, Storm, Wille, Kolbenheyer. (1971)

GAG 46: U. Peters, Frauendienst. Untersuchungen zu Ulrich von Lichtenstein und zum Wirklichkeitsgehalt der Minnedichtung. (1971)

GAG 47: M. Endres, Word Field and Word Content in Middle High German. The Applicability of Word Field Theory to the Intellectual Vocabulary in Gottfried von Strassburg's „Tristan". (1971)

GAG 48: G. M. Schäfer, Untersuchungen zur deutschsprachigen Marienlyrik des 12. und 13. Jahrhunderts. (1971)

GAG 49: F. Frosch-Freiburg, Schwankmären und Fabliaux. Ein Stoff- und Motiv-vergleich. (1971)

GAG 50/51: G. Steinberg, Erlebte Rede. Ihre Eigenart und ihre Formen in neuerer deutscher, französischer und englischer Erzählliteratur. (1971)

GAG 52: O. Boeck, Heines Nachwirkung und Heine-Parallelen in der französischen Dichtung. (1971)

GAG 53: F. Dietrich-Bader, Wandlungen der dramatischen Bauform vom 16. Jahrhundert bis zur Frühaufklärung. Untersuchungen zur Lehrhaftigkeit des Theaters. (1972)

GAG 54: H. Hoefer, Typologie im Mittelalter. Zur Übertragbarkeit typologischer Interpretation auf weltliche Dichtung. (1971)

GAG 55/56: U. Müller, Untersuchungen zur politischen Lyrik des deutschen Mittelalters. (1974)

GAG 57: R. Jahović, Wilhelm Gerhard aus Weimar, ein Zeitgenosse Goethes. (1972)

GAG 58: B. Murdoch, The Fall of Man in the Early Middle High German Biblical Epic: the „Wiener Genesis", the „Vorauer Genesis" and the „Anegenge". (1972)

GAG 59: H. Hecker, Die deutsche Sprachlandschaft in den Kantonen Malmedy und St. Vith. Untersuchungen zur Lautgeschichte und Lautstruktur ostbelgischer Mundarten. (1972)

GAG 60: Wahrheit und Sprache. Festschrift für Bert Nagel zum 65. Geburtstag am 27. August 1972. Unter Mitwirkung v. K. Menges hsg. von W. Pelters und P. Schimmelpfennig. (1972)

GAG 61: J. Schröder, Zu Darstellung und Funktion der Schauplätze in den Artusromanen Hartmanns von Aue. (1972)

GAG 62: D. Walch, Caritas. Zur Rezeption des ‚mandatum novum' in altdeutschen Texten. (1973)

GAG 63: H. Mundschau, Sprecher als Träger der ‚tradition vivante' in der Gattung ‚Märe'. (1972)

GAG 64: D. Strauss, Redegattungen und Redearten im „Rolandslied" sowie in der „Chanson de Roland" und in Strickers „Karl". (1972)

GAG 65: ‚Getempert und gemischet' für **Wolfgang Mohr** zum 65. Geburtstag von seinen Tübinger Schülern. Hsg. von F. Hundsnurscher und U. Müller. (1972)

GAG 66: H. **Fröschle**, Justinus Kerner und Ludwig Uhland. Geschichte einer Dichterfreundschaft. (1973)

GAG 67: U. **Zimmer**, Studien zu ‚Alpharts Tod' nebst einem verbesserten Abdruck der Handschrift. (1972)

GAG 68: U. **Müller** (Hsg.), Politische Lyrik des deutschen Mittelalters. Texte I. (1972)

GAG 69: Y. **Pazarkaya**, Die Dramaturgie des Einakters. Der Einakter als eine besondere Erscheinungsform im deutschen Drama des 18. Jahrhunderts. (1973)

GAG 70: Festschrift für **Kurt Herbert Halbach**. Hsg. von R. B. Schäfer-Maulbetsch, M. G. Scholz und G. Schweikle. (1972)

GAG 71: G. **Mahal**, Mephistos Metamorphosen. Fausts Partner als Repräsentant literarischer Teufelsgestaltung. (1972)

GAG 72: A. **Kappeler**, Ein Fall der „Pseudologia phantastica" in der deutschen Literatur: Fritz Reck-Malleczewen.

GAG 73: J. **Rabe**, Die Sprache der Berliner Nibelungenlied-Handschrift J (Ms. germ. Fol. 474). (1972)

GAG 74: A. **Goetze**, Pression und Deformation. Zehn Thesen zum Roman „Hundejahre" von Günter Graß. (1972)

GAG 75: K. **Radwan**, Die Sprache Lavaters im Spiegel der Geistesgeschichte. (1972)

GAG 76: H. **Eilers**, Untersuchungen zum frühmittelhochdeutschen Sprachstil am Beispiel der Kaiserchronik. (1972)

GAG 77: P. **Schwarz**, Die neue Eva. Der Sündenfall in Volksglauben und Volkserzählung. (1973)

GAG 78: G. **Trendelenburg**, Studien zum Gralraum im „Jüngeren Titurel". (1973)

GAG 79: J. **Gorman**, The Reception of Federico Garcia Lorca in Germany. (1973)

GAG 80: M. A. **Coppola**, Il rimario dei bispel spirituali dello Stricker.

GAG 81: P. **Neesen**, Vom Louvrezirkel zum Prozeß. Franz Kafka unter dem Eindruck der Psychologie Franz Brentanos. (1972)

GAG 82: U. H. **Gerlach**, Hebbel as a Critic of His Own Works: „Judith", „Herodes und Mariamne" and „Gyges und sein Ring". (1972)

GAG 83: P. **Sandrock**, The Art of Ludwig Thoma.

GAG 84: U. **Müller** (Hsg.), Politische Lyrik des deutschen Mittelalters. Texte II: Von 1350 bis 1466.

GAG 85: M. **Wacker**, Schillers „Räuber" und der Sturm und Drang. Stilkritische und typologische Überprüfung eines Epochenbegriffes. (1973)

GAG 86: L. **Reichardt**, Die Siedlungsnamen der Kreise Giessen, Alsfeld und Lauterbach in Hessen. Namenbuch. (1973)

GAG 87: S. **Gierlich**, Jean Paul: „Der Komet oder Nikolaus Marggraf. Eine komische Geschichte." (1972)

GAG 88: B. D. **Haage** (Hsg.), Das Arzneibuch des Erhart Hesel. (1973)

GAG 89: R. Roßkopf, Der Traum Herzeloydes und der Rote Ritter. Erwägungen über die Bedeutung des staufisch-welfischen Thronstreites für Wolframs „Parzival". (1972)

GAG 90: B. Webb, The Demise of the „New Man": An Analysis of Late German Expressionism. (1973)

GAG 91: I. Karger, Heinrich Heine. Literarische Aufklärung und wirkbetonte Textstruktur. Untersuchungen zum Tierbild.

GAG 92: B. S. Wackernagel-Jolles (Hsg.), Aspekte der gesprochenen Sprache. Deskriptions- und Quantifizierungsprobleme. Eingeleitet von S. Grosse.

GAG 93: A. Harding, An Investigation into the Use and Meaning of Medieval German Dancing Terms. (1973)

GAG 94: D. Rosenband, Das Liebesmotiv in Gottfrieds „Tristan" und Wagners „Tristan und Isolde". (1973)

GAG 95: H.-F. Reske, Jerusalem Caelestis. Bildformeln und Gestaltungsmuster. Darbietungsformen eines christlichen Zentralgedankens in der deutschen geistlichen Dichtung des 11. u. 12. Jhds. Mit besonderer Berücksichtigung des „Himmlischen Jerusalem" und der „Hochzeit" (V. 379–508). (1973)

GAG 96: D. Ohlenroth, Sprechsituation und Sprecheridentität. Untersuchungen zum Verhältnis von Sprache und Realität im frühen deutschen Minnesang.

GAG 97: U. Gerdes, Bruder Wernher. Beiträge zur Deutung seiner Sprüche. (1973)

GAG 98: N. Heinze, Zur Gliederungstechnik Hartmanns von Aue. Stilistische Untersuchungen als Beiträge zu einer strukturkritischen Methode. (1973)

GAG 99: E. Uthleb, Zeilen und Strophen in der Jenaer Liederhandschrift.

GAG 100: Wolfram von Eschenbach. Willehalm, Übersetzt von O. Unger. Mit einem Geleitwort von Ch. Gerhardt.

GAG 101: H. Kalmbach, Bildung und Dramenform in Goethes „Faust".

GAG 102: B. Thole, Die „Gesänge" in den Stücken Berthold Brechts. Zur Geschichte und Ästhetik des Liedes im Drama. (1973)

GAG 103: J.-H. Dreger, Wielands „Geschichte der Abderiten". Eine historisch-kritische Untersuchung. (1973)

GAG 104: B. Haustein, Achim von Arnims dichterische Auseinandersetzung mit dem romantischen Idealismus.

GAG 105: F. B. Parkes, Epische Elemente in Jakob Michael Reinhold Lenzens Drama „Der Hofmeister". (1973)

GAG 106: K. O. Seidel, ‚Wandel' als Welterfahrung des Spätmittelalters im didaktischen Werk Heinrichs des Teichners. (1973)

GAG 107: I–V DIE KLEINDICHTUNG DES STRICKERS. In Zusammenarbeit mit G. Agler und R. E. Lewis hsg. von W. W. Moelleken

GAG 108: G. Datz, Die Gestalt Hiobs in der kirchlichen Exegese und der „Arme Heinrich" Hartmanns von Aue. (1973)

GAG 109: J. Scheibe, Der „Patriot" (1724–1726) und sein Publikum. Untersuchungen über die Verfassergesellschaft und die Leserschaft einer Zeitschrift der frühen Aufklärung. (1973)

GAG 110: **E. Wenzel-Herrmann,** Zur Textkritik und Überlieferungsgeschichte einiger Sommerlieder Neidharts. (1973)

GAG 111: **K. Franz,** Studien zur Soziologie des Spruchdichters in Deutschland im späten 13. Jahrhundert. (1974)

GAG 112: **P. Jentzmik,** Zu Möglichkeiten und Grenzen typologischer Exegese in mittelalterlicher Predigt und Dichtung. (1973)

GAG 113: **G. Inacker,** Antinomische Strukturen im Werk Hugo von Hofmannsthals. (1973)

GAG 114: **R. S. Geehr,** Adam Müller-Gutenbrunn and the Aryan Theater of Vienna 1898–1903. The Approach of Cultural Fascism. (1973)

GAG 115: **R. M. Runge,** Proto-Germanic /r/. (1973)

GAG 116: **L. Schuldes,** Die Teufelsszenen im deutschen geistlichen Drama. (1974)

GAG 117: **Christa Krüger,** Georg Forsters und Friedrich Schlegels Beurteilung der Französischen Revolution als Ausdruck des Problems einer Einheit von Theorie und Praxis.

GAG 118: **G. Vogt,** Studien zur Verseingangsgestaltung in der deutschen Lyrik des Hochmittelalters. (1974)

GAG 119: **B. C. Bushey,** „Tristan als Mönch". Untersuchungen und kritische Edition. (1974)

GAG 120: **St. C. Haroff,** Wolfram: And His Audience: A Study of the Theme of Quest and of Recognition of Kinship Identity. (1974)

GAG 121: **S. Schumm,** Einsicht und Darstellung. Untersuchung zum Kunstverständnis E. T. A. Hoffmanns. (1974)

GAG 122: **O. Holzapfel,** Die Dänischen Nibelungenballaden. Texte und Kommentare. (1974)

GAG 123: **Rosemarie Hellge, geb. Keller,** Motive und Motivstrukturen bei Ludwig Tieck. (1974)

GAG 124/125: **Hans-Friedrich Rosenfeld,** Ausgewählte Schriften. Festschrift herausgegeben von **Hugo Kuhn, Hellmut Rosenfeld, Hans-Jürgen Schubert.** (1974)

GAG 126: **Beatrice Wehrli,** Imitatio und Mimesis in der Geschichte der deutschen Erzähltheorie unter besonderer Berücksichtigung des 19. Jahrhunderts.

GAG 127: **Jürgen Vorderstemann,** Die Fremdwörter im „Willehalm" Wolframs von Eschenbach. (1974)

GAG 128: **Eckhardt Meyer-Krentler,** Der andere Roman. Gellerts „Schwedische Gräfin". (1974)

GAG 129: **Roy F. Allen,** Literary Life in German Expressionism and the Berlin Circles. (1974)

GAG 130: **Hella Kloocke,** Der Gebrauch des substantivierten Infinitivs im Mittelhochdeutschen. (1974)

GAG 131: **Udo von der Burg,** Strickers „Karl der Große" als Bearbeitung des „Rolandsliedes". Studien zu Form und Inhalt. (1974)

GAG 132: **Rodney Winstone Fisher,** Studies in the Demonic in Selected Middle High German Epics.

GAG 133: Gisela Zimmernann, Kommentar zum VII. Buch von Wolfram von Eschenbachs „Parzival". (1974)

GAG 134: Eberhard Ockel, Rhetorik im Deutschunterricht. Untersuchungen zur didaktischen und methodischen Entwicklung mündlicher Kommunikation. (1974)

GAG 135: Dietmar Wenzelburger, Motivation und Menschenbild der Eneide Heinrichs von Veldeke als Ausdruck der geschichtlichen Kräfte ihrer Zeit. (1974)

GAG 136: R. Dietz, Der „Tristan" Gottfrieds von Straßburg. Probleme der Forschung 1902–1970. (1974)

GAG 137: F. Heinzle, „Der Württemberger". Untersuchung, Texte, Kommentar. (1974)

GAG 138: H. Rowland, Musarion and Wieland's Concept of Genre.

GAG 139: D. Hirschberg, Untersuchungen zur Erzählstruktur von Wolframs „Parzival".

GAG 140: G. Mauch, Theatermetapher und -motiv bei Jean Paul.

GAG 141: G. Holbeche, Optical Motifs in the Works of E. T. A. Hoffmann.

GAG 142: W. Baur, Sprache und Existenz. Studien zum Spätwerk Robert Walsers. (1974)

LITTERAE
GÖPPINGER BEITRÄGE ZUR TEXTGESCHICHTE
hsg. v. U. MÜLLER, F. HUNDSNURSCHER, C. SOMMER

LIT 17 Ulrich von Lichtenstein, Frauendienst (Ausschnitte). In Abb. aus dem Münchner Cod. germ. 44 und der Großen Heidelberger Liederhandschrift hsg. v. Ursula Peters. (1973)

LIT 18 Die sogenannte „Mainauer Naturlehre" der Basler Hs. B VIII 27. Abbildung, Transkription, Kommentar. Hsg. von Helmut R. Plant, Marie Rowlands und Rolf Burkhart. (1972)

LIT 19 Gottfried von Straßburg, Tristan. Ausgewählte Abbildungen z. Überlieferung. Hsg. von Hans-Hugo Steinhoff. (1974)

LIT 20 Abbildungen zur deutschen Sprachgeschichte. I Bildband. Hsg. von Helmut R. Plant.

LIT 21 Hans Sachs, Fastnachtspiele und Schwänke. In Abbildungen aus der Sachs-Hs. Amb. 2° 784 der Stadtbibliothek Nürnberg hsg. von Walter Eckehart Spengler. (1974)

LIT 22 Heinrich Haller, Übersetzungen im „gemeinen Deutsch" (1464). Aus den Hieronymus-Briefen: Abbildungen von Übersetzungskonzept, Reinschrift, Abschrift und Materialien zur Überlieferung. Hsg. von Erika Bauer. (1972)

LIT 23 Das Nibelungenlied. Abbildungen und Materialien zur gesamten handschriftlichen Überlieferung der Aventiuren I und XXX. Hsg. von Otfrid Ehrismann. (1973)

LIT 24 Hartmann von Aue, Iwein. Ausgewählte Abbildungen zur handschriftlichen Überlieferung. Hsg. von Lambertus Okken. (1974)

LIT 25 Christoph Martin Wieland, Das Sommermärchen und andere Schriften. Abbildungen zur Handschriften- und Druckgeschichte. (1974)

LIT 26 Wolfram von Eschenbach, Titurel. Abbildungen sämtlicher Handschriften mit einem Anhang zur Überlieferung des Textes im „Jüngeren Titurel". Hsg. von Joachim Heinzle. (1973)

LIT 27 Bruder Wernher. Abbildungen und Materialien zur gesamten handschriftlichen Überlieferung. Hsg. von Udo Gerdes.

LIT 28 Hartmann von Aue, Gregorius. Ausgewählte Abbildungen zur handschriftlichen Überlieferung. Hsg. von Norbert Heinze. (1974)

LIT 29 Die Bruchstücke der Altsächsischen Genesis. In Abbildung hsg. von Ute Schwab.

LIT 30 Hartmann von Aue, Der arme Heinrich. Fassung Bb. In Abbildung aus dem „Kalocsaer Kodex" hsg. von Cornelius Sommer. (1973)

LIT 31 Hartmann von Aue, Erec. Abbildungen der gesamten handschriftlichen Überlieferung. Hsg. von Franz Hundsnurscher und Ulrich Müller.

LIT 32 Kudrun. Abbildungen der gesamten handschriftlichen Überlieferung. Hsg. von Johannes Janota.

LIT 33 Der „Moriz von Craûn" und die Erzählungen Herrands von Wildonje. Aus dem ‚Ambraser Heldenbuch' hsg. von Franz Hundsnurscher.

LIT 34 Wolfram von Eschenbach, Parzival. Abbildungen und Transkriptionen zur gesamten handschriftlichen Überlieferung des Prologs. Hsg. von Uta Ulzen. (1974)

LIT 35 Die Kolmarer Liederhandschrift. In Abbildung hsg. von Horst Brunner, Ulrich Müller und Franz V. Spechtler (zur Subskr.).